우리 지역의 아시아태평양전쟁
유적 활용 - 방안과 사례

강제동원 & 평화총서 11

우리 지역의 아시아태평양전쟁 유적 활용
- 방안과 사례

초판 1쇄 인쇄 2018년 4월 10일
초판 1쇄 발행 2018년 4월 20일

저 자 정혜경

펴낸이 윤관백
펴낸곳 도서출판 선인

등 록 제5-77호(1998. 11. 4)
주 소 서울특별시 마포구 마포대로 4다길 4
전 화 02-718-6252
팩 스 02-718-6253
E-mail sunin72@chol.com

정 가 28,000원

ISBN 979-11-6068-165-9 94900
    978-89-5933-473-5 (세트)

■ 저자와의 협의에 의해 인지 생략.
■ 잘못된 책은 교환해 드립니다.

강제동원 & 평화총서 11

우리 지역의 아시아태평양전쟁 유적 활용 - 방안과 사례

정혜경

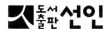

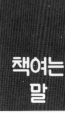

책여는 말

이 책은 우리 지역에 있는 아시아태평양전쟁(이하 아태전쟁) 유적의 보존과 활용 방안을 담은 최초의 길라잡이다. 개인적인 관심보다 사회적 요구에 따라 만든 책이기도 하다. 문화콘텐츠 전공자도 아닌 입장에서 책을 내려니 부담스럽고 낯 뜨겁다. 그럼에도 용기를 낸 이유가 있다. 내력이 간단치 않다. 이 책이 나오게 된 역사를 되짚어보니 십 수 년 간 계속된 듯하다. 장황하지만, 시기별로 정리한 발간 배경에서 글머리를 시작하고자 한다.

■ **사연 하나: '전쟁고고학?'**
2000년, 일본 학술지 『고고학』 72호 특집 주제는 '전쟁고고학'이었다. 미쉘 푸코의 구조주의 이론('지식의 고고학')도 아니고, 근현대 고고학도 아닌 전쟁고고학이라니, 놀랍고 신선한 충격이었다. 몇 년 전 제주도에 가서 확인한 군사시설물들이 떠올랐다. 일단 학술지를 복사해서 잘 갈무리해두었다.

■ **사연 둘: 현장을 찾아**
개인적으로 관련 활동가와 연구자 가운데 가장 많은 지역의 아태전쟁유적을 접한 행운아다. 2002년부터 시작했으니 벌써 십년이 넘었다. 운 좋게도 개인적으로 또는 업무상, 프로젝트 수행과정에서 국내와 일본은 물론, 남사할린, 중국 동북부, 태평양 등 다양한 지역을 답사했다.
2002년에 국가보훈처 주관으로 실시한 독립운동사적조사(일본지역 편)가 출발점이다. 15일간의 짧은 기간이었으나 아태전쟁유적을 돌아본 기회였다. 홋카이도(北海道)에서 쓰시마(對馬島)에 이르는 독립운동사적조사 대상지에 아태전쟁유적도 포함되어 있었기 때문이다. 2005년 위원회(국무총리 소속 일제강점하 강제동원피해

진상규명위원회, 2010년 이후 대일항쟁기강제동원피해조사 및 국외 강제동원 희생자 등 지원위원회) 근무 이후부터 현장조사의 빈도수가 늘었다. 일본지역을 넘어 남사할린과 중국 동북부, 태평양 등 제국 일본 영역의 대부분을 다니며 주요한 유적을 볼 수 있었다.

일본지역 아태전쟁유적 현장 답사 기회는 일본 전역의 강제동원 활동가와 연구자들이 모여 매년 일본 주요 도시에서 개최하는 '전국 집회'에서 시작되었다. 전국 집회는 1991년 '조선인 중국인 강제연행 강제노동을 생각하는 전국교류집회'라는 이름에서 시작해 중단된 적도 있었으나 현재는 '강제동원진상규명 전국 연구집회'라는 이름으로 이어가고 있다. 그간 명칭은 변했으나 첫날 심포지엄·둘째 날 필드워크라는 프로그램은 변함없다. 또한 재일조선인운동사연구회·조선사연구회(일본)와 한일민족문제학회(한국)가 격년마다 양국을 오가며 공동개최하는 학습회에서도 필드워크는 필수다. 이러한 필드워크 기회를 통해 일본 각지의 아태전쟁유적을 보존하는 이들의 활동과 이들이 만든 필드워크 가이드북을 처음 접하게 되었다.

개인적으로 국내 아태전쟁유적 답사를 시작한 시기는 2003년부터. 2003년부터 제주도 군사시설지나 경북 경산 등에서 국내 아태전쟁유적 답사를 시작했다. 당시 찾았던 유적은 지금 대부분 훼손되었거나 변형되어 원형은 찾을 수 없는 곳이 적지 않다. 이후 국외 현장조사에 치중하느라 국내 답사는 오랫동안 소홀했다. 2011년에 다시 시작했을 때, '개인적 차원'은 '시민과 함께 하는 필드워크'로 바뀌었다.

2011년 12월 9~10일, 아시아태평양전쟁 문제 연구센터로서 학자와 시민의 네트워크를 목표로 발족한 일제강제동원&평화연구회(이하 연구회, 2011. 8. 6 발족. http://cafe.naver.com/gangje)는연구회의 필드워크는 2016년 서울지역으로 이어졌다. 2016년 5월에 서울 영등포지역 필드워크를 경험한 분당의 송림중학교 역사반 학생들은 리플렛과 자료집을 만들어 배포했다. 지금도 필드워크는 연구회 행사에서 빠지지 않는다. 답사지역도 인천과 부산, 경기도 광명시 등 전국적이다.

또한 2013년 문화재청 프로젝트를 위해 경상남도와 전라남도 현장을 돌아본 경험은 인식을 확대하는 기회였다. 물론 군사유적에 국한되었지만 한반도 남해안 지역의 유적을 샅샅이 훑어야 하는 프로젝트 성격으로 인해 유적의 실태를 적나라하게 볼 수 있었다. 특히 역사학 외에 군사학, 건축학 등 다양한 조사자들을 통해 유적의 설치 배경 및 과정에 대해 다양하고 풍부한 인식을 접할 수 있었다.

2013년 9월, 이혜민 기자의 주선으로 주간동아 기고문('아태전쟁 상흔 새기고 반전평화를 이야기하다')을 통해 광주 필드워크의 경험을 소개했다. 이를 계기로 대중 강의와 언론을 통해 필드워크 경험을 사회적으로 확산하는 작업을 병행하게 되었다.

동북아역사재단 발행 『동북아역사문제』 2015년 5월호에 '한반도 소재 아시아태평양 전쟁 유적 활용 방안'을 게재했고, 지금도 아태전쟁을 주제로 하는 대중 강의에서 국내 아태전쟁유적 이야기는 빠지지 않고 있다. 이 같이 2003년부터 개인적으로 시작한 국내 아태전쟁유적 필드워크는 낯설지 않은 필드워크 주제로 정착해가고 있다.

개인적으로 필드워크는 일상이다. 시간이 날 때마다 아태전쟁유적목록을 들고 다니며 확인하고 수정한다. 필드워크는 기초 수준의 목록을 실사(實査)하고 보완하는 좋은 기회. 필드워크를 통해 문헌에 의존해서 만든 노무동원작업장 목록의 오류를 수정했고 노무동원작업장 목록에서 아태전쟁유적 목록으로 확대했다. 이 책 출간의 마중물이다. 이 목록이 없었다면, 필드워크나 활용 방안을 고민할 수 없었을 것이다.

■ 사연 셋: 노무동원 작업장 목록에서 아태전쟁유적 목록으로

이 책의 가장 중요한 자원인 아태전쟁유적목록은 언제 어떻게 탄생했는가. 수년간 노력의 결정체. 국무총리 소속 일제강점하 강제동원피해진상규명위원회(이하 위원회)가 있었기에 가능했다.

2009년 초, 국내 동원 노무자 피해조사를 위해 제대로 된 작업장 목록을 만들 필요성을 강하게 느꼈다. 물론 2005년 2월에 피해접수를 시작한 후 국내 동원 노무자 피해조사를 위한 기준과 최소한의 작업장 목록은 만들었으나 초보적 수준이었다.

국내 노무동원 피해에 대한 학술적 연구가 축적된 토대 위에서 위원회 업무를 하는 것이 상식적이고 일반적이었지만 당시 상황은 그렇지 못했다. 국내 노무동원피해에 대한 국내외 학계 연구 성과는 초보 수준이었다. 위원회가 접수한 국내 노무동원 피해신고서의 내용은 학계 연구 성과를 뛰어넘는 다양한 사례로 가득했다. 처음에는 학계 연구 성과로 가능한 피해조사를 진행했으나 다양한 사례를 조사하기 위해서는 국내 노무동원 피해에 대한 진상조사와 고민이 필요했다. 진상조사보고서가 발간되기 시작하면서 위원회의 자료도 축적되어 갔다. 축적된 자료를 통해 업그레이드 된 노무동원 작업장 목록을 작성할 수 있게 되었다.

거의 매일 새벽까지 관련 자료를 입력하는 작업을 몇 달간 계속한 결과, 2010년 3월에 6천여 건의 작업장 목록을 완성했다. 동료들(허광무, 심재욱, 방일권 박사) 도움을 받아 일본과 다른 동원지역에 대한 목록작업도 추진했다. 거듭된 보완과 수정을 통해 2015년 12월 말 위원회가 폐지될 시점에는 한반도와 일본 등 동원지역 노무동원 작업장 12,095건의 목록을 남길 수 있게 되었다. 문헌자료에만 의존한 거친 목록이지만 국내 유일의 아태전쟁유적목록의 토대가 마련된 셈이다.

■ 사연 넷: 일제강제동원&평화연구회 발족 후 문화지도를 작성해보려 했으나…

연구회는 발족 직후부터 강제동원 유적을 문화지도로 만드는 작업을 기획하고 결과물을 출간하고자 여러 차례 준비 모임을 가졌다. 각 지자체가 문화지도를 만들어 최소한 지자체 홈페이지에 관광지도와 함께 탑재하는데 도움이 되는 매뉴얼 정도는 발간하고 싶었다. 그러나 진전이 어려웠다. 현장답사나 전쟁유적에 대한 공부가 부족했기 때문이다. 농익은 고민이 필요했다.

■ 사연 다섯: 반갑고 귀한 선행 결과물에 자극받아

이 책의 산파 역할을 한 연구 성과가 두 편 있다. 실태서와 논문이다.

이완희 PD의 『한반도는 일제의 군사요새였다 - 이완희 PD의 일본군 전쟁기지 탐사보고』(나남, 2014)는 반갑고 귀한 성과물이다. 이완희 PD는 2015년 4월 '기록하는 사람들' 강연에서 조사 과정에서 촬영한 수천 장의 현장 사진 중 일부를 공개했다. 참으로 귀한 사진 콘텐츠. 한국 사회가 귀하게 여기고 간직해야할 자료다.

한 때 직장동료였던 권미현(국가기록원)이 2014년에 「일제말기 강제동원 기록의 수집과 활용을 위한 제언 - 기록화 전략(documentation strategy)」과 문화콘텐츠 구축 방법론을 발표했다. 후속 논문(문화콘텐츠 구축 방법론)을 기다리다가 이 책을 쓰게 되었지만 기다림은 여전하다.

■ 사연 여섯: 일본 근대산업유산군의 세계유산 지정

2015년 상반기, 외교부·유네스코한국위원회 등과 함께 일본이 추진하는 규슈(九州)·야마구치(山口)지역 산업근대화유산 지정 노력에 대응하느라 정신없이 보냈다. 이미 3년 전부터 준비하기는 했으나 2015년 2월 ICOMOS[국제기념물유적협의회, International Council on Monuments and Sites]를 통과해 등재가 기정사실화되면서 의욕은 상실했다. 일본의 근대산업유산군 신청지가 유네스코 유산등재조건에 결격 사유가 있었음에도 ICOMOS를 통과한 현실을 받아들이기는 힘들었다.

늘 즉자적·수세적 대응에 그치는 한국 측 대응이 뼈아픈 결과였다. 위원회가 2012년 7월부터 피해조사결과를 보도 자료로 배포한 것과 달리 문화재청이나 유네스코한국위원회, 외교부가 별 달리 대응하지 않은 결과이기도 했다. 아마 위원회를 제외한 관련기관에게 중요한 것은 일본의 등재를 막는 일 보다 한국이 추진하는 유산 등재 성공이었을지 모른다.

그럼에도 최선을 다했다. 우리 측 대응 전략은, '한국 측의 문제제기가 한일 간 감정싸움이 아니라 평화와 인권이라는 인류 보편적 가치에 반(反)하는 장소를 세계유산으로 지정하는 문제임을 지적하는 것'이었다. 이 방향에 따라 유네스코 한국위원회가 제작해 유네스코 세계유산위원들에게 배포한 3분짜리 동영상에 대해 포로 노역 피해 국가들이 반응하기 시작했다. 연합군 포로 피해국가인 네덜란드 대사관이 연합군 포로 피해상황을 공개하거나 해당국 정부가 공식적으로 일본에게 강제성 인정을 촉구하기도 했다.

그해 7월, 독일 본에서 열린 세계유산위원회에서 일본 규슈야마구치 유산은 등재되었다. 성과라면 일본 대사가 강제성을 인정한 정도다. 일본이 공식적으로 세계기구에서 강제성을 인정한 첫 사례였으나 동원 주체 없는 강제성이다. 그마저도 일본 정부가 부인하고 내용을 왜곡하면서 국내 여론은 다시 들끓었다.

그 때 들었던 생각. '일본을 비판하는 것은 당연하지만, 그것만으로 강력한 대응이 될 수 있는가!' '언제까지 수세적으로 대응할 것인가.'

관심가진 기자들에게 제안했다. 일본이 세계유산으로 등재한 전쟁유적과 동일한 사례는 국내에도 많은데, 왜 일본 이야기만 하는가. KBS 양성모 기자가 일본 오키나와에 남아 있는 조선인 관련 피해유적을 현장 취재하고 국내 전쟁유적 방치 실태를 엮어 프로그램(2015. 6. 21 '잊혀져가는 한반도 강제동원 시설')을 방영했다. 이후 여러 보도가 이어졌는데, 2016년 4월 3일자 서울대학교 대학신문 특집기사('유적에 드리운 비극의 역사를 잊지 않으려면 – 한반도 강제동원 유적 보존 실태와 보존 방안')는 탄탄한 내용과 방안 제시가 신선했다,

■ 사연 일곱: '왜 한중일 3국은 유네스코를 정치적으로 이용하려 하는가!'

2014년 6월에 기관장 지시에 따라 위원회 보유 기록 33만 4천 건에 대한 세계기록유산 등재 추진 계획을 수립했다가 동일한 인물의 지시로 중단한 적이 있었다. 그 후 2015년 7월 30일, 일본의 근대산업유산군이 유네스코 세계유산 등재된 지 얼마 지나지 않아 국내 유네스코 세계기록물 관련 관계부처 연석회의 참석자로부터 '공식적 성격의 제안'을 받았다. 이 제안에 따라 위원회는 강제동원 기록물 세계기록유산 등재를 위한 국내 심사에 신청하기로 결정하고 등재 준비에 들어갔다. 인력도 부족해 두 명의 과장이 부랴부랴 자료를 만들어 8월 31일 336,797건의 등재신청서를 제출했다. 외교부에서는 대변인 발표까지 하며 강제동원 기록물 신청을 공식화했다. 국회의원과 시민 150여명은 9월 15일에 매헌 윤봉길의사 기념관에서 '일제강제동원 기록물 세계유산등재추진운동본부 발대식'을 갖고 홍보와 지원활동에 나섰다. 사할린 국내 유족들도 사진전시회를 개최하며 적극 호응했다. 그러나 11월 25일 문화재

청 선정 대상 기록물 심의에 올라가지도 못하고 탈락했다. 여러 차례 문의했으나 문화재청에서는 탈락 이유에 대해 명확히 알려주지 않았고 언론을 통해 답변을 흘렸다. 2016년 1월 18일자 주간조선은 기사 '일제 강제동원 기록 세계기록유산 신청 탈락 진상 - 문화재청이 먼저 제안했다'에서 탈락 이유를 정치적 문제로 해석했다.

'왜 한중일 3국은 유네스코를 정치적으로 이용하려 하는가!' 유네스코유산위원을 지낸 분이 전한 유네스코유산위원회의 평이다. 등재 해프닝을 겪으며 다시 떠올렸다.

2015년 여름, 일본은 규슈·야마구치 근대산업유산군의 유네스코 세계유산 등재 후, 곧장 자살특공대 기록의 기록유산 등재 추진에 나섰다. 자살특공대는 '가미카제(神風) 특공대'라는 이름이 익숙하다. 일본 근대산업유산군 등재를 전후해 일본정부의 반응으로 국내 여론이 싸늘해진 상황에서 일본이 자살특공대 기록 등재마저 성공한다면 한국정부에 대한 여론의 악화는 불 보듯 뻔했다. 당연히 '도대체 한국정부는 뭘 하고 있었는가'라는 질책이 쏟아질 것이다. 유네스코 세계기록물 관련 관계부처 연석회의가 신청을 제안한 시점은 바로 일본의 자살특공대 기록 등재 추진이 공식화된 직후였다. 공교롭게도 문화재청의 세계기록유산 국내 심사가 시작되기 전에 자살특공대 기록물은 일본 국내 심사에서 탈락했다. 이 과정에서 얻은 교훈은, 기록유산 등재 추진에 앞서 아태전쟁 기록과 유적에 대해 우리 사회가 지속적으로 자료를 정리하고 필요성을 공유하고 경험을 축적하는 일을 고민해야 한다는 점이었다.

■ 사연 여덟: 위원회 폐지

2015년말 위원회 폐지가 임박한 시점에서 위원회 성과를 평가하고 존속 필요성을 제기하는 기자들의 문의와 신문과 방송 보도가 그치지 않았다. 그 가운데 주목되는 기사는 동아일보 배석준 기자의 단독 보도였다. '간토대지진 92년 만에, 정부피살자 신원 확인'(12. 16)부터 '이제 성과 나오는데 문 닫게 된 징용피해조사위'(12. 29)까지 12월 내내 여러 기사가 이어졌다. 그 가운데 국내 아태전쟁유적의 실태 문제를 지적한 기사도 포함되어 있었다. 2015. 12. 28자 기사(배석준 기자, '13세도 징용. 만행 일본기업 103개 현존')와 29일자 기사('징용자 쪽방, 재개발로 사라질 판')는 위원회가 파악한 국내 아태전쟁유적 현황과 몇몇 지역(인천시 부평과 충북 영동군, 서울 가양동 궁산터널, 경남 거제 지심도)의 실태를 담았다.

보도 후 위원회로 기사에서 언급한 유적 소재지 지자체의 문의가 이어졌다. 서울시에서는 가양동 궁산터널 보존 실태를 다시 점검했고, 인천시 부평구에서는 삼릉마을 보존과 관련한 입장도 발표했다. 부평역사박물관은 2016년도 학술총서3 사택마을 부평삼릉 발간 준비에 들어갔다. 학술총서사업은 삼릉마을이라는 아태전쟁유적 활용의 핵심이자 필수적인 과정인데, 가능하게 된 것이다.

위원회가 문을 닫는 마지막 순간에 동아일보 기사가 국내 아태전쟁유적의 필요성을 사회적으로 환기시켜준 덕분에 관심의 불씨는 살릴 수 있게 되었다. 그러나 방치하면 불씨는 사라져 버릴 것이다. 불씨를 이어가기 위해서는 국내 아태전쟁유적에 관심을 갖게 된 이들에게 친절한 가이드북이 필요했다. 불씨를 제대로 살려줄 누군가를 기다렸으나 찾을 수 없었다. 직접 나설 밖에….

■ 사연 아홉: 징용노동자상 세우기를 해야 하는 이유는?

2016년에는 민주노총과 우리겨레하나되기운동본부 등이 주관하는 '징용노동자상 세우기' 운동이 주요 도시에서 일어났다. 국내 아태전쟁유적에 대한 관심을 확산하고 지역민들이 주체적으로 활용방안을 고민할 수 있는 기회의 하나라는 생각에서 제대로 만들도록 도와주고 싶었다. 인천의 징용노동자상 건립과정에서 가능성을 보았다. 소통과 고민을 통해 시민들이 함께 만들어가는 과정이었다. 더구나 건립 장소인 부평공원은 미쓰비시제강 공장 유적이어서 상징성이 있고 가족단위 시민이 모이는 곳이다. 공간의 스토리텔링 축적에 최적의 장소다.

물론 모든 지역이 다 인천과 같을 수는 없다. 징용노동자상 건립이 '시민들이 공간의 스토리텔링을 축적하고 반전 평화의 교훈을 공유'하는 목적과 무관하게 진행되는 사례도 있다. 지역주민·지자체와 협의 없이 무조건 세우고 본다는 자세는 민주적 절차라 보기 어렵다. 아태전쟁유적과 무관한 곳이면서 통행에 방해가 되는 장소에 세워놓는 징용노동자상의 의미는 '건립' 자체일 수 있다. 건립 의미를 상쇄하는 행위이기도 하다. 우리 사회에 필요한 것은 '규탄'을 넘어선 반전평화인식 공유이기 때문이다.

■ 사연 열: 함께 가는 길 '역사문화콘텐츠 공간(History and Culture Contents Platform)'

2016년 12월 22일, '역사문화콘텐츠 공간'이 문을 열었다. '역사문화콘텐츠 공간'은 역사문화콘텐츠에 관심을 가진 이들이 학습하고 즐기고 생산하기 위해 만든 열린 공간이자 난장(亂場)이다. 다양한 전공자, 구술사가, 다큐영화감독, 기자, 출판인, 시민운동가, 학예사 등이 매달 모여 문헌을 읽거나 전시·영화를 분석하고 필드워크도 나선다. 역사문화콘텐츠에 대해 다양한 시각에서 이야기하고 관련 지식과 정보를 공유한다. 역사문화콘텐츠에 관심을 가진 이들이 함께 가는 길이다. 이 책이 나오게 된 열 번째 내력이다.

최근 인천시 부평의 시민들은 관내 지하호 발굴과 활용의 주체로 자리매김 중이다. 영상물과 QR코드를 만들고 그림자극 '부평토굴 이야기' 대본까지 쓰는 등 다양하다. 노하우는 무엇일까. '조금의 관심'이다.

　2016년 4월 3일자 서울대학교 대학신문 특집기사에서 이설기자(현 한국경제신문 기자)가 제시한 국내 아태전쟁유적 보존과 활용 방안이다. 대학생이 보여준 관심의 결과물이다. 많은 이들이 관심을 기울인다면, 활용 방안은 더 풍부해지고 시민 공감대도 커질 것이다.

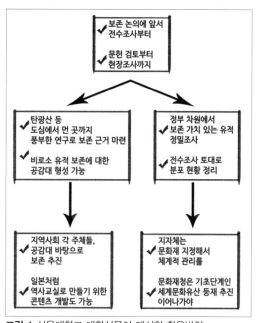

그림 1 서울대학교 대학신문이 제시한 활용방안

　이 책의 주제인 '우리 지역 아태전쟁유적 활용'은 『터널의 끝을 향해– 아시아태평양전쟁이 남긴 대일역사문제 해법 찾기』(선인출판사, 2017년 4월 발간)에서 제기한 해법을 스스로 실천해나가는 길이기도 하다. 책을 통해 한국의 여건과 현실을 고려한 실현 가능한 방안을 제시하려 했으나 첫발 떼기에 그쳤다. 역량이 부족한 때문이다. 그럼에도 국내 아태전쟁유적에 대한 관심과 고민 확산에 디딤돌이 되기 바란다. 일제 강점기 역사에 관심을 가진 시민들과 역사학·건축학·문화콘텐츠학 등 다양한 분야 연구자의 플랫폼(Platform)도 기대한다.

　본문보다 부록이 훨씬 무거운 책이다. 〈부록1〉은 지자체를 위한 TIP이다. 관내 아태전쟁유적 보존과 활용에 관심은 있으나 엄두를 내지 못하는 지자체에 작은 도움이라도 될 생각에 구성했다. 〈부록2〉는 거칠고 미완성 상태의 '우리 지역 아시아태평양전쟁목록'이다. 목록의 완성도 높이기는 개인이 감당할 수 없는 방대한 과업이기에 독자들과 등짐을 나누려 한다. 〈부록2〉에는 북측 지역의 유적도 포함되어 있다. 남측 피해자가 동원된 곳이기도 하고, 봉환하지 못한 유해가 계신 곳이다. 많은 유적이 한국전쟁 당시 공습으로 흔적을 찾기 어렵다. 비록 지금은 갈 수 없지만 남북한이 공동으로 유적을 조사하고 남측 유가족들의 추도순례 성사를 기대하며, 목록에 포함했다.

늘 무거운 등짐 진 당나귀 처지가 서글펐는데, 어려운 여건의 선인출판사가 선뜻 등짐을 가져가니 이보다 큰 위로가 없다. 면목은 없지만 졸지에 함께 당나귀 신세가 된 박애리 편집자 덕분에 마음 가벼운 봄날을 맞는다.

차 례

1. 아시아태평양전쟁유적, 평화를 위한 마중물

일본이 일으킨 아시아태평양전쟁(1931~1945, 이하 아태전쟁)은 만주침략(1931년)과 중일전쟁(1937년), 태평양전쟁(1941년)으로 이어진 침략전쟁이다.[1] 일본은 1931년 9월 18일, 일본 관동군이 중국 선양(瀋陽) 부근 류타오거우(柳條溝)에서 일으킨 '조작 만주철도 폭파사건'을 신호탄으로 전쟁에 돌입했다. 만주 침략 이후 중국 관내로 침공한 일본군은 태평양전쟁을 통해 동아시아 및 태평양 지역으로 전선을 확대했다. 일본은 침략 전쟁을 치르기 위해 식민지와 점령지에서 다수의 인적, 물적 자원과 자금을 동원하였고, 근거법(국가총동원법. 1938.4.공포. 1938.5.시행)을 제정·공포했다. 일본 당국이 아시아태평양전쟁을 수행하기 위해 일본 본토와 식민지 및 점령지, 전쟁터 등 제국 영역을 대상으로 실시한 인적·물적·자금동원정책을 강제동원이라 한다.[2]

강제동원은 전쟁 수행과정에서 몇몇 정책 수행자들이 자의적으로 행

---

[1] 일본학계에서는 1931년 만주사변 이후를 포함한 15년 전쟁을 '광의의 아시아태평양 전쟁'으로, 1941년 12월 태평양전쟁 이후를 '협의의 아시아태평양전쟁'이라 구분하고, 태평양전쟁 이후 시기를 아시아태평양전쟁으로 약칭하기도 한다. 요시다 유타카 지음, 최혜주 옮김, 『아시아·태평양전쟁』, 어문학사, 2013, 12쪽

[2] 강제동원(인력)에 관한 상세한 내용은 정혜경, 『조선청년이여 황국신민이 되어라』(서해문집, 2010); 정혜경, 『일본 '제국'과 조선인 노무자 공출-조선인 강제연행·강제노동 연구Ⅱ』(선인출판사, 2011); 『징용 공출 강제연행 강제동원』(선인출판사, 2014); 허광무 외, 『일제강제동원 Q&A(1)』(선인출판사, 2015); 조건 외, 『일제강제동원 Q&A(2)』(선인출판사, 2017) 참조

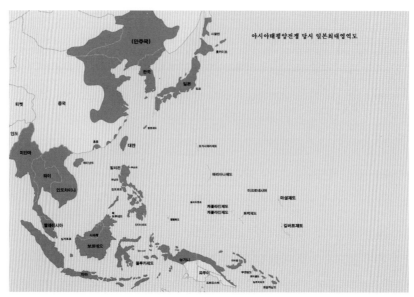

그림 2 아시아태평양전쟁 당시 일본제국의 최대 영역도(일제강점하강제동원피해진상규명위원회, 『강제동원명부해제집』1, 2009)

한 사례가 아니라 국가권력이 법적 근거에 의해 정책적·조직적·집단적·폭력적·계획적으로 수행한 업무였다. 당시 일제가 점유한 거의 모든 지역에서 자행되었으며, 본격적인 인적·물적·자금 동원은 '국가총동원법' 제정 이후 본격적으로 시행되었다. 국가총동원법(법률 제55호)은 전쟁수행을 위한 총동원을 규정한 전시수권이다. 국가총동원법은 법조문 자체만 가지고는 구체적인 내용을 확정하기 어렵게 되어 있었으나 1938년 5월부터 이 법을 모법으로 하는 각종 통제법령이 칙령(勅令)과 각령(閣令), 성령(省令), 고시(告示) 등의 형식으로 공포하면서 본격적으로 효력을 발휘해 강력한 통제체제가 가능했다.

조선인 인력 동원 규모는, 7,804,376명으로 알려져 있는데 군위안부 등 성동원피해자 수가 포함되어있지 않다.[3] 일제는 국가총동원법을 시행하기

---

3) 상세한 동원 내역은 『부평역사박물관 학술총서3 - 미쓰비시를 품은 여백 사택마을 부평 삼릉』(2016), 73쪽 참조

위해 행정체계를 갖추고 조직적으로 대응했다. 당시 조선총독부는 식민지 조선의 실질적인 지배 권력이었고, 행정 부서가 인력 동원 업무를 직접 담당했으므로 공권력이 개입된 국가 권력 차원의 업무였다. 조선총독부 본부는 물론 지방 하위기관까지 동원과 관련한 행정기구를 갖추고 관·경찰·관변단체·여행사를 포괄하는 총체적 동원 시스템이 가동되었다. 중앙의 국 단위에서 지방의 말단 읍과 면 단위까지 담당 직원이 배치되어 유기적으로 동원 업무를 수행했다.[4]

이 같이 일본이 일으킨 아태전쟁은 아시아와 태평양의 4천만 민중을 총동원 전쟁의 화마 속으로 내몰았다. 제국 일본은 이들 지역의 인력과 물자, 자금을 동원했고 민중들에게 큰 상흔을 남겼다. 이와 함께 남은 것은 많은 전쟁유적(또는 전쟁유산)이다. 현재 일본을 포함한 아시아와 태평양 등 아태전쟁 관련지역(그림2)에는 수십 만 개소의 전쟁유적이 남아 있는 것으로 알려져 있다.

전쟁유적이란 전투지는 물론 전쟁이 있었던 지명이나 건조물, 사건 유적 지이다. 엄밀히 말하면 '전쟁관련 유적(War – Related – Sites)'이다. 일본 학계는 전쟁유적을 '근대 일본의 침략전쟁과 수행과정에서 전투나 사건의 가해와 피해, 반전저항에 관해 국내외에 형성되어 현재에 남아 있는 구조물과 유구(遺構), 유적지'라 정의했다.[5] 일본이 메이지(明治)유신 후 대외침략전쟁에 나선 기간 중 다수의 군사유적을 광범위하게 남긴 시기는 아태전쟁기다.[6]

전쟁유적은 Dark History나 '부(負)의 역사' 현장으로 불리는데, 유네스코 세계유산 등재목록에 '부의 유산(Negative Heritage)'도 당당히 자리하고 있다. 부의 유산은 '특정 집단의 기억에서 부정적인 기억이 저장되는 갈등의 장소'를 의미한다. '정체성을 지닌 집단과 공동체에게 공동의 상실로서의 폭

---

4) 상세한 내용은 허광무 외, 『일제강제동원 Q&A(1)』(선인출판사, 2015) 참조
5) 戰爭遺跡保存ネットワーク 編, 『日本の戰爭遺跡』, 平凡社, 2004, 23쪽
6) 安島太佳由, 『訪ねて 見よう! 日本の戰爭遺産』, 角川SS, 2009, 27~32쪽

력적, 비극적, 또는 씻을 수 없는 정신적 상처를 남긴 사건과 장소'다. 유네스코에 등재된 유산 가운데 대표적인 부의 유산 관련 주제는 일본 히로시마(廣島)의 원폭 돔(문화유산)을 비롯해 네덜란드 서인도회사 기록물, 영국령 카리브지역의 노예명부(이상 기록유산) 등 식민지·노예·노동·디아스포라·학살·저항이다.[7] 부의 유산을 세계유산으로 등재해 세계 각국이 어두운 역사 유적을 외면하지 않는 이유는 '21세기를 평화의 세기로 정착'하고 더 이상 '전쟁유적을 만들어내지 않는 시대'를 만들어가려는 세계 시민의 염원이 있기 때문이다.

제2차 세계대전 후 독일 시민들이 유대인집단학살의 역사를 기억하고 공유하는 방법의 하나도 관련 유적에 대한 보존과 활용이었다. 독일의 공공행정은 나치강제수용소 등 가해의 현장을 해체하는 방향으로 추진되었다. 그 결과 옛 수용소 자리는 용도를 바꿔 사용되고 수요가 없어지면서 과거 세대의 유물이 방치되거나 건물의 노후화, 붕괴 위험성, 새로운 주택지 확보 등을 이유로 해체되어 갔다. 그러나 희생자들의 '흔적 찾기'는 독일 전후 역사연구와 교육의 사회사로 전환되면서 시민 차원의 '족적 찾기'로 이어졌다. 1970년대 후반부터 많은 향토사가들이 중심이 되어 '기억의 터' 또는 '기억하지 않으면 안 되는 역사적 장소'에 표식을 남겨 가시화하고 보존하는 운동을 확산해갔다. 시민 차원에서 시작된 '족적 찾기'는 1980년대에 들어 '법적인 보호대상'으로 정비되면서 '공적인 과거'로 확립되었다.

이러한 과정을 통해 유대인집단학살의 역사는 동서독일 공통의 과거로 자리매김했다. 통일이라는 새로운 상황에서 유대인집단학살의 역사는 타자에 대한 관용이나 마이너리티에 대한 배려와 같은 민주주의적 시민 육성에 매우 중요한 교육 수단이 될 수 있었기 때문이다. 반대로 나치즘은 악의

---

7) 오일환, 「유네스코 세계문화유산과 기록, 기억유산」(「일제강제동원의 역사, 세계반전평화의 자산 – 세계기억유산 등재 추진 전략」심포지엄 발표문, 2016.10.7)

기준으로 제시되고 네오나치즘은 과거 교훈에서 '배우지 않은 자'들로서 부정되었다. 시민 차원으로 공유된 역사 인식은 피해자 보상 문제로 이어져 2000년에 독일 정부와 기업이 100억 마르크를 거출해 설립한 '기억·책임·미래 재단'에 나치즘과 전혀 관계없는 전후 설립 기업이 참여하는 성과를 낳았다. 이 같이 독일에서 관민이 일체가 되었던 경험은 기억문화를 지배적인 풍조로 만드는 순풍의 역할을 했다.[8]

이같이 일본을 포함한 전쟁관련국에서는 시민사회와 정부 차원에서 전쟁유적 조사와 활용에 대해 관심을 기울이고 있으며, 새로운 연구 주제로도 주목받고 있다. 오키나와에서 열린 1998년도 일본고고학협회 대회에 설치한 5개의 분과회 가운데 하나는 '전쟁·전적 고고학' 주제였다. 2000년에 발간된 일본 학술지 『계간 고고학』 72호의 주제는 '근 현대의 고고학—전쟁유적, 종교유적, 산업유적의 조사사례와 연구과제'이다. 2003년에 열린 세계고고학회의 분과회 테마에도 '제1차 세계대전, 제2차 세계대전, 전후 냉전시대 유적과 유산'이 포함되었다.

아태전쟁 발발국인 일본은 유적 조사·활용에 대한 민관의 관심과 함께 고고학 분야에서도 성과를 내고 있다. 주인공은 전적고고학(戰跡考古學, 또는 전쟁고고학)이다. '근대 일본이 끊임없이 전쟁을 일으키고 전쟁 수행을 위해 민주주의와 평화를 부정하고 탄압한 사건을 의미하는 '흔적'과 '물건'을 '전쟁유적·유물'이라 부르고, 이와 관련한 고고학적 조사와 연구'를 전적고고학이라 한다. '전적'은 '전투가 있었던 흔적'이라는 의미가 있지만 전쟁 관련 유적과 사건의 장소 등 폭넓게 전쟁에 관련된 유적을 포함한다.[9]

전적고고학의 제창자는 오키나와(沖繩)현 연구자인 도마 시이치(當眞嗣—)다. 전적고고학 제창의 배경은 오키나와 전쟁 피해다. 오키나와는 전쟁 기간 중

8) 박홍규·조진구 편저, 『한국과 일본, 역사 화해는 가능한가』, 연암서가, 2017, 243~246쪽
9) 菊池實, 「일본의 전쟁 유적 보존 운동의 의의와 성과」(광주 중앙공원 내 일제 군사시설 역사교육 활용 방안 시민토론회 자료집, 2014.8.26, 광주광역시의회), 68쪽

일본에서 유일하게 주민들이 지상전(地上戰)에 휘말려 수십만 명이 목숨을 잃은 곳이다. 현민(縣民) 4명 중 1명이 희생되었다고 할 정도로 피해가 컸고, 전후 70년이 지난 지금도 곳곳의 자연동굴과 지하호에는 유골과 불발탄이 남아 있다. 도마는 전적고고학 제창의 목적을, '아태전쟁 중 오키나와의 실태를 정확히 직시하고 과학적으로 기록하기 위함'이라 밝혔다. 1984년에 전적고고학이라는 이름을 처음 붙였고, 1996년에 간행한 『니시하라쵸사(西原町史)』제5권에 전적고고학이라는 장을 포함했다.

전적고고학은 1984년에 시작되었으나 역사적 연원은 1970년대 말로 거슬러 올라간다. 이 마을에서는 1977년 11월 25일에 니시하라쵸사(西原町史)편찬위원회를 발족하고, 1978년부터 편찬사업을 시작했다. 이 때 '전쟁편'을 기획하면서, '첫째 주민에게 전쟁실태를 명확히 하고, 둘째 전쟁에 대한 비판과 반성이 어떻게 이루어졌는가를 분명히 하며, 셋째 오키나와전쟁을 넓은 시각에서 기술하고, 넷째 전쟁체험을 올바로 후세에 전한다'는 기본적인 인식 아래 전쟁체험 구술조사, 전쟁피해지 상황 조사, 방공호와 진지호(陣地濠) 등 확인 조사와 고고학적 조사를 실시했다.[10]

도마가 정의한 전적고고학은 '제2차 세계대전 말기 오키나와전 관계의 전쟁유적이나 유류품 등이라는 과거의 물질적 자료를 인식의 수단으로 삼아 주민들이 희생된 오키나와전쟁의 실상을 고고학적 방법으로 조사·연구하는 분야'다. 처음에 도마는 연구 대상을 오키나와전쟁으로 한정했으나 이후 근대 일본이 반복한 전쟁 전체로 확대하고 지역도 일본의 침략지인 아시아까지 확장해야 한다고 주장했다. 또한 부의 유산인 전쟁유적과 유물을 문화유산으로 지정해 보존을 도모하고 공개와 활용을 확대하는 운동과 연동할 것을 제안했다.[11]

---

10) 當眞嗣一, 「戰跡考古學提唱の背景」, 『季刊 考古學』72호, 2000, 23쪽; 池田榮史, 「近現代遺跡調査の現狀 - 沖繩」, 『季刊 考古學』72호, 63쪽
11) 當眞嗣一, 「戰跡考古學提唱の背景」, 『季刊 考古學』72호, 2000, 24쪽

도마의 전적고고학 제창 후 고고학 연구자들의 전쟁유적 조사와 연구, 보존과 활용에 대한 연구가 심화되고, 평화운동이나 역사교육 등 여러 방면으로 확산되었으며, 사회 전체적인 전쟁유적 조사와 보존운동의 성과로 이어졌다. 도마의 출신지인 오키나와 니시하라마을도 1990년에 쵸(町)조례에 '오키나와전(戰) 유적'을 문화재지정기준에 포함했다. 이 시기에 일본 각지에 관련 단체가 결성되었는데 이를 토대로 1997년에 (사)전쟁유적보존전국네트워크가 탄생했다. (사)전쟁유적보존전국네트워크는 일본의 아태전쟁유적 보존운동을 주관하는 대표 기관이다. 1997년에 각지의 전쟁유적보존단체와 문화재보존전국협의회, 역사교육자협의회 등을 중심으로 단체와 개인이 모여 결성했다. 전쟁유적의 조사·연구, 각지 보존운동, 평화자료관과 평화교육 등에 대해 정보를 교환하기 위해 자료를 간행하고 심포지엄을 개최하는 등 다양한 활동을 하고 있다.[12]

아태전쟁유적을 분류하고, 시민 차원의 답사 프로그램이나 주요 유적별 필드워크 가이드북 보급도 활동의 일환이다. 일본의 아태전쟁유적은 여덟 종류인데, 대부분 시민들 주변의 생활 현장이다.[13]

① 정치·행정 관계 : 육군성·해군성 등 중앙 기관, 사단 사령부·연대본부 등의 지방 기관, 육군 병원, 육군 학교, 연구소 등
② 군사·방위 관계 : 요새, 군항, 고사포 진지, 비행장, 항공기 격납고, 군 연습장, 연병장, 사격장, 통신소, 감시 초소, 동굴 진지, 특공대 기지, 대피호 등
③ 생산 관계 : 조병창, 비행기 제작소 등의 군사 공장, 경제 통제를 받았던 공장, 지하 공장 등
④ 전투지역·전쟁터 관계 : 이오지마(硫黃島), 오키나와(沖繩) 제도 등의 전투가 이루어진 지역과 지점. 도쿄(東京)·오사카(大阪)·나고야(名古屋) 등으로 대표되는 공습피해지, 히로시마(廣島)·나가사키(長崎)의 피폭지 등
⑤ 주거지 관계 : 외국인 강제동원 노동자 거주지, 포로수용소, 방공호 등
⑥ 매장 관계 : 육·해군 묘지, 포로 묘지 등

---

12) http://senseki-net.on.coocan.jp/
13) 菊池實,「近代戰爭遺跡調查の視點」,『季刊 考古學』72호, 2000, 19쪽

⑦ 교통 관계 : 군용 철도·도로 등
⑧ 기타 : 비행기 추락지, 추도시설 등

이 분류의 토대는 일본 문화청의 '근대유적조사실시요항'의 11개 분야 구분[광산, 에너지 산업, 중공업, 경공업, 교통·운수·통신업, 상업·금융업, 농림수산업, 사회, 정치, 문화, 기타]이다.[14]

일본 학계와 시민사회가 전쟁유적을 조사하고 보존하는 이유는 무엇인가. (사)전쟁유적보존전국네트워크에 의하면, '인류 전쟁의 세기였던 20세기'에 '전쟁이 얼마나 인류에게 비참함을 안겨주었는지'를 명확히 인식하고 '평화실현을 위해 노력해야' 하기 때문이다.[15]

그러나 2015년 유네스코 세계유산 등재 과정에서 보여준 일본정부의 자세는 일본 시민사회의 목적과 배치되는 모습이다. 7월, 유네스코 세계유산위원회에서 일본 규슈(九州)·야마구치(山口) 일원의 공장·탄광 유적(이하 근대산업유산군)이 유산으로 등재되었으나 등재 과정에서 논란이 컸다. 가장 큰 논란은 근대산업유산군이 세계유산 등재조건인 '탁월한 보편적 가치'와 '완전성', '진정성'에 미흡한 상황에서 정치적인 강행에 대한 우려였다. 회원국들 사이에서 아베(安倍 晋三) 일본 총리의 정치적인 의도가 개입되었다는 지적이 강했다. 근대산업유산군 28개소 가운데 강제동원 관련지 11개소에 대해 등재과정에서 일본이 강제동원을 인정하지 않음으로써 한국과 중국·연합군 포로 피해국 등에게 또 다른 상처를 안겨주었다. 유산 등재 후 세계유산위원회에서 일본 대표의 공식 발언도 부정하는 이중성을 보였다. 일본이 유네스코 정신을 훼손하며 '유네스코를 역사 왜곡의 도구로 전락시키려 한다는 지적을 면치 못하는 이유다.

---

14) 菊池實, 앞의 글, 18쪽
15) 戰爭遺跡保存ネットワーク 編, 『日本の戰爭遺跡』, 平凡社, 2004, 12쪽, 22~23쪽

2. 한반도 소재 아시아태평양 전쟁유적 현황

　최근 국내에서도 역사학과 건축학 등 분야에서 아태전쟁유적에 대한 관심을 보이고, 문화재청을 중심으로 민관의 여러 단체가 일부 군사유적을 대상으로 현지조사를 진행했다. 그러나 아태전쟁유적에 대한 사회적 관심은 미미하며 정부 차원의 전수조사도 이루어지지 않고 있다. 그러므로 한반도 아태전쟁유적 전체 현황을 알 수 있는 공식 자료는 없다. 국무총리 소속 대일항쟁기강제동원피해조사 및 국외강제동원희생자 등 지원위원회(이하 위원회) 활동결과보고서에 수록된 조선인 동원 관련 노무자 동원 작업장 목록(2015.12월말 기준, 정혜경 작성)이 유일하다. 그러나 이 목록은 전수조사결과가 아니다.

〈표 1〉 동원지역별 조선인 노무자 동원 작업장

지역	작업장(개소)	주요 직종
한반도	7,467	탄·광산, 항만 운수, 군수공장, 군 공사장, 토목건축공사장
일본	4,119	탄·광산, 항만 운수, 군수공장, 군 공사장, 토목건축공사장
남사할린	77	탄광, 삼림 채벌장, 토목건축공사장, 공장
태평양	112	광산, 군 공사장, 항만 운수, 토목건축 공사장, 농장
동남아	4	공장(제철소), 농장
중국·만주	316	탄광, 군 공사장, 토목건축 공사장, 농장
계	12,095	

〈표 1〉 가운데 조선인 동원 유적이 가장 많은 지역은 한반도이다. 작업장 수가 일본지역 작업장 4,119개소의 두 배에 해당한다.

이 같이 한반도에 다수의 노무동원작업 현장이 발생한 이유는 아태전쟁 기 식민지 조선에게 부여한 역할 때문이다. 국가총동원법과 관련 법령에 의 거해 한반도는 물자와 인력, 자금을 제공하는 역할을 담당했다. 일본은 국 가총동원법에 동원해야 할 물자의 종류를 규정하고, 매년 생산력확충계획 을 수립해 품목과 규모를 확정했다. 그리고 매년 연도별 물자동원계획과 생 산력확충계획을 수립하고 운영했다.[16] 이를 위해 연인원 6,488,467명(일본 정부 추산)을 노무자로 동원했다.[17]

앞에서 소개한 바와 같이 일본 학계는 아태전쟁유적을 8종으로 분류했 다. 그러나 식민기지와 병참기지로서 역할 등 식민지 조선의 역사적 배경과 상황은 일본과 다르므로 한반도에 동일한 기준 적용은 적절하지 않다.

필자가 대별한 한반도 아태전쟁유적은 식민통치유적, 군사유적, 생산관계 유적, 기타유적 등 네 종류이다. 일본의 아태전쟁유적 구분을 참고로 식민 지 상황을 감안해 설정했다. 이 네 가지 기준에 의하면, 〈표 1〉의 노무자동 원작업장 목록은 생산관계와 군사유적에 해당한다. 이 분류는 필자 개인의 의견이므로 향후 아태전쟁유적의 성격을 잘 드러낼 수 있는 분류가 다양하 게 제기 되기를 기대한다.

〈표 1〉을 토대로 필자가 추가한 한반도 소재 아태전쟁유적 목록(정혜경 작성, 2017.12.기준, 남북한 포함)은 8,482개소이다. 개인의 작업 결과물이 어서 오류도 있고 현장조사와 검증이 필요하지만 기초자료로서 의미가 있

---

16) 이미 아태전쟁 직전인 1930년 6월에 '조선자원조사위원회 규정'을 만들고 250여개 품목을 대상으 로 생산액 등을 조사했다. 1937년 중일전쟁 후부터는 물자를 통제하고 전쟁수행을 위해서만 사용 하도록 했다. 1937년과 1938년에 '중요산업의 통제에 관한 법률' 등 14건의 관련 법률을 제정하고 전담 기구로써 조선총독부에 '자원과'를 설치했다. 상세한 연도별 물자동원 계획 현황은 정혜경, 『강제동원&평화총서-감感·동動 제1권 - 징용 공출 강제연행 강제동원』, 선인출판사, 2013, 11쪽

17) 大藏省管理局編,『日本人の海外活動に關する歷史的調査 - 통권제10책, 朝鮮篇第9책』,1947. 71 쪽; 大藏省管理局編,「戰와 朝鮮統治」,『日本人の海外活動に關する歷史的調査 - 통권제10책. 朝鮮 篇第9분책』, 1947, 69쪽

다. 구체적인 목록은 부록2에 수록했다.[18]

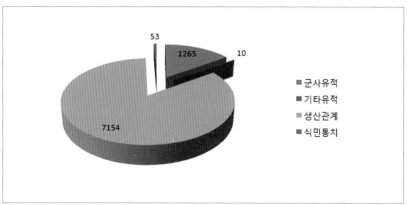

그림 3 한반도 소재 아시아태평양전쟁유적 종류별 현황

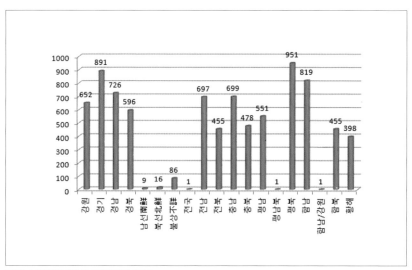

그림 4 지역별 (당시 행정구역) 분포

먼저 지역별 분포(당시 행정구역 기준)를 보면, 가장 다수를 차지하는 지역은 평북이고, 그 뒤를 경기(경성 포함)와 함남이 잇는다. 평북이 지역 분

---

18) 국내 아태유적 목록은 지속적으로 업데이트하고 있으며, 전체 현황은 반년마다 정기적으로 일제강제동원&평화연구회 카페(http://cafe.naver.com/gangje)에 올리고 있다.

포에서 으뜸인 이유는 생산관계유적의 다수를 차지하는 탄·광산이 밀집된 지역이기 때문이다.

　두 번째로 종류별 현황을 보면, 가장 큰 비중을 차지한 유적은 생산관계 (84.89%)다. 생산관계유적의 내역은 6종(공장, 탄광/광산, 철도/도로, 토건, 하역수송, 기타 작업장)이다. 이 가운데 철도와 항만은 생산관계 유적이기도 하고, 식민통치유적이기도 하다. 철도와 항만에 노무자가 동원된 점을 보면, 생산관계유적이지만 인력과 물자가 철도와 항구를 통해 송출되었다는 점에서는 식민통치유적에 해당되기 때문이다.

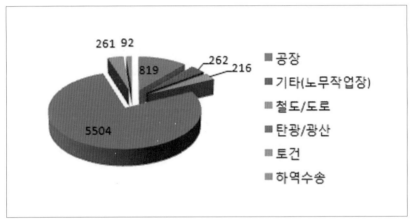

그림 5 생산관계유적의 직종별 현황

　생산관계유적의 직종별 분포에서 최다 유적은 탄·광산이다. 일본 당국이 조선에 부과한 공출품목 가운데 미곡 다음으로 중요한 품목이 다양한 광물이었음을 감안할 때 당연한 결과이다. 석탄과 같은 동력원이나 금·은·구리 등 일반광물은 물론이고 텅스텐이나 몰디브덴, 석면 등 특수 광물이 한반도 전역의 광산에서 채굴되었다. 탄광산의 지역별 분포를 보면 다음과 같다.

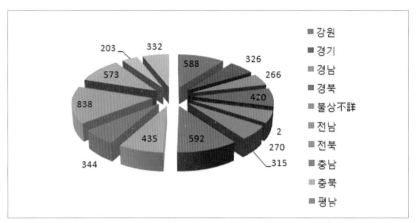

그림 6 탄광/광산의 지역별 분포

철도/도로에는 간선철도 외에 공출품목 및 자재 수송을 위한 철도공사가 다수를 차지했다. 특히 만포선철도와 같이 한반도 이북(以北)의 발전소 건설공사장 주변에 여러 산업 철도를 개설해 건설자재 운반에 활용했다. 기타 항목에는 소금과 연초 등 전매분야 생산 작업장을 찾을 수 있다.

생산관계유적의 자본계열 현황을 보면, 미쓰비시(三菱), 미쓰이(三井), 일본제철(日鐵), 아소(麻生), 스미토모(住友) 등 대기업을 비롯한 일본의 주요 기업이 망라되어 있었다. 가네보(鐘紡), 다이니치보(大日紡), 도요보(東洋紡) 등 3대 방적공장 등 중소기업도 다수였다.

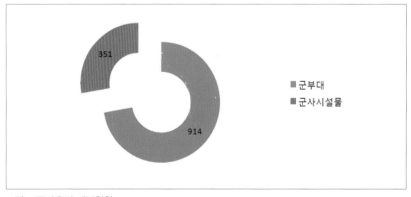

그림 7 군사유적 세부현황

군사유적은 군부대(군과 헌병부대, 군 소속 시설물, 군 소속 작업장, 포로수용소 등)와 각종 군사시설물(비행장, 지하시설, 방공초소 등)을 의미한다. 군사유적은 한반도의 군사적 역할과 깊은 관련이 있다. 당시 한반도 관내에는 조선군(조선에 주둔 중인 일본군)이 자리하고 있었다. 조선에 주둔한 일본군은 제국 일본의 주요 집단군으로서 공사관수비대로부터 소급하면 가장 오랜 기간 '외지'에 주둔했던 군대였다. 특히 조선군은 1945년 8월 15일 이후에도 조선 내에서 실질적인 통치 행위를 할 정도로 특별한 위상을 가지고 있었다. 군사전략적 측면에서 조선이 일본에게 중요한 지역이었음을 의미한다.

일본군이 조선에 처음 들어온 것은 1880년 서울에 개설된 일본국공사관의 수행원으로 오면서였다. 이후 1882년 공사관을 '수비'하기 위해 소규모의 군 병력이 조선에 상주했지만, 전투부대가 주둔하기 시작한 것은 1903년 12월 한국주차대사령부(韓國駐箚隊司令部)를 설치하면서부터였다. 그 후 1904년에 한국주차군은 1910년에 조선주차군으로, 1918년에 조선군으로 변경되었으며, 본토결전이 임박한 1945년 2월에는 제17방면군으로 바뀌었다.[19]

1916년 군의 상주화가 시작된 후 일본군의 작전계획에서 조선군의 역할이 가장 크게 변화한 시기는 1945년 2월이다. 1월 20일 대본영이 수립한 '제국육해군작전계획대강'에 의해 한반도는 본토결전을 준비하는 기지로서 역할을 수행하게 되었다. 이미 1941년 태평양전쟁 발발 후 부터 조선군은 편제와 관할구역을 변경하고 한반도 여러 지역에 군사설지를 구축하기 시작했으며 1945년 3월부터 군사설지 구축공사는 급속하게 건설되었다. 각지에 마련된 비행장을 확장하는 공사도 재개되었고, 남쪽 해안과 도서지역에 방어진지 구축공사도 긴급히 시행되었다. 현재 파악된 한반도 군사시설물 351개소의 대부분은 이 시기에 구축되었다.

---

19) 조선군에 관한 상세한 내용은 조건, 「전시 총동원체제기 조선 주둔 일본군의 조선인 통제와 동원」(동국대학교 사학과 대학원 박사학위논문, 2015) 참조

식민통치유적은 조선통치기관이었던 조선총독부 관련 유적은 물론, 조선 은행과 동양척식주식회사 등 경제기관을 비롯해 일본의 식민지 조선 통치 와 관련한 유적을 의미한다.

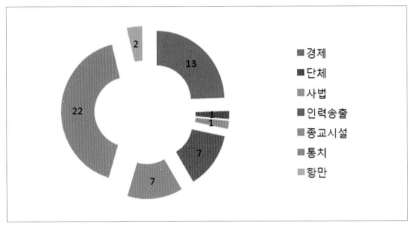

그림 8 식민통치유적 세부 현황

기타유적은 노동자 사택, 소개(疏開) 공지(空地) 등 군사방위 관련, 추도 관 련지(일본인 공동묘지 터), 공동창고 등이다.

3. 아시아태평양전쟁 유적의 활용 실태
- 일본, 한국

1) 일본의 아시아태평양전쟁유적 보존 실태

일본의 전쟁유적 조사와 보존은 전쟁전시회(戰爭展)운동과 전쟁체험, 전쟁 유적 발굴운동에서 시작해 1974년부터 중고등학교 학생·교사에 의한 조사와 전쟁유적 관련 시민단체 조직으로 확산되었다. 이러한 학교와 시민운동 차원의 활동을 토대로 1990년대 이후 본격적인 전쟁유적 조사와 보존운동이 전개되었다. 1996년부터는 일본정부 차원의 전국 조사(문화청 주관, 각 현 교육위원회 수행)가 시작되었다. 현재 일본의 전쟁유적과 전쟁자료는 근대사연구 및 전쟁유적고고학 연구 자료, 역사교육과 생애학습 교재, 평화학습 물증과 구술기록 등 세 가지다.[20]

일본 전쟁유적보존운동은 한국에 비해 연원이 깊고 성과도 많지만 순탄한 길만 걸었던 것은 아니었다. 가장 큰 어려움은 전쟁 유적이 조사 기회도 갖지 못하고 사라진다는 점이었다. 일반적으로 유적은 세월이 흐르면서 여러 변화를 거치며 자연 소멸하는 경우가 적지 않다. 그러나 전쟁유적의 경우는 의도적인 말소도 적지 않았다. 도쿄 소재 도야마(戶山)의 구 육군 군의학교 유적에서 발굴된 대량의 인골을 둘러싼 문제가 대표적이다. 당시 국토

---

20) 戰爭遺跡保存ネットワーク 編,『日本の戰爭遺跡』, 10쪽

청(국토청 방재국 방재조사과 등)이 추진한 『특수 지하호 실태 조사』결과도 과거 역사적 사실을 봉인할 의도였다고 한다.

또한 전쟁유적의 조속한 보존 대책은 전쟁 유적만이 가진 문제가 아니라 오늘날 문화재 전반에 관한 긴급 과제이기도 했다. 그 가운데 하나는 안전사고였다. 일본정부는 2001년에 전국의 특수 지하호를 5,003곳으로 파악했다. 그러나 2005년 4월 가고시마(鹿兒島)시의 지하호에서 중학생 4명이 죽는 사고가 발생하자 일본정부는 긴급히 특수지하호의 실태를 재조사했다. 조사 결과 2005년 현재 10,280곳의 지하호가 확인되었고 일부는 매립 조치가 취해졌다. 2009년 현재 일본 전국에 남은 지하호 수는 9,850곳이다.

일본에서 전쟁유적을 보존하기 위한 제도적 조치는 지정·등록제도다. 기존의 지정제도는 영구적인 보존 조치로서 대상이 엄선되고 소유자와 관리자가 자유롭게 손을 댈 수 없었다. 이에 비해 등록제도는 이용과 활용을 하면서 구조물을 보존하는 방식이어서 관리는 소유자에게 일임하지만 대상의 폭이 넓으므로 보다 광범위하게 문화재를 보호할 수 있다. 지정제도를 통해 그간 보존이 곤란했던 많은 물건(物件)에도 구제의 길이 열렸다.[21]

지정등록제도가 탄생한 배경은 일본 사회에서 제기된 전쟁유적 보존 필요성 인식 때문이다. 일본 각지에서 메이지(明治) 이후 역사적 구조물이 급속히 사라지는 상황이 계속되자 전문가나 애호가들이 보존의 필요성을 역설하기 시작했다. 이에 대해 각 기업도 사회 환원의 방법으로 근대화 유산에 대한 관심을 표명했고, 정부도 대응에 나섰다. 1990년부터 일본정부는 전국 도도부현(道都府縣)에 위탁하는 방식으로 근대화유산의 종합적인 실태조사를 개시했다. '근대화유산(구조물 등) 종합조사사업'은 각 도도부현이 사업주체가 되고 문화청이 비용 지원과 지도·조언을 담당하는 방식으로 이루어졌다. 최초로 군마(群馬)현과 아키타(秋田)현에서 조사가 실시된 후 매년 2

---

21) 矢澤高太郎, 「近代化遺産」, 『季刊 考古學』72호, 33쪽

개현씩 조사지역을 확대하면서 보고서도 발간했다. 조사사업은 지속적으로 이루어져 전국 단위의 전수조사 성과를 냈다. 문화청은 이러한 실태조사 결과를 기반으로 1993년부터 조사가 완료된 지역의 근대화유산을 중요문화재로 지정해나갔다. 또한 1995년 3월 문화청의 '특별 사적 명승 천연기념물 및 사적 명승 천연기념물 지정 기준'의 일부가 개정되어 '제2차 세계대전 종결 무렵까지 정치, 경제, 문화, 사회 등 모든 분야의 중요한 유적'이 사적 지정의 대상이 되었다. 1996년 10월에는 문화재등록제도가 만들어져서 기존의 '지정' 외에 '등록'이 추가되었다. 이를 계기로 2000년 4월까지 총 1,873건이 등록유형문화재로 지정되었고, 2013년 7월 현재 전쟁문화재 지정·등록문화재는 총 200개소에 달하고 있다.

전쟁유적은 건물이나 건물터가 중심이지만 당시 세운 전쟁비(戰爭碑)나 동상(銅像)도 조사 대상이다. 전쟁비는 전몰자 개인비, 종군 기념비, 충혼비, 충령탑, 위령탑 등 다섯 종류로 구분하는데, 건립자와 휘호자, 관련 행사 등 많은 정보를 제공해주는 중요한 사료로 평가받고 있다. 동상은 전쟁비에 비해 일반인들에게 존재감이 약하고 현대 사회에서 메시지를 전달하는 방법으로는 이질적이고도 간접적 수단이지만 당시 장소와 인물의 역사성을 나타내는 전쟁유적의 하나이다. 아태전쟁기간 중 세운 동상의 기능은 위업과 공적 현창은 물론, 전쟁 등 공적 활동에서 희생된 사람들을 위령하거나 평화를 기념하는 기념물이었다. 공동체의 이미지 캐릭터라는 상업적 목적으로 확대되었다.[22]

2) 일본의 아시아태평양전쟁유적 활용 현황

일본의 전쟁유적 활용은 진정한 '전쟁 책임' 묻기에서 출발했다. 활용 방안

---

22) 下山 忍, 「近現代遺跡調査の事例 - 戰爭碑の變遷」, 『季刊 考古學』72호, 66쪽; 松原典明, 「近現代遺跡調査の事例 - 近代の銅像」, 『季刊 考古學』72호, 71쪽

은 크게 세 가지이다. ① 지방 자치 단체의 유적·문화재로 등록해 시급히 사적으로 지정하고, 역사 교육, 평화 교육의 교재로 활용 ② 근현대사 지역 역사 기술을 위한 활용 ③ 평화적·문화적인 마을 만들기의 거점으로 활용하고, 이에 연동한 자료관 건설 운동. 시민들이 역사와 연대 속에서 살아 있는 장소로 공간 구축. 그리고 이를 위한 평화 박물관이나 자료관 건설 등이다.[23]

일본의 아태전쟁유적 가운데 세계시민들에 활용하는 유적은 히로시마 원폭 돔이다. 히로시마지역 시민사회가 원폭 돔 보호운동을 일으키자 1985년 일본고고학협회는 정부에 대해 특별 사적(史蹟)으로 지정해줄 것을 요청했고, 1995년에 사적으로 지정되었다. 1995년 3월 문화청의 '특별 사적 명승 천연기념물 및 사적 명승 천연기념물 지정 기준'의 일부 개정을 계기로 5월 문화재보호심의회가 히로시마시의 원폭 돔을 국가 사적으로 지정해줄 것을 문부성에 요청했고, 일본정부는 6월 27일 원폭 돔을 사적으로 지정하게 된 것이다. 이를 토대로 원폭 돔은 1996년 12월 제20회 유네스코 세계유산위원회에서 유산으로 등록되었다.[24]

일본의 아태전쟁유적 활용이라는 측면에서 보면, 활용 현황은 장소 콘텐츠 중심인데, 교육형 테마파크 보다는 도시재생사업 측면에서 산업유산의 재활용도를 높이는데 중점을 두었다. 대표적인 사례는 2015년 유네스코산업유산 등재시설지의 하나인 후쿠오카(福岡)현 오무타(大牟田) 소재 미쓰이(三井)금속광산 미이케(三池)탄광이다. 미이케 탄광은 오무타시 전역에 7개 광산(大浦, 七浦, 宮浦, 勝立, 万田, 四山, 三川)을 운영했는데, 이 탄광의 갱 가운데 일부가 국가지정문화재다.

오무타시에는 미이케 탄광 외에 미쓰이화학(주)가 운영했던 군수공장 3개소, 전기화학공업(주)가 운영했던 군수공장 1개소, 토목공사장(화력발전소)

23) 菊池實, 「일본의 전쟁 유적 보존 운동의 의의와 성과」(광주 중앙공원 내 일제 군사시설 역사교육 활용 방안 시민토론회 자료집, 2014.8.26, 광주광역시의회), 74쪽
24) 是光吉基, 「近現代遺跡調查의 現狀 - 中國」, 『季刊 考古學』72호, 55~56쪽

1개소, 운수항만 작업장 1개소, 미이케 탄광 소속 제련소 등 총 8개소의 아태전쟁 유적이 있다. 이 가운데 군수공장은 현재도 가동 중이므로, 폐광된 미이케 탄광 소속 갱들만 장소 콘텐츠로 조성했다.

미이케 탄광 소속 미야우라(宮浦)갱 유적은 미야우라석탄기념공원으로 남아 있다. 미야우라갱은 1888년~1968년간 4천만 톤의 석탄을 채굴한 미이케 탄광의 주력 탄광이다. 탄광의 70%는 다른 공장지대로 재개발되었고, 갱구가 있었던 일부만 공원으로 조성했는데, 1998년에 국가등록문화재로 지정된 굴뚝이 한 개 남아 있다. 2000년에 오무타시가 공유화했고 2002년부터 보존정비사업의 일환으로 야구라(竪坑櫓, 입식갱도시설)를 교체했다.

만다(万田)갱은 오무타와 구마모토(熊本)현 아라오(荒尾)시에 걸쳐 있는데, 현재 국가중요문화재다. 2006년 11월에 이 지역 탄광시설을 근대화산업유산군으로 세계문화유산에 지정하자는 운동이 시작되면서 탄광시설물은 시민들의 호응과 각광을 받게 되었다. 만다갱은 2015년 7월 세계유산에 등재되었다. 시민들 차원에서 만든 '오무타-아라오 탄광촌 팬클럽'이 '만다갱 시민축제 이벤트'를 비롯한 각종 이벤트를 운영하면서 시민 참여도와 시설물 활용도를 높이고 있다.[25]

그러나 이러한 장소 활용은 미이케 탄광의 역사를 오롯이 시민들에게 알리고 공유하려는 방향과는 거리가 있다. 미이케 탄광은 1469년에 석탄 존재가 확인되어 1721년에 석탄 채굴(관영)을 시작했는데 1889년부터 미쓰이 재벌이 경영을 맡았다. 미쓰이 재벌이 인수한 후 수송 시설을 근대화해 일본 최대의 탄광으로 성장했으나 대표적인 인권침해의 장소라는 역사를 남겼다. 미이케 탄광은 초기에 죄수를 사역하는 죄수노동에서 출발한 곳이었기 때문이다. 일반인이 갱부로 취업한 후에도 일정 기간 동안은 탄광부를 죄수와 동일하게 취급했다. 도주를 방지하기 위해 족쇄를 차고 있거나 의복도

---

25) 상세한 내용은 강동진, 『빨간 벽돌창고와 노란 전차』, 비온후, 2006, 85~95쪽 참조

입지 못한 채 노동하는 경우가 일반적인 상황이었다.[26)

아태전쟁 발발 이후에는 조선인노무자와 중국인·연합군 포로를 사역시킨 곳이었다. 위원회의 피해자 판정 현황을 보면, 451명[동원 중 사망자 32명, 신고 당시 생존자 100여 명 포함, 2008년 6월 신고분]이 해당된다. 1945년 6월에 미이케 탄광의 전체 노동자 2만 5천 명 중 조선인 노무자와 중국인 포로가 34%를 점한다는 기록이 있다. 이를 적용하면 미이케 탄광으로 동원된 조선인의 총수는 9,200여 명 정도가 된다.[27)

또한 미이케 탄광에서 사역당한 연합군 포로가 1,737명이라는 통계도 있다. 미이케 탄광의 연합군 포로 동원과 관련해 2011년 9월 1일자 월 스트리트 저널(WSJ)에는 일본군에 포로로 잡혀 3년간 미이케 탄광에 동원된 퇴역 미군 레스터 테니의 기고문이 실렸다. 전쟁포로를 노예로 활용한 일본 기업들에게 사과를 촉구하는 내용이었다. 2015년에 일본이 규슈·야마구치 산업유산군을 유네스코 유산으로 등재하는 과정에서 연합군포로 사역 문제로 일부 관련 피해국이 반대 입장을 밝히기도 했다. 중국은 공식적으로 등재 반대 입장을 밝혔고, 네덜란드도 2015년 4월 대사관 홈페이지를 통해 연합군 포로의 피해자 통계를 공개하기도 했다.

후쿠오카현에 있는 시메(志免)타워[높이 53.6m, 긴 쪽의 폭 15.3m, 짧은 폭 12.25m]는 일본 해군이 운영하던 제4해군 연료창 시메 탄광 유적을 활용한 사례이다. 지하 상층부의 석탄이 고갈되자 지하 깊숙한 석탄을 채굴하기 위해 1943년에 완공한 철근 콘크리트구조물이다. 1889년에 해군 소속 탄광으로 지정된 시메 탄광은 아태전쟁 시기에 8개소의 갱을 운영했는데 패전으로 해군성이 해체되자 운수성 산하 탄광으로, 그리고 1949년에 일본국유철도가 운영하는 탄광으로 변신하면서 1964년 폐광할 때 까지 석탄을 채굴했다. 시메타워는 본격 개발 붐으로 해체의 위기를 겪었으나 지금은 시메마을

---

26) 森末義彰·寶月圭吾·小西四郎, 『生活史』, 山川出版社, 1969, 68쪽
27) 竹內康人, 『調査·朝鮮人强制勞働 1 - 炭鑛編』, 社會評論社, 2013, 235쪽

복지관(2004년 완공)과 같이 지역의 상징물로써 자리한다.[28]

시메타워도 역시 아태전쟁의 역사를 간직한 장소다. 시메 탄광에도 조선인들이 동원되었는데, 위원회가 피해자로 판정한 통계는 43명이다. 피해신고기간이 제한되었고, 신고율이 3% 이내 라는 점을 감안해도 적지 않은 숫자다.[29] 그러나 시메타워에서 시메 탄광에 동원된 식민지 청년들의 이야기는 찾아볼 수 없다. 이에 비해 원폭 돔이나 나가사키(長崎) 원폭 기념관과 같이 일본이 대외적으로 내세우는 '일본 피해의 역사'와 관련한 장소 콘텐츠에는 역사 콘텐츠가 풍부하다.

여전히 일본 야산이나 주택가에는 방치된 유적이 적지 않다. 주로 지하공장으로 사용했던 시설물이다. 지역의 몇몇 시민들이 가이드북을 만들고 필드워크를 안내하며 보존에 힘쓰고 있다.

그림 9 나가노(長野)현 마쓰모토(松本)시 외곽의 미쓰비시중공업 지하군사공장 유적. 1945년 4월부터 조성. 산 중턱에 입구가 있다. (2017.3 촬영)

---

28) 구체적인 보존과정은 강동진, 위의 책, 96~99쪽 참조
29) 위원회가 산출한 강제동원피해자 총수는 782만명(중복 인원 포함)인데, 23만명의 피해신고를 접수했으므로, 피해신고율은 3%로 추정된다. 대일항쟁기 강제동원피해조사 및 국외강제동원희생자 등 지원위원회, 『2013년도 학술연구용역보고서 - 일제강제동원 동원규모 등에 관한 용역』, 3쪽

그림 10 마쓰모토시 지하군사공장 입구

그림 11 주택가에 방치된 도쿄 아사카와(淺川) 지하군사공장(2013.3 촬영)

그림 12 마쓰모토시 지하군사공장 내부 일부. 개인 사유지인데 낙석의 위험이 있어서 사고책임을 본인이 지겠다는 서약서를 제출해야 한다.

그림 13 아사카와 지하군사공장 입구

그림 14 아사카와 지하호 내부

그림 15 몸을 구부리고 들어가야 하는 다치소 입구. 경사가 가파르다.

그림 16 교토부 다치소 가와사키항공기 지하공장 표지석. 조선인 강제동원 사실이 기술되어 있다.(2015. 8. 촬영)

앞에서 살펴본 바와 같이 일본은 전쟁유적에 대한 전수조사를 실시하고 등록문화재 제도를 운영하고 있지만 역사와 평화라는 본래 취지는 충분히 살리지 못하고 있다. 도시재생사업의 일환으로 추진하는 경우가 대부분이고, 전쟁경험세대가 사라지고 있는 일본 사회에서 전쟁 역사를 공유하려는 의지가 점차 약화되고 있기 때문이다. 그러나 가능성이 없는 것은 아니다. 일본은 전쟁유적에 대한 기초조사와 연구가 풍부하고, 맵핑(Maping) 성과물이나 지역별·유적별 가이드북을 다양하게 공개·출간하는 등, 이미 문화콘텐츠구축 과정에서 가장 중요한 단계인 '기록화(다큐멘테이션화)'성과를 풍부하게 축적하고 있다. 또한 현재 일본 내 아태전쟁유적 중에는 지역사회에서 시민들이 세운 추도비나 작은 표지판이 있는 곳이 적지 않고, 각지에서 현장 탐방프로그램이 운영되고 있으며, 현장을 찾는 시민들의 발길도 그치지 않고 있다.[30]

이 같이 전쟁유적 문화콘텐츠 구축에 대한 지역사회의 인식을 넓혀나갈 수 있는 토대는 풍부하게 남아 있다. 중요한 것은 전쟁유적의 본래 취지를 유지하려는 필요성과 공감대이다. 우리 사회가 반전평화를 바라는 한, 일본의 전쟁유적 보존과 활용 추이에 관심을 거둘 수 없다.

3) 한국의 아시아태평양전쟁유적 실태

국내의 아태전쟁유적은 현재 현황 파악도 하지 못한 상태이므로, 기초 조사 단계라 평가할 수 있다. 전쟁유적지가 집중된 제주도(지자체와 학계)에서 조사를 실시한 후 위원회 발족 후 진상조사 과정에서 몇몇 지역의 조사보고서가 발간되었고, 문화재청이 전국 권역별로 조사를 이어나갔다. 그러나 대상이 군사유적으로 한정되었고, 내용도 기초조사 수준에 머물고 있다. 앞에서 소개한 한반도 아태유적현황도 문헌상에서 확인된 내용이므로 실사(實査)를 통한 전수 작업과 검증, Maping이 필요하다.

몇몇 사례를 통해 국내 실태를 살펴보자.

---

30) 2013년 도요카와(豊川)해군공창 유적지에서 있었던 유적지 탐방 모습은 지역 방송프로그램으로 방송되었는데 현재 유튜브(https://www.youtube.com/watch?v=4HH73B9xgi4)에서도 볼 수 있다. 추운 날씨에 모인 시민들에게 해설자는 이곳이 56,000명이 동원된 군사설치 공사였음을 설명하고 있다. 이러한 종류의 영상물은 유튜브에서 어렵지 않게 찾을 수 있다.

먼저 식민통치유적을 보면, 현재 대부분의 식민통치유적에는 표지판(표지석) 부착도 미흡한 실정이다. 개인사업장은 물론하고 관공서나 공공기관에서 조차 식민지 흔적을 남기지 않으려는 추세다. 조선신궁과 같이 흔적 자체를 아예 찾아보기 어렵게 된 유적도 적지 않다.

군사유적의 경우에는 경남 거제시 지심도 탄약고[거제시 일운면 옥림리 소재. 인근 지역에 다수에 군사시설물 존재. 콘크리트 구조물이며 탄약을 보관하던 곳. 지심도 역사문화관으로 조성]나 여수 넘너리 동굴[미평~신월리간 군수물자 수송 철도공사장. 1930년대부터 광주형무소 수형자를 동원해서 굴착했으나 해방으로 중단. 현재 신월동 동성면허시험장 개인 소유]와 같이 역사문화관으로 조성하거나 전기나 출입문 정도의 기본적인 시설을 갖춘 곳이 있기는 하다. 광주광역시 화정동 소재 유류저장소를 '뚜껑 없는 박물관'으로 조성하기 위해 준비하는 사례(전남 광주광역시 교육청)도 있다.

그림 17 지심도 탄약고 입구 [문화재청, 『태평양전쟁유적(부산경남전남지역) 일제조사 연구용역』, 2013, 127쪽]

그림 18 지심도 탄약고 내부 전시관 [문화재청, 『태평양전쟁유적(부산경남전남지역)
일제조사 연구용역』, 129쪽]

그림 19 여수 신월동 넘너리 동굴(철도터널) 입구. 운전학원의 휴게실과 맞닿아 있다. [문화재청,
『태평양전쟁유적(부산경남전남지역) 일제조사 연구용역』, 239쪽]

그림 20 넘너리 동굴 내부 [문화재청, 『태평양전쟁유적(부산경남전남지역) 일제조사 연구용역』, 239쪽]

 일부 시설물은 버섯재배지나 와인저장고, 식당, 기도원, 종교시설 등으로 사용되고 있다. 그러나 대부분의 군사유적은 훼손과 방치 상태에 놓여 있다.

 현재 안전을 이유로 폐쇄한 서울시 가양동 궁산터널[당시 경기도 김포시 양동면 소재. 화강암 70미터 길이, 폭 2미터, 높이 2미터의 지하 시설. 1940년대 굴착 추정. 2008년 발견 후 시설물 공사, 2010년에 공원으로 조성하며 폐쇄. 현재 강서구 가양동 궁산근린공원]은 아태전쟁유적에 대한 우리 사회의 인식을 잘 보여주는 사례이다. 2008년 세상에 알려진 후 안전점검도 제대로 하지 않고 무리하게 공개를 목적으로 시설물을 조성하는 과정에서 원형을 훼손했으나 이후 안전성 문제로 폐쇄했다.

그림 21 종교시설로 활용 중인 울산 신정동의 군사유적(지하호) [문화재청, 『태평양전쟁유적(부산 경남전남지역) 일제조사 연구용역』, 171쪽]

그림 22 식당으로 활용 중인 부산의 군사유적(지하호)[2015. 8. 촬영]

이같이 몇몇 군사유적을 제외한 전국의 군사유적은 대부분 방치되어 있다. 생산관계유적 가운데에서 탄광산 유적에서도 방치 사례는 볼 수 있다. 특히 부산 기장의 일광광산은 폐광지에서 흘러나온 광폐수가 인근 토양을 오염시켜 대책이 시급한 곳이다.

지자체의 노력으로 방치상태를 벗어난 유적도 있다. 탄광산 유적 가운데 극히 일부 사례이기는 하나 경기도 광명시 소재 광명동굴(http://cavern. gm.go.kr/site/cavern/main.do)은 테마파크로 성공한 사례다. 1912년에 이다(飯田)시흥광산으로 출발해 일제 말기에 금·은·동·아연 등을 공출한 광산은 1972년 폐광된 후 소래포구의 젓갈을 보관하는 창구로 사용되다가 2011년 광명시가 45억원에 매입해 문화예술단지로 개발했다. 2014년에는 50만명이 다녀갈 정도로 관광명소가 되었다.

그림 23 광명동굴 입구(2015.7.5. 일제강제동원&평화연구회 현장답사)

그림 24 옥외에 전시한 광부 동상

그림 25 수압궤도(밀차) 모형을 전시한 광산 입구

그림 26 천정 위 갱구

　이곳에는 동굴아쿠아월드와 와인동굴이 있고, 금을 테마로 한 황금길·황금폭포·황금궁전·황금의 방이 있으며 광부샘물, 광차(수압手押궤도) 등도 복원되어 있다. 간단한 광산의 역사를 볼 수 있는 코너도 있고, 제련장의 흔적도 남아 있다. 그 외 광산 내부에 공간을 조성해 공연장소를 조성했고, 각종 문화행사를 개최하고 있으며 가학산 근린공원과 전망대 등 산책코스도 잘 조성되어 있어 가족단위 나들이에 적합한 곳이다.

　그러나 이곳에서 아태전쟁의 흔적이나, 역사 및 평화교육의 기능은 찾을 수 없다. 관람 학생의 그림 한 점이 유일한 흔적이다. 해외 영화촬영의 로케 현장을 꿈꾸는 운영 주체 입장에서 보면, '역사'나 '평화'는 오히려 걸림돌이라 생각할 수 있다.

　아태전쟁유적 보존에 대한 시민들의 인식도 긍정적이지는 않다. 문화재청이 서울시 상암동에 이축·복원한 일본군 관사는 지역민들에게 '친일 시설물'이라는 눈총을 받는 '혐오 시설물'로 전락했다. 문화재청이 주민들의 의사를 고려하지 않고 일방적으로 추진한 결과다.

한국 시민사회의 부정적 시선은 전쟁유적에 대한 인식 차이 때문이다. 아직 한국사회에서 찬란한 역사의 현장이 아닌 '남의 전쟁에 동원된, 재수 없었던 과거'는 관심의 대상이 아니다. 되돌아볼 필요를 느끼지 못한다. 미미한 평화교육의 현실도 아태전쟁유적 보존의 필요성으로 이어가지 못하고 있다. 최근 '다크 투어리즘'[Dark Tourism 종교적 순례에서 출발. 전쟁과 재해 등 비극의 현장을 찾아 추모와 성찰의 계기로 삼는 관광]이라는 신조어가 나오기도 했지만, 일반인들의 관광 프로그램은 아니다. 참가자들도 역사에 특별한 관심을 갖는 극소수이거나 대학의 '최고지도자 인문학 과정(AFP)'을 수강하는 CEO, 또는 연구자 정도이다.

현실적인 어려움도 있다. 일반주택지에서 멀리 떨어진 탄·광산 터는 접근성이 떨어지고 개발에 비용이 많이 소요되므로 권장하기도 쉽지 않다. 대부분 개인 소유물이다. 유족들이 역사관 건립을 희망하는 해남 옥매광산의 시설물도 대부분은 현재 조선대학교 소유다.

또한 당시 대규모 군수공장들이 현재 기업 소유의 산업 현장으로 가동 중이며 지역 사회에 미치는 영향력이 크다는 점도 유적 보존운동의 방향에서 보면 큰 걸림돌이다. 대부분 지역 유지들이 적산처리 과정에서 기업을 인수했으므로 기업의 역사에 대한 자긍심보다는 '수탈 기업' '전범 기업'의 이미지가 겹치지 않을까 전전긍긍한다. 광주광역시 소재 가네가후치 방적공장(현재 전남방적, 일신방적), 인천 소재 동양방적공장(현재 동일방적), 인천 소재 조선기계제작소(현재 두산인프라코아) 자리 등등 현존하는 군수공장 유적은 공장 내부에 등록문화재가 있거나 등록문화재 대상 유적이 있음에도 일반인의 출입을 엄격하게 금하고 있다.

서울역사박물관 주차장 뒤편 공터에 아치형 출입구가 보인다. 경희궁 숭정문 우측 언덕 너머에 소재하고 있고, 방공호 왼쪽 끝 부분은 숭정전을 둘러싼 회랑과 만나게 된다. 기타유적에 해당하는 서울시 종로 지하시설물(경희궁)이다.

그림 27 시설물 외형(2017.10.8 일제강제동원&평화연구회 답사)

그림 28 입구

그림 29 2층 바닥의 구조물

그림 30 2층에서 내려다본 지하 1층

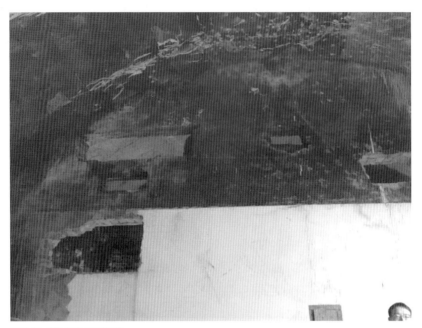

그림 31 2층 천정 구조물층

조성 시기는 1942년 또는 1944년으로 추정한다. 시설물 조성공사에는 경성제일고보 학생도 동원되었다. 벽돌과 콘크리트 구조물, 화장실 겸 세면장, 큰 환기구, 물탱크, 긴 통로, 고창(高窓), 발전기 설비, 조명기구, 전기배선을 갖춘 대규모 2층 구조물이다. 지하 1층 1,121평방미터, 지하 2층 258평방미터 등 총 1,379평방미터의 2층 구조물이다. 길이 107미터, 폭 9.3미터, 높이 5.8미터이고, 10개의 방으로 구성되어 있다.

이 유적을 조성한 배경에 대해서는 여러 주장이 있다. 군사시설물로 추정한 이도 있으나 내부 구조나 설비, 지리적 성격을 볼 때, 군사적 용도와는 거리가 있다. 그보다는 공습에 대비해 특정시설(조선총독부나 경성부청, 경성전신전화국 등)을 이전하기 위한 시설로 추정하는 주장이 설득력이 있다. 서울역사박물관에서도 경성중앙전신국의 비상용 이전 장소로 추정한다. 해방 후 한동안 현대건설이나 서울역사박물관에서 창고 등으로 사용했으나 원형이 크게 훼손되거나 변형되지는 않았다.

이곳은 1980년대 경희궁 복원을 위한 발굴조사 과정에서 발견되었다. 서울시는 이 유적이 세간에 알려진 후 적극적인 보존 활용 방안을 고민했다. 2010년 12월에는 건설안전기술협회 정밀점검을 받았고, 2015년 4월에는 서울시 도시안전본부소방재난본부 점검도 받았다. 정밀점검 결과, C등급으로 주요 부재의 기능 저하 방지를 위한 정도의 보수는 필요하지만 안전에는 지장이 없는 것으로 확인되었다. 그러나 학술적 고증은 충분히 하지 못했다.

이 유적 활용과 관련해 가장 큰 문제는 경희궁 내전인 회상전(會祥殿)을 훼손했다는 점이다. 경희궁은 1980년 9월에 국가 지정 사적 제271호로 지정된 문화재이다. 경희궁은 일본이 100여동의 전각을 파괴한 후 일본인 자녀를 위한 경성중학교를 건립하는 등 심각하게 훼손되었다. 이 때문에 1988년부터 경희궁 복원사업이 시작되어 여러 시설물을 복원하고 개방했다. 그러나 회상전은 이 지하시설물로 인해 완전한 복원을 하지 못한 결과가 되었다.

현재 이 유적의 관리주체는 서울역사박물관이며, 2016년 9월 현재 '경희궁 탐방 프로그램 중 일제 강점기 전시상황 체험장'으로 활용하고 있다. 박물관 측은 일반 관람객을 위해 내부에 공습 상황을 나타내는 음향과 조명을 설치하고 공개했다.

경희궁과 인접한 덕수초등학교(덕수궁길 140)도 기타유적 가운데 하나이다. 1943년 11월, 진** 라는 청년이 징용의 길을 떠나기 위해 집결했던 장소였다. 이 길을 걸어 조선신궁에 참배한 청년은 경성역에서 기차를 타고 도쿄의 군수용 제화공장에 동원되었다.

덕수초등학교도 훼손한 궁궐의 일부에서 출발했다. 당시 경성덕수공립보통학교가 덕수궁 의효전(懿孝殿) 영성문(永成門)과 경성여자공립보통학교 부지였기 때문이다. 1934년에 남녀공학으로 문을 연 경성덕수공립보통학교는 1940년 화재가 발생해 전소했으나 학교 건물을 재건했다.

4. 우리 지역 아시아태평양전쟁 유적의 활용 방안 - 뚜껑 없는 박물관을 넘어[31)

일본의 유네스코산업유산등재 과정은 국내 아태전쟁유적 실태를 되돌아 보는 계기가 되었다. 규슈·야마구치 근대산업유산군 유네스코유산 등재 과정에서 우리 주변에 산재한 아태전쟁유적을 인식하는 기회가 되었기 때문이다. '일본이 아태전쟁유적을 유네스코 산업유산에 등재하는 동안 우리는 무엇을 하고 있었는가' 하는 자성적 분위기 속에서 국내 유적에 대한 관심도 시작되었다. 당시 '남선(南鮮) 최대 군수기지창'이라 불렸던 인천 부평이나 남해안 지역의 군사유적을 중심으로 한 대중서 출간도 사회적 관심에 기여했다.[32)

이제 한국 사회가 아태전쟁유적에 관심을 갖게 되었다면, 다음 단계는 우리 주변에 방치된 아태전쟁유적을 적극적으로 우리의 삶과 문화 소재로 함께 할 방안의 고민이다. 일본의 아태전쟁유적 보존의 목적인 전쟁 책임 묻기와 평화는, 우리가 추구하는 방향과 무관하지 않다. 반전 평화는 인류보편의 가치이기 때문이다. 우리 주변에 산재한 아태전쟁유적을 통해 생활 속에서 자연스럽게 역사·평화교육을 접하기 위한 시도가 가능하다.

구체적인 방안은 다양한 문화콘텐츠를 만들어 한국 사회가 공유하며 활

---

31) 4장의 일부 내용은 정혜경, 「국내 소재 아시아태평양전쟁 유적 활용 방안」(『한일민족문제연구』33, 2017)에 수록
32) 한만송, 『캠프 마켓』, 봉구네책방, 2013; 이완희, 『한반도는 일제의 군사요새였다』, 나남, 2014

용도를 높이는 방법이다. 국내 소재 아태전쟁유적 문화콘텐츠 활용 방안의 과정을 거칠게 제시하면 다음과 같다.[33]

[국내 아태전쟁유적
문화콘텐츠 활용 과정]

실태조사 → 연구 → 기초 Map 작성 → 필드워크(워킹투어) → 계획 수립 →
활용 가능 대상 유적 선정(안전도 검사 등 실시) → 문화재 등록제도 활용, 적
용할 문화콘텐츠 선정 → 다양한 콘텐츠 구축 → 시민사회 공유 및 활용

이제 구체적인 내용으로 들어가 보자

1) 콘텐츠와 문화콘텐츠

문화산업진흥기본법에 따르면 콘텐츠(contents)란 부호·문자·도형·색채·음성·음향·이미지 및 영상 등(이들의 복합체를 포함한다)의 자료 또는 정보이고, 문화콘텐츠(culture contents)란 문화적 요소가 체화된 콘텐츠를 말한다.

학계에서 정의하는 콘텐츠는 '미디어에 담긴 내용물'을 의미하고, 문화콘텐츠는 '문화적 요소를 지닌 내용물이 미디어에 담긴 것'을 의미한다. 그러므로 문화콘텐츠란 인쇄물에서부터 컴퓨터 게임에 이르기까지 인간의 문화 행위 활동 결과물 대부분을 포함하는 넓은 의미를 지닌다. 문화체육관광부에서 발간한 콘텐츠산업백서에서 규정한 구분을 보면, 2012년 기준으로 해당하는 콘텐츠 장르는 영화, 애니메이션, 음악, 게임, 캐릭터, 만화, 출판(서적), 정기간행물(신문, 잡지), 방송, 광고, 지식정보, 패션문화 등 12개이다.[34]

---

33) 정혜경, 「국내 소재 아시아태평양전쟁 유적 활용 방안」, 『한일민족문제연구』33, 2017, ==쪽
34) 「문화콘텐츠」, 박치완 외, 『키워드 100으로 읽는 문화콘텐츠 입문사전』, 꿈꿀 권리, 2013(전자책)

〈표 2〉콘텐츠 유형과 특성[35]

콘텐츠 유형	특성
멀티형 콘텐츠	영화나 애니메이션처럼 한번 제작된 콘텐츠가 다양한 유통 경로를 통해 반복적으로 소비하는 콘텐츠
축적형 콘텐츠	정보가 데이터베이스로 축적되어 이용되는 콘텐츠
쌍방향형 콘텐츠	서로 정보를 주고받는데 가치 있는 콘텐츠로서 커뮤니케이션 콘텐츠라고도 함
실시간 정보형 콘텐츠	신문과 텔레비전 뉴스 등 통신회사가 제공하는 속보성 가치가 있는 정보 콘텐츠
수집·갱신형 콘텐츠	정기적으로 정보를 수집·갱신하여 데이터베이스로 활용할 수 있는 콘텐츠

〈표2〉에 의하면, 콘텐츠는 특성에 따라 멀티형, 축적형, 쌍방향형, 실시간 정보형, 수집·갱신형 등 5개 콘텐츠로 분류한다.

콘텐츠에 대한 학계의 구분 기준은 어떠한가. 학계에서는 "디지털 기술에 담기는 내용물 표현함에 있어 형식에 치중하면 디지털 콘텐츠, 내용을 위주로 하면 문화콘텐츠, 내용 창출과 방향성을 염두에 두면 인문콘텐츠"로 구분한다.

이 가운데 '문화콘텐츠'는 CT(culture technology)기술을 만나 다양하게 유통되고 있으며 쌍방향형[서로 정보를 주고받는데 가치 있는 콘텐츠. 커뮤니케이션 콘텐츠] 콘텐츠로 가장 많이 활용되고 있다. 특히 디지털 환경을 만나 "하나의 소스를 가지고 다양한 분야로 활용해서 고부가가치를 얻는다는 '원소스 멀티유즈(One Source Multi-Use)'의 성격"을 갖는 콘텐츠라는 점에서 주목받고 있다. 무한 복제나 다양한 미디어에 탑재가 가능하기 때문이다. 현재 콘텐츠 제작에서 디지털 환경과 기술은 떼어 놓고 생각할 수 없을 정도로 밀접하다는 점도 문화콘텐츠가 주목받는 배경이다.

이 같이 문화콘텐츠는 문화, 예술, 학술적 내용의 창작 또는 제작물뿐만

---

35) 권미현, 「일제말기 강제동원 기록의 수집과 활용을 위한 제언 - 기록화 전략(documentation strategy)과 문화콘텐츠 구축 방법론」, 『한일민족문제연구』26, 2014. 6, 248쪽

아니라, 창작물을 이용해 재생산된 모든 가공물 그리고 창작물의 수집, 가공을 통해 상품화된 결과물들을 모두 포함하는 포괄적 개념이다. 문화콘텐츠 분야는 출판, 만화, 방송, 영화, 애니메이션, 게임, 캐릭터, 공연, 음반, 전시, 축제, 여행, 디지털 콘텐츠(데이터베이스, 에듀테인먼트, 인터넷콘텐츠), 모바일 콘텐츠 등 다양하다. 내용에 따라 출판·공연·전시·게임·축제·테마파크 콘텐츠로 구분하기도 한다.

문화콘텐츠는 디지털 기술의 발달, 한국산 대중문화의 해외진출 활성화, 인문학의 위기 등 사회적 필요성과 여건에 따라 확장해가면서 대중적으로 쓰임새가 정착된 용어라 할 수 있다. 현재 문화콘텐츠는 다양한 해석과 적용 범위가 확장되어 가고 있다.[36]

다양한 문화콘텐츠 분야 가운데 아태전쟁유적 활용에 적용 가능한 콘텐츠는 웹·모바일 콘텐츠와 장소 콘텐츠, 기타 콘텐츠(오프라인 전시, 출판, 다큐멘터리, 만화 등의 콘텐츠)가 해당된다. 웹·모바일 콘텐츠와 장소 콘텐츠의 유형으로 이-러닝(e-learning), 디지털박물관, 교육(Education)형 테마파크, 문화지도 등을 개발할 수 있고, 장소 콘텐츠(교육형 테마파크)와 웹·모바일 콘텐츠는 상호 연계 활용도를 높게 구축할 수 있다. 장소 콘텐츠는 웹·모바일 콘텐츠(이-러닝, 디지털박물관) 활용이 가능함은 물론, 강연과 공연, 전시, 필드워크(워킹 투어) 등 디지털과 아날로그적 방식을 연계해 효과를 높일 수 있다.

---

36) 「문화콘텐츠」, 『키워드 100으로 읽는 문화콘텐츠 입문사전』(전자책)

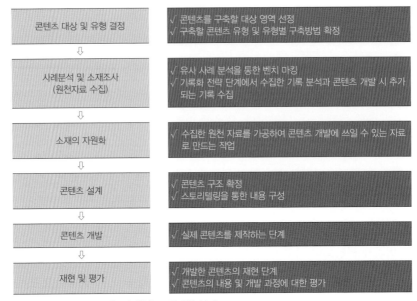

그림 32 문화콘텐츠 구축 단계(안) – 권미현 설계

일반적인 문화콘텐츠 구축 단계는 〈그림 32〉와 같다.[37] 〈그림 32〉는 크게 세 단계로 구분할 수 있는데, 출발점은 기획이다.

기획(콘텐츠 대상 및 유형 결정) → 기록화(사례분석 및 소재 조사, 소재의 자원화) → 문화콘텐츠 구축(콘텐츠 설계, 개발, 재현 및 평가)

현재 기록학 연구 성과에서는 기획을 기록화 단계와 구분하지 않고 혼용하는 경우가 대부분이다. 그러나 필자는 기획의 중요성을 고려해 문화콘텐츠 구축을 크게 기획, 기록화(documentation), 구축 및 활용 등 네 단계로 대별했다.

〈그림 32〉를 토대로 다양한 문화콘텐츠 구축 과정을 단계별로 살펴보면 〈그림 33〉과 같다.

---

37) 권미현, 앞의 글, 253쪽

단계	내용	자료
기획	지역별 유적 현황 및 특성, 역사적 배경 파악	전수조사 결과
	주민 여론 수렴, 설명회 개최	
	관련 자료 · 연구 · 조사 결과 검토	
	기존 역사문화콘텐츠 연계 가능성 검토	학술조사보고서
	유적 활용 필요성 인식 및 공유 방안 수립연구 성과	
	예산과 전문 인력 확보 방안 수립	
	행정운영 방안(조직도) 수립	
	중장기 계획 수립(실행계획안)	
⇩	⇩	⇩
기록화 (documentation)	자료 수집 및 정리 (문헌, 비문헌 자료)	기획 단계 자료
	자료 생산(비문헌 자료)	문헌 · 사진 · 신문기사 +공개 자료+피해관련 자료+연구 성과
	기초 Map 작성	사진 · 영상자료 · 구술자료
	필드 워크(워킹 투어)	필드 워크 관련 자료
⇩	⇩	⇩
콘텐츠 제작 : Map 완성	전쟁 유적지 확인 · 특정	필드워크 결과물
	스토리텔링 : 공간의 기억	
콘텐츠 제작 : 출판 콘텐츠	워킹투어 길라잡이(가이드 북), 대중서, 연구서, 인포그래픽 등[37]	기록화 결과+기초 Map
웹 · 모바일 콘텐츠 구축	이-러닝 콘텐츠 정리	발간물+자료+사진+영상+구술+문화지도(Map)
	문화지도(Map) 탑재(PDMA)	
	이-러닝 시스템 제작 및 탑재	
	어플리케이션 제작 및 운용	
장소 콘텐츠 구축	디지털박물관 구축	현장+문화지도 +웹 · 모바일 콘텐츠
	교육형 테마파크 조성	
⇩	⇩	⇩
활용 (디지털+아나로그)	교육 프로그램 운영 (필드워크+공연+강연+독서회)	각종 콘텐츠
	웹 · 모바일 콘텐츠 보급	
	교육형 테마파크 활용	
	전시(기억기관 활용)	

그림 33 단계별 문화콘텐츠 구축 과정 예시 [38]

〈그림 33〉의 내용을 단계별·내용별로 살펴보자.

---

38) 정혜경, 「국내 소재 아시아태평양전쟁 유적 활용 방안」, 『한일민족문제연구』33, 2017, 211쪽
39) 답사 가이드북은 정혜경, 『우리마을 속의 아시아태평양전쟁 유적 - 광주광역시』, 선인출판사, 2014 참조

2) 단계별 내용별 구축 방안

(1) 기획 단계

기획은 실행계획안을 입안하는 과정이다. 기획을 하기 위해서는 유적 실태에 대한 전수조사와 학술 연구가 선행되어야 한다. 이 과정에서 필수적인 자료는 전수조사 결과와 학술 연구 성과다. 이 자료가 확보되지 않았다면, 기획 과정과 동시에 추진하는 방법이라도 병행해야 한다. 지역별로 전수조사를 실시한다면, 기획 과정과 병행 추진도 가능하다.

기획 단계에서는 전수조사와 학술 연구 성과를 토대로 유적 활용 필요성 인식 및 방안, 예산과 인력 확보 방안, 행정운영 방안(업무 조직도) 등을 마련하고 중장기 계획을 수립한다. 이 과정에서 관내 아태전쟁유적의 역사적 배경, 유적의 특성, 기존 역사문화콘텐츠와 연계가능성 등도 충분히 고려해야 한다.[40]

주민의 공감대는 아태전쟁유적 활용에서 필수적이다. 이 과정을 간과한 결과는 앞에서 소개한 서울특별시 상암동 소재 군사유적(일본군 관사)의 사례에서 잘 보여주고 있다. 유적 활용 필요성을 인식하기 위해서는 주민여론 수렴 기회와 설명회도 필요하다. 주민설명회는 문화재지정 과정에서 반드시 거쳐야 하는 과정이기도 하다. 이 과정을 통해 기획 주체는 아태전쟁유적 활용의 필요성을 인식하기도 하고, 향후 추진 과정에서 주민들과 공감대를 형성하기 위한 공유 방안도 수립할 수 있다. 주민들의 여론을 수렴하는 기회는 기획단계에서 끝나는 것이 아니라 이후 단계에서도 지속적으로 이루어져야 한다.

(2) 기록화 단계

기획단계의 결과는 기록화 단계로 이어진다. '기초 Map'은 '문화콘텐츠 구

---

40) 지방자치단체가 추진하는 과정에서 필요한 구체적인 TIP은 <부록 1> 참조

축 대상 유적 목록'으로 확정된다. 이 '기초 Map'을 근거로 현장 하나하나를 찾아다니는 실사(實査)를 통해 필드워크 대상지를 정한 후 필드워크를 실시하면서 유적의 구체 활용 방안을 도출할 수 있기 때문이다.

기록화 단계는 자료수집(문헌과 비문헌자료)과 생산(구술자료, 사진, 영상 등 비문헌자료), 기초 Map 작성, 필드워크로 구성된다. 기록화단계는 문화콘텐츠 구축 과정에서 많은 기간과 예산, 노력이 필요한 단계다. 기록화 단계가 튼실하게 이루어지지 않으면 이후 단계로 나아가기 어렵고, 설사 나아간다 하더라도 다시 되돌아와야 한다.[41]

또한 기록화단계는 학계와 지역 시민사회의 역할이 중요한 단계다. 튼실한 지역사 연구 성과 여부에 따라 좌우되는 단계이기 때문이다. 일정한 기간과 전문성, 지속성이 요구되므로 중장기 계획 아래 연차별로 수행하는 것이 효율적이다. 기록화 단계는 향후 문화콘텐츠 활용과정에서 생산된 자료와 콘텐츠가 다시 다양한 문화콘텐츠에 피드백 되는 순환구조로 작동된다.(그림 39 참조)

자료 수집을 위해서는 전략이 필요하다. 기록학에서 제시하는 기록화 전략은 자료수집과 생산 및 관리 전략이다. 기록학에서 기록화 전략은 기록화 할 영역을 도출하고 진행 중인 사안과 관련해 실재하는 기록을 대상으로 상태를 분석해 생산을 포함한 적절한 기록 확보 계획을 진행하며, 그러한 계획을 복수의 주체가 협동하는 다기관 수행방식(multi-institutional approach)으로 접근해 추진한다.[42]

설문원이 정리한 단계별 기록화 전략의 특징은 다섯 가지이다.[43]

---

41) 구술자료 수집과 관리, 활용에 대해서는 한국구술사연구회, 『구술사 아카이브 구축 길라잡이1 : 기획과 수집』, 선인, 2014; 한국구술사연구회, 『구술사 아카이브 구축 길라잡이2 : 관리와 활용』, 선인, 2017 참조
42) 한국기록학회, 『기록학용어사전』, 역사비평사, 2008, 85~86쪽.
43) 설문원, 「지역 기록화를 위한 도큐멘테이션 전략의 적용」, 『기록학연구』 제26호, 한국기록학회, 2010. 10, 116쪽(권미현, 앞의 글, 237쪽 재인용)

◈ 특정 영역에 대한 기록 수집 : 특정 지역이나 주제를 기록으로 설명하거나 그 역사와 변화를 재구성하기 위하여 기록을 수집하는 전략. 이는 개별 기관 중심 기록화의 협소함을 보완하고, 사회적 관점에서 의미 있는 기록을 수집하기 위함이다.

◈ 협력적 수집 : 여러 기관이 기록을 협력적으로 수집하는 전략. 복수의 기록관, 혹은 박물관이나 도서관 등이 협력하며, 수집뿐 아니라 종합 목록 및 기술을 생산하고, 참고서비스를 제공하는 데에도 협력할 수 있다.

◈ 기록화 범주와 대상에 대한 사전 분석 : 기록을 수집하기에 앞서서 해당 지역이나 주제에 대한 분석이 선행된다. 이때 관련된 기록을 생산한 기관들에 대한 기능분석을 병행할 수 있다. 이를 통해 기록화 계획이 수립된다.

◈ 결락된 범주와 대상을 위한 기록 생산 : 기록화 대상과 수집된 기록을 비교분석하여 필요한 기록은 구술 등의 방법을 통해 생산한다. 특히 주류 기억이 아닌 대항 기억을 기록화 하는 데 장점을 발휘한다.

◈ 자문조직의 운영 : 기록화 범위와 대상을 정하고 수집된 기록을 평가하기 위하여 자문조직(전문가, 기록 생산자, 아키비스트(archivist, 기록관리전문가), 이용자집단, 활동가 등)을 구성하여 운영한다.

〈그림 34〉[44]는 설문원의 특징을 토대로 권미현이 설계한 기록화 전략 구현 5단계이다. 설문원과 권미현의 기록화 전략은 기획과 기록화 단계를 통합한 전략이다.

그림 34 기록화 전략 구현 단계(권미현 설계)

---

44) 권미현, 앞의 글, 238쪽

- **사전조사 및 분석 단계** : 기록화 대상을 선정하기 위한 기초 작업 단계이다. 어떤 대상의 어떤 활동을 기록으로 남길 것인가에 대한 구체화를 위해 잠재적 대상과 관련된 기록·사건·활동 등에 관한 각종 분야를 조사하고 분석해야 한다. 조사 대상은 관련 기록(공공기록, 민간기록, 신문 등 매체보도 등), 관련 분야 연구, 관련 인물의 구술 등이 될 것이다. 사전조사를 통해 모아진 자료를 토대로 기록화 대상과 관련하여 생산된 기록의 영역, 생산되어야 하지만 누락된 기록의 영역, 생산 가능한 영역 등을 도출해 내고, 이를 통해 다음의 기록화 대상 선정 단계에서 세부적인 기록화 분야를 결정한다.

- **기록화 대상 선정 단계** : 분석 결과를 토대로 기록화 대상을 구체화하게 된다. 기록화 전략이란 대상으로 선정한 분야에 대해 재현 가능한 기록을 적절하게 수집하는 것인데, 그 범주를 '객관적인' 기준으로 정하는 것은 어려운 일이다. 기록화 전략을 추진하는 또는 대상 선정의 주체가 되는 기관이나 아키비스트(Archivist, 기록관리전문가), 역사가 등의 주관이 개입되지 않을 수 없기 때문이다. 그러므로 대상 선정 및 범주의 구체화, 명확화는 기록화 전략을 성공적으로 이끌기 위해 어렵고도 중요한 일이다. 큰 틀에서 기록화 대상이 선정되고 나면, 어떠한 영역에 대해 수집할 것인가에 대해 우선순위를 정할 필요가 있다. 기록화 대상에 대한 우선순위는 "시급하게 기록화하지 않으면 사라진 기억이 될 수 있는 영역, 공공기록만으로 남겨지지 않거나 편향된 기억만이 남겨질 우려가 있는 영역" 등이다.[45] 우선순위가 선정된 후에는, 하위 세부주제를 구체적으로 범주화 한다. 지역은 지역민들이 문화적, 정치적, 사회경제적, 역사적 또는 그 밖의 다른 측면에서 일체감을 가지는 지리적인 공간이며, 특정 사건이 일어난 지역은 기록화 범위를 정할 때 유용한 지리적 기준점이 된다.[46]

- **소장처 네트워크 구축 및 기록 수집 단계** : 앞 단계에서 선정한 기록화 대상과 영역, 하위주제에 맞는 기록 수집을 위한 소재정보를 파악하고 협력적 공유가 가능하도록 하며 실제 기록 수집 작업도 진행한다. 기록이 동시대 구성원의 공동유산이라는 개념보다 개별 소장자나 소장기관별로 자산으로 여기는 우리의 기록관리 인식은 소장처 네트워크를 구축하는데 장애물로 자리한

---

45) 설문원, 앞의 글, 136쪽(권미현, 앞의 글, 239쪽 재인용)

46) Richard J. Cox, Documenting Localities : A Practical Model for American Archivists and Manuscript Curators, Lanham : The Society of American Archivists and the Scarecrow Press, 1999, pp. 9~10(권미현, 앞의 글, 240쪽 재인용)

다. 기록화 전략의 핵심은 대상이 되는 모든 기록을 해당 기관에서 수집하여 관리하는 데 목적이 있는 것이 아니라, 분산 관리되는 대상 기록의 소재 파악 및 공동의 이용을 가능하게 하는 데 있다. 일반적으로 기록화는 '수집'을 의미하지만 '디지털 기록화'는 기록의 원본이나 사본을 물리적으로 입수하는 것뿐 아니라 링크를 통한 재현까지 포함해야 할 것이다. 소장자 및 소장기관의 컬렉션에 대한 소재정보와 더 나아가 디지털 사본에 접근할 수 있도록 하되, 이를 주제 분석을 토대로 한 맥락 속에서 검색 가능하도록 설계하는 것이 바람직하다.[47] 이를 통해 기록화 전략의 핵심 요소인 협력적 수집이 가능하게 된다.

- **결락 보완을 위한 기록 생산 단계** : 사전조사와 기록 대상 선정 시, '생산'을 통해서 파악할 수 있는 '누락'된 영역에 대한 기록 생산 과정이다. 주로 기록화 대상과 관련한 관련인의 구술기록 수집을 통해 기록 생산이 이루어진다. 구술기록 수집 방법은 주제나 상황에 따라 조금씩 달라질 수 있지만, 구술기록 수집 방법론에 따라 기획, 실행, 후속조치 등 각 단계별 필수 사항이 지켜지면서 진행되어야 한다. 대상에 따라 직접 생산이 가능한 경우도 있겠지만, 기존 구술기록에만 의존해야 하는 경우는 분석과 자료화의 과정이 면밀하게 이루어져야 한다.

- **기록의 조직화 및 통합 관리 단계** : 1~4단계를 거쳐 소재정보를 파악하거나 직접 수집한 기록을 정리 및 기술(description)하여 이용 가능한 자료로 관리하는 단계이다. 기록화 전략을 추진한 주체가 단체이든 기관이든 일회성으로 기록을 수집하지는 않는다. 계획 단계에서부터 수집 기록을 어떻게 관리하고, 지속적으로 이용할 것인가를 결정하고 실행계획을 마련한다.

이 5단계 과정에는 자문조직이 모두 관여하여 기록화 전략이 성공적으로 수행될 수 있도록 한다. 자문조직은 관련 분야 전문가, 기록 생산자, 아키비스트, 이용자 집단, 활동가 등으로 구성하는데, 기록화 대상 및 범주 설정에 관여하며 수집한 기록물을 평가하는 역할을 한다.[48]

---

47) 설문원, 앞의 글, 2010.10, 138쪽(권미현, 앞의 글, 240쪽 재인용)
48) 권미현, 앞의 글, 238~242쪽

(3) 다양한 문화콘텐츠 구축 단계

아태전쟁유적의 특성과 활용도, 효용성에 따라 사진과 영상 콘텐츠, 출판 (Book) 콘텐츠, 장소 콘텐츠, 웹(이-러닝 콘텐츠, 디지털박물관)과 모바일 콘텐츠 등을 제작할 수 있다.

출판 콘텐츠는 필드워크를 위한 가이드북을 포함해 사진집, 구술집, 에세이집, 논픽션, 회고록이나 자서전, 인포메이션그래픽[일명 인포그래픽. information과 graphic의 합성어. 많은 양의 정보를 차트, 지도, 다이어그램, 로고, 일러스트레이션 등을 활용해 쉽고, 빠르고, 정확하게 전달할 수 있게 디자인 한 결과물] 등 다양한 내용을 담을 수 있다.

사진·영상과 출판 콘텐츠는 다른 콘텐츠 활용도가 매우 풍부하다. 출판 콘텐츠는 영상 클립이나 이-러닝(e-learning) 콘텐츠의 자원(Source)이 되고, 사진·영상 콘텐츠는 장소와 웹·모바일 콘텐츠의 자원이 되기 때문이다.

또한 출판물·사진·영상 콘텐츠는 디지털 콘텐츠와 호환도 가능하다. 사진과 영상 콘텐츠는 물론, 출판 콘텐츠의 경우에도 가능하다. 전자책(음성책)으로 전환하는 방법을 포함해 디지털박물관에서 사용하는 문화지도를 인쇄매체로 전환해 인포그래픽 인쇄물을 발간하거나 필드워크 가이드북에 담을 수 있다.

문화콘텐츠 구축과정에서 기록화(다큐멘테이션화)단계와 문화콘텐츠 구축 단계를 연동해 문화콘텐츠 구축 단계에서 효율성을 높일 수도 있다. 문화콘텐츠 구축 과정에서 가장 많은 기간이 소요되는 단계는 '기록화'와 '장소 콘텐츠 구축'이고, 가장 많은 예산이 소요되는 단계는 '장소 콘텐츠 구축'이다. 일단 '기록화(다큐멘테이션화)'가 완료되면, 예산 사정에 따라 선택적으로 다른 문화콘텐츠 구축 추진이 가능하다.

인천시 부평구 소재 아태전쟁유적은 기록화 작업과 필드워크, 장소 콘텐츠 활용으로 자연스럽게 이루어지고 있는 대표 사례이자 지자체와 시민의 소통이라는 점에서도 좋은 사례이다. 2015년말에 동아일보(2015.12.28 동아일보 기사 '13세도 징용. 만행 일본기업 103개 현존')는 우리 사회가 기억하려 하지 않는 8천 곳이 넘는 한반도 아태전쟁유적의 실태를 지적하며 국내 대표적인 지역 사례를 보도했는데, 부평의 미쓰비시제강 사택인 일명 미쓰비시마을(삼릉사택)도 포함되어 있었다. 2015년 기사에서 지적한 '방치된 아시아태평양전쟁 유적 문제'에 대해, 적극적으로 관심을 갖고 구체적인 실천에 들어간 지자체는 부평이 유일했다.

보도 이후 부평구청은 주거환경사업 대상 지역인 미쓰비시마을의 현실적 보존 방침을 정하고 학술조사(부평역사박물관 주관, 2016년말 보고서 출간)와 미래발전적 구상 마스터 플랜 수립 작업을 진행했다. 보고서 작성 과정에서 기록화 단계인 자료수집(문헌과 비문헌)이 이루어졌고, 풍부한 사진과 영상콘텐츠도 확보되었다. 보고서 출간에 즈음해 부평역사박물관에서 기획 전시회를 개최해 지역민들의 공감대 형성 노력도 기울였다. 지역 사회 시민단체에서도 미쓰비시 제강 공장 터인 부평공원을 중심으로 인근 군수공장에 대한 시민 대상의 필드워크를 활성화했고, 징용노동자상 건립 운동도 했다. 2017년 8월 12일 부평공원에 세워진 징용노동자상은 소녀노동과 노인노동 실태를 보여주기 위해 부녀상으로 기획되었고, 인천 출신의 강제동원 경험자를 모티브로 했다.

아태전쟁유적인 미쓰비시제강(주) 공장 유적이 장소 콘텐츠인 부평공원으로 조성되어 있고, 미쓰비시제강과 사택에 대한 학술조사 작업을 수행했으며, 인근 유적에 대한 필드워크를 진행하고, 부평공원에 징용노동자상을 세우면서 메모리얼 파크로서 면모를 갖추어가는 과정이다. 여기에 2016년에 수립된 미래발전적 구상 마스터 플랜이 현실화되어 미쓰비시마을에 역사문화공간이 조성되고 다양한 출판 콘텐츠와 모바일 콘텐츠가 추가된다면, 부평은 국내 아태전쟁유적 활용 사례로서 폿대가 될 수 있다.

2017년 11월, 미쓰비시마을 사택 87채 가운데 20채가 철거에 들어갔다. 역사문화공간 조성 계획은 미정인 상태로….

장소 콘텐츠는 일반적인 박물관의 형식을 취한다면 많은 예산이 수반되는 일이다. 그러므로 고정된 틀이 아닌, 임시 구조물이나 이동식 구조물을 활용하거나 현장성을 그대로 살린 뚜껑 없는 박물관 형태를 택할 수 있다. 이동이 가능한 콘테이너 박스나 천막을 이용한 다양한 파빌리온[pavilion,

나비를 뜻하는 라틴어 papilo에 뿌리를 둔 프랑스 고어 pavellun에서 유래. 나비처럼 가볍고 자유로운 건물이라는 의미. 온전한 건축물이 아닌 가설건물이나 임시구조체. 영구적으로 지어진 것이 아니므로 기능적으로 모호하지만 용도가 변화무쌍한 건축물] 방식이 전자라면, 유적을 공원화하거나 작은 마을 공장을 별 달리 손대지 않고 마을 역사관·공민관 등으로 활용하는 일본의 방식이 후자의 사례이다.

건물은 사라지고 터전만 남은 유적의 경우에, 작은 모형만으로도 역사성을 복원할 수 있다. 코카서스 산자락의 작은 나라인 아르메니아 예레반(Yerevan)의 츠바노츠(Zvartonts) 수도원은 7세기에 조성된 후 파괴되어 현재는 석물만이 남아 있다. 현장의 작은 박물관에는 3층 석조 아랍 양식의 당시 수도원 모형을 전시하고 있다. 내부를 절개해서 관람객들이 열어볼 수 있도록 한 모형과 발굴 과정을 담은 사진 자료만으로도 관람객들은 7세기 츠바노츠 수도원 모습을 상상할 수 있다.

장소 콘텐츠의 하나인 교육형 테마파크는 기존 박물관의 고정된 이미지를 탈피하고 보다 적극적이고 창의적인 전시를 고민하면서 테마파크적인 구성과 구조를 건축과 전시에 도입한 박물관형 테마파크를 말한다. 이러한 박물관형 테마파크는 원리와 창조적인 응용의 세계를 끌어내기 위해 이야기와 흥미로운 요소를 도입하는 데에 큰 중점을 두고 있다. 교육형 테마파크에서는 그 지역에서 있었던 아태전쟁이나 강제동원의 다양한 사례를 스토리텔링화해 문화지도를 만들어 PDMA(Personal Digital Museum Assistant)와 같은 장비에 탑재하면, 관람객이 당시 상황 체험에 도움된다. 박물관에서 활용하는 전시안내 PDA(개인 정보 단말기, Personal Digital Assistant)인 PDMA를 GPS(Global Positioning System, 범지구위치결정시스템)와 연동해 탄광, 군부대 등 특정 공간으로 안내하고 관련 자료를

그림 35 박물관의 모형

그림 36 모형의 절개 부분을 벌려 내부 구조를 볼 수 있다(2017.11.1. 촬영)

검색해 볼 수 있도록 구성이 가능하기 때문이다.[49)]

이-러닝과 디지털박물관은 웹·모바일 콘텐츠의 대표 콘텐츠다. 이-러닝은 인터넷을 기반으로 하기 때문에 컴퓨터와 네트워크 시설이 갖추어져 있으면 원하는 사람은 언제, 어디에서나 교육을 받을 수 있다. 이-러닝 환경에서는 최고의 교육내용과 다양한 교육 자료에 접근할 수 있으며, 정보의 수정·보완이 용이해 최신의 내용을 학습할 수 있다. 이-러닝은 새로운 지식이나 기술의 신속한 학습을 지원하여 개별 학습자인 사회구성원과 사회현장에서 요구하는 지식 및 기술 간의 간극을 줄이는데 기여할 수 있으며, 많은 사람이 동시에 학습활동에 참여할 수 있기 때문에 양적인 측면에서도 오프라인 교육에 비해 상대적으로 경쟁력이 있다.

전제가 되는 것은 양질의 학습 콘텐츠 개발이다. 이-러닝 콘텐츠는 웹 환경에서 학습이 효과적으로 이루어지도록 교육적 특성을 기반으로 양질의 학습 콘텐츠를 개발해야 한다. 우수한 학습내용 및 자료를 확보하고, 인터넷의 교육적 특성을 활용하는 새로운 교육 방식을 도입하여 개별 학습자의 교육적 요구에 맞는 학습이 이루어질 수 있도록 지원하는 이-러닝 콘텐츠가 필요하다.

박물관은 역사적 자료와 정신적·물질적 문화의 흔적인 예술품·수집품·자연물의 표본을 수집·보존하고 전시·연구·교육하는 기관이다. 이에 비해 디지털박물관이란 디지털 기술을 활용한 박물관이란 뜻으로 21세기형 박물관의 개념은 순수정보 공간인 가상박물관(virtual museum)과 실제자료를 전시하는 물리공간인 실제 박물관(real museum)을 디지털 기술(digital technology)을 이용해 상호 보완적인 관계가 되도록 유기적으로 통합하는 것이다. 디지털박물관을 구축하기 위해서는 역사성, 의미성, 소통성의 세 가지 전략적 요소를 구현해야 하는데, 소장 기록 관리(데이터베이스와 아카

---

49) 권미현, 앞의 글, 256쪽

이브 시스템), 전시 안내 시스템(디지털 콘텐츠), 커뮤니케이션 네트워크(관리자, 이용자) 등이 그것이다. 디지털박물관은 가상의 공간에 제공하고자 하는 정보를 다양한 형태로 만들어 낼 수 있기 때문에 활용분야가 넓다. 문화지도(Map)는 디지털박물관이란 가상의 공간에서 다양한 정보(인물, 공간, 장소, 기록)를 구성하여 실제 공간을 이동하며 볼 수 있도록 길잡이 역할을 해주는 콘텐츠다.[50]

웹·모바일 콘텐츠는 기록화 단계에서 생성된 내용만 있다면 저비용으로 효과를 높일 수 있으며 확장성이 높고 매우 다양하게 활용 가능한 디지털 콘텐츠다. 최근에 활용되기 시작한 디지털 스토리텔링(세월호 참사와 관련해 오마이뉴스가 만든 '4월 16일, 세월호 – 죽은 자의 기록, 산 자의 증언'[51])도 디지털 콘텐츠다.

(4) 문화콘텐츠 활용 단계

문화콘텐츠는 교육프로그램 운영, 웹·모바일 콘텐츠 보급 및 활용, 교육형 테마파크 활용, 기억기관을 이용한 활용 등 다양한 방식이 가능하다. 디지털과 아날로그 방식을 모두 적용한다면 활용 효과는 높아질 것이다.

국내 소재 아태전쟁유적의 문화콘텐츠 활용을 위한 방향을 고민해보면, 크게 네 가지다.

첫째, 현실적 접근이다. 지역의 모든 유적을 장소 콘텐츠화하기는 어렵고, 그럴 필요도 없다. 해당 지역의 유적을 파악할 수 있는 Map 제작 하나만으로도 의미가 있고, 유적에 간단한 표지판(바닥 표지석)과 QR코드[Quick Response code. 덴소 웨이브의 등록 상표 'Quick Response'에서 유래한 명칭. 국립국어원에서는 정보무늬라 부름. 흑백 격자무늬 패턴으로 정보를

---

50) 권미현, 앞의 글, 254~255쪽
51) http://www.ohmynews.com/NWS_Web/event/sewol.aspx#A0001991988 이 콘텐츠의 영향을 받아 한겨레신문과 경향신문에서도 유사한 콘텐츠를 제작, 공개하고 있다.

나타내는 매트릭스 형식의 이차원 바코드. 보통 디지털카메라나 전용 스캐너로 읽어 들여 활용][52]도 좋은 문화콘텐츠이다. 그러므로 해당 지역의 유적 가운데 효용성을 기준으로 우선순위를 정하고, 문화재 등록 대상 유적 및 유적에 적용할 콘텐츠 종류를 정할 필요가 있다.

표지판(표지석)은 간단한 구조물이다. 그러나 표지판(표지석)이 간단한 구조물이상의 의미가 있다. 평화디딤돌이라는 시민단체가 있다. 일제 침략의 역사적 상처와 한민족 이산의 아픔을 치유하기 위해 광복 70주년에 탄생한 단체이다. 이 단체의 활동 가운데 하나는 일제 침략과 관련한 지역이나 피해자의 마을에 표지석(동판)을 놓는 '평화디딤돌 놓기'다.

그림 37 강제동원 사망자 현종익의 평화디딤돌

---

52) QR코드는 주로 한국, 일본, 중국, 영국, 미국 등에서 많이 사용. 종래에 많이 쓰이던 바코드의 용량 제한을 극복하고 그 형식과 내용을 확장한 2차원의 바코드로 종횡의 정보를 가져서 숫자 외에 문자 데이터 저장 가능.

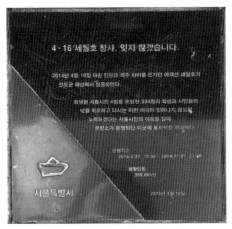

그림 38 서울시청 앞마당에 놓인 4.16세월호 참사 디딤돌

　인물 표지석(동판)은 강제동원되었다가 사망했거나 일본군위안부로 피해 당했던 이들의 동네나 집 주변에 '이 동네 사람 ***' 'HE LIVED HERE'라는 글귀와 이름, 출신지, 사망연월일 등을 15센티미터의 크기로 새겨 넣었다. 옛 경성부청 자리였다가 서울시청으로 사용했었던 서울도서관 앞 광장에도 '함께 일제 강제동원 희생자를 기억하겠습니다(한글, 영문)'를 새긴 동판을 설치했다. 세월호 참사를 기리는 디딤돌(서울시청 앞)도 동일한 성격의 기념물이다.

　평화디딤돌은 유럽의 걸림돌(stolpersteine)에서 착안되었다. 걸림돌은 우리의 일상생활 공간에서 있었던 역사적 희생의 기억을 되살려 국가 권력의 폭력성을 경계하고 미래의 평화를 염원하는 작업이다. 걸림돌은 독일 조각가 군터 뎀니히(Gunter Demning)가 1992년부터 독일과 유럽 전역에 놓기 시작한 기억의 예술이다. 반짝이는 놋쇠로 덮은 보도블록에 강제노동수용소에서 죽어간 유태인 거주자와 독일인 사회주의자, 동성애자, 집시희생자의 이름을 새겨놓았다. 20년간 5만 6천개를 놓았고, 지금도 이어지고 있다.[53]

---

53) 정병호, 「기억과 추모의 공공인류학」, 『한국문화인류학』50-1, 2017년 3월, 37쪽

걸림돌에서 착안해 시작한 평화디딤돌 놓기는 한국인은 물론, 일본과 독일 등 여러 나라 사람들이 참여하고 있다. 이들은 기금을 내고, 건립식에 참석하기도 한다. 해당 주제로 영화를 만들고 시를 쓰기도 한다. 평화의 메시지를 다양한 방식으로 표출하고, 세계 시민들과 공유하고자 한다. 간단한 구조물이 만들어내는 반전평화교육이자 운동이다. 표지석을 간단한 구조물이라 할 수 없는 이유다.

둘째, 지역사회가 활용 필요성에 공감해야 한다. 지역 사회가 필요성을 공감하기 위해 필요한 것은 효용성이다. 대체적으로 자신이 사는 지역에 아태전쟁유적이 있다는 것을 달가워하지 않는 분위기다. 대다수 시민들에게 아태전쟁유적은 기억하고 싶지 않은 '부(負)의 현장'이다. 이런 상황에서 지역민들의 공감대를 얻기 위한 노력은 소홀히 하면서 의미부여만 중시한다면 거부감을 키우는 꼴이다. 볼거리와 즐길거리의 역할을 중심으로 놓고 부가적으로 역사 교육의 효과도 거둔다는 소박한 바람에서 출발해 지역사회의 호응을 얻어 나갈 필요가 있다. 그 과정에서 중요한 것은 유적의 역사적 의미와 중요성을 앞세운 '전문가의 주입식 전달'을 버리고 지역민이나 해당 기업 및 지자체 등 관련자들과 함께 필요성을 공유해나가려는 자세다. 지속적인 주민여론수렴기회나 설명회를 통해 충분히 소통하려는 노력은 매우 중요하다. 그러나 그것만으로 충분하지 않다. 적극적인 방법이 필요하다.

적극적인 방법의 하나는 지역민들이 현장을 돌아보는 필드워크다. 필드워크의 의미는 크게 네 가지다. 첫째, 단순한 볼거리를 넘어 지역 사회의 공감을 이끌어내는 중요한 기회다. 둘째, '공간의 스토리텔링'이 생산·축적되는 기회다. 스토리텔링은 특정한 이야기 소재(story)를 상대방에게 전달(tell)하는 행위이자 '화자(話者)의 의도가 청자(聽者)에게 전달되는 일종의 커뮤니케이션 행위'다. 스토리텔링은 화자와 청자가 같은 맥락 안에 포함된 채 현재 상황을 공유하고 그에 따른 상호작용을 나누도록 도와준다.[54] 그런 이유로 인류 역사에서 이야기 행위는 단순한 설명과 전달을 넘어선 공유의 역할을 담당해왔다.

유적이라는 공간에서 나누는 이야기는 단순히 대상지를 기억하고 대상지에 대한 만족도를 높이는 역할에 그치지 않는다. 새로운 자료(구술기록)를 생산해내고 이를 통해 콘텐츠간 선순환 구조를 주도하는 적극적인 역할을 담당한다. 셋째, 다양한 콘텐츠 구축을 위한 기록화 전략에서도 의미가 크다. 필드워크를 위해 준비한 자료와 현장에서 생산되는 스토리텔링, 사진과 동영상 등 모든 자료는 이후 다양한 콘텐츠 구축에 매우 중요한 자료로 활용된다. 넷째, 활용도를 높일 수 있고 필드워크로 인해 다양한 콘텐츠 구축과 활용이 추가·지속된다. 필드워크 참여자들은 이후 출판 콘텐츠나 영상 콘텐츠, 웹과 모바일 콘텐츠에도 관심을 갖게 되고, 이를 통해 다양한 콘텐츠의 생산과 구축, 활용이라는 선순환 구조가 가능하게 된다.

■ 필드워크 TIP ■

1. 적정한 인원과 시간
- 교통 흐름을 방해하지 않고, 설명자의 이야기 전달이 원활할 정도의 인원(10명 내외)
- 지루하거나 지치지 않을 정도의 코스(반나절을 넘지 않음)
2. 스토리텔링을 축적하는 기회
- 스쳐지나가는 필드워크가 아니라 공감하고 기억하는 필드워크
- 참가자들이 유적에 대해 이야기하고, 이야기를 공유할 수 있는 충분한 시간과 기회
3. 기존의 답사 코스와 연계

---

54) 임동욱, 「프랑스 역사콘텐츠 구축 및 활용 사례」('화성지역 독립운동 관련 역사콘텐츠 개발의 현황과 과제' 심포지엄 발표문, 2015. 12. 4), 170~171쪽

■ **필드워크 코스 사례** ■

- 서울 지역 종로구·중구 : '징용 가는 길'(도보 총 3시간)

    ⇨ 덕수초등학교(송출 집결지) ⇒ 경성재판소 터(현재 서울시립미술관, 식민통치 유적) ⇒ 조선신궁 터(송출자들의 참배 지역) ⇒ 경성역사 터(서울역 박물관, 인력동원 송출 장소)

※ 이 코스는 실제로 숭인동 소재 대륙화학연구소에서 비누 등을 제조하다가 1943년 11월에 동원되어 일본 도쿄 일본제화(리갈)에서 강제노역을 당했던 진현수 할아버지가 걸었던 길

- 서울 지역 종로구·중구 : '침탈의 길'(도보 총 4시간)
- 식민통치유적을 중심으로 한 코스

    ⇨ 경희궁 지하호(조선총독부 소속 관청의 소개지) ⇒ 경기도 경찰부 터·경기도청 터 ⇒ 경성부민관 터·경성부청 터 ⇒ 조선은행 터 ⇒ 일본적십자 조선본부 터 ⇒ 경성신사 터 ⇒ 조선총독부 남산청사 터 ⇒ 조선총독부 시정기념관 터(통감관저 터) ⇒ 통감부 경성이사청 터 ⇒ 조선헌병대사령부 터

- 서울 지역 영등포구 : '군수공장 찾아가는 길'(도보 총 2시간)
- 생산관계유적과 현대사 유적을 연계

    ⇨ 영등포역 근처, 타임스퀘어(경성방직 영등포공장) 터 ⇒ 산오(三王)제지 터 ⇒ 니혼방직 경성공장 터 ⇒ 용산공작 영등포공장 터⇒ 조선제분 터(현재 대선제분) ⇒ 도요(東洋)방적 영등포공장 터 ⇒ 가네가후치(鐘淵)공업 경성공장 터 ⇒ 문래공원 5.16쿠데타 발상지

- 전남 광주(차량 총 4시간)

    ⇨ 치평동 비행장 터 ⇒ 화정동 군사시설물 ⇒ 가네가후치 전남공장 터 ⇒ 전남도시제사 터 ⇒ 광주공원(광주 신사 터) ⇒ 광주역 터(물자와 인력의 송출·하역 장소)

특히 문화콘텐츠 구축은 기록화단계와 활용 및 구축단계의 연동과정을 통한 선순환 구조다. 선순환 구조는 기록화를 통해 활용에 이른 콘텐츠가 활용 과정에서 계속 기록화로 피드백되고, 다시 구축과 활용에 연계되는 등 지속적으로 콘텐츠 생산과 축적, 활용이 이루어지는 구조다. 이를 통해 해

당 유적 활용 성과물이 다른 지역으로 확산되는 플랫폼이 될 수 있고, 등록과정을 거쳐 사적지나 세계문화유산 등재 단계로 이어질 수도 있다.[55]

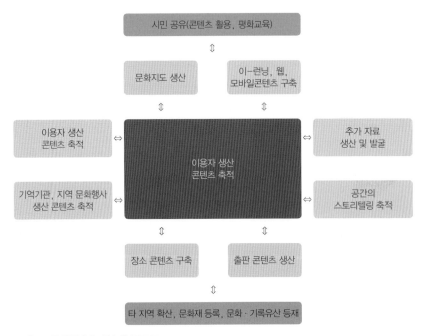

그림 39 문화콘텐츠 선순환 구조도

세 번째, 아날로그와 디지털 방식의 적극적 연동이다. 일본의 활용 방안이 공간적 활용(장소 콘텐츠)에 비중을 두었다면, 한국의 활용방안은 '뚜껑 없는 박물관을 넘어선 콘텐츠 구축'이 적절하다. 이유는 활용도와 효과의 극대화를 위해서다. 특히 디지털 콘텐츠 중 모바일 콘텐츠는 이용자가 콘텐츠를 추가하는 쌍방향이자 이용자 참여도를 높일 수 있는 콘텐츠이며 접근성이 높다.

네 번째, 지역 기억기관(박물관, 역사관, 기념관 등)이나 교육기관과 적극적인 연계다. 이용자의 참여를 높이는 방법이기도 하다. 기억기관과 연계 방

---

55) 정혜경, 「국내 소재 아시아태평양전쟁 유적 활용 방안」, 『한일민족문제연구』33, 2017, 219쪽

법은 전시를 통한 연계와 프로그램 운영을 통한 연계 등 두 가지다. 전자는 주제별 전시를 통해 해당 지역의 아태전쟁 실태를 소개하거나 야외에 아태전쟁유적과 관련된 전시물을 설치하는 방법이다. 후자는 시민대상의 프로그램을 활용하는 방법이다.

부평구 부평동 미쓰비시마을을 대상으로 한 부평역사박물관의 기획전시(2016년), 부평 지역의 아태전쟁유적의 하나인 지하호를 대상으로 한 부평문화원의 시민 참여프로그램 '어르신문화콘텐츠 – 부평토굴생활문화역사콘텐츠 발굴 프로젝트', 부산시민공원 역사관의 팝업북 만들기 등이 대표적 사례다.

현재 각 지역의 기억기관은 전시 외에 다양한 교육과 참여프로그램을 운영하고 있다. 기억기관이 주관하는 시민강좌나 필드워크, 사람책 도서관[Living Library. 덴마크 시민운동가 로니 에버겔이 비행청소년 계도를 위해 2000년에 시작한 프로그램. 도서관에 와서 사람(책)을 대출해 그 사람과 자유롭게 대화를 나누는 신개념의 도서관. 국내에서도 동북아평화연대가 한국전쟁을 주제로 '2017년 평화 사람책 도서관 행사' 개최], UCC[User Created Contents, 사용자제작 콘텐츠] 공모, 어린이용 팝업북[Pop-Up Book. 책의 일종으로, 전체 혹은 일부의 페이지를 펼쳤을 때 준비된 그림이 입체적으로 올라오도록 고안된 형태. 북 아트의 일종] 만들기, 역사보드게임 대회, 각종 시민참여 프로그램 등은 아태전쟁유적 관련 문화콘텐츠를 시민들이 스스로 이용하고 생산하는 적극적 방법이다.

UCC는 일반적으로 1~2분 내외의 짧은 영상 클립인데, 제작자의 창의성이 돋보이는 영상 콘텐츠이다. 많은 기억기관들이 다양한 주제로 공모 행사를 하므로, 아태전쟁유적을 주제로 공모 프로그램을 운영할 수 있다.

이들 문화콘텐츠는 기억기관의 전시물로도 가능하고, 기억기관의 홈페이지에 탑재하는 방법도 있다. 또한 표지판(표지석)의 QR코드를 지역 기억기관 홈페이지로 연계하는 방법도 매우 쉬운 쌍방향 소통 방법이다.

5. 우리 지역 아태전쟁유적의 문화콘텐츠 구축 및 활용 방안

아태전쟁유적은 활용과정을 통해 역사 경험을 축적하고 축적된 경험을 다시 시민의 반전평화·역사교육으로 순환하는 기능을 담당한다. 우리 지역 아태전쟁유적은 지역의 역사성과 유적 발생 배경, 해방 후 쌓은 한국현대사의 더께, 기존 근대유적, 보존 환경, 지방자치체의 여건 등 다양하다. 그러므로 이를 토대로 적합한 문화콘텐츠 구축 및 활용 방안을 적용할 필요가 있다.

이 장에서는 큰 틀에서 문화콘텐츠 구축 추진과정에서 고려할 점을 살펴본 후 구체적인 문화콘텐츠 구축 및 활용 방안을 제시하고자 한다. 유적의 특성과 문화콘텐츠 종류에 따라 구분해서 살펴보면 다음과 같다.

단, 아래 내용은 '아태전쟁유적 실태 전수조사'의 완료(연차별 전수조사 가운데 최소한 1차년도 완료 상태), 기록화 단계 수행 완료를 전제한 제안이다. 기록화 단계가 이루어지기 이전이라면, 아무 소용이 없다. 아무리 강조해도 지나치지 않다.

1) 아태전쟁유적 문화콘텐츠 구축 추진 방향

아태전쟁유적의 활용에서 중요한 것은 문화콘텐츠의 특성을 이해하고 잘 살리는 일이다. 특히 현재 문화콘텐츠의 주류가 쌍방향성이며, 디지털과 모바일이 대세라는 점은 큰 고려사항이다. 이를 전제로 한 문화콘텐츠 구축 및 활용의 방향은 크게 여섯 가지다.

첫 번째, 문화 콘텐츠 간 호환성 높이기다. H-GIS는 아날로그 자료인 지도를 지리정보시스템(geographic information systems)을 이용해 디지털 콘텐츠로 활용한 사례이며, 표지판에 만들 수 있는 QR코드는 장소 콘텐츠의 효율성과 웹·모바일 콘텐츠의 활용도를 극대화하는 방법이다. 디지털 자료인 문화지도를 아날로그식 장소 콘텐츠에 전시하는 방법이나 장소 콘텐츠의 사이버 캐릭터도 문화콘텐츠 간 연계라 볼 수 있다. 모션 그래픽스[motion graphics. 비디오 영상 또는 애니메이션 기술을 이용하여 영상 속에 다양한 움직임이나 회전의 환영을 만들어내는 그래픽. 단순한 기술이 아닌 영상 장르 중 하나의 개념으로 자리 잡았으며 예술의 한 분야로 모션 그래픽 아티스트가 존재. 대부분 멀티미디어 프로젝트에 사용되기 위해 음향과 결합되기도 함. electronic media기술로 표출되기도 하지만 수동적인 기술로도 표출]나 인터랙티브 미디어[interactive media, 대화형 매체, 상호작용하는 매체. 여러 대의 프로젝터를 이용해 제작 가능]는 디지털 콘텐츠지만 장소 콘텐츠에서 전시물로도 적용 가능하다.

두 번째, 필드워크(워킹투어) 프로그램의 안정적 운영이다. 필드워크는 기록화(다큐멘테이션화)단계이자 문화콘텐츠 구축 단계에도 관련되는 중요한 과정이자 문화콘텐츠 구축 및 활용 과정에서 중요한 추진동력이다. 안정적이고 지속적인 필드워크 프로그램 운영은 아태전쟁 역사에 관한 시민 공감대 유지에 큰 도움이 되며, 지자체 홍보라는 부수적 효과도 적지 않다.

세 번째, 예산과 기간이 소요되는 장소 콘텐츠보다 웹·모바일 콘텐츠 비중을 높이는 방안이다. 장소 콘텐츠를 구축하는 경우에도, 웹·모바일 콘텐츠와 장소 콘텐츠의 동시 구축을 추진해 단계별로 성과를 낼 수 있다. 웹·모바일 콘텐츠는 디지털 방식에 국한하기는 하지만 스토리텔링을 활용한 영상 콘텐츠(다큐멘터리나 드라마 등)는 접근도가 높고 확장성과 활용도도 높다.

네 번째, 국제영화제·비엔날레 등 지역 문화행사나 기억기관(박물관, 사료관, 문학관, 기념관 등)과 연계해 다양한 문화콘텐츠를 활용하는 방안이다. 부평역사박물관의 기획전시 '삼릉, 멈춰버린 시간'(2016. 11. 23~2017. 2. 19)은 기록화단계(학술조사보고서 발간)와 활용(전시)을 시도한 사례이지만 필드워크 프로그램을 병행하지는 못했다. 서울역사박물관은 2013년에 창신동 기획 전시를 하면서 필드워크 프로그램 운영과 출판 콘텐츠(전시 동화책)를 발간했다.

다섯 번째, 활용과정에서 이용자 참여와 쌍방향성을 극대화하는 방안이다. 교육형 테마파크나 기억기관이 주관할 수 있다. 가장 좋은 방법은 필드워크 프로그램 운영이다. 다른 방법은 해당 주제에 관해 UCC나 영상물 공모를 통해 이용자 활용도를 높이고, 결과물(UCC나 영상 클립)을 다시 이용자들이 활용하도록 하는 방법이 있다. 이용자 스스로의 참여를 높이는 쌍방향성은 웹과 모바일 콘텐츠에서 이용자 스스로 콘텐츠(사진이나 영상)를 탑재할 수 있도록 하는 방식이다. 표지판에 만든 QR코드는 이용자 참여를 쉽게 할 수 있는 방법 가운데 하나이다. 이용자는 QR코드를 통해 기억기관의 블로그나 홈페이지 등으로 연결되며 다양한 콘텐츠를 스스로 탑재할 수 있다. 그 외 다양한 프로그램(강연, 교육, 독서회, 영상물 상영회, UCC시연회, 팝업북, 보드게임 대회 등) 운영도 이용자 참여를 높이는 방안의 하나다.

부산시민공원 역사관에서는 참여자들이 1시간 정도 스스로 시민공원을 돌아본 후 팝업북 만들기를 하도록 운영하고 있다. 이 같이 참여자 스스로 필드워크를 하도록 기회를 주거나 필드워크 프로그램과 병행하는 방법을 권하고 싶다.

여섯 번째, 활용 과정에서 역사에 문화와 예술·레저의 기능을 추가하는 방안이다. 아태전쟁역사라는 어렵고 무거운 주제를 참여자들이 잘 소화하고, 지속적으로 관심을 갖도록 하기 위해 공연이나 전시, 영화 상영 등을 결합한 프로그램을 운영해 참여자의 호응을 높일 필요가 있다. '엄숙주의'나 교육적 효과만을 강조하는 자세는 오히려 문화콘텐츠 활용의 걸림돌로 작용한다.

2) 문화콘텐츠 종류별 고려 사항

문화콘텐츠 가운데 아태전쟁유적에 적용할 콘텐츠는 사진·영상 콘텐츠, 출판 콘텐츠, 장소 콘텐츠, 웹·모바일 콘텐츠가 해당될 것이다. 이 가운데 많은 예산과 기간, 다양한 콘텐츠 등이 뒷받침되어야 하는 문화콘텐츠는 장소 콘텐츠, 웹·모바일 콘텐츠다.

앞에서도 강조한 바와 같이 문화콘텐츠 구축의 토대는 기록화다. 기록화 단계의 완성도에 따라 문화콘텐츠 구축의 방향이 좌우되고 기간과 예산을 줄일 수 있다.

권미현은 이 과정에서 '필수적인 기록화 수집 정책을 명문화해 사용할 것'을 제안했다. 기록수집의 목적을 명확하게 하는 '입장과 목표를 설정하는 단계'이다. 수집 정책은 기록화 전략을 성공적으로 이끌 가이드 역할을 하는데, 아태전쟁 기록 수집 작업의 타당성과 필요성에 대한 규정이자 향후 강제동원 기록화 전략을 추진하는데 기본 방향을 제시한다. 기록화 전략을 추진할 수 있는 근거가 되는 규정과 수집정책이 필요한 이유다.

기록화 전략을 추진하는 주체는 법적 근거나 내부 규정 등을 통해 추진 근거를 마련할 필요가 있다. 권미현이 제시한 '아태전쟁 기록화 전략'을 추진하기 위한 수집정책에 포함해야 할 구체 사항은 〈표 3〉과 같다.[56]

---

56) 권미현, 앞의 글, 242~243쪽. 이 논문에서는 '강제동원 기록화'라 표기.

〈표 3〉 아태전쟁 기록화 수집 정책[57]

구성 요소	내 용
수집 목적 및 적용범위	아태전쟁 기록화의 목적과 사명 해당 수집 정책이 미치는 적용 범위
수집 범위 및 대상	아태전쟁 기록화 범위와 대상에 대한 규정 시기, 주제, 공간 등 포괄적 규정 수집 우선순위
수집 주체 및 협력	아태전쟁 기록 수집 주체, 다기관간 역할 분담 등
수집실행 절차	기록 조사 및 분석, 수집 방법
자문위원회 구성	자문위원회 구성 근거 및 목적 등
수집 기록 관리 및 활용	수집 기록의 관리 절차 기록 저작권 및 소유권 열람 및 활용에 대한 세부지침

기록화 단계에는 자료수집과 생산, 필드워크가 해당된다. 자료수집과 생산은 문헌과 비문헌자료가 모두 해당된다. 문헌은 공식 자료(문서, 정부 생산 명부 및 보고서)와 비공식 자료(신문, 잡지, 서간, 회고록 등), 연구 성과(논문, 연구서)를 모두 포함한다. 비문헌은 구술, 사진, 영상, 지도, 포스터나 그림 등 이미지 자료를 포함한다. 기존에 생산된 콘텐츠(논픽션, 소설 등 출판 콘텐츠, 영상과 사진, 지도)도 수집 대상이다.

지역별로 적용 가능한 주요한 수집과 생산 주제를 제안하면, 다음과 같다.

① 아태전쟁 전후 해당 지역의 인문지리적 정보 조사 정리
  - 행정구역 및 변천 내용(군지郡誌, 시사市史 등 활용)
  - 민족운동 양상 파악(기 발간 연구 참조)
  - 일제 강점기 사회상 파악(기 발간 연구 참조)
  - 주요 출신 인물 파악(기 발간 연구 참조)
  - 해당 지역의 사회경제적 정보(연도별 인구, 경작지 규모, 미곡수확량, 유력 성씨 집성촌 현황 등)
  - 일본인 거주 현황

---

57) 권미현, 앞의 글, 243쪽 〈표1〉 수정

- 해당지역 식민통치기구 역사
② 아태전쟁기 해당 지역 현황 파악
 - 유적 탄생 배경 정보 : 조선군 주둔 여부, 군사유적 구축 관련 규정 등 제도적
   배경, 생산관계유적의 역사
 - 물자 공출 현황
③ 해당 지역의 강제동원 현황 파악
 - 피해 관련 정보(명부, 피해조사 결과, 구술 및 면담자료, 신문 등 문헌자료)
④ 강제동원 실태
 - 송출지역별 정보(송출지역의 강제동원 관련 정보. 문화지도의 형식으로 확산)
 - 현지 작업장 실태(해당 지역 작업장 현황 및 강제동원 실태)
⑤ 동원자 실태 파악
 - 국외 송출자
 - 국내 동원자
⑥ 동원자의 귀환 과정
 - 국외 송출자의 귀환과 미귀환 상황
 - 귀환 이후 지역 적응 관련 자료
⑦ 전후 지역사
 - 해방 후 해당지역 한국현대사의 더께
 - 아태전쟁유적의 변천 및 활용 현황
 - 해당지역의 근대문화유산 현황 및 활용
 - 해당지역의 역사대중화 현황
 - 해당지역 기억기관 현황
 - 해당지역의 필드워크 현황
 - 해당 지역의 지역사 연구 현황

필드워크는 향후 문화콘텐츠 구축을 위해 현장성을 검증하는 과정이자 참가자들이 적극적으로 공간의 경험을 발화(發話)하고 구술기록을 생산하는 중요한 기회다. 아태전쟁유적에만 국한하지 않고 지역의 기존 역사 주제 필드워크 코스와 연계하는 방식을 적용한다면 역사인식 확대에 도움 될 것이다. 필드워크 프로그램에 전시나 공연, 강연 등을 연계하는 방안으로 내용

의 다양성을 꾀할 필요가 있다.

또한 기록화단계와 문화콘텐츠 구축 단계는 병행할 수 있다. 웹·모바일 콘텐츠를 대상으로 추진 단계를 살펴보면, 1단계 : 웹·모바일 콘텐츠[다큐멘테이션화], 장소 콘텐츠 구축 → 2단계 : 웹·모바일 콘텐츠[시스템 구축] → 3단계 : 웹·모바일 콘텐츠+장소 콘텐츠 연동 등의 순서가 가능하다.

아태전쟁유적 활용에 적용 가능한 콘텐츠 구축 추진 과정에서 고려할 점을 살펴보자.

(1) 출판 콘텐츠

출판 콘텐츠는 문화콘텐츠 가운데 가장 보편적이자 다른 콘텐츠 구축에 토대가 되는 콘텐츠다. 문화콘텐츠 활용에 속하기도 하지만 기록화 단계에 속하는 결과물이기도 하다. 전문적인 연구서, 조사보고서를 비롯해 시민을 대상으로 한 실태서, 지역 필드워크 핸드북, 답사기, 그림책, 동화책, 만화책, 구술집, 에세이집, 논픽션, 회고록이나 자서전, 인포메이션그래픽 등 다양한 출판 콘텐츠가 가능하다. 형식도 종이책과 전자책(E-Book)을 병행 생산할 수 있다.

아태전쟁유적 관련 출판 콘텐츠의 의미와 중요성 인식은 아태전쟁유적에 대한 사회적 관심을 높이는 출발점이다. 현재 발간된 아태전쟁유적에 관한 국내 출판 콘텐츠는 조사보고서, 실태서, 지역 필드워크 핸드북, 답사기 등이 있다. 이 가운데 조사보고서와 실태서의 주제는 군사유적으로 한정되었다.

조사보고서는 정부(문화재청, 위원회)나 정부의 위탁을 받은 대학과 민간 연구소, 지역 박물관이나 문화원 등이 발간한 보고서가 있다. 이 가운데 대학과 민간 연구소의 보고서는 내용이 소략하거나 누락된 내용도 적지 않다. 정부 보고서는 일부 지역이나 유적에 국한되어 있어, 전체 상황을 담지 못하고 있다. 보고서 내용 외에 아쉬운 점은 공개가 제한적이라는 점이다. 최근에 웹사이트를 통해 공개하는 경우가 있지만 오래 전에 발간된 보고서나 대학과 민간연구소 보고서는 구하기 어렵다.

실태서는 이완희 PD의 『한반도는 일제의 군사요새였다 – 이완희 PD의 일본군 전쟁기지 탐사보고』가 대표 작품이다. 일부 내용의 오류는 있으나 한반도 전역의 군사유적을 수년간에 걸쳐 직접 답사하고 조사한 결과물이 오롯이 담겨 있다. 특히 조사 과정에서 생산한 수천 장의 현장 사진은 책에 수록한 정도로 그치기에는 너무 귀한 자료다. 지역별 화보집 발간을 바라는 마음도 간절하다.

이완희의 실태서가 전국을 대상으로 했다면 주철희의 『일제강점기 여수를 말한다 – 여수에 남겨진 일제 군사기지 탐사보고』(흐름, 2015)는 지역 실태서다. 여순사건 전공자로서 여수에 거주하는 저자이므로 가능한 책이다. 다만 역사학 전공자인 필자가 문화재청 보고서(2013년도)에 실린 평면도와 구조도 등을 사용하면서 출전을 밝히지 않은 점은 옥의 티다.

아태전쟁유적 관련 국내 출판 콘텐츠 가운데 가장 다수이자 최근에 많이 알려진 책은 답사기다. 한홍구의 『한홍구와 함께 걷다』(검둥소, 2009), 최예선·정구선의 『청춘남녀, 백년 전 세상을 탐하다』(모요사, 2010)는 아태전쟁유적에 국한하지는 않지만 발간 의도가 명확한 답사서다. 이에 비해 아태전쟁유적 답사기라 할 수 있는 정명섭·신효승·조현경·김민재·박성준의 『일제의 흔적을 걷다』(더난 출판, 2016)는 성격이 모호하고, 답사지 선별 기준도 알 수 없다.

국내에서 발간된 필드워크 핸드북은 『우리마을 속의 아시아태평양전쟁 유적 – 광주광역시』(선인출판사, 2014)가 유일하다.

발간 국내 실태 현황은 조사보고서를 제외하면 열 손가락으로도 셀 수 있을 정도다. 전공자가 절대 부족하고 수집한 자료 자체도 부족하지만 현재 한국 사회에서 출판 의욕을 내기 어려운 주제이다. 국내 아태전쟁유적에 대한 사회적 관심을 생각하면, 당연한 현상일 것이다.

이에 비해 일본은 사진집, 화보집, 지역별 핸드북, 사전을 표방한 실태 정리집, 그림책, 만화책 등 종류가 매우 다양하다. 비록 군사유적이 중심이기는 하지만 출간량에서 한국이 넘볼 수 없을 정도로 방대하다. 서점에서도 입구의 잡지와 화보집 코너에 당당히 놓여 있다. 근대산업유산군 세계유산 등재 이후에는 더욱 독자층의 관심을 받는 주제가 되었다.

아태전쟁유적 관련 출판 콘텐츠는 한국 사회의 관심과 학술 연구 수준을 나타내는 척도다. 출판 콘텐츠가 다양한 문화콘텐츠에 미치는 영향을 생각할 때, 한국에서 가장 주력해야 할 콘텐츠다. 그러나 출판 콘텐츠는 생산에 많은 시간과 노력이 필요하다. 핸드북이나 인포그래픽은 얇은 규모이지만 자료 축적과 학술 연구 없이 생산이 불가능하기 때문이다.

> "무기와 전쟁기지를 책이라는 상징물로 포위하는 일, 무력을 문화예술로 에워싸는 일, 책과 문화예술은 평화의 가장 강력한 발현양식이다. 결국은 평화가 이길 것이다."

무력을 앞세운 강정해군기지 건설에 맞서 '강정평화책마을'을 조성한 시인 김선우의 말이다. 출판 콘텐츠가 가진 힘이 평화라는 시인의 말에 공감한다면, 출판 콘텐츠 중요성은 더 이상 강조할 필요가 없을 것이다.

(2) 장소 콘텐츠

둘째, 장소 콘텐츠 구축 추진 과정이다. 앞에서 소개한 바와 같이 장소 콘텐츠 구축의 경우에는 장기간 소요되므로 기록화 단계와 병행 추진한다면 시간은 절약할 수 있다.

장소 콘텐츠를 고정된 하드웨어(구조물)로 제한할 필요는 없다. 다양한 파빌리온을 활용할 수 있다.

파빌리온의 시원(始原)은 원시 오두막이고, 현재 파빌리온의 범주에는 오두막 같은 고정된 건축물도 포함된다. 한국의 정자나 제주 중산간 마을의 오두막, 루이 15세가 애인에게 선물한 음악 파빌리온은 간단하지만 고정 건축물이다. 그러나 파빌리온의 주류는 헝겊 천막이나 종이재질을 사용한 이동식 구조물이다. 정자부터 폴리(Folly), 원두막, 캐노피, 유목민 텐트, 서커스 텐트, 만국 박람회 국가별 전시관, 한국의 판자촌, 파고라[pergola. 휴게시설의 일종으로 사방이 트여있고 골조가 있는 지붕이 있어서 햇볕이나 비를 가릴 수 있으며 앉을 자리가 있는 시설물], 팝업 스토어[소비를 위해 길거리에 세우는 유희적 가건물. 특히 다국적 기업들이 소비 촉진을 위해 세계 주요 도시에 임시 건축 설치를 시도]는 물론 기념비와 꽃상여도 파빌리온에 해당할 정도로 종류와 기능이 매우 다양하다.[58]

이 가운데 폴리는 건축물 본래의 기능을 잃고 장식적 역할을 하는 건축물이다. 연원은 수천년 전이지만 건축학 담론에 본격적으로 출현한 것은 18세기 영국과 프랑스에서 정원 속 풍경을 완성하는 수단과 쉼터로 동시에 기능하는 작은 구조물이 유행하면서부터다. 정원이나 숲 속에 세워진 신전, 움막, 작은 집이 해당된다. 주로 감성을 자극하는 향유적 구조물이 일반적이었다. 국내에서도 전시 기능을 갖춘 다양한 파빌리온이 있다. 국립현대미술관 서울관에서는 '젊은 건축가 프로그램'이란 이름으로 매년 파빌리온이 들어서고 더 이상 파빌리온은 낯설지 않다.[59]

파빌리온과 아태전쟁유적 장소 콘텐츠는 어떤 연관성을 찾을 수 있을까. 첫째 장소 콘텐츠의 아이디어로 차용할 수 있다. 파고라나 천막 등이 해당된다. 둘째, 파빌리온은 외부 이동식 구조물로도 사용하지만 장소 콘텐츠의 내부 전시기법으로도 활용할 수 있다.

---

58) 파빌리온의 현황과 향후 활용 방안에 대해서는 김영민 외, 『파빌리온, 도시에 감정을 채우다 : 천막부터 팝업 스토어까지』(홍시커뮤니케이션, 2015)참조
59) 서울지역에 설치했던 파빌리온의 설명과 사진은 파레르곤 포럼, 「에필로그 - 파빌리온은 도시의 작은 랜드마크다」, 『파빌리온, 도시에 감정을 채우다』참조

2002년 11월 뉴욕 션 켈리(Sean Kelly) 갤러리에 세운 '바다가 보이는 집'은 퍼포먼스용 파빌리온이다. 12일 동안 3개의 방(침실, 거실, 화장실)에서 먹지도 말하지도 않고 사생활을 그대로 노출했던 이벤트였다. 3개의 방은 모두 관람객을 향해 열려 있으며 관객들은 망원경을 통해 작가(월 마리나 아브라모비치)를 관찰할 수 있었다. 전시장에 들어온 관람객이 작가를 응시하도록 설계된 무대와 같은 공간이었다. '바다가 보이는 집'은 퍼포먼스였으므로 장소 콘텐츠에 적용하기에는 적당치 않다. 그럼에도 장소 콘텐츠 내부에 다양한 파빌리온을 세울 수 있고, 파빌리온 자체를 소프트웨어로 활용할 수 있다는 시사점을 준 사례다.

파빌리온의 소프트웨어적 접근은 '필립스 파빌리온'이 좋은 사례다. 1958년 브뤼셀 만국박람회에 세운 '필립스 파빌리온'은 네덜란드 전자용품 회사인 필립스사가 회사 이미지를 부각하기 위해 만들었다. 외부적 조형성도 뛰어나지만 내부에서 빛과 색채, 음악이 어우러진 멀티미디어 스펙터클 전시인 '전자시(Electronic Poem)'가 공연되어 '예술의 종합판'이라는 평가를 얻었다. 8분짜리 멀티미디어 예술 프로그램인 전자시는 음향과 영상은 물론, 빛·색·소리·움직임 등 다양한 비물질적 요소가 결합한 공감각인 분위기(ambience)를 제공했다.

이러한 사례는 최근에 국내에서도 늘어나고 있다. 투웨이 미러(Two way-Mirror)로 만든 유리박스를 설치한 '있잖아요'(2011년, 청계천 광장에 설치)는 관람객이 내부로 들어가 발언할 수 있도록 하고, 발화된 발언은 녹음되어 전시설치 기간 중 계속 재생되도록 했다. 이후에 유리 박스에 들어온 관객들은 녹음된 내용에 대해 인터넷 댓글처럼 반응하며 꼬리말을 발언할 수 있고, 더 많은 발언이 누적될수록 더 자주 파빌리온의 목소리가 광장에 들리게 된다. 파빌리온인 유리박스가 구조물에 그치는 것이 아니라 살아 있는 관계망으로 역할한다. 투웨이 미러 방식은 1980년대 말부터 유럽과 미국에서 구현되기 시작한 파빌리온이다.[60] 이같이 다양한 파빌리온의 기능과 활용법은 장소 콘텐츠에 반영할 수 있다.

파고라 방식을 이용한 간단한 장소 콘텐츠도 가능하다. 전남 광주의 백화마을에는 사진과 안내문을 넣어 장소가 가진 역사를 설명하는 작은 파고라가 있다. 1946년 백범 김구선생이 세운 것으로 알려진 백화마을은 역사 속으로 사라졌다. 그러나 백화마을의 흔적은 이 작은 파고라에 남아 있다.

그림 40 백화마을 자리에 있는 파고라 형식의 기억공간(2014.7.19 촬영). 여기에 영상이나 구술을 듣고 볼 수 있는 기능을 추가할 수 있다.

파고라는 기억공간의 역할을 충분히 할 수 있다. 백화마을 파고라 보다 조금 더 큰 규모의 파고라에 사진과 지도·그림·QR코드를 넣고, 스크린을 설치하면 영상과 음성을 비롯한 다양한 콘텐츠를 통해 해당 유적의 장소 콘텐츠(기억공간)로서 충분히 기능할 수 있다.

이 같이 다양한 파빌리온은 공간의 기억을 확산하는 좋은 콘텐츠로 가능한 구조물이다. 내부에 어떤 콘텐츠를 구성하는가에 따라 쌍방향 소통이

---

60) 상세한 내용은 이수연, 「파빌리온에서 관계 맺기」, 『파빌리온, 도시에 감정을 채우다』참조

가능한 문화콘텐츠도 가능하고, 장소 콘텐츠로서 기능할 수 있다.

또한 장소 콘텐츠는 새로 구축하는 방법 외에 기존 시설물을 활용하는 간단한 방법도 가능하다. 기존 시설물에 몇 가지 디지털 기법(사이버 캐릭터)을 도입하는 방법이다. 일본 군마(群馬)현 도미오카(富岡)시에 소재한 도미오카 제사장(製糸場)의 사이버 캐릭터 활용이 대표 사례다. 도미오카 제사장은 1872년에 설치된 일본 최초의 제사 공장인데, 관영기와 미쓰이(三井)와 하라(原)합명회사를 거쳐 1939년에 가타쿠라(片倉)제사방적(주)에 합병되었고 1987년 까지 가동되었다. 아태전쟁기에도 가동되었으나 조선인 강제동원과 관련성은 확인되지 않는다. 현재 도미오카시가 소유·관리하고 있는데, 2005년에 국가 사적이 되었고, 2006년에는 중요문화재로 지정되었으며 2014년에 3개 건물이 국보로 지정되었다. 2007년에 유네스코산업유산 잠정목록에 등록한 후 2014년에 세계유산으로 등재된 장소 콘텐츠다.

도미오카 제사장 방문자들은 당시 제사여공의 복장을 한 사이버 캐릭터 '오토미쨩'의 안내로 견학과 실잣기 체험 프로그램 등을 경험할 수 있는데, 2014년도 방문객은 133만명에 이른다.[61] 평면적인 장소 콘텐츠인 도미오카 제사장 유적에 '오토미쨩'이라는 사이버 캐릭터를 도입함으로써 많은 비용을 들이지 않고도 원형을 보존하면서 방문객들이 사이버 콘텐츠의 분위기를 느끼는 효과를 거두었다.

---

61) http://www.tomioka-silk.jp/hp/index.html

그림 41 도미오카 제사장 여공들

그림 42 제사장 여공들 모습   **그림 43** 캐릭터 오토미쨩
富岡市教育委員會, 『富岡製糸場建造物群と調査報告書』, 2006(강동진, 「세계문화유산이 갖추어야 할 진정성과 완전성」, 『세계문화유산등재후보지들의 진실에 대한 문제제기』,2013년 11월 17일 한일국제세미나자료집, 43쪽 재인용)

　　아날로그식 장소 콘텐츠에 간단한 전시기법으로 효과를 높이는 방법도 있다. 현재 배재학당역사박물관에서 활용하는 두 가지 전시기법인 빔 프로젝터를 이용한 인터랙티브 미디어와 지도를 활용한 H-GIS(historical geographic information system, 신효승 제작)가 좋은 사례이다.

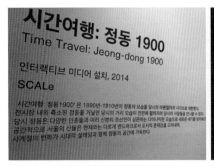

그림 44 배재학당역사박물관의 전시물, 인터랙 **그림 45** 사진과 프로젝터를 이용한 전시물
티브미디어

그림 46 배재학당역사박물관의 전시물, H-gis (신효승 제작)

그림 47 1906~2016년간 정동역사를 보여주는 전시물

아날로그식 장소 콘텐츠에 효율성을 높이는 활용 방법의 하나로써 현장에 세운 표지판에 QR코드를 부여하는 방식도 있다. QR코드는 모든 유적에 적용가능한 쌍방향 콘텐츠다. QR코드는 현재 국내에 다른 역사유적에 보편적으로 설치하는 콘텐츠이지만 작동이 불가능한 경우가 적지 않다. QR코드를 촬영하면, 연계 홈페이지로 이동해야 하는데 전혀 반응을 보이지 않는, 무늬만 QR코드인 경우가 대부분이기 때문이다.

기존에 구축한 장소 콘텐츠의 내용을 보완하는 방법도 있다.

그림 48 광명 동굴 내부에 조성한 광산 내부 모형그림

그림 49 밀차 모형

광명동굴은 현재 다른 지자체의 벤치마킹 대상이다. 동굴 내부에는 광산 내부와 밀차 모형도 전시되어 있다. 그러나 역사성이 부족하다는 지적을 피할 수 없다. 금광산(시흥광산)이라는 배경은 충분히 활용하고 있지만 광산의 실상을 보여주는 볼거리는 부족하기 때문이다. 당시 광부들의 삶의 흔적은 관람 학생의 그림에서 찾을 수 있을 뿐이다.

그림 50 전시물 중 역사성을 담은 그림

그림 51 역사코너에 재현한 채광 모습

그림 52 갱내를 확장해 마련한 공연장

　역사코너도 마련했으나 전시물은 일제시기 시흥광산의 실상을 충분히 반영하지 못하고 있다. 이 광산은 사갱(斜坑)이었다고 알려져 있으므로 광부들은 허리를 펴고 작업할 수 없었으나 모형에는 꼿꼿이 선 채 작업하는 광부의 모습이 있을 뿐이다.

　또한 광산 내부의 일부는 거미줄처럼 복잡한 갱내를 확장해 넓은 공간을 마련하고 공연장으로 활용하고 있다. 역사코너가 조성된 곳도 확장한 공간이다. 역사코너를 가보지 않은 관람객들은 광산 내부 구조가 현재 모습처럼 훤한 공간인 듯 착각할 수 있다.

　일본 교토의 단바(丹波)망간광산은 사갱은 아니지만 내부 구조는 광명동굴 내부와 차이가 있다. 민간의 손으로 만든 기념관에는 광부들이 광맥을 따라 길을 뚫으며 들어가는 과정이 잘 나타나 있다.[62]

---

62) 단바망간광산기념관은 이정호(李貞鎬, 1934년 교토에 도일, 1948년부터 단바망간광산에서 광부로 취업. 1968년 백두광업 창립해 광업권자)가 1985년부터 조성하기 시작해 1989년에 개관했

그림 53 관람객을 위해 조성한 단바망간광산의 갱구(2012.5 촬영)

그림 54 갱 내부 모형. 실제보다 확대해서 조성했으나 성인이 통행하기 좁은 구조

다. 2002년에 비영리법인으로 전환

그림 55 제련소 자리(계단 옆 구조물)

광명동굴광산도 노천광산이 아니었으므로 내부 구조는 단바망간광산과 동일했을 것이다. 갱의 일부라도 원형을 재현하는 방식이 있었으면 하는 아쉬움이 크다. 그렇다면 보완할 방법은 없는가.

몇 가지 보완으로 가능하다. 기존 설치물에 광맥을 따라 바위에 매달리거나 눕다시피 한 상태로 금을 캐는 모습의 모형을 추가 전시하는 것은 어렵지 않다. 또한 광명 동굴 테마파크의 외부 산책길에는 당시 사용하던 제련소가 남아 있다. 현재 국내에서 광산 제련소 현장은 귀한 유적이다. 당시 제련과정을 보여주는 옥외 표지판 설치만으로도 역사성은 보완할 수 있다.

(3) 웹·모바일 콘텐츠

셋째, 웹과 모바일 콘텐츠이다.

웹과 모바일 콘텐츠는 쌍방향 소통과 다양한 콘텐츠 탑재가 중요하다. 이러한 특성에 적합한 콘텐츠는 앞에서 소개한 인터랙티브 미디어, H-GIS,

모션 그래픽스, QR코드, 문화지도 등이다. 모두 장소 콘텐츠와 병행 구축이 가능한 콘텐츠다.

인터랙티브 미디어와 H-GIS, 모션 그래픽스는 장소 콘텐츠의 전시 프로그램으로서 기능도 하지만 독자적인 웹과 모바일 콘텐츠로도 활용 가능하다. 세 콘텐츠 모두 디지털박물관이나 이-러닝 콘텐츠에도 유용하다.

QR코드는 웹과 모바일 콘텐츠에 활용 가능한 쌍방향 콘텐츠다. 이용자는 표지판이나 책에 부착된 QR코드를 통해 기억기관의 홈페이지나 블로그로 접속할 수 있고, 자신이 촬영한 사진이나 영상물, 또는 다른 지식 정보를 탑재할 수 있다. 여기에 다른 이용자가 관련된 정보(사진, 영상, 이야기 등)를 탑재함으로써 쌍방향 소통이 가능하고 추가 콘텐츠가 지속적으로 탑재되는 생명력 있는 콘텐츠로 활용된다.

문화지도도 장소 콘텐츠와 웹·모바일 콘텐츠에 함께 사용할 수 있다. 장소 콘텐츠의 전시물로도 활용할 수 있고, 디지털박물관이나 이-러닝 콘텐츠에도 활용할 수 있으며, 모바일 앱으로 만들 수 있다.

문화지도는 웹·모바일 콘텐츠의 일종이자 아태전쟁유적 전수조사의 결과물을 가장 대중적으로 시민들이 쉽게 공유하는 방법이기도 하다. 첫 단계로 관광지도 차원의 간단한 단계에서 시작해 웹·모바일 콘텐츠 차원의 문화지도로 업그레이드할 수 있다. 완성된 상태에서 공개하기보다 조사가 완료된 유적을 담은 간단한 형태의 지도를 관광지도 형식으로 탑재하는 것에서 출발해 유적을 추가하는 방식으로 운영한다면 효율성을 높일 수 있다. 광주광역시의 아태전쟁유적 지도(그림 56)는 답사 가이드 북에 수록하는 것으로 그쳤으나 지자체 홈페이지에 관광지도 형식으로 탑재하면, 바로 디지털 문화지도로 활용할 수 있다.

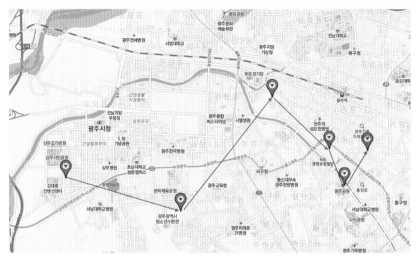

그림 56 광주지역 아태전쟁유적 답사 코스(정혜경, 『우리마을 속의 아태전쟁유적찾기 – 광주광역시』, 선인출판사, 2014, 13쪽)

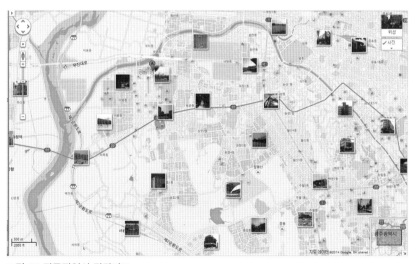

그림 57 광주광역시 관광지도

또한 문화지도는 해당 유적에 대한 간단한 정보를 탑재하면 큰 예산을 들이지 않고도 그림 58·59와 같은 웹·모바일 콘텐츠 구축이 가능하다. 웹·모바일 콘텐츠는 쌍방향이므로 이용자가 지자체 홈페이지나 역사박물관(문화원) 홈페이지를 통해 내용을 추가할 수 있는 역동성이 장점이다.

그림 58 웹 콘텐츠 '일본 내 조선인 재해재난 개요 및 유골보관 실태표' 대문(http://www. pasthistory.go.kr/)

그림 59 항목이나 지도를 클릭하면 재해재난 사고의 내용과 해당 장소의 그림 등 상세한 정보를 볼 수 있고, 이용자가 내용을 추가할 수 있다.

그간 구축된 문화지도 가운데 아태전쟁유적과 관련한 문화지도의 형태는 위원회가 조사 결과 및 수집 자료를 토대로 새로운 정보를 더 찾아내기 위한 방안으로 마련한 콘텐츠이다. 〈사할린 한인묘 현황 파악 및 찾기 서비스〉, 〈일제강점하 강제동원 동행자 찾기 서비스〉, 〈일본 내 조선인 재해·재난 개요 및 유골 보관 실태표〉는 비록 위원회 피해 진상조사 업무의 연장선상이었지만, 강제동원 역사 재현을 위한 콘텐츠 구축 시 다양한 발상을 보여주는 사례다.

3) 유적 유형별 추진 방향

앞에서 살펴본 바와 같이 한반도 소재 아태전쟁유적은 식민통치유적, 군사유적, 생산관계유적, 기타유적 등 네 종류다. 유적의 유형은 각기 다른 성격을 가지고 있으므로 동일한 활용 방안을 적용하기 어렵고, 문화콘텐츠 추진 방향도 달리 설정할 필요가 있다.

(1) 식민통치유적

식민통치유적은 현재 관공서나 공공기관으로 사용 중이거나 기억기관, 개인 사업장(백화점, 은행)으로 활용되는 경우도 있다. 현재 활용되는 유적의 현황(지역별)은 다음과 같다.

표 4 주요 식민통치유적 활용 현황

지역	아태전쟁유적(식민통치)	현재 소재지 및 활용 현황
서울	동양척식(주) 경성지점	외환은행
	조선식산은행	롯데백화점
	조선은행	한국은행 화폐박물관
	일본적십자 조선본부	대한적십자사
	경성재판소	서울시립미술관 본관
	조선총독부 남산청사	서울 애니메이션센터
	경성부민관	서울시의회
	경성부청	서울도서관

서울	통감부 경성이사청	신세계백화점
	경성신사	숭의여자대학교
인천	일본영사관	인천중구청
	인천경찰서	옹진군 선거관리위원회
	인천신궁	인천여상
목포	동양척식(주) 목포지점	목포근대역사관 별관
	목포일본영사관	목포근대역사관
부산	용두산 신사	용두산 공원(부산 타워)
	동양척식(주) 부산지점	부산근대역사관
	경남도청사	동아대학교 박물관
	부산부청사	롯데백화점 광복점
	부산경찰서	부산중부경찰서

이 가운데 서울시의회 건물 앞에는 표지석이 부착되어 있고, 한국은행 화폐박물관, 목포근대역사관과 별관, 부산근대역사관, 동아대학교 박물관, 숭의여자대학교 등에는 전시물이나 시설물에 역사적 배경을 기재했다.

〈표 4〉에서 기억기관으로 활용되는 경우에는 전시물에 콘텐츠를 추가하거나 웹과 모바일 콘텐츠를 병행할 수 있다. 그러나 관공서나 공공기관, 개인사업장의 경우에는 적극적 문화콘텐츠 구축이 어렵다. 그러므로 표지판(표지석)과 QR코드 설치 정도에서 출발할 필요가 있다.

조선총독부 청사나 조선신궁과 같이 흔적을 찾기 어려운 곳은 위치 특정이 시급하다. 특히 조선신궁은 남산공원의 개발과 한양도성 복원 사업 등으로 현재 위치 특정이 쉽지 않은 유적이다. 위치 특정이 이루어진 이후에야 비로소 표지판(표지석)과 QR코드 설치가 가능하다.

강제동원 송출항구도 식민통치유적의 하나다. 국내 강제동원 송출항구는 부산항과 여수항, 원산항이 해당된다. 부산항과 여수항은 각각 부관(釜關)연락선과 려관(麗關)연락선의 출발과 도착지였고, 일본과 사할린, 동남아시아, 태평양으로 동원되는 조선인을 실어 날랐다. 원산항은 일제 말기에 사할린 중서부 지역으로 연결되는 직항로의 출발지였다.

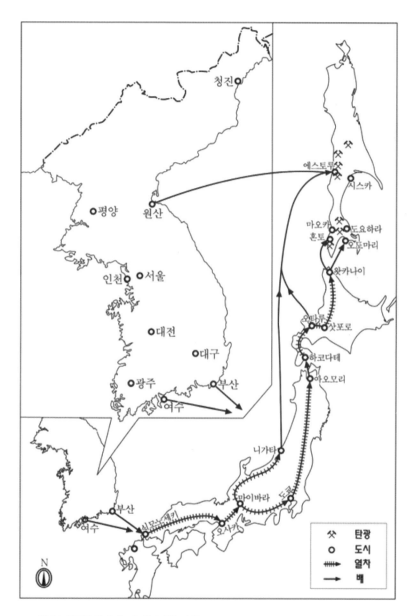

그림 60 인력동원 송출 과정(김명환 작성)

1905년 이후 부관연락선의 출발장소[부산직할시 중구 대교로 122, 부산항 연안여객터미널에서 세관으로 가는 길목, 부산항 부지 내 북쪽 야적장]는 1998년 8월에 수미르 공원[한자어 '물 수(水)'자와 용(龍)을 뜻하는 순수 우리말 '미르'의 합성어로서 용이 노니는 물가 공원이라는 의미]이 들어섰다. 1999년 6월에는 해상관광 유람선 '테즈락(Tezroc)'호의 승선장을 이전하고, 테마공원으로 조성했다. 공원 안에서 '수미르 테즈락거리 축제'가 열리며, 공원 앞 무대에서는 청소년들을 대상으로 한 각종 이벤트가 열려 청소년들의 놀이공간으로서 활용되고 있다. 도시철도 중앙역과 연결되어 있어 교통도 편리하다.

수미르공원에는 수백 명의 목숨을 앗아간 우키시마호(浮島丸)희생자 위령비가 있고 표지석이 마련되어 있다. 그러나 아태전쟁기간 중 200만명 이상의 조선인들이 고향을 떠난 장소라는 점에서 볼 때 아쉬움이 적지 않다. 표지석 내용 보완과 QR코드 마련 등 기본적인 문화콘텐츠 구축은 물론, 사진이나 영상물을 통해 유적의 역사성을 공유할 수 있는 코너 마련, 웹과 모바일 콘텐츠 등 적극적인 활용 방안을 고민해도 충분한 유적이다. 부산항과 깊은 인연이 있는 일본의 폐항(廢港) 활용 사례를 통해 다양한 활용 방안을 구상해볼 수 있다.

부산항이 부관연락선의 출발지라면, 종착지는 일본 규슈(九州)의 시모노세키(下關)항이다. 지금도 부산과 시모노세키 사이를 오가는 부관페리가 운영되고 있다. 시모노세키항 건너편에는 모지(門司)항이 있다. 1890년대에 고향을 떠나 오사카(大阪)와 나가사키(長崎)·후쿠오카(福岡) 등지에 돈벌이 노동자로 나선 조선인이 첫발을 딛던 항구이기도 하다. 1893년에 인천과 모지, 오사카를 잇는 정기항로가 개설되었기 때문이다. 아태전쟁기에는 시모노세키항에 도착한 조선인들이 모지항을 거쳐 다른 지역으로 떠나기도 했다.

모지항은 1889년에 특별수출항으로 지정되어 20세기 중반까지 규슈지방의 중계무역항으로 활성화되었던 항구다. 1914년에 모지항역이 조성되면서 항구도 확장되었다. 1973년에 간몬(關門)교가 개통할 때 까지 시모노세키와 연락선을 운영하며 무역항으로 부흥의 시대를 보냈다.

모지항은 1980년대부터 '역사와 자연'을 키워드로 하는 도시재생사업을 통해 근대건축물과 광장, 수변가로(水邊街路) 등을 복원·보존했다. 이 과정에서 아인슈타인 부부가 묵었다는 국가중요문화재인 '엣 미쓰이(三井)구락부'를 항구 쪽으로 이전·복원해 모지항의 모습을 탈바꿈했다. 1996년에 완공된 1차 정비사업의 개념은 모지항의 역사를 테마로 하는 '레트로(Retro)'다. 창고건물의 벽을 살린 공용주차장, 하루에 4회씩 들어 올리는 일본 최고의 보행전용 가동교인 블루윙 모지(Blue Wing Moji), 창고를 고쳐 만든 미술관, 바닷가 창고를 닮은 쇼핑센터 등은 10여동의 근대건축물과 함께 역사적인 분위기를 그대로 드러낸다. 간몬교 아래 바다 밑으로 780미터 보행해저 터널을 연결하고 타워를 세워 장소마케팅과 문화관광 요소를 채웠다. 또한 지역주민들이 1983년에 르네상스식 목조 구조인 모지항을 보존하기 위한 보존회를 결성해 노력한 결과, 모지항은 1988년에 일본 최초의 국가중요문화재로 지정되었다.[63]

(2) 생산관계 유적

생산관계유적(공장과 탄광산, 철도 및 도로, 하역장 등)은 직종에 따라, 현재 사용 여부에 따라 문화콘텐츠 적용을 고민할 필요가 있다. 대부분의 공장은 현재 공장으로 사용하거나 주거지(아파트)로 사용되고 있다. 철도와 도로, 하역장도 동일한 실태이다. 그러므로 유적임을 알 수 있도록 하는 표지판(표지석)과 QR코드 설치 정도가 필요하다.

---

63) 강동진, 앞의 책, 144~151쪽

주목해야할 생산관계유적은 탄광산이다. 탄광산 가운데 현재 활용되고 있는 탄광산은 화순탄광 등 소수다. 대부분은 폐광 상태이다.

■ 간단한 표지판(표지석)과 QR코드 설치로 활용 가능한 탄광산 유적

부산 남구 오륙도 해파랑길 산책로 입구에는 광산 유적 표지판을 볼 수 있다. 표지판에는 광산 이름이 기재되지 않았으나 광구일람에 근거해 추정 해보면, 일제시기 주가이(中外)광업(㈜)이 운영한 용호(龍湖) 광산이다. 용호광산은 1933년에 개광해 금·은·동을 채취했다. 표지판 뒤 쪽이 광산은 현재 접근금지설치를 해 안전사고를 방지하고 있다. 돌로 막은 갱구는 산책로를 오가는 관광객을 상대로 하는 해녀의 영업장소이다. 생산관계유적 가운데 폐광지를 잘 관리하는 사례이기도 하다.

그림 61 부산 오륙도 해파랑길 입구(용호동)의 광산 유적에 설치한 표지판(2014.8. 촬영)

그림 62 광산 갱구 흔적

그림 63 갱구 중 하나를 돌로 막아 놓았다

용호광산(추정)의 경우에는 갱구에 대한 안전조치를 취했고, 표지판을 통해 최소한의 정보를 제공하고 있다. 보기 드문 사례다. 그러나 표지판에는 일제시기 광산의 역사를 담지 않았다. 내용을 몰랐기 때문이다. 아태전쟁유적을 입증할 수 있는 기록화 작업이 필요한 사례다. 기록화 작업이 완료되면, 표지판의 내용 보완과 QR코드 설치만으로도 좋은 문화콘텐츠 사례가 될 수 있다.

그 외 냉풍욕장으로 개발한 탄광산도 해당된다. 충남 보령시는 대천해수욕장 인근 관내 폐탄광산 지역 가운데에 일부(청라면 소재)를 냉풍욕장으로 개발해 관광수익을 올리고 있다. 이런 곳에도 표지판과 QR코드를 적용할 수 있다.

이 외에 화순 탄광과 같이 현재 탄광으로 사용 중인 탄광산은 표지판(표지석)과 QR코드 설치가 가능하다. 그러나 방치된 대부분의 탄광산은 안전시설이나 폐수로 인한 환경문제가 시급하다. 일본이 아태전쟁유적 활용에서 도시재생사업 측면에 주력하는 이유이기도 하다.

■ 장소 콘텐츠로 활용 가능한 유적

앞에서 소개한 여수 신월동의 넘너리 동굴(그림 17, 18)은 외관으로만 보면 군사유적으로 생각할 수 있으나 철도 터널이었으므로 생산관계유적에 해당된다. 넘너리 동굴은 규모가 커서 수십 명이 동시에 들어갈 수 있을 정도다. 현재 운전학원의 휴식 공간과 인접해 있어서 장소 콘텐츠로 활용하는 데 비교적 용이한 유적이다. 안전검사와 간단한 조명, 전기, 지하 배수처리가 가능하다면, 사진이나 그림 등 아날로그적 전시물을 배치하고, 표지판에 QR코드를 설치하는 것으로 디지털과 아날로그적 활용이 가능하도록 문화콘텐츠를 구축할 수 있다. 그러나 가장 어려운 점은 개인 사업장과 연결되어 있다는 점이다. 지자체의 지원과 사업자의 협조가 요구되는 사례이다.

■ 표지판(표지석)과 QR코드 설치를 넘어 다양한 기능의 장소콘텐츠, 출판 콘텐츠, 웹·모바일 콘텐츠로 활용 가능한 탄광산 유적

〈 사례1 〉

그림 64 일광광산 사무소 흔적(일제강제동원&평화연구회 부산 학습회 후 현장답사 2013.7. 촬영)

그림 65 광산 아래 마을의 일부

환경문제 해결이 시급한 대표적인 유적은 부산 기장군 소재 일광광산이다. 일광광산은 아태전쟁시기 일본 3대 재벌로 알려진 스미토모 재벌이 한반도에 운영한 스미토모벳시(住友別子)광산㈜ 소속 광산으로 1931년에 개광해 금·은·동과 유화철·텅스텐을 캔 곳인데, 2015년 말 언론보도를 통해 방치된 아태전쟁유적 사례로 알려졌다. 광산 아래에는 마을이 형성되어 주민들이 생활하고 있다. 2016년에 시민단체가 모금을 해 표지판을 설치했다. 방문객들은 현재 전국적으로 얼마 남지 않은 이색적인 일제시기 광산 마을이나 노동자 집단거주지로서 주목한다.

그러나 광산 마을 이면에는 광폐수 문제가 자리하고 있다. 광산 마을 뒷산에 있는 광산으로 올라가면 사무소 건물이 남아 있고, 바로 위에 갱구가 있다. 그러나 갱구는 평화로운 광산 마을과 다른 모습을 하고 있었다. 2016년에 방문했을 때, 광산의 갱구는 바위로 막아놓았으나 갱구에서는 계속 광폐수가 흘러나오고, 광폐수를 흡수한 퇴적물은 토양에 스며들고 있었다. 2017년 현재 일반인은 광산 갱구로 접근할 수 없어서 광폐수 해결 여부는 알 수 없다.

그림 66 일광광산터에서 흘러나오는 광폐수

그림 67 광폐수 퇴적물을 모은 구조물. 퇴적물이 구조물을 넘쳐 일반 토양을 적시고 있다.(2016.7. 촬영)

일본에서는 이미 1890년대부터 아시오(足尾) 동광산의 가스와 광독수로 인한 유해물질이 심각해 여러 차례 폭동이 일어나고 심각한 환경병도 발생했다. 아시오 동광산은 에도(江戸) 막부 시대부터 광물을 캐기 시작해 아태전쟁기 일본 최대의 광산이었다. 이 곳에서 실명(失明)이나 각종 질병(미나마타병, 이타이이타이병 등), 토양 오염 등 광독으로 인한 폐해가 심각해지자 1897년에 제1차 아시오 광독 사건이 발생했다. 견디다 못한 마을사람들이 일으킨 폭동이다. 아시오 동광산은 1973년에 폐광되었으나 정련소 조업은 1980년대까지 이어졌으므로 광독 가스와 광독 폐수는 계속되었다. 2011년 3월 일본 동북 대지진 당시 늪 퇴적장이 무너지면서 농업용수까지 오염되었다. 대지진의 원인이 아시오 동광산의 가스와 폐수라는 주장도 있었다. 이 주장이 사실이라면, 광독수 폐해는 백년이 넘게 이어지는 셈이다.

이 같이 탄광산의 폐광 후 가스와 폐수 문제는 전 세계적인 고민거리다. 아시오 동광산은 적절한 대응에 실패해 백년이 지난 지금도 환경 문제의 주범으로 지목되고 있다. 현재 일광광산의 광폐수가 환경 문제를 일으킨다는 공개된 자료는 없으므로 아시오 동광산의 광독과 비교는 적절하지 않다. 그러나 해결해야 할 문제임은 분명하다. 푯대로 삼을 만한 사례를 생각해보자.

1960~70년대 한국인 광부의 피와 땀이 어린 독일 루르지역의 탄광지 가운데 하나인 란트샤프트공원에는 탄광 제련소 용광로 굴뚝을 개조한 인공 암벽등반 시설이 시민들의 환영을 받고 있다. 1963년 12월 한국인 광부 1진이 제일 먼저 배치되었던 딘스라켄의 로베르크 탄광산 주변은 6만 평방미터의 환경공원이 조성되어 있다. 공장 건물은 전망대로, 석탄을 쌓아놓던 창고는 그물침대를 달아놓은 멋진 휴식공간이다. 그러나 독일도 폐쇄된 석탄 채굴장이나 갱구에서 흘러내린 녹물이 토양과 수질을 오염시켰던 시절이 있었다. 이에 대해 주 정부가 나서서 생태복원 작업을 했다. 토양을 복원하고 방치된 산업시설을 공원과 박물관으로 조성했다.[64]

환경검사를 통해 광폐수의 위험성을 진단했다면, 이후 가능한 문화콘텐츠 활용 방안은 무엇이 있을까. 가장 간단한 방법은 현재 마을에 부착한 표지판에 QR코드를 부착해 쌍방향 콘텐츠로 활용하는 방법이다. 또 다른 방법은 광산사무소를 역사문화공간으로 조성하는 것이다. 현재 건물에 대한 안전진단을 통해 사용이 가능하다면 리모델링을 통해 지역 역사문화공간으로 활용할 수 있다. 기장군은 원자력 발전소 지역으로 알려져 있고, 경기도 분당이나 일산의 신도시에 버금가는 도시 형태를 갖추고 있다. 그러나 지역 역사를 공유할 문화공간은 충분하지 않다. 광산사무소의 활용으로 역사문화공간을 마련할 수 있을 것으로 보인다. 광산 갱구에서 광산마을까지 이어지는 산책길을 조성한다면 자연스럽게 역사문화공간의 활용도는 높아질 것이다.

경기도 파주에는 '평화를 품은 집(http://www.nestofpeace.com)'이라는 문화공간이 있다. 일광광산 활용 방안의 하나로 추천하고 싶다. 부평 미쓰비시마을이나 캠프마켓(인천육군조병창 제1제조소의 일부)활용 과정에서도 역사기억공간으로 활용해봄직하다.

---

64) 세계일보 2015년 5월 20일자 기사 '폐광지역을 공원·박물관·미술관으로'

그림 68 평화를 품은 집 내부(2016.11 촬영)

그림 69 내부에 조성한 제노사이드 역사자료관

그림 70 내부(전시공간)

그림 71 평화를 품은 집 뒷산의 산책
길(평화의 길) 안내도

평화를 품은 집은 한국전쟁 포로수용소와 미군부대가 있었던 파주시 파평면 두포리 마을 뒷산 농가를 개조한 공간이다. 작은 규모이지만 도서관과 출판사, 전시와 공연을 할 수 있는 공간, 제노사이드 역사자료관 등이 갖추어져 있다. 지역주민들이 북적이며 음식을 나누고 악기를 배우는 곳, 아이들은 도서관 한 가운데에서 밥상을 펴고 숙제를 하는 평화로운 공간이다. 출판사에서는 주로 전쟁과 평화를 주제로 한 어린이용 그림책을 만든다. 아이들에게 전쟁과 평화를 가르치고 싶었으나 적당한 그림책이 없어서 직접 출판사를 차렸다고 했다. 시내버스로 가기 어려운 구석진 곳이지만 현재 전국에서 시민들이 찾는 명소로 자리하고 있다.

세 번째는 인근 장소와 연계한 필드워크 코스 운영이다. 현재 기장군(옛 동래군)에는 일광광산 외에도 다수의 광산(14개소)이 있었던 곳이다. 일광광산의 소재지인 일광면에도 대흑(大黑) 광산이 있었다. 연계 필드워크 프로그램을 만든다면 여러 광산을 함께 둘러보는 필드워크 코스가 가능할 것이다.

네 번째, 웹과 모바일 콘텐츠 구축 가능성이다. 기록화 단계와 필드워크를 통해 축적한 광산과 광산 마을의 스토리와 콘텐츠(책, 사진, 영상물)는 웹과 모바일 콘텐츠 구축의 좋은 콘텐츠다.

〈사례2〉

그림 72 다이너마이트 보관 창고(2013.6 촬영)

그림 73 선착장 바로 앞의 적재시설물(광석운반시설). 노천광산에서 광물을 운반하기 위해 만든 구조물(위원회, 『전라남도 해남 옥매광산 노무자들의 강제동원 및 피해실태기초조사보고서』, 2012)

그림 74 노천광산 정상. 현재도 광물 채취가 가능하다
(2013.6. 촬영)

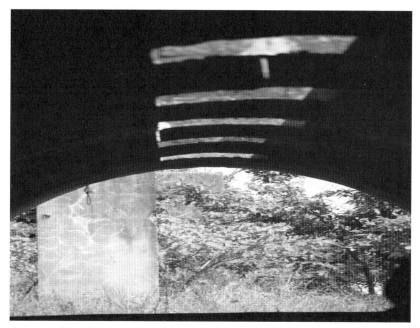

그림 75 적재시설물 내부. 노천광산에서 광물을 운반해 상층의 구멍을 통해 적재하도록 한 구조. 실제 사용하지는 못했다고 한다.

그림 76 돌과 콘크리트 사이에 레일의 잔재

그림 77 적재시설물 내부. 바닥에 설치한 레일이 선착장으로 연결되어 광물을 선착장으로 실어 나르도록 고안

전남 해남의 옥매광산은 생산관계유적 가운데 대표적인 유적이다. 1916년에 채굴허가를 받아 납석(蠟石)과 명반석(明礬石), 고령토(高嶺土)를 채굴한 곳이다. 특히 명반석은 군수물자로서 희소성을 인정받았다.

옥매광산은 앞의 두 사례와 다르다. 광산의 형태가 노천광산이며, 위원회가 진상조사보고서를 작성해 기록화 단계를 진행한 곳이며, 광산과 다이너마이트 보관창고, 적재시설물, 직원 사택과 대장간·신사(神社) 등 당시 유적이 고스란히 남아 있는 곳이다. 그러므로 장소 콘텐츠를 비롯해서 다양한 문화콘텐츠 활용이 가능한 곳이다.

또한 동원된 광부의 다수가 다시 제주도 군사유적 구축공사장에 동원되었다가 귀환 과정에서 수백 명이 수몰사고를 당한 아픔이 있는 현장이기도 하다. 아태전쟁시기 광산을 운영했던 아사다(淺田)화학공업㈜는 현재 일본에서 영업 중인 현존기업이다. 현지에 거주하는 유족회장이 현장성 유지와 필드워크 안내, 추도제 개최 등을 헌신적으로 하고 있으며 역사관과 추도비 설립을 강력히 희망하고 있다. 수년간에 걸친 유족들의 노력이 일부 빛을 발해 2017년 9월 6일에 선착장 자리에 추도비와 간단한 설명게시판이 세워졌고 조경사업도 계획 중이라 한다. 그러나 옥매광산유적은 추도비 건립으로 그치기에는 풍부한 유적군이다. 이 유적은 다양한 콘텐츠 구축이 가능하다. 광명동굴에 버금가는 역사문화명소가 될 수 있다. 지자체에서 충분히 욕심낼 만한 곳이다.

옥매광산의 특성을 감안한 문화콘텐츠 구축 방안을 생각해보면, 세 가지다.

첫째, 옥매광산 관련 유적에 표지판과 QR코드를 설치하는 방법이다. 현재 설명게시판은 옥매광산 피해 내용을 모두 담지 못하고 있다. 사망자 인원수도 정확하지 않다. 이 유적은 기록화 단계가 일부 완료되었고 현장성이 잘 유지되고 있으므로 내용이 충실한 표지판과 QR코드 마련이 어렵지 않다.

둘째, 장소 콘텐츠를 조성하는 방안이다. 해안가에 방치된 광물을 운반하기 위해 만든 적재시설물은 역사관 조성에 적합하다. 작은 공원시설도 조성한다면 2017년 9월에 세운 추도비와 조화를 이룰 것이다. 다이나마이트 보관창고의 주변은 대장간이나 직원 목욕탕 등 관련 유적이 밀집되어 있다. 현재 수목이 울창해서 일반인의 접근이 어렵고, 창고는 당시에 설치한 커다란 자물쇠를 열어본 적이 없다. 수목을 정리해 작은 공원으로 조성할 수 있다.

셋째, 다양한 책과 영상물 콘텐츠 생산 가능성이다. 옥매광산은 제주도 군사유적 공사에 동원된 광부들이 울돌목에서 선박화재사고로 일시에 목숨을 잃은 아픔의 주인공이다. 당시 구사일생으로 목숨을 구한 생존자들과 유가족들의 이야기(구술)가 축적된 곳이다. 울돌목은 영화 '명량'의 주 무대였으나 광부들의 사고사에 대한 이야기는 알려지지 않았다. 매년 9월이 되면 유족들은 이 해안가에서 정성스러운 추도식을 개최한다. 수몰된 광부들은 대부분 해남 사람들이었으므로 제삿날이 되면 해남의 정육점이 텅텅 빌 정도라고 한다. 스토리텔링을 토대로 한 다양한 영상이나 책 콘텐츠도 가능하다. 실제로 2015년에는 해남지역의 극단에서 옥매광산 광부 수몰사건을 주제로 연극을 무대에 올리기도 했다.

네 번째, 웹과 모바일 콘텐츠 구축 가능성이다. 기록화 단계와 필드워크를 통해 축적한 스토리와 콘텐츠(책, 사진, 영상물)는 웹과 모바일 콘텐츠 구축에 충분하다.

옥매광산 활용에서 가장 큰 난제는 관련 유적의 다수가 개인 및 법인 사유지(조선대학교 소유)라는 점이다. 해안가의 적재시설물은 활용도가 높을 것으로 예상되지만 소유주인 조선대학교가 매각이나 기증하지 않는 한 난망하다. 조선대학교는 KBS 취재 과정에서 '매각 의사'를 밝히기도 했으나 매입 주체가 정해지지 않은 상황이므로 진전을 보지 못하고 있다. 광물과 광부들을 일본과 제주도로 실어 날랐던 해안가는 현재 항구로 사용하지 않고 있다. 지자체가 이 지역을 공원화한다면 조선대학교의 적재시설물 매각의 길도 쉬워질 것이다.

옥매광산 유적 활용과 관련해 지자체의 역할은 하나 더 있다. 필드워크의 안정적 운영이다. 현재 직원 숙소나 목욕탕, 대장간, 다이나마이트 창고 등 주요 유적 앞에는 간단한 표식도 없다. 안내 팜플렛은 생각할 수도 없다. 광산으로 올라가는 길은 그리 높지 않지만 외부인이 알 수도 없고, 돌길은 너무 거칠다. 찾는 이들이 의지할 곳은 오직 박철희 유족회장뿐이다. 반나절 정도 걸리는 현장 안내는 물론 내방객을 위한 수목(樹木) 정리 작업도 마다치 않는다. 이제는 지자체 차원의 필드워크 지원이 필요하다. 해남의 역사문화탐방로로 선정해 간단한 탐방안내도와 위치 표식이라도 세워주는 일, 십 수 년 간 지속된 개인의 노력에 대한 최소한의 보답이다.

■ 표지판과 QR코드를 넘어 다양한 장소 콘텐츠와 웹·모바일 콘텐츠가 필요한 철도 폐선

철도와 철도역은 생산관계유적이자 식민통치유적이기도 하다. 공사과정에서 철도와 철교, 철도터널 공사에 동원된 토건노무자가 있고, 완공 후 철도역에는 화물을 운반하는 하역노무자가 있었다. 철도역을 통해 조선인 남녀노소는 노무자로 군인과 군무원으로 그리고 일본군위안부로 떠났다. 또한

철도는 식민통치의 동맥이었다. 도로와 전력은 중요한 인프라였기 때문이다. 때문에 일제는 조선을 식민지로 삼기 이전부터 철도부설에 나섰고, 복선화공사도 일제 말기까지 계속했다.

해방 후 철도와 철도역은 여전히 우리 주변에서 생명력을 유지하고 있지만 일부 철도는 폐선이 되어 공원으로 조성되었다. 대표적인 철도는 경의선과 동해남부선 폐선 부지다.

경성과 신의주간을 오가던 경의선은 1902년에 기공했다. 당초 종착지는 신의주였으나 이후에 만주국 까지 연결되었다. 경성-고양-파주-장단-개풍-금천-평산-서흥-봉산-황주-중화-대동-평원-안주-박천-정주-선천-철산-용천-의주-신의주-만주국 안동성이 주요 정차역이다. 영화 '암살'과 '밀정'의 의열단원들이 이용한 노선이다. 경의선은 1938년부터 복선화공사에 들어가 1943년 평양~신의주 간 복선이 준공되었다.

일제시기에 중국과 만주를 향하던 애국지사들이 이용한 철도 구간이었고, 땅을 잃고 유리걸식하던 농민들이 고향을 떠나기 위해 열차에 몸을 실었던 노선이었다. 아태전쟁기간 중 경의선을 통해 중국 만주와 관내로 들어간 병사들은 중국 영토와 민중을 유린하는 침략군이 되었고, 만주 개척단으로 동원되는 조선인들도 경의선을 타고 고국을 떠났다.

현재 경의선 구간 중 일부는 철도로서 역할을 다했다. 특히 서울 한 복판의 경의선 구간은 폐선되었다. 2012년부터 서울 대흥동, 연남동, 염리동 등지에 '경의선 숲길 공원조성사업'이 시작되었다. 연남동의 표지판을 통해 이곳이 경의선 구간의 일부임은 알 수 있으나 일제시기나 아태전쟁과 관련성은 찾을 수 없다. '홍대 문화 발원지인 땡땡거리' 표지판이 선명하다.

부산광역시의 '부산 그린레일웨이 조성사업'은 동해남부선 폐선 중 일부를 공원화하는 사업이다. 동해남부선은 포항~부산 간 구간으로 1930년에 착공했다. 1935년에 부산진-해운대-좌천-울산구간을 개통했고, 1936년에는 울산~경주 간 표준궤 공사를 마쳤다. 1940년에 포항-흥해 간 공사에 들어갔으나 일본의 패망으로 공사는 중단되었다. 위원회 조사결과, 경의선 복선화공사와 동해남부선 공사에 동원된 피해자가 다수 확인되었다.

현재 동해남부선 구간 가운데 일부를 공원으로 조성하는 공사가 진행 중이다. 부산광역시는 2015년 8월, 동해남부선 폐선부지 9.8㎞ 가운데 해운대구 우동 올림픽교차로에서 부산기계공고간 1.64㎞ 구간을 공원화하는 설계를 끝내고 공사에 들어갔다. 2017년부터 해운대 미포~옛 송정 구간(4.8㎞)을 생태공원으로 조성하기 위한 공사에 들어가 2018년 7월에 완공할 예정이다. 생태공원에는 제한적인 관광편의시설도 설치된다고 한다.

동해남부선 폐선의 공원화 사업에 역사성이 충분히 반영되었는지는 알 수 없다. 역사성이 반영되기를 바랄 뿐이다. 동해남부선 폐선 자리도 경의선 폐선 공원과 마찬가지로 역사성을 반영한 표지판과 QR코드, 간단한 영상물이나 사진을 볼 수 있는 코너, 웹과 모바일콘텐츠가 필요한 유적이다. 기록화 단계와 필드워크를 통해 축적한 스토리와 콘텐츠(책, 사진, 영상물)는 웹과 모바일 콘텐츠 구축에 좋은 자료가 될 것이다.

(3) 군사유적

대부분의 군사유적은 표지판과 QR코드 설치로 그칠 수 있지만 규모가 크거나 안전성이 입증된 유적은 장소 콘텐츠로 활용할 수 있다. 웹과 모바일 콘텐츠 구축도 가능하다. 기록화 단계와 필드워크를 통해 축적한 스토리와 콘텐츠(책, 사진, 영상물)로 웹과 모바일 콘텐츠 구축이 가능하다.

광주광역시의 대표적인 군사유적인 화정동 지하시설물은 현재 장소 콘텐츠를 구축 중이다. 이 지하시설물은 군용 유류창고로 알려져 있는데, 광주학생독립운동기념관과 광주시청소년수련원 사이에 있는 3개의 동굴이다.

그림 78 화정동 일제 군사용 동굴이 위치한 투시도. (A)와 (B)동굴은 광주학생독립운동기념관 진입로와 주차장 방향으로 설치돼 있으나 절개된 흔적이 있으며, (B), (C)동굴은 서로 입구를 마주하고 있다. [광주학생독립운동기념관, 『일제강점기 동굴 추정 시설물 연구조사 결과보고서』, 2015년 6월, 16쪽]

그림 79 광주광역시 화정동 지하시설물 입구

그림 80 (A)내부 모습. 천정과 바닥 등 외관이 견고한 콘크리트로 조성. (B), (C)동굴 내부도 동일
[광주학생독립운동기념관, 『일제강점기 동굴 추정 시설물 연구조사 결과보고서』, 32쪽]

1945년 8월 일본이 패전하고 광주의 일본인과 일본군이 사라지자 동네
사람들은 화정동의 동굴을 찾았다. 무엇이 들어있었을까.

> "동굴 안에는 드럼통이 많이 쌓여 있었어. 우리 친척이나 동네사람들이 그 드럼통
> 을 굴려가꼬 나와서 기름집에 팔아 먹었당게. 동굴에서 기름 냄새도 많이 나고 그랬
> 었제"

이 주변에 비행장이 있었으므로 비행기에 사용할 유류저장소라 추정할
수 있다. 해방 후 이 동굴은 동네 꼬마들의 담력 테스트장이 되기도 했다.
동굴 안은 어둡고 깊었기 때문에 이렇게 무서운 곳에 들락거리는 아이들
은 담력 있는 아이로 인정받았다. 동네아이들의 놀이터로 전락했던 동굴은
6.25가 터지자 국군의 탄약고와 인민군 주둔지가 되었다. 동굴은 1950년 7
월부터 9월 28일까지 광주에 머물렀던 인민군의 차지가 되었다. 인민군이
퇴각한 후 동굴은 다시 국군시설로 수용됐다. 1974~1981년간 육군화학학

교가 연막탄 체험화생방 훈련장으로 사용했고, 이후에는 보병학교 훈련장으로 사용했다. 1990년대 상무대가 이전한 후에는 자물쇠로 굳게 잠겼다.

이 동굴은 전북지역 노무자들이 팠다고 하는데, 언제 팠는지는 알 수 없다. 동굴은 일정한 간격의 판자를 대서 전체적인 동굴의 모양을 만드는 기법을 사용한 시멘트 구조물이다. 동굴 바닥 양 끝에 일정한 간격으로 물길이 나 있다. 이런 기법은 당시 일본군이 일반적으로 사용한 건축 기법이기도 하다. 세 개의 동굴은 모두 높이는 3~4미터이고, 길이는 각각 80미터, 70미터, 50미터 가량 된다. 차량이 드나들 수 있을 정도의 규모다. 규모나 보존 상태를 볼 때, 한반도 남쪽 지역에서 확인된 군사유적 가운데 양호한 상태이다. 이같이 양호한 상태의 동굴이지만 세상에 알려진 것은 오래되지 않는다. 2013년 7월 24일, 마을에서 나고 자란 마을 사람들이 탐사에 나설 때 까지는 동굴이 세 개나 되는지에 대해서도 알려지지 않았다. 탐사과정에서 마을 사람들의 이야기를 들었고, 전문가의 견해도 수집했다.[65]

2013년 화정동 군사유적이 세상에 알려진 후, 활용을 요구하는 목소리도 일어났다. 광주학생독립기념관의 주무 기관인 광주광역시교육청은 2014년 8월, 활용을 위한 준비의 첫 단계로 광주시와 함께 국제심포지엄(광주 중앙공원내 일제 군사시설 역사교육활용 방안 시민토론회)을 개최하고 방향 정립을 시작했다. 2015년에는 지역 교수와 교사, 시민단체, 외부 전문가로 '역사공원프로그램개발TF'를 구성하고 1년간 활용 방안을 도출했다. 교육청은 3개 동굴 가운데 안전성 검사를 마친 1개 동굴을 '뚜껑 없는 박물관'으로 조성하기로 하고, 콘텐츠 구축 준비의 일환으로 2015년 6월에는 학술조사 보고서(일제 강점기 동굴 추정시설물 연구조사 결과 보고서)를 발간했다. 8월에는 심포지엄(광주학생독립운동기념회관 내 역사공원 조성을 위한 학술발표회)도 개최했다. 학술조사보고서 작성 과정을 통해 자료가 수집되었고,

---

65) 정혜경, 『우리마을 속의 아시아태평양전쟁 유적 - 광주광역시』, 27~29쪽

이 내용은 다시 심포지엄을 통해 시민들에게 공유하는 과정으로 이어졌다. 이러한 과정을 거쳐 장소 콘텐츠 구축 단계로 넘어간 상태다.

화정동 군사유적은 이같이 필드워크에서 출발해 시민사회의 공감대를 형성하는 과정과 기록화 단계를 충실히 밟아가는 대표적인 사례이다.

부평 시민들이 발굴하고 활용하는 지하호 조사 사례는 신선하고도 바람

그림 81 2008년 4월 위원회 조사 당시 지하호 내부

그림 82 2015년 폐쇄 후 입구 모습

직한 시도다. 2016년도에 단년 사업으로 실시한 관내 군사유적(지하시설물)에 대상 '2016년도 어르신 문화콘텐츠 사업'은 기대 이상의 성과를 거두어 알려지지 않은 지하호를 다수 발굴하고, 다양한 활용 실천으로 이어졌다. 발굴조사를 했던 시민들은 스스로 구술기록과 사진·동영상을 남겼으며, 자료집(토굴에서 부평을 찾다)을 쓰고 현장에는 QR코드도 설치했다. 2017년에는 그림자극 원고 작성, 동요 가사 개사 등으로 이어지고 있다. 이러한 성과 내기에는 문화원 실무자의 도움이 절대적이지만 60~70대 노인들이 하기에는 쉽지 않은 일이다. 문화원 차원에서는 발굴사업을 지속하고 매달 시민대상의 '토굴 탐방' 프로그램도 운영하고 있다. 이 과정에서 부평의 지하호가 KBS를 비롯한 공중파에 여러 차례 소개되면서 문화콘텐츠사업의 주인공인 '어르신'들의 자긍심과 지역에 대한 관심은 매우 높아졌다.

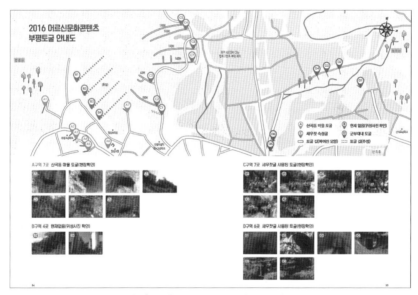

그림 83 자료집에 수록한 안내도(http://www.bpcc.or.kr/icarusx/index.php?BOARD=old_8#stMode=VIEW&stPage=1&stIdx=5388)

시민에 의한 부평 지하호 발굴 사업과 광주 유류저장소가 모범적인 사례라면, 현재 강서구 가양동 궁산근린공원 내에 있는 서울특별시 가양동 궁산터널은 반면교사의 하나다. 2008년 발견 당시 제대로 된 안전성 검사를 하지 않고 현장성을 파괴하면서까지 무리하게 시설물 공사를 했으나 지금은 폐쇄시설로 전락했기 때문이다. 2015년말 동아일보 보도 후 서울시가 활용 방법을 살펴보았으나 답을 찾지 못했다.

반면교사의 사례는 앞에서 소개한 상암동 일본군 관사(마포구 상암동 810)도 해당된다. 일본군 관사는 서울미래유산의 하나다. 아파트 단지 안에 자리하고 있는데 현재 소유는 SH공사(서울도시개발공사)이지만 관리는 마포구가 담당하고 있다.

일본군 관사는 조선군 경성사단이 주둔했던 지역으로 알려진 상암동 일대(당시 수색)에 1930년대에 건립되어 해방 후 국방부로 소유권이 이전되었다가 1960년대에 민간에 매각되었다. 1970년대 초에 개발제한구역으로 지정된 결과, 옛 모습을 남기게 되었다. 2005년에 SH공사가 상암월드컵 파크 단지 조성 과정에서 2택지 개발 지구에서 22개동의 관사를 발견했다. 이에 대해 문화재청이 지표조사를 통해 2006년 1월에는 근대문화유산으로 보존할 가치가 있다고 결정하고, 그해 4월에 근대문화재분과 문화재위원회 검토를 거쳐 등록문화재로 신청했다. 22개동의 관사 가운데 상태가 양호한 2개동(대위급 숙소와 소위·중위급 장교 숙소)을 이축·복원했다. 2010년에 11억 원을 들여 복원한 후 건물 내부에 역사전시관을 조성했다. 마당에는 우물과 정원 등을 그대로 복원했으며 건물 2개동 사이에는 방공호도 복원했다.

일본군 관사의 이축과 복원은 문화재청의 공식적인 과정을 거쳐 추진되었다. 이 과정을 보면, 문화재청의 목적과 의도는 역사적 유산을 적극 보존 활용하고자 하는 긍정적 방향이었다. 그러나 문제는 지역주민들의 반발여론을 간과하면서 시작되었다. 일본군 관사 복원 소식이 알려지면서 지역 주민들 사이에 반발여론이 형성된 것이다. 주민들은 '건물을 복원 전시하는

데 주민의 의견이 전혀 반영되지 않았다는 점, 자랑스럽지 않은 역사의 흔적을 문화재로 등록해 관리 보존할 필요가 없다는 점'을 주된 이유로 들었다. 주민들은 2010년 10월 일본군 관사 맞은편에 문을 연 일본인 학교 학생들에게 한국에 대한 우월감을 심어줄 수 있다는 점도 제기했다.[66] 이에 대해 문화재청은 주민설명회를 열었으나 설득하지 못했다. 오히려 주민들은 문화재등록 반대 탄원서를 제출할 정도였다. 더구나 전시물의 하나인 인형이 일본군이 아닌 독립지사로 알려지면서 거부감은 더욱 커졌다. 문화재청은 '국내 유일한 역사적 유적'이라는 점을 들어 전시관을 조성했으나 현재는 임시폐쇄 신세가 되었다.

그림 84 일본군 관사 전경. 마당에 우물과 정원이 복원되어 있다. (2015년 8월 촬영)

---

66) 동아일보 2012.2.22일자 「보존 가치있는 교훈의 장, 치욕의 흔적 굳이 왜……」

그림 85 아파트 단지 내 공원에 조성

그림 86 복원 안내도에는 국내 유일한 유적이라는 점이 강조되어 있다.

그림 87 건물 사이의 방공호

그림 88 소위·중위급 숙소 전경

문화재청이 예산을 들여 이축하고 역사적 유적으로 평가해 등록문화재 추진까지 했던 일본군 관사가 흉물로 전락한 원인은 무엇인가. 주민들에 대한 공감대 형성 과정을 생략한 점, 아태전쟁유적에 대한 기록화 단계를 거치지 않고 건물을 이축한 점, 내부에 아태전쟁유적과 무관한 독립운동 관련 전시물을 배치한 점 등이 원인이다.

원인을 파악했다면, 문제 해결 방안은 어렵지 않다. 일본군 관사에 대한 자료수집과 학술조사 등을 수행하고, 주민들에게 이해를 구하는 노력을 기울이며, 내부의 원상을 복구해 역사성을 복원하는 방법이다. 이 과정에서 어느 하나 누락할 만한 내용은 없다.

2012년 동아일보 기사에 의하면, 문화재청의 입장은 세 가지 방안과 거리가 있었다. "일제 관련 문화재에 대한 부정적인 인식은 항상 있어왔다. 하지만 자랑스러운 문화유산뿐 아니라 치욕스러운 역사의 잔재물도 역사적 교훈을 주는 교육의 장으로 활용할 수 있다" 문화재청 담당자의 발언 내용이다. 틀린 말이 아니다. '부의 유산'에 대한 인식은 문제가 없어 보인다. 문제는 다른데 있다. 주민의 의견을 무시하는 일방성이다.

아직도 일본군 관사는 폐쇄 상태. 문화재청이 아무리 좋은 의도로 추진했다 하더라도 주민들의 생각을 배제한 정책은 성과를 거둘 수 없음을 보여주는 사례다.

부산역 건너편, 밀면집이 즐비한 골목에는 멋진 카페가 자리하고 있다. 브라운 헨즈-백제라는 이름의 카페이다. 2012년에 부산근대건조물로 지정되었다. 자연채광이 멋스러운 분위기를 고조하는 카페가 자리한 건물은 당초 병원건물이었으나 군사유적에 해당하기도 한다. 1922년 재일동포 최용해가 세운 부산 최초의 근대식 종합병원 백제병원이 1932년 중국음식점 봉래각을 거쳐 1942년 아카쯔키(赤月)부대 장교숙소로 사용되었기 때문이다.

1945년 해방 후 치안대 사무실로 사용되다가 중화민국영사관과 임시 대사관으로도 사용되었다. 1953년에 개인소유가 되었고, 현재 카페(브라운 헨즈-백제)가 되었다. 소유자가 내부 시설을 거의 개조하지 않고 조명도 최소화해 비교적 원형이 잘 보존된 곳이다. 건물 입구에 부착한 표지판에는 이 건물의 유구한 역사가 잘 나타나 있다.

그림 89 건물 입구에 부착된 안내문(2017.3.19. 촬영)　　**그림 90** 옛 모습을 유지하고 있는 내부 모습

이곳은 현재 보존 상태만으로도 훌륭하다. 이바구길 앱으로 검색도 가능하다. 표지판에 QR코드만 부착한다면 쌍방향 콘텐츠로서도 활용 가능할 것이다. 현재 이 유적이 아태전쟁유적이라는 점을 인식하는 시민들은 거의 없다. 부산 최초의 근대 병원 자리로 알고 있을 뿐이다. 아태전쟁유적에 대한 인식이 미미한 때문이다.

현재 미술관으로 사용 중인 군사유적도 있다. 서울시 관악구 남현동에 있는 서울시립미술관 남서울분관(남서울 생활미술관)이 주인공이다. 원래 장소는 경성부 남산 자락(당시 욱정 2정목 78번지, 현재 서울특별시 중구 회현동 우리은행 본점)이었다. 이 건물은 현재 당초 벨기에영사관건물이었는데, 현재 사적 제245호로 지정된 문화재다. 벨기에영사관 건물이 군사유적이 된 사연은 무엇일까.

이 건물은 1903년 착공해 1905년 완공한 벨기에 영사관 건물은 건축면적 1,569.58m², 지하 1층, 지상 2층 벽돌구조. 벽돌과 석재를 혼용하였고 고전주의 양식의 현관과 발코니의 이오닉오더(Ionicorder)석주 등 매우 아름다운 건축물이다. 1919년에 영사관이 충무로 1가 18번지로 옮긴 후 일본 요코하마(橫濱)생명보험회사 사옥으로 사용하다가 일제 말기에 일본 해군성 무관부 건물로 이용했다.

당시 '경성 재근 무관' 또는 '경성 재근 해군 주재 무관'이라 불리던 해군 무관들이 근무한 경성재근 해군무관부 건물로 사용되었다. 총독부 재근 무관제도란 조선총독부 관제(1910년 9월 공포)에도 '무관 2인과 전속 부관 1인 설치 가능'하다고 규정된 제도다. 이들은 총독의 참모로써 육해군 소장이나 좌관급에서 임명되었고 급여도 조선총독부가 지급했다. 1920년대 문화통치 시행으로 폐지되었다가 중일 전쟁 이후 부활했다. 조선총독부에 전비와 병참 관련한 사항을 협의하기 위해 육군과 해군장교들을 촉탁 형식으로 배속했다. 해군은 진해를 중심으로 주둔했으므로 경성부에 무관 협의 필요성이 높았다. 이들은 주로 국방헌금이나 군수품헌납 업무 담당. 총동원시기에는 총독부와 협의 아래 해군에 필요한 노무자를 동원하는 일도 담당했다.

1944년 4월에 오미나토(大湊)경비부 사령부가 작성한 「오미나토(大湊)경비부 전시일지」에는, '일본 해군성 병비국장이 경성주재 해군 무관부 소속 무관에게 일본 지시마千島와 홋카이도北海道 해군시설물 건축을 위해 조선인 요원 9천명을 동원하는 건에 관해 조선총독부와 엄중 교섭하라'는 내용의 문건이 포함되어 있다.[67]

이들이 동원하려는 조선인은 '군무원'이라는 이름으로 고향을 떠나야 했

---

67) 조건, 「전시 총동원체제기 조선 주둔 일본군의 조선인 통제와 동원」, 동국대학교 사학과 박사학위논문, 2015, 56쪽

을 것이다. 실제 해군 무관들이 조선총독부와 '엄중 교섭'한 결과는 확인할 수 없지만, 조선 청년을 공출하려는 일본의 공권력이 어느 정도였는지 가늠할 수 있다.

그림 91   이

그림 92

그림 93   **그림 94**

그림 91~94 서울특별시 관악구 남현동 소재 '경성재근 해군무관부 건물'(2016년 7월 20일 촬영)

건물은 해방 후 해군 헌병대로 사용했고, 1970년 상업은행이 불하받아 사용하다가 1982년 8월 현재의 남현동으로 이전해 한국상업은행(현 우리은행) 사료관으로 사용했으며, 현재는 관악구 남현동 1059-13번지로 이전해 서울시립미술관 남서울분관으로 활용하고 있다. 이 유적에 필요한 활용방안은 무엇인가. 현재 표지판 내용을 보완하고 QR코드를 설치하는 것이다.

(4) 기타 유적

기타유적은 노무자 거주지(사택)나 대피시설, 추도시설, 묘지, 송출항 등이 해당된다. 이들 유적도 군사유적과 마찬가지로 표지판(표지석)과 QR코드는 물론, 장소 콘텐츠, 웹과 모바일 콘텐츠 구축도 가능하다. 기록화 단계와 필드워크를 통해 축적한 스토리와 콘텐츠(책, 사진, 영상물)는 웹과 모바일 콘텐츠 구축에 충분하기 때문이다.

현재 잔존하는 기타유적 가운데 대표적인 사택지는 앞에서 소개한 부평의 미쓰비시마을(일명 삼릉 사택)과 부산 기장군 일광광산 사택지다. 이 가운데 부평의 삼릉 사택은 1937년 히로나카상공 부평공장 인근에 조성한 마을이다. 1942년에 미쓰비시중공업이 히로나카(弘中)상공을 인수하면서 삼릉마을로 불렸다.

부평구청은 삼릉 사택지에 대해 현실적 보존 방침을 세웠으나 후속 계획은 알려지지 않았다. 부평구는 아태전쟁유적이 집중한 곳이다. 미쓰비시중공업 공장 터인 부평공원, 인천조병창 터의 일부인 미군부대(캠프마켓)의 공원화도 추진 중에 있다. 삼릉 사택에 대해서는 2015년에 부평역사박물관이 발간한 학술총서 『미쓰비시를 품은 사택마을 부평삼릉』을 통해 기록화 단계가 마련되었다. 앞에서 소개한 부평문화원의 '어르신 문화콘텐츠 프로그램' 운영 등 관내 아태전쟁유적에 대한 지속적인 발굴과 조사가 이어지고 있다. 또한 시민단체와 부평문화원을 중심으로 이들 지역에 대한 필드워크 프로그램도 운영되고 있다. 이들 지역을 연계한 큰 틀 거리의 역사문화프로그램이나 문화콘텐츠 구축을 적용하는 토대가 잘 마련되었다고 볼 수 있다.

사택 가운데 한 두 채를 보존해 장소 콘텐츠로 운영하고, 부평공원과 캠프마켓, 지하시설물 등을 연계한 필드워크를 기획해, 부평의 기억기관(부평역사박물관, 부평문화원)과 다양한 연계 프로그램(필드워크, 시민강좌, 문화콘텐츠 개발사업, 공연, 전시회, UCC 공모 등)을 운영한다면, 문화콘텐츠 활용의 순환이 잘 이루어지는 좋은 사례가 될 것이다.[68]

---

68) 부평지역의 아태전쟁유적 현황과 활용 방안에 대해서는 정혜경, 「부평의 아시아태평양전쟁 유적」(『부평역사박물관 개관 10주년 기념 연구조사보고서』, 2017)참조

그림 95 인천시 부평구 부평동의 미쓰비시 구 사택지(부평역사박물관 촬영). 2017년 11월에 87채 가운데 20채가 철거되었다.

부산광역시 서구 아미동 산 19번지 감천고개에서 산상교회까지 이어지는 감천고갯길 일대는 일본인 공동묘지가 있던 곳이다. 일본인 공동묘지터는 기타유적에 해당한다.

개항 후 부산에 들어온 일본인들은 상하수도와 화장장, 공동묘지 등을 만들기 시작했다. 특히 상수도가 가장 먼저 개설된 지역은 부산이었다. 처음에는 우물과 나무통을 이용한 간이 상수도시설이었으나 청일전쟁으로 다수의 일본 군인이 상륙하게 되자 1894년 6월에는 보수천(寶水川)에 집수(集水)제언(堤堰)을 만들어 자연여과장치를 설치했다. 1895년 1월부터는 당시 일본인 밀집지였던 대청동에 간이상수도 공사를 시작해 1895년 1월부터 사용했고, 1902년에는 구덕산에 수원지를 마련하고 통수식을 했다. 1910년 9월에는 부산 전역의 수도개설공사를 개통했다.[69]

---

69) 정혜경·김혜숙, 「1910년대 식민지 조선에 구현된 위생정책」, 『일제의 식민지 지배정책과 매일신보 - 1910년대』, 두리미디어, 2005, 85~86쪽

1890년에 4,344명이었던 부산 거주 일본인수는 1907년에 16,040명, 1913년에는 27,610명으로 급증했다. 이 같이 부산의 일본인 거주자가 증가하면서 소규모의 민간 시설로는 감당할 수 없게 되자 부영(府營)화장장을 세웠다. 1929년의 일이다. 당시 곡정 2정목, 현재 아미동 천주교아파트 자리가 바로 화장장이 있던 곳이다. 또한 화장장 인근에는 많은 비석과 석물도 세웠다.

해방 후 부산시내 거주 일본인의 귀환 과정에서 아미동 화장장 근처에 있던 유골과 위패, 과거장 등은 방치되었다. 1959년에 부산시가 아미동 화장장을 폐쇄하고 부산진구 당감동으로 이전(1959년 업무 개시)하면서 당시 부산시장은 시내에 산재한 일본인 유골과 과거장[過去帳, 절에서, 죽은 이들의 속명(俗名)·법명(法名)·죽은 날짜 따위를 적어 두는 장부. 사망기록의 일종]을 모아 당감동 화장장 옆에 비석('日本人塚移安之碑')과 납골당을 건립했다. 1969년에는 부산시와 부산일본국총영사관이 협의해 부용회(芙蓉會) 부산본부가 환경관리를 하도록 했다. 그 후 1987년 당감동 화장장이 폐쇄되면서 1991년에 금정구 두구동 시립공원묘지(현재 영락공원)로 이전했다.

해방 후 아미동 화장장터 인근에 방치되었던 비석과 석물은 주민들이 축대 등으로 사용하다가 거의 철거했으나 여전히 흔적은 남아 있다.

그림 96 아미동 화장장터가 있던 곳(2014년 8월 촬영)

그림 97 주택의 축대로 남은 비석들

그림 98 골목 안 콘크리트 구조물 속의 비석

그림 99 주택 개축과정에서 훼손된 비석들

지금도 가끔 찾아오는 일본인이 있다고 한다. 2014년 방문 당시, 마을 주민들은 잔존한 비석에 대해 불편함을 드러냈다. 해방 후 세대인 주민들로서는 당연한 반응이다. 작은 표지판(표지석)과 QR코드도 기대하기 어려워 보였다.

기타유적에 해당하는 아미동 일본인 공동묘지터 활용의 첫걸음은 주민들의 공감대 형성이다. 무리한 필드워크는 주민들의 거부감을 키울 수 있다. 바로 인근 감천마을이 밀려오는 관광객들로 사생활 침해가 심각해 입장료 제도를 만들었음을 간과하지 말아야 한다.

일제 말기 경성(서울)의 대표적 소개공터는 현재 세운상가자리다. 일제말기에 조선총독부는 미군 공습에 대비해 1945년 4월부터 6월까지 경성·부산·평양·대전·대구 등 주요도시에 각각 소개공지(疏開空地) 또는 소개공지대(疏開空地帶)를 지정했다. 소개공지대란 미군의 폭격시 화재가 번지는 것을 막기 위해 비워둔 공터다. 경성부내의 소개공지대는 모두 19곳이었는데, 제1차 소개 작업은 1945년 5월 11일부터 시작되어 6월 말에 종료되었다. 그 중 한 곳이 종묘 앞에서 필동까지의 너비 50m, 길이 1,180m의 지대다. 이후 제2차 소개공지 조성 작업이 시작되었으나 일본의 패전으로 미완으로 끝났다.

한국전쟁 종전 후 이 공터는 판자촌이 밀집했고, 전쟁의 여파로 몰려든 여성들이 생계수단을 위해 모이면서 종로 3가는 거대한 사창가가 되었다. 1960년대에 서울시 도시정비정책의 하나로 소개공지대 중 일부 지역에 세운상가가 들어섰다. 건축가 김수근의 설계로 1966년 9월 착공해 1967년 7월 26일 현대상가 준공을 시작으로 1968년에 상가 건물 8개동이 완공되었다. 김현옥 서울시장이 '세상의 기운이 다 모여라' 라는 의미로 작명했다는 세운상가는 당시 한국 최초의 주상복합건물로 서울의 명물이 되었다. 1970년대 전기, 전자 기계금속 등 제조업 산업의 중심지였으며, 80년대 말 개인용 컴퓨터 보급으로 전성기를 누렸다. 그러나 강남권 개발과 도심 부적격

업종 판정을 받으며 용산전자상가가 새로운 전자 전문상가로 떠오르자 쇠퇴를 거듭했다. 2008년 서울시 재개발 정책에 따라 전면 철거가 결정되면서 2009년 5월 세운상가의 종로 쪽 가장 끝 건물인 현대상가가 철거되고 녹지로 바뀌었으나 수익성 등 여러 문제에 직면했다. 그 후 서울시의 정책이 도시재생으로 변경되면서 2015년에 발표된 '세운상가 활성화(재생) 종합계획'에 따라 남은 건물의 리모델링과 공원화 사업이 추진되고 있다.

이 같이 현재 서울시와 시민들이 인식하는 세운상가는 아태전쟁역사와 무관한 재건축의 대상이었다. 이제는 세운상가자리에 역사문화라는 옷을 입힐 필요가 있다. 세운상가 표지석에 역사의 궤적을 남기는 방법으로도 충분히 가능하다. 이와 함께 서울시의 경희궁 지하시설물이나 덕수초등학교 자리도 최소한의 표식(표지판과 QR코드)에서 출발하기를 기대한다.

1 . 지방자치단체를 위한 TIP, 열 한 가지

부록1은 아태전쟁유적 보존과 활용에 대한 관심과 의욕은 있으나 엄두를 내지 못하는 지방자치단체를 위한 구체적인 제안이다. 앞에서 언급한 바와 같이 아태전쟁유적 문화콘텐츠 구축 추진 방향은 크게 두 가지 – 역사에 문화와 예술·레저의 기능을 추가하는 방향, 디지털과 모바일 시대라는 특성을 충분히 살리는 방향 – 가 될 것이다. 이를 전제로 본문 내용과 일부 중복되기는 하지만, 지자체 차원에서 추진할 때 참고가 될 만한 TIP을 제시해보고자 한다.

이에 앞서, 한 가지 : 지자체가 아태전쟁유적의 보존과 문화콘텐츠 활용을 추진할 때 적정한 규모는 도나 광역시 보다는 작은 시(市)나 군(郡)·광역시의 구(區) 정도다. 관내 유적 규모가 과도하게 많지 않으므로 지자체 차원에서 기울일 수 있는 관심과 역량도 적절하며 적정한 시기에 성과를 낼 수 있기 때문이다.

1) 지자체의 역할, 어디까지?

국내 아태전쟁유적 보존과 문화콘텐츠 활용에서 지자체의 역할은 필수적이다. 지역 시민사회는 문제 제기와 여론을 형성하는 역할은 할 수 있지만 인력과 예산, 행정적 문제 해결의 몫은 지자체이기 때문이다. 그러므로 지자체의 역할은 매우 중요하다. 그러나 지자체가 행정적으로 주관하고 예산을 집행한다고 해서 지나치게 큰 목소리 내기는 일을 망치는 지름길이다. 뒷바라지한다는 자세로 그쳐야 한다.

지자체장도 마찬가지다. 지자체장의 관심 없이 해당 지역 아태전쟁유적 보존과 활용은 불가능하다. 그러므로 지자체장의 관심은 중요하다. 그러나 관심이 지나쳐서 특정 유적을 문화콘텐츠 구축 대상으로 제안하거나 구성 방향에 의견을 제시하는 적극성은 자제해야 한다.

지자체의 가장 좋은 역할은 '판을 잘 깔아주는 일'이다. 기획단계에서 중장기 계획을 세우고 실행계획안을 수립해 결재를 마치는 일, '판을 잘 깔아주는 일'이다. 인프라가 잘 구축되면, 이후 과정은 순항할 수 있고, 지자체와 지자체장은 성과라는 열매를 거둘 수 있다.

판을 깔아준 후에 필요한 것은, '지자체와 지자체장의 적절한 무관심!' 이다.

2) 토대에 충실하자

국내 아태전쟁유적 문화콘텐츠 구축에 필요한 토대는 실태조사(전수조사), 주민 공감대, 기획과 기록화 단계의 3종 세트다. 이 가운데 하나도 소홀히 할 수 없다.

3종 세트는 많은 기간과 예산, 전문 인력이 필요한 작업이다. 그러나 정성을 기울인 이상으로 성과를 가져다주는 보석이기도 하다. 이 가운데 핵심은 전문 인력을 키우고 적극 활용하는 일이다.

초기에는 외부 전문가가 기획이나 실태조사에 자문할 수 있으나 내용을 채우고 추진하는 주체는 지역의 역사와 문화를 잘 아는 이들이다. 지역 문화원 구성원, 기억기관의 종사자(학예사, 문화해설사 등), 교사나 교수를 적극 활용함은 물론, 지역 언론인이나 관심을 가진 시민들의 전문성을 강화해 전문 인력을 확충해야 한다. * 인천시 부평구 소재 인천조병창의 역사에 대한 교양서인『캠프 마켓』의 저자는 지역 언론인이다. 현재 인천조병창 역사를 가장 잘 아는 이도 역사박물관 학예사다.

■ **토대작업 추진 과정** : 실태조사와 학술조사 수행 → 기획[유적 활용 필요성 인식 및 방안 마련, 예산과 인력 확보방안 마련, 행정운영 방안 마련, 전문 인력 확충 방안 마련, 주민의견 수렴] → 중장기 계획안 수립[관내 유적의 역사적 배경 및 특성 고려, 기존 근대건축물 및 기억기관 등 역사문화콘텐츠와 연계 가능성 고려] → 기록화 사업 발주[기초 지도(Map) 작성 → 현장 실사를 통한 필드워크 대상지 선정 → 필드워크 실시[주민 공감대를 높이는 과정, 유적의 활용 방안 도출하는 과정]

3) 단기간 성과 내기, NO! : 토대구축 3종 세트는 연차별, 장기적으로 추진

국내 아태전쟁유적 문화콘텐츠 구축은 간단해보이지만 쉽지 않은 일이다. 토대 3종 세트를 추진하는 과정부터 녹록치 않기 때문이다. 예산이 있다 해도 수행할 전문 인력이 부족하면 단기간에 성과를 내기 어렵다. 진정성으로 똘똘 뭉친 전문 인력이 있어도 예산이 없으면 시작도 할 수 없다. 그럼에도 단기간의 가시적 성과를 요구한다면, 졸속으로 흐를 수밖에 없다. '말아먹는 지름길'이다.

이를 방지하기 위해서는 먼저, 3대 기본 인식('현실성, 지속성, 시민사회와 함께')이 필요하다. 3종 세트는 3대 기본 인식을 전제로 연차별·장기적으로 추진해야 한다. ※ 문화콘텐츠 추진 과정은 본문〈그림 33〉참조.

문화콘텐츠 구축 과정에서 가장 많은 기간이 소요되는 단계는 '기록화'와 '장소 콘텐츠 구축'이고, 가장 많은 예산이 소요되는 단계는 '장소 콘텐츠 구축'이다. 두 가지 모두 만만치 않은 작업인데, 효율성을 도모할 방법은 없을까.

No Rush! 충실한 토대는 효율성의 지름길이다. 일단 '기록화(다큐멘테이션화)'가 완료되면, 예산 사정에 따라 선택적으로 다른 문화콘텐츠 구축 추진이 가능하다.

■ **기록화 단계는 연차별로 추진** : 토대작업 추진 과정에서 가장 오랜 기간과 예산, 전문 인력이 필요한 작업은 기록화 단계이다. 지자체의 예산 사정이 가능하다면 수행 과정을 줄일 수 있다. 그러나 적정한 전문 인력이 뒷받침되어야 가능하다. 현재 국내 전문 인력의 규모로 볼 때 1년 정도의 단기간 사업으로는 충실한 결과물을 기대하기 어렵다. 그러므로 3년 정도의 연차별 추진이 적정하다.

■ **토대작업 추진 과정 단계에서 가능한 효율적 방법, 두 가지**

하나, 실태조사를 연차별로 진행하면서 1차년도 결과물이 도출된 시점에서 '기획부터 기록화 사업 발주 까지' 과정을 동시에 추진하는 방법

둘, 기록화 단계와 문화콘텐츠 구축 및 활용을 단계별로 병행 추진하는 방법

1단계 : 기록화 단계 추진, 장소 콘텐츠 구축 추진(기획), 웹과 모바일 콘텐츠 기획

2단계 : 웹 콘텐츠의 시스템 구축, 장소 콘텐츠 구축 공사(시설물 공사)

3단계 : 장소 콘텐츠 구축 완성. 웹 콘텐츠+장소 콘텐츠 연동 활용 가능

4) 문화콘텐츠 구축 : 단계별로 확대해나가기

3대 기본 인식('현실성, 지속성, 시민사회와 함께')을 기억하며, 현실적으로 가능한 문화콘텐츠부터 시작해보자.

기록화단계를 거쳐 우선적으로 보존 활용해야 할 유적이 선정되었다면, 장소 콘텐츠 공사부터 서둘지 말자. 단계별로 문화콘텐츠를 확대 구축하면서 시민들 스스로 만들어나가는 과정을 느끼게 하는 방법이야말로 가장 큰 성과를 가져오는 지름길이자 효율적인 길이다.

1단계 : 간단한 표지판과 QR코드를 설치하고, 필드워크 대상지로 선정해 시민들의 공감대 형성을 도모한다.

2단계 : 웹·모바일 콘텐츠를 구축해 시민들의 활용도를 높인다.

3단계 : 장소 콘텐츠에 대한 시민들의 공감대가 형성되면, 장소 콘텐츠 구축으로 이어간다.

※ 장소 콘텐츠는 '그저 보는 곳'이 아니라 시민들이 유적과 관련한 이야기를 공유하고 확산하는 공간이라는 점을 인식하자. 파고라 등 간단한 구조물을 설치하더라도 사진이나 그림, 영상을 통해 유적과 관련한 이야기가 공유·확산할 수 있도록 콘텐츠에 신경 쓰자.

5) 효율적인 문화콘텐츠 활용

■ 웹과 모바일 콘텐츠 비중 높이기

예산과 기간이 소요되는 장소 콘텐츠보다 웹·모바일 콘텐츠는 구축하기도 쉽고 예산도 비교적 적은 편이다. 또한 웹·모바일 콘텐츠는 디지털 방식에 국한하기는 하지만 다양한 방식의 스토리텔링을 활용한 영상 콘텐츠(다큐멘터리나 드라마 등) 접근도가 높고 확장성과 활용도도 높다.

장소 콘텐츠를 구축하는 경우에도, 웹·모바일 콘텐츠와 장소 콘텐츠의 동시 구축을 추진해 단계별로 성과를 낼 수 있다.

■ 콘텐츠간 호환성 높이기

본문에서 소개한 다양한 문화콘텐츠를 연동해서 활용하는 방법을 생각해 보자.

아날로그 자료인 지도를 지리정보시스템을 이용해 디지털 콘텐츠로 활용한 H-GIS는 장소 콘텐츠의 전시물은 물론 웹·모바일 콘텐츠로도 활용 가능하다.

파고라나 표지판에 만들 수 있는 QR코드는 장소 콘텐츠의 효율성과 웹·모바일 콘텐츠의 활용도를 극대화하는 손쉬운 방법이다.

디지털 자료인 문화지도를 아날로그식 장소 콘텐츠인 전시관에 전시하는 방법이나 장소 콘텐츠의 사이버 캐릭터도 문화콘텐츠 간 연계 방법이다. 모션 그래픽스나 인터랙티브 미디어도 디지털 콘텐츠이지만 장소 콘텐츠에서 전시물로 활용할 수 있다.

■ 필드워크를 통해 지역민 공감대 형성과 기획, 대외 홍보 효과를 거두자

필드워크는 기록화(다큐멘테이션화)단계이자 문화콘텐츠 구축 단계에도 관련되는 중요한 과정이며, 아태전쟁 역사에 관한 시민 공감대를 유지하고 지자체 홍보에도 큰 도움이 되므로 문화콘텐츠 구축 및 활용 과정에서 중요한 추진동력이다.

또한 필드워크는 향후 문화콘텐츠 구축을 위해 현장성을 검증하는 과정이자 참가자들이 적극적으로 공간의 기억을 발화(發話)하고 구술기록을 생산하는 중요한 과정이다. 필드워크 코스도 아태전쟁유적에만 국한하지 않고 관내 기존 역사 주제 필드워크 코스와 연계해 인식의 확산을 도모하자.

필드워크 프로그램에 전시나 공연, 강연 등을 연계하는 방안으로 내용의 다양성을 꾀하거나 관련 지역의 연계 코스 운영(전남 해남 옥매광산 : 해남과 2차 동원지역인 제주도 송악산)도 있다.

[효과적인 필드워크 운영 방안]

1. 기존의 걷는 길과 연계 코스 운영 : 둘레길, 올레길, 민주의 길, 대구 도심역사문화골목투어 체험학습 등
2. 관내 근대 건축물·근대문화유산과 연계

■ 대구 도심역사문화골목투어 체험학습

2011년부터 대구시와 교육청, 대구중구청, 매일신문사, 골목투어사업단이 시행하고 있는 '대구 도심역사문화골목투어 체험학습'은 전국적으로 성공한 필드워크 코스. 처음에는 역사교육의 일환으로 시작했으나 지금은 매년 20만명 정도의 외지 관광객이 다녀갈 정도로 알려졌고 코스도 추가. 2013년 아시아 도시경관상(일본 후쿠오카)에서 대상을 받았으며, CNN과 한국관광공사가 공동선정한 '한국의 풍경들 100선'에서 14위를 차지하면서 국제적인 명성도 얻은 걷기 코스.

대구 근대역사관 ⇨ 3.1운동길 ⇨ 이상화 고택 ⇨ 서상화 고택 ⇨ 매일신문사 신문전시관 ⇨ 계산성당 ⇨ 약령시 한의학 박물관 ⇨ 국채보상운동기념관 ⇨ 2.28민

주운동기념회관 등이 주요 방문 코스.

■ 경북 안동시의 안동시티투어와 경북독립기념관의 역사투어

안동시티투어는 하회마을과 정신문화수련원, 경북독립기념관(안동 소재)은 물론 안동 관내의 주요 사적지와 문화 현장을 둘러보는 맞춤 여행 프로그램. 안동이 유네스코 세계유산을 비롯해 국내에서 가장 많은 유·무형 문화재를 보유한 지역이라는 점을 감안해 만든 단체와 개별 대상 프로그램. 골목투어는 아니지만 코스를 선택해서 골목투어로 가능.

경북독립기념관이 주관하는 역사투어는 학생과 시민, 연구자를 위해 마련한 단체 대상의 프로그램. 코스는 안동 관내의 독립운동 사적지. 학생을 대상으로 한 고정 프로그램이 있지만 답사단의 일정과 요청에 따라 코스 조정도 가능.

■ 전남 광주의 오월길(http://mayroad.518.org)

오월길 : 5.18기념재단이 5·18민주화운동 27개 사적지(세부 사적지 총 30곳)를 중심으로 광주 곳곳의 역사, 문화자원들을 연계해 만든 5개 테마 18개 코스. 다양한 체험프로그램.

오월인권길 테마 : 5·18민주화운동의 열망이 담긴 사적지를 찾아가는 길

오월민중길 테마 : 오월광장에서 뜨겁게 타올랐던 시민들의 발자취를 발견하는 길

오월의향길 테마 : 오월정신의 역사와 교감하는 길

오월예술길 테마 : 광주의 문화예술로 오월의 기억을 치유하는 길

오월남도길 테마 : 오월정신을 따라 새로운 여정을 만나는 길

■ 테마별 투어 : 전남 해남 옥매광산

첫째, 매년 9월에 열리는 옥매광산 수몰광부 추도식에 맞춰 옥매광산 유적지 투어 행사를 개최하는 방법이 있다. 추도식은 오전에 종료되므로, 오후에 필드워크를 하면서 의미를 되새기는 기회로 삼는다. 추도식이 다양한 문화행사로 구성되므로 참가자들은 역사와 문화를 함께 접할 수 있다.

둘째, 옥매광산과 제주도를 연계한 투어다. 옥매광산 광부들이 제주도에서 구축한 송악산 군사시설지를 함께 돌아볼 수 있는 연계 투어로 구성할 수 있다.

7) 지역의 소중한 문화적·인적 자산을 적극 활용

■ 근대건축물과 근대문화유산, 지역축제, 예술문화행사와 연계를 통한 시너지 효과

관내 근대건축물과 근대문화유산콘텐츠와 아태전쟁유적 관련 문화콘텐츠를 연동하도록 구성하는 방법, 지역 문화유산 관련 책자나 안내 리플렛에 아태전쟁유적 관련 설명을 포함하는 방법이 있다.

국내 소재 아태전쟁유적 관련 문화콘텐츠를 국제영화제(부천, 전주, 부산 등)·광주 비엔날레 등 지역 문화행사, 지역축제등과 연계 운영을 도모한다. 지역축제 및 문화행사 기간 중에 프로그램 주제에 포함시키는 방법, 행사안내책자에 내용을 포함하는 방법, 방문객들이 아태전쟁유적 관련 문화콘텐츠를 활용하도록 하는 방법, 행사기간 중에 UCC공모, 사람책 도서관 운영 등이 가능하다.

부산원도심 골목길 축제(2017.5.18~25)나 서울역 역사올레길(2017.5.21) 등 이벤트도 연계 대상이다.

■ 관내 기억기관, 교육기관, 시민단체 간 협력 체계

아태전쟁유적 관련 문화콘텐츠의 구축과정과 활용과정을 기억기관(박물관, 사료관, 문학관, 기념관 등)과 연계하는 방안은 필수적이고, 선순환 구조가 자연스럽게 이루어지는 방법이다.

인천시 부평구는 부평문화원과 부평역사박물관이 관내 아태전쟁유적 관련 학술조사(기록화 단계)와 문화콘텐츠 개발 사업(2016년 부평토굴생활문화역사콘텐츠 발굴 프로젝트), 시민강좌 운영, 심포지엄 개최, 전시회 개최 등의 성과를 내고 있다. 부평문화원이 지속적으로 생산하는 결과물은 지역 시민단체의 필드워크사업이나 대중운동(징용노동자상 건립운동)을 통해 확산되며, 구청의 마을재생사업 정책 수립에도 영향을 미치고 있다. 또한 인천 지역 교육기관(경인교육대학)은 부평지역의 아태전쟁유적을 인문도시프로젝트의 주제로 선정해 운영하고 있다.

또한 관내 기억기관은 아태전쟁유적 관련 주제를 대상으로 UCC공모, 사람책 도서관 운영, 팝업북과 역사보드게임의 장으로도 역할 할 수 있다.

■ 문화장소와 연계

서울의 경우, 문래동 창작예술촌과 대학로는 문화장소이기도 하지만 아태전쟁유적의 소재지이기도 하다. 문래동은 방적공장이 즐비했던 곳이고 대학로에는 경성제국대학이 있었던 곳이다.

부산의 매축지마을은 그 자체가 아태전쟁유적이다. 매축과정에서 많은 노무자들이 동원되었다. 또한 매축지마을 인근에는 부산의 대표적인 방적공장인 조선방직 부산공장(일명 조방)이 있었다. 부산의 감천 문화마을은 해방 후 조성된 지역이지만 아미동 일본인 공동묘지가 인근에 있다.

이러한 문화장소와 아태전쟁유적을 연계한 프로그램이나 문화콘텐츠 개발이 가능하다.

■ 역사 관련 공간과 연계

경남 통영과 창원에는 몇 년 전에 세운 역사 기억 공간이 있다. 메모리얼 파크에 미치지 못하는 아주 작은 규모이지만 공원으로 조성된 곳에 일본군위안부기림비가 있다. 징용노동자상이 건립된 인천시 부평구 부평공원이나 광주 군사유적(유류저장소)이 자리한 광주학생독립운동기념회관 부지도 공원이다. 이러한 지역의 역사 관련 공간에 아태전쟁유적과 관련한 문화콘텐츠를 연계한다면 공원을 찾는 시민들에게 교육효과가 클 것이다. 또한 공원에서 공연이나 전시가 이루어진다면, 역사+문화+예술이라는 시너지 효과를 거두게 될 것이다.

■ 지역 언론의 호응과 참여

지역 언론의 참여는 단순한 보도에 그치지 않는다. 지역 언론이 아태전쟁유적 관련 문화콘텐츠 구축 과정에 직접 참여함으로써 시민들은 전 과정을 공유하게 된다. 이 과정을 통해 시민들의 의견수렴도 가능해지고 공감대 제고에도 긍정적 효과를 기대할 수 있다. 제주도는 2000년대 초 군사유적 실태조사가 시작될 시점부터 실태조사와 기록화단계에 지역에서 활동하는 언론사 기자들이 동참했고, 이들의 관심은 현재 진행형이다. 이들의 역할이 시민사회에 미친 역할을 적지 않다.

8) 이용자 참여와 쌍방향성 높이기

문화콘텐츠 활용과정에서 이용자 참여와 쌍방향성은 중요한 동력이다.

이용자 스스로의 참여를 높이는 쌍방향성으로는, 웹·모바일 콘텐츠에 이용자가 스스로 콘텐츠(사진이나 영상)를 탑재할 수 있도록 하는 방식이 있다.

표지판에 만든 QR코드는 이용자 참여를 쉽게 할 수 있는 방법 가운데 하나이다. 이용자는 QR코드를 통해 연결된 기억기관의 블로그나 홈페이지 등에 다양한 콘텐츠를 스스로 탑재할 수 있다. 장소 콘텐츠를 활용한 다양한 프로그램(강연, 교육, 독서회, 영상물 상영회, UCC시연회, 팝업북, 역사보드게임 대회, 사람책 도서관 행사 등) 운영도 이용자 참여를 높이는 방안의 하나이다.

교육형 테마파크나 기억기관이 주도하는 방법으로는, 해당 주제에 관해 UCC나 영상물 공모를 통해 이용자 활용도를 높이고, 결과물(UCC나 영상클립)을 다시 이용자들이 활용하도록 하는 방법이 있다.

9) 아태전쟁유적의 세계문화유산 등재! 서둘지 말고

일본의 아태전쟁유적 가운데에는 세계문화유산에 등재된 유산도 볼 수 있다. 대표적인 유적은 히로시마 원폭 돔이고, 2015년 등재로 지금까지 논란의 대상인 규슈·야마구치 근대산업유산군이다.

국내에서도 몇몇 지역 시민사회에서는 아태전쟁유적에 대한 세계문화유산 등재 필요성이 제기되고 있다. 유네스코 세계유산 선정의 정신이 인류보편의 가치라는 점과 현재 등재된 세계문화유산 가운데 '부의 유산'이 적지 않다는 점을 생각할 때, 국내 아태전쟁유적은 세계문화유산으로 등재 가치가 충분하다.

지역 차원의 세계문화유산 등재 움직임은 긍정적 효과도 있다. 거칠게 보더라도 기록화 단계의 성과 축적, 시민 공감대와 관심 형성, 대외 홍보 등이 해당된다.

동일한 주제의 유적을 지역별로 묶어서 신청하는 방법도 있다. 이 과정을 통해 아태전쟁유적에 대한 관심은 전국적으로 확산될 것이다.

그러나, 고려해야할 점이 있다. 오랜 기간의 노력과 관심, 준비가 필요하다는 점이다. 단기간에 유행처럼 일어난다고 거둘 수 있는 성과가 아니다. 일본의 근대산업유산군도 10년 정도의 준비가 있었다는 점을 인식해야 한다. 또한 개발론자들의 반대와 불만을 설득할 수 있는 역량도 필요하다.

10) 다른 지역의 성과를 벤치마킹하기

제주도나 인천시 부평구 등 다른 지역에 비해 먼저 시작한 지역이 걸어가는 길은 좋은 플랫폼이자 푯대이다. 부평의 사례는 구나 군 차원의 지자체가 벤치마킹하기 좋은 사례이다.

선행 지역이 거둔 노하우보다 중요한 것은 시행착오와 실패의 경험이다. 이를 자양분으로 삼아 지역의 상황에 맞는 정책을 세우고 운영할 수 있다. 그러기 위해서는 해당 지역의 유적이 가진 특성을 검토해야 한다.

지자체를 위한 마지막 팁은 바로 '관내 유적 특성에 따른 추진 방향 고민하기'다.

11) 관내 유적의 특성에 따른 추진 방향 고민

국내 아태전쟁유적 문화콘텐츠 활용 방안에서 지자체를 위한 마지막 팁은 바로 '관내 유적 특성에 따른 추진 방향 고민하기'다. 관내 유적의 특성을 파악한 후 시작해보자.

■ 현장 보존 여부에 따른 아태전쟁유적의 활용 추진 방향

– 현장이 보존된 유적

농어촌 지역에는 현장이 보존된 유적의 비율이 높다. 이 경우에는, 유적의 상태에 따라 장소 콘텐츠를 고려해볼 수 있다. 장소 콘텐츠는 지역의 역사문화공간으로도 기능할 수 있다. 현장에 파고라·표지판(표지석)과 QR코드를 설치하고, 지역 기억기관의 전시물이나 웹·모바일 콘텐츠를 활용하는 방안도 병행 추진하면 더욱 효과적이다.

본문에서 제시한 전남 해남의 옥매광산은 적극 활용이 가능한 사례다.

– 현장 보존이 어려운 유적

개발이 진행된 도시부에서 아태전쟁유적은 현장보존은 물론, 흔적도 찾기 어려운 경우가 많다. 현장 보존이 어려운 유적의 경우는, 현장에 표지판(표지석)과 QR코드를 설치하고, 지역 기억기관(박물관, 사료관 등)의 전시물이나 웹·모바일 콘텐츠를 활용하는 방안이 현실적이다.

현장 보존이 어려운 유적은 훼손도가 심한 경우가 많다. 특히 폐광지나 방치된 군사유적은 안전도가 매우 취약하다. 그러므로 먼저 안전성을 확보하고, 심한 경우에는 일반인의 접근을 막을 필요도 있다. 부산 용호동 광산 유적과 같이 안전성을 확보하고 표지판을 세우는 방법이 참고할 만 하다.

■ 현재 활용 중인 아태전쟁유적의 활용 추진 방향

식당이나 창고, 종교시설 등으로 활용 중인 유적은 역사성을 복원하는 방향으로 기획해야 한다. 대부분 사유지가 아니라 민간 점유의 형태이지만, 점유권을 무시할 수 없기 때문이다. 현 사용자에게 양해를 구해 현장에 역사성을 복원하도록 해야 한다.

역사성을 복원하는 방법이란, 아태전쟁유적임을 알리는 것이다. 현장에 표지판(표지석)과 QR코드를 설치하고, 지역 기억기관의 전시물이나 웹·모바일 콘텐츠를 활용하는 방법이 해당된다.

■ 해방 후 현대에 이르기까지 현대사의 아픔이 쌓인 곳

제주도(제주 4.3사건), 광주(5.18 민주항쟁), 여수와 순천(여순사건), 부산(부마민주화항쟁), 창원(3.15부정선거 항쟁) 등은 아태전쟁유적이 많은 지역이자 해방 후 현대사의 아픔이 쌓인 곳이다. 특히 현대사의 더께가 쌓인 아태전쟁유적도 적지 않다. 광주의 광주비행장터(서구 치평동)는 아태전쟁시기에 군사유적으로 자살특공대원을 양성하던 비행장이었으나 1980년대에는 5.18 민주항쟁 진압군이었던 계엄군 지휘본부가 있던 곳이었다. 여수와 순천의 아태전쟁유적도 해방 후 여순사건 당시 진압군이 출동하던 군부대였다.

이러한 현대사의 더께가 쌓인 곳에서 필드워크 과정은 '공간의 스토리텔링'을 축적하는 기회다. 그 결과를 통해 출판물(필드워크를 위한 가이드북, 사진집, 구술집, 에세이집, 논픽션, 회고록이나 자서전, 인포그래픽 등)과 사진·영상 콘텐츠, 장소 콘텐츠, 웹·모바일 콘텐츠 등 다양한 문화콘텐츠 구축이 가능하다.

이런 경우에는 현대사의 더께를 반영한 문화콘텐츠 구축이 필요하다. 풍부하게 축적된 '공간의 스토리텔링'이 문화콘텐츠 구축과 활용에 반영되도록 기획해야 한다. 유럽 성당에 이슬람과 기독교 문화가 공존하듯, 아태전쟁유적이 현대사의 더께를 품을 수 있도록 내용을 함께 담을 필요가 있다.

■ 해방 후 미군기지가 된 아태전쟁유적(군사유적)

인천, 부산, 서울 용산 등 국내 대도시에는 미군기지가 자리하고 있다. 이들 미군기지가 있는 곳은 아태전쟁시기 군부대와 군 시설물이 있던 곳이다. 부산의 경우에는 부산시민공원으로 전환했고, 역사관에서 다양한 프로그램이 운영 중이고, 그 외 지역은 반환 준비 중이다. 서울 용산과 인천은 향후 활용을 위해 다양한 고민들이 진행 중이다. 공원화와 장소 콘텐츠 구축은 대체적인 추세로 보인다.

이들 유적도 동일한 장소에 축적된 역사(아태전쟁, 해방 후 미군기지)를 함께 담아내는 방향의 활용을 지향하도록 제안한다. 본문에서 소개한 경기도 파주의 '평화를 품은 집'을 롯대로 권한다.

■ 현재 공장으로 사용 중인 아태전쟁유적(생산관계유적)

인천 동일방적과 두산 인프라코아, 광주 전남·일신 방직은 대표적인 아태전쟁유적(생산관계유적)이자 현재도 공장으로 가동 중인 곳이다. 두산 인프라코아는 인천조병창에 납품할 군수물자를 생산하던 조선기계제작소가 있던 곳이다. 인천과 광주의 방직공장은, 경성방직 영등포 공장 터가 백화점과 쇼핑센터로 변신한 것과 달리 이곳은 여전히 옷감을 생산 중이다. 동양방적의 후신인 인천 동일방직 공장 내에는 등록문화재가 있고, 가네가후치 전남공장 터인 전남방직과 일신 방직 내에도 일제시기 역사의 현장이 남아 있다. 그러나 현재 외부인의 출입이 엄격히 금지된 곳이다.

현재 공장으로 사용 중인 생산관계유적의 개방을 기대하는 것은 무리다. 행여 일제의 잔재를 불법적으로 소유하고 있다는 사회적 비난을 염려하는 방어책일 수 있다. 기업이미지를 생각한다면, 세상에 알려지지 않는 편이 낫다고 생각할 수 있다. 그러나 등록문화재는 공공성을 가진 우리 사회의 자산이다. 기업 측이 일정 기간이나 대상지를 제한하더라도 개방하도록 설득할 필요가 있다. 등록문화재로 지정되지 못한 곳은, 실사(實査)를 거쳐 등록문화재 지정을 추진해야 한다.

■ 일본인이 다수 거주했던 아태전쟁유적(기타유적)

전북 군산, 경북 포항은 일본인 거주지역의 흔적이 많이 남아 있는 곳이자 지자체가 활용에 적극성을 보인 지역이다. 군산에는 신흥동 히로쓰 가옥을 비롯한 일본인 주택이 남아 있고, 포항 구룡포 근대역사문화거리에는 일본인마을이 조성되어 있다. 이들 지역의 보존과 활용에 대해 세간의 반응은 대체로 부정적이다. 지자체가 일본인 관광객 유치를 위해 조성했다는 비난도 적지 않다. 그러나 일제시기 한반도에 80만명에 달하는 일본인이 살고 있었고, 그들만의 문화를 향유했음은 엄연한 사실이다. '부의 역사'라 해서 부정할 수는 없다. 당시 있었던 사실 자체를 인정하고, 평화적인 목적으로 활용할 수 있도록 해야 한다.

2. 우리 지역 아시아태평양전쟁유적 목록(2017. 12. 31 기준)[68]

구분	소재지(1945년 8월 기준)			직종	유적명칭	기업
	도	부/군	면 이하			
군사 유적	강원	강릉부	감덕면	군사시설물	비행장(강릉)	미확인
	강원	고성군	불상	군부대	독립보병 제764대대	해당없음
	강원	고성군	온정리	군부대	제19교육비행대	해당없음
	강원	고성군	온정리	군부대	제200비행장대대	해당없음
	강원	양양군	불상	군사시설물	군사시설물구축공사장	미확인
	강원	원주군	불상	군사시설물	군사시설물구축공사장	미확인
	강원	인제군	남면 관대리	군사시설물	군사시설물구축공사장(남면)	미확인
	강원	철원군	불상	군사시설물	군사시설물구축공사장	미확인
	강원	춘천군	불상	군부대	춘천 육군병사부	해당없음
	강원	춘천군	불상	군부대	춘천지구 사령부	해당없음
	강원	춘천군	불상	군부대	춘천지구 헌병대	해당없음
	경기	경성부	불상	군부대	경성지방해군인사부	해당없음
	경기	경성부	불상	군부대	경성 육군병사부	해당없음
	경기	경성부	불상	군부대	경성 육군병원	해당없음
	경기	경성부	불상	군부대	경성 육군연료부	해당없음
	경기	경성부	불상	군부대	경성사관구 공병보충대	해당없음
	경기	경성부	불상	군부대	경성사관구 보병 제1보충대	해당없음
	경기	경성부	불상	군부대	경성사관구 보병 제2보충대	해당없음
	경기	경성부	불상	군부대	경성사관구 보병 제3보충대	해당없음
	경기	경성부	불상	군부대	경성사관구 제독훈련소	해당없음
	경기	경성부	불상	군부대	경성사관구 치중병보충대	해당없음
	경기	경성부	불상	군부대	경성사관구 통신보충대	해당없음
	경기	경성부	불상	군부대	경성사관구 포병보충대	해당없음
	경기	경성부	불상	군부대	고사포 제152연대	해당없음
	경기	경성부	불상	군부대	고사포 제153연대 주력	해당없음
	경기	경성부	불상	군부대	대본영 육군 제3통신대	해당없음
	경기	경성부	불상	군부대	독립무선 제137소대	해당없음
	경기	경성부	불상	군부대	독립혼성 제133여단 사령부	해당없음
	경기	경성부	불상	군부대	박격포 제30대대	해당없음
	경기	경성부	불상	군부대	야전중포병 제15연대 보충대	해당없음
	경기	경성부	불상	군부대	육상근무 제186중대	해당없음
	경기	경성부	불상	군부대	제120사단	해당없음
	경기	경성부	불상	군부대	제120사단 공병대	해당없음
	경기	경성부	불상	군부대	제120사단 보병제259연대	해당없음
	경기	경성부	불상	군부대	제120사단 보병제260연대	해당없음
	경기	경성부	불상	군부대	제120사단 치중(輜重)대	해당없음
	경기	경성부	불상	군부대	제120사단 통신대	해당없음
	경기	경성부	불상	군부대	제120사단 포병대	해당없음
	경기	경성부	불상	군부대	제12공병대 사령부	해당없음
	경기	경성부	불상	군부대	제12공병대사령부 독립공병 제125대대	해당없음
	경기	경성부	불상	군부대	제13비행사단 사령부	해당없음
	경기	경성부	불상	군부대	제153독립정비대	해당없음
	경기	경성부	불상	군부대	제182비행장대대	해당없음

---

68) 도, 부군, 면 이하는 1945년 8월 기준 행정 구역. 기업(최종)은 일본 패전 당시 기업 기준

구분	소재지(1945년 8월 기준)			직종	유적명칭	기업
	도	부/군	면 이하			
군사 유적	경기	경성부	불상	군부대	제24항공통신연대	해당없음
	경기	경성부	불상	군부대	제2철도재료창	해당없음
	경기	경성부	불상	군부대	제316독립정비대	해당없음
	경기	경성부	불상	군부대	제320사단 공병대	해당없음
	경기	경성부	불상	군부대	제320사단 보병 제361연대	해당없음
	경기	경성부	불상	군부대	제320사단 사령부	해당없음
	경기	경성부	불상	군부대	제360야전근무대 본부	해당없음
	경기	경성부	불상	군부대	제380야전근무대본부 육상근무 제183중대	해당없음
	경기	경성부	불상	군부대	제390야전근무대본부 육상근무 제210중대	해당없음
	경기	경성부	불상	군부대	제390야전근무대본부 육상근무 제213중대	해당없음
	경기	경성부	불상	군부대	제403특설경비 공병대	해당없음
	경기	경성부	불상	군부대	제411특설경비 공병대	해당없음
	경기	경성부	불상	군부대	제44항공지구사령부	해당없음
	경기	경성부	불상	군부대	제4기상연대	해당없음
	경기	경성부	불상	군부대	제4육군기상대	해당없음
	경기	경성부	불상	군부대	제4항공통신연대	해당없음
	경기	경성부	불상	군부대	제55대공무선대	해당없음
	경기	경성부	불상	군부대	제5철도감부	해당없음
	경기	경성부	불상	군부대	제5항공 고정통신대	해당없음
	경기	경성부	불상	군부대	제5항공 통신사령부	해당없음
	경기	경성부	불상	군부대	제53항공사단 사령부	해당없음
	경기	경성부	불상	군부대	제5항공군 사령부	해당없음
	경기	경성부	불상	군부대	제5항공군 비행 제82전대	해당없음
	경기	경성부	불상	군부대	제5항공군 특종정보부	해당없음
	경기	경성부	불상	군부대	제5항측대	해당없음
	경기	경성부	불상	군부대	제89 특설통신작업대	해당없음
	경기	경성부	불상	군부대	조선군관구 교육대	해당없음
	경기	경성부	불상	군부대	조선군관구 방역부	해당없음
	경기	경성부	불상	군부대	조선군관구 임시군법회의	해당없음
	경기	경성부	불상	군부대	조선부로수용소	해당없음
	경기	경성부	불상	군부대	조선육군구금소	해당없음
	경기	경성부	불상	군부대	조선철도대사령부 독립철도 제21대대	해당없음
	경기	경성부	불상	군부대	특설경비 제455대대	해당없음
	경기	경성부	불상	군부대	특설경비 제456대대	해당없음
	경기	경성부	불상	군부대	특설경비 제457대대	해당없음
	경기	경성부	불상	군부대	경성무관부	해당없음
	경기	경성부	수읍	군부대	독립공병 제23연대	해당없음
	경기	경성부	용산	군사시설물	군사시설물구축공사장(용산)	미확인
	경기	경성부	용산	군부대	경성사관구 사령부	해당없음
	경기	경성부	용산	군부대	경성지구 사령부	해당없음
	경기	경성부	용산	군부대	제120사단 사령부	해당없음
	경기	경성부	용산	군부대	제148경비대대	해당없음
	경기	경성부	용산	군부대	제167야전비행장설정대	해당없음
	경기	경성부	용산	군부대	제17방면군 사령부	해당없음
	경기	경성부	용산	군부대	조선육군화물창	해당없음
	경기	경성부	청량리	군부대	제149경비대대	해당없음
	경기	경성부	영등포구 번대방정	군사시설물	군사시설물구축공사장(영등포)	미확인
	경기	경성부	서대문구 신촌정, 서계정33-2	군사시설물	군사시설물구축공사장(신촌)	미확인

구분	소재지(1945년 8월 기준)			직종	유적명칭	기업
	도	부/군	면 이하			
군사 유적	경기	경성부	고양군 용강면 여들리	군사시설물	비행장건설(경성)	미확인
	경기	경성부	용산구	군부대	조선군관구 사령부	해당없음
	경기	경성부	용산구	군부대	가마이시다이(龜石隊)/조선군 주둔지	해당없음
	경기	경성부	용산구 청엽정3 정목100	군부대	포로수용소 본소	해당없음
	경기	경성부	용산구	군부대	철도관계 시설지/조선군 주둔지	해당없음
	경기	경성부	중구 장충동	군사시설물	군사시설물구축공사장(장충동)	미확인
	경기	경성부	중구 대화정 2정목	군부대	조선헌병대 사령부	해당없음
	경기	경성부	중구 욱정 2-78	군부대	경성재근해군무관부	해군성
	경기	고양군	불상	군사시설물	군사시설물구축공사장	미확인
	경기	고양군	은평면 수색리	군사시설물	군사시설물구축공사장(은평면)	미확인
	경기	고양군	불상	군사시설물	비행장건설(고양)	미확인
	경기	김포군	양동면	군사시설물	군사시설물구축공사장(양동면)	미확인
	경기	김포군	양서면 송정리	군사시설물	비행장건설(김포)	미확인
	경기	김포군	불상	군부대	제1550야전비행장 설정대	해당없음
	경기	김포군	불상	군부대	제181비행장대대	해당없음
	경기	김포군	불상	군부대	제1비행단 사령부	해당없음
	경기	김포군	불상	군부대	제5항공군 비행 제22전대	해당없음
	경기	김포군	불상	군부대	제5항공군 비행 제85전대	해당없음
	경기	부천군	영흥면	군사시설물	군사시설물구축공사장(진두해안)	육군병기행정 본부[발주]
	경기	수원부	불상	군사시설물	비행장건설(수원)	미확인
	경기	수원부	성고면 오산리	군사시설물	비행장건설(오산)	미확인
	경기	수원부	수원읍 지소정	군사시설물	군사시설물구축공사장(지소정)	미확인
	경기	수원부	불상	군부대	제157야전비행장설정대	해당없음
	경기	수원부	불상	군부대	제173독립정비대	해당없음
	경기	수원부	불상	군부대	제181독립정비대	해당없음
	경기	수원부	불상	군부대	제210비행장대대	해당없음
	경기	수원부	불상	군부대	제260야전항공수리창	해당없음
	경기	수원부	불상	군부대	제41교육비행대	해당없음
	경기	수원부	불상	군부대	제53항공사단 제2연성비행대	해당없음
	경기	수원부	불상	군부대	제5항공군 비행 제25전대	해당없음
	경기	시흥군	서면 박달리	군사시설물	군사시설물구축공사장 (서면)	미확인
	경기	시흥군	안양면	군사시설물	군사시설물구축공사장(안양면)	미확인
	경기	시흥군	안양면(서이면) 이동리	군사시설물	비행장건설(시흥)	미확인
	경기	양주군	노해면 북덕리	군사시설물	군사시설물구축공사장(노해면)	미확인
	경기	양주군	의정부읍	군부대	독립철도 제17대대	해당없음
	경기	인천부	남동면	군사시설물	군사시설물구축공사장(남동면)	미확인
	경기	인천부	송림정	군사시설물	군사시설물구축공사장(송림정)	미확인
	경기	인천부	불상	군사시설물	군사시설물구축공사장(일신동)	미확인
	경기	인천부	부천군 부내면 산곡 리(인천부 백마정)	군사시설물	군사시설물구축공사장(산곡동)	미확인
	경기	인천부	본정	군사시설물	군사시설물구축공사장(본정)	미확인
	경기	인천부	불상	군사시설물	군사시설물구축공사장(답동)	미확인
	경기	인천부	산수정	군사시설물	군사시설물구축공사장(송학동)	미확인

구분	소재지(1945년 8월 기준)			직종	유적명칭	기업
	도	부/군	면 이하			
군사 유적	경기	인천부	불상	군사시설물	군사시설물구축공사장(신흥동)	미확인
	경기	인천부	부천군 부내면 산곡리(인천부 백마정)	군사시설물	조병창시설공사 [인천육군조병창제1제조소]	하자마구미(間組),간토구미(關東組),다다구미(多田組),시미즈구미(淸水組)
	경기	인천부	부천군 부내면 산곡리(인천부 백마정)	군사시설물	인천육군조병창 제1제조소 지하시설물공사(부평)/하자마구미(間組)	하자마구미(間組)
	경기	인천부	화정	군부대	포로수용소 인천분소	해당없음
	경기	인천부	불상	군부대	특설경비 제458대대	해당없음
	경기	인천부	부천군 부내면 산곡리(인천부 백마정)	군부대	인천육군조병창	해당없음
	경기	평택군	팽성읍 안정리	군사시설물	해군비행장건설(평택)	미확인
	경기	평택군	팽성읍 안정리	군사시설물	해군시설대 보급기지	미확인
	경기	평택군	팽성읍 함정리	군사시설물	방공호	미확인
	경기	포천군	불상	군사시설물	군사시설물구축공사장	미확인
	경남	경산군	불상	군부대	제157경비대대	해당없음
	경남	김해군	불상	군사시설물	군사시설물구축공사장(가락면)	미확인
	경남	김해군	대저면 대동,평강리	군사시설물	해군비행장건설(김해)	미확인
	경남	남해군	남면 선구리,임포리,홍현리,가천리	군사시설물	군사시설물구축공사장(남면)	미확인
	경남	남해군	남면 선구리 항촌	군부대	진해경비부 방비위소(항촌)	해당없음
	경남	남해군	호도	군부대	진해경비부 방비위소(호도)	해당없음
	경남	동래군	기장면	군사시설물	기장 포대	미확인
	경남	동래군	불상	군사시설물	군사시설물구축공사장	미확인
	경남	동래군	구포읍	군사시설물	군사시설물구축공사장(구포)	미확인
	경남	마산부	불상	군사시설물	군사시설물구축공사장	미확인
	경남	마산부	불상	군부대	육상근무 제177중대	해당없음
	경남	마산부	북마산	군부대	제320사단 분진포대	해당없음
	경남	마산부	불상	군부대	특설경비 제415대대	해당없음
	경남	마산부	불상	군부대	특설육상근무 제105중대	해당없음
	경남	마산부	가포	군사시설물	군사시설물구축공사장(가포)	미확인
	경남	마산부	월영동	군부대	마산중포병연대보충대	해당없음
	경남	마산부	내서면 구암리	군사시설물	군사시설물구축공사장(내서면)	미확인
	경남	밀양군	삼랑진	군사시설물	군사시설물구축공사장(삼랑진)	미확인
	경남	밀양군	상남면	군사시설물	육군비행장건설(밀양)	진해해군시설부
	경남	밀양군	어목진	군부대	육상근무 제170중대	해당없음
	경남	부산부	초량정	군사시설물	군사시설물구축공사장(동광)	미확인
	경남	부산부	하단리	군사시설물	군사시설물구축공사장(하단리)	미확인
	경남	부산부	서면	군사시설물	군수물자 저장고 건설사장	미확인
	경남	부산부	가덕도	군사시설물	군사시설물구축공사장(가덕도)	미확인
	경남	부산부	감천리	군사시설물	군사시설물구축공사장(감천리)	미확인
	경남	부산부	개금리	군사시설물	군사시설물구축공사장(개금리)	미확인
	경남	부산부	문현리	군사시설물	군사시설물구축공사장(문현리)	미확인
	경남	부산부	범일정	군사시설물	군사시설물구축공사장(범일정)	미확인
	경남	부산부	변천정	군사시설물	군사시설물구축공사장(변천정)	미확인
	경남	부산부	부곡리	군사시설물	군사시설물구축공사장(부곡리)	미확인

구분	소재지(1945년 8월 기준)			직종	유적명칭	기업
	도	부/군	면 이하			
군사 유적	경남	부산부	부암리	군사시설물	군사시설물구축공사장(부암리)	미확인
	경남	부산부	서면	군사시설물	군사시설물구축공사장(서면)	미확인
	경남	부산부	암남리	군사시설물	군사시설물구축공사장(송도)	미확인
	경남	부산부	영도	군사시설물	군사시설물구축공사장(영도)	미확인
	경남	부산부	영주정	군사시설물	군사시설물구축공사장(영주정)	미확인
	경남	부산부	적기	군사시설물	군사시설물구축공사장(적기)	미확인
	경남	부산부	좌리	군사시설물	군사시설물구축공사장(좌리)	미확인
	경남	부산부	용호리	군사시설물	군사시설물구축공사장(용호동 장자등)	미확인
	경남	부산부	동삼(절영도)	군사시설물	군사시설물구축공사장(절영도)	미확인
	경남	부산부	용호리	군사시설물	군용도로공사장	미확인
	경남	부산부	우리佑里(재송포)	군사시설물	육군비행장건설(수영)	미확인
	경남	부산부	초량정	군사시설물	군사시설물구축공사장(초량정)/아카와구미(阿川組)	아카가와구미(阿川組)
	경남	부산부	동두말	군부대	진해경비부 방비위소(동두말)	해당없음
	경남	부산부	조도	군부대	진해경비부 방비위소(조도)	해당없음
	경남	부산부	천수말	군부대	진해경비부 방비위소(천수말)	해당없음
	경남	부산부	가덕도	군부대	진해연합특별육전대(해군)	해당없음
	경남	부산부	본정	군부대	아카쯔키(赤月)부대 장교숙소	해당없음
	경남	부산부	불상	군부대	부산요새 중포병연대	해당없음
	경남	부산부	사병산	군부대	고사포 제151연대	해당없음
	경남	부산부	불상	군부대	독립보병 제760대대	해당없음
	경남	부산부	불상	군부대	독립보병 제761대대	해당없음
	경남	부산부	불상	군부대	독립보병 제762대대	해당없음
	경남	부산부	불상	군부대	독립보병 제763대대	해당없음
	경남	부산부	불상	군부대	독립자동차 제299중대	해당없음
	경남	부산부	불상	군부대	독립자동차 제301중대	해당없음
	경남	부산부	불상	군부대	독립혼성 제127여단	해당없음
	경남	부산부	불상	군부대	독립혼성 제127여단 공병대	해당없음
	경남	부산부	불상	군부대	독립혼성 제127여단 독립보병 제760대대	해당없음
	경남	부산부	불상	군부대	독립혼성 제127여단 독립보병 제762대대	해당없음
	경남	부산부	불상	군부대	독립혼성 제127여단 사령부	해당없음
	경남	부산부	불상	군부대	독립혼성 제127여단 통신대	해당없음
	경남	부산부	불상	군부대	독립혼성 제127여단 포병대	해당없음
	경남	부산부	불상	군부대	독립혼성 제127여단 독립보병 제760대대	해당없음
	경남	부산부	불상	군부대	독립혼성 제127여단 독립보병 제761대대	해당없음
	경남	부산부	불상	군부대	독립혼성 제127여단 독립보병 제762대대	해당없음
	경남	부산부	불상	군부대	독립혼성 제127여단 독립보병 제764대대	해당없음
	경남	부산부	불상	군부대	독립혼성 제127여단 독립보병 제763대대	해당없음
	경남	부산부	불상	군부대	부산 수송통제부	해당없음
	경남	부산부	불상	군부대	부산 육군병사부	해당없음
	경남	부산부	불상	군부대	부산 육군병원	해당없음
	경남	부산부	불상	군부대	부산병참부	해당없음
	경남	부산부	불상	군부대	부산병참부 일부	해당없음
	경남	부산부	불상	군부대	부산재근해군무관부	해당없음
	경남	부산부	불상	군부대	부산지구 사령부	해당없음
	경남	부산부	본정4정목28	군부대	부산지구 헌병대	해당없음
	경남	부산부	불상	군부대	선박공병 제38연대	해당없음
	경남	부산부	불상	군부대	여단 공병대	해당없음
	경남	부산부	불상	군부대	여단 통신대	해당없음

구분	소재지(1945년 8월 기준)			직종	유적명칭	기업
	도	부/군	면 이하			
군사 유적	경남	부산부	불상	군부대	여단 포병대	해당없음
	경남	부산부	영주동	군부대	부산요새사령부	해당없음
	경남	부산부	불상	군부대	육상근무 제173중대	해당없음
	경남	부산부	불상	군부대	육상근무 제174중대	해당없음
	경남	부산부	불상	군부대	육상근무 제175중대	해당없음
	경남	부산부	불상	군부대	육상근무 제215중대	해당없음
	경남	부산부	불상	군부대	부산 해군항공대	해당없음
	경남	부산부	불상	군부대	부산항만경비대	해당없음
	경남	부산부	불상	군부대	제155경비대대	해당없음
	경남	부산부	불상	군부대	제169정차장 사령부	해당없음
	경남	부산부	불상	군부대	제170정차장 사령부	해당없음
	경남	부산부	우리佑里	군부대	제1660야전비행장 설정대	해당없음
	경남	부산부	우리佑里	군부대	제189독립정비대	해당없음
	경남	부산부	불상	군부대	제320사단	해당없음
	경남	부산부	불상	군부대	제370야전근무대본부	해당없음
	경남	부산부	불상	군부대	제390야전근무대본부 육상근무 제214중대	해당없음
	경남	부산부	해운대	군부대	제406특설경비 공병대	해당없음
	경남	부산부	불상	군부대	제41 경비대대	해당없음
	경남	부산부	우리佑里	군부대	제225비행장 대대	해당없음
	경남	부산부	불상	군부대	제48항공지구 사령부	해당없음
	경남	부산부	우리佑里	군부대	제5항공군 제206비행대 [제206독립비행대]	해당없음
	경남	부산부	불상	군부대	제72병참경비대	해당없음
	경남	부산부	우리佑里	군부대	제5항공군 제66독립비행중대	해당없음
	경남	부산부	불상	군부대	조선군 임시병참병마창(兵站病馬廠)	해당없음
	경남	부산부	불상	군부대	조선군관구 방역부	해당없음
	경남	부산부	불상	군부대	특설경비 제459대대	해당없음
	경남	부산부	불상	군부대	특설수상근무 제109중대	해당없음
	경남	부산부	불상	군부대	특설수상근무 제110중대	해당없음
	경남	부산부	불상	군부대	특설육상근무 제106중대	해당없음
	경남	부산부	불상	군부대	특설육상근무 제107중대	해당없음
	경남	부산부	불상	군부대	특설육상근무 제108중대	해당없음
	경남	사천군	정동면 구암리	군사시설물	군사시설물구축공사장(정동면)	미확인
	경남	사천군	불상	군사시설물	육군비행장건설(사천)	미확인
	경남	사천군	불상	군부대	제30교육비행대	해당없음
	경남	사천군	불상	군부대	제407특설경비 공병대	해당없음
	경남	양산군	불상	군사시설물	비행장건설(물금)	미확인
	경남	양산군	불상	군부대	제88 특설통신작업대	해당없음
	경남	울산군	대현면	군사시설물	군사시설물구축공사장(대현면)	미확인
	경남	울산군	방어진읍	군사시설물	군사시설물구축공사장(방어진읍)	미확인
	경남	울산군	신정리	군사시설물	군사시설물구축공사장(신정리)	미확인
	경남	울산군	울산읍 삼산리, 달리	군사시설물	육군비행장건설(삼산들)	미확인
	경남	울산군	불상	군부대	제191비행장대대	해당없음
	경남	울산군	울기	군부대	진해경비부 방비위소(울기)	해당없음
	경남	울산군	불상	군부대	해연(海燕)제1비행대	해당없음
	경남	진양군	금산면	군사시설물	군사시설물구축공사장(금산면)	미확인
	경남	진양군	집현면	군사시설물	군사시설물구축공사장(집현면)	미확인
	경남	진주부	초전리	군사시설물	군사시설물구축공사장(초전리)	미확인
	경남	진주부	초전리	군사시설물	육군비행장건설(진주)	미확인

구분	소재지(1945년 8월 기준)			직종	유적명칭	기업
	도	부/군	면 이하			
	경남	진주부	불상	군부대	제2비행장 중대①	해당없음
	경남	창원군	진해읍	군부대	선박공병 제29연대	해당없음
	경남	창원군	진해읍	군부대	선박공병 제33연대	해당없음
	경남	창원군	진해읍	군부대	선박통신 제4대대	해당없음
	경남	창원군	진해읍	군부대	제13군직할 상해(上海)포로수용소	해당없음
	경남	창원군	진해읍	군부대	제13군직할 제176병참병원	해당없음
	경남	창원군	진해읍	군부대	제13군직할 제190병참병원	해당없음
	경남	창원군	진해읍	군부대	제13군직할 제192병참병원	해당없음
	경남	창원군	진해읍	군부대	제13군직할 중지나(中支那)야전병기창	해당없음
	경남	창원군	진해읍	군부대	제13군직할 중지나(中支那)야전자동차창	해당없음
	경남	창원군	진해읍	군부대	제13군직할 중지나(中支那)야전화물창	해당없음
	경남	창원군	진해읍	군부대	제13군직할제13군 병마창(病馬廠)	해당없음
	경남	창원군	진해읍	군부대	제351설영대(진해)	해당없음
	경남	창원군	진해읍	군부대	제51항공창	해당없음
	경남	창원군	진해읍	군부대	제60야전선박창	해당없음
	경남	창원군	진해읍	군부대	지나(支那)파견군직할 경리부 하사관후보자교육대	해당없음
	경남	창원군	진해읍	군부대	지나(支那)파견군직할 공병교육대	해당없음
	경남	창원군	진해읍	군부대	지나(支那)파견군직할 남경(南京)육군병사부	해당없음
	경남	창원군	진해읍	군부대	지나(支那)파견군직할 보병교육대	해당없음
	경남	창원군	진해읍	군부대	지나(支那)파견군직할 보정(保定)간부후보생대	해당없음
군사 유적	경남	창원군	진해읍	군부대	지나(支那)파견군직할 수의부하사관후보자교육대	해당없음
	경남	창원군	진해읍	군부대	지나(支那)파견군직할 위생부하사관후보자교육대	해당없음
	경남	창원군	진해읍	군부대	지나(支那)파견군직할 지나(中支那)교화대	해당없음
	경남	창원군	진해읍	군부대	지나(支那)파견군직할 지나(中支那)군마방역창	해당없음
	경남	창원군	진해읍	군부대	지나(支那)파견군직할 중지나(中支那) 방역급수부	해당없음
	경남	창원군	진해읍	군부대	지나(支那)파견군직할 중지나(中支那) 야전보충마창	해당없음
	경남	창원군	진해읍	군부대	지나(支那)파견군직할 중지나(中支那) 파견헌병대사령부	해당없음
	경남	창원군	진해읍	군부대	지나(支那)파견군직할 중지나(中支那) 하사관후보자대	해당없음
	경남	창원군	진해읍	군부대	지나(支那)파견군직할 지나(支那)파견군 상해(上海)육군부	해당없음
	경남	창원군	진해읍	군부대	지나(支那)파견군직할 지나(支那)파견군 특종정보부	해당없음
	경남	창원군	진해읍	군부대	지나(支那)파견군직할 지나(支那)파견군 화학부(化学部)	해당없음
	경남	창원군	진해읍	군부대	지나(支那)파견군직할 지나(支那)파견군 야전조병창	해당없음
	경남	창원군	진해읍	군부대	지나(支那)파견군직할 지나(支那)파견군 야전철도창	해당없음
	경남	창원군	진해읍	군부대	지나(支那)파견군직할 지나(支那)파견군 축성부	해당없음

구분	소재지(1945년 8월 기준)			직종	유적명칭	기업
	도	부/군	면 이하			
군사 유적	경남	창원군	진해읍	군부대	지나(支那)파견군직할 지나(支那)파견군 측량대	해당없음
	경남	창원군	진해읍	군부대	지나(支那)파견군직할 통신교육대	해당없음
	경남	창원군	진해읍	군부대	지나(支那)파견군직할 포병교육대	해당없음
	경남	창원군	진해읍	군부대	진해경비부	해당없음
	경남	창원군	진해읍	군부대	진해공작부	해당없음
	경남	창원군	진해읍	군부대	진해군법회의	해당없음
	경남	창원군	진해읍	군부대	진해군수부	해당없음
	경남	창원군	진해읍	군부대	진해방비대	해당없음
	경남	창원군	진해읍	군부대	진해병원	해당없음
	경남	창원군	진해읍	군부대	진해연합특별육전대(해군)	해당없음
	경남	창원군	진해읍	군부대	진해연합특별육전대(해군) 사령부 본부	해당없음
	경남	창원군	진해읍	군부대	진해운수부	해당없음
	경남	창원군	진해읍	군부대	진해운수부 일련환	해당없음
	경남	창원군	진해읍	군부대	진해운수부 일진환	해당없음
	경남	창원군	진해읍	군부대	진해운수부 함어환	해당없음
	경남	창원군	진해읍	군부대	진해운수부(진보부락)	해당없음
	경남	창원군	진해읍	군부대	진해인사부	해당없음
	경남	창원군	진해읍	군부대	진해통신대	해당없음
	경남	창원군	진해읍	군부대	진해항무부	해당없음
	경남	창원군	진해읍	군부대	진해해군경리부	해당없음
	경남	창원군	진해읍	군부대	진해해군공작부	해당없음
	경남	창원군	진해읍	군부대	진해해군군법회의	해당없음
	경남	창원군	진해읍	군부대	진해해군군수부	해당없음
	경남	창원군	진해읍	군부대	진해해군병원	해당없음
	경남	창원군	진해읍	군부대	진해해군보안대	해당없음
	경남	창원군	진해읍	군부대	진해해군시설부	해당없음
	경남	창원군	진해읍	군사시설물	진해해군시설부	조선진해 경비부
	경남	창원군	진해읍	군부대	진해해군운수부	해당없음
	경남	창원군	진해읍	군부대	진해해군인사부	해당없음
	경남	창원군	진해읍	군부대	진해해군통신대	해당없음
	경남	창원군	진해읍	군부대	진해해군항공대	해당없음
	경남	창원군	진해읍	군부대	진해해군항공창	해당없음
	경남	창원군	진해읍	군부대	진해해군항무부	해당없음
	경남	창원군	진해읍	군부대	진해해군형무소	해당없음
	경남	창원군	진해읍	군부대	진해형무소	해당없음
	경남	창원군	진해읍	군부대	해상수송 제12대대	해당없음
	경남	창원군	진해읍 진동면	군사시설물	군사시설물구축공사장(진동면)	미확인
	경남	창원군	진해읍 경화리	군사시설물	진해건설부/군사시설물구축공사장(경화리)	조선진해 경비부
	경남	창원군	진해읍	군부대	진해해병단	해당없음
	경남	창원군	진해읍	군사시설물	비행장건설(진해)	미확인
	경남	창원군	진해읍 비봉리, 산취정	군사시설물	군사시설물구축공사장/일본도시공업㈜	니혼(日本) 도시공업㈜
	경남	창원군	진해읍 웅동면 대장리	군사시설물	저수지[진해해군공급용]	해군
	경남	창원군	진해읍 웅천	군사시설물	군사시설물구축공사장(웅천)	미확인
	경남	창원군	진해읍 천가면	군사시설물	군사시설물구축공사장(천가면)	미확인

구분	소재지(1945년 8월 기준)			직종	유적명칭	기업
	도	부/군	면 이하			
군사 유적	경남	창원군	진해읍	군부대	진해건설부	해당없음
	경남	창원군	진해읍	군부대	진해경리부	해당없음
	경남	창원군	진해읍	군부대	진해경리부(진해해군공제물자부)	해당없음
	경남	창원군	진해읍	군부대	진해경비부	해당없음
	경남	창원군	진해읍	군사시설물	진해경비부	조선진해 경비부
	경남	창원군	진해읍	군부대	진해시설부	해당없음
	경남	창원군	진해읍	군부대	진해시설부 북선사무소	해당없음
	경남	창원군	진해읍	군부대	진해시설부 수도계	해당없음
	경남	창원군	진해읍	군부대	진해시설부 원산사무소	해당없음
	경남	창원군	진해읍	군부대	진해시설부 전기계	해당없음
	경남	창원군	진해읍	군부대	진해시설부(103부대)	해당없음
	경남	창원군	진해읍	군부대	진해시설부(201부대)	해당없음
	경남	창원군	진해읍	군부대	진해시설부(203부대)	해당없음
	경남	창원군	진해읍	군부대	진해시설부(302부대)	해당없음
	경남	창원군	진해읍	군부대	진해시설부(303부대)	해당없음
	경남	창원군	진해읍	군부대	진해시설부(304부대)	해당없음
	경남	창원군	진해읍	군부대	진해시설부(서무)	해당없음
	경남	창원군	진해읍	군부대	진해시설부(수도계)	해당없음
	경남	창원군	진해읍	군부대	진해시설부(재산)	해당없음
	경남	창원군	진해읍	군부대	진해시설부(진해건설부)	해당없음
	경남	통영군	한산면 매죽리 [매물도]	군사시설물	군사시설물구축공사장(매물도)	미확인
	경남	통영군	지심도	군사시설물	군사시설물구축공사장(지심도)	미확인
	경남	통영군	거제면	군사시설물	군용도로건설공사장(거제도)	미확인
	경남	통영군	동부면 저구, 율포리	군사시설물	군용도로건설공사장(동부면)	미확인
	경남	통영군	불상	군부대	육상근무 제178중대	해당없음
	경남	통영군	불상	군부대	육상근무 제179중대	해당없음
	경남	통영군	양지암각	군부대	진해경비부 방비위소(동두말)	해당없음
	경남	통영군	장목면 농소리	군사시설물	진해연합특별육전대 기지(해군)	미확인
	경남	통영군	장목면 농소리	군부대	진해연합특별육전대(해군)	해당없음
	경북	경산군	하양면	군사시설물	군사시설물구축공사장(하양면)	미확인
	경북	경산군	안심면	군사시설물	군사시설물구축공사장(안심면)	미확인
	경북	경산군	압량면내동	군사시설물	군사시설물구축공사장(압량면)	미확인
	경북	경산군	자인면	군사시설물	군사시설물구축공사장(자인면)	미확인
	경북	경산군	경산면	군사시설물	비행장건설	미확인
	경북	경주군	감포면	군사시설물	군사시설물구축공사장(감포면)	미확인
	경북	김천군	불상	군부대	제158경비대대	해당없음
	경북	달성군	해안면 봉무동	군사시설물	군사시설물구축공사장(해안면)	미확인
	경북	달성군	화원면 성산동 , 설 화동 , 명곡동	군사시설물	군사시설물구축공사장(화원면)	미확인
	경북	달성군	가창면	군사시설물	군사시설물구축공사장(가창면)	미확인
	경북	달성군	공산면	군사시설물	군사시설물구축공사장(공산면)	미확인
	경북	달성군	성서면	군사시설물	군사시설물구축공사장(성서면)	미확인
	경북	달성군	옥포면	군사시설물	군사시설물구축공사장(옥포면)	미확인
	경북	달성군	동촌면	군사시설물	육군비행장건설(동촌)	미확인
	경북	달성군	동촌면 입석동	군부대	다치아라이(大刀洗)육군비행학교 대구분교소	해당없음

구분	소재지(1945년 8월 기준)			직종	유적명칭	기업
	도	부/군	면 이하			
군사 유적	경북	대구부	팔공산부근	군사시설물	군사시설물구축공사장(팔공산)	미확인
	경북	대구부	수성면	군사시설물	군사시설물구축공사장(수성면)	미확인
	경북	대구부	불상	군부대	대구 구금소	해당없음
	경북	대구부	불상	군부대	대구 육군병사부	해당없음
	경북	대구부	불상	군부대	대구 육군병원	해당없음
	경북	대구부	불상	군부대	대구사관구 공병보충대	해당없음
	경북	대구부	불상	군부대	대구사관구 보병 제1보충대	해당없음
	경북	대구부	불상	군부대	대구사관구 사령부	해당없음
	경북	대구부	불상	군부대	대구사관구 치중병보충대	해당없음
	경북	대구부	불상	군부대	대구사관구 통신보충대	해당없음
	경북	대구부	불상	군부대	대구사관구 포병보충대	해당없음
	경북	대구부	불상	군부대	대구지구 사령부	해당없음
	경북	대구부	불상	군부대	대구지구 헌병대	해당없음
	경북	대구부	불상	군부대	독립치중병 제72중대	해당없음
	경북	대구부	불상	군부대	독립치중병 제74중대	해당없음
	경북	대구부	불상	군부대	비행 제7전대 LB	해당없음
	경북	대구부	불상	군부대	비행 제9전대	해당없음
	경북	대구부	불상	군부대	일본군 보급부대 주둔지	해당없음
	경북	대구부	불상	군부대	제100야전공보급창	해당없음
	경북	대구부	불상	군부대	제12공병대사령부 독립공병 제128대대	해당없음
	경북	대구부	불상	군부대	제120야전수송사령부	해당없음
	경북	대구부	불상	군부대	제156경비대대	해당없음
	경북	대구부	불상	군부대	제180독립정비대	해당없음
	경북	대구부	불상	군부대	제2비행단	해당없음
	경북	대구부	불상	군부대	제2비행단 사령부	해당없음
	경북	대구부	불상	군부대	제320사단 보병 제363연대	해당없음
	경북	대구부	불상	군부대	제320사단 야전병원	해당없음
	경북	대구부	불상	군부대	제320사단 치중(輜重)병중대	해당없음
	경북	대구부	불상	군부대	제404특설경비 공병대	해당없음
	경북	대구부	불상	군부대	제45항공지구사령부	해당없음
	경북	대구부	불상	군부대	제5항공군 비행 제6전대	해당없음
	경북	대구부	불상	군부대	제62병참지구대 본부	해당없음
	경북	대구부	불상	군부대	제70야전항공수리창	해당없음
	경북	대구부	불상	군부대	제8대공무선대	해당없음
	경북	대구부	불상	군부대	조선철도대사령부 독립철도 제12대대	해당없음
	경북	대구부	불상	군부대	특설경비 제409대대	해당없음
	경북	마산부	불상	군부대	대구사관구 보병 제2보충대	해당없음
	경북	마산부	불상	군부대	대구사관구 제독훈련소	해당없음
	경북	봉화군	불상	군사시설물	군사시설물구축공사장	미확인
	경북	상주군	불상	군사시설물	군사시설물구축공사장	미확인
	경북	안동군	불상	군부대	독립혼성제79여단 사령부	해당없음
	경북	영일군	포항읍 명치정	군사시설물	군사시설물구축공사장(포항읍)	미확인
	경북	영일군	구룡포읍	군사시설물	군사시설물구축공사장(구룡포읍)	미확인
	경북	영일군	기계면	군사시설물	군사시설물구축공사장(기계면)	미확인
	경북	영일군	오천면	군사시설물	해군비행장건설(오천)/하자마구미(間組)	하자마구미 (間組)
	경북	영천군	금호면	군사시설물	육군비행장건설(금호)	미확인
	경북	울릉도	가지도	군부대	육상근무 제169중대	해당없음
	경북	울릉도	불상	군부대	특설경비 제403중대	해당없음

구분	소재지(1945년 8월 기준)			직종	유적명칭	기업
	도	부/군	면 이하			
군사 유적	경북	청도군	화양면 다로동	군사시설물	군사시설물구축공사장(화양면)	미확인
	경북	포항군	불상	군부대	독립기관포 제21중대	해당없음
	경북	포항군	불상	군부대	육상근무 제176중대	해당없음
	경북	포항군	불상	군부대	육상근무 제187중대	해당없음
	경북	포항군	불상	군부대	제390야전근무대본부 육상근무 제187중대	해당없음
	경북	포항군	불상	군부대	특설경비 제463대대	해당없음
	남선南鮮	불상	불상	군부대	제105정차장 사령부	해당없음
	남선南鮮	불상	불상	군부대	제171정차장 사령부	해당없음
	남선南鮮	불상	불상	군부대	제2 장갑열차대 주력	해당없음
	남선南鮮	불상	불상	군부대	제351해군설영대	해당없음
	남선南鮮	불상	불상	군부대	제352해군설영대	해당없음
	남선南鮮	불상	불상	군부대	제353해군설영대	해당없음
	남선南鮮	불상	불상	군부대	제901해군항공대	해당없음
	남선南鮮	불상	불상	군부대	제951해군항공대	해당없음
	남선南鮮	불상	불상	군부대	조선철도대	해당없음
	남선南鮮	불상	불상	군부대	독립무선 제148소대	해당없음
	남선南鮮	불상	불상	군부대	독립혼성 제133여단 공병대	해당없음
	남선南鮮	불상	불상	군부대	독립혼성 제133여단 독립보병 제787대대	해당없음
	남선南鮮	불상	불상	군부대	독립혼성 제133여단 독립보병 제788대대	해당없음
	북선北鮮	불상	불상	군부대	독립혼성 제133여단 독립보병 제789대대	해당없음
	북선北鮮	불상	불상	군부대	독립혼성 제133여단 독립보병 제790대대	해당없음
	북선北鮮	불상	불상	군부대	독립혼성 제133여단 정진대대	해당없음
	북선北鮮	불상	불상	군부대	독립혼성 제133여단 치중대	해당없음
	북선北鮮	불상	불상	군부대	독립혼성 제133여단 통신대	해당없음
	북선北鮮	불상	불상	군부대	독립혼성 제133여단 포병대	해당없음
	북선北鮮	불상	불상	군부대	제120사단 병기근무대	해당없음
	북선北鮮	불상	불상	군부대	제120사단 병마창	해당없음
	북선北鮮	불상	불상	군부대	제120사단 위생대	해당없음
	북선北鮮	불상	불상	군부대	제2 장갑열차대 일부	해당없음
	북선北鮮	불상	불상	군부대	제41경비 사령부	해당없음
	북선北鮮	불상	불상	군부대	특설수상근무 제127중대	해당없음
	불상不詳	불상	불상	군부대	관동군 총사령부	해당없음
	불상不詳	불상	불상	군부대	독립공병제23연대보충대	해당없음
	불상不詳	불상	불상	군부대	독립기관포 제11중대	해당없음
	불상不詳	불상	불상	군부대	독립무선 제149소대	해당없음
	불상不詳	불상	불상	군부대	독립무선 제150소대	해당없음
	불상不詳	불상	불상	군부대	독립보병 제591대대	해당없음
	불상不詳	불상	불상	군부대	독립자동차 제70대대	해당없음
	불상不詳	불상	불상	군부대	독립철도 제18대대	해당없음
	불상不詳	불상	불상	군부대	독립치중병 제64중대	해당없음
	불상不詳	불상	불상	군부대	수상근무 제71중대	해당없음
	불상不詳	불상	불상	군부대	수상근무 제72중대	해당없음
	불상不詳	불상	불상	군부대	수상근무 제73중대	해당없음
	불상不詳	불상	불상	군부대	수상근무 제74중대	미해당없음
	불상不詳	불상	불상	군부대	수상근무 제75중대	해당없음
	불상不詳	불상	불상	군부대	수상근무 제76중대	해당없음
	불상不詳	불상	불상	군부대	수상근무 제77중대	해당없음
	불상不詳	불상	불상	군부대	수상근무 제78중대	해당없음
	불상不詳	불상	불상	군부대	수상근무 제79중대	해당없음

구분	소재지(1945년 8월 기준)			직종	유적명칭	기업
	도	부/군	면 이하			
	불상不詳	불상	불상	군부대	육군위생재료창 주력	해당없음
	불상不詳	불상	불상	군부대	육상근무 제181중대	해당없음
	불상不詳	불상	불상	군부대	육상근무 제185중대	해당없음
	불상不詳	불상	불상	군부대	육상근무 제189중대	해당없음
	불상不詳	불상	불상	군부대	제107비행장대대	해당없음
	불상不詳	불상	불상	군부대	제16군마 방역창	해당없음
	불상不詳	불상	불상	군부대	제16군마 방역창	해당없음
	불상不詳	불상	불상	군부대	제16항공지구사령부	해당없음
	불상不詳	불상	불상	군부대	제17방면군	해당없음
	불상不詳	불상	불상	군부대	제17방면군 직할부대	해당없음
	불상不詳	불상	불상	군부대	제2군직속 독립부대	해당없음
	불상不詳	불상	불상	군부대	제34군직할 목단강(牡丹江) 중포병(重砲兵)연대	해당없음
	불상不詳	불상	불상	군부대	제354해군설영대	해당없음
	불상不詳	불상	불상	군부대	제360야전근무대	해당없음
	불상不詳	불상	불상	군부대	제370야전근무대	해당없음
	불상不詳	불상	불상	군부대	제380야전근무대	해당없음
	불상不詳	불상	불상	군부대	제390야전근무대	해당없음
	불상不詳	불상	불상	군부대	제3군직할부대	해당없음
	불상不詳	불상	불상	군부대	제3비행단 사령부	해당없음
	불상不詳	불상	불상	군부대	제44군 사령부	해당없음
	불상不詳	불상	불상	군부대	제46병참경비대	해당없음
	불상不詳	불상	불상	군부대	제49소해대(掃海隊)	해당없음
	불상不詳	불상	불상	군부대	제4공병대 사령부	해당없음
군사 유적	불상不詳	불상	불상	군부대	제48소해대(掃海隊)	해당없음
	불상不詳	불상	불상	군부대	제55항공지구 사령부	해당없음
	불상不詳	불상	불상	군부대	제56항공지구 사령부	해당없음
	불상不詳	불상	불상	군부대	제58군직할부대	해당없음
	불상不詳	불상	불상	군부대	제5항공군 예하부대	해당없음
	불상不詳	불상	불상	군부대	제61항공지구 사령부	해당없음
	불상不詳	불상	불상	군부대	제70야전비행장설정사령부	해당없음
	불상不詳	불상	불상	군부대	조선군관구부대	해당없음
	불상不詳	불상	불상	군부대	조선군관구부대	해당없음
	불상不詳	불상	불상	군부대	조선군관구부대	해당없음
	불상不詳	불상	불상	군부대	조선군관구부대	해당없음
	불상不詳	불상	불상	군부대	조선군관구부대	해당없음
	불상不詳	불상	불상	군부대	조선군관구부대	해당없음
	불상不詳	불상	불상	군부대	조선군관구부대	해당없음
	불상不詳	불상	불상	군부대	조선군관구부대	해당없음
	불상不詳	불상	불상	군부대	조선군관구부대	해당없음
	불상不詳	불상	불상	군부대	조선철도대사령부 독립철도 제19대대	해당없음
	불상不詳	불상	불상	군부대	조선해군항공대	해당없음
	불상不詳	불상	불상	군부대	철도19연대	해당없음
	불상不詳	불상	불상	군부대	철도20연대	해당없음
	불상不詳	불상	불상	군부대	통신제4연대	해당없음
	불상不詳	불상	불상	군부대	특설경비 제401대대	해당없음
	불상不詳	불상	불상	군부대	특설경비 제402대대	해당없음
	불상不詳	불상	불상	군부대	특설경비 제404대대	해당없음
	불상不詳	불상	불상	군부대	특설경비 제406대대	해당없음
	불상不詳	불상	불상	군부대	특설경비 제413중대	해당없음

구분	소재지(1945년 8월 기준)			직종	유적명칭	기업
	도	부/군	면 이하			
군사 유적	불상不詳	불상	불상	군부대	특설경비 제458중대	해당없음
	불상不詳	불상	불상	군부대	항공총군직속부대	해당없음
	불상不詳	불상	불상	군부대	여순특근사	해당없음
	불상不詳	불상	불상	군부대	조선일동기선㈜	해당없음
	불상不詳	불상	불상	군부대	조선총독부 소속 기타지마마루(北嶋丸)	해당없음
	불상不詳	대전부	불상	군부대	전신 제4연대	해당없음
	전남	고흥군	봉래면	군사시설물	군사시설물구축공사장(봉래산)	미확인
	전남	광산군	서창면	군사시설물	군사시설물구축공사장(사월산)	미확인
	전남	광산군	극락면	군사시설물	유류저장소	미확인
	전남	광산군	송정리	군사시설물	항공여객사무소[송정리비행장]	미확인
	전남	광산군	극락면 치평리	군사시설물	해군비행장건설(광주)	보도구미
	전남	광주부	불상	군부대	광주 육군구금소	해당없음
	전남	광주부	불상	군부대	광주 육군병사부	해당없음
	전남	광주부	불상	군부대	광주 육군병원	해당없음
	전남	광주부	나주	군부대	광주사관구 공병보충대	해당없음
	전남	광주부	불상	군부대	광주사관구 보병 제1보충대	해당없음
	전남	광주부	광주병사부 자리	군부대	광주사관구 사령부	해당없음
	전남	광주부	불상	군부대	광주사관구 제독훈련소	해당없음
	전남	광주부	송정리	군부대	광주사관구 치중병보충대	해당없음
	전남	광주부	불상	군부대	광주사관구 통신보충대	해당없음
	전남	광주부	불상	군부대	광주사관구 포병보충대	해당없음
	전남	광주부	불상	군부대	광주지구 사령부	해당없음
	전남	광주부	불상	군부대	광주지구 헌병대	해당없음
	전남	광주부	불상	군부대	독립혼성 제39연대	해당없음
	전남	광주부	불상	군부대	박격포 제31대대	해당없음
	전남	광주부	불상	군부대	전차 제12연대	해당없음
	전남	광주부	불상	군부대	제150사단 제독대	해당없음
	전남	광주부	불상	군부대	제90 특설통신작업대	해당없음
	전남	광주부	불상	군부대	광주해군항공대	해당없음
	전남	나주군	불상	군사시설물	군사시설물구축공사장	미확인
	전남	나주군	불상	군사시설물	비행장건설(남평)	미확인
	전남	담양군	대전면	군사시설물	육군비행장건설(담양한재)	미확인
	전남	목포부	고하도	군사시설물	군사시설물구축공사장(고하도)	미확인
	전남	목포부	본정	군사시설물	군사시설물구축공사장(대의동)	미확인
	전남	목포부	유달동	군사시설물	군사시설물구축공사장(유달동)	미확인
	전남	목포부	죽교동	군사시설물	군사시설물구축공사장(유달산)	미확인
	전남	목포부	불상	군부대	제150사단 보병제430연대	해당없음
	전남	목포부	불상	군부대	선박공병 제36연대	해당없음
	전남	목포부	고하도	군부대	육상근무 제171중대	해당없음
	전남	목포부	불상	군부대	육상근무 제172중대	해당없음
	전남	목포부	무장	군부대	제150사단 보병제429연대	해당없음
	전남	목포부	사가리	군부대	제150사단 보병제432연대	해당없음
	전남	목포부	무장	군부대	제150사단 속사포대	해당없음
	전남	목포부	사가리	군부대	제150사단 치중대	해당없음
	전남	목포부	사가리	군부대	제150사단 통신대	해당없음
	전남	목포부	불상	군부대	제150사단	해당없음
	전남	목포부	불상	군부대	제151사단 사령부	해당없음
	전남	목포부	불상	군부대	제150사단 특설경비 제464대대	해당없음
	전남	목포부	불상	군부대	특설육상근무 제109중대	해당없음

구분	소재지(1945년 8월 기준)			직종	유적명칭	기업
	도	부/군	면 이하			
군사 유적	전남	무안군	몽탄면 사천리	군사시설물	군사시설물구축공사장(몽탄면)	미확인
	전남	무안군	이로면 허사도	군사시설물	군사시설물구축공사장(이로면)	미확인
	전남	무안군	망운면 목동리, 송현리	군사시설물	육군비행장건설(망운)	미확인
	전남	무안군	현경면 평산리, 송정리, 외반3리	군사시설물	육군비행장건설(현경)	미확인
	전남	무안군	망운, 현경면	군부대	제1540야전비행장 설정대	해당없음
	전남	무안군	불상	군부대	제161독립정비대	해당없음
	전남	무안군	망운, 현경면	군부대	제16항공지구 사령부	해당없음
	전남	무안군	망운, 현경면	군부대	제211비행장대대	해당없음
	전남	무안군	망운, 현경면	군부대	제231비행장대대	해당없음
	전남	보성군	불상	군부대	특설경비 제416대대	해당없음
	전남	순천부	불상	군부대	제159경비대대	해당없음
	전남	순천부	불상	군부대	조선철도사령부 독립철도 제20대대	해당없음
	전남	신안군	소흑산도	군사시설물	군사시설물구축공사장(소흑산도)	미확인
	전남	신안군	자라면 옥도	군사시설물	군사시설물구축공사장(옥도)	미확인
	전남	신안군	자은면 한운리	군사시설물	군사시설물구축공사장(자은도)	미확인
	전남	신안군	비금도	군사시설물	군사시설물구축공사장(비금도)	미확인
	전남	신안군	비금도	군부대	제150사단 관하 전파경계기 부대(산포병, 기관총 소대)	해당없음
	전남	신안군	자은면 한운리	군부대	제150사단 예하 연안배비사단(2개 소대)	해당없음
	전남	여수군	쌍봉면 여천리	군사시설물	군사시설물구축공사장(해군지하사령부호)	미확인
	전남	여수군	돌산면 금봉리	군사시설물	군사시설물구축공사장(돌산도 중앙포대 항 대 해안 동굴기지)	미확인
	전남	여수군	돌산면 소경도	군사시설물	군사시설물구축공사장(소경도)	미확인
	전남	여수군	서도, 동도, 거문, 삼산면 덕촌리, 불탄봉, 음달산 등	군사시설물	군사시설물구축공사장(거문도)	미확인
	전남	여수군	여수읍 신월리	군사시설물	군사시설물구축공사장(신월리)	미확인
	전남	여수군	돌산면 평사리	군사시설물	군사시설물구축공사장(중포병연대 돌산도 북포대)	미확인
	전남	여수군	돌산면 율림리	군사시설물	군사시설물구축공사장(중포병연대 돌산제 1포대)	미확인
	전남	여수군	돌산면 평사리	군사시설물	군사시설물구축공사장(중포병연대 돌산제 2포대 계동 포대진지)	미확인
	전남	여수군	돌산면 평사리	군사시설물	군사시설물구축공사장(중포병연대 돌산포 대 대미산 관측진지)	미확인
	전남	여수군	돌산면 평사리	군사시설물	군사시설물구축공사장(중포병연대 돌산포 대 대미산 동굴진지)	미확인
	전남	여수군	여수읍 신월리 가막만	군사시설물	여수항공기지 해군비행장건설(수상)	미확인
	전남	여수군	여수읍 신월리	군사시설물	여수항공기지 해군비행장건설(여수)	미확인
	전남	여수군	서도리 덕촌마을, 동도리 죽촌마을	군부대	진해경비부거문도수비대	해당없음
	전남	여수군	불상	군부대	진해경비부거문도해면방비부대	해당없음
	전남	여수군	거마각	군부대	진해경비부 방비위소(거마각)	해당없음
	전남	여수군	서도리 변촌마을	군부대	진해해군항공대거문도파견대	해당없음
	전남	여수군	여수읍 신월리	군부대	여수항공기지	해당없음
	전남	여수군	여수면 동정(공화동)	군사시설물	군사시설물구축공사장	미확인

구분	소재지(1945년 8월 기준)			직종	유적명칭	기업
	도	부/군	면 이하			
군사 유적	전남	여수군	불상	군부대	독립혼성 제40연대	해당없음
	전남	여수군	돌산면 평사리	군부대	육상근무 제183중대	해당없음
	전남	여수군	불상	군부대	여수요새 고사포대	해당없음
	전남	여수군	불상	군사시설물	여수요새고사포대 군사시설물구축공사장 (자산공원)	미확인
	전남	여수군	불상	군부대	여수 육군병원	해당없음
	전남	여수군	공화동	군부대	여수 요새사령부	해당없음
	전남	여수군	돌산면 평사리 17번지	군부대	여수요새 중포병연대	해당없음
	전남	영광군	홍농읍	군사시설물	군사시설물구축공사장(계마리)	미확인
	전남	완도군	노화도	군부대	소안도 주정기지	해당없음
	전남	장성군	사가리	군부대	제150사단 치중병대	해당없음
	전남	제주도	한경면 산양, 청수 리 가마오름	군사시설물	군사시설물구축공사장(가마오름)	미확인
	전남	제주도	표선면 토산리 가세오름	군사시설물	군사시설물구축공사장(가세오름)	미확인
	전남	제주도	대정읍 동일리 가시오름	군사시설물	군사시설물구축공사장(가시오름)	미확인
	전남	제주도	대정면 가파리	군사시설물	군사시설물구축공사장(가파도)	미확인
	전남	제주도	표선면 성읍 개오름	군사시설물	군사시설물구축공사장(개오름)	미확인
	전남	제주도	제주읍 봉개동 개월오름(견월악)	군사시설물	군사시설물구축공사장(개월오름)	미확인
	전남	제주도	제주읍 연동 거문오름	군사시설물	군사시설물구축공사장(거문오름)	미확인
	전남	제주도	애월읍 소길리 검은덕이	군사시설물	군사시설물구축공사장(검은덕이)	미확인
	전남	제주도	서귀포 서호동 고근산	군사시설물	군사시설물구축공사장(고근산)	미확인
	전남	제주도	애월읍 고내리 고내봉	군사시설물	군사시설물구축공사장(고내봉)	미확인
	전남	제주도	남원읍 한남리	군사시설물	군사시설물구축공사장(골오름)	미확인
	전남	제주도	애월읍	군사시설물	군사시설물구축공사장(과오름)	미확인
	전남	제주도	안덕면 창천리 군산	군사시설물	군사시설물구축공사장(군산)	미확인
	전남	제주도	한경면 조수리 굽은오름	군사시설물	군사시설물구축공사장(굽은오름)	미확인
	전남	제주도	애월읍 장전리 궷물오름	군사시설물	군사시설물구축공사장(궷물오름)	미확인
	전남	제주도	애월읍 유수암리 극락오름	군사시설물	군사시설물구축공사장(극락오름)	미확인
	전남	제주도	한림읍 금악리 금악	군사시설물	군사시설물구축공사장(금악)	미확인
	전남	제주도	안덕면 서광리 남송이	군사시설물	군사시설물구축공사장(남송이)	미확인
	전남	제주도	애월읍 유수암리 노꼬매	군사시설물	군사시설물구축공사장(노꼬매)	미확인
	전남	제주도	제주시 연동 노루오름	군사시설물	군사시설물구축공사장(노루오름)	미확인
	전남	제주도	애월읍 봉성리 다래오름	군사시설물	군사시설물구축공사장(다래오름)	미확인
	전남	제주도	안덕면 사계리	군사시설물	군사시설물구축공사장(단산)	미확인

구분	소재지(1945년 8월 기준)			직종	유적명칭	기업
	도	부/군	면 이하			
군사 유적	전남	제주도	표선면 하천리 달산봉	군사시설물	군사시설물구축공사장(달산봉)	미확인
	전남	제주도	한경면 고산리 당산봉	군사시설물	군사시설물구축공사장(당산봉)	미확인
	전남	제주도	안덕면 동광리 원수악,도너리, 당오름	군사시설물	군사시설물구축공사장(당오름)	미확인
	전남	제주도	성산읍 고성리 대수산봉	군사시설물	군사시설물구축공사장(대수산봉)	미확인
	전남	제주도	성산읍 신산리 독자(사자봉)	군사시설물	군사시설물구축공사장(독자봉)	미확인
	전남	제주도	안덕면 상천리	군사시설물	군사시설물구축공사장(돌오름)	미확인
	전남	제주도	조천읍 조천리 교래리	군사시설물	군사시설물구축공사장(돔배오름)	미확인
	전남	제주도	안덕면 동광, 화순,서광리	군사시설물	군사시설물구축공사장(동광리 등)	미확인
	전남	제주도	구좌면 종달리 두산봉(멀미)	군사시설물	군사시설물구축공사장(두산봉)	미확인
	전남	제주도	구좌읍 한동리 둔지봉	군사시설물	군사시설물구축공사장(둔지봉)	미확인
	전남	제주도	한림읍 상명리 망오름	군사시설물	군사시설물구축공사장(망오름)	미확인
	전남	제주도	대정읍 대정면 상모리	군사시설물	군사시설물구축공사장(모슬봉)	미확인
	전남	제주도	구좌면 김녕리 묘산봉(괴실메)	군사시설물	군사시설물구축공사장(묘산봉)	미확인
	전남	제주도	조천읍 조천리 교래리	군사시설물	군사시설물구축공사장(물찻오름)	미확인
	전남	제주도	불상	군사시설물	군사시설물구축공사장(바리메오름)	미확인
	전남	제주도	안덕면 상천리 병악	군사시설물	군사시설물구축공사장(병악)	미확인
	전남	제주도	한라산 정상 동쪽 삼형제봉(볼래오름)	군사시설물	군사시설물구축공사장(볼래오름)	미확인
	전남	제주도	제주시 봉개동 열안지,칠,노루손이,명도암,팔생이,안생이오름	군사시설물	군사시설물구축공사장(봉개동1)	미확인
	전남	제주도	제주시 봉개동 절물오름,고진(거친)오름	군사시설물	군사시설물구축공사장(봉개동2)	미확인
	전남	제주도	애월읍 봉성리 북돌아진오름	군사시설물	군사시설물구축공사장(북돌아진오름)	미확인
	전남	제주도	애월읍 봉성리 빈내오름	군사시설물	군사시설물구축공사장(빈내오름)	미확인
	전남	제주도	건입동 사라알오름	군사시설물	군사시설물구축공사장(사라알)	미확인
	전남	제주도	불상	군사시설물	군사시설물구축공사장(산굼부리오름)	미확인
	전남	제주도	안덕면 사계리 산방산	군사시설물	군사시설물구축공사장(산방산)	미확인
	전남	제주도	서귀포읍 서귀면	군사시설물	군사시설물구축공사장(삼매봉1)	미확인
	전남	제주도	서귀포읍 서귀면	군사시설물	군사시설물구축공사장(삼매봉2)	미확인

구분	소재지(1945년 8월 기준)			직종	유적명칭	기업
	도	부/군	면 이하			
군사 유적	전남	제주시	제주시 아라,오등동 삼의악,서삼봉,소산 봉(산천단)	군사시설물	군사시설물구축공사장(삼의악 등)	미확인
	전남	제주도	한경면 산양,청수리 새신(신서)오름	군사시설물	군사시설물구축공사장(새신오름)	미확인
	전남	제주도	애월읍 봉성리 샛별오름	군사시설물	군사시설물구축공사장(샛별오름)	미확인
	전남	제주도	안덕면 서광서리 구릉지	군사시설물	군사시설물구축공사장(서광서리)	미확인
	전남	제주도	조천읍 북촌리 서우봉	군사시설물	군사시설물구축공사장(서우봉)	미확인
	전남	제주도	조천읍 선흘리 검은오름,부대, 부소오름	군사시설물	군사시설물구축공사장(선흘리)	미확인
	전남	제주도	성산읍 성산포	군사시설물	군사시설물구축공사장(성산포 일출봉)	미확인
	전남	제주도	대정읍 대정면 상모리	군사시설물	군사시설물구축공사장(셋알오름 고사포진 지)	미확인
	전남	제주도	대정읍 대정면 상모리	군사시설물	군사시설물구축공사장(셋알오름)	미확인
	전남	제주도	구좌면 송당리 체 오름,밧돌오름, 안돌,생이오름	군사시설물	군사시설물구축공사장(송당리)	미확인
	전남	제주도	불상	군사시설물	군사시설물구축공사장(송악산 외륜)	미확인
	전남	제주도	대정읍 대정면 상모리	군사시설물	군사시설물구축공사장(송악산1)	미확인
	전남	제주도	대정읍 대정면 상모리	군사시설물	군사시설물구축공사장(송악산2)	미확인
	전남	제주도	서귀포 동흥동 미악(쌀오름)	군사시설물	군사시설물구축공사장(쌀오름)	미확인
	전남	제주도	애월읍 고성리 알오름	군사시설물	군사시설물구축공사장(알오름)	미확인
	전남	제주도	애월읍 봉성리 어도오름	군사시설물	군사시설물구축공사장(어도오름)	미확인
	전남	제주도	제주읍 해안	군사시설물	군사시설물구축공사장(어승생악)	미확인
	전남	제주도	불상	군사시설물	군사시설물구축공사장(연미오름)	미확인
	전남	제주도	안덕면 상천리 영아리오름	군사시설물	군사시설물구축공사장(영아리오름)	미확인
	전남	제주도	표선면 성읍리 영주산	군사시설물	군사시설물구축공사장(영주산)	미확인
	전남	제주도	안덕면 광평리 왕이매	군사시설물	군사시설물구축공사장(왕이매)	미확인
	전남	제주도	우도면 조일리 우도	군사시설물	군사시설물구축공사장(우도)	미확인
	전남	제주도	우보악	군사시설물	군사시설물구축공사장(우보악)	미확인
	전남	제주도	삼양1동 원당봉	군사시설물	군사시설물구축공사장(원당봉)	미확인
	전남	제주도	안덕면 감산리 월라봉	군사시설물	군사시설물구축공사장(월라봉)	미확인
	전남	제주도	구좌면 세화리 월랑봉(다랑쉬)	군사시설물	군사시설물구축공사장(월랑봉)	미확인

구분	소재지(1945년 8월 기준)			직종	유적명칭	기업
	도	부/군	면 이하			
군사 유적	전남	제주도	남원읍 위미리 보리, 논고악	군사시설물	군사시설물구축공사장(위미리)	미확인
	전남	제주도	오백나한 서쪽 윗새오름	군사시설물	군사시설물구축공사장(윗새오름)	미확인
	전남	제주도	구좌면 종달리 은월봉(윤드리)	군사시설물	군사시설물구축공사장(은월봉)	미확인
	전남	제주도	한경면 저지리 이게, 저지, 마오름	군사시설물	군사시설물구축공사장(이게, 저지, 마오름)	미확인
	전남	제주도	대정읍 대정면 상모리	군사시설물	군사시설물구축공사장(이교동)	미확인
	전남	제주도	애월읍 봉성리 이달봉	군사시설물	군사시설물구축공사장(이달봉)	미확인
	전남	제주도	남원읍 위미리 자배봉	군사시설물	군사시설물구축공사장(자배봉)	미확인
	전남	제주도	한림읍 월림리 정월오름	군사시설물	군사시설물구축공사장(정월오름)	미확인
	전남	제주도	제주읍 해안, 연동, 오라동 눈오름, 남조 순오름, 민오름, 괭이 오름, 상여오름	군사시설물	군사시설물구축공사장(제주읍 해안 등)	미확인
	전남	제주도	안덕면 광평리	군사시설물	군사시설물구축공사장(조근대비악)	미확인
	전남	제주도	조천읍 조천리 교래리	군사시설물	군사시설물구축공사장(지그리오름)	미확인
	전남	제주도	애월읍 광령리 천아오름	군사시설물	군사시설물구축공사장(천아오름)	미확인
	전남	제주도	추자면	군사시설물	군사시설물구축공사장(추자도)	미확인
	전남	제주도	서귀포 상효2동 칡오름	군사시설물	군사시설물구축공사장(칡오름)	미확인
	전남	제주도	불상	군사시설물	군사시설물구축공사장(평대오름)	미확인
	전남	제주도	표선면 가시리 대륙산, 소륙산	군사시설물	군사시설물구축공사장(표산면 가사리3)	미확인
	전남	제주도	표선면 가시리 가문이(거문), 구두리, 쳇망오름	군사시설물	군사시설물구축공사장(표산면 가사리1)	미확인
	전남	제주도	표선면 가시리 여문영아리, 물영아리	군사시설물	군사시설물구축공사장(표산면 가사리2)	미확인
	전남	제주도	남원읍 하예리 입석동, 돈내코, 수악	군사시설물	군사시설물구축공사장(하예리)	미확인
	전남	제주도	한라산 정상 부근 흙붉은오름, 사라 오름	군사시설물	군사시설물구축공사장(한라산)	미확인
	전남	제주도	제주시 화북1동 사라봉, 별도봉, 화북봉	군사시설물	군사시설물구축공사장(화북1동)	미확인
	전남	제주도	대정읍 대정면 상모리	군사시설물	군사시설물구축공사장/알뜨르비행장 지하 호	미확인
	전남	제주도	불상	군사시설물	군사시설물구축공사장/하자마구미(間組)	하자마구미 (間組)

구분	소재지(1945년 8월 기준)			직종	유적명칭	기업
	도	부/군	면 이하			
군사 유적	전남	제주도	고산 수월포	군사시설물	군사시설물구충공사장(수월봉)	미확인
	전남	제주도	조천읍 신촌리, 교래리	군사시설물	육군동비행장건설(진드르)	미확인
	전남	제주도	조천읍 교래리	군사시설물	육군비밀비행장건설(교래리)	미확인
	전남	제주도	불상	군사시설물	육군서비행장건설(정뜨르)	미확인
	전남	제주도	대정읍 대정면 상모리	군사시설물	해군비행장건설(알뜨르)/다다구미(多田組)	다다구미 (多田組)
	전남	진도군	조도면 가사리	군사시설물	군사시설물구축공사장(가사도)	미확인
	전남	진도군	고군면	군사시설물	군사시설물구축공사장(고군면)	미확인
	전남	진도군	조도면 가사리	군부대	가사도 방어진지(제150사단 예하 보병 중대)	해당없음
	전남	진도군	진도	군부대	특설경비 제411중대	해당없음
	전남	해남군	송지면 어란리,산정 리,소죽리,송호리	군사시설물	군사시설물구축공사장(어불도)	미확인
	전남	해남군	송지면 어란리,송 호리	군부대	제150사단 예하 부대	해당없음
	전남	해남군	불상	군부대	제150사단 제432연대	해당없음
	전남	화순군	능주면	군사시설물	군사시설물구축공사장(능주면)	미확인
	전북	고창군	해리↔무장면	군사시설물	군사시설물구축공사장(한제산)	미확인
	전북	고창군	흥덕면	군사시설물	군사시설물구축공사장(흥덕면)	미확인
	전북	고창군	공음면	군사시설물	군사시설물구축공사장(공음면)	미확인
	전북	고창군	상하면 자룡리	군사시설물	군사시설물구축공사장(구시포)	미확인
	전북	고창군	해리면 동호리	군사시설물	군사시설물구축공사장(동호리)	미확인
	전북	고창군	고창읍	군사시설물	군사시설물구축공사장(모양성)	미확인
	전북	고창군	무장면 신촌리,고 라리,옥산리	군사시설물	군사시설물구축공사장(무장면)	미확인
	전북	고창군	성송면 괴차↔판 정↔하고리 간	군사시설물	군사시설물구축공사장(삼대봉)	미확인
	전북	고창군	심원면	군사시설물	군사시설물구축공사장(선운산)	미확인
	전북	고창군	대산면 성남리	군사시설물	군사시설물구축공사장(성동)	미확인
	전북	고창군	아산면	군사시설물	군사시설물구축공사장(아산면)	미확인
	전북	고창군	해리면 하련리	군사시설물	군사시설물구축공사장(청룡산)	미확인
	전북	고창군	고창읍	군부대	제150사단 병기근무대	해당없음
	전북	고창군	고창읍 도산리	군부대	제150사단 야전병원	해당없음
	전북	고창군	무장면	군부대	제150사단 보병 제429연대	해당없음
	전북	고창군	고창읍	군부대	제150사단 속사포대	해당없음
	전북	고창군	무장면	군부대	제150사단 제431연대	해당없음
	전북	고창군	고창읍	군부대	제150사단 통신대	해당없음
	전북	군산부	개정면	군사시설물	군사시설물구축공사장(개정면)	미확인
	전북	군산부	불상	군사시설물	군사시설물구축공사장	미확인
	전북	군산부	불상	군부대	군산 육군병원	해당없음
	전북	군산부	불상	군부대	제160사단 보병제462연대	해당없음
	전북	군산부	불상	군부대	제160사단 분진포(噴進砲)대	해당없음
	전북	군산부	불상	군부대	제160사단 속사포대	해당없음
	전북	군산부	불상	군부대	제1650야전비행장설정대	해당없음
	전북	군산부	불상	군부대	제380야근근무대본부 육상근무 제180중대	해당없음
	전북	군산부	불상	군부대	제405특설경비 공병대	해당없음
	전북	군산부	불상	군부대	제53항공사단 제12연성비행대	해당없음
	전북	군산부	불상	군부대	제76대공무선대	해당없음
	전북	군산부	불상	군부대	제81대공무선대	해당없음

구분	소재지(1945년 8월 기준)			직종	유적명칭	기업
	도	부/군	면 이하			
군사 유적	전북	군산부	산제리	군사시설물	군사시설물구축공사장(오산마을)	미확인
	전북	군산부	소룡동	군사시설물	군사시설물구축공사장(소룡동)	미확인
	전북	군산부	옥구면 옥봉리	군사시설물	육군집중비행장건설(옥구)/梅林組	우메바야시 구미(梅林組)
	전북	군산부	옥구면 옥봉리	군부대	다치아라이(大刀洗)육군비행학교 군산분교소	해당없음
	전북	군산부	옥구읍 당북리	군사시설물	군사시설물구축공사장(돗대산)	미확인
	전북	군산부	옥구읍 상평리	군사시설물	군사시설물구축공사장(광월산)	미확인
	전북	군산부	옥구읍 어은리	군사시설물	군사시설물구축공사장(명변산)	미확인
	전북	군산부	옥구읍 옥정리	군사시설물	군사시설물구축공사장(할미산)	미확인
	전북	군산부	옥구읍 이곡리	군사시설물	군사시설물구축공사장(면청산)	미확인
	전북	김제군	불상	군부대	제160사단 야전병원	해당없음
	전북	김제군	용지면,공덕면 저산리	군사시설물	비행장건설(용지면)	미확인
	전북	부안군	하서면 백련리, 장신리	군사시설물	군사시설물구축공사장(하서면)	미확인
	전북	부안군	부안읍	군사시설물	군사시설물구축공사장(성황산)	미확인
	전북	부안군	부안읍	군부대	제160사단 보병제461연대	해당없음
	전북	옥구군	미면	군사시설물	군사시설물구축공사장(미면)	미확인
	전북	완주군	상관면	군사시설물	군사시설물구축공사장(상관면)	미확인
	전북	익산군	낭산면 남산리	군사시설물	비행장건설(이리)	미확인
	전북	익산군	불상	군사시설물	군사시설물구축공사장(북일면)	미확인
	전북	익산군	이리	군부대	제160사단 병기근무대	해당없음
	전북	익산군	이리	군부대	제160사단 분진포대	해당없음
	전북	익산군	신태인	군부대	제160사단 치중대	해당없음
	전북	익산군	이리	군부대	제160사단 통신대	해당없음
	전북	익산군	이리	군부대	제160경비대대	해당없음
	전북	익산군	이리	군부대	제160사단 보병 제464연대	해당없음
	전북	익산군	이리	군부대	제160사단 사령부	해당없음
	전북	익산군	이리	군부대	제160사단 속사포대	해당없음
	전북	익산군	이리	군부대	제160사단 사령부	해당없음
	전북	익산군	이리	군부대	제160사단 야전병원	해당없음
	전북	임실군	불상	군사시설물	군사시설물구축공사장	미확인
	전북	전주부	불상	군부대	광주사관구 보병 제2보충대	해당없음
	전북	전주부	불상	군부대	독립자동차 제82대대	해당없음
	전북	전주부	불상	군부대	전주 육군병사부	해당없음
	전북	전주부	불상	군부대	전주 육군병원	해당없음
	전북	전주부	불상	군부대	전주지구 사령부	해당없음
	전북	전주부	불상	군부대	전주지구 헌병대	해당없음
	전북	전주부	불상	군부대	제39야전근무대본부 육상근무 제188중대	해당없음
	전북	정읍군	불상	군부대	독립자동차 제65대대	해당없음
	전북	정읍군	불상	군부대	제150사단 분진포대[특설분진포대]	해당없음
	전북	정읍군	불상	군부대	제150사단 사령부	해당없음
	전북	정읍군	불상	군부대	제150사단 제432연대	해당없음
	전북	정읍군	불상	군부대	제380야전근무대본부 육상근무 제181중대	해당없음
	충남	당진군	불상	군부대	제312사단	해당없음
	충남	대덕군	회덕면	군사시설물	군사시설물구축공사장(회덕면)	미확인
	충남	대덕군	불상	군사시설물	군사시설물구축공사장	미확인
	충남	대덕군	진령면 방동리	군사시설물	군사시설물구축공사장	미확인

구분	소재지(1945년 8월 기준)			직종	유적명칭	기업
	도	부/군	면 이하			
군사 유적	충남	대덕/ 대전부	대흥동, 유성면	군사시설물	비행장건설(대전)/하자마구미(間組)	하자마구미 (間組)
	충남	대전부	대사정	군사시설물	군사시설물구축공사장(보문산)	미확인
	충남	대전부	유천면 둔산리	군사시설물	비행장건설(서대전)	미확인
	충남	대전부	불상	군부대	건축근무 제59중대	해당없음
	충남	대전부	불상	군부대	경성사관구 보병 제3보충대	해당없음
	충남	대전부	불상	군부대	독립치중병 제63중대	해당없음
	충남	대전부	불상	군부대	대전 육군병사부	해당없음
	충남	대전부	불상	군부대	대전지구 사령부	해당없음
	충남	대전부	불상	군부대	대전지구 헌병대	해당없음
	충남	대전부	불상	군부대	독립자동차 제70대대 주력	해당없음
	충남	대전부	불상	군부대	제100야전근무대 본부	해당없음
	충남	대전부	불상	군부대	제137정차장 사령부	해당없음
	충남	대전부	불상	군부대	독립치중병 제66중대	해당없음
	충남	대전부	불상	군부대	제46병참지구대 본부	해당없음
	충남	대전부	불상	군부대	제101독립정비대	해당없음
	충남	대전부	불상	군부대	제87 특설통신작업대	해당없음
	충남	대전부	불상	군부대	조선육군화물창(일부)	해당없음
	충남	대전부	불상	군부대	제146경비대대	해당없음
	충남	대전부	대천리	군부대	제150사단 보병제431연대	해당없음
	충남	대전부	불상	군부대	대본영 육군 제3통신대	해당없음
	충남	대전부	불상	군부대	대본영 육군중앙 제5통신대본부	해당없음
	충남	대전부	불상	군부대	독립치중병 제64중대	해당없음
	충남	대전부	불상	군부대	인천조병창	해당없음
	충남	대전부	불상	군부대	제176정차장 사령부	해당없음
	충남	대전부	불상	군부대	제171비행장대대	해당없음
	충남	대전부	불상	군부대	제172독립정비대	해당없음
	충남	대전부	불상	군부대	제320사단 통신대	해당없음
	충남	대전부	불상	군부대	제59비행장대대	해당없음
	충남	대전부	불상	군부대	제5항공군 비행 제44전대	해당없음
	충남	대전부	불상	군부대	제9연습비행대	해당없음
	충남	대전부	불상	군부대	제86특설통신작업대[독립통신작업대]	해당없음
	충남	대전부	불상	군부대	특설경비 제410대대	해당없음
	충남	서산군	태안	군부대	제1560야전비행장설정대	해당없음
	충남	서천군	비인면	군사시설물	군사시설물구축공사장(비인면)	미확인
	충남	서천군	불상	군부대	제160사단 보병제463연대	해당없음
	충남	천안군	천안역	군사시설물	군사시설물구축공사장(천안역)	미확인
	충남	천안군	불상	군부대	제147경비대대	해당없음
	충남	태안군	연포	군부대	제102비행장중대	해당없음
	충남	태안군	연포	군부대	제102비행장중대	해당없음
	충남	태안군	연포	군부대	제11교육비행대	해당없음
	충남	태안군	연포	군부대	제1정진비행단 사령부	해당없음
	충남	태안군	연포	군부대	제1정진비행단 통신대	해당없음
	충남	태안군	연포	군부대	제216비행대대	해당없음
	충남	태안군	연포	군부대	제58항공지구 사령부	해당없음
	충남	홍성군	불상	군부대	특설경비 제414대대	해당없음
	충북	영동군	영동읍 매천리	군사시설물	군사시설물구축공사장(매천리)/가지마구 미(鹿島組)	가지마구미 (鹿島組)
	충북	영동군	영동읍 부용리	군사시설물	군사시설물구축공사장(부용리)	미확인

구분	소재지(1945년 8월 기준)			직종	유적명칭	기업
	도	부/군	면 이하			
군사 유적	충북	영동군	불상	군부대	제16군 마병역창	해당없음
	충북	옥천군	불상	군사시설물	군사시설물구축공사장	미확인
	충북	청주군	불상	군부대	청주 육군병사부	해당없음
	충북	청주군	불상	군부대	청주지구 사령부	해당없음
	충북	청주군	불상	군부대	청주지구 헌병대	해당없음
	평남	강서군	내차면	군사시설물	군사시설물구축공사장(내차면)	미확인
	평남	강서군	불상	군사시설물	군사시설물구축공사장(초리면)/가지마구 미(鹿島組)	가지마구미 (鹿島組)
	평남	강서군	동진면 기양리	군사시설물	비행장건설(강서)/오바야시구미(大林組)	오바야시구 미(大林組)
	평남	안주군	용화면	군사시설물	비행장건설(안주)	미확인
	평남	안주군	신안주	군부대	독립기관포 제20중대	해당없음
	평남	안주군	불상	군부대	제1530야전비행장설정대	해당없음
	평남	용강군	해운면 온정리	군사시설물	육군비행장건설(용강)	미확인
	평남	용강군	해운면 온정리	군부대	제5항공대 소속	해당없음
	평남	진남포부	불상	군사시설물	군사시설물구축공사장	미확인
	평남	진남포부	용정정	군사시설물	비행장(진남포)/경성토목합자,도비시마구 미(飛島組)	경성토목합 자,도비시마 구미(飛島組)
	평남	평양부	불상	군사시설물	군사시설물구축공사장	미확인
	평남	평양부	문수정	군사시설물	군사시설물구축공사장(문수정)	미확인
	평남	평양부	모란봉	군사시설물	육군비행장건설(모란봉)	미확인
	평남	평양부	불상	군사시설물	평양비행장	미확인
	평남	평양부	불상	군부대	평양병기제조소/인천육군조병창	육군병기 행정본부
	평남	평양부	불상	군부대	나남사관구 제독훈련소	해당없음
	평남	평양부	불상	군부대	독립고사포 제42대대	해당없음
	평남	평양부	불상	군부대	독립야포병 제10연대	해당없음
	평남	평양부	불상	군부대	독립자동차 제70대대 제2중대	해당없음
	평남	평양부	불상	군부대	사관구 보병제2보충대	해당없음
	평남	평양부	불상	군부대	제10항측대(航測隊)	해당없음
	평남	평양부	불상	군부대	제120사단 보병제261연대	해당없음
	평남	평양부	불상	군부대	제12공병대사령부 독립공병 제130대대	해당없음
	평남	평양부	불상	군부대	제151경비대대	해당없음
	평남	평양부	불상	군부대	제153경비대대	해당없음
	평남	평양부	불상	군부대	제159비행장대대	해당없음
	평남	평양부	불상	군부대	제15항공통신연대	해당없음
	평남	평양부	불상	군부대	제1700야전비행장설정대	해당없음
	평남	평양부	불상	군부대	제180정차장 사령부	해당없음
	평남	평양부	불상	군부대	제191독립정비대	해당없음
	평남	평양부	불상	군부대	제195비행장대대	해당없음
	평남	평양부	불상	군부대	제1항공교육대	해당없음
	평남	평양부	불상	군부대	제304독립정비대	해당없음
	평남	평양부	불상	군부대	제402특설경비 공병대	해당없음
	평남	평양부	불상	군부대	제49항공지구사령부	해당없음
	평남	평양부	불상	군부대	제53항공사단 제23연성비행대	해당없음
	평남	평양부	불상	군부대	제56대공무선대	해당없음
	평남	평양부	불상	군부대	제5항공군 비행 제16전대	해당없음
	평남	평양부	불상	군부대	제71병참병원	해당없음

구분	소재지(1945년 8월 기준)			직종	유적명칭	기업
	도	부/군	면 이하			
군사 유적	평남	평양부	불상	군부대	제8비행단사령부	해당없음
	평남	평양부	불상	군부대	조선군 교육대	해당없음
	평남	평양부	불상	군부대	조선부로수용소	해당없음
	평남	평양부	불상	군부대	조선철도대사령부 독립철도 제11대대	해당없음
	평남	평양부	불상	군부대	특설경비 제453대대	해당없음
	평남	평양부	불상	군부대	평양 육군병사부	해당없음
	평남	평양부	불상	군부대	평양 육군병참(병기)보급창	해당없음
	평남	평양부	불상	군부대	평양 제1육군병원	해당없음
	평남	평양부	불상	군부대	평양 제2육군병원	해당없음
	평남	평양부	불상	군부대	평양사관구 공병보충대	해당없음
	평남	평양부	불상	군부대	평양사관구 보병제1보충대	해당없음
	평남	평양부	불상	군부대	평양사관구 보병제2보충대	해당없음
	평남	평양부	불상	군부대	평양사관구 사령부	해당없음
	평남	평양부	불상	군부대	평양사관구 제독훈련소	해당없음
	평남	평양부	불상	군부대	평양사관구 치중병보충대	해당없음
	평남	평양부	불상	군부대	평양사관구 통신보충대	해당없음
	평남	평양부	불상	군부대	평양사관구 포병보충대	해당없음
	평남	평양부	불상	군부대	평양지구 사령부	해당없음
	평남	평양부	불상	군부대	평양지구 헌병대	해당없음
	평남	평양부	불상	군부대	평양공제조합병원	해당없음
	평북	강계군	불상	군사시설물	군사시설물구축공사장	미확인
	평북	강계군	불상	군사시설물	비행장건설	미확인
	평북	강계군	불상	군부대	제154경비대대	해당없음
	평북	벽동군	벽동면	군사시설물	군사시설물구축공사장(벽동면)	미확인
	평북	삭주군	불상	군사시설물	군사시설물구축공사장/가지마구미(鹿島組)	가지마구미 (鹿島組)
	평북	신의주부	불상	군부대	신의주지구 병사부	해당없음
	평북	신의주부	불상	군부대	신의주지구 사령부	해당없음
	평북	신의주부	불상	군부대	신의주지구 헌병대	해당없음
	평북	신의주부	불상	군부대	제152경비대대	해당없음
	평북	신의주부	불상	군부대	제412특설경비 공병대	해당없음
	평북	신의주부	불상	군부대	제5항공군 제217비행장대대	해당없음
	평북	신의주부	불상	군부대	특설경비 제407대대	해당없음
	평북	신의주부	광성면 풍서동	군사시설물	육군비행장건설(신의주)/하자마구미(間組)	하자마구미 (間組)
	평북	자성군	중강진	군사시설물	군사시설물구축공사장(중강진)	미확인
	함남	경원군	나남	군부대	제142경비대대	해당없음
	함남	단천군	불상	군사시설물	군사시설물구축공사장	미확인
	함남	단천군	수하면	군사시설물	비행장건설	미확인
	함남	문천군	천내읍	군사시설물	군사시설물구축공사장	미확인
	함남	문천군	북성면	군사시설물	군사시설물구축공사장(북성면)/가지마구미(鹿島組)	가지마구미 (鹿島組)
	함남	북청군	신북청	군부대	특설경비 제405대대	해당없음
	함남	웅기군	불상	군사시설물	군사시설물구축공사장	미확인
	함남	원산부	명사십리, 갈마	군사시설물	군사시설물구축공사장(명사십리)	미확인
	함남	원산부	불상	군부대	진해연합특별육전대(해군)	해당없음
	함남	원산부	불상	군부대	경성 육군연료부 원산출장소	해당없음
	함남	원산부	불상	군부대	원산 육군병원	해당없음
	함남	원산부	불상	군부대	원산분견대[해군항공대]	해당없음

구분	소재지(1945년 8월 기준)			직종	유적명칭	기업
	도	부/군	면 이하			
군사 유적	함남	원산부	영흥만	군부대	제34군직할 영흥만요새 사령부	해당없음
	함남	원산부	영흥만	군부대	제34군직할 영흥만요새 중포병연대	해당없음
	함남	원산부	영흥만	군부대	제34군직할 영흥만요새 포병대(개편후)	해당없음
	함남	원산부	불상	군부대	제380야전근무대본부	해당없음
	함남	원산부	불상	군부대	제380야전근무대본부 육상근무 제182중대	해당없음
	함남	원산부	불상	군부대	제390야전근무대본부 수상근무 제77중대	해당없음
	함남	원산부	불상	군부대	제390야전근무대본부 수상근무 제78중대	해당없음
	함남	원산부	불상	군부대	제390야전근무대본부 수상근무 제79중대	해당없음
	함남	원산부	불상	군부대	특설경비 제413대대	해당없음
	함남	원산부	불상	군부대	특설경비 제462대대	해당없음
	함남	원산부	명사십리, 갈마	군사시설물	비행장건설(원산)/야마모토구미(山本組)	야마모토구미(山本組)
	함남	장진군	불상	군사시설물	군사시설물구축공사장	미확인
	함남	정평군	불상	군부대	제137사단 공병 제137연대	해당없음
	함남	정평군	불상	군부대	제137사단 방역급수부	해당없음
	함남	정평군	불상	군부대	제137사단 병기근무대	해당없음
	함남	정평군	불상	군부대	제137사단 병마창	해당없음
	함남	정평군	불상	군부대	제137사단 보병제374연대	해당없음
	함남	정평군	불상	군부대	제137사단 보병제375연대	해당없음
	함남	정평군	불상	군부대	제137사단 보병제376연대	해당없음
	함남	정평군	불상	군부대	제137사단 사령부	해당없음
	함남	정평군	불상	군부대	제137사단 야포병 제137연대	해당없음
	함남	정평군	불상	군부대	제137사단 위생대	해당없음
	함남	정평군	불상	군부대	제137사단 정진대대	해당없음
	함남	정평군	불상	군부대	제137사단 제1야전병원	해당없음
	함남	정평군	불상	군부대	제137사단 제4야전병원	해당없음
	함남	정평군	불상	군부대	제137사단 제독대(除毒隊)	해당없음
	함남	정평군	불상	군부대	제137사단 치중병 제137연대	해당없음
	함남	정평군	불상	군부대	제137사단 통신대	해당없음
	함남	함주군	상기천면	군사시설물	비행장건설(헬기장)	미확인
	함남	함주군	선덕(宣德)면	군사시설물	육군비행장건설(선덕)	미확인
	함남	함주군	선덕(宣德)면	군부대	선덕 육군병원	해당없음
	함남	함주군	선덕(宣德)면	군부대	제103비행장중대	해당없음
	함남	함주군	선덕(宣德)면	군부대	제103비행장중대	해당없음
	함남	함주군	선덕(宣德)면	군부대	제192비행장대대	해당없음
	함남	함주군	선덕(宣德)면	군부대	제194독립정비대	해당없음
	함남	함주군	선덕(宣德)면	군부대	제401특설경비 공병대	해당없음
	함남	함주군	선덕(宣德)면	군부대	제53항공사단 제25연성비행대	해당없음
	함남	함주군	흥남	군부대	흥남지구 사령부	해당없음
	함남	함주/정평군	연포면	군사시설물	육군비행장건설(연포)	미확인
	함남	함흥부	불상	군부대	관동군 야전병기창 함흥지창	해당없음
	함남	함흥부	불상	군부대	보병 제54여단 사령부	해당없음
	함남	함흥부	불상	군부대	보병제53여단 독립보병 제41대대	해당없음
	함남	함흥부	불상	군부대	보병제53여단 독립보병 제42대대	해당없음
	함남	함흥부	불상	군부대	보병제53여단 독립보병 제43대대	해당없음
	함남	함흥부	불상	군부대	보병제53여단 독립보병 제44대대	해당없음
	함남	함흥부	불상	군부대	보병제54여단 독립보병 제109대대	해당없음
	함남	함흥부	불상	군부대	보병제54여단 독립보병 제110대대	해당없음

구분	소재지(1945년 8월 기준)			직종	유적명칭	기업
	도	부/군	면 이하			
군사 유적	함남	함흥부	불상	군부대	보병제54여단 독립보병 제111대대	해당없음
	함남	함흥부	불상	군부대	보병제54여단 독립보병 제45대대	해당없음
	함남	함흥부	불상	군부대	제234군 사령부	해당없음
	함남	함흥부	불상	군부대	제320사단 보병 제362연대	해당없음
	함남	함흥부	불상	군부대	제34군사령부	해당없음
	함남	함흥부	불상	군부대	제34군직할 독립야포병 제11대대	해당없음
	함남	함흥부	불상	군부대	제34군직할 독립자동차 제115대대	해당없음
	함남	함흥부	불상	군부대	제34군직할 박격제15대대	해당없음
	함남	함흥부	불상	군부대	제34군직할 제179병참병원	해당없음
	함남	함흥부	불상	군부대	제34군직할 통(전)신제56연대	해당없음
	함남	함흥부	불상	군부대	제401특설경비 공병대	해당없음
	함남	함흥부	불상	군부대	제59사단 공병대	해당없음
	함남	함흥부	불상	군부대	제59사단 박격포대	해당없음
	함남	함흥부	불상	군부대	제59사단 병마창	해당없음
	함남	함흥부	불상	군부대	제59사단 보병제53여단 사령부	해당없음
	함남	함흥부	불상	군부대	제59사단 사령부	해당없음
	함남	함흥부	불상	군부대	제59사단 야전병원	해당없음
	함남	함흥부	불상	군부대	제59사단 치중대	해당없음
	함남	함흥부	불상	군부대	제59사단 통신대	해당없음
	함남	함흥부	불상	군부대	특설건축근무 제107중대	해당없음
	함남	함흥부	불상	군부대	특설경비 제402대대	해당없음
	함남	함흥부	불상	군부대	특설경비 제402중대	해당없음
	함남	함흥부	불상	군부대	함흥 육군병사부	해당없음
	함남	함흥부	불상	군부대	함흥지구 사령부	해당없음
	함남	함흥부	불상	군부대	함흥지구 헌병대	해당없음
	함남	함흥부	불상	군부대	함흥 육군병원	해당없음
	함남	혜산군	불상	군사시설물	비행장건설(혜산)	미확인
	함남	흥남부	흥남읍	군부대	포로수용소 흥남분소	해당없음
	함남	흥남부	흥남읍 운남면 관정리	군사시설물	비행장건설(함흥)/가지마구미(鹿島組)	가지마구미 (鹿島組)
	함남	흥남부	흥남읍 궁서, 용흥리	군사시설물	군사시설물구축공사장(흥남읍)/니시마쓰 구미(西松組)	니시마쓰구 미(西松組)
	함북	경성군	주북면 회문동 /부하동	군사시설물	비행장건설(회문)	미확인
	함북	경성군	불상	군부대	나남사관구 치중병보충대	해당없음
	함북	경성군	불상	군부대	나남사관구 통신보충대	해당없음
	함북	경성군	불상	군부대	제390야전근무대본부	해당없음
	함북	경성군	불상	군부대	제390야전근무대본부 육상근무 제184중대	해당없음
	함북	경성군	불상	군부대	제390야전근무대본부 육상근무 제189중대	해당없음
	함북	경성군	불상	군부대	제79사단 치중병 제79연대	해당없음
	함북	경성군	경성군 용성면	군사시설물	비행장건설(청진)/오바야시구미(大林組), 미야케구미(三宅組)	오바야시구 미(大林組), 미야케구미 (三宅組)
	함북	경원군	불상	군부대	나남 육군구금소	해당없음
	함북	경원군	나남	군부대	나남 육군병사부	해당없음
	함북	경원군	나남	군부대	나남 육군병원	해당없음
	함북	경원군	나남	군부대	나남사관구 보병제1보충대	해당없음
	함북	경원군	나남	군부대	나남사관구 사령부	해당없음
	함북	경원군	나남	군부대	나남사관구 통신보충대	해당없음

구분	소재지(1945년 8월 기준)			직종	유적명칭	기업
	도	부/군	면 이하			
군사 유적	함북	경원군	나남	군부대	나남사관구 포병보충대	해당없음
	함북	경원군	나남	군부대	나남지구 사령부	해당없음
	함북	경원군	나남	군부대	나남지구 헌병대	해당없음
	함북	경원군	나남	군부대	제141경비대대	해당없음
	함북	경원군	나남	군부대	제144경비대대	해당없음
	함북	경원군	불상	군부대	제410특설경비 공병대	해당없음
	함북	경원군	불상	군부대	제79사단 기병 제79연대	해당없음
	함북	경원군	불상	군부대	제79사단 병기근무대	해당없음
	함북	경원군	불상	군부대	제79사단 병마창	해당없음
	함북	경원군	불상	군부대	제79사단 보병 제291연대	해당없음
	함북	경원군	불상	군부대	제79사단 보병제289연대	해당없음
	함북	경원군	불상	군부대	제79사단 사령부	해당없음
	함북	경원군	불상	군부대	제79사단 산포병 제79연대	해당없음
	함북	경원군	불상	군부대	제79사단 제독대	해당없음
	함북	경원군	불상	군부대	제79사단 통신대	해당없음
	함북	경원군	나남	군부대	제79사단(제3군관하)	해당없음
	함북	경원군	나남	군부대	제86특설통신작업대	해당없음
	함북	경원군	나남	군부대	조선육군화물창 나남지창	해당없음
	함북	경흥군	아오지읍	군사시설물	군사시설물구축공사장(아오지읍)	미확인
	함북	경흥군	웅기읍	군사시설물	군사시설물구축공사장(웅기읍)	미확인
	함북	경흥군	웅기	군부대	군마보충부 웅기(雄基)지부	해당없음
	함북	경흥군	아오지	군부대	특설경비 제408중대	해당없음
	함북	나진부	불상	군사시설물	군사시설물구축공사장	미확인
	함북	나진부	대초도	군사시설물	군사시설물구축공사장(대초도)	미확인
	함북	나진부	불상	군사시설물	비행장건설	미확인
	함북	나진부	불상	군부대	나진 육군병원	해당없음
	함북	나진부	불상	군부대	나진 육군수송통제부	해당없음
	함북	나진부	불상	군부대	나진 특별근거지대	해당없음
	함북	나진부	불상	군부대	나진요새 포병대(개편후)	해당없음
	함북	나진부	불상	군부대	독립고사포 제46대대	해당없음
	함북	나진부	불상	군부대	병기행정본부 나진출장소	해당없음
	함북	나진부	불상	군부대	육군위생재료창(일부) 나진출장소	해당없음
	함북	나진부	불상	군부대	제12공병대사령부 독립공병 제129대대	해당없음
	함북	나진부	불상	군부대	제390야전근무대본부 육상근무 제212중대	해당없음
	함북	나진부	불상	군부대	특설경비 제460대대	해당없음
	함북	무산군	삼사면 유평동 /연사면 광양동	군사시설물	비행장건설(무산)	미확인
	함북	부령군	서상면	군사시설물	군사시설물구축공사장(서상면)	미확인
	함북	부령군	창평면	군사시설물	군사시설물구축공사장(창평면)	미확인
	함북	부령군	불상	군부대	나진 요새사령부	해당없음
	함북	부령군	불상	군부대	나진요새 중포병연대	해당없음
	함북	부령군	불상	군부대	독립혼성 제101연대	해당없음
	함북	부령군	불상	군부대	독립혼성 제10연대	해당없음
	함북	부령군	고무산	군부대	제12공병대사령부 독립공병 제131대대	해당없음
	함북	부령군	고무산	군부대	제390야전근무대본부 육상근무 제185중대	해당없음
	함북	성진부	불상	군사시설물	비행장건설	미확인
	함북	성신부	불상	군부대	세143경비내내	해당없음
	함북	성진부	불상	군부대	제390야전근무대본부 육상근무 제186중대	해당없음
	함북	성진부	불상	군부대	특설경비 제461대대	해당없음

구분	소재지(1945년 8월 기준)		직종	유적명칭	기업
	도	부/군	면 이하			
군사 유적	함북	청진부	불상	군사시설물	군사시설물구축공사장	미확인
	함북	청진부	나남	군사시설물	군사시설물구축공사장(나남)	미확인
	함북	청진부	송정정	군사시설물	군사시설물구축공사장(송정정)/니시마쓰구미(西松組)	니시마쓰구미(西松組)
	함북	청진부	불상	군부대	나선사관구 보병제2보충대	해당없음
	함북	청진부	불상	군부대	나선사관구 사령부	해당없음
	함북	청진부	불상	군부대	나선사관구 치중병보충대	해당없음
	함북	청진부	불상	군부대	나선사관구 포병보충대	해당없음
	함북	청진부	불상	군부대	대본영 육군 제3통신대 제3중대 일부	해당없음
	함북	청진부	불상	군부대	제181정차장 사령부	해당없음
	함북	청진부	불상	군부대	제390야전근무대본부 육상근무 제211중대	해당없음
	함북	청진부	불상	군부대	제409특설경비 공병대	해당없음
	함북	청진부	불상	군부대	조선철도대사령부 독립철도 제10대대	해당없음
	함북	청진부	불상	군부대	특설경비 제451대대	해당없음
	함북	청진부	불상	군부대	특설경비 제452대대	해당없음
	함북	함주군	흥남	군부대	조선부로수용소 제1파견소	해당없음
	함북	함주군	흥남	군부대	특설경비 제403대대	해당없음
	함북	함흥부	불상	군부대	나남사관구 보병제2보충대	해당없음
	함북	회령군	회령읍	군사시설물	군사시설물구축공사장(회령읍)	미확인
	함북	회령군	불상	군부대	공병 제79여대	해당없음
	함북	회령군	불상	군부대	나남사관구 공병보충대	해당없음
	함북	회령군	불상	군부대	사관구 보병제1보충대	해당없음
	함북	회령군	불상	군부대	제120야전 보충마창(馬廠)	해당없음
	함북	회령군	불상	군부대	제145경비대대	해당없음
	함북	회령군	불상	군부대	제14항공교육대	해당없음
	함북	회령군	불상	군부대	제214비행장대대	해당없음
	함북	회령군	불상	군부대	제79사단 공병 제79연대	해당없음
	함북	회령군	불상	군부대	제79사단 보병 제290연대	해당없음
	함북	회령군	불상	군부대	조선보충마창(馬廠)	해당없음
	함북	회령군	불상	군부대	중앙마창회령(會寧)지창	해당없음
	함북	회령군	불상	군부대	회령 육군병원	해당없음
	황해	봉산군	사리원,남가리,신막	군부대	제150경비대대	해당없음
	황해	봉산군	사리원	군부대	특설경비 제454대대	해당없음
	황해	옹진군	불상	군사시설물	해군비행장(옹진)	미확인
	황해	장연군	불상	군사시설물	군사시설물구축공사장	미확인
	황해	해주부	불상	군사시설물	군사시설물구축작업장	미확인
	황해	해주부	영산면 공해리	군사시설물	육군비행장(해주)	미확인
	황해	해주부	불상	군부대	제1710야전비행장설정대	해당없음
	황해	해주부	불상	군부대	제413특설경비 공병대	해당없음
	황해	해주부	불상	군부대	특설경비 제410중대	해당없음
	황해	해주부	불상	군부대	해주지구 병사부	해당없음
	황해	해주부	불상	군부대	해주지구 사령부	해당없음
	황해	해주부	불상	군부대	해주지구 헌병대	해당없음
	황해	황주군	불상	군사시설물	비행장(옹진)	미확인
	황해	황주군	겸이포	군부대	특설경비 제409중대	해당없음

범례 : 군부대는 패전 당시 주둔지 기준

◆ 기타유적(도별)

구분	소재지(1945년 8월 기준)			직종	유적명칭	기업
	도	부/군	면 이하			
기타 유적	경기	경성부	청운정 등	거주지	조선운송 사택(마루보시 마을)	해당없음
	경기	경성부	영등포구 문래정	거주지	방적공장 사옥	해당없음
	경기	경성부	중구	대피시설	소개공지대[종로구]	해당없음
	경기	경성부	중구	대피시설	군사시설물구축공사장(경희궁)	미확인
	경기	인천부	부천군 부내면 (부평 소화정)	거주지	미쓰비시사택/미쓰비시(三菱)제강㈜ 사택	해당없음
	경기	평택군	평택군 청북면 삼계리	공동창고	공출미 공동창고	해당없음
	경남	마산부	불상	노동자숙소	근로보국대 숙소	해당없음
	경남	마산부	불상	노동자숙소	근로보국대 숙소	해당없음
	경남	부산부	곡정	추도	일본인공동묘지(부산일본인위령비)	해당없음
	경남	부산부	불상	거주지	철도관사	해당없음

◆ 식민통치유적(도별)

구분	소재지(1945년 8월 기준)			직종	유적명칭	기업
	도	부/군	면 이하			
식민 통치	경기	경성부	중구 남대문통 2정목 140-1	경제	조선식산은행	해당없음
	경기	경성부	중구	경제	조선은행	해당없음
	경기	경성부	중구 황금정 2정목 195	경제	동양척식㈜ 경성지점	해당없음
	경기	경성부	중구 남산 왜성대	단체	일본적십자 조선본부	해당없음
	경기	경성부	중구	사법	경성재판소	해당없음
	경기	경성부	중구 고시정12	인력송출	경성역사	해당없음
	경기	경성부	중구	인력송출	덕수국민학교	해당없음
	경기	경성부	영등포구	종교시설	신사	해당없음
	경기	경성부	용산구 용산정 (19사단 사령부 터)	종교시설	경성호국신사	해당없음
	경기	경성부	중구 남산 왜성대8	종교시설	경성신사	해당없음
	경기	경성부	중구 남산 왜성대	종교시설	조선신궁	해당없음
	경기	경성부	서대문구	통치	서대문형무소	해당없음
	경기	경성부	용산구	통치	조선총독부 철도국	해당없음
	경기	경성부	중구 본정	통치	경기도청	해당없음
	경기	경성부	중구 본정	통치	경기도경찰부	해당없음
	경기	경성부	중구 본정	통치	조선총독부 신청사	해당없음
	경기	경성부	중구 녹천정	통치	조선총독부 시정기념관(통감관저 터)	해당없음
	경기	경성부	중구 남산 왜성대 정8	통치	조선총독부 남산청사	해당없음
	경기	경성부	중구	통치	통감부 경성이사청	해당없음
	경기	경성부	중구 태평통1 정목31	통치	경성부청	해당없음
	경기	경성부	중구 태평통1 정목60	통치	경성부민관	해당없음
	경기	인천부	다소면 선창리↔ 궁정	종교시설	인천신궁	해당없음

구분	소재지(1945년 8월 기준)			직종	유적명칭	기업
	도	부/군	면 이하			
식민통치	경기	인천부	본정 1	통치	일본영사관(인천)	해당없음
	경기	인천부	산수정 3정목	통치	인천경찰서	해당없음
	경기	인천부	불상	항만	인천항	해당없음
	경남	부산부	본정	경제	동양척식㈜ 부산지점	해당없음
	경남	부산부	본정	인력송출	부산항	해당없음
	경남	부산부	본정	인력송출	부산역(부산정거장)	해당없음
	경남	부산부	불상	종교시설	용두산 신사	해당없음
	경남	부산부	본정	통치	부산일본영사관	해당없음
	경남	부산부	본정	통치	부산부청사	해당없음
	경남	부산부	불상	통치	보안대 건물	해당없음
	경남	부산부	본정	통치	부산경찰서	해당없음
	경남	부산부	불상	통치	부산세관	해당없음
	경남	부산부	부민정 2정목, 중도정 2정목	통치	경남도청사	해당없음
	경북	대구부	불상	인력송출	대구사범학교	해당없음
	경북	상주군	불상	경제	양곡 임시보관창고	해당없음
	전남	목포부	본정	경제	동양척식㈜ 목포지점	해당없음
	전남	목포부	본정	통치	목포일본영사관	해당없음
	전남	여수군	불상	인력송출	여수항(신항)	해당없음
	전남	여수군	불상	인력송출	여수역	해당없음
	전북	군산부	불상	경제	조선식량영단 군산출장소	해당없음
	전북	군산부	불상	통치	일본영사관	해당없음
	전북	군산부	불상	통치	군산 세관	해당없음
	전북	군산부	명치통	통치	군산부청	해당없음
	전북	군산부	불상	항만	군산항	조선운송㈜
	전북	완주군	불상	경제	만경강 철교	해당없음
	전북	완주군	불상	경제	삼례양곡창고	해당없음
	전북	익산군	불상	경제	일본인 농장 사무실	해당없음
	전북	정읍군	불상	경제	도정공장 창고	해당없음
	충남	대전부	불상	경제	동양척식㈜ 대전지점	해당없음
	충남	서천군	불상	경제	장항미곡창고	해당없음

◆ 생산관계유적(도별)

구분	소재지(1945년 8월 기준)			직종/대	유적명칭	기업 (최종)
	도	부/군	면 이하			
생산관계	강원	강릉	안변↔양양	철도/도로	철도공사장(동해북부선)	조선총독부 철도국
	강원	강릉/삼척군	옥계면/삼척군 북삼면	탄광/광산	옥일(玉一)금산	미확인
	강원	강릉/삼척군	옥계면/삼척군 하장면	탄광/광산	품성(品聲)금광	미확인
	강원	강릉군	강릉읍 포남리 898	공장	태창공업㈜	태창공업㈜
	강원	강릉군	왕산면 목계리	기타(노무)	송진(松津)채취장	미확인
	강원	강릉군	동해선	철도/도로	철도공사장(동해선)	조선총독부 철도국
	강원	강릉군	사천, 정동면	탄광/광산	사천(沙川)광산	니혼(日本) 경질도기㈜

구분	소재지(1945년 8월 기준)			직종/대	유적명칭	기업 (최종)
	도	부/군	면 이하			
생산 관계	강원	강릉군	강동면	탄광/광산	강동(江東)흑연광산	미확인
	강원	강릉군	왕산, 구정면	탄광/광산	강릉(江陵)흑연광산	미확인
	강원	강릉군	주문진읍	탄광/광산	강일(江一)금광	미확인
	강원	강릉군	옥계면	탄광/광산	구복(龜伏)광산	미확인
	강원	강릉군	옥계면	탄광/광산	대양(大洋)광산	미확인
	강원	강릉군	옥계면	탄광/광산	명주(溟州)금산	미확인
	강원	강릉군	성산, 왕산면	탄광/광산	보원(寶源)광산	미확인
	강원	강릉군	성산면	탄광/광산	보현(普賢)금산	미확인
	강원	강릉군	성산면	탄광/광산	성산(城山)광산	미확인
	강원	강릉군	옥계면	탄광/광산	송미(松尾)광산	미확인
	강원	강릉군	옥계면	탄광/광산	심흥(深興)금산	미확인
	강원	강릉군	왕산면	탄광/광산	장재평(長財坪)금산	미확인
	강원	강릉군	옥계면	탄광/광산	강릉(江陵)광산	야마시타 (山下)흑연 공업㈜
	강원	강릉군	옥계면	탄광/광산	삼양사(三養社) 옥계금산	옥계금산㈜
	강원	강릉군	강동, 구정면	탄광/광산	원광(原光)광산	하라(原) 상사㈜
	강원	강릉군	강동면	탄광/광산	강동(江東)광산	조선흑연 무연탄광㈜
	강원	강릉군	강동면	탄광/광산	강릉(江陵)흑연무연탄광	조선흑연 무연탄광㈜
	강원	강릉군	경포면 유천리	토건	저수지(경포면)	미확인
	강원	강릉군	구정면 어단리	토건	저수지(동막)	미확인
	강원	강릉군	묵호읍	토건	항만공사장(묵호항)	미확인
	강원	강릉군	불상	하역수송	하역수송	미확인
	강원	고성군	고성면 서리166-3	기타(노무)	고성주조㈜	고성주조㈜
	강원	고성군	불상	기타(노무)	근로보국대/도로보수 등	미확인
	강원	고성군	영현면 신분리	기타(노무)	벌목작업장	미확인
	강원	고성군	불상	철도/도로	도로공사장	미확인
	강원	고성군	불상	철도/도로	철도공사장(동해선)	미확인
	강원	고성군	외금강면	탄광/광산	신금강(新金剛)광산	금강(金剛) 특수광산㈜
	강원	고성군	현내면	탄광/광산	고명(高明)광산	미확인
	강원	고성군	간성면	탄광/광산	고부(高富)광산	미확인
	강원	고성군	서면	탄광/광산	고성(高城)금광	미확인
	강원	고성군	현내면	탄광/광산	고성삼화(高城三和)광산	미확인
	강원	고성군	서면	탄광/광산	공화(共和)금광	미확인
	강원	고성군	서면	탄광/광산	국사봉(國土峰)광산	미확인
	강원	고성군	외금강면	탄광/광산	금강산(金剛山)금광	미확인
	강원	고성군	고성, 수동면	탄광/광산	길송(吉松)광산	미확인
	강원	고성군	고성, 수동면	탄광/광산	대강(大康)광산	미확인
	강원	고성군	서면	탄광/광산	대본(大本)금광	미확인
	강원	고성군	외금강면	탄광/광산	대산삼덕(大山三德)광산	미확인
	강원	고성군	고성, 현내면	탄광/광산	대성(大成)광산	미확인
	강원	고성군	서면	탄광/광산	대승금이(大乘金二)광	미확인
	강원	고성군	서, 수동면	탄광/광산	대승금일(大乘金一)광	미확인
	강원	고성군	수동면	탄광/광산	동성(東城)신대(新垈)광산	미확인
	강원	고성군	고성면	탄광/광산	만석(萬石)금광	미확인

구분	소재지(1945년 8월 기준)			직종/대	유적명칭	기업(최종)
	도	부/군	면 이하			
생산 관계	강원	고성군	서면	탄광/광산	봉래(蓬萊)금산	미확인
	강원	고성군	서면	탄광/광산	부광(富光)고성광산	미확인
	강원	고성군	수동면	탄광/광산	삼신(三神)광산	미확인
	강원	고성군	서면	탄광/광산	삼호(三互)광산	미확인
	강원	고성군	서면	탄광/광산	서면(西面)금산	미확인
	강원	고성군	외금강면/장전읍	탄광/광산	성북(城北)광산	미확인
	강원	고성군	서, 수동면	탄광/광산	수성(水成)광산	미확인
	강원	고성군	고성면	탄광/광산	신내부(新乃富)금광	미확인
	강원	고성군	외금강면	탄광/광산	양진(養珍)금산	미확인
	강원	고성군	외금강면/장전읍	탄광/광산	외(外)금강광산	미확인
	강원	고성군	현내면	탄광/광산	용달(龍達)광산	미확인
	강원	고성군	수동면	탄광/광산	재등(齋藤)고성금산	미확인
	강원	고성군	간성면	탄광/광산	제1영양(嶺陽)광산	미확인
	강원	고성군	고성, 수동면	탄광/광산	제2영양(嶺陽)광산	미확인
	강원	고성군	외금강면	탄광/광산	중석(重石)탄광	미확인
	강원	고성군	외금강면	탄광/광산	천불(千佛)수연중석광산	미확인
	강원	고성군	수동면	탄광/광산	태봉(台峰)금산	미확인
	강원	고성군	외금강면	탄광/광산	통신(通信)중석광산	미확인
	강원	고성군	고성면	탄광/광산	황본(黃本)광산	미확인
	강원	고성군	서면	탄광/광산	중산(中山)고성광산	조선금산 개발(주)
	강원	고성군	외금강면	탄광/광산	금강(金剛)광산	니혼(日本) 광업(주)
	강원	고성군	외금강면	탄광/광산	삼성(三成)금강광산	미쓰나리(三 成)광업(주)
	강원	금화/ 철원군/ 포천군	서면/철원군 갈말면/포천군 이동면	탄광/광산	금석(金錫)광산	미확인
	강원	금화/ 철원군	원북면/철원군 갈말면	탄광/광산	덕광(德光)광산	미확인
	강원	금화/ 철원군	서면/철원군 갈말면	탄광/광산	천록(天祿)광산	미확인
	강원	금화/ 철원군	서면/철원군 갈말면	탄광/광산	홍원(洪源)광산	미확인
	강원	금화/ 평강/ 회양군	근북면/평강 군남, 현내면, 회양군 난곡면	탄광/광산	이륙(二六)광산	미확인
	강원	금화/ 화천군	원남면/화천군 상서면	탄광/광산	삼정(三井)금산	미확인
	강원	금화/ 화천군	근남면/화천군 상서면	탄광/광산	세종(世宗)광산	미확인
	강원	금화/ 회양군	창도면/회양군 회양면	탄광/광산	금등(金騰)광산	미확인
	강원	금화/ 회양군	원북, 기오면/ 회양군 난곡면	탄광/광산	당현(堂峴)사금광	미확인
	강원	금화/ 회양군	창도면/회양군 사동면	탄광/광산	보덕(寶德)금광	미확인
	강원	금화/ 회양군	창도면/회양군 회양면	탄광/광산	회현리(灰峴里)유화광산	미확인
	강원	금화군	불상	공장	금화공장/조선후지사와(藤澤)약품	조선후지사 와(藤澤)약품

구분	소재지(1945년 8월 기준)			직종/대	유적명칭	기업 (최종)
	도	부/군	면 이하			
생산 관계	강원	금화군	불상	공장	금화(金化)잠종제조소/가네가후치(鐘淵)공업㈜	가네가후치(鐘淵)공업㈜
	강원	금화군	원남면	탄광/광산	관소금화(菅沼金化)광산	관소(菅沼)공업㈜
	강원	금화군	원남면	탄광/광산	남선(南鮮)만업광산	관소(菅沼)공업㈜
	강원	금화군	금화,근북면	탄광/광산	국제석면금화(金化)광산	국제석면산업㈜
	강원	금화군	창도,원북면	탄광/광산	나카가와(中川) 창도(昌道)광산	나카가와(中川)광업㈜
	강원	금화군	근북면	탄광/광산	수양(垂楊)광산	니혼(日本)경금속㈜
	강원	금화군	원북면	탄광/광산	대륙당현(大陸堂峴)금산	대륙(大陸)산금(합자)
	강원	금화군	금화,근동,근북면	탄광/광산	감봉리(甘鳳里)광산	무로야(室谷)상점㈜
	강원	금화군	원남면	탄광/광산	강경(江慶)광산	미확인
	강원	금화군	근남면	탄광/광산	근곡(近谷)형석광산	미확인
	강원	금화군	근동,금화면	탄광/광산	근동(近東)광산	미확인
	강원	금화군	통구,임남면	탄광/광산	금부(金富)광산	미확인
	강원	금화군	통구,임남면	탄광/광산	금화(金化)광산	미확인
	강원	금화군	근동,금화면	탄광/광산	금화(金化)광산	미확인
	강원	금화군	서,근남면	탄광/광산	금화대흥(金化大興)광산	미확인
	강원	금화군	근남,서면	탄광/광산	문수(文水)금광	미확인
	강원	금화군	원북면당현리	탄광/광산	백양산(白陽山)광산	미확인
	강원	금화군	근동,원남면	탄광/광산	백하(白河)광산	미확인
	강원	금화군	원북면	탄광/광산	법수(法水)광산	미확인
	강원	금화군	원북면	탄광/광산	삼명(三明)광산	미확인
	강원	금화군	임남면	탄광/광산	삼일(三一)금광	미확인
	강원	금화군	원북면	탄광/광산	소매(梅)광산	미확인
	강원	금화군	서,근남면	탄광/광산	송궁(松宮)광산	미확인
	강원	금화군	원북면	탄광/광산	외본(本)사금광	미확인
	강원	금화군	원북면당현리	탄광/광산	원북(遠北)사금채취시험소	미확인
	강원	금화군	원북,금성면	탄광/광산	은장(銀藏)광산	미확인
	강원	금화군	임남면	탄광/광산	임가(林家)광산	미확인
	강원	금화군	창도,기오,임남면	탄광/광산	창도(昌道)광산	미확인
	강원	금화군	창도면	탄광/광산	창득(昌得)광산	미확인
	강원	금화군	서면	탄광/광산	추아(萩野)광산	미확인
	강원	금화군	원북면	탄광/광산	추의리(鄒儀里)광산	미확인
	강원	금화군	원북면	탄광/광산	추일(鄒一)광산	미확인
	강원	금화군	근남면	탄광/광산	해암(海巖)광산	미확인
	강원	금화군	통구,기오면	탄광/광산	현리(縣里)광산	미확인
	강원	금화군	임남면	탄광/광산	후남(厚南)금광	미확인
	강원	금화군	임남,원동면 장연리	탄광/광산	원동(遠東)금산	아소(麻生)광업㈜
	강원	금화군	원북,금성면	탄광/광산	금화(金化)형석광산	조선광업㈜
	강원	금화군	임남면	탄광/광산	박춘금(朴春琴) 유화광산	조선광업㈜
	강원	금화군	원동,임남면	탄광/광산	용학(龍鶴)광산	조선광업㈜
	강원	금화군	임남면	탄광/광산	소화(昭和)금광	조선금광㈜

구분	소재지(1945년 8월 기준)			직종/대	유적명칭	기업 (최종)
	도	부/군	면 이하			
생산 관계	강원	금화군	창도면	탄광/광산	금화(金華)광산	니혼(日本) 광업㈜
	강원	금화군	원북면	탄광/광산	원북(遠北)광산	니혼(日本) 광업㈜
	강원	금화군	원남면	탄광/광산	금화(金化)만엄광산	니혼(日本)고 주파중공업㈜
	강원	금화군	원북면	탄광/광산	감천(甘泉)광산	닛치쓰(日窒) 광업개발㈜
	강원	금화군	금성면	탄광/광산	금석(金石)광산	닛치쓰(日窒) 광업개발㈜
	강원	금화군	원북면	탄광/광산	닛치쓰(日窒)금천(金泉)광산	닛치쓰(日窒) 광업개발㈜
	강원	금화군	창도면	탄광/광산	닛치쓰(日窒)창도(昌道)광산	닛치쓰(日窒) 광업개발㈜
	강원	금화군	금성, 원동면	탄광/광산	조질금성(朝窒金城)광산	닛치쓰(日窒) 광업개발㈜
	강원	금화군	원북면	탄광/광산	조질추의리성(朝窒鄒儀里城)광산	닛치쓰(日窒) 광업개발㈜
	강원	금화군	임남면	탄광/광산	금화일산(金化日産)광산	미쓰나리(三 成)광업㈜
	강원	금화군	금성면	탄광/광산	삼남(三南)광산	쇼와(昭和) 광업㈜
	강원	금화군	금성면	탄광/광산	소봉(昭峰)광산	쇼와(昭和) 광업㈜
	강원	금화군	금성면	탄광/광산	스미토모(住友) 금성(金城)광산	스미토모 (住友)광업㈜
	강원	불상	불상	기타(노무)	근로보국대/퇴비증산작업장	미확인
	강원/ 영월군	삼척/ 영월군	상장면/영월군 상동면	탄광/광산	금정(金井)광산	금정(金井) 광산㈜
	강원	삼척/ 정선군	하장면/정선군 임계면	탄광/광산	운성(雲城)광산	미쓰비시 (三菱)광업 개발㈜
	강원	삼척/ 정선군	하장면/정선군 임계면	탄광/광산	금길(金吉)금광	미확인
	강원	삼척/ 정선군	하장면/정선군 임계면	탄광/광산	신연(新硯)광산	미확인
	강원	삼척/ 정선군	하장면/정선군 임계면	탄광/광산	골척리(骨尺里)광산	옥계금산㈜
	강원	삼척군	불상	공장	고레카와(是川)제철㈜	고레카와(是 川)제철㈜
	강원	삼척군	북삼면	공장	북삼화학공업/삼척개발요업회사	삼척개발요 업회사
	강원	삼척군	삼척읍 정상리	공장	삼척공장/미쓰이(三井)유지(화학)㈜	미쓰이(三井) 유지(화학)㈜
	강원	삼척군	정라진	공장	삼척공장/조선오노다(小野田)시멘트㈜	조선오노다 (小野田)시멘 트제조㈜
	강원	삼척군	노곡면	기타(노무)	목탄생산작업장	미확인
	강원	삼척군	불상	철도/도로	북평보선공사장	삼척운수국
	강원	삼척군	불상	철도/도로	삼척철도㈜삼척개발전용선부설공사장	삼척철도㈜
	강원	삼척군	철암↔묵호	철도/도로	철도공사장(철암선)/우에노구미(上野組)	우에노구미 (上野組)

구분	소재지(1945년 8월 기준)			직종/대	유적명칭	기업(최종)
	도	부/군	면 이하			
생산관계	강원	삼척군	하장면	탄광/광산	문왕(文旺)광산	동해(東海)상사㈜
	강원	삼척군	상장면	탄광/광산	강원(江原)탄광	미확인
	강원	삼척군	하장면	탄광/광산	극수(極壽)광산	미확인
	강원	삼척군	하장, 동면	탄광/광산	금직(金織)금산	미확인
	강원	삼척군	하장면	탄광/광산	대전(大田)금광	미확인
	강원	삼척군	상장면	탄광/광산	매산곡(梅山谷)광산	미확인
	강원	삼척군	하장면	탄광/광산	삼갈(三葛)금산	미확인
	강원	삼척군	하장면	탄광/광산	숙암(宿岩)금광	미확인
	강원	삼척군	하장, 북삼면	탄광/광산	영명(永明)광산	미확인
	강원	삼척군	원덕면	탄광/광산	오목리(梧木里)광산	미확인
	강원	삼척군	하장면	탄광/광산	장미(長美)광산	미확인
	강원	삼척군	상장면	탄광/광산	정거리(程巨里)금광	미확인
	강원	삼척군	북삼면	탄광/광산	조선삼화(三和)광산	미확인
	강원	삼척군	하장면	탄광/광산	하장(下長)은산	미확인
	강원	삼척군	하장면	탄광/광산	화전(華田)금산	미확인
	강원	삼척군	불상	탄광/광산	흥전, 장성탄광	삼척개발㈜
	강원	삼척군	원덕면 풍곡리	탄광/광산	석풍(石豊)광산	석풍(石豊)광산㈜
	강원	삼척군	하장면	탄광/광산	금령(錦嶺)광산	수마트라척식㈜
	강원	삼척군	원덕, 북면	탄광/광산	부구(富邱)광산	야마코(山幸)상점(합자)
	강원	삼척군	하장면	탄광/광산	둔전(屯田)금산	고바야시(小林)광업㈜
	강원	삼척군	하장, 동면	탄광/광산	백전(栢田)금산	고바야시(小林)광업㈜
	강원	삼척군	하장면	탄광/광산	삼조(三助)금광	고바야시(小林)광업㈜
	강원	삼척군	하장면	탄광/광산	서운(棲雲)금광	고바야시(小林)광업㈜
	강원	삼척군	하장면	탄광/광산	삼척(三陟)광산	메이지(明治)광업㈜
	강원	삼척군	상장, 소달, 하장면	탄광/광산	삼척(三陟)탄광	삼척개발㈜
	강원	삼척군	하장면	탄광/광산	추동(楸洞)광산	쇼와(昭和)광업㈜
	강원	삼척군	정라진	토건	防波堤築造공사장	미확인
	강원	삼척군	삼척읍 정상리	토건	공장건설공사장(삼척공장증축공사)/조선협동유지㈜	조선협동유지㈜
	강원	삼척군	북삼면 북평리	토건	공장건설공사장(고레카와(是川)제철㈜)/가지마구미(鹿島組)	가지마구미(鹿島組)
	강원	양구/인제/춘천군	남면/춘천군 북산면/양구군 남면	탄광/광산	삼우(三友)금산	미쓰비시(三菱)광업개발㈜
	강원	양구/인제군	남면/인제군 남면	탄광/광산	광창(廠)금광	미확인
	강원	양구/인제군	해안면/인제군 서화면	탄광/광산	서화(瑞和)광산	미확인
	강원	양구/춘천군	남면/춘천군 북산면	탄광/광산	동북(東北)광산	미확인

구분	소재지(1945년 8월 기준)			직종/대	유적명칭	기업(최종)
	도	부/군	면 이하			
생산관계	강원	양구/화천군	방산면/화천군 화천면	탄광/광산	영화(榮華)금산	미확인
	강원	양구군	불상	기타(노무)	근로보국대/도로보수 등	미확인
	강원	양구군	동면	탄광/광산	양구(楊口)형석광산	나카가와(中川)광업㈜
	강원	양구군	방산, 수입면	탄광/광산	금등(金登)광산	미확인
	강원	양구군	방산면	탄광/광산	나카가와(中川) 천미(天尾)광산	미확인
	강원	양구군	동, 수입면	탄광/광산	대석(大石)광산	미확인
	강원	양구군	남면	탄광/광산	명대(明垈)금광	미확인
	강원	양구군	방산, 동, 수입면	탄광/광산	문등(文登)광산	미확인
	강원	양구군	방산면	탄광/광산	천미(天尾)광산	미확인
	강원	양구군	방산면	탄광/광산	장평(長坪)광산	오히라(大平)광업㈜
	강원	양구군	북, 양구면	탄광/광산	양구(楊口)광산	제국화공업㈜
	강원	양양군	서면	탄광/광산	동연(東鉛)광산	미확인
	강원	양양군	현내면	탄광/광산	용폭(龍瀑)광산	미확인
	강원	양양군	서면장승리	탄광/광산	양양(襄陽)광산	가네가후치(鐘淵)공업㈜
	강원	양양군	불상	토건	수력발전소(양양)	미확인
	강원	영월/원주군	주천면/원주군 신림면	탄광/광산	제2욱(旭)동산	동척(東拓)㈜
	강원	영월/정선군	상동면/정선군 신동면	탄광/광산	여미산(女美山)광산	조선아연광업㈜
	강원	영월/제천군	서면/충북 제천군 송학면	탄광/광산	조일(朝日)광업 영월광산	미확인
	강원	영월/평창군	군북면 마차리/평창군 미탄면	탄광/광산	영월(寧越)탄광	조선전력㈜
	강원	영월/평창군	주천면/평창군 평창면	탄광/광산	대운(大運)광산	미확인
	강원	영월/평창군	수주면/평창군 방림면	탄광/광산	영평(寧平)광산	미확인
	강원	영월/평창군	주천면/평창군 평창면	탄광/광산	창월(昌越)광산	미확인
	강원	영월/평창군	주천면/평창군 평창면	탄광/광산	평월(平越)금산	흥아(興亞)광업㈜
	강원	영월/횡성군	수주면/횡성군 안흥면	탄광/광산	강림(講林)금광	미확인
	강원	영월/횡성군	수주면/횡성군 안흥면	탄광/광산	법흥(法興)광산	미확인
	강원	영월/횡성군	수주, 우천면/횡성군 안흥면	탄광/광산	횡성내덕(橫城乃德)금광	미확인
	강원	영월군	영월읍 수흥리 991-3	기타(노무)	남강(南江)임업㈜	남강(南江)임업㈜
	강원	영월군	상동면	철도/도로	도로공사장	미확인
	강원	영월군	상동면	탄광/광산	구래(九来)광산	미확인
	강원	영월군	수주면	탄광/광산	국일(國一)광산	미확인
	강원	영월군	상동면	탄광/광산	대원사(大元社)광산	미확인
	강원	영월군	수주면	탄광/광산	동원(東源)광산	미확인
	강원	영월군	수주면	탄광/광산	사재(四財)광산	미확인
	강원	영월군	수주면	탄광/광산	삼기(三崎)광산	미확인

구분	소재지(1945년 8월 기준)			직종/대	유적명칭	기업 (최종)
	도	부/군	면 이하			
생산 관계	강원	영월군	수주면	탄광/광산	삼원(三原)광산	미확인
	강원	영월군	수주면	탄광/광산	송원(松原)제1광산	미확인
	강원	영월군	수주면	탄광/광산	수주(水周)광산	미확인
	강원	영월군	주천면	탄광/광산	양변(兩邊)광산	미확인
	강원	영월군	상동면	탄광/광산	영국(榮國)영월광산	미확인
	강원	영월군	주천, 수주면	탄광/광산	영월(寧越)금산	미확인
	강원	영월군	수주면	탄광/광산	영월(寧越)백년광산	미확인
	강원	영월군	수주면	탄광/광산	영월팔번(寧越八幡)광산	미확인
	강원	영월군	상동면	탄광/광산	옥기(玉基)금산	미확인
	강원	영월군	수주면	탄광/광산	월림(越林)금광	미확인
	강원	영월군	상동면	탄광/광산	윤창(潤昌)광산	미확인
	강원	영월군	상동면	탄광/광산	장산(壯山)광산	미확인
	강원	영월군	주천, 수주면	탄광/광산	주수(酒水)광산	미확인
	강원	영월군	수주면	탄광/광산	주흥(周興)광산	미확인
	강원	영월군	수주면	탄광/광산	천흥(天興)광산	미확인
	강원	영월군	수주면	탄광/광산	태원(泰源)광산	미확인
	강원	영월군	수주면	탄광/광산	평연(平連)광산	미확인
	강원	영월군	남면	탄광/광산	흥월리(興月里)금광	미확인
	강원	영월군	상동면	탄광/광산	도엽(稻葉)광산	고바야시(小林)광업㈜
	강원	영월군	상동면	탄광/광산	상동(上東)광산	고바야시(小林)광업㈜
	강원	영월군	불상	탄광/광산	광구/조선亞鉛광업㈜	조선아연광업㈜
	강원	울진군	평해면	탄광/광산	삼율(三栗)광산	구리모토(栗村)광업소㈜
	강원	울진군	온정면	탄광/광산	금강(金江)광산	미확인
	강원	울진군	온정면	탄광/광산	금구(金邱)금광	미확인
	강원	울진군	평해면	탄광/광산	금수(金壽)광산	미확인
	강원	울진군	온정면	탄광/광산	금정(金鼎)금산	미확인
	강원	울진군	북면	탄광/광산	대성(大聖)금산	미확인
	강원	울진군	북, 서면	탄광/광산	동진(東珍)광산	미확인
	강원	울진군	울진면	탄광/광산	명진(明珍)금광	미확인
	강원	울진군	온정면	탄광/광산	상진(尙珍)금산	미확인
	강원	울진군	서면	탄광/광산	소광(김光)금산	미확인
	강원	울진군	온정면	탄광/광산	순금(順金)광산	미확인
	강원	울진군	서면	탄광/광산	영도(永島)광산	미확인
	강원	울진군	온정면	탄광/광산	온정(溫井)광산	미확인
	강원	울진군	북면	탄광/광산	울진(蔚珍)금산	미확인
	강원	울진군	서면	탄광/광산	울진(蔚珍)동산	미확인
	강원	울진군	온정면	탄광/광산	조금리(操琴里)광산	미확인
	강원	울진군	북, 울진면	탄광/광산	진교(珍橋)금산	미확인
	강원	울진군	원남면	탄광/광산	천보(天寶)광산	미확인
	강원	울진군	기성면	탄광/광산	풍천(豊泉)광산	미확인
	강원	울진군	기성, 원남면	탄광/광산	현종(縣鍾)광산	미확인
	강원	원주/ 제천군	귀래면/충북 제천군 백운면	탄광/광산	괴원(魁原)광산	미확인
	강원	원주/ 충주군	귀래, 부논면/충 북 충주군 소태면	탄광/광산	부귀생(富貴生)광산	미확인

구분	소재지(1945년 8월 기준)			직종/대	유적명칭	기업(최종)
	도	부/군	면 이하			
생산관계	강원	원주/충주군	부논면/충북 충주군 앙성,소대면	탄광/광산	원합(源合)금광	미확인
	강원	원주/충주군	부논면/충북 충주군 앙성면	탄광/광산	충주(忠州)영덕광산	미확인
	강원	원주/충주군	귀래면/충북 충주군 엄정,소태면	탄광/광산	형남(亨南)광산	미확인
	강원	원주군	불상	기타(노무)	근로보국대/도로보수 등	미확인
	강원	원주군	불상	기타(노무)	근로보국대/철도공사(중앙선)	미확인
	강원	원주군	불상	기타(노무)	근로보국대/퇴비증산작업장	미확인
	강원	원주군	신림면 신림리	기타(노무)	송탄유(松炭油)생산작업장	미확인
	강원	원주군	문막읍, 판부면	철도/도로	철도공사장(중앙선)	조선총독부 철도국
	강원	원주군	문막, 귀래면	탄광/광산	귀래(貴来)광산	미확인
	강원	원주군	귀래면	탄광/광산	귀운(貴雲)광산	미확인
	강원	원주군	부논면	탄광/광산	금원(金源)광산	미확인
	강원	원주군	귀래면	탄광/광산	다둔(多屯)광산	미확인
	강원	원주군	지정면	탄광/광산	대립(大立)광산	미확인
	강원	원주군	부논, 문막면	탄광/광산	만대(萬代)금광	미확인
	강원	원주군	문막면	탄광/광산	문막(文幕)광산	미확인
	강원	원주군	지정, 문막면	탄광/광산	복금(福金)광산	미확인
	강원	원주군	부논면	탄광/광산	부논(富論)광산	미확인
	강원	원주군	부논면	탄광/광산	부덕(富德)광산	미확인
	강원	원주군	지정면	탄광/광산	삼만(三滿)광산	미확인
	강원	원주군	문막, 귀래면	탄광/광산	삼흥(三興)광산	미확인
	강원	원주군	문막, 귀래면	탄광/광산	석이암금산	미확인
	강원	원주군	부논면	탄광/광산	암파(岩波)금산	미확인
	강원	원주군	귀래면	탄광/광산	영화(暎華)원주광산	미확인
	강원	원주군	흥업면	탄광/광산	원주(原州)광산	미확인
	강원	원주군	부논면	탄광/광산	의덕(宜德)금광	미확인
	강원	원주군	귀래면	탄광/광산	이동(梨洞)금광	미확인
	강원	원주군	부논면	탄광/광산	종주대명(宗州大明)광산	미확인
	강원	원주군	지정면	탄광/광산	중행(重行)광산	미확인
	강원	원주군	지정면	탄광/광산	지정(地正)광산	미확인
	강원	원주군	흥업, 귀래면	탄광/광산	천운(天雲)금광	미확인
	강원	원주군	부논면	탄광/광산	현계산(玄鷄山)금광	미확인
	강원	원주군	부논면	탄광/광산	황부(黃富)금산	미확인
	강원	원주군	부논, 문막면	탄광/광산	동흥(東興)광산	동척(東拓)광업㈜
	강원	원주군	불상	토건	저수지(문막면)	미확인
	강원	인제/홍천군	남면/홍천군 두촌면	탄광/광산	진흥홍천(振興洪川)금산	니혼(日本)산금진흥(産金振興)㈜
	강원	인제/홍천군	남면/홍천군 두촌면	탄광/광산	답동(沓洞)금광	미확인
	강원	인제/홍천군	내,남면/홍천군 두촌면	탄광/광산	동양(東洋)광산	미확인
	강원	인제/홍천군	남면/홍천군 두촌면	탄광/광산	박춘금(朴春琴) 홍천(洪川)광산	미확인
	강원	인제/홍천군	남면/홍천군 두촌면	탄광/광산	석담(石潭)금산	미확인

구분	소재지(1945년 8월 기준)			직종/대	유적명칭	기업 (최종)
	도	부/군	면 이하			
	강원	인제군	남면	탄광/광산	관대(冠垈)광산	미확인
	강원	인제군	인제면	탄광/광산	군량(軍糧)금광	미확인
	강원	인제군	남면	탄광/광산	금부(金富)광산	미확인
	강원	인제군	인제면	탄광/광산	금태(金泰)광산	미확인
	강원	인제군	북면	탄광/광산	대승(大勝)광산	미확인
	강원	인제군	북면	탄광/광산	대암(大岩)금광	미확인
	강원	인제군	인제면	탄광/광산	대천(大泉)광산	미확인
	강원	인제군	인제면	탄광/광산	박수(泊水)광산	미확인
	강원	인제군	내면	탄광/광산	삼금(三金)광산	미확인
	강원	인제군	인제면	탄광/광산	상남(上南)금광	미확인
	강원	인제군	인제면	탄광/광산	유항(柚項)금광	미확인
	강원	인제군	인제면	탄광/광산	응야도(鷹野島)금산	미확인
	강원	인제군	북면	탄광/광산	인제(麟蹄)금산	미확인
	강원	인제군	인제면	탄광/광산	죽천(竹川)금산	미확인
	강원	인제군	내면	탄광/광산	풍현(豊峴)금광	미확인
	강원	인제군	남면	탄광/광산	광(光)금산	조선광업㈜
	강원	인제군	북면	탄광/광산	북면(北面)광산	조선광업㈜
	강원	인제군	북면	탄광/광산	설악(雪岳)광산	조선광업㈜
생산 관계	강원	장전군	장전항	공장	강원조선철공㈜	강원조선철 공㈜
	강원	정선군	임계면	탄광/광산	광구/관동(關東)광업㈜	관동(關東) 광업㈜
	강원	정선군	동면	탄광/광산	백전(栢田)금산	도엽(桃葉) 광업㈜
	강원	정선군	동면	탄광/광산	강대곡(康大谷)금산	미확인
	강원	정선군	임계면	탄광/광산	개금평(開金坪)금산	미확인
	강원	정선군	동면	탄광/광산	금직(金織)금산	미확인
	강원	정선군	정선면	탄광/광산	덕미(德美)금산	미확인
	강원	정선군	동면 몰운리	탄광/광산	몰운(沒雲)광산	미확인
	강원	정선군	북면	탄광/광산	보수(寶授)광산	미확인
	강원	정선군	임계면	탄광/광산	봉정(鳳亭)광산	미확인
	강원	정선군	신동면	탄광/광산	삼진(三振)광산	미확인
	강원	정선군	동면	탄광/광산	석곡(石谷)금산	미확인
	강원	정선군	동, 정선, 북면	탄광/광산	석복금생(石福金生)광산	미확인
	강원	정선군	북면	탄광/광산	장열(長悅)광산	미확인
	강원	정선군	북면	탄광/광산	정원(旌源)광산	미확인
	강원	정선군	동, 남면	탄광/광산	지억(芝億)광산	미확인
	강원	정선군	동면	탄광/광산	풍촌(豊村)금산	미확인
	강원	정선군	동면	탄광/광산	화암(畵岩)금광	미확인
	강원	정선군	동면	탄광/광산	화창(華昌)금산	미확인
	강원	정선군	동면	탄광/광산	화표(華表)광산	미확인
	강원	정선군	정선, 임계면 골지리	탄광/광산	월룡(月龍)광산	옥계금산㈜
	강원	정선군	신동, 남면	탄광/광산	의림(義林)광산	의림(義林) 광업㈜
	강원	정선군	임계면	탄광/광산	낙천(樂川)금광	가타쿠라(片 倉)식산㈜
	강원	정선군	임계면	탄광/광산	선익(善益)금산	가타쿠라(片 倉)식산㈜

구분	소재지(1945년 8월 기준)			직종/대	유적명칭	기업(최종)
	도	부/군	면 이하			
생산관계	강원	정선군	동면북동리	탄광/광산	북동(北洞)금산	고바야시(小林)광업㈜
	강원	정선군	동면	탄광/광산	강원(江原)광산	닛치쓰(日窒)광업개발㈜
	강원	정선군	임계면	탄광/광산	공영(共榮)금산	닛치쓰(日窒)광업개발㈜
	강원	정선군	동면	탄광/광산	저원(猪園)금산	닛치쓰(日窒)광업개발㈜
	강원	정선군	남면	탄광/광산	낙동(樂同)광산	쇼와(昭和)광업㈜
	강원	정선군	동면	탄광/광산	동명(東明)금광	쇼와(昭和)광업㈜
	강원	정선군	동면	탄광/광산	천포(泉浦)금산	쇼와(昭和)광업㈜
	강원	철원/평강군	어운면/평강군 남면	탄광/광산	가평(佳平)광산	미확인
	강원	철원/평강군	북면/평강군 서면	탄광/광산	북한(北漢)광산	미확인
	강원	철원군	불상	공장	철원조면공장/조선방직㈜	조선방직㈜
	강원	철원군	불상	공장	철원공장/가네가후치(鐘淵)공업㈜	가네가후치(鐘淵)공업㈜
	강원	철원군	불상	기타(노무)	군수품관리작업장	미확인
	강원	철원군	불상	기타(노무)	도립병원	미확인
	강원	철원군	불상	철도/도로	철도공사장(경원선)	미확인
	강원	철원군	갈말면	탄광/광산	강원금룡(江原金龍)광산	미확인
	강원	철원군	동송면	탄광/광산	금학(金鶴)광산	미확인
	강원	철원군	갈말면	탄광/광산	단록(丹綠)광산	미확인
	강원	철원군	신서면	탄광/광산	대광(大光)금산	미확인
	강원	철원군	갈말면	탄광/광산	동막(東幕)광산	미확인
	강원	철원군	갈말면	탄광/광산	문혜(文惠)광산	미확인
	강원	철원군	갈말면	탄광/광산	암본(岩本)금광	미확인
	강원	철원군	갈말면	탄광/광산	정(靜)광산	미확인
	강원	철원군	갈말면	탄광/광산	철원용호(龍虎)광산	미확인
	강원	철원군	갈말면	탄광/광산	금현(金峴)광산	조선금산개발㈜
	강원	철원군	동송면	탄광/광산	동조(東照)광산	쇼와(昭和)광업㈜
	강원	철원군	불상	하역수송	철원출장소/조선운송㈜	조선운송㈜
	강원	춘천/홍천군	동면/홍천군 북촌면	탄광/광산	대당(大當)광산	신와(親和)광업㈜
	강원	춘천/화천군	사내면/화천군 상서면	탄광/광산	화춘(華春)형석광산	고아(古我)(합명)
	강원	춘천군	불상	공장	춘천제철공장/가네가후치(鐘淵)공업㈜	가네가후치(鐘淵)공업㈜
	강원	춘천군	불상	공장	방직공장	미확인
	강원	춘천군	경춘선	철도/도로	철도공사장(경춘선)	조선총독부 철도국
	강원	춘천군	사북면	탄광/광산	춘천신포(春川新浦)광산	니혼(日本)경금속㈜
	강원	춘천군	동내면	탄광/광산	동봉(東峯)금산	니혼(日本)광산(鑛産)㈜

구분	소재지(1945년 8월 기준)			직종/대	유적명칭	기업 (최종)
	도	부/군	면 이하			
	강원	춘천군	서면	탄광/광산	서봉(西峰)금광	미쓰비시 (三菱)광업 개발㈜
	강원	춘천군	서면	탄광/광산	가덕(嘉德)광산	미확인
	강원	춘천군	사북면	탄광/광산	가일(佳日)광산	미확인
	강원	춘천군	북산면	탄광/광산	금종(金鍾)광산	미확인
	강원	춘천군	남면	탄광/광산	남면(南面)광산	미확인
	강원	춘천군	사북면	탄광/광산	대동(大同)형석광산	미확인
	강원	춘천군	서면	탄광/광산	대성각(大成閣)금산	미확인
	강원	춘천군	서상, 서하면	탄광/광산	동덕(東德)금산	미확인
	강원	춘천군	동면	탄광/광산	동창(東昌)금광	미확인
	강원	춘천군	사내면	탄광/광산	명월(明月)광산	미확인
	강원	춘천군	북산면	탄광/광산	물로(勿老)금광	미확인
	강원	춘천군	신북, 북산면	탄광/광산	북산(北山)금광	미확인
	강원	춘천군	사내면	탄광/광산	삼일(三逸)수연광산	미확인
	강원	춘천군	사북면	탄광/광산	생재(生財)광산	미확인
	강원	춘천군	사내면	탄광/광산	석룡(石龍)광산	미확인
	강원	춘천군	북산면	탄광/광산	세창(世倉)금광	미확인
	강원	춘천군	동, 북산면	탄광/광산	소양(昭陽)광산	미확인
	강원	춘천군	서면	탄광/광산	소화(昭和)사금광산	미확인
	강원	춘천군	북산면	탄광/광산	수산(水山)금광	미확인
	강원	춘천군	신북면	탄광/광산	신북(新北)광산	미확인
	강원	춘천군	서면	탄광/광산	우일(宇一)금광	미확인
생산 관계	강원	춘천군	동, 동내면	탄광/광산	유촌(有村)광산	미확인
	강원	춘천군	동면	탄광/광산	이성(二成)광산	미확인
	강원	춘천군	사내면	탄광/광산	일생(一生)광산	미확인
	강원	춘천군	서, 사북면	탄광/광산	일환(日丸)광산	미확인
	강원	춘천군	사내면	탄광/광산	제226광산	미확인
	강원	춘천군	북산면	탄광/광산	중전(仲田)광산	미확인
	강원	춘천군	사내면	탄광/광산	청수(淸水)사내(史內)광산	미확인
	강원	춘천군	서면	탄광/광산	춘강(春江)금산	미확인
	강원	춘천군	북산면	탄광/광산	춘조(春照)금광	미확인
	강원	춘천군	사북면	탄광/광산	춘천(春川)형석광산	미확인
	강원	춘천군	서, 사북면	탄광/광산	춘천대동(春川大同)금광	미확인
	강원	춘천군	신남면	탄광/광산	태양(泰洋)광산	미확인
	강원	춘천군	사북면	탄광/광산	화덕(華德)광산	미확인
	강원	춘천군	북산면	탄광/광산	삼가리(三街里)금광	조선광발 (鑛發)㈜
	강원	춘천군	북산면	탄광/광산	조교(照橋)금산	조선광발 (鑛發)㈜
	강원	춘천군	북산면	탄광/광산	창성(倉成)금광산	조선제련㈜
	강원	춘천군	서, 신북, 사북, 하남면	탄광/광산	춘흥(春興)금광	한강수력전 기㈜
	강원	춘천군	동, 북산면	탄광/광산	판항(板項)광산	조선광업 진흥㈜
	강원	춘천군	북산면 청평리	토건	수력발전소	미확인
	강원	통천군	흡곡면	탄광/광산	자동(慈東)금산	고아(古我) (합명)

구분	소재지(1945년 8월 기준)			직종/대	유적명칭	기업 (최종)
	도	부/군	면 이하			
	강원	통천군	임남면	탄광/광산	금강삼승(金剛三昇)광산	금강(金剛)특수광산(주)
	강원	동천군	순령면	탄광/광산	금강신(金剛山)탄광	금강산(金剛山)탄광(주)
	강원	통천군	학일면	탄광/광산	학일(鶴一)광산	니혼(日本)광산(鑛産)(주)
	강원	통천군	벽양면	탄광/광산	학수(鶴水)광산	대부(大富)광업(주)
	강원	통천군	임남면	탄광/광산	구정(九鼎)광산	미확인
	강원	통천군	흡곡면	탄광/광산	금강(金剛)고령토광산	미확인
	강원	통천군	임남, 외금강면	탄광/광산	금강(金剛)중석광산	미확인
	강원	통천군	통천군	탄광/광산	나카가와(中川)통천(通川)광산	미확인
	강원	통천군	학일면	탄광/광산	덕동(德東)광산	미확인
	강원	통천군	임남면	탄광/광산	덕수(德守)광산	미확인
	강원	통천군	임남면	탄광/광산	두백(荳白)중석광산	미확인
	강원	통천군	임남, 벽양면	탄광/광산	만송(晩松)광산	미확인
	강원	통천군	학일면	탄광/광산	모풍(矛豊)광산	미확인
	강원	통천군	벽양면	탄광/광산	벽양(碧養)광산	미확인
	강원	통천군	임남면	탄광/광산	복동(福洞)중석광산	미확인
	강원	통천군	임남면	탄광/광산	삼진(三鎮)광산	미확인
	강원	통천군	흡곡면	탄광/광산	삼진전조(三津田組)광산	미확인
	강원	통천군	고저면	탄광/광산	영동(嶺東)탄광	미확인
	강원	통천군	학일면	탄광/광산	용전(龍田)광산	미확인
	강원	통천군	흡곡면	탄광/광산	율산(栗山)금광	미확인
생산 관계	강원	통천군	벽양, 흡곡면	탄광/광산	제1주명(朱明)광산	미확인
	강원	통천군	흡곡, 학일면	탄광/광산	제2주명(朱明)광산	미확인
	강원	통천군	임남면	탄광/광산	중령(中嶺)광산	미확인
	강원	통천군	임남면	탄광/광산	중산(重産)광산	미확인
	강원	통천군	고저, 학일면	탄광/광산	통고(通庫)광산	미확인
	강원	통천군	고저면	탄광/광산	통수(通水)광산	미확인
	강원	통천군	학일면	탄광/광산	황석(黃石)금산	미확인
	강원	통천군	고저, 전답면	탄광/광산	동해(東海)탄광	이와무라(岩村)광업(주)
	강원	통천군	임남면 운암리	탄광/광산	중정(重鼎)광산	중정(重鼎)광산(주)
	강원	통천군	답전, 고저, 순령면	탄광/광산	통천(通川)탄광	동척(東拓)(주)
	강원	평강군	불상	기타(노무)	성산(城山)농업	조선무연탄(주)
	강원	평강군	목전면	탄광/광산	복만(福萬)광산	동양운모광업(합자)
	강원	평강군	고삽면	탄광/광산	강덕(康德)광산	미확인
	강원	평강군	고삽면	탄광/광산	국도(國島)광산	미확인
	강원	평강군	현내, 목전면	탄광/광산	금부(金釜)광산	미확인
	강원	평강군	고삽면	탄광/광산	기원(記院)광산	미확인
	강원	평강군	현내, 유진면	탄광/광산	낙양(樂壤)광산	미확인
	강원	평강군	유진면	탄광/광산	대종(大鍾)광산	미확인
	강원	평강군	고삽면	탄광/광산	부사(富士)광산	미확인
	강원	평강군	목전면	탄광/광산	부사(富士)석면광산	미확인
	강원	평강군	고삽면	탄광/광산	삼경(三景)광산	미확인

구분	소재지(1945년 8월 기준)			직종/대	유적명칭	기업 (최종)
	도	부/군	면 이하			
생산 관계	강원	평강군	유진면	탄광/광산	삼성(三誠)광산	미확인
	강원	평강군	현내면	탄광/광산	삼화(三華)금광	미확인
	강원	평강군	유진면	탄광/광산	상술(上述)광산	미확인
	강원	평강군	고삽,유진면	탄광/광산	서하리(西下里)금광	미확인
	강원	평강군	고삽면	탄광/광산	소남(昭南)광산	미확인
	강원	평강군	고삽면	탄광/광산	소남(昭南)형석광산	미확인
	강원	평강군	현내,목전면	탄광/광산	신북(新北)광산	미확인
	강원	평강군	현내,유진면	탄광/광산	신성(新成)광산	미확인
	강원	평강군	현내,고삽면	탄광/광산	의성(義成)금광	미확인
	강원	평강군	고삽면	탄광/광산	이성(利成)광산	미확인
	강원	평강군	현내,목전면	탄광/광산	이평(伊平)광산	미확인
	강원	평강군	유진면	탄광/광산	일륭(日隆)금산	미확인
	강원	평강군	유진면	탄광/광산	주흥(朱興)금광	미확인
	강원	평강군	유진면	탄광/광산	천도(天圖)광산	미확인
	강원	평강군	유진면	탄광/광산	초방(草芳)금광	미확인
	강원	평강군	고삽면	탄광/광산	최금(崔金)광산	미확인
	강원	평강군	고삽면	탄광/광산	평양공제사(平壤共濟社) 석문(石門)광산	미확인
	강원	평강군	현내,유진면	탄광/광산	현내(縣内)광산	미확인
	강원	평강군	고삽면	탄광/광산	회복(回福)금광	미확인
	강원	평강군	유진면	탄광/광산	후평(后坪)광산	미확인
	강원	평강군	현내,고삽면	탄광/광산	평강(平康)형석광산	삼화(三和)흑연광업㈜
	강원	평강군	유진면	탄광/광산	평강(平康)광산	평강(平康)광업㈜
	강원	평강군	고삽,유진면	탄광/광산	가보(嘉寶)금산	미쓰비시(三菱)광업㈜
	강원	평강군	고삽,유진면	탄광/광산	우익(佑益)광산	미쓰비시(三菱)광업㈜
	강원	평창군	불상	기타(노무)	근로보국대/도로보수 등	미확인
	강원	평창군	불상	기타(노무)	근로보국대/퇴비증산작업장	미확인
	강원	평창군	봉평,대화면	탄광/광산	개수(介水)금광	미확인
	강원	평창군	평창면	탄광/광산	남석(南石)금광	미확인
	강원	평창군	대화면	탄광/광산	대평(大平)금광	미확인
	강원	평창군	대화면	탄광/광산	대화(大和)금광	미확인
	강원	평창군	대화면	탄광/광산	방계(芳桂)광산	미확인
	강원	평창군	평창읍	탄광/광산	삼당(三堂)광산	미확인
	강원	평창군	진부면	탄광/광산	오대산대산(五台山大山)광산	미확인
	강원	평창군	도암면	탄광/광산	이촌(李村)광산	미확인
	강원	평창군	평창면	탄광/광산	입탄(入彈)금광	미확인
	강원	평창군	진부면	탄광/광산	진부(珍富)광산	미확인
	강원	평창군	대화면	탄광/광산	평창(平昌)금산	미확인
	강원	평창군	평창,미탄면	탄광/광산	평창(平昌)형석광산	미확인
	강원	평창군	도암면	탄광/광산	해염지(海鹽地)금광	미확인
	강원	평창군	도암면	탄광/광산	횡계(橫溪)금산	미확인
	강원	평창군	대화면	탄광/광산	운교(雲橋)금광	삼화(三和)흑연광업㈜
	강원	홍천/춘천군	두촌면/춘천군북전면	탄광/광산	장남(長南)금광	미확인

구분	소재지(1945년 8월 기준)			직종/대	유적명칭	기업 (최종)
	도	부/군	면 이하			
생산 관계	강원	홍천/ 횡성군	동면/횡성군 공근면	탄광/광산	금왕(金王)금광	미확인
	강원	홍천/ 횡성군	서석면/횡성군 청일면	탄광/광산	금율(金栗)광산	미확인
	강원	홍천/ 횡성군	동면/횡성군 청일,공근면	탄광/광산	대의산(臺議山)금광	미확인
	강원	홍천/ 횡성군	동면/횡성군 청일면	탄광/광산	삼생(三生)광산	미확인
	강원	홍천/ 횡성군	동면/횡성군 공근면	탄광/광산	삼오(三五)광산	미확인
	강원	홍천군	내촌면	탄광/광산	가여(可興)금산	미확인
	강원	홍천군	두촌,서석면	탄광/광산	갈현(葛峴)금광	미확인
	강원	홍천군	내촌,두촌면	탄광/광산	강원(江元)금광	미확인
	강원	홍천군	홍천,화촌면	탄광/광산	공작(孔雀)금광	미확인
	강원	홍천군	내촌,두촌면	탄광/광산	교동(校洞)광산	미확인
	강원	홍천군	화촌면	탄광/광산	군대(君垈)광산	미확인
	강원	홍천군	화촌,동면	탄광/광산	군업(君業)금산	미확인
	강원	홍천군	남면	탄광/광산	금물산(金物山)광산	미확인
	강원	홍천군	야촌,벽암면	탄광/광산	내창(乃昌)광산	미확인
	강원	홍천군	북방면	탄광/광산	대금학(大金鶴)광산	미확인
	강원	홍천군	내촌면	탄광/광산	대련(大練)광산	미확인
	강원	홍천군	화촌면	탄광/광산	대성(大盛)금광	미확인
	강원	홍천군	내촌면	탄광/광산	대환(大丸)광산	미확인
	강원	홍천군	내촌면	탄광/광산	도관(道寬)광산	미확인
	강원	홍천군	두촌면	탄광/광산	동두(東頭)금광	미확인
	강원	홍천군	서,북방면	탄광/광산	명동(明東)광산	미확인
	강원	홍천군	내촌면	탄광/광산	문현(文峴)금광	미확인
	강원	홍천군	내촌면 도보리	탄광/광산	백우(白羽)금산	미확인
	강원	홍천군	내촌면	탄광/광산	삼익(三益)금광	미확인
	강원	홍천군	서석면	탄광/광산	서석(瑞石)광산	미확인
	강원	홍천군	서석면	탄광/광산	서화(瑞花)금산	미확인
	강원	홍천군	두촌면	탄광/광산	세덕(世德)광산	미확인
	강원	홍천군	북방면	탄광/광산	소매(梅)광산	미확인
	강원	홍천군	내촌,두촌면	탄광/광산	수서(壽瑞)금산	미확인
	강원	홍천군	동면	탄광/광산	신성(新星)광산	미확인
	강원	홍천군	화촌면	탄광/광산	오두(五頭)금산	미확인
	강원	홍천군	홍촌,동면	탄광/광산	오룡산(五龍山)금광	미확인
	강원	홍천군	내촌,두촌면	탄광/광산	오송(五松)광산	미확인
	강원	홍천군	내촌면	탄광/광산	용금(湧金)광산	미확인
	강원	홍천군	화촌,동면	탄광/광산	유금(裕金)광산	미확인
	강원	홍천군	두촌,내촌면	탄광/광산	윤우(允友)광산	미확인
	강원	홍천군	두촌면	탄광/광산	일어라(逸於羅)광산	미확인
	강원	홍천군	두촌면	탄광/광산	창순(昌舜)금광	미확인
	강원	홍천군	두촌면	탄광/광산	홍영(洪榮)광산	미확인
	강원	홍천군	내촌면	탄광/광산	홍창(洪昌)광산	미확인
	강원	홍천군	홍천,동면	탄광/광산	홍천(洪川)광산	미확인
	강원	홍천군	내촌,두촌면	탄광/광산	홍천대진(洪川大進)광산	미확인
	강원	홍천군	내촌면	탄광/광산	홍흥(洪興)광산	미확인

구분	소재지(1945년 8월 기준)			직종/대	유적명칭	기업 (최종)
	도	부/군	면 이하			
	강원	홍천군	화촌면	탄광/광산	심복(深福)금산	제국석유광업㈜
	강원	홍천군	내촌면	탄광/광산	금화(金和)광산	가네가후치(鐘淵)공업㈜
	강원	홍천군	두촌, 화촌면	탄광/광산	삼화(三和)광산	가네가후치(鐘淵)공업㈜
	강원	홍천군	내촌면	탄광/광산	화상대(和尙坮)금산	가네가후치(鐘淵)공업㈜
	강원	홍천군	두촌, 내촌면	탄광/광산	고바야시(小林) 홍천(洪川)광산	고바야시(小林)공업㈜
	강원	홍천군	남면	탄광/광산	화전리(花田里)광산	미쓰비시(三菱)공업㈜
	강원	화천군	하남면	탄광/광산	개남(開南)광산	미확인
	강원	화천군	하남면	탄광/광산	계성(啓星)금산	미확인
	강원	화천군	화천, 간동면	탄광/광산	구용(龜湧)금광	미확인
	강원	화천군	상서면	탄광/광산	대기화천(大崎華川)광산	미확인
	강원	화천군	상서면	탄광/광산	대성산(大成山)광산	미확인
	강원	화천군	화천, 하남면	탄광/광산	성장(成長)금산	미확인
	강원	화천군	하남, 상서면	탄광/광산	소화(昭華)광산	미확인
	강원	화천군	하남면	탄광/광산	우정(友井)광산	미확인
	강원	화천군	하남면	탄광/광산	장군(將軍)형석광산	미확인
	강원	화천군	화천, 상서면	탄광/광산	조성(照誠)금산	미확인
	강원	화천군	상서면	탄광/광산	태화(泰華)금광	미확인
	강원	화천군	상서면	탄광/광산	황중(黃中)광산	미확인
생산 관계	강원	화천군	화천면	탄광/광산	국기(國基)금광	한강수력전기㈜
	강원	화천군	간동면	탄광/광산	춘흥(春興)금광	한강수력전기㈜
	강원	화천군	화천면	탄광/광산	태산(泰産)광산	한강수력전기㈜
	강원	화천군	하남면	탄광/광산	제2문등(文崟)광산	니혼(日本)마그네사이트화학공업㈜
	강원	화천군	간동면 구만리	토건	수력발전소(화천)/가지마구미(鹿島組)	가지마구미(鹿島組)
	강원	회양군	난곡면 현리 321-5	기타(노무)	배란(培蘭)흥업(합자)	배란(培蘭)흥업(합자)
	강원	회양군	사동면	탄광/광산	신읍리(新邑里)형석광산	고아(古我)(합명)
	강원	회양군	외금강면	탄광/광산	산등봉(山登峰)광산	금강(金剛)특수광산㈜
	강원	회양군	내금강면	탄광/광산	풍성(豊成)광산	동양자원개발㈜
	강원	회양군	내금강면	탄광/광산	금강원(金剛院)금산	미확인
	강원	회양군	내금강면	탄광/광산	금강유동(金剛楡洞)광산	미확인
	강원	회양군	하북면	탄광/광산	금벽(金璧)광산	미확인
	강원	회양군	하북면	탄광/광산	독동(獨洞)금산	미확인
	강원	회양군	사동면	탄광/광산	동만(東萬)광산	미확인
	강원	회양군	상북면	탄광/광산	막산(幕山)금광	미확인
	강원	회양군	상북면	탄광/광산	만년덕(萬年德)금산	미확인
	강원	회양군	상북면	탄광/광산	만덕원(萬德圓)광산	미확인

구분	소재지(1945년 8월 기준)		직종/대	유적명칭	기업(최종)
	도	부/군	면 이하		
생산 관계	강원	회양군	안풍면	탄광/광산	명우(鳴牛)광산	미확인
	강원	회양군	내금강면	탄광/광산	목기(木埼)광산	미확인
	강원	회양군	하북면	탄광/광산	미기(尾埼)광산	미확인
	강원	회양군	상북면	탄광/광산	복수(福壽)금광	미확인
	강원	회양군	내금강면	탄광/광산	삼억(三億)광산	미확인
	강원	회양군	상북면	탄광/광산	서진강(西津江)사금광	미확인
	강원	회양군	내금강면	탄광/광산	선창(仙蒼)광산	미확인
	강원	회양군	하북면	탄광/광산	신계(新啓)광산	미확인
	강원	회양군	내금강면	탄광/광산	신풍(新豊)중석광산	미확인
	강원	회양군	내금강면	탄광/광산	신풍대창(新豊臺昌)광산	미확인
	강원	회양군	상북면	탄광/광산	양훈(兩勳)금광	미확인
	강원	회양군	하북, 난곡면	탄광/광산	어득(於得)광산	미확인
	강원	회양군	상북, 안풍면	탄광/광산	의창(義昌)광산	미확인
	강원	회양군	내금강면	탄광/광산	장안(長安)금광	미확인
	강원	회양군	난곡면	탄광/광산	전풍(全豊)광산	미확인
	강원	회양군	사동면	탄광/광산	정룡(正龍)광산	미확인
	강원	회양군	내금강면	탄광/광산	제1금풍(金豊)광산	미확인
	강원	회양군	하북면	탄광/광산	철남(鐵南)금산	미확인
	강원	회양군	하북, 난곡면	탄광/광산	태령(台嶺)금산	미확인
	강원	회양군	상북면	탄광/광산	태성호(泰成號)광산	미확인
	강원	회양군	안풍면	탄광/광산	태일(台日)광산	미확인
	강원	회양군	상북면	탄광/광산	판신(板新)광산	미확인
	강원	회양군	사동, 안풍면	탄광/광산	풍량(豊良)광산	미확인
	강원	회양군	안풍면	탄광/광산	풍화(豊和)금광	미확인
	강원	회양군	상북면	탄광/광산	환능(丸菱)광산	미확인
	강원	회양군	회양, 사동면	탄광/광산	회양창성(淮陽昌城)금광	미확인
	강원	회양군	안풍면	탄광/광산	안풍(安豊)금산	서안(瑞安) 광업(주)
	강원	회양군	하북면	탄광/광산	우베(宇部) 금곡(金谷)광산	우베(宇部)흥 산(興産)(주)
	강원	회양군	하북면	탄광/광산	회양(淮陽)금산	우베(宇部)흥 산(興産)(주)
	강원	회양군	상북, 안풍면	탄광/광산	송호(松湖)금산	제국석유광 업(주)
	강원	회양군	하북면	탄광/광산	형동(衡洞)금광	조선광업(주)
	강원	회양군	사동, 안풍면	탄광/광산	미휘리(未輝里)형석광산	조선형석(주)
	강원	회양군	내금강면	탄광/광산	내금강(內金剛)광산	금강(金剛) 특종광산(주)
	강원	회양군	하북면	탄광/광산	철령(鐵嶺)광산	미쓰비시(三 菱)광업(주)
	강원	회양군	내금강면	탄광/광산	장양(長陽)광산	신와(親和) 광업(주)
	강원	횡성군	안흥면 하안흥리, 우천면 도원리	탄광/광산	정곡(井谷)금산	미확인
	강원	횡성군	둔내면	탄광/광산	제1고성(高城)금산	미확인
	강원	횡성군	둔내, 갑천면	탄광/광산	춘광(春光)금산	미확인
	강원	횡성군	안흥, 우천면	탄광/광산	풍전(豊田)광산	미확인
	강원	횡성군	청일면	탄광/광산	횡성금풍(橫城金豊)광산	미확인
	강원	횡성군	공근면	탄광/광산	횡성백년(橫城百年)금광	미확인
	강원	횡성군	안흥, 둔내면	탄광/광산	휘성(輝成)금산	미확인

구분	소재지(1945년 8월 기준)			직종/대	유적명칭	기업(최종)
	도	부/군	면 이하			
생산관계	강원	횡성군	정곡면	탄광/광산	산전(山田)광업소/도호(東邦)광업㈜	도호(東邦)광업㈜
	강원	횡성군	청일면	탄광/광산	간일(艮一)광산	미확인
	강원	횡성군	둔내,안흥면	탄광/광산	갑산(甲産)금광	미확인
	강원	횡성군	공근면	탄광/광산	곡촌(谷村)광산	미확인
	강원	횡성군	둔내,갑천면	탄광/광산	대화동(大禾洞)금산	미확인
	강원	횡성군	안흥,둔내면	탄광/광산	덕고(德高)광산	미확인
	강원	횡성군	청일면	탄광/광산	동원(東園)금광	미확인
	강원	횡성군	안흥,우천면	탄광/광산	면천(綿川)금광	미확인
	강원	횡성군	청일,공근면	탄광/광산	병지방(兵之坊)광산	미확인
	강원	횡성군	청일면	탄광/광산	보흥(普興)금산	미확인
	강원	횡성군	서원면	탄광/광산	복조(福祚)광산	미확인
	강원	횡성군	청일,갑천면	탄광/광산	봉청(鳳淸)광산	미확인
	강원	횡성군	서원면	탄광/광산	분일(分一)광산	미확인
	강원	횡성군	안흥면	탄광/광산	산전(山田)광산	미확인
	강원	횡성군	안흥면	탄광/광산	삼흔(三欣)금산	미확인
	강원	횡성군	안흥면	탄광/광산	삼희(三喜)금광	미확인
	강원	횡성군	청일면	탄광/광산	선왕청소(鮮王靑蘇)광산	미확인
	강원	횡성군	공근면	탄광/광산	섬동(蟾洞)광산	미확인
	강원	횡성군	안흥면	탄광/광산	시풍(矢豊)광산	미확인
	강원	횡성군	공근,서원면	탄광/광산	쌍룡(雙龍)금광	미확인
	강원	횡성군	공근면	탄광/광산	오음산(五音山)금광	미확인
	강원	횡성군	청일면	탄광/광산	욱창(旭昌)금광	미확인
	강원	횡성군	청일,갑천면	탄광/광산	율곡(栗谷)광산	미확인
	경기	가평/양주/포천군	외서면/양주군 화도,주내,회천,진건,미금,진접,와부,양서면/포천군 소건면	탄광/광산	양주삼왕(楊州三旺)금산	임산(林山)광업㈜
	경기	가평/양평/춘천군	남면/양평군 설악면/강원도 춘천군 남면	탄광/광산	북한강(北漢江)광산	미확인
	경기	가평/춘천군	북면/강원도 춘천군 서면	탄광/광산	동덕(東德)금광	미확인
	경기	가평군	불상	기타(노무)	벌목작업장	미확인
	경기	가평군	불상	기타(노무)	수리조합	미확인
	경기	가평군	북면	탄광/광산	가평(加平)광산	미확인
	경기	가평군	북면	탄광/광산	가평(加平)금산	미확인
	경기	가평군	외서면	탄광/광산	가평태창(加平台昌)광산	미확인
	경기	가평군	외서,상면	탄광/광산	경기(京畿)제1금광	미확인
	경기	가평군	가평,하면	탄광/광산	경평(耕平)광산	미확인
	경기	가평군	외서면	탄광/광산	기천(起泉)광산	미확인
	경기	가평군	남면/강원도 춘천군 남면	탄광/광산	남흡(南怡)금광	미확인
	경기	가평군	상면,외서,하면	탄광/광산	대금(大金)광산	미확인
	경기	가평군	외서면	탄광/광산	명보(明寶)광산	미확인
	경기	가평군	북면	탄광/광산	명지(明智)광산	미확인
	경기	가평군	하면	탄광/광산	보정(寶井)금산	미확인
	경기	가평군	가평,외서면	탄광/광산	상색(上色)광산	미확인
	경기	가평군	상면	탄광/광산	천삼(天三)광산	미확인

구분	소재지(1945년 8월 기준)			직종/대	유적명칭	기업 (최종)
	도	부/군	면 이하			
생산 관계	경기	가평군	상,하,가평면	탄광/광산	고바야시(小林) 대(大)금산	고바야시(小林)광업㈜
	경기	가평군	청평면 청평리/양평군 서종면 삼회리	토건	수력발전소(청평댐)	미확인
	경기	강화군	부내면 신문리	공장	조양방직㈜	조양(朝陽)방직㈜
	경기	강화군	선원면 신정리 339	공장	강화(江華)요업㈜	강화(江華)요업㈜
	경기	강화군	불은면	탄광/광산	강화(江華)금산	미확인
	경기	강화군	송해면	탄광/광산	금도(金都)광산	미확인
	경기	강화군	선원면	탄광/광산	금봉(錦奉)사금광	미확인
	경기	강화군	서도면	탄광/광산	무학(鶴舞)중석광산	미확인
	경기	강화군	서도면	탄광/광산	볼음도(甹音島)광산	미확인
	경기	강화군	양사면	탄광/광산	부곡(富谷)금산	미확인
	경기	강화군	불은, 선원면	탄광/광산	불은(佛恩)금광	미확인
	경기	강화군	길상, 양도면	탄광/광산	양길(良吉)금광	미확인
	경기	강화군	양도면	탄광/광산	일화(日華)광산	미확인
	경기	강화군	양사면	탄광/광산	풍보(豊寶)광산	미확인
	경기	강화군	길상면	탄광/광산	초지(草芝)광산	강화(江華)요업㈜
	경기	강화군	불상	탄광/광산	혜음도광산	니혼(日本)고주파중공업㈜
	경기	강화군	내가면	토건	저수지(내가면)	미확인
	경기	강화군	길상면 초지리	토건	제방공사장	미확인
	경기	개성/경성/평남	개성↔여현간	철도/도로	철도공사장(경의선)/오바야시구미(大林組)	오바야시구미(大林組)[시공]/철도국[발주]
	경기	개성/고양군/인천부	덕암리/인천부 목월, 소화,대도,명치,장수,운연,일서,흑전정/고양군 원당,벽제,중,원당,지도면	탄광/광산	부평(富平)광산	조선광업㈜
	경기	개성부	불상	공장	개성공장/서선(西鮮)합동전기㈜	서선(西鮮)합동전기㈜
	경기	개성부	북본정753	공장	동양공업사(합자)	동양공업사(합자)
	경기	개성부	고려정123	공장	마쓰다카(松高)실업장㈜	마쓰다카(松高)실업장㈜
	경기	개성부	불상	기타(노무)	개성소년형무소	미확인
	경기	개성부	북본정42	기타(노무)	개풍(開豊)농장(합명)	개풍(開豊)농장(합명)
	경기	개성부	불상	철도/도로	개성사무소/조선총독부 교통국	조선총독부 교통국
	경기	개성부	불상	토건	전기공사/조선총독부 철도국 개성사무소	조선총독부 철도국[발주]
	경기	개성부	불상	토건	제방공사장	미확인
	경기	개성부	불상	하역수송	개성지점/조선운송㈜	조선운송㈜
	경기	개풍/금천군	북면/황해도 금천군 고동면	탄광/광산	독형(讀亨)광산	미확인
	경기	개풍/금천군	북면/황해도 금천군 고동면	탄광/광산	삼보(三寶)광산	삼보(三寶)광업㈜

구분	소재지(1945년 8월 기준)			직종/대	유적명칭	기업(최종)
	도	부/군	면 이하			
생산관계	경기	개풍/금천군	북면/황해도 금천군 고동면	탄광/광산	제2금동(金東)금산	미확인
	경기	개풍/장단군	영북면/장단군 소남면	탄광/광산	홍화(弘化)광산	동우흥업(東宇興業)㈜
	경기	개풍군	중서면 토성리 549	공장	토성(土城)요업㈜	토성요업㈜
	경기	개풍군	북면	탄광/광산	개북(開北)금광	미확인
	경기	개풍군	남면	탄광/광산	개운(開運)광산	미확인
	경기	개풍군	북면	탄광/광산	개은(開隱)광산	미확인
	경기	개풍군	광덕,남면	탄광/광산	개풍(開豊)금산	미확인
	경기	개풍군	북면	탄광/광산	공영(共永)광산	미확인
	경기	개풍군	서면	탄광/광산	광정(光井)금산	미확인
	경기	개풍군	중면 대룡리	탄광/광산	대룡광산	사이토(濟藤)광업㈜
	경기	개풍군	서면,중서면	탄광/광산	대보서면(大寶西面)광산	미확인
	경기	개풍군	중서,북면	탄광/광산	려현(礪峴)광산	미확인
	경기	개풍군	북면	탄광/광산	려현금풍(礪峴金豊)광산	미확인
	경기	개풍군	서면	탄광/광산	석숭(石崇)광산	미확인
	경기	개풍군	남면	탄광/광산	수풍(修豊)광산	미확인
	경기	개풍군	중서,북면	탄광/광산	식포(食浦)금산	미확인
	경기	개풍군	서면	탄광/광산	연산(連山)금산	미확인
	경기	개풍군	중서,북면	탄광/광산	영국(榮光)금산	미확인
	경기	개풍군	토성,서,중서면	탄광/광산	영풍(永豊)광산	미확인
	경기	개풍군	광덕,청교,남면	탄광/광산	옥숭(玉崶)금광	미확인
	경기	개풍군	남면	탄광/광산	전좌(殿座)금산	미확인
	경기	개풍군	서,중서면	탄광/광산	전포(錢浦)금광	미확인
	경기	개풍군	광덕,남면	탄광/광산	중연(中連)광산	미확인
	경기	개풍군	남면	탄광/광산	창릉(昌陵)금광	미확인
	경기	개풍군	북면	탄광/광산	창일(昌日)광산	미확인
	경기	경성부	동대문구 돈암정 458-1	공장	후지(富士)제이(製履)㈜	후지(富士)제이㈜
	경기	경성부	동대문구 숭인정 181	공장	동광생사㈜	동광생사㈜
	경기	경성부	동대문구 신설정 132	공장	서울고무(護謨)공사㈜	서울고무(護謨)공사㈜
	경기	경성부	동대문구 신설정 137	공장	세계고무護謨공업㈜	세계고무護謨공업㈜
	경기	경성부	동대문구 신설정 347	공장	오카노(岡野)상점(합자)	오카노(岡野)상점(합자)
	경기	경성부	동대문구 신설정 356	공장	동양제면㈜	동양제면㈜
	경기	경성부	동대문구 이문정 288-1	공장	경성공장/조선착암기공작소㈜	조선착암기공작소㈜
	경기	경성부	동대문구 휘경정 189	공장	태창직물㈜	태창직물㈜
	경기	경성부	불상	공장	갱생공업㈜	갱생공업㈜
	경기	경성부	불상	공장	경성(직포)공장/다이니혼(大日本)방적	다이니혼(大日本)방적㈜
	경기	경성부	불상	공장	경성공장/우에무라(植村)제약㈜	우에무라(植村)제약㈜

구분	소재지(1945년 8월 기준)			직종/대	유적명칭	기업 (최종)
	도	부/군	면 이하			
생산관계	경기	경성부	불상	공장	경성공장/조선경비행기제작소	조선경비행기제작소
	경기	경성부	불상	공장	경성공장/조선대동제강	조선대동제강
	경기	경성부	불상	공장	경성공장/조선전선㈜	조선전선㈜
	경기	경성부	불상	공장	영등포공장/조선방직㈜	조선방직㈜
	경기	경성부	불상	공장	경성공장/동양전선㈜	동양전선㈜
	경기	경성부	불상	공장	경성지점/데이코쿠(帝國)섬유㈜	데이코쿠(帝國)섬유㈜
	경기	경성부	불상	공장	본점/도멘(東棉)섬유공업	도멘(東棉)섬유공업
	경기	경성부	불상	공장	본점/일본원철㈜	니혼(日本)원철㈜
	경기	경성부	서대문구 공덕정 113	공장	동아산소㈜	동아산소㈜
	경기	경성부	서대문구 공덕정 116-25	공장	반도제작㈜	반도제작㈜
	경기	경성부	서대문구 냉천정 12	공장	조선유지공업소(합자)	조선유지공업소(합자)
	경기	경성부	서대문구 냉천정 4	공장	해동직물㈜	해동직물㈜
	경기	경성부	서대문구 아현정 277	공장	대동산업㈜	대동산업㈜
	경기	경성부	서대문구 아현정 367	공장	조선장업(醬業)㈜	조선장업㈜
	경기	경성부	서대문구 정동정 27	공장	조선자동차공업㈜	조선자동차공업㈜
	경기	경성부	서대문구 죽첨정 2-115	공장	동방공업㈜	동방공업㈜
	경기	경성부	서대문구 죽첨정 3250	공장	흥아(興亞)코르크공업㈜	흥아(興亞)코르크공업㈜
	경기	경성부	서대문구 죽첨정 3-99	공장	경성나선(螺旋)공업㈜	경성나선(螺旋)공업㈜
	경기	경성부	서대문구 죽첨정 3-99	공장	대성철공㈜	대성철공㈜
	경기	경성부	서대문구 중림정 150	공장	조선연와(합자)	조선연와(합자)
	경기	경성부	서대문구 중림정 155	공장	대륙고무(護謨)공업㈜	대륙고무(護謨)공업㈜
	경기	경성부	성동구 상왕십리정763	공장	동화피복㈜	동화피복㈜
	경기	경성부	성동구 신당정 110	공장	경성염업㈜	경성염업㈜
	경기	경성부	성동구 신당정 213	공장	국산연연(國産燃硏)공업㈜	국산연연(國産燃硏)공업㈜
	경기	경성부	성동구 신당정 217	공장	금강전구제작소 ㈜	금강전구제작소 ㈜
	경기	경성부	성동구 신당정 357-6	공장	조선제유공업㈜	조선제유공업㈜
	경기	경성부	성동구 왕십리정 238	공장	야마쓰루양조㈜	야마쓰루양조㈜

구분	소재지(1945년 8월 기준)			직종/대	유적명칭	기업 (최종)
	도	부/군	면 이하			
생산 관계	경기	경성부	영등포구 노량진 정48	공장	모리다(森田)연와공장(합자)	모리다(森田)연와공장(합자)
	경기	경성부	영등포구 노량진 정84	공장	조선제함공업(합자)	조선제함공업(합자)
	경기	경성부	영등포구 당산정 155	공장	경성피치(ピッチ)연탄공장㈜	경성ピッチ 연탄공장㈜
	경기	경성부	영등포구 당산정 161	공장	코라이트(コウライト)공업㈜	코라이트 (コウライ ト)공업㈜
	경기	경성부	영등포구 당산정 222	공장	재생공업㈜	재생공업㈜
	경기	경성부	영등포구 당산정 222	공장	조선탄닌공업㈜	조선탄닌 공업㈜
	경기	경성부	영등포구 번대방 정92	공장	동양제철㈜	동양제철㈜
	경기	경성부	영등포구 본동정 387	공장	동양기계공작소(합자)	동양기계공 작소(합자)
	경기	경성부	영등포구 본동정 455	공장	삼공(三共)가구제작소(합명)	삼공(三共) 가구제작소 (합명)
	경기	경성부	영등포구 양평정 349-3	공장	한성철공소㈜	한성철공소 ㈜
	경기	경성부	영등포구 양평정 372	공장	다이니혼(大日本) 니코친(ニコチン)공업 ㈜	다이니혼(大 日本) 니코 친(ニコチン) 공업㈜
	경기	경성부	영등포구 영등포정	공장	영등포공장/관동기계제작소㈜	관동(關東)기 계제작소㈜
	경기	경성부	영등포구 영등포정	공장	영등포공장/쇼와(昭和)정공	쇼와(昭和)정 공(精工)㈜
	경기	경성부	영등포구 영등포정	공장	영등포공장/오키(沖)전기	오키(沖)] 전기
	경기	경성부	영등포구 영등포정	공장	영등포공장/조선중기공업	조선중기 (重機)공업
	경기	경성부	영등포구 영등포 정300	공장	경성지점/가네가후치(鐘淵)공업㈜	가네가후치 (鐘淵)공업㈜
	경기	경성부	영등포구 영등포 정319	공장	마쓰미야(松宮)우선염공장㈜	마쓰미야 (松宮)우선 염공장㈜
	경기	경성부	영등포구 영등포 정323	공장	경성고무공업㈜	경성고무 공업㈜
	경기	경성부	영등포구 영등포 정323	공장	경성코르크공업㈜	경성코르크 공업㈜
	경기	경성부	영등포구 영등포 정323	공장	아사히(旭)제작소㈜	아사히(旭) 제작소㈜
	경기	경성부	영등포구 영등포 정334	공장	조선섬유재생공업㈜	조선섬유 재생공업㈜
	경기	경성부	영등포구 영등포 정640-2	공장	제2일본유리(硝子)㈜	니혼(日本)유 리(硝子)㈜
	경기	경성부	용산구	공장	경성공장/조선총독부철도국	조선총독부 철도국

구분	소재지(1945년 8월 기준)			직종/대	유적명칭	기업(최종)
	도	부/군	면 이하			
생산관계	경기	경성부	용산구	공장	용산공장/시모카와(下川)제작소	시모카와(下川)제작소
	경기	경성부	용산구	공장	용산공장/용산공작㈜	용산공작㈜
	경기	경성부	용산구	공장	용산공장/조선화공기	조선화공기
	경기	경성부	용산구 강기정14	공장	아사히(朝日)석검(石鹼)㈜	아사히(朝日)석검(石鹼)㈜
	경기	경성부	용산구 강기정5-13	공장	경성고무공업소(합자)	경성고무공업소(합자)
	경기	경성부	용산구 강기정62	공장	경성중공업㈜	경성중공업㈜
	경기	경성부	용산구 강기정69	공장	경성석분제조소(합자)	경성석분제조소(합자)
	경기	경성부	용산구 강기정92	공장	중근(中根)기계(합명)	중근기계(합명)
	경기	경성부	용산구 강기정98-27	공장	와타나베(渡邊)철공소(합자)	와타나베(渡邊)철공소(합자)
	경기	경성부	용산구 경정11	공장	동아공업㈜	동아공업㈜
	경기	경성부	용산구 경정11	공장	일본전구제작소㈜	니혼(日本)전구제작소㈜
	경기	경성부	용산구 경정30-1	공장	풍국제분㈜	풍국제분㈜
	경기	경성부	용산구 경정7	공장	시마다(島田)철공소㈜	시마다(島田)철공소㈜
	경기	경성부	용산구 대도정1	공장	조선유리(硝子)공업㈜	조선유리(硝子)공업㈜
	경기	경성부	용산구 대도정1-1	공장	조선계기㈜	조선계기㈜
	경기	경성부	용산구 삼판통164	공장	정고사	정고사(正高社)(합자)
	경기	경성부	용산구 원정1-104	공장	조선제면㈜	조선제면㈜
	경기	경성부	용산구 원정1-93	공장	오내(奥内)공업㈜	오내공업㈜
	경기	경성부	용산구 원정3-48	공장	흥아동합금공업㈜	흥아동합금공업㈜
	경기	경성부	용산구 청엽정2-96	공장	쇼와(昭和)상공㈜	쇼와(昭和)상공㈜
	경기	경성부	용산구 청엽정3-84-2	공장	경성공작㈜	경성공작㈜
	경기	경성부	용산구 한강통11-163	공장	조선신남(シンナム)흥업(합자)	조선신남(シンナム)흥업(합자)
	경기	경성부	용산구 한강통11-181	공장	흥아잠업㈜	흥아잠업㈜
	경기	경성부	용산구 한강통11-184	공장	조선옥견공업㈜	조선옥견공업㈜
	경기	경성부	용산구 한강15-1	공장	조선제빙㈜	조선제빙㈜
	경기	경성부	용산구 한강통15-4	공장	조선포백제품(유한)	조선포백제품(유한)
	경기	경성부	용산구 한강통6	공장	조선연마지석㈜	조선연마지석㈜

구분	소재지(1945년 8월 기준)			직종/대	유적명칭	기업 (최종)
	도	부/군	면 이하			
생산 관계	경기	경성부	용산구 한강통 6-19	공장	조선로공업㈜	조선로(爐) 공업㈜
	경기	경성부	종로구 관철정 247	공장	중앙산업㈜	중앙산업㈜
	경기	경성부	종로구 도렴정 196	공장	조선공업㈜	조선공업㈜
	경기	경성부	종로구 도렴정 403	공장	가메다(龜田)코르크공장(합자)	가메다(龜田)코 르크공장(합자)
	경기	경성부	종로구 서린정 1-1	공장	사무소/미쓰이(三井)유지㈜	미쓰이(三井) 유지(화학)㈜
	경기	경성부	종로구 서린정 1-1	공장	협동유지제함㈜	협동유지제 함㈜
	경기	경성부	종로구 서린정 135-1	공장	동아제초㈜	동아제초㈜
	경기	경성부	종로구 예지정 179	공장	천일제약㈜	천일제약㈜
	경기	경성부	종로구 이화정 190	공장	한성제유소	미확인
	경기	경성부	종로구 익선정 115	공장	삼화제약㈜	삼화제약㈜
	경기	경성부	종로구 인사정 188-2	공장	동아산업㈜	동아산업㈜
	경기	경성부	종로구 장사정80	공장	동양염직㈜	동양염직㈜
	경기	경성부	종로구 종로 1-71	공장	동양제철소(합명)	동양제철소 (합명)
	경기	경성부	종로구 종로2-5	공장	대동직물㈜	대동직물㈜
	경기	경성부	종로구 종로 2-82-2	공장	조선견직㈜	조선견직㈜
	경기	경성부	종로구 종로 2-82-2	공장	풍림(豊林)철공소㈜	풍림철공소 ㈜
	경기	경성부	종로구 종로 3-63	공장	본사/조선도기㈜	조선도기㈜
	경기	경성부	중구 고시정12	공장	경성공장/조선주조(鑄造)㈜	조선주조 (鑄造)㈜
	경기	경성부	중구 고시정12	공장	본사/경성기계제작소㈜	경성기계 제작소㈜
	경기	경성부	중구 고시정12	공장	본사/조선정병㈜	조선정병㈜
	경기	경성부	중구 고시정12	공장	본사/조선아사노칼릿(カーリット)㈜	조선아사노 (淺野)칼릿㈜
	경기	경성부	중구 고시정43	공장	나니와(浪速)기계경성제작소㈜	나니와(浪速) 기계경성제 작소㈜
	경기	경성부	중구 고시정43	공장	동방과학흥업㈜	동방과학흥 업㈜
	경기	경성부	중구 고시정43	공장	북선(北鮮)유지공업㈜	북선(北鮮) 유지공업㈜
	경기	경성부	중구 고시정43- 10	공장	흥아(興亞)내연기공업소(합자)	흥아내연기 공업소(합자)
	경기	경성부	중구 고시정43- 53	공장	본점/조선이연금속㈜	조선이연 금속㈜

구분	소재지(1945년 8월 기준)			직종/대	유적명칭	기업 (최종)
	도	부/군	면 이하			
생산 관계	경기	경성부	중구 남대문통 10-1	공장	본점/조선화학공업㈜	조선화학공 업㈜
	경기	경성부	중구 남대문통 1-19	공장	대창흥업㈜	대창흥업㈜
	경기	경성부	중구 남대문통 1-26	공장	조선피복공업㈜	조선피복공 업㈜
	경기	경성부	중구 남대문통 1-97	공장	아이코쿠(愛國)섬유재생공업㈜	아이코쿠 (愛國)섬유 재생공업㈜
	경기	경성부	중구 남대문통 2-1	공장	경성연와(합자)	경성연와 (합자)
	경기	경성부	중구 남대문통 2-1	공장	조선철공소㈜	조선철공소 ㈜
	경기	경성부	중구 남대문통 2-1	공장	주선철공소㈜	주선철공소 ㈜
	경기	경성부	중구 남대문통 2-23-1	공장	본점/일본탄소공업㈜	니혼(日本) 탄소공업㈜
	경기	경성부	중구 남대문통3 정목103	공장	조선내열요업㈜	조선내열요 업㈜
	경기	경성부	중구 남대문통 4-76	공장	태양제유㈜	태양제유㈜
	경기	경성부	중구 남대문통 4-76-1	공장	조선야금공업㈜	조선야금공 업㈜
	경기	경성부	중구 남대문통 5-28	공장	본사/쥬가이(中外)제작소㈜	쥬가이(中外) 제작소
	경기	경성부	중구 남대문통 5-63	공장	반도자동차(합명)	반도자동차 (합명)
	경기	경성부	중구 남미창정75	공장	경성제유㈜	경성제유㈜
	경기	경성부	중구 남산정 3-13	공장	본사/경성화학공업㈜	경성화학공 업㈜
	경기	경성부	중구 동사헌정 26-11	공장	경성칫소라이트(チッソライト)공업㈜	경성チッソラ イト공업㈜
	경기	경성부	중구 동사헌정 57-9	공장	정상(井上)藥品部(합자)	정상약품부 (합자)
	경기	경성부	중구 명치정 1-10	공장	본사/충북천연탄소㈜	충북천연탄 소㈜
	경기	경성부	중구 명치정 1-59	공장	경기염직㈜	경기염직㈜
	경기	경성부	중구 명치정 1-59	공장	본사/남북면업㈜	남북면업㈜
	경기	경성부	중구 무교정32	공장	동양공작㈜	동양공작㈜
	경기	경성부	중구 병목정276	공장	중앙상공㈜	중앙상공㈜
	경기	경성부	중구 본정 2-34	공장	이와시야(いわしや)광산기계제작소㈜	이와시야(い わしや)광산 기계제작소㈜
	경기	경성부	중구 봉래정 1-16	공장	삼강상회압연공장(합자)	삼강상회압 연공장(합자)
	경기	경성부	중구 봉래정 1-88	공장	조선고무공업소(합자)	조선고무공 업소(합자)
	경기	경성부	중구 앵정정 1-87	공장	경성타올㈜	경성타올㈜

구분	소재지(1945년 8월 기준)			직종/대	유적명칭	기업 (최종)
	도	부/군	면 이하			
생산 관계	경기	경성부	중구 앵정정 2-135	공장	스즈키(鈴木)양가구제작소(합명)	스즈키(鈴木) 양가구제작 소(합명)
	경기	경성부	중구 앵정정 2-91	공장	선만(鮮滿)공업㈜	선만(鮮滿) 공업㈜
	경기	경성부	중구 욱정1	공장	조선잠사통제㈜	조선잠사 통제㈜
	경기	경성부	중구 욱정 1-10015	공장	본사/대동공작소㈜	대동공작소 ㈜
	경기	경성부	중구 욱정1-24	공장	낙천당제약㈜	낙천당제약 ㈜
	경기	경성부	중구 욱정2-6	공장	본사/동양광업기계㈜	동양광업기 계㈜
	경기	경성부	중구 임정162	공장	오노유리(小野硝子)제조소(합명)	오노유리(小 野硝子)제조 소(합명)
	경기	경성부	중구 장곡천정 116	공장	조선금속공업㈜	조선금속공 업㈜
	경기	경성부	중구 장곡천정21	공장	본사/조선유지㈜	조선유지㈜
	경기	경성부	중구 장곡천정21	공장	본사/㈜조선기계제작소	조선기계제 작소㈜
	경기	경성부	중구 장곡천정21	공장	본점/조선제분㈜	조선제분㈜
	경기	경성부	중구 장곡천정21	공장	조선화공㈜	조선유지㈜ [조선화공㈜]
	경기	경성부	중구 장곡천정50	공장	조선경화연와공업소(합자)	조선경화연 와공업소 (합자)
	경기	경성부	중구 장곡천정58	공장	조선제약(합자)	조선제약 (합자)
	경기	경성부	중구 장곡천정82	공장	경성지점/일본내화재료	니혼(日本) 내화재료 (耐火材料)
	경기	경성부	중구 태평통1정 목	공장	본점/조선제련㈜	조선제련㈜
	경기	경성부	중구 태평통1정 목19	공장	본사/조선전력㈜	조선전력㈜
	경기	경성부	중구 태평통1정 목25	공장	본점/일본마그네사이트화학공업㈜	니혼(日本)마 그네사이트 화학공업㈜
	경기	경성부	중구 태평통2정 목226	공장	쇼와(昭和)산소㈜	쇼와(昭和) 산소㈜
	경기	경성부	중구 태평통2정 목40	공장	대성상공㈜	대성상공㈜
	경기	경성부	중구 태평통2정 목58	공장	본사/조선화학제조㈜	조선화학 제조㈜
	경기	경성부	중구 태평통2정 목58	공장	조선화약총포㈜	조선화약 총포㈜
	경기	경성부	중구 태평통2정 목58	공장	경성공장/일본정공㈜	니혼(日本) 정공(精工)㈜
	경기	경성부	중구 황금정 2-8	공장	데이코쿠(帝國)제마㈜	데이코쿠(帝 國)제마㈜
	경기	경성부	중구 황금정 1-143	공장	본사/국산자동차㈜	국산자동차 ㈜

구분	소재지(1945년 8월 기준)			직종/대	유적명칭	기업 (최종)
	도	부/군	면 이하			
생산 관계	경기	경성부	중구 황금정 1-180-2	공장	본사/남선합동전기㈜	남선합동전기㈜
	경기	경성부	중구 황금정 1-180-2	공장	본사/장진강수전㈜	장진강수전㈜
	경기	경성부	중구 황금정 1-63	공장	본사/전북제사㈜	전북제사㈜
	경기	경성부	중구 황금정 1-63	공장	본사/조선생사㈜	조선생사㈜
	경기	경성부	중구 황금정 1-63	공장	본점/도요(東洋)제사㈜	도요(東洋)제사㈜
	경기	경성부	중구 황금정1-7	공장	조선농기구제조㈜	조선농기구제조㈜
	경기	경성부	중구 황금정 2-11	공장	조선매약㈜	조선매약㈜
	경기	경성부	중구 황금정 2-148	공장	아스팔트(アスフアルト)공업㈜	아스팔트(アスフアルト)공업㈜
	경기	경성부	중구 황금정 2-168	공장	흥아산업(합자)	흥아산업(합자)
	경기	경성부	중구 황금정 2-193	공장	본사/한강수력전기㈜	한강수력전기㈜
	경기	경성부	중구 황금정 2-195	공장	본점/남선수력전기㈜	남선수력전기㈜
	경기	경성부	중구 황금정 2-195	공장	본사/조선전업㈜	조선전업㈜
	경기	경성부	중구 황금정 2-66	공장	경성스프링제작소㈜	경성스프링제작소㈜
	경기	경성부	중구 황금정 2-87	공장	미야카와(宮川)양가구점㈜	미야카와(宮川)양가구점㈜
	경기	경성부	중구 황금정 5-133	공장	본사/조선무도구㈜	조선무도구㈜
	경기	경성부	중구 황금정 6-18	공장	선만(鮮滿)특허품공작소(합자)	선만(鮮滿)특허품공작소(합자)
	경기	경성부	중구 황금정7-1	공장	조선산업무역㈜	조선산업무역㈜
	경기	경성부	동대문구 숭인정 신설리	공장	동대문공장/가네가후치(鐘淵)공업㈜	가네가후치(鐘淵)공업㈜
	경기	경성부	영등포구 번대방정141	공장	소노덴키(ソノデン氣)화기㈜	소노덴키화기㈜
	경기	경성부	영등포구	공장	산오(三王)제지//추정	산오(三王)제지
	경기	경성부	영등포구 당산정	공장	조선피혁㈜	조선피혁㈜
	경기	경성부	영등포구 당산정	공장	영등포공장/다이니혼(大日本)방적㈜	다이니혼(大日本)방적㈜
	경기	경성부	영등포구 문래정	공장	영등포공장/도요(東洋)방적㈜	도요(東洋)방적㈜
	경기	경성부	영등포구 문래정	공장	경성공장/가네가후치(鐘淵)공업㈜	가네가후치(鐘淵)공업㈜
	경기	경성부	영등포구	공장	공장/조선제분㈜	조선제분㈜

구분	소재지(1945년 8월 기준)			직종/대	유적명칭	기업 (최종)
	도	부/군	면 이하			
생산 관계	경기	경성부	영등포구 영등포정202	공장	영등포공장/용산공작㈜	용산공작㈜
	경기	경성부	영등포구	공장	공작공장	조선총독부 철도국
	경기	경성부	영등포구 양평동	공장	조선공작㈜	조선공작㈜
	경기	경성부	영등포구 영등포정	공장	경성공장/유아사(湯淺)축전지	유아사(湯淺)축전지
	경기	경성부	영등포구 영등포정	공장	영등포공장/조선마쓰시타(松下)전기㈜	조선마쓰시타(松下)전기㈜
	경기	경성부	영등포구 영등포정	공장	영등포공장/경성방직㈜	경성방직㈜
	경기	경성부	용산구 한강통 3-21	공장	경성공장/히로나카중공(弘中重工)㈜	히로나카중공(弘中重工)㈜
	경기	경성부	중구 남대문통 2-5	공장	본사/경성전기㈜	경성전기㈜
	경기	경성부	중구 황금정 1-180-2	공장	본사/조선압록강수력발전㈜	조선압록강수력발전㈜
	경기	경성부	중구 본정 1-53-1	공장	경성공장/조선연탄㈜	조선연탄㈜
	경기	경성부	서대문구 봉래정 3-62	기타(노무)	본사/대동임업㈜	대동임업㈜
	경기	경성부	서대문구 서계정 33-2	기타(노무)	조선인삼제제소	미확인
	경기	경성부	성동구 왕십리정	기타(노무)	채석작업장	미확인
	경기	경성부	영등포구 양평정 205-1	기타(노무)	선산(鮮山)제재㈜	선산제재㈜
	경기	경성부	용산구	기타(노무)	일본해군지정공장 기술양성소	미확인
	경기	경성부	용산구 삼판통 105-55	기타(노무)	사무소/계림(鷄林)산업(합명)	계림(鷄林)산업(합명)
	경기	경성부	용산구 한강통 11-181	기타(노무)	동아잠사㈜	동아잠사㈜
	경기	경성부	종로구 중학정 18-5	기타(노무)	동아합동목재㈜	동아합동목재㈜
	경기	경성부	종로구 중학정 18-5	기타(노무)	사무소/함경목재㈜	함경목재㈜
	경기	경성부	종로구 충신정 116	기타(노무)	본사/해동(海東)흥업㈜	해동(海東)흥업㈜
	경기	경성부	종로구 통인정 118-2	기타(노무)	통인(通仁)토지건물㈜	통인(通仁)토지건물㈜
	경기	경성부	중구 고시정43	기타(노무)	본사/계림기업(起業)㈜	계림기업(鷄林起業)㈜
	경기	경성부	중구 다옥정138	기타(노무)	가즈토미(一富)농장(합명)	가즈토미(一富)농장(합명)
	경기	경성부	중구 본정1-45	기타(노무)	사무소/삼중정목재공업㈜	삼중정목재공업㈜
	경기	경성부	중구 장곡천정21	기타(노무)	본점/조선목재공업㈜	조선목재공업㈜
	경기	경성부	중구 황금정 1-83	기타(노무)	사무소/일본목재공업㈜	니혼(日本)목재공업㈜

구분	소재지(1945년 8월 기준)			직종/대	유적명칭	기업 (최종)
	도	부/군	면 이하			
생산 관계	경기	경성부	영등포구 노량진정	철도/도로	철도공사장(경인선)	조선총독부 철도국
	경기	경성부	용산구	철도/도로	철도공사장(용산역)	조선총독부 철도국
	경기	경성부	용산구 이태원정↔한남정 간	철도/도로	도로공사장(용산)	미확인
	경기	경성부	서대문구 정동정 1	탄광/광산	사무소/신흥광업(주)	신흥광업(주)
	경기	경성부	중구 황금정 2-128	탄광/광산	본점/조선운모개발판매(주)	조선운모개 발판매(주)
	경기	경성부	중구 황금정 2-195	탄광/광산	본점/조선유연탄(주)	조선유연탄 (주)
	경기	경성부	중구 명치정 2-82	탄광/광산	사무소/선만(鮮滿)척식(주)	선만(鮮滿) 척식(주)
	경기	경성부	동대문구 청량리정	토건	하수도공사장(동대문)	미확인
	경기	경성부	불상	토건	다다(多田)공무점(합자)	다다(多田)공 무점(합자)
	경기	경성부	불상	토건	오쿠라구미(大倉組)	오쿠라구미 (大倉組)
	경기	경성부	서대문구 신촌정	토건	공사장/나카무라구미(中村組)	나카무라구 미(中村組) (합자)
	경기	경성부	서대문구 죽첨정 2	토건	나가토구미(長門組)(합자)	나가토구 미(長門組) (합자)
	경기	경성부	염창정	토건	매립공사장(염창정)	미확인
	경기	경성부	영등포	토건	수로공사장(영등포)	미확인
	경기	경성부	용산구 강기정	토건	호쿠리쿠구미(北陸組)(주)	호쿠리쿠구 미(北陸組)(주)
	경기	경성부	용산구 연병정89	토건	마에다구미(前田組)(합자)	마에다구미 (前田組)(합자)
	경기	경성부	용산구 원정 1-121	토건	용산소사(龍山小寺)(합자)	용산소사(龍 山小寺)(합자)
	경기	경성부	용산구 한강통1 정목	토건	조선아리마구미(有馬組)(합자)	조선아리마 구미(有馬 組)(합자)
	경기	경성부	용산구 한강통2 정목	토건	아라이구미(荒井組)(주)	아라이구미 (荒井組)(주)
	경기	경성부	중구 남대문통 5-74	토건	다니구치구미(谷口組)(합자)	다니구치구 미(谷口組) (합자)
	경기	경성부	중구 일지출정 (日之出町)13	토건	지기(志岐)공업(주)	지기(志岐) 공업(주)
	경기	경성부	중구 고시정12	하역수송	조선운송(주)	조선운송(주)
	경기	경성부/ 시흥군	영등포구 동작 정/시흥군 신동면	탄광/광산	본점/경남(京南)철산	미확인
	경기	고양/ 광주/ 양주군	독도(纛島)면/양주 군 구리면/광주군 오 포, 돌마면/용인군 모현동	탄광/광산	용수(龍秀)광산	삼동(三東) 광업(주)

구분	소재지(1945년 8월 기준)			직종/대	유적명칭	기업(최종)
	도	부/군	면 이하			
생산관계	경기	고양/양주군	독도,숭인,신도면/양주군 장흥면	탄광/광산	경동(京東)광산	미확인
	경기	고양/양주군	독도면/양주군 구리면	탄광/광산	구정(九井)광산	미확인
	경기	고양군	독도면	공장	제철소	니혼(日本)제철㈜
	경기	고양군	독도면면목리	기타(노무)	채석작업장	미확인
	경기	고양군	은평면수색리	철도/도로	도로공사장	미확인
	경기	고양군	능의면	철도/도로	철도공사장(능의선)	조선총독부 철도국
	경기	고양군	벽제면 고양리, 대자리	철도/도로	철도공사장(벽제면)	조선총독부 철도국
	경기	고양군	은평면	탄광/광산	홍제(弘濟)광산	미확인
	경기	고양군	은평면수색리	토건	변전기공사/하자마구미(間組)	하자마구미(間組)
	경기	고양군	구리면	토건	토건공사장(구리면)	미확인
	경기	광주/수원/시흥군	대왕면/수원군 월왕면/시흥군 과천면	탄광/광산	금토리(金土里)광산	미확인
	경기	광주/용인군	도척,서부,초월,광주면/용인군 내사면	탄광/광산	추양(秋陽)광산	미확인
	경기	광주/이천군	도척면/이천군 마장면	탄광/광산	방도(芳都)광산	미확인
	경기	광주군	구천,중대,서부면	탄광/광산	광주백년(廣州百年)금광	미확인
	경기	광주군	구천,중대,서부면	탄광/광산	구성(九城)금광	미확인
	경기	광주군	중대면	탄광/광산	삼창가락(三昌可樂)금산	미확인
	경기	광주군	중대면	하역수송	군수물자수송	미확인
	경기	금화/철원군	철원-내금강	철도/도로	철도공사장(금강산)	미확인
	경기	금화군	불상	기타(노무)	벌목작업장	미확인
	경기	김포군	양동면 목동리 384	기타(노무)	양동(陽東)식산㈜	미확인
	경기	김포군	월곶면	탄광/광산	김포(金浦)무연탄광	미확인
	경기	김포군	김포면	토건	저수지(김포면)	미확인
	경기	부천군	불상	공장	부천공장/조선정기공업	조선정기(精機)공업
	경기	부천군	소사읍 심곡리	공장	안양직물㈜	안양직물㈜
	경기	부천군	소래면	공장	인천화약공장/조선유지㈜	조선유지㈜
	경기	부천군	소사읍 벌응절리	철도/도로	철도공사장(경인선)	조선총독부 철도국
	경기	부천군	대부면	탄광/광산	선감(仙甘)광산	미확인
	경기	부천군	부내면(계양면)	탄광/광산	덕본(德本)광산	미확인
	경기	부천군	부내면(부평 소화정)	탄광/광산	미확인	미확인
	경기	부천군	북도면	탄광/광산	동광산(東光山)금광	미확인
	경기	부천군	북도면	탄광/광산	부신(富信)금광	미확인
	경기	부천군	북도면 신도리	탄광/광산	신도(信島)광산	미확인

구분	소재지(1945년 8월 기준)			직종/대	유적명칭	기업(최종)
	도	부/군	면 이하			
생산관계	경기	부천군	소래면	탄광/광산	오류(梧柳)광산	도호(東邦)광업㈜
	경기	부천군	소사읍	탄광/광산	고바야시(小林)광업㈜	고바야시(小林)광업㈜
	경기	부천군	영종,북도면	탄광/광산	정족(鼎足)광산	미확인
	경기	부천군	영종면	탄광/광산	구성(求盛)금광	미확인
	경기	부천군	영종면	탄광/광산	대지(大地)광산	미확인
	경기	부천군	영종면	탄광/광산	부영(富永)금광	미확인
	경기	부천군	영종면	탄광/광산	부영(富永)금광	흥아(興亞)기업㈜
	경기	부천군	영종면	탄광/광산	북진(北辰)금광	미확인
	경기	부천군	영종면	탄광/광산	영화(永華)금광	운산(雲産)광업(합자)
	경기	부천군	영종면	탄광/광산	운서(雲西)광산	조선금산개발㈜
	경기	부천군	영종면	탄광/광산	유수(裕壽)광산	조선석탄공업(합자)
	경기	부천군	영종면 운서리	탄광/광산	영종(永宗)금광	대동산금㈜
	경기	부천군	영종면 운서리산 127	탄광/광산	행(幸)(合名)	幸광업㈜
	경기	부천군	영흥면	탄광/광산	영덕(靈德)금광	미확인
	경기	부천군	영흥면	탄광/광산	영도(靈島)금산	미확인
	경기	부천군	영흥면	탄광/광산	영흥(靈興)금광	가네가후치(鐘淵)공업㈜
	경기	부천군	영흥면	탄광/광산	종보영흥(鐘寶靈興)광산	가네가후치(鐘淵)공업㈜
	경기	부천군	용유면	탄광/광산	용유(龍游)광산	미확인
	경기	부천군	소래면	토건	매립공사장(소래면)	미확인
	경기	부천군	덕적면	토건	저수지(덕적면)	미확인
	경기	부천군/인천부	부평↔소사	철도/도로	도로공사장	미확인
	경기	부천군/인천부	문학면/인천부 주안,논현,일향정	탄광/광산	부안(富安)금산	미확인
	경기	부천군/인천부	무학,문학,연수,청학정	탄광/광산	문학산(文鶴山)금광	미확인
	경기	불상	불상	공장	고착(古着)판매통제회사	고착(古着)판매통제회사
	경기	수원/용인/평택군	동탄면/용인군 남사면/평택군 북면	탄광/광산	보오산(寶烏山)광산	미확인
	경기	수원부	수원읍 매산정2정목65	공장	경성제빙㈜	경성제빙㈜
	경기	수원부	수원읍 북수리 316	공장	수원양조(합자)	수원양조(합자)
	경기	수원부	수원읍 영화정 124-2	공장	수원성냥㈜	수원燐寸㈜
	경기	수원부	수원읍 궁정93	기타(노무)	부국원(富國園)㈜	부국원(富國園)㈜

| 구분 | 소재지(1945년 8월 기준) | | 직종/대 | 유적명칭 | 기업 |
	도	부/군	면 이하			(최종)
생산 관계	경기	수원부	성호,정남면	탄광/광산	부천(富泉)광산	미확인
	경기	수원부	안용면	탄광/광산	금지원(金之原)광산	미확인
	경기	수원부	음성,팔탄면	탄광/광산	무봉(舞鳳)광산	미확인
	경기	수원부	매송,반월면	탄광/광산	경창(慶昌)텅스텐광산	미확인
	경기	수원부	서신면	탄광/광산	궁평(宮平)광산	미확인
	경기	수원부	음덕면 북양리	탄광/광산	남양광산㈜광업소	남양광산㈜
	경기	수원부	비봉,봉담면	탄광/광산	삼봉(三峰)광산	미쓰나리(三成)광업㈜
	경기	수원부	비봉,팔탄,음덕면	탄광/광산	남양(南陽)중석광산/朝鮮特種광업㈜	조선특종광업㈜
	경기	수원부	불상	하역수송	수원출장소/조선운송㈜	조선운송㈜
	경기	시흥군	동면 독산리738	공장	공장/조선전선㈜	조선전선㈜
	경기	시흥군	동면 도림리 432-1	공장	류정(柳町)염공장㈜	야나기마치(柳町)염공장㈜
	경기	시흥군	불상	공장	삼공(三共)성냥	삼공(三共)성냥(燐寸)㈜
	경기	시흥군	불상	공장	시흥지점/후루카와(古河)전기공업	후루카와(古河)전기공업
	경기	시흥군	불상	공장	안양직물㈜	안양직물㈜
	경기	시흥군	동면 구로리	공장	애국(愛國)섬유㈜	아이코쿠(愛國)섬유㈜
	경기	시흥군	시흥군 안양면 비산리	공장	조선비행기공업㈜	조선비행기공업㈜
	경기	시흥군	불상	공장	조선아스베스토	미확인
	경기	시흥군	안양면 안양리 872-1	공장	조선직물㈜	조선직물㈜
	경기	시흥군	동면 도림리 1365	공장	조선타이어공업㈜	조선타이어공업㈜
	경기	시흥군	불상	공장	시흥공장/경성방직㈜	경성방직㈜
	경기	시흥군	안양면	공장	안양공장/도요(東洋)방적㈜	도요(東洋)방적㈜
	경기	시흥군	동면,신동면	탄광/광산	관악(冠岳)광산	미확인
	경기	시흥군	동면,신동면	탄광/광산	관흥(冠興)광산	일생(日生)광업㈜
	경기	시흥군	군자면	탄광/광산	삼정옥균(三正玉鈞)금광	미확인
	경기	시흥군	수암면	탄광/광산	수암(秀岩)광산	내외(內外)광업㈜
	경기	시흥군	서이면	탄광/광산	안양장(安養藏)광산	미확인
	경기	시흥군	과천,신동면	탄광/광산	옥녀(玉女)광산	미확인
	경기	시흥군	서면	탄광/광산	이다시흥(飯田始興)광산	미확인
	경기	시흥군	과천,신동면	탄광/광산	승운(昇雲)광산	조선광업진흥㈜
	경기	안성/용인군/진위군	원곡면/용인군 남사면/진위군 북면	탄광/광산	진성(振城)금산	미확인
	경기	안성/용인군	양성면/용인군 고삼면	탄광/광산	천보(天保)금광	미확인
	경기	안성/용인군	삼죽면/용인군 외사면	탄광/광산	천영(泉永)금산	미확인
	경기	안성/음성군	일죽면/충북 음성군 삼성면	탄광/광산	대사(大寺)광산	미확인

| 구분 | 소재지(1945년 8월 기준) | | 직종/대 | 유적명칭 | 기업 (최종) |
	도	부/군	면 이하			
생산 관계	경기	안성/ 진천군	금광면/충북 진천 군 이월,만승면	탄광/광산	금광(金光)광산	미확인
	경기	안성/ 진천군	금광면/충북 진천 군 백곡면	탄광/광산	금상(金上)광산	미확인
	경기	안성/ 천안군	미양면/충남 천안 군 입장면	탄광/광산	가산(可山)금광	미확인
	경기	안성/ 천안군	미양,공도면/충남 천안군 성환,입장면	탄광/광산	대선성환(大鮮成歡)사금광	대선사금(大 鮮砂金)㈜
	경기	안성/ 천안군	서운면/충남 천안 군 입장면	탄광/광산	대한(大翰)광산	미확인
	경기	안성/ 천안군	서운,미양면/충 남 천안군 입장면	탄광/광산	안성(安城)사금광	미확인
	경기	안성/ 천안군	미양,서운면/충 남천안군 입장면	탄광/광산	욱서광(旭瑞光)광산	미확인
	경기	안성/ 천안군	서운,미양면/충 남 천안군 입장면	탄광/광산	윤국(潤國)광산	미확인
	경기	안성/ 천안군	서운면/충남 천안 군 입장면	탄광/광산	청교(靑橋)광산	미확인
	경기	안성/ 천안군	서운면/충남 천안 군 입장면	탄광/광산	호미(浩美)금광	도호(東邦) 광업㈜
	경기	안성/ 천안군	미양,안성면/충남 천안군 입장,성거, 직산면	탄광/광산	직산(稷山)금광	쇼와(昭和) 광업㈜
	경기	안성군	안성읍 장기리 140	공장	안성유기제조㈜	안성유기제 조㈜
	경기	안성군	대덕면	탄광/광산	금림(金林)광산	미확인
	경기	안성군	원곡면	탄광/광산	대능(大能)광산	미확인
	경기	안성군	대덕면	탄광/광산	무릉(舞陵)금광	미확인
	경기	안성군	대덕면	탄광/광산	무어산(舞魚山)광산	미확인
	경기	안성군	서운면	탄광/광산	북신(北信)금광	미확인
	경기	안성군	보개,삼죽면	탄광/광산	북좌리(北佐里)광산	보산(寶山) 광업㈜
	경기	안성군	양성,공도면	탄광/광산	삼부성(三富成)광산	미확인
	경기	안성군	서운면	탄광/광산	서교(西橋)광산	도호(東邦) 광업㈜
	경기	안성군	서운면	탄광/광산	서운(瑞雲)금광	미확인
	경기	안성군	안성읍,대덕면	탄광/광산	안성(安盛)광산	의림(義林) 광업㈜
	경기	안성군	금광면	탄광/광산	안성(安城)금산	미확인
	경기	안성군	양성,공도면	탄광/광산	안양(安陽)금산	미확인
	경기	안성군	양성면	탄광/광산	양성(陽城)금산	미확인
	경기	안성군	양성,원곡면	탄광/광산	원곡(元谷)금광	순안(順安)사 금(砂金)
	경기	안성군	금광면	탄광/광산	장죽(長竹)광산	동우흥업(東 宇興業)㈜
	경기	안성군	보개면	탄광/광산	적재(積財)광산	적재(積財) 광업㈜
	경기	안성군	안성읍/대덕,보 개면기좌리산26	탄광/광산	적재(積財)광업	적재(積財) 광업㈜
	경기	안성군	안성읍,대덕면	탄광/광산	전치(全治)광산	미확인

구분	소재지(1945년 8월 기준)			직종/대	유적명칭	기업 (최종)
	도	부/군	면 이하			
생산 관계	경기	안성군	서운면	탄광/광산	정풍(正豊)금광	스즈키(鈴木) 석탄상점 광업부㈜
	경기	안성군	양성면	탄광/광산	조일(照日)광산	미확인
	경기	안성군	삼죽면	탄광/광산	죽산(竹山)광산	미확인
	경기	안성군	대덕면	탄광/광산	칠중(七重)금광	미확인
	경기	안성군	안성읍, 대덕면	탄광/광산	직산(稷山)사금광	성환(成歡) 광업㈜
	경기	양주/ 양평군	외부면/양평군 양 평면	탄광/광산	동익(東益)금광	미확인
	경기	양주/ 포천군	주내, 백석, 이담, 호해, 양주, 별내, 화도, 진건면/포 천군 청산면	탄광/광산	불국만유(佛國萬有)광산	미확인
	경기	양주/ 포천군	포천군 포천, 청산 면/양주군 이담면	탄광/광산	산양(山洋)광산	미확인
	경기	양주/ 포천군	포천군 소흘, 포천 면/양주군 회천, 주내면	탄광/광산	송우(松隅)광산	미확인
	경기	양주군	의정부읍	공장	방직공장	미확인
	경기	양주군	노해면	공장	조선대화방적㈜	조선대화방 적㈜
	경기	양주군	의정부읍	기타(노무)	채석작업장	미확인
	경기	양주군	노해면 창동리	철도/도로	철도공사장(경원선)	조선총독부 철도국
	경기	양주군	회천면	탄광/광산	고창(高昌)금광	고아(古我) (합명)
	경기	양주군	외부면	탄광/광산	금부(金阜)광산	미확인
	경기	양주군	주내, 회천면	탄광/광산	덕형(德亨)광산	대륙(大陸) 산금(합자)
	경기	양주군	백석면	탄광/광산	복지(福池)광산	미확인
	경기	양주군	주내, 백석, 회천, 은현면	탄광/광산	소야(小野)양주광산	미확인
	경기	양주군	외부, 이담면	탄광/광산	천복(天福)광산	미확인
	경기	양주군	불상	하역수송	조선운송㈜	조선운송㈜
	경기	양평/ 여주/ 원주군	양동면/여주군 강 천면/강원도 원주 군 지정, 문막면	탄광/광산	금당(金堂)광산	미확인
	경기	양평/ 여주군	지제면/여주군 북내면	탄광/광산	경산(鯨山)금산	미확인
	경기	양평/ 여주군	지제면/여주군 북내면	탄광/광산	대원(大院)광산	미확인
	경기	양평/ 여주군	양평, 강상면/여 주군 금사, 개군면	탄광/광산	보봉(寶峰)금산	미확인
	경기	양평/ 여주군	지제면/여주군 북내면	탄광/광산	여양(驪陽)광산	미확인
	경기	양평/ 여주군	강상/여주군 금사면	탄광/광산	영국(榮國)광산	미확인
	경기	양평/ 여주군	지제면/여주군 북내면	탄광/광산	영원(永源)금광	미확인

구분	소재지(1945년 8월 기준)			직종/대	유적명칭	기업 (최종)
	도	부/군	면 이하			
생산 관계	경기	양평/ 여주군	지제,용문면/ 여주군 대신면	탄광/광산	진흥양평(振興楊平)금산	니혼(日本)산 금진흥(産金 振興)㈜
	경기	양평/ 여주군	강상면/여주군 금사면	탄광/광산	팔보(八寶)금산	미확인
	경기	양평/ 춘천/ 홍천군	운악면/강원도 춘 천군 남면/강원도 홍천군 서면	탄광/광산	성린(聖麟)금광	미확인
	경기	양평/ 홍천군	청운면/강원도 홍천군 남면	탄광/광산	향월(香月)광산	미확인
	경기	양평/ 홍천군	청운, 단월면/강 원도 홍천군 남 면, 서면	탄광/광산	화생(花生)금산	미확인
	경기	양평/ 홍천군	청운면/강원도 홍천군 남면	탄광/광산	화전대명(花田大明)광산	미확인
	경기	양평/ 홍천군	청운면/강원도 홍천군 남면	탄광/광산	고바야시(小林)남면(南面)광산	고바야시 (小林)광업㈜
	경기	양평/ 횡성군	청운,양동면/강원도 횡성군 서원면	탄광/광산	물안(物安)금광	미확인
	경기	양평/ 횡성군	청운면/강원도 횡성군 서원면	탄광/광산	삼성(三聖)금광	미확인
	경기	양평군	용문면	철도/도로	철도공사장(중앙선)	미확인
	경기	양평군	지제면	탄광/광산	가산(嘉山)금산	미확인
	경기	양평군	청운면	탄광/광산	갈운(葛雲)광산	미확인
	경기	양평군	양동면	탄광/광산	계성(桂成)금광	고언(高彦) 광업㈜
	경기	양평군	양동면	탄광/광산	계성(桂成)금산	고언(高彦) 광업㈜
	경기	양평군	양동면	탄광/광산	계형(桂亨)금광	미확인
	경기	양평군	단월, 청운면	탄광/광산	고교불산(高橋佛山)광산	미확인
	경기	양평군	양동면	탄광/광산	고송(高松)금산	미확인
	경기	양평군	지제, 양동면	탄광/광산	구둔(九屯)금광	미확인
	경기	양평군	지제면	탄광/광산	금동(琴洞)금산	미확인
	경기	양평군	양동면	탄광/광산	금옥(金玉)광산	미확인
	경기	양평군	양동면	탄광/광산	금윤(金潤)광산	미확인
	경기	양평군	지제면	탄광/광산	기성(箕星)광산	미확인
	경기	양평군	양동면	탄광/광산	대월(大月)광산	미확인
	경기	양평군	양평, 강상면	탄광/광산	대장(大藏)사금광	미확인
	경기	양평군	청운면	탄광/광산	무수(茂秀)광산	미확인
	경기	양평군	용문면	탄광/광산	보성(寶星)광산	미확인
	경기	양평군	청운,양동, 단월면	탄광/광산	보익(普益)광산	미확인
	경기	양평군	단월면	탄광/광산	보익(普益)금광	미확인
	경기	양평군	단월면	탄광/광산	봉흥(鳳興)광산	미확인
	경기	양평군	청운, 양동면	탄광/광산	삼성(三城)광산	미확인
	경기	양평군	청운, 양동면	탄광/광산	삼성(三城)금광	미확인
	경기	양평군	양동면	탄광/광산	삼왕(三王)금산	미확인
	경기	양평군	강상, 강하면	탄광/광산	소주(小珠)광산	조선금산개 발㈜
	경기	양평군	청운면	탄광/광산	신중(新中)광산	미확인
	경기	양평군	강상면	탄광/광산	야광(夜光)금광	미확인

구분	소재지(1945년 8월 기준)			직종/대	유적명칭	기업 (최종)
	도	부/군	면 이하			
생산 관계	경기	양평군	청운면	탄광/광산	양평(楊平)금산	미확인
	경기	양평군	양동 , 지제면	탄광/광산	왕성(旺成)광산	미확인
	경기	양평군	청운면	탄광/광산	용두(龍頭)금산	조선광업㈜
	경기	양평군	지제면	탄광/광산	일신(日新)금광	미확인
	경기	양평군	지제면	탄광/광산	일왕(日旺)금광	미확인
	경기	양평군	청운면	탄광/광산	자원(資源)광산	미확인
	경기	양평군	양동면	탄광/광산	장재(長財)금산	미확인
	경기	양평군	양동면	탄광/광산	전금(全金)광산	미확인
	경기	양평군	양동면	탄광/광산	중전금왕(中田金旺)광산	미확인
	경기	양평군	양동면	탄광/광산	천원(泉源)광산	미확인
	경기	양평군	청운면	탄광/광산	청운(靑雲)금광	미확인
	경기	양평군	양동면	탄광/광산	촌산(村山)광산	미확인
	경기	양평군	청운면	탄광/광산	태성(兌星)금광	미확인
	경기	양평군	지제,용문면	탄광/광산	태창(台昌)광산	미확인
	경기	양평군	지제면	탄광/광산	풍전지평(豊田砥平)사금광	미확인
	경기	양평군	옥천,용문면	탄광/광산	학원(鶴原)용문(龍門)광산	미확인
	경기	양평군	청운, 양동면	탄광/광산	화룡(和龍)금광	미확인
	경기	양평군	용문, 양평면	탄광/광산	환전(丸全)광산	미확인
	경기	양평군	운악면	탄광/광산	양평(楊平)석면광산	아사노(淺野) 시멘트㈜
	경기	양평군	청운면	탄광/광산	회안(會安)금광	고바야시(小 林)광업㈜
	경기	양평군	불상	하역수송	조선운송㈜	조선운송㈜
	경기	여주/ 원주군	강천면/강원도 원주군 문막면	탄광/광산	영주내덕(永州乃德)금광	미확인
	경기	여주/ 원주군	강천면/강원도 원주군 문막면	탄광/광산	일당산(一堂山)금광	미확인
	경기	여주/ 충주군	점동면/충북 충주군 앙성면	탄광/광산	경충(京忠)광산	미확인
	경기	여주군	불상	기타(노무)	근로보국대/철도공사(중앙선)	미확인
	경기	여주군	강천,문막,금사면 상호리/여주읍/	탄광/광산	여수(麗水)금산	미확인
	경기	여주군	강천면	탄광/광산	여강(驪康)광산	니혼(日本) 경금속㈜
	경기	여주군	개군, 대신면	탄광/광산	보현(寶現)광산	미확인
	경기	여주군	금사면	탄광/광산	보룡(寶龍)금광	삼화(三和)㈜
	경기	여주군	대신, 북내면	탄광/광산	뉴산(杻山)금산	미확인
	경기	여주군	대신, 북내면	탄광/광산	대풍(豊)광산	미확인
	경기	여주군	대신, 북내면	탄광/광산	신려(神驪)광산	미확인
	경기	여주군	대신, 북내면	탄광/광산	화성(和成)금산	미확인
	경기	여주군	북내, 대신면	탄광/광산	경기(京畿)광산	미확인
	경기	여주군	북내면	탄광/광산	최덕산(崔德山)광산	미확인
	경기	여주군	북내, 저제면	탄광/광산	여주(驪州)금산	메이지(明 治)광업㈜
	경기	여주군	불상	하역수송	여주영업소/조선운송㈜	조선운송㈜
	경기	연천/ 철원군	관인면/강원도 철원군 동송면	탄광/광산	태원(泰圓)광산	미확인
	경기	연천/ 파주군	적성면/파주군 천현면	탄광/광산	주생(周生)광산	미확인

구분	소재지(1945년 8월 기준)			직종/대	유적명칭	기업 (최종)
	도	부/군	면 이하			
생산 관계	경기	연천/ 포천군	관인면/포천군 영북면	탄광/광산	용음(龍音)광산	미확인
	경기	연천/ 포천군	관인면/포천군 영북, 포천,창수면	탄광/광산	포천(抱川)광산	미확인
	경기	연천/ 포천군	연천,영근면/ 포천군 창수면	탄광/광산	합천(合川)광산	미확인
	경기	연천군	내내면 차탄리 34-17	공장	연천양조㈜	연천양조㈜
	경기	연천군	관인면	탄광/광산	공영(恭榮)금산	미확인
	경기	연천군	백학면	탄광/광산	광기(光基)광산	미확인
	경기	연천군	영근면	탄광/광산	덕흥(德興)광산	미확인
	경기	연천군	관인면	탄광/광산	묘덕제4(妙德弟四)금산	미확인
	경기	연천군	관인면	탄광/광산	사중(射中)광산	미확인
	경기	연천군	남면	탄광/광산	여조(麗朝)금광	남부(南部) 광업㈜
	경기	연천군	영근면	탄광/광산	임흥(林興)광산	미확인
	경기	연천군	관인면	탄광/광산	첨영(添榮)금산	미확인
	경기	연천군	청산면 초성리	하역수송	군수물자수송	미확인
	경기	용인/ 이천군	호법면/용인군 외사면	탄광/광산	우정(宇井)광산	신와(親和) 광업㈜
	경기	용인군	내서면 남곡리 497	기타(노무)	단파(丹波)농장(합자)	단파(丹波) 농장(합자)
	경기	용인군	내사면	탄광/광산	경동(京東)흑연광산	미확인
	경기	용인군	원삼, 외사면	탄광/광산	금양(金良)광산	선만(鮮滿)사 금(砂金)㈜
	경기	용인군	원삼면	탄광/광산	독성(篤誠)광산	미확인
	경기	용인군	원삼면	탄광/광산	삼승(三勝)금산	미확인
	경기	용인군	이동, 남사면	탄광/광산	상길(相吉)광산	미확인
	경기	용인군	외사면	탄광/광산	수덕(壽德)광산	미확인
	경기	용인군	원삼, 내사면	탄광/광산	영미(永美)광산	미확인
	경기	용인군	원삼면	탄광/광산	용인(龍仁)광산	선만(鮮滿)사 금(砂金)㈜
	경기	용인군	원산면	탄광/광산	용인대명(龍仁大明)광산	미확인
	경기	용인군	원삼면	탄광/광산	진흥용인(振興龍仁)금산	니혼(日本)산 금진흥(産金 振興)㈜
	경기	용인군	모현, 포곡면	탄광/광산	창신(昌新)금광	미확인
	경기	용인군	원삼면	탄광/광산	청미(淸美)금산	평송강철 (平松鋼鐵) 공업㈜
	경기	이천/ 철원군	안협면/철원군 갈말면	탄광/광산	안협(安峽)광산	닛치쓰(日窒) 광업개발㈜
	경기	이천/ 평강군	방장면/평강군 유진면	탄광/광산	우화만대(祐和万大)광산	고비(神戸) 제강소㈜
	경기	이천/ 평강군	동면/평강군 서면	탄광/광산	평강삼영(平康三榮)광산	미확인
	경기	이천/ 평강군	용포면/평강군 서면	탄광/광산	구보(久寶)광산	보광(寶光) 광업㈜
	경기	이천/ 평강군	용탄면/평강군 현내, 남면	탄광/광산	양장(良藏)광산	고바야시(小 林)광업㈜

구분	소재지(1945년 8월 기준)			직종/대	유적명칭	기업 (최종)
	도	부/군	면 이하			
생산 관계	경기	이천군	불상	철도/도로	철도공사장(중앙선)	조선총독부 철도국
	경기	이천군	웅탄, 방장면	탄광/광산	가려(佳麗)광산	조선광업㈜
	경기	이천군	산내면	탄광/광산	광구/김화성(金化星)광산	미확인
	경기	이천군	웅탄면	탄광/광산	구락(龜洛)광산	미확인
	경기	이천군	안협, 서면	탄광/광산	국제(國際)석면광산	국제석면 산업㈜
	경기	이천군	안협, 서면	탄광/광산	국제석면사면(四面)광산	미확인
	경기	이천군	호법, 마장면	탄광/광산	단천리(丹川里)금산	미확인
	경기	이천군	웅탄면	탄광/광산	대각(大覺)금광	미확인
	경기	이천군	이천읍	탄광/광산	대기(大機)광산	미확인
	경기	이천군	이천읍	탄광/광산	대리(大利)금광	미확인
	경기	이천군	마장면	탄광/광산	도아(都也)금산	미확인
	경기	이천군	웅탄면	탄광/광산	동보(東寶)금산	미확인
	경기	이천군	용포면	탄광/광산	동산(東産)금광	미확인
	경기	이천군	신이면, 이천읍	탄광/광산	메이지(明治)사금광	미확인
	경기	이천군	웅탄면	탄광/광산	명덕(名德)광산	미확인
	경기	이천군	산내면	탄광/광산	문덕(文德)금광	미확인
	경기	이천군	웅탄, 판교면	탄광/광산	반용(蟠龍)광산	미확인
	경기	이천군	판교면	탄광/광산	수구대(水口垈)금광	미확인
	경기	이천군	웅탄면	탄광/광산	왕모리(王幕里)사금광	미확인
	경기	이천군	웅탄면	탄광/광산	왕산(王山)금광	미확인
	경기	이천군	웅탄면	탄광/광산	웅탄(熊灘)광산	미확인
	경기	이천군	용포면	탄광/광산	원흥(原興)금산	미확인
	경기	이천군	용포, 학봉, 판교면	탄광/광산	이창(伊倉)금광	미확인
	경기	이천군	웅탄면	탄광/광산	이천(伊川)금산	미확인
	경기	이천군	방장면	탄광/광산	이천(伊川)백년광산	미확인
	경기	이천군	마장면	탄광/광산	이흥(利興)광산	미확인
	경기	이천군	산내면	탄광/광산	일성(一聲)광산	미확인
	경기	이천군	웅탄면	탄광/광산	자하(紫霞)금산	미확인
	경기	이천군	웅탄면	탄광/광산	판막(板幕)금은광산	미확인
	경기	이천군	용포면	탄광/광산	환금(丸金)금광	미확인
	경기	이천군	웅탄면	탄광/광산	회포동(檜浦洞)금광	미확인
	경기	이천군	판교면	탄광/광산	대장(大藏)특수광산	조선광업 진흥㈜
	경기	인천부	불상	공장	다나카(田中)공업	다나카 (田中)공업
	경기	인천부	불상	공장	세기공업소	세기공업소
	경기	인천부	불상	공장	인천공장/용산공작㈜	용산공작㈜
	경기	인천부	불상	공장	인천조선소	인천조선소
	경기	인천부	불상	공장	조선화공㈜	조선화공㈜
	경기	인천부	소사(경인선)	공장	인천공장/조선정병㈜	조선정병㈜
	경기	인천부	학익정	공장	인천공장/히다치(日立)제작소	히다치(日立) 제작소
	경기	인천부	만석정	공장	나리타(成田)조선소	나리타(成田) 조선소
	경기	인천부	만석정	공장	오니스가와(小日川)조선소	오니스가와 (小日川) 조선소

구분	소재지(1945년 8월 기준)			직종/대	유적명칭	기업 (최종)
	도	부/군	면 이하			
생산 관계	경기	인천부	만석정	공장	오키하라(秋原)조선소	오키하라(秋原)조선소
	경기	인천부	만석정	공장	오히라(大平)조선소	오히라(大平)조선소
	경기	인천부	만석정	공장	요시다(吉田)조선소	요시다(吉田)조선소
	경기	인천부	만석정	공장	인천제정㈜	인천제정(制釘)㈜
	경기	인천부	만석정	공장	하야시(林)조선소	하야시(林)조선소
	경기	인천부	만석정	공장	후지가와(藤川)조선소	후지가와(藤川)조선소
	경기	인천부	만석정	공장	히라야마(平山)철공소	히라야마(平山)철공소
	경기	인천부	만석정33	공장	인천공장/조선제강소	조선제강소㈜
	경기	인천부	만석정47	공장	조선제준소(합자)	조선製樽所(합자)
	경기	인천부	만석정6-1	공장	인천공장/㈜조선기계제작소	조선기계제작소㈜
	경기	인천부	송현정	공장	인천공장/조선경금속㈜	조선경금속㈜
	경기	인천부	부평	공장	도쿄(東京)자동차공업㈜	도쿄(東京)자동차공업㈜
	경기	인천부	부평	공장	도쿄(東京)제강	도쿄(東京)제강
	경기	인천부	부평	공장	디젤자동차공업㈜	디젤자동차공업㈜
	경기	인천부	부평	공장	부평공장/국산자동차공업㈜	국산자동차공업㈜
	경기	인천부	부평	공장	조선베어링공장	조선베어링공장
	경기	인천부	부천군 부내면 산곡리(인천부 백마정)	공장	경성공작㈜	경성공작㈜
	경기	인천부	부천군 부내면 산곡리(인천부 백마정)	공장	부평공장/고요(光洋)정공㈜	고요(光洋)정공㈜
	경기	인천부	월미도	공장	하마다(浜田)조선소	하마다(浜田)조선소
	경기	인천부	궁정28	공장	대인(大仁)조선㈜	대인조선㈜
	경기	인천부	송현정66-26	공장	인천공장/일본차량제조㈜	니혼(日本)차량제조㈜
	경기	인천부	부천군 부내면 (부평 소화정)	공장	인천제작소/미쓰비시(三菱)제강㈜	미쓰비시(三菱)제강㈜
	경기	인천부	금곡리33-2	공장	본사/조선성냥㈜	조선성냥(燐寸)㈜
	경기	인천부	앵정100	공장	조선섬유공업㈜	조선섬유공업㈜
	경기	인천부	부평	공장	오사카(大阪)섬유공장	오사카(大阪)섬유공장
	경기	인천부	불상	공장	인천공장/데이코쿠(帝國)섬유㈜	데이코쿠(帝國)섬유㈜
	경기	인천부	만석정	공장	인천공장/도요(東洋)방적㈜	도요(東洋)방적㈜

구분	소재지(1945년 8월 기준)			직종/대	유적명칭	기업 (최종)
	도	부/군	면 이하			
생산 관계	경기	인천부	앵정137	공장	일선(日鮮)해운회사	일선(日鮮) 해운회사
	경기	인천부	부천군 부내면 대정리665	공장	부평요업㈜	부평요업㈜
	경기	인천부	본정목2	공장	인천요업㈜	인천요업㈜
	경기	인천부	욱정37	공장	조선요업㈜	조선요업㈜
	경기	인천부	만석정68	공장	아사히(朝日)장유(유한)	아사히(朝日) 장유(유한)
	경기	인천부	불상	공장	조선전선㈜	조선전선㈜
	경기	인천부	학익정510	공장	인천공장/미쓰비시(三菱)전기㈜	미쓰비시 (三菱)전기㈜
	경기	인천부	송현정1	공장	조선강업	조선강업 (鋼業)㈜
	경기	인천부	만석정	공장	인천만석공장/조선도시바(東芝)전(電)	조선도시바 (東芝)전(電)
	경기	인천부	화수정	공장	도쿄시바우라(東京芝浦)전기㈜	도쿄시바우 라(東京芝 浦)전기㈜
	경기	인천부	화수정	공장	인천공장/조선도시바(東芝)전(電)	조선도시바 (東芝)전(電)
	경기	인천부	불상	공장	인천공장/일본제분	니혼(日本) 제분
	경기	인천부	불상	공장	인천제철공장/가네가후치(鐘淵)공업	가네가후치 (鐘淵)공업㈜
	경기	인천부	부천군 부내면 산곡 리(인천부 백마정)	공장	제1제조소/인천육군조병창	육군병기 행정본부
	경기	인천부	日出町	공장	경성화학공업㈜	경성화학 공업㈜
	경기	인천부	화수정	공장	인천공장/조선화학비료㈜	조선화학 비료㈜
	경기	인천부	부평	공장	일본고주파중공업㈜	니혼(日本)고 주파중공업㈜
	경기	인천부	산수정3정목7	공장	동아화학공업㈜	동아화학 공업㈜
	경기	인천부	京町240	공장	인천고무(護謨)공업사(합자)	인천고무 (護謨)공업 사(합자)
	경기	인천부	송림정20-2/ 화수정	공장	조선이연고무(護謨)공업㈜	조선이연고무 (護謨)공업㈜
	경기	인천부	용리101	기타(노무)	광성(光成)(합명)	광성(光成) (합명)
	경기	인천부	불상	기타(노무)	인천공장/대성목재	대성목재
	경기	인천부	불상	기타(노무)	가정보국단	미확인
	경기	인천부	궁정	기타(노무)	근로보국대/신사(神社)확장공사작업장	미확인
	경기	인천부	영종면	기타(노무)	광업보국단	미확인
	경기	인천부	주안면 십정리	기타(노무)	주안염전	미확인
	경기	인천부	문학산	기타(노무)	소년교도소	미확인
	경기	인천부	만석정	기타(노무)	인천공장/조선목재공업㈜	조선목재 공업㈜
	경기	인천부	만석정	철도/도로	철도공사장(경인선)	조선총독부 철도국

구분	소재지(1945년 8월 기준)			직종/대	유적명칭	기업 (최종)
	도	부/군	면 이하			
생산 관계	경기	인천부	학익정 등	토건	공장부지공사장[日立제작소]	인천부[발주]
	경기	인천부	만석정	토건	매립공사장/대지조성	인천부[발주]
	경기	인천부	만석정	토건	매립공사장/도로부지조성	인천부[발주]
	경기	인천부	만석정	토건	매립공사장/체신국공장부지	체신국
	경기	인천부	만석정	토건	철도부지조성공사장	인천부[발주]
	경기	인천부	만석정37	토건	매립공사장[동양방적㈜대지조성]	미확인
	경기	인천부	만석정3번지	토건	매립공사장(만석정)	인천부[발주]
	경기	인천부	송현정	토건	매립공사장(송현정)	미확인
	경기	인천부	송현정	토건	매립공사장[일본차량제조㈜철도부지등	인천부[발주]
	경기	인천부	송현정	토건	매립공사장[조선경금속㈜]	인천부[발주]
	경기	인천부	송현정66-26	토건	매립공사장[일본차량제조㈜대지조성]	미확인
	경기	인천부	송림정	토건	매립공사[조선알루미늄공업㈜공장부지조성]	미확인
	경기	인천부	송현,송림정	토건	매립공사장(송현,송림정)	인천부[발주]
	경기	인천부	불상	토건	공장건설공사장[경성화학공업인천공장]/ 오바야시구미(大林組)	오바야시구 미(大林組)
	경기	인천부	화수정	토건	매립공사장(화수정)	인천부[발주]
	경기	인천부	화수정	토건	매립공사장[도쿄시바우라(東京芝浦)전기 ㈜공장부지조성]	인천부 [발주]
	경기	인천부	부평	토건	매립공사장(부평)	미확인
	경기	인천부	화방정	토건	매립공사장(화방정)	경기도어업 조합연합회
	경기	인천부	화방정	토건	철도부지조성공사장	조선총독부 철도국
	경기	인천부	월미도	토건	항만공사장(월미도항)	미확인
	경기	인천부	만석정6-1,화수	토건	공장건설공사장 [조선기계제작소㈜공장부지]	오쿠라구미 (大倉組), 시미즈구미 (淸水組)
	경기	인천부	부평	토건	공장건설공사장[東芝電부평공장]	미확인
	경기	인천부	불상	하역수송	인천지점/조선운송㈜	조선운송㈜
	경기	인천부	부평	하역수송	군수물자수송	미확인
	경기	장단군	소남,대남면	탄광/광산	능현(陵峴)광산	미확인
	경기	장단군	장도면	탄광/광산	덕만(德萬)광산	미확인
	경기	장단군	불상	하역수송	군수물자수송	미확인
	경기	파주군	임진면 문산리	철도/도로	철도공사장(경의선)/나카무라구미(中村組)	나카무라구 미(中村組) (합자)
	경기	파주군	조리면 장곡리	토건	저수지(공릉)	미확인
	경기	평택군	현덕면 도대리, 방축리	탄광/광산	석면광산	미확인
	경기	평택군	불상	하역수송	평택판매소/조선총독부 전매국	조선총독부 전매국
	경기	포천군	창수면 고소성리 46-1	기타(노무)	소서(합명)	고니시(小 西)(합명)
	경기	포천군	영북면 운천리 345	기타(노무)	영북흥업사(합자)	영북(永北) 흥업사(합자)
	경기	포천군	불상	철도/도로	도로공사장	미확인
	경기	포천군	이동면	탄광/광산	가리산(加里山)광산	미확인
	경기	포천군	영중,일동,신북면	탄광/광산	금주(金柱)광산	미확인
	경기	포천군	영중,일동면	탄광/광산	대창(大昌)금광	미확인

구분	소재지(1945년 8월 기준)			직종/대	유적명칭	기업 (최종)
	도	부/군	면 이하			
생산 관계	경기	포천군	청산면	탄광/광산	덕둔(德屯)광산	미확인
	경기	포천군	영중, 일동면	탄광/광산	동산(東山)금광	미확인
	경기	포천군	이동면	탄광/광산	동포(東抱)광산	미확인
	경기	포천군	신북면	탄광/광산	보신(輔新)금광	미확인
	경기	포천군	창수, 영중면	탄광/광산	보현(寶現)금광	공동(共同)광업㈜
	경기	포천군	영중면	탄광/광산	성동(成東)금산	미확인
	경기	포천군	영중면	탄광/광산	영남(永南)금광	미확인
	경기	포천군	영북면	탄광/광산	영북(永北)광산	미확인
	경기	포천군	영북면	탄광/광산	영북(永北)금산	미확인
	경기	포천군	영중면	탄광/광산	영송(永松)광산	미확인
	경기	포천군	영중, 영북면	탄광/광산	영원(永元)금광	미확인
	경기	포천군	영북, 이동면	탄광/광산	영중(永重)광산	미확인
	경기	포천군	이동, 일동면	탄광/광산	영평(永平)금광	미확인
	경기	포천군	영중, 일동면	탄광/광산	영평(永平)금산	미확인
	경기	포천군	영중, 일동면	탄광/광산	일환(日丸)금광	미확인
	경기	포천군	신북, 창수면	탄광/광산	포덕(抱德)금광	미확인
	경기	포천군	영중면	탄광/광산	포일(抱一)광산	미확인
	경기	포천군	영중면	탄광/광산	금주산(錦珠山)동광	스미토모(住友)본사㈜
	경기	포천군	청산, 창수면	탄광/광산	보장(寶藏)금광	고바야시(小林)광업㈜
	경기	포천군	영중면	탄광/광산	스미토모(住友) 영중(永中)광산	스미토모(住友)본사㈜
	경기	포천군	창수면 추동리	토건	저수지	미확인
	경기	포천군	창수면 추동리	토건	저수지(추동)	미확인
	경남	거창/ 김천/ 무주군	고제면/전북 무주 군 무풍면/김천군 대덕면	탄광/광산	창덕(彰德)금광	조선광업㈜
	경남	거창/ 김천군	웅양면/김천군 대덕면	탄광/광산	개금(開金)광산	미확인
	경남	거창/ 합천군	신원면/합천군 봉산, 대병면	탄광/광산	삼왕(三旺)금산	미확인
	경남	거창/ 합천군	신원면/합천군 봉선면	탄광/광산	술곡(述谷)금산	미확인
	경남	거창/ 합천군	가북면/합천군 가야면	탄광/광산	천부(天府)광산	미확인
	경남	거창군	위천면 장기리 498-1	기타(노무)	거창흥업㈜	거창흥업㈜
	경남	거창군	북상면	기타(노무)	벌목작업장	미확인
	경남	거창군	남하, 가조면	탄광/광산	가도(加島)광산	미확인
	경남	거창군	가북, 가조면	탄광/광산	개금불(開金佛)금산	미확인
	경남	거창군	남하면	탄광/광산	거창(居昌)광산	니혼(日本)광업㈜
	경남	거창군	마리면	탄광/광산	거창(居昌)수연광산	미확인
	경남	거창군	남상면	탄광/광산	건덕(建德)광산	미확인
	경남	거창군	고제, 북상면	탄광/광산	고제(高梯)광산	미확인
	경남	거창군	웅양면	탄광/광산	구세동(救世洞)광산	미확인
	경남	거창군	가북면	탄광/광산	구원(久原)금산	미확인
	경남	거창군	가북면	탄광/광산	국헌(菊軒)금산	미확인
	경남	거창군	웅양, 고제면	탄광/광산	군암(君岩)금산	미확인

구분	소재지(1945년 8월 기준)			직종/대	유적명칭	기업 (최종)
	도	부/군	면 이하			
생산 관계	경남	거창군	월천, 주상면	탄광/광산	금귀(金貴)금산	미확인
	경남	거창군	고제, 주상면	탄광/광산	금도(金道)금산	미확인
	경남	거창군	가북, 가조면	탄광/광산	금화(金華)광산	미확인
	경남	거창군	고제면	탄광/광산	남명(南明)금산	미확인
	경남	거창군	거창읍/남상면	탄광/광산	남산(南山)금광	미확인
	경남	거창군	고제, 주상면	탄광/광산	노금(老金)광산	미확인
	경남	거창군	웅양, 고제면	탄광/광산	매학(梅鶴)금산	미확인
	경남	거창군	가북, 가조면	탄광/광산	보화산(寶貨山)광산	미확인
	경남	거창군	웅양, 고제면	탄광/광산	봉화(峰華)광산	미확인
	경남	거창군	남하, 가조면	탄광/광산	삼명(三鳴)광산	미확인
	경남	거창군	월천, 주상면	탄광/광산	상현(尙賢)광산	미확인
	경남	거창군	가조면	탄광/광산	서산(西山)금광	미확인
	경남	거창군	남하, 월천면	탄광/광산	시항(矢項)광산	미확인
	경남	거창군	신원, 남상면	탄광/광산	신락(神樂)금산	미확인
	경남	거창군	남하면	탄광/광산	신창(愼昌)광산	미확인
	경남	거창군	고제면	탄광/광산	쌍봉(雙鳳)금산	미확인
	경남	거창군	남하, 월천면	탄광/광산	안흥(安興)금산	미확인
	경남	거창군	남하면	탄광/광산	양항(梁項)광산	미확인
	경남	거창군	가조, 봉산면	탄광/광산	오도(吾道)광산	미확인
	경남	거창군	웅양, 주상면	탄광/광산	운유(雲楡)광산	미확인
	경남	거창군	가북면	탄광/광산	융화(隆和)광산	미확인
	경남	거창군	남하면	탄광/광산	일산(日傘)금산	미확인
	경남	거창군	가북, 가조면	탄광/광산	장고(長鼓)금산	미확인
	경남	거창군	남하면	탄광/광산	지산(芝山)광산	봉(鳳)광업㈜
	경남	거창군	남하면	탄광/광산	천세(千歲)광산	미확인
	경남	거창군	남하면	탄광/광산	한창(韓昌)광산	미확인
	경남	거창군	월천, 주상면	탄광/광산	현금(縣金)광산	미확인
	경남	거창군	위천면 상천리	토건	저수지(서덕)	미확인
	경남	경산군	경산면 토정동51	기타(노무)	경산관리소/조선흥업㈜	조선흥업㈜
	경남	고성/ 사천군	하이면/사천군 사남면	탄광/광산	남선와룡(南鮮臥龍)광산	미확인
	경남	고성/ 진양군	개천면/진양군 이반성면	탄광/광산	보령산(寶嶺山)광산	미확인
	경남	고성/ 하동군	곤명면/하동군 옥종, 북천면	탄광/광산	곤명도(昆明都)금산	미확인
	경남	고성군	삼산면	탄광/광산	경부(慶富)광산	미확인
	경남	고성군	삼산, 상리면	탄광/광산	고성(固城)금산	다이니혼(大日本)웅변회 강담사(講談社)㈜
	경남	고성군	대가, 영현, 상리면	탄광/광산	광구(光久)동산	미확인
	경남	고성군	구만, 마암, 개천면	탄광/광산	구만(九萬)금산	미확인
	경남	고성군	대가, 영현면	탄광/광산	국광영현(國光永縣)광산	미확인
	경남	고성군	상리면	탄광/광산	금고산(金庫山)금광	미확인
	경남	고성군	삼산면	탄광/광산	대덕(大德)광산	미확인
	경남	고성군	마암, 대가면	탄광/광산	도전(道田)금산	미확인
	경남	고성군	동해면	탄광/광산	동해(東海)광산	미확인
	경남	고성군	구만동	탄광/광산	만금(萬金)광산	미확인
	경남	고성군	구만, 마암면	탄광/광산	배둔(背屯)광산	미확인

구분	소재지(1945년 8월 기준)			직종/대	유적명칭	기업 (최종)
	도	부/군	면 이하			
생산관계	경남	고성군	불상	탄광/광산	백골광산	미확인
	경남	고성군	영현, 상리면	탄광/광산	봉발(鳳鉢)광산	미확인
	경남	고성군	삼산면	탄광/광산	삼산면(三山面)광산	미확인
	경남	고성군	삼산, 하리, 하일면	탄광/광산	수태산(秀泰山)광산	미확인
	경남	고성군	삼산면	탄광/광산	응취(鷹取)광산	미확인
	경남	고성군	삼산면	탄광/광산	이당(梨堂)광산	미확인
	경남	고성군	고성읍/거류면	탄광/광산	철성(鐵城)광산	미확인
	경남	김해/밀양군	밀양군 삼랑진읍 ↔김해군 생곡면	철도/도로	철도공사장(경부선)/하자마구미(間組)	하자마구미(間組)
	경남	김해군	불상	공장	벽돌공장	미확인
	경남	김해군	하동면 월촌리 246	기타(노무)	대치(大治)농장(합자)	대치농장(합자)
	경남	김해군	불상	기타(노무)	벌목작업장	미확인
	경남	김해군	불상	철도/도로	철도공사장(경전선)	조선총독부 철도국
	경남	김해군	주촌, 진례, 이북면	탄광/광산	공광도(孔光道)광산	미확인
	경남	김해군	생송면	탄광/광산	금곡(金谷)광산	니혼(日本)광산(鑛産)㈜
	경남	김해군	녹산면	탄광/광산	녹산(菉山)광산	닛치쓰(日窒)광업개발㈜
	경남	김해군	주촌, 진례면	탄광/광산	대내(大內)금산	미확인
	경남	김해군	이북, 생림면	탄광/광산	이북면(二北面)광산	쇼와(昭和)광업㈜
	경남	김해군	하동, 상동면	탄광/광산	朝鮮金海광산	김해철산㈜
	경남	김해군	연산, 장유면	탄광/광산	朝鮮滿俺광산	조선만엄광업㈜
	경남	김해군	주촌면	탄광/광산	주촌(酒村)고령토광산	니혼(日本)경질도기㈜
	경남	김해군	생림면 금곡리	토건	저수지(생림면)	미확인
	경남	김해군	불상	하역수송	군수물자수송	미확인
	경남	남군	창선면	탄광/광산	국본(國本)동산	미확인
	경남	남군	설천, 고현면	탄광/광산	금음(金音)광산	미확인
	경남	남군	이동, 삼동면	탄광/광산	남해(南海)광산	미확인
	경남	남군	이동, 남면	탄광/광산	남해(南海)금산	남해금산㈜
	경남	남군	서면	탄광/광산	남해자(南海磁)철산	미확인
	경남	남군	설천, 고현면	탄광/광산	대광(大宏)광산	미확인
	경남	남군	삼동면	탄광/광산	봉남(鳳南)광산	미확인
	경남	남군	삼동면	탄광/광산	삼동(三東)광산	미쓰비시(三菱)광업㈜
	경남	남군	남면	탄광/광산	평산포(平山浦)광산	미확인
	경남	남해군	불상	토건	건축공사장	미확인
	경남	남해군	고현면 남치리	토건	저수지(남치)	미확인
	경남	동래/부산부	동래 사상역 ↔범일역	철도/도로	철도공사장(가야선)	미확인
	경남	동래/부산부	동래읍/남면/부산부대연리	탄광/광산	금연산(金蓮山)광산	쇼와(昭和)광업㈜
	경남	동래/부산부	부당감, 연지리/부산부개금리	탄광/광산	백양(白陽)광산	미확인
	경남	동래군	동래읍 거제리	공장	남선성냥㈜	남선성냥(燐寸)㈜

구분	소재지(1945년 8월 기준)			직종/대	유적명칭	기업 (최종)
	도	부/군	면 이하			
생산 관계	경남	동래군	동래읍	공장	히로(姬路)성냥㈜	히메지(姬路) 성냥(燐寸)㈜
	경남	동래군	동래읍 거제리 840	공장	아사히(旭)견직㈜	아사히(旭) 견직㈜
	경남	동래군	사상면	철도/도로	도로공사장(사상면)	미확인
	경남	동래군	사상면	철도/도로	철도공사장(가야선)	조선총독부 철도국
	경남	동래군	구포읍	철도/도로	철도공사장(경부선)	조선총독부 철도국
	경남	동래군	구포면	탄광/광산	만덕리(萬德里)광산	조선제련㈜
	경남	동래군	기장면	탄광/광산	기장(機長)광산	미확인
	경남	동래군	기장면	탄광/광산	고바야시(小林)동래(東萊)광산	고바야시 (小林)광업㈜
	경남	동래군	북면	탄광/광산	화전천리(和田千里)광산	미확인
	경남	동래군	불상	탄광/광산	어음(御蔭)광산	미확인
	경남	동래군	사상면	탄광/광산	사상(沙上)광산	미확인
	경남	동래군	사하면	탄광/광산	관곡(冠谷)동산	조선제련㈜
	경남	동래군	일광면	탄광/광산	대흑(大黑)광산	미확인
	경남	동래군	일광면 원리104 번지/정관면	탄광/광산	일광(日光)광산	스미토모벳 시(住友別子) 광산㈜
	경남	동래군	장안면	탄광/광산	기룡(奇龍)광산	미확인
	경남	동래군	장안면	탄광/광산	오룡(五龍)광산	미확인
	경남	동래군	철마면	탄광/광산	철마(鐵馬)동산	주가이(中 外)광업㈜
	경남	동래군	동래역	하역수송	철도하역장/조선운송㈜	조선운송㈜
	경남	마산/ 창원군	마산부/창원군 진해읍	철도/도로	철도공사장(진해선)	조선총독부 철도국
	경남	마산/ 창원군	월영동/창원군 내서, 귀산면	탄광/광산	대곡산(大谷山)광산	미확인
	경남	마산/ 창원군	불상	하역수송	석탄운반작업장	미확인
	경남	마산부	불상	공장	마산공장/조선물산	마산공장/ 조선물산
	경남	마산부	주정2-11	공장	마산제빙㈜	마산제빙㈜
	경남	마산부	류정21	공장	청수양조장(합자)	청수양조장 (합자)
	경남	마산부	빈정	공장	마산조선(유한회사)	마산조선 유한회사
	경남	마산부	상남동/빈정2정 목 8	공장	마산조면공장㈜	마산조면 공장㈜
	경남	마산부	불상	철도/도로	도로공사장	미확인
	경남	마산부	불상	탄광/광산	동문(東門)광산	미확인
	경남	마산부	창원면	토건	학교공사현장	미확인
	경남	마산부	불상	토건	항만공사장(마산항)	미확인
	경남	마산부	신마산부두	토건	하역장공사장	미확인
	경남	마산부	불상	하역수송	마산지점/조선운송㈜	조선운송㈜
	경남	밀양/ 양산군	단양면/양산군 원동면	탄광/광산	창건(昌建)광산	미확인
	경남	밀양군	밀양읍 가곡동 561-3	공장	밀양직물(합자)	밀양직물 (합자)

구분	소재지(1945년 8월 기준)			직종/대	유적명칭	기업 (최종)
	도	부/군	면 이하			
생산 관계	경남	밀양군	범북	공장	벽돌공장/일본내화재료㈜	니혼(日本) 내화재료 (耐火材料)
	경남	밀양군	삼랑진면 송진리 409	기타(노무)	삼랑진관리소/조선흥업㈜	조선흥업㈜
	경남	밀양군	삼랑진면/삼랑진 면 임천리/상동면 금산, 유천리	철도/도로	철도공사장(경부선)/하자마구미(間組)	하자마구미 (間組)
	경남	밀양군	불상	철도/도로	철도공사장(경전선)	조선총독부 철도국
	경남	밀양군	단장면	탄광/광산	국전(菊田)광산	쇼와(昭和) 광업㈜
	경남	밀양군	하남, 초동면	탄광/광산	금광(金光)광산	후지마사(藤 昌)광업㈜
	경남	밀양군	상남, 초동면	탄광/광산	남덕(南德)광산	미확인
	경남	밀양군	상남면	탄광/광산	남화(南花)금광	미확인
	경남	밀양군	초동면	탄광/광산	덕성(德晟)광산	미확인
	경남	밀양군	상동면	탄광/광산	도산(木+요山)금광	미확인
	경남	밀양군	밀양, 부북, 상동면	탄광/광산	밀양(密陽)광산	니혼(日本) 내화재료 (耐火材料)
	경남	밀양군	밀양읍	탄광/광산	밀양蠟石광산	미확인
	경남	밀양군	단양면	탄광/광산	복정(福井)광산	미확인
	경남	밀양군	밀양읍내일동 431	탄광/광산	본점/조선노재(朝鮮爐材)(合資)	조선爐材 (합자)
	경남	밀양군	상남면	탄광/광산	봉덕(奉德)금산	미확인
	경남	밀양군	삼랑진면	탄광/광산	삼랑진(三浪津)광산	미확인
	경남	밀양군	상남면	탄광/광산	상남면(上南面)광산	미확인
	경남	밀양군	상남면	탄광/광산	쌍남(雙南)광산	미확인
	경남	밀양군	초동, 무안, 부북면	탄광/광산	양구동(良久東)광산	미확인
	경남	밀양군	무안, 부북면	탄광/광산	오덕(五德)광산	미확인
	경남	밀양군	상남면	탄광/광산	유천(榆川)광산	미확인
	경남	밀양군	무안, 청도면	탄광/광산	인산리(仁山里)광산	미확인
	경남	밀양군	산내, 단양면	탄광/광산	정각(正覺)광산	주가이(中 外)광업㈜
	경남	밀양군	초등면	토건	제방공사장	미확인
	경남	부산부	대창정1정목24	공장	남선합금공업㈜	남선합금 공업㈜
	경남	부산부	대창정1정목24	공장	일본합금공업㈜	니혼(日本) 합금공업㈜
	경남	부산부	범일정884	공장	소좌(小佐)공업㈜	소좌공업㈜
	경남	부산부	봉래정	공장	조선선박공업㈜ 제1공장	조선선박 공업㈜
	경남	부산부	봉래정	공장	조선선박공업㈜ 제2공장	조선선박 공업㈜
	경남	부산부	부산진	공장	부산공장/조선총독부철도국	조선총독부 철도국
	경남	부산부	부전리359	공장	조선금속공업㈜	조선금속 공업㈜

구분	소재지(1945년 8월 기준)			직종/대	유적명칭	기업 (최종)
	도	부/군	면 이하			
생산 관계	경남	부산부	부평정1정목23	공장	후쿠하라(福原)철공소(합자)	후쿠하라 (福原)철공 소(합자)
	경남	부산부	불상	공장	가토(加藤)제작소	가토(加藤) 제작소
	경남	부산부	불상	공장	나카무라(中村)조선철공소	나카무라 (中村)조선 철공소
	경남	부산부	불상	공장	부산공장/대륙중공업	대륙중공업
	경남	부산부	불상	공장	부산공장/조선항공공업소㈜	조선항공 공업소㈜
	경남	부산부	불상	공장	조선항공공업㈜	조선항공 공업㈜
	경남	부산부	서면 당감리13	공장	마루와(丸和)공업㈜	마루와(丸 和)공업㈜
	경남	부산부	서정4정목8	공장	부산제본공업㈜	부산제본 공업㈜
	경남	부산부	소화통5정목13	공장	동양공작소㈜	동양공작소 ㈜
	경남	부산부	영도	공장	동아조선㈜	동아조선㈜
	경남	부산부	영도	공장	일출(日出)조선㈜	일출(日出) 조선㈜
	경남	부산부	영선정1	공장	부산조선소/조선중공업㈜	조선중공업 ㈜
	경남	부산부	영선정1260	공장	선만(鮮滿)법랑철기(합명)	선만(鮮滿)법 랑철기(합명)
	경남	부산부	영선정1540	공장	부산제정소㈜	부산제정소㈜
	경남	부산부	영선정1699	공장	부산공작소㈜	부산제정소㈜
	경남	부산부	영선정1887	공장	조선제강㈜	조선제강㈜
	경남	부산부	영선정1913	공장	부산철공조선소㈜	부산철공조 선소㈜
	경남	부산부	영선정1989	공장	다나카(田中)조선철공소㈜	다나카(田中) 조선철공소㈜
	경남	부산부	영선정916	공장	아사히(朝日)방열기㈜	아사히(朝日) 방열기㈜
	경남	부산부	청학동330-1	공장	조선제관㈜	조선제관㈜
	경남	부산부	초량정	공장	조선총독부 교통국 소속 철도정비공장 (초량기계공장)	조선총독부 교통국
	경남	부산부	초량정592	공장	부산공업(합자)	부산공업 (합자)
	경남	부산부	토성정2정목2	공장	동아금속공업㈜	동아금속 공업㈜
	경남	부산부	당감리141	공장	아사히(旭)염공㈜	아사히(旭) 염공㈜
	경남	부산부	대신정313	공장	반도석감제조소㈜	반도석감 제조소㈜
	경남	부산부	서정2정목19	공장	부산합동음료㈜	부산합동 음료㈜
	경남	부산부	수정정64(지점)	공장	동광상회(합자)	동광상회 (합자)

구분	소재지(1945년 8월 기준)			직종/대	유적명칭	기업 (최종)
	도	부/군	면 이하			
생산 관계	경남	부산부	영선정1036	공장	부산성냥㈜	부산성냥 (燐寸)㈜
	경남	부산부	영선정1260	공장	쇼와(昭和)코르크공업㈜	쇼와(昭和)코 르크공업㈜
	경남	부산부	영선정1573	공장	부산공기㈜	부산공기㈜
	경남	부산부	토성정2정목4	공장	우에다(植田)식품관힐공업소(합자)	우에다(植田) 식품관힐공 업소(합자)
	경남	부산부	대신정424-1	공장	제1피복공업㈜	제1피복 공업㈜
	경남	부산부	범일정1298-8	공장	동아면업㈜	동아면업㈜
	경남	부산부	부암리121	공장	니시키와타(にしきわた)㈜	니시키와타 (にしきわ た)㈜
	경남	부산부	부전리335-1	공장	조선타올공업㈜	조선타올공 업㈜
	경남	부산부	초량정174	공장	조선수출편물㈜	조선수출편 물㈜
	경남	부산부	대교통4정목75	공장	부산연탄제조㈜	부산연탄제 조㈜
	경남	부산부	대창정4정목52	공장	이토(伊藤)상점(합자)	이토(伊藤) 상점(합자)
	경남	부산부	서면 전포리39	공장	부산요업㈜	부산요업㈜
	경남	부산부	영선정1821	공장	본점/일본경질도기㈜	니혼(日本) 경질도기㈜
	경남	부산부	대교통1정목65	공장	부산제함㈜	부산제함㈜
	경남	부산부	범일정101	공장	삼광제재제함㈜	삼광제재제 함㈜
	경남	부산부	영선정2	공장	조선법랑㈜	조선법랑㈜
	경남	부산부	영선정258	공장	동양법랑㈜	동양법랑㈜
	경남	부산부	영선정273	공장	부산철기에나멜㈜	부산철기에 나멜㈜
	경남	부산부	범일정401-1	공장	대선양조㈜	대선양조㈜
	경남	부산부	가야리258	공장	조선전기제강㈜	조선전기 제강㈜
	경남	부산부	대청정2정목14	공장	조선전구무역㈜	조선전구 무역㈜
	경남	부산부	보수정3정목57	공장	일광전구공업소(합자)	일광전구공 업소(합자)
	경남	부산부	불상	공장	부산공장/조선전기제련	조선전기 제련
	경남	부산부	초량정174	공장	부산전구공업㈜	부산전구 공업㈜
	경남	부산부	남부민정69	공장	후생(厚生)의량㈜	후생衣糧㈜
	경남	부산부	본정5정목9-2	공장	에비스약포(藥舖)㈜	에비스약포㈜
	경남	부산부	영정3정목41	공장	동아약화학공업㈜	동아약화학 공업㈜
	경남	부산부	대교통1정목66	공장	조선화학광유공업(합자)	조선화학광 유공업(합자)
	경남	부산부	범일정1290	공장	삼화고무(護謨)㈜	삼화고무 (護謨)㈜

구분	소재지(1945년 8월 기준)			직종/대	유적명칭	기업 (최종)
	도	부/군	면 이하			
생산 관계	경남	부산부	보수정 3정목58	공장	일광가라스제작소(합자)	일광가라스 제작소(합자)
	경남	부산부	부전리482	공장	지점/동양연료㈜	동양연료㈜
	경남	부산부	좌천정680	공장	아사히(旭)고무(護謨)㈜	아사히(旭)고 무(護謨)㈜
	경남	부산부	좌천정688	공장	조선호모조대(護謨調帶)㈜	조선고무조대 (護謨調帶)㈜
	경남	부산부	소화통 2정목92	공장	부산제빙냉장㈜	부산제빙냉 장㈜
	경남	부산부	불상	공장	부산공장/데이코쿠(帝國)섬유㈜	데이코쿠(帝 國)섬유㈜
	경남	부산부	범일정700	공장	조선제유㈜	조선제유㈜
	경남	부산부	범일정700	공장	부산공장/조선방직㈜	조선방직㈜
	경남	부산부	수정정1028	기타(노무)	부산지점/조선흥업㈜	조선흥업㈜
	경남	부산부	다대포, 대신동, 서면, 암남리	기타(노무)	벌목작업장	미확인
	경남	부산부	전포리748	기타(노무)	삼림(森林)산업㈜	삼림(森林) 산업㈜
	경남	부산부	항정	기타(노무)	근로보국대/도로보수 등	미확인
	경남	부산부	대신정	기타(노무)	벌목작업장	미확인
	경남	부산부	서면	기타(노무)	벌목작업장	미확인
	경남	부산부	감만동	기타(노무)	채석작업장(감만동)	미확인
	경남	부산부	적기	기타(노무)	채석작업장(적기)	미확인
	경남	부산부	불상	기타(노무)	부산형무소	미확인
	경남	부산부	영선정1260	기타(노무)	만유(滿留)흥업㈜	미츠도메(滿 留)흥업㈜
	경남	부산부	용호동	기타(노무)	염전(용호동)	미확인
	경남	부산부	양정리↔부전리간	철도/도로	도로공사장	미확인
	경남	부산부	적기	철도/도로	도로공사장(적기)	미확인
	경남	부산부	개금리, 당감리	철도/도로	철도공사장(동해남부선)	조선총독부 철도국
	경남	부산부	불상	철도/도로	철도공사장(경부선)	미확인
	경남	부산부	불상	철도/도로	조선총독부교통국	조선총독부 교통국
	경남	부산부	불상	철도/도로	철도공사장/제니다카구미(錢高組)	제니다카구 미(錢高組)
	경남	부산부	대교통 4정목75	탄광/광산	부산제탄제조㈜	부산제탄제 조㈜
	경남	부산부	대창정 4정목	탄광/광산	대릉(大菱)금산광업㈜	대릉(大菱) 금산광업㈜
	경남	부산부	본정 3정목	탄광/광산	사무소/朝鮮광업㈜	조선광업㈜
	경남	부산부	본정 5정목	탄광/광산	삼령(三玲)광업㈜	삼령광업㈜
	경남	부산부	불상	탄광/광산	사무소/朝鮮아비산광업㈜	조선아비산 광업㈜
	경남	부산부	서정 4정목	탄광/광산	日鮮광업개발㈜	일선(日鮮) 광업개발㈜
	경남	부산부	수정정/가야리	탄광/광산	수정(水晶)광산	미확인
	경남	부산부	우암, 문현, 대연리	탄광/광산	부산(釜山)동산	미확인
	경남	부산부	용호리	탄광/광산	용호(龍湖)광산	주가이(中 外)광업㈜

구분	소재지(1945년 8월 기준)			직종/대	유적명칭	기업 (최종)
	도	부/군	면 이하			
	경남	부산부	감천리	토건	노무자숙소공사장	미확인
	경남	부산부	남부민정	토건	제방공사장	미확인
	경남	부산부	불상	토건	공장건설공사장[조선운송㈜사옥]	조선운송㈜ [발주]
	경남	부산부	서면	토건	하역수송장(철도역)공사장/조선운송㈜	조선운송㈜ [발주]
	경남	부산부	수정정	토건	매립공사장(수정정)	미확인
	경남	부산부	영도	토건	매립공사장(영도)	미확인
	경남	부산부	적기	토건	매립공사장(적기)	미확인
	경남	부산부	서면, 우암리, 감만정	토건	항만공사장(부산항)	미확인
	경남	부산부	부산진	토건	매립공사장(부산진)/오바야시구미(大林組), 미야케구미(三宅組)㈜, 제니타카(錢高組)	오바야시구미(大林組), 미야케구미(三宅組)㈜, 제니타카구미(錢高組)
	경남	부산부	전포리	토건	토취장(土取場)/미야케구미(三宅組)㈜	미야케구미(三宅組)㈜
	경남	부산부	당감리141	토건	매립공사장(당감정)/노무라구미(野村組)	노무라구미(野村組)
	경남	부산부	불상	하역수송	하역수송(제1-4부두)	미확인
	경남	부산부	서면	하역수송	군수물자수송	미확인
	경남	부산부	영도, 적기(아카사키)	하역수송	부산지점/조선운송㈜	조선운송㈜
생산 관계	경남	부산부	우암리	하역수송	군수물자수송	미확인
	경남	부산부	좌리	하역수송	군수물자수송	미확인
	경남	부산부	불상	하역수송	하역수송(군수물자)/미야케구미(三宅組)㈜	미야케구미(三宅組)㈜
	경남	사천군	삼천포읍	공장	조선소	미확인
	경남	사천군	삼천포읍	철도/도로	철도공사장	조선총독부 철도국
	경남	사천군	정동, 사남면	탄광/광산	사천금곡(泗川金谷)금산	미확인
	경남	사천군	삼천포읍	탄광/광산	삼천포(三千浦)광산	미확인
	경남	사천군	삼천포읍	토건	항만공사장(팔포항)	미확인
	경남	사천군	불상	하역수송	군수물자수송	미확인
	경남	산청/하동/함양군	진해읍 덕산리	기타(노무)	채석작업장	미확인
	경남	산청군	삼장면	탄광/광산	금장(金壯)광산	미확인
	경남	산청군	삼장면	탄광/광산	덕산(德山)흑연광산	미확인
	경남	산청군	산청, 금서면	탄광/광산	산청(山淸)사금광	미확인
	경남	산청군	생비량면	탄광/광산	생량(生良)광산	미확인
	경남	산청군	산청면	탄광/광산	송경(松景)광산	미확인
	경남	산청군	생비량면	탄광/광산	양도(良道)광산	미확인
	경남	산청군	생초면	탄광/광산	어외(於外)금당	미확인
	경남	산청군	신안, 생량면	탄광/광산	집현(集賢)금광	미확인
	경남	산청군	차황, 오부면	탄광/광산	차황(車黃)금산	미확인
	경남	산청군	차황, 오부면	탄광/광산	청지(淸地)광산	미확인
	경남	양산/울산군	웅상면/울산군 정관면	탄광/광산	정(鼎)광산	니혼(日本) 금속화학㈜

구분	소재지(1945년 8월 기준)			직종/대	유적명칭	기업(최종)
	도	부/군	면 이하			
생산관계	경남	양산군	물금면 물금리 383-4	공장	조선레이온㈜	조선레이온㈜
	경남	양산군	불금면 가촌리 132	기타(노무)	가촌(佳村)토지㈜	가촌(佳村)토지㈜
	경남	양산군	불상	철도/도로	도로공사장	미확인
	경남	양산군	원동면	탄광/광산	석도(石渡)광산	미확인
	경남	양산군	원동면	탄광/광산	웅용산(雄龍山) 납석광(蠟石鑛)	미확인
	경남	양산군	원동면	탄광/광산	원동(院洞)광산	미확인
	경남	양산군	웅상면	탄광/광산	유광(有光)광산	미확인
	경남	양산군	원동, 상북면	탄광/광산	지전(池田)광산	미확인
	경남	양산군	원동면	탄광/광산	화성(花城)금광	미확인
	경남	양산군	물금면	토건	매립공사장	미확인
	경남	영일군	포항읍 포항동 466	공장	포항양조㈜	포항양조㈜
	경남	울산군	동면 방어리 204-2	공장	방어진철공조선㈜	하야시가네(林兼)상점
	경남	울산군	방어진읍	철도/도로	도로공사장	미확인
	경남	울산군	울산읍	철도/도로	철도공사장(동해남부선)	조선총독부 철도국
	경남	울산군	울산읍달리	철도/도로	철도공사장(장생포선)	조선총독부 철도국
	경남	울산군	두서면	탄광/광산	두서(斗西)광산	미쓰나리(三成)광업㈜
	경남	울산군	상북면	탄광/광산	무학(舞鶴)광산	미확인
	경남	울산군	방어진읍	탄광/광산	방어진(方魚津)규사광산	미확인
	경남	울산군	강동면	탄광/광산	신광(新光)광산	미확인
	경남	울산군	방어진읍	탄광/광산	울산(蔚山)규사광산	니혼(日本)경질도기㈜
	경남	울산군	농소면	탄광/광산	울산(蔚山)鐵鑛	미확인
	경남	울산군	하상면	탄광/광산	울산(蔚山)탄광	미확인
	경남	울산군	상북면	탄광/광산	이천(梨川)광산	미확인
	경남	울산군	청양, 온양, 웅천면	탄광/광산	화장(花庄)광산	미확인
	경남	울산군	대현면	토건	공장건설공사장(울산정유공장)/조선석유㈜	조선석유㈜[발주]
	경남	울산군	대현면고산, 매암리	토건	매립공사장(대현면)	미확인
	경남	울산군	불상	토건	제방공사장	미확인
	경남	울산군	청량면 덕하리/방어진읍/장생포	토건	항만공사장(방어진)	미확인
	경남	울산군	불상	하역수송	군수물자수송	미확인
	경남	의령군	대의면	기타(노무)	벌목작업장	미확인
	경남	의령군	화정면	기타(노무)	벌목작업장	미확인
	경남	의령군	가례, 궁류, 의령면	탄광/광산	가례(嘉禮)광산	니혼(日本)광업㈜
	경남	의령군	가례면	탄광/광산	경남운암(京南雲岩)금산	미확인
	경남	의령군	궁류면	탄광/광산	두남(斗南)광산	미확인
	경남	의령군	의령면	탄광/광산	벽화(碧華)광산	미확인
	경남	의령군	가례, 대의, 칠곡, 궁류면	탄광/광산	소영(昭榮)금산	미확인
	경남	의령군	가례면	탄광/광산	의령(宜寧)금산	미확인

구분	소재지(1945년 8월 기준)			직종/대	유적명칭	기업 (최종)
	도	부/군	면 이하			
	경남	의령군	가례, 용덕면	탄광/광산	일출학(日出鶴)금산	미확인
	경남	의령군	불상	토건	저수지(칠곡)	미확인
	경남	진양/함안군	삼반성면/함안군	탄광/광산	연년(延年)광산	미확인
	경남	진양/함안군	이반성면/함안군 군북면	탄광/광산	일명(日明)광산	미확인
	경남	진양/함안군	이반성면/함안군 군북면	탄광/광산	장창(長昌)광산	미확인
	경남	진양/함안군	지수면/함안군 군북면	탄광/광산	지수(智水)광산	미확인
	경남	진양/함안군	이반성면/함안군 군북면	탄광/광산	태고(太古)금광	오봉(五峰)광업(주)
	경남	진양/함안군	이반성면/함안군 여항, 함안, 군북면	탄광/광산	함안(咸安)광산	쇼와(昭和)광업(주)
	경남	진양/함안군	사봉, 지수면/함안군 군북면	탄광/광산	해은(海恩)광산	미확인
	경남	진양군	대곡면	탄광/광산	금조봉(金鳥峰)광산	미확인
	경남	진양군	미천면	탄광/광산	미천(美川)금은광산	미확인
	경남	진양군	일반성, 이반성면	탄광/광산	반성(斑城)광산	미확인
	경남	진양군	진성, 금산면	탄광/광산	월아산(月牙山)광산	미확인
	경남	진양군	진송, 문산, 금산면	탄광/광산	장군대(將軍臺)금산	미확인
	경남	진양군	지수면	탄광/광산	진주(晋州)광산	미확인
생산관계	경남	진주부	비봉동456	공장	진주제사공장(합명)	진주제사공장(합명)
	경남	진주부	대정정25	공장	청수(합자)	청수(합자)
	경남	진주부	불상	철도/도로	철도공사장(경전선)	조선총독부철도국
	경남	진주부	진성면	철도/도로	철도공사장(대삼선)	조선총독부철도국
	경남	진주부	불상	하역수송	하역수송	미확인
	경남	창녕군	계성, 영산면	탄광/광산	명리(明里)광산	미확인
	경남	창녕군	부곡면	탄광/광산	부곡(釜谷)광산	후지마사(藤昌)광업(주)
	경남	창녕군	남지면	탄광/광산	영산(靈山)금광	미확인
	경남	창녕군	유어면	탄광/광산	유선(遊船)금광	미확인
	경남	창녕군	고암면	탄광/광산	창녕(昌寧)광산	미확인
	경남	창녕군	불상	토건	제방공사장	미확인
	경남	창녕군	화왕산	토건	축사공사장	미확인
	경남	창원/함안군	진해읍 진북면/함안군 여항면	탄광/광산	낙동(洛東)광산	미확인
	경남	창원/함안군	진해읍진북면/함안군 여항면	탄광/광산	안전여항(安田艅航)광산	미확인
	경남	창원/함안군	진해읍 진북면/함안군 여항면	탄광/광산	여항(艅航)광산	미확인
	경남	창원/함안군	내서면/함안군 산인, 칠원면	탄광/광산	용장(龍藏)광산	니혼(日本)금광(주)
	경남	창원군	진해읍	공장	선박제조작업장	미확인
	경남	창원군	진해읍	공장	진해경리부(진해해군공제물자부)	조선진해경비부

구분	소재지(1945년 8월 기준)			직종/대	유적명칭	기업 (최종)
	도	부/군	면 이하			
생산 관계	경남	창원군	진해읍	공장	진해공작부	조선진해 경비부
	경남	창원군	내서면 산호리 187	공장	조선신흥방직㈜	조선신흥 방직㈜
	경남	창원군	진해읍 덕산리	공장	제51항공창	조선진해 경비부
	경남	창원군	진해읍	기타(노무)	농장(해군경작지)	미확인
	경남	창원군	지리산	기타(노무)	목탄생산작업장	미확인
	경남	창원군	불상	기타(노무)	벌목작업장	미확인
	경남	창원군	진해읍 덕산리	기타(노무)	채석작업장	미확인
	경남	창원군	진해읍	철도/도로	도로공사장(진해↔마산)	미확인
	경남	창원군	불상	철도/도로	철도공사장(경전선)	조선총독부 철도국
	경남	창원군	진해읍 경화리	철도/도로	도로공사장/다케모토구미(竹本組)	다케모토구 미(竹本組)
	경남	창원군	진해읍 웅동면	철도/도로	도로공사장	미확인
	경남	창원군	진해읍 웅천면	철도/도로	도로공사장(진해↔부산)	미확인
	경남	창원군	북, 남면	탄광/광산	구룡(九龍)광산	닛치쓰(日 窒)광업개 발㈜
	경남	창원군	창원면	탄광/광산	금강(金岡)창원광산	미확인
	경남	창원군	동, 북면	탄광/광산	금석(琴石)광산	미확인
	경남	창원군	동, 북면	탄광/광산	백월(白月)동산	조선제련㈜
	경남	창원군	북면	탄광/광산	북주리(北柱里)광산	미확인
	경남	창원군	불상	탄광/광산	진동(鎭東)금광	미확인
	경남	창원군	창원면	탄광/광산	창원봉룡(昌原鳳龍)광산	미확인
	경남	창원군	창원면	탄광/광산	팔룡(八龍)광산	니혼(日本) 광업㈜
	경남	창원군	동면	탄광/광산	화앙(花陽)광산	미확인
	경남	창원군	진해읍 진북, 진전 면	탄광/광산	진북(鎭北)광산	미확인
	경남	창원군	진해읍 진전, 회화 면	탄광/광산	진전(鎭田)광산	미확인
	경남	창원군	진해읍 진전, 회화 면	탄광/광산	화전(和田)창원광산	미확인
	경남	창원군	내서면	탄광/광산	리산(鯉山)광산	미확인
	경남	창원군	내서면	탄광/광산	양덕(陽德)광산	미확인
	경남	창원군	내서면	탄광/광산	창룡(昌龍)광산	미확인
	경남	창원군	내서면	탄광/광산	창륭(昌隆)광산	미확인
	경남	창원군	내서면	탄광/광산	합성(合成)광산	미확인
	경남	창원군	진해읍 웅남면	탄광/광산	갑룡(甲龍)금산	미확인
	경남	창원군	진해읍 웅남면	탄광/광산	마산(馬山)금산	조선제련㈜
	경남	창원군	진해읍 웅남면	탄광/광산	적현리(赤峴里)광산	미확인
	경남	창원군	동, 상남면	탄광/광산	정병(精兵)광산	미확인
	경남	창원군	진해읍 진동면	토건	군수물자저장고 건설공사장	미확인
	경남	창원군	진해읍 진동면 인곡리	토건	수리水利공사장	미확인
	경남	창원군	진해면 진전면	토건	제방공사장(진전면)	미확인
	경남	창원군	진해읍 웅남면 야촌리	토건	저수지(남지천)	미확인

구분	소재지(1945년 8월 기준)			직종/대	유적명칭	기업(최종)
	도	부/군	면 이하			
생산관계	경남	창원군	진해읍 경화리	토건	매립공사장(진해읍)	미확인
	경남	창원군	불상	토건	저수지(신이동)	미확인
	경남	창원군	불상	토건	학교건물공사(진해중)	미확인
	경남	창원군	진해읍 웅동면 용원리	토건	토목공사장	미확인
	경남	창원군	진해읍 웅천면	토건	군수공장건설공사장	미확인
	경남	창원군	진해읍	하역수송	군수물자수송/해군시설부	사토구미
	경남	통영군	통영읍 부도정 125	공장	미사키(御崎)주조(합명)	미사키(御崎)주조(합명)
	경남	통영군	통영읍 북신리82	공장	조선제강㈜	조선제강㈜
	경남	통영군	통영읍 도천리 150-2	공장	통영어망㈜	통영어망㈜
	경남	통영군	통영읍 도천리 150-4	공장	통영연사(撚糸)(합명)	통영연사(撚糸)(합명)
	경남	통영군	불상	공장	통영조선(유한)	통영조선(유한)
	경남	통영군	불상	기타(노무)	노무자수송	미확인
	경남	통영군	거제면	기타(노무)	벌목작업장/중앙목재㈜	미확인
	경남	통영군	일운, 동부면	탄광/광산	거제(巨濟)금광	미확인
	경남	통영군	광도면	탄광/광산	광도(光道)광산	오지(王子)제지㈜
	경남	통영군	도산면	탄광/광산	도선리(道善里)광산	니혼(日本)경질토기㈜
	경남	통영군	산양면	탄광/광산	목호미륵도(木戸彌勒島)광산	니혼(日本)광산(鑛産)㈜
	경남	통영군	도산면	탄광/광산	봉상(鳳祥)광산	미확인
	경남	통영군	원양면	탄광/광산	연화도(蓮花島)광산	미확인
	경남	통영군	한산면	탄광/광산	염호리(濂湖里)광산	미확인
	경남	통영군	도산면	탄광/광산	오륜리(五倫里)광산	니혼(日本)광업㈜
	경남	통영군	용남면	탄광/광산	용남(龍南)광산	미확인
	경남	통영군	원양면	탄광/광산	우도(牛島)광산	미확인
	경남	통영군	하청, 연초면	탄광/광산	욱거제(旭巨濟)광산	미확인
	경남	통영군	용남, 통영읍	탄광/광산	정염(貞梁)금산	미확인
	경남	통영군	통영읍	탄광/광산	통양(統陽)광산	미확인
	경남	통영군	통영읍	탄광/광산	통영(統營)광산	니혼(日本)광업㈜
	경남	통영군	한산면	탄광/광산	한산(閑山)광산	미확인
	경남	통영군	불상	하역수송	하역수송(항만)	미확인
	경남	하동군	하동읍 비파리, 양보면	철도/도로	철도공사장(경전선)	조선총독부철도국
	경남	하동군	횡천, 청암면	탄광/광산	당북(堂北)광산	미확인
	경남	하동군	옥종면	탄광/광산	삼양(三陽)광산	미확인
	경남	하동군	북천, 옥종면	탄광/광산	안택(安宅)고령토광산	이시카와(石川)제도소(製陶所)㈜
	경남	하동군	고전, 양포면	탄광/광산	양전(良田)금산	미확인

구분	소재지(1945년 8월 기준)			직종/대	유적명칭	기업 (최종)
	도	부/군	면 이하			
생산 관계	경남	하동군	옥종면	탄광/광산	이노우에(井上)고령토광산	미확인
	경남	하동군	금남면	탄광/광산	하동(河東)금산	미확인
	경남	하동군	옥종면	탄광/광산	하동고령토광산	동양두기㈜
	경남	하동군	화개면	탄광/광산	화개(花開)광산	미확인
	경남	하동군	금남면	탄광/광산	화봉(華峰)광산	미확인
	경남	하동군	북천면	탄광/광산	화형(花亭)고령토광산	미확인
	경남	하동군	북천면	탄광/광산	환안(丸安)고령토광산	미확인
	경남	함안군	불상	공장	주철제조작업장	미확인
	경남	함안군	여항면 내곡리	기타(노무)	벌목작업장	미확인
	경남	함안군	군북면	철도/도로	철도공사장(경전선)	조선총독부 철도국
	경남	함안군	산인, 내서면	탄광/광산	경창(慶昌)광산	미확인
	경남	함안군	군북면오곡리	탄광/광산	군북(郡北)금산	미확인
	경남	함안군	산인,함안,가야면	탄광/광산	남일(南一)광산	미확인
	경남	함안군	칠북면	탄광/광산	동광(東光)공사제5광산	미확인
	경남	함안군	칠원면	탄광/광산	복금(福金)금산	미확인
	경남	함안군	칠북면	탄광/광산	복룡(伏龍)광산	미확인
	경남	함안군	함안면	탄광/광산	삼색(三巴)광산	니혼(日本)광 산(鑛産)㈜
	경남	함안군	삼인, 칠원면	탄광/광산	삼인(三仁)금광	조선제련㈜
	경남	함안군	칠원면	탄광/광산	신농용정(神農龍亭)광산	미확인
	경남	함안군	가야, 군북면	탄광/광산	재등군북(齋藤郡北)광산	미확인
	경남	함안군	칠서, 대산면	탄광/광산	태금안국(泰金安國)광산	미확인
	경남	함안군	가야, 군북면	탄광/광산	파산(坡山)금광	미확인
	경남	함안군	함안, 가야, 군북면	탄광/광산	함안금덕(金德)광산	미확인
	경남	함안군	법수면 양포리	토건	수로공사장	미확인
	경남	함안군	가야면 말산리 460-3	토건	제방공사장	조선농사 개량㈜
	경남	함양군	서상면	철도/도로	철도공사장(대삼선)	조선총독부 철도국
	경남	함양군	병곡면	탄광/광산	도동(道洞)금산	미확인
	경남	함양군	석복, 휴천면	탄광/광산	야협(野脇)광산	미확인
	경남	함양군	안의면	탄광/광산	재궁(財宮)광산	미확인
	경남	합천군	가회면	탄광/광산	가회(佳會)금광	미확인
	경남	합천군	봉산면	탄광/광산	강덕(講德)광산	미확인
	경남	합천군	봉산면	탄광/광산	고현(高現)광산	미확인
	경남	합천군	야로면	탄광/광산	국왕(國光)금산	미확인
	경남	합천군	적중, 초계, 합천면	탄광/광산	권혜(卷惠)광산	동척(東拓)㈜
	경남	합천군	율곡, 초계면	탄광/광산	금보(金甫)광산	미확인
	경남	합천군	야로면	탄광/광산	남보(南寶)광산	고려(高麗) 광업개발㈜
	경남	합천군	용주면	탄광/광산	내가리수복(内架里首福)광산	미확인
	경남	합천군	가회면	탄광/광산	덕촌(德村)광산	미확인
	경남	합천군	가회면	탄광/광산	도탄리(道呑里)광산	미확인
	경남	합천군	삼가면	탄광/광산	백원(百源)광산	미확인
	경남	합천군	봉산면	탄광/광산	봉(鳳)광산	봉(鳳)광업㈜
	경남	합천군	봉산면	탄광/광산	봉민(鳳玟)금산	미확인
	경남	합천군	합천면	탄광/광산	사봉(砂峰)광산	미확인
	경남	합천군	봉산면	탄광/광산	삼호(三好)광산	미확인

구분	소재지(1945년 8월 기준)			직종/대	유적명칭	기업 (최종)
	도	부/군	면 이하			
생산 관계	경남	합천군	합천면	탄광/광산	용계(龍溪)광산	미확인
	경남	합천군	봉산,용주면	탄광/광산	우곡(牛谷)금산	미확인
	경남	합천군	가야,야로면	탄광/광산	장방(長方)광산	미확인
	경남	합천군	대병면	탄광/광산	창리(倉里)광산	미확인
	경남	합천군	야로면	탄광/광산	합천(陝川)광산	니혼(日本)광업㈜
	경남	합천군	가야면	탄광/광산	합천아일(陝川亞一)광산	미확인
	경북	경산/달성군	안심면/달성군공산,해안면	탄광/광산	동촌(東村)광산	미확인
	경북	경산/달성군	경산군↔달성군동촌면	하역수송	군수물자수송	미확인
	경북	경산/달성군/대구부	남산면/달성군 가창면/대구부 범물리	탄광/광산	고바야시(小林)달성(達城)광산	고바야시(小林)광업㈜
	경북	경산/달성군/대구부	남산,고산면/달성군 가창면/대구부 범물리	탄광/광산	달성(達城)광산	고바야시(小林)광업㈜
	경북	경산/영천군	와촌면/영천군 청통면	탄광/광산	신덕(新德)금광	미확인
	경북	경산군	남산면사월동	기타(노무)	농장	미확인
	경북	경산군	청천리	철도/도로	철도공사장(대구선)	조선총독부 철도국
	경북	경산군	남천면	철도/도로	철도공사장(경부선)/하자마구미(間組)	하자마구미(間組)
	경북	경산군	안심면	탄광/광산	삼원(三元)광산	미확인
	경북	경산군	고산,남천면	탄광/광산	신정(新井)경산광산	미확인
	경북	경산군	남천면	탄광/광산	안석(安石)광산	미확인
	경북	경산군	남산,압양면	탄광/광산	유천(油川)금광	미확인
	경북	경산군	안심면	탄광/광산	은천(銀泉)동산	미확인
	경북	경산군	용성면	탄광/광산	경산(慶山)광산	미확인
	경북	경산군	남천면	탄광/광산	남천(南川)광산	미확인
	경북	경산군	압량면평산동	탄광/광산	보국(報國)코발트광산	미확인
	경북	경주/영일군	경주~포항	철도/도로	철도공사장(동해남부선)	조선총독부 철도국
	경북	경주/영일군	양북면/영일군 지행면	탄광/광산	금옥(金玉)광산	미확인
	경북	경주/영일군	내동,대송천북면/영일군 조천면	탄광/광산	대송(大松)광산	미확인
	경북	경주/울산군	산내면/울산군 두서면	탄광/광산	대종(大宗)울주광산	미확인
	경북	경주/울산군	산내면/울산군 두서면	탄광/광산	대현(大峴)광산	미확인
	경북	경주/울산군	외동면/울산군 범서면	탄광/광산	무촌(茂村)광산	미확인
	경북	경주/청도군	산내면/청도군 운문면	탄광/광산	만금봉(萬金峰)광산	미확인
	경북	경주/태천군	안강리/태천군 강서면 사방리	철도/도로	철도공사장(동해남부선)	조선총독부 철도국

| 구분 | 소재지(1945년 8월 기준) | | 직종/대 | 유적명칭 | 기업 |
	도	부/군	면 이하			(최종)
	경북	경주군	양남면	공장	벽돌공장	미확인
	경북	경주군	건천↔산내간	철도/도로	도로공사장	미확인
	경북	경주군	서면	철도/도로	철도공사장(중앙선)	조선총독부 철도국
	경북	경주군	내동면	탄광/광산	덕동리(德洞里)광산	고베(神戸) 제강소㈜
	경북	경주군	천북면	탄광/광산	경주(慶州)탄광	미확인
	경북	경주군	산내면	탄광/광산	남(南)경북광산	미확인
	경북	경주군	경주읍	탄광/광산	덕천(惠泉)광산	미확인
	경북	경주군	산내면	탄광/광산	문복(文福)광산	미확인
	경북	경주군	양북면	탄광/광산	범곡(凡谷)광산	미확인
	경북	경주군	양남면	탄광/광산	삼천(參天)商會광산	미확인
	경북	경주군	양북면	탄광/광산	선양(鮮陽)금산	미확인
	경북	경주군	양북, 감포면	탄광/광산	신기(神崎)광산	미확인
	경북	경주군	강서면	탄광/광산	육통(六通)금산	미확인
	경북	경주군	양북면	탄광/광산	제2선양(鮮陽)금산	미확인
	경북	경주군	양북면	탄광/광산	조양(朝陽)금산	미확인
	경북	경주군	견곡면	탄광/광산	경주(慶州)만엄광산	고바야시 (小林)광업 ㈜
	경북	경주군	천북면 성지리	토건	저수지(소리못)	미확인
	경북	경주군	불상	토건	저수지(송선)	미확인
	경북	경주군	강서면 하곡리	토건	저수지(하곡)	미확인
생산 관계	경북	경주군	불상	하역수송	하역수송	미확인
	경북	고령/ 성주군	덕곡면/성주군 수륜면	탄광/광산	수덕(修德)광산	니혼(日本)타 이프라이터㈜
	경북	고령/ 성주군	덕곡면/성주군 수륜면	탄광/광산	금덕(金德)광산	미확인
	경북	고령/ 성주군	운수면/성주군 용암, 수륜면	탄광/광산	금봉(金峰)광산	미확인
	경북	고령/ 성주군	운수면/성주군 용암면	탄광/광산	대가(大伽)금광	미확인
	경북	고령/ 성주군	덕곡면/성주군 수륜면	탄광/광산	대취(大鷲)금산	미확인
	경북	고령/ 성주군	운수면/성주군 용암면	탄광/광산	용덕(龍德)금광	미확인
	경북	고령/ 성주군	운수면/성주군 용암면	탄광/광산	운수(雲水)금산	미확인
	경북	고령/ 성주군	운수면/성주군 수륜면	탄광/광산	일장(日藏)광산	미확인
	경북	고령/ 성주군	덕곡면/성주군 수륜면	탄광/광산	적산(積山)금광	미확인
	경북	고령/ 합천군	임천, 쌍동면/ 합천군 치로면	탄광/광산	미숭(美崇)금산	남선흥업㈜
	경북	고령/ 합천군	쌍림면/합천군 가야, 야로면	탄광/광산	산주(山州)금광	미확인
	경북	고령/ 합천군	쌍림면/합천군 가야, 야로면	탄광/광산	영림(靈林)광산	미확인
	경북	고령/ 합천군	덕곡면/합천군 야, 야로면	탄광/광산	일월(日月)광산	미확인

구분	소재지(1945년 8월 기준)			직종/대	유적명칭	기업(최종)
	도	부/군	면 이하			
생산 관계	경북	고령/ 합천군	덕곡면/합천군 가야, 야로면	탄광/광산	천광(天光)광산	미확인
	경북	고령/ 합천군	쌍림면/합천군 가야, 야로면	탄광/광산	충원(沖原)금산	미확인
	경북	고령/ 합천군	덕곡면/합천군 가야, 야로면	탄광/광산	행성(幸成)광산	미확인
	경북	고령군	쌍림면 용동 887	탄광/광산	광영(光榮)금산企業㈜	광영금산 기업㈜
	경북	고령군	덕곡면	탄광/광산	고령덕용(高靈德龍)광산	미확인
	경북	고령군	덕곡, 운수면	탄광/광산	긍원(肯原)광산	미확인
	경북	고령군	고령, 덕곡면	탄광/광산	대와고덕(大窪高德)금산	미확인
	경북	고령군	운수면	탄광/광산	대평(大坪)광산	미확인
	경북	고령군	덕곡면	탄광/광산	덕곡(德谷)사금광	미확인
	경북	고령군	고령군	탄광/광산	삼수(三秀)광산	미확인
	경북	고령군	덕곡면	탄광/광산	성효(聖孝)광산	미확인
	경북	고령군	쌍림면	탄광/광산	야로(冶爐)금산	미확인
	경북	고령군	고령, 덕곡면	탄광/광산	제2조일(朝日)광산	미확인
	경북	고령군	덕곡면	탄광/광산	지산(志汕)금광	미확인
	경북	고령군	운수면	탄광/광산	고령(高靈)광산	쇼와(昭和) 광업㈜
	경북	군위/ 달성군	부계면/달성군 공산면	탄광/광산	팔공(八公)광산	미확인
	경북	군위/ 선산군	소보면/선산군 도개면	탄광/광산	박춘금(朴春琴) 군위광산	미확인
	경북	군위/ 칠곡군	부계면/칠곡군 가산면	탄광/광산	은당(銀堂)광산	쇼와(昭和) 광업㈜
	경북	군위군	부계면	탄광/광산	수(壽)광산	미확인
	경북	군위군	부계, 효령면	탄광/광산	수도(秀島)광산	미확인
	경북	군위군	부계, 가산면	탄광/광산	욱광(旭光)금산	미확인
	경북	김천/ 무주/ 영동군	부항면/무주군 설천면/영동군 상촌면	탄광/광산	해인(海印)광산	미확인
	경북	김천/ 무주군	부항면/무주군 무풍면	탄광/광산	백호(白虎)금산	미확인
	경북	김천/ 무주군	부항, 대덕/ 무주군 무풍면	탄광/광산	어전(魚田)금산	미확인
	경북	김천/ 무주군	대덕면/무주군 안성면	탄광/광산	제국광산	미확인
	경북	김천/ 영동군	부항면/영동군 상촌면	탄광/광산	김천광산	미확인
	경북	김천/ 영동군	부항면/영동군 상촌면	탄광/광산	대야(大也)금산	미확인
	경북	김천/ 영동군	구성면/영동군 상촌면	탄광/광산	마산리(馬山里)광산	미확인
	경북	김천/ 영동군	부항, 구성/ 동군 상촌면	탄광/광산	삼도봉(三道峰)금산	미확인
	경북	김천/ 영동군	구성면/영동군 상촌면	탄광/광산	천일조(天一助)금광	미확인
	경북	김천군	김천읍 금정149	공장	니시키樽공업㈜	니시키준 공업㈜

구분	소재지(1945년 8월 기준)			직종/대	유적명칭	기업 (최종)
	도	부/군	면 이하			
생산 관계	경북	김천군	김천읍 대화정42	공장	미야노(宮野)상점 김천규사공장(합자)	미야노(宮野)상점 김천규사공장(합자)
	경북	김천군	불상	기타(노무)	김천소년형무소	미확인
	경북	김천군	불상	기타(노무)	김천지소/대구형무소	미확인
	경북	김천군	대항면, 증산면	기타(노무)	송탄유(松炭油)생산작업장	미확인
	경북	김천군	불상	철도/도로	도로공사장	미확인
	경북	김천군	봉산면/김천읍/ 대항면 향천동	철도/도로	철도공사장(경부선)/하자마구미(間組)	하자마구미(間組)
	경북	김천군	남면	탄광/광산	금오(金烏)광산	미확인
	경북	김천군	부항면	탄광/광산	대량(大良)금산	미확인
	경북	김천군	증산면	탄광/광산	백천(白川)광산	미확인
	경북	김천군	봉산, 어해면	탄광/광산	봉계(鳳溪)금산	미확인
	경북	김천군	봉산면	탄광/광산	용배(龍背)광산	미확인
	경북	김천군	대덕면	탄광/광산	이칠(二七)광산	미확인
	경북	김천군	증산면	탄광/광산	증산(甑山)광산	미확인
	경북	김천군	지례면	탄광/광산	지례(知禮)광산	미확인
	경북	김천군	부항면	탄광/광산	창영(昌永)금산	미확인
	경북	김천군	증산면	탄광/광산	황성(黃城)금산	미확인
	경북	김천군	대덕,부항,구성면	탄광/광산	대왕(大旺)금산	조선광업㈜
	경북	김천군	부항면	탄광/광산	해덕(海德)금산	조선광업㈜
	경북	달성/ 칠곡군	공산면/칠곡군 동명면	탄광/광산	명연(鳴淵)광산	미확인
	경북	달성군	수성면 신암동 1275	공장	경북시멘트공업㈜	경북시멘트공업㈜
	경북	달성군	수성면 신암동 1293-2	공장	태양금고공업㈜	태양금고공업㈜
	경북	달성군	불상	철도/도로	광산수송철도공사장/고바야시광업㈜ 고바야시(小林)달성광산	고바야시(小林)광업㈜[발주]
	경북	달성군	동촌비행장↔ 금호비행장간	철도/도로	도로공사장	미확인
	경북	달성군	가창면	탄광/광산	가대(嘉岱)광산	미확인
	경북	달성군	옥포,논공면	탄광/광산	금호(金虎)광산	미확인
	경북	달성군	논공,현풍면	탄광/광산	길전금영(吉田金永)광산	미확인
	경북	달성군	공산면	탄광/광산	대구삼원(三原)광산	미확인
	경북	달성군	공산,동명면	탄광/광산	대팔공(大八公)금산	미확인
	경북	달성군	공산면	탄광/광산	도암(道岩)광산	미확인
	경북	달성군	공산면	탄광/광산	백안(百安)동산	미확인
	경북	달성군	공산면	탄광/광산	신무(新武)금광	미확인
	경북	달성군	공산면	탄광/광산	중대(中大)광산	미확인
	경북	달성군	공산면	탄광/광산	진인(眞仁)광산	미확인
	경북	달성군	공산면	탄광/광산	칠곡(漆谷)광산	미확인
	경북	달성군	옥포면기세동	토건	저수지(옥연)	미확인
	경북	달성군	동촌면	하역수송	하역수송	미확인
	경북	달성군/ 대구부	수성면/대구부 동운정	탄광/광산	수천(壽川)광산	미확인
	경북	달성군/ 대구부	공산면/대구부 조야,노곡동	탄광/광산	조야(助也)광산	미확인
	경북	대구부	불상	공장	대구공장/가네가후치(鐘淵)공업㈜	가네가후치(鐘淵)공업㈜

구분	소재지(1945년 8월 기준)			직종/대	유적명칭	기업(최종)
	도	부/군	면 이하			
생산관계	경북	대구부	상정53	공장	경북지업㈜	경북지업㈜
	경북	대구부	금정1정목17	공장	고노데라(小野寺)전기제작소㈜	고노데라(小野寺)전기제작소㈜
	경북	대구부	남산정73	공장	광성(光星)유리(硝子)공업㈜	광성(光星)유리(硝子)공업㈜
	경북	대구부	동성정3-49	공장	남선양조사	남선양조사
	경북	대구부	원대동1174-1	공장	남선타올공업㈜	남선타올공업㈜
	경북	대구부	원대동1193	공장	남선피복공업㈜	남선피복공업㈜
	경북	대구부	내당동502	공장	대구요업㈜	대구요업㈜
	경북	대구부	동운정140	공장	대구제사㈜	대구제사㈜
	경북	대구부	동운정72	공장	대구제작소㈜	대구제작소㈜
	경북	대구부	동성정3-70-1	공장	대구(大邱)조선양조㈜	대구조선양조㈜
	경북	대구부	불상	공장	대구철공조합공장	대구철공조합공장
	경북	대구부	불상	공장	대구항공기공업㈜	대구항공기공업㈜
	경북	대구부	신암동	공장	대구공장/도와(東和)직물㈜	도와(東和)직물㈜
	경북	대구부	불상	공장	동아성냥	동아성냥(東亞燐寸)㈜
	경북	대구부	동본정46-3	공장	야촌호무구(野村號武具)군수품㈜	野村號武具군수품㈜
	경북	대구부	동문정20	공장	와카마쓰(若松)상회(합자)	와카마쓰(若松)상회(합자)
	경북	대구부	금정2정목220	공장	조선공예㈜	조선공예㈜
	경북	대구부	봉산정179-1	공장	조선수출공예㈜	조선수출공예㈜
	경북	대구부	불상	공장	대구공장/조선어망㈜	조선어망㈜
	경북	대구부	칠성동	공장	태양공업㈜	태양공업㈜
	경북	대구부	대봉정	공장	대구제사소/가타쿠라(片倉)공업㈜	가타쿠라(片倉)공업㈜
	경북	대구부	칠성동	공장	대구공장/군제(郡是)산업㈜	군제(郡是)산업㈜
	경북	대구부	금정2정목162-1	공장	월성(月城)호모공업㈜	월성(月城)호모공업㈜
	경북	대구부	불상	공장	대구분공장/조선방직㈜	조선방직㈜
	경북	대구부	동운정165	공장	대구공장/조선생사㈜	조선생사㈜
	경북	대구부	불상	기타(노무)	대구형무소	미확인
	경북	대구부	대화정56	탄광/광산	고려(高麗)광업개발㈜	고려(高麗)광업개발㈜
	경북	대구부	본정2정목	탄광/광산	대구(大邱)산업㈜	대구산업㈜
	경북	대구부	상정10	탄광/광산	사무소/朝鮮광업㈜	조선광업㈜
	경북	대구부	불상	하역수송	군수물자수송	미확인
	경북	대구부	불상	하역수송	석탄하역작업장	미확인

구분	소재지(1945년 8월 기준)			직종/대	유적명칭	기업 (최종)
	도	부/군	면 이하			
생산 관계	경북	대구부	불상	하역수송	대구지점/조선운송㈜	조선운송㈜
	경북	문경/ 상주군	마성, 가은, 호계, 호서남면/상주군 이안면	탄광/광산	문경무연탄광	미확인
	경북	문경/ 상주군	호서남면/상주군 이안면안용리	탄광/광산	안용(安龍)흑연 복전(福田)광산	미확인
	경북	문경/ 상주군	호서남면/상주군 이안면	탄광/광산	등전성화(藤田成和) 흑연광산	이비가와 (揖斐川) 전기공업㈜
	경북	문경군	마성면오천리	기타(노무)	근로보국대/신사(神社)조성작업장	미확인
	경북	문경군	불상	철도/도로	도로공사장	미확인
	경북	문경군	마성, 가은면	탄광/광산	본(本)문경무연탄광	닛산(日産) 화학공업㈜
	경북	문경군	마성, 가은면	탄광/광산	은성(恩城)무연탄광	닛산(日産) 화학공업㈜
	경북	문경군	불상	탄광/광산	광구/닛치쓰(日窒)광업개발㈜	닛치쓰(日窒) 광업개발㈜
	경북	문경군	호서남면 점촌리 225	탄광/광산	문경석탄제조㈜	문경석탄 제조㈜
	경북	문경군	보성면	탄광/광산	보성(寶城)탄광	봉천(鳳泉) 무연탄광㈜
	경북	문경군	가은면	탄광/광산	가은(加恩)광산	미확인
	경북	문경군	동노면	탄광/광산	경신(慶新)중석광산	미확인
	경북	문경군	산북면	탄광/광산	남선흑연광산	미확인
	경북	문경군	가은, 농암면	탄광/광산	농암(籠岩)광산	미확인
	경북	문경군	산북면	탄광/광산	대아(大亞)광산	미확인
	경북	문경군	가은, 마성면	탄광/광산	미로동(未老洞)광산	미확인
	경북	문경군	산북, 호계면	탄광/광산	석봉(石鳳)광산	미확인
	경북	문경군	동노, 산북, 문경 면	탄광/광산	운달(雲達)광산	미확인
	경북	문경군	산북, 문경면	탄광/광산	일본정광사(精鑛社)광산	미확인
	경북	문경군	가은, 농암면	탄광/광산	전창(錢昌)광산	미확인
	경북	문경군	호서남면	탄광/광산	천산(淺山)석면광산	미확인
	경북	문경군	가은면	탄광/광산	한흥(漢興)광산	미확인
	경북	밀양/ 청도군	청도, 부화면/청 도군 대성, 각남면	탄광/광산	화악(華岳)광산	미확인
	경북	봉화/ 부여/ 영양/ 청양군	재산면/영양군 일월 면, 청기면/청양군 적곡면/충남 부여군 은산면	탄광/광산	나카가와(中川) 일월(日月)광산	나카가와(中 川)광업㈜
	경북	봉화/ 삼척군	소천면/삼척군 상장면	탄광/광산	연화(蓮花)광산	미쓰비시(三 菱)광업㈜
	경북	봉화/ 삼척군	강원 삼척군 상장, 원덕면/ 봉화군 소천면	탄광/광산	원덕(遠德)광산	미쓰비시(三 菱)광업㈜
	경북	봉화/ 영월군	춘양면/강원도 영월군 상동면	탄광/광산	대조(大鳥)광산	대조(大鳥) 광산
	경북	봉화/ 영월군	춘양면/강원도 영월군 상동면	탄광/광산	금영(金映)광산	미확인

구분	소재지(1945년 8월 기준)			직종/대	유적명칭	기업 (최종)
	도	부/군	면 이하			
생산 관계	경북	봉화/ 영월군	춘양면/강원도 영월군 상동면	탄광/광산	내덕(內德)광산	미확인
	경북	봉화/ 영월군	춘양면/강원도 영월군 상동면	탄광/광산	영월보천(寧越寶川)광산	미확인
	경북	봉화/ 영월군	춘양면/강원도 영월군 상동	탄광/광산	응봉산(鷹峯山)광산	고바야시(小林)광업㈜
	경북	봉화/ 영주군	물야/영주군 부석면	탄광/광산	금당(金塘)광산	미확인
	경북	봉화/ 영주군	상운/영주군 이산면	탄광/광산	박봉(璞峰)광산	미확인
	경북	봉화/ 울진군	소천면/울진군 서면	탄광/광산	소천(小川)광산	미확인
	경북	봉화/ 울진군	소천면/울진군 서면	탄광/광산	옥방기(玉房基)금광	미확인
	경북	봉화군	소천면 석포리	기타(노무)	송진(松津)채취장	미확인
	경북	봉화군	영주↔봉화군 춘양면	철도/도로	철도공사장(영춘선)/하자마구미(間組)	하자마구미 (間組)
	경북	봉화군	춘양면	탄광/광산	대백(大白)금산	금정(金井) 광산㈜
	경북	봉화군	소천면	탄광/광산	마방(馬坊)금광	금정(金井) 광산㈜
	경북	봉화군	소천면	탄광/광산	중봉(中峯)금산	금정(金井) 광산㈜
	경북	봉화군	소천면	탄광/광산	분천(汾川)광산	니혼(日本) 경금속㈜
	경북	봉화군	봉성,춘양면	탄광/광산	가부(加富)광산	미확인
	경북	봉화군	춘양면	탄광/광산	각희(覺喜)금산	미확인
	경북	봉화군	소천면	탄광/광산	고선(古善)광산	미확인
	경북	봉화군	법전,춘양면	탄광/광산	관석(寬石)금광	미확인
	경북	봉화군	물야면	탄광/광산	광달(光達)광산	미확인
	경북	봉화군	소천면	탄광/광산	구마(九馬)금산	미확인
	경북	봉화군	소천,법전면	탄광/광산	금각(金角)광산	미확인
	경북	봉화군	법전,명호면	탄광/광산	금교(金橋)금광	미확인
	경북	봉화군	춘양면	탄광/광산	금당연(金塘連)광산	미확인
	경북	봉화군	봉성면	탄광/광산	금륜(金輪)금광	미확인
	경북	봉화군	봉성면	탄광/광산	금성불(金成拂)광산	미확인
	경북	봉화군	소천면	탄광/광산	금우(金友)광산	미확인
	경북	봉화군	법전면	탄광/광산	금원(金原)광산	미확인
	경북	봉화군	법전,춘양면	탄광/광산	금지(金池)광산	미확인
	경북	봉화군	소천,재산면	탄광/광산	나카가와(中川) 장군광산	미확인
	경북	봉화군	법전면	탄광/광산	낙국(樂國)금산	미확인
	경북	봉화군	춘양면	탄광/광산	동일(東一)금광	미확인
	경북	봉화군	법전면	탄광/광산	등정(藤井)광산	미확인
	경북	봉화군	법전,명호면	탄광/광산	명곡(明谷)광산	미확인
	경북	봉화군	법전,명호면	탄광/광산	명법(明法)금산	미확인
	경북	봉화군	명호면	탄광/광산	명석(明奭)광산	미확인
	경북	봉화군	소천면	탄광/광산	명천(明川)광산	미확인
	경북	봉화군	명호면	탄광/광산	명호(明湖)금산	미확인
	경북	봉화군	봉성,물야면	탄광/광산	문수산(文洙山) 금봉(金峰)광산	미확인
	경북	봉화군	재동,소천,법전면	탄광/광산	방현(芳峴)광산	미확인

구분	소재지(1945년 8월 기준)			직종/대	유적명칭	기업(최종)
	도	부/군	면 이하			
생산관계	경북	봉화군	춘양면	탄광/광산	별부춘양(別府春陽)금산	미확인
	경북	봉화군	명호, 재산면	탄광/광산	보호(寶湖)광산	미확인
	경북	봉화군	명호동	탄광/광산	봉명(奉明)광산	미확인
	경북	봉화군	법전, 춘양면 우구치리	탄광/광산	봉양(奉陽)금산	미확인
	경북	봉화군	법전, 명호면	탄광/광산	봉화(奉化)광산	미확인
	경북	봉화군	소천면	탄광/광산	부금산(富金山)금광	미확인
	경북	봉화군	봉성면	탄광/광산	비전(飛田)광산	미확인
	경북	봉화군	법전, 명호면	탄광/광산	삼가(三嘉)금산	미확인
	경북	봉화군	명호, 봉성, 상운면	탄광/광산	삼등(三藤)광산	미확인
	경북	봉화군	법전, 명호면	탄광/광산	삼룡(三龍)광산	미확인
	경북	봉화군	소천면	탄광/광산	삼신(三信)금광	미확인
	경북	봉화군	춘양면	탄광/광산	성촌(城村)봉화광산	미확인
	경북	봉화군	소천, 법전면	탄광/광산	시동(時洞)광산	미확인
	경북	봉화군	법전면	탄광/광산	어은(漁隱)광산	미확인
	경북	봉화군	춘양, 물야면	탄광/광산	옥석(玉石)광산	미확인
	경북	봉화군	법전면	탄광/광산	용동(龍洞)금산	미확인
	경북	봉화군	춘양면	탄광/광산	우구(牛口)광산	미확인
	경북	봉화군	봉성면	탄광/광산	우덕(祐德)광산	미확인
	경북	봉화군	법전면	탄광/광산	월암(月岩)금광	미확인
	경북	봉화군	소천, 법전면	탄광/광산	임기(林基)광산	미확인
	경북	봉화군	소천면	탄광/광산	장군(將軍)광산	미확인
	경북	봉화군	춘양면	탄광/광산	장산(壯山)광산	미확인
	경북	봉화군	법전, 재산면	탄광/광산	정삼(正三)광산	미확인
	경북	봉화군	소천면	탄광/광산	제3금진(金鎭)금광	미확인
	경북	봉화군	법전, 봉성면	탄광/광산	진곡(眞谷)금산	미확인
	경북	봉화군	법전, 명호면	탄광/광산	천봉(天奉)광산	미확인
	경북	봉화군	소천면	탄광/광산	항우(恒友)광산	미확인
	경북	봉화군	소천면	탄광/광산	황평(黃坪)금광	미확인
	경북	봉화군	소천면	탄광/광산	회탕(回湯)광산	미확인
	경북	봉화군	법전, 명호면	탄광/광산	흥신사(興新社) 신기(新基)광산	미확인
	경북	봉화군	법전면	탄광/광산	흥신사(興新社) 옥천(玉泉)광산	오사카(大阪)요업세멘트㈜
	경북	봉화군	소천면	탄광/광산	현동(縣洞)광산	금강(金剛)특종광산㈜
	경북	봉화군	소천, 춘양면우구치리	탄광/광산	금정(金井)광산	금정(金井)광산㈜
	경북	봉화군	춘양면/법전면 풍정리/봉성, 명호, 봉화면	탄광/광산	다덕(多德)광산	닛치쓰(日窒)광업개발㈜
	경북	봉화군	춘양면	토건	저수지(춘양면)	미확인
	경북	불상	신성천(문경)↔북안(영천)	철도/도로	서선(西鮮)중앙철도	조선무연탄㈜
	경북	상주/선산군	낙동면/선산군 옥성면	탄광/광산	삼정(三正)금광	미확인
	경북	상주/선산군	낙동면/선산군옥성면	탄광/광산	옥봉(玉鳳)금산	미확인
	경북	상주/영동군	모동면/충북 영동군 황간, 황금면	탄광/광산	난곡리(蘭谷里)금산	미확인

구분	소재지(1945년 8월 기준)			직종/대	유적명칭	기업 (최종)
	도	부/군	면 이하			
생산 관계	경북	상주/ 영동군	모동,공성면/충 북 영동군 황금면	탄광/광산	신안리(新安里)금산	미확인
	경북	상주/ 영동군	모서면/충북 영동 군 황간면	탄광/광산	지장(芝庄)광산	미확인
	경북	상주/ 영동군	공성면/충북 영동 군 황금,용산면	탄광/광산	환이(丸二)광산	미확인
	경북	상주/ 영동군	모서면/충북 영동 군황 간면	탄광/광산	백화(白華)금산	제국산업㈜
	경북	상주/ 예천군	중동면/예천군 풍양면	탄광/광산	상천(尚泉)금광	미확인
	경북	상주/ 예천군	중동면/예천군 풍양면	탄광/광산	황금산광산	미확인
	경북	상주/ 옥천군	모서면/충북 옥천 군 청산면 명치리	탄광/광산	고미야(小宮)흑연광산	고미야(小宮)흑연광 업소(합자)
	경북	상주/ 옥천군	모서면 류방리/충 북옥천군 청산면 명치리	탄광/광산	야마노(山野) 월명(月明)광산	미확인
	경북	상주/ 옥천군	모서면/충북 옥천 군 청산면	탄광/광산	천금(千金)광산	미확인
	경북	상주군	상주읍서정동85	공장	사누이(讚岐)주조㈜	사누이(讚岐)주조㈜
	경북	상주군	이안,은척면	탄광/광산	남선흑연광산	관소(菅沼)광업㈜
	경북	상주군	외서면	탄광/광산	대하(大賀)광산	니혼(日本)수연광업소 (유한)
	경북	상주군	공검,이안면	탄광/광산	계림(鶏林)흑연광산	미확인
	경북	상주군	공성,모동면	탄광/광산	공성(功城)광산	미확인
	경북	상주군	외남,공성면	탄광/광산	금세(金世)광산	미확인
	경북	상주군	은척면	탄광/광산	금연(金淵)광산	미확인
	경북	상주군	화서,화동면	탄광/광산	금용(金鎔)광산	미확인
	경북	상주군	화서,화동면	탄광/광산	금주(金住)광산	미확인
	경북	상주군	중동면	탄광/광산	금중(金中)금광	미확인
	경북	상주군	화서,화동면	탄광/광산	대천(大川)흑연 원두산(圓頭山)광산	미확인
	경북	상주군	모서면	탄광/광산	득수(得水)광산	미확인
	경북	상주군	모동면	탄광/광산	만항(萬項)광산	미확인
	경북	상주군	모동면	탄광/광산	모동(牟東)광산	미확인
	경북	상주군	모동면	탄광/광산	보국(報國)광산	미확인
	경북	상주군	공검,은척면	탄광/광산	산로(山路)광산	미확인
	경북	상주군	모동면	탄광/광산	살마(薩摩)광산	미확인
	경북	상주군	내서면	탄광/광산	상금(尚金)광산	미확인
	경북	상주군	낙동면	탄광/광산	상산(商山)사금광	미확인
	경북	상주군	외서면 견룡리/ 상주읍	탄광/광산	상영(尚永)광산	미확인
	경북	상주군	모동면	탄광/광산	양영(良榮)금산	미확인
	경북	상주군	모동면	탄광/광산	제2화전(和田)금산	미확인
	경북	상주군	화서,화북면	탄광/광산	천택(天澤)금광	미확인
	경북	상주군	공성,모동면	탄광/광산	향학(向鶴)광산	미확인
	경북	상주군	화북면	탄광/광산	화양(化陽)금광	미확인

구분	소재지(1945년 8월 기준)			직종/대	유적명칭	기업(최종)
	도	부/군	면 이하			
생산관계	경북	상주군	모동면	탄광/광산	화전(和田)금산	미확인
	경북	상주군	외서면	탄광/광산	흥전(興田)광산	미확인
	경북	상주군	화동면	탄광/광산	야마시타(山下) 반곡(盤谷)흑연광산	야마시타(山下)흑연공업㈜
	경북	상주군	공검, 이안면	탄광/광산	야마시타(山下) 함창(咸昌)흑연광산	야마시타(山下)흑연공업㈜
	경북	상주군	이안, 공검면	탄광/광산	함창(咸昌)광산	야마시타(山下)흑연공업㈜
	경북	상주군	모서, 화동면	탄광/광산	화현리(花峴里)광산	야마시타(山下)흑연공업㈜
	경북	상주군	상주, 낙동, 청리, 내서, 외서면/상주읍	탄광/광산	상주(尙州)금산	주가이(中外)광업㈜
	경북	선산군	옥성면	탄광/광산	득익(得益)광산	내외(內外)광업㈜
	경북	선산군	무을면	탄광/광산	신구(神鳩)금산	내외(內外)광업㈜
	경북	선산군	도개면	탄광/광산	도개(桃開)광산	미확인
	경북	선산군	선산면	탄광/광산	삼성(三成)광산	미확인
	경북	선산군	옥성면	탄광/광산	소송(小松)광산	미확인
	경북	선산군	선산, 옥성면	탄광/광산	옥성(玉城)금산	미확인
	경북	선산군	옥성면	탄광/광산	우복(牛伏)금산	미확인
	경북	선산군	옥성면	탄광/광산	이곡(伊谷)금산	미확인
	경북	선산군	도개, 해평면	탄광/광산	하도(河圖)금광	미확인
	경북	선산군	무을면	탄광/광산	무을(舞乙)광산	고바야시(小林)광업㈜
	경북	선산군	불상	토건	저수지(대원)	미확인
	경북	성주/칠곡군	월항면/칠곡군 약목, 북삼면	탄광/광산	누진(樓鎭)광산	조선금산개발㈜
	경북	성주/칠곡군	용암면↔칠곡군 왜관면	하역수송	우마차수송	미확인
	경북	성주군	초전면	탄광/광산	광구/日本鑛産㈜	니혼(日本)광산(鑛産)㈜
	경북	성주군	초전면	탄광/광산	용봉(龍鳳)수연광산	니혼(日本)광산(鑛産)㈜
	경북	성주군	수륜면/고령군 덕곡면	탄광/광산	덕보(德寶)금산	동광상사㈜
	경북	성주군	수륜면	탄광/광산	거산(巨山)광산	미확인
	경북	성주군	수륜면	탄광/광산	금곡(金谷)금산	미확인
	경북	성주군	금수면	탄광/광산	금구(金龜)광산	미확인
	경북	성주군	초전면	탄광/광산	금성광산	미확인
	경북	성주군	운수, 대가면/수륜면 송계동	탄광/광산	다락(多樂)광산	미확인
	경북	성주군	수륜, 용암, 대가면	탄광/광산	대성(大星)금광	미확인
	경북	성주군	용암면	탄광/광산	대시동(大柿洞)광산	미확인
	경북	성주군	금수면	탄광/광산	도성(道成)광산	미확인
	경북	성주군	수륜, 가천면	탄광/광산	봉명(鳳鳴)금산	미확인

구분	소재지(1945년 8월 기준)			직종/대	유적명칭	기업 (최종)
	도	부/군	면 이하			
생산 관계	경북	성주군	가천면	탄광/광산	부춘(富春)금산	미확인
	경북	성주군	성주,선남면	탄광/광산	성원(星元)광산	미확인
	경북	성주군	성주면	탄광/광산	성주(星州)고령토광산	미확인
	경북	성주군	용암면	탄광/광산	성주(星州)광산	미확인
	경북	성주군	용암,선남면	탄광/광산	성주다봉(星州多鳳)금산	미확인
	경북	성주군	수륜면	탄광/광산	송계(松溪)광산	미확인
	경북	성주군	용암면	탄광/광산	승룡(昇龍)금광	미확인
	경북	성주군	수륜면	탄광/광산	영산(永産)금광	미확인
	경북	성주군	선남면	탄광/광산	은성(銀星)광산	미확인
	경북	성주군	성주,용암면	탄광/광산	은포(銀浦)광산	미확인
	경북	성주군	수륜,가천면	탄광/광산	제2봉명(鳳鳴)금산	미확인
	경북	성주군	용암면	탄광/광산	주성(州城)광산	미확인
	경북	성주군	수륜면	탄광/광산	태성(泰星)광산	미확인
	경북	성주군	벽진,금수,대가면	탄광/광산	태자봉(太子峰)광산	미확인
	경북	성주군	성주,용암,선남면	탄광/광산	성산(星山)금광	후지쿠라(藤倉)광업㈜
	경북	안동/ 의성군	월곡면/의성군 옥산면	탄광/광산	길정(吉井)광산	미확인
	경북	안동/ 청송군	길안면/청송군 안덕면	탄광/광산	송화(松花)금산	미확인
	경북	안동/ 청송군	길안면/청송군 안덕면	탄광/광산	지소(紙所)광산	미확인
	경북	안동군	불상	공장	다이쇼(大正)제사㈜	다이쇼(大正)제사㈜
	경북	안동군	안동읍신세정 170	공장	영남양조㈜	영남양조㈜
	경북	안동군	임하면	기타(노무)	벌목작업장	미확인
	경북	안동군	불상	기타(노무)	안동지소/대구형무소	미확인
	경북	안동군	안동읍서부동 205	기타(노무)	안동농림㈜	안동농림㈜
	경북	안동군	안동읍 서부동 188-1	기타(노무)	환일(丸日)제재소㈜	환일제재소㈜
	경북	안동군	불상	철도/도로	철도공사장(중앙선)	조선총독부 철도국
	경북	안동군	길안면	탄광/광산	금계(金鷄)광산	미확인
	경북	안동군	길안면	탄광/광산	동화(東華)광산	미확인
	경북	안동군	북후면	탄광/광산	두월(斗月)광산	미확인
	경북	안동군	길안면	탄광/광산	백자(柏子)금광	미확인
	경북	안동군	안동읍/와룡, 북후,서후면	탄광/광산	안동(安東)광산	미확인
	경북	안동군	길안,옥산면	탄광/광산	연광(繽光)광산	미확인
	경북	안동군	안동읍/임하면	탄광/광산	용상(龍上)광산	미확인
	경북	안동군	길안,월곡면	탄광/광산	해봉(海峰)광산	미확인
	경북	안동군	안동읍 신세정	토건	제방공사장	미확인
	경북	안동군	안동읍	하역수송	안동영업소/조선운송㈜	조선운송㈜
	경북	영덕/ 영일군	지품,남정면/영 일군 송라면	탄광/광산	영덕(盈德)광산	니혼(日本)광업㈜
	경북	영덕/ 울진군	병곡면/강원도 울 진군 평해,온정면	탄광/광산	금릉(金陵)광산	미확인

구분	소재지(1945년 8월 기준)			직종/대	유적명칭	기업 (최종)
	도	부/군	면 이하			
생산 관계	경북	영덕/ 울진군	창수,병곡면/울 진군 온정면	탄광/광산	영덕(盈德)광산	미확인
	경북	영덕/ 청송군	지품면/청송군진 보면	탄광/광산	지품(知品)동산	미확인
	경북	영덕군	영해, 축산면	탄광/광산	나카가와(中川) 영해석탄광산	나카가와(中 川)광업㈜
	경북	영덕군	창수면	탄광/광산	가성(佳成)광산	미확인
	경북	영덕군	창수면	탄광/광산	갈상(葛上)광산	미확인
	경북	영덕군	영덕, 축산면	탄광/광산	구미(九美)광산	미확인
	경북	영덕군	달산면	탄광/광산	금반(金盤)광산	미확인
	경북	영덕군	병곡면	탄광/광산	금영(金永)광산	미확인
	경북	영덕군	강구면	탄광/광산	금진(金津)광산	미확인
	경북	영덕군	병곡면	탄광/광산	대장(大壯)광산	미확인
	경북	영덕군	병곡면	탄광/광산	대장(大莊)광산	미확인
	경북	영덕군	병곡면	탄광/광산	덕창(德昌)광산	미확인
	경북	영덕군	영덕, 축산면	탄광/광산	매정(梅亭)금광	미확인
	경북	영덕군	창수면	탄광/광산	보동(寶銅)광산	미확인
	경북	영덕군	창수, 병곡면	탄광/광산	보현(寶峴)광산	미확인
	경북	영덕군	달산면	탄광/광산	서점(西店)광산	미확인
	경북	영덕군	창수면	탄광/광산	석창(石蒼)광산	미확인
	경북	영덕군	남정면	탄광/광산	순덕(順德)광산	미확인
	경북	영덕군	지품면	탄광/광산	신앙(新陽)광산	미확인
	경북	영덕군	병곡면	탄광/광산	영동(榮東)광산	미확인
	경북	영덕군	영해, 축산면	탄광/광산	영해(寧海)광산	미확인
	경북	영덕군	영덕면	탄광/광산	오보(烏保)광산	미확인
	경북	영덕군	영덕, 축산면	탄광/광산	우각(牛角)광산	미확인
	경북	영덕군	병곡면	탄광/광산	유금(有金)광산	미확인
	경북	영덕군	축산면	탄광/광산	천곡(天谷)금광	미확인
	경북	영덕군	영덕, 강구면	탄광/광산	천륭(天隆)광산	미확인
	경북	영덕군	영덕, 지품면	탄광/광산	천명(天明)광산	미확인
	경북	영덕군	영덕, 축산면	탄광/광산	청덕(淸德)금광	미확인
	경북	영덕군	지품, 축산, 달산, 영덕면	탄광/광산	문명(文明)금광	닛치쓰(日窒) 광업개발㈜
	경북	영덕군	창수면	탄광/광산	창보(蒼寶)광산	조선광업진 흥㈜
	경북	영덕군	영덕, 축산면	탄광/광산	화천(華川)광산	조선광업진 흥㈜
	경북	영덕군	달산면	탄광/광산	영달(盈達)금산	조선제련㈜
	경북	영덕군	영해, 축산면	탄광/광산	도곡(陶谷)광산	주가이(中 外)광업㈜
	경북	영양군	영양면 동부동 539	공장	영양(英陽)주조(酒造)㈜	영양주조㈜
	경북	영양군	일월면 용화리/청 기면	탄광/광산	나카가와(中川) 가곡(佳谷)광산	미확인
	경북	영양군	청기면	탄광/광산	영양(英陽)형석광산	미확인
	경북	영양군	수비면	탄광/광산	칠보(七寶)광산	미확인
	경북	영일군	포항읍 포항동 57-4	공장	경북제함㈜	경북제함㈜
	경북	영일군	장발면 양포리 246	공장	양포(良浦)제빙냉장㈜	양포(良浦) 제빙냉장㈜

구분	소재지(1945년 8월 기준)			직종/대	유적명칭	기업 (최종)
	도	부/군	면 이하			
생산 관계	경북	영일군	포항읍	철도/도로	철도공사장(동해남부선)	조선총독부 철도국
	경북	영일군	포항↔부조간	철도/도로	철도공사장(동해중부선)/ 나카무라구미(中村組)	나카무라구미(中村組) (합자)
	경북	영일군	안변↔포항	철도/도로	철도공사장(동해북부선)/ 아카와구미(阿川組)	아카와구미(阿川組)
	경북	영일군	죽장면	탄광/광산	감곡(甘谷)금산	미확인
	경북	영일군	지행면	탄광/광산	길원(吉原)광산	미확인
	경북	영일군	죽장면	탄광/광산	두마(斗麻)금광	미확인
	경북	영일군	지행면	탄광/광산	수성리(水城里)광산	미확인
	경북	영일군	지행면	탄광/광산	양포(良浦)광산	미확인
	경북	영일군	동해, 오천면	탄광/광산	영일(迎日)탄광	미확인
	경북	영일군	오천면	탄광/광산	일송(一松)광산	미확인
	경북	영일군	죽장, 경서면/청 송군경	탄광/광산	장맥(長脈)광산	미확인
	경북	영일군	지행, 오천, 동해면	탄광/광산	포항(浦項)탄광	미확인
	경북	영일군	지행면	탄광/광산	임중(林中)탄광	영일(盈日) 탄광공업 (유한)
	경북	영일군	기계면	토건	저수지(화봉)	미확인
	경북	영일군	포항읍	토건	항만공사장(포항읍)	미확인
	경북	영일군	불상	하역수송	하역수송(항만)	미확인
	경북	영주/ 예천군	봉현면/예천군 상리, 하리면	탄광/광산	영천(榮泉)광산	미확인
	경북	영주/ 예천군	봉현면/예천군 상리면	탄광/광산	은풍(殷豊)중석광산	미확인
	경북	영주군	영주↔봉화군 춘양간	철도/도로	철도공사장(영춘선)	조선총독부 철도국
	경북	영주군	불상	철도/도로	철도공사장(중앙선)	조선총독부 철도국
	경북	영주군	안정면	탄광/광산	금생(金生)광산	미확인
	경북	영주군	단산, 부석면	탄광/광산	단옥(丹玉)광산	미확인
	경북	영주군	순흥, 풍기면	탄광/광산	대장(臺庄)광산	미확인
	경북	영주군	단산면	탄광/광산	대혈(大穴)광산	미확인
	경북	영주군	풍기면	탄광/광산	등원(藤原)광산	미확인
	경북	영주군	풍기면	탄광/광산	백동(白洞)텅스텐광산	미확인
	경북	영주군	풍기면	탄광/광산	산법(山法)금광	미확인
	경북	영주군	순흥면	탄광/광산	석륜(石侖)광산	미확인
	경북	영주군	풍기면	탄광/광산	송평(松平)광산	미확인
	경북	영주군	순흥면	탄광/광산	영순(榮順)광산	미확인
	경북	영주군	단산, 부석면	탄광/광산	영주조금(榮州鳥金)광산	미확인
	경북	영주군	풍기면	탄광/광산	욱금(郁錦)광산	미확인
	경북	영주군	풍기면	탄광/광산	제2구성(九成)금광	미확인
	경북	영주군	단산, 부석면	탄광/광산	종남(宗南)광산	미확인
	경북	영주군	풍기면	탄광/광산	천금(天金)광산	미확인
	경북	영주군	풍기면	탄광/광산	풍기(豊基)광산	미확인
	경북	영주군	풍기면	탄광/광산	풍기일산(日産)광산	미확인
	경북	영주군	풍기면	탄광/광산	풍수(豊水)광산	미확인

구분	소재지(1945년 8월 기준)			직종/대	유적명칭	기업 (최종)
	도	부/군	면 이하			
생산 관계	경북	영주군	풍기면	탄광/광산	희방(喜方)광산	미확인
	경북	영주군	풍기면	탄광/광산	죽령(竹嶺)광산	조선광업㈜
	경북	영주군	영주,순흥면	탄광/광산	영신(永信)광산	고바야시(小林)광업㈜
	경북	영천군	불상	기타(노무)	채석작업장	미확인
	경북	영천군	신성천↔북안	철도/도로	서선(西鮮)중앙철도회사선공사	미확인
	경북	영천군	북안면	철도/도로	철도공사장(동해중부선)	조선총독부 철도국
	경북	영천군	불상	철도/도로	철도공사장(중앙선)	조선총독부 철도국
	경북	영천군	고경면	탄광/광산	고경(古鏡)금산	미확인
	경북	영천군	자양,화북면	탄광/광산	동양(東陽)광산	미확인
	경북	영천군	고경면	탄광/광산	삼성(三聖)금산	미확인
	경북	영천군	고경,임고면	탄광/광산	영천(永川)금산	미확인
	경북	영천군	고경면	탄광/광산	영청(永淸)광산	미확인
	경북	영천군	화회면	탄광/광산	자천(慈川)광산	미확인
	경북	영천군	신녕면	탄광/광산	점동(店洞)광산	미확인
	경북	영천군	금호면	탄광/광산	제3금농(金農)광산	미확인
	경북	영천군	고경,강서면	탄광/광산	주천(州川)금광	미확인
	경북	영천군	고경면 파계리	토건	저수지(고경)	미확인
	경북	영천군	임고면	토건	저수지(효동)	미확인
	경북	영천군	불상	토건	제방공사장	미확인
	경북	영천군	완산동	하역수송	군수물자수송	미확인
	경북	예천/ 의성군	풍양면/의성군 다인면	탄광/광산	광덕(光德)광산	미확인
	경북	예천군	개포면	기타(노무)	송탄유(松炭油)생산작업장	미확인
	경북	예천군	개포면	탄광/광산	개포(開浦)광산	미확인
	경북	예천군	감천면	탄광/광산	고마(庫馬)금광	미확인
	경북	예천군	봉현면	탄광/광산	덕천(德泉)광산	미확인
	경북	예천군	성명면	탄광/광산	동화(東和)흑연광산	미확인
	경북	예천군	상리면	탄광/광산	삼성(三星)광산	미확인
	경북	예천군	상리면	탄광/광산	삼영(三榮)중석광산	미확인
	경북	예천군	상리면	탄광/광산	상리(上里)광산	미확인
	경북	예천군	상리면	탄광/광산	원금(元金)광산	미확인
	경북	예천군	감천면	탄광/광산	좌등감천(左藤甘泉)광산	미확인
	경북	울릉군	북면현포리	철도/도로	도로공사장	미확인
	경북	울릉군	북면천부리	하역수송	하역작업장/천부항	미확인
	경북	의성/ 청송군	춘산면/청송군 현서면	탄광/광산	삼춘(三春)광산	조선제련㈜
	경북	의성군	불상	철도/도로	철도공사장(경경선)	미확인
	경북	의성군	옥산면	탄광/광산	전흥(全興)광산	동우흥업(東宇興業)㈜
	경북	의성군	옥산면	탄광/광산	경화(慶華)금산	미확인
	경북	의성군	춘산면	탄광/광산	구천(龜泉)광산	미확인
	경북	의성군	춘산면	탄광/광산	금옥(錦玉)광산	미확인
	경북	의성군	다인면	탄광/광산	다인(多仁)광산	미확인
	경북	의성군	옥산면	탄광/광산	산금(産金)광산	미확인
	경북	의성군	옥산면	탄광/광산	신정(新井)옥산광산	미확인
	경북	의성군	옥산면	탄광/광산	의성(義城)광산	미확인

구분	소재지(1945년 8월 기준)			직종/대	유적명칭	기업 (최종)
	도	부/군	면 이하			
생산 관계	경북	의성군	춘산면	탄광/광산	의순(義順)광산	미확인
	경북	의성군	옥산면	탄광/광산	정릉(井菱)옥산광산	미확인
	경북	의성군	의성읍/사곡, 금성면	탄광/광산	의성(義城)동산	조선제련㈜
	경북	의성군	안계면	토건	저수지(계천)	미확인
	경북	의성군	단밀면	토건	제방공사장(단밀면)	미확인
	경북	의성군	비안면	토건	제방공사장(비안면)	미확인
	경북	청도군	대성면 고수동 569	공장	조선잠업㈜	조선잠업㈜
	경북	청도군	화양면 다로동	철도/도로	철도공사장(경부선)/하자마구미(間組)	하자마구미 (間組)
	경북	청도군	매전면	탄광/광산	남사(南思)광산	미확인
	경북	청도군	풍각면	탄광/광산	우태(祐泰)금산	미확인
	경북	청도군	매전, 금천면	탄광/광산	학원청도(鶴原淸道)광산	미확인
	경북	청송군	부동, 부남, 읍천, 청송면	탄광/광산	이내청송(伊奈靑松)광산	니혼(日本) 경금속㈜
	경북	청송군	부남면	탄광/광산	노석(老石)수연광산	미확인
	경북	청송군	청송면거포리	탄광/광산	송운(松雲)광산	미확인
	경북	청송군	현서, 안덕면	탄광/광산	장전(長田)금광	미확인
	경북	청송군	현서, 안덕, 현동면	탄광/광산	청송天馬광산	미확인
	경북	칠곡군	약목면 남계리91 번지	공장	도정공장	미확인
	경북	칠곡군	왜관면	탄광/광산	광구(東洋무연탄광업㈜)	동양무연탄 광업㈜
	경북	칠곡군	약목면	탄광/광산	가성(嘉成)광산	미확인
	경북	칠곡군	가산면	탄광/광산	금수(金峀)광산	미확인
	경북	칠곡군	가산, 동명면	탄광/광산	남선욱(南鮮旭)광산	미확인
	경북	칠곡군	석적, 가산면	탄광/광산	다부(多富)광산	미확인
	경북	칠곡군	약목, 선남면	탄광/광산	도동(道東)광산	미확인
	경북	칠곡군	약목면	탄광/광산	무림(茂林)금산	미확인
	경북	칠곡군	약목, 북삼면	탄광/광산	복래호(福來號)제1금광	미확인
	경북	칠곡군	왜관면	탄광/광산	삼청(三淸)금산	미확인
	경북	칠곡군	동명면	탄광/광산	선남(鮮南)광산	미확인
	경북	칠곡군	약목면	탄광/광산	약목(若木)금산	미확인
	경북	칠곡군	석적면	탄광/광산	왜관(倭館)광산	미확인
	경북	칠곡군	석적, 왜관면	탄광/광산	왜관(倭館)제1금산	미확인
	경북	칠곡군	동명면	탄광/광산	칠곡(漆谷)광산	미확인
	경북	칠곡군	약목면	탄광/광산	풍광(風光)금산	미확인
	경북	칠곡군	가산면	탄광/광산	화천(華泉)광산	미확인
	경북	칠곡군	가산, 동명면	탄광/광산	풍천(豊川)광산	천남(川南) 광업㈜
	경북	칠곡군	가산, 칠곡면	탄광/광산	금화(金華)광산	쇼와(昭和) 광업㈜
	경북	칠곡군	동명면	탄광/광산	남창(南昌)금광	쇼와(昭和) 광업㈜
	경북	포항군	불상	공장	조선철공조합	조선철공 조합
	경북	포항군	불상	공장	포항조선철공유한회사	포항조선철 공유한회사

구분	소재지(1945년 8월 기준)			직종/대	유적명칭	기업 (최종)
	도	부/군	면 이하			
생산 관계	전남	강진/ 해남군	강진면 덕남리/도 암면 만덕리/해 남군 옥천, 북평면	탄광/광산	만덕(萬德)광산	나카가와 (中川) 광업㈜
	전남	강진군	강동면	탄광/광산	강진금릉(康津金陵)광산	대륙(大陸) 산금(합자)
	전남	고흥군	봉래면 신금리 1130	공장	나로도전기㈜	나로도 전기㈜
	전남	고흥군	고흥면	탄광/광산	고흥(高興)광산	미확인
	전남	고흥군	도양면	탄광/광산	녹동(鹿洞)광산	미확인
	전남	고흥군	대서면	탄광/광산	대서(大西)광산	미확인
	전남	고흥군	풍양, 도양면	탄광/광산	번영(繁榮)광산	미확인
	전남	고흥군	노동면	탄광/광산	보식(寶殖)광산	미확인
	전남	고흥군	복내, 노동면	탄광/광산	복천(福川)광산	미확인
	전남	고흥군	도양, 금산면	탄광/광산	봉덕(鳳德)광산	미확인
	전남	고흥군	문덕면	탄광/광산	부곡(富谷)광산	미확인
	전남	고흥군	도양면	탄광/광산	삼양(三陽)광산	미확인
	전남	고흥군	도양면	탄광/광산	삼익(三益)금광	미확인
	전남	고흥군	금산면	탄광/광산	성(星)규사광산	미확인
	전남	고흥군	금산면소도리	탄광/광산	소도리(小島里)규사광	미확인
	전남	고흥군	금산면신촌리	탄광/광산	신촌리(新村里)규사광	미확인
	전남	고흥군	도양면	탄광/광산	어영(御榮)금광	미확인
	전남	고흥군	고흥, 포두면	탄광/광산	장수리(長水里)광산	미확인
	전남	고흥군	풍양, 포두, 도화면	탄광/광산	전남천등(天燈)광산	미확인
	전남	고흥군	문덕면	탄광/광산	철점(鐵店)금산	미확인
	전남	고흥군	율어면	탄광/광산	칠음(七音)금광	미확인
	전남	고흥군	두원면	탄광/광산	학곡(鶴谷)광산	미확인
	전남	곡성/ 구례군	고달면/구례군 구례면	탄광/광산	월영(月盈)광산	미확인
	전남	곡성/ 순창군	순창군/금과, 풍산면/곡성군 옥래면	탄광/광산	기현(淇鉉)광산	미확인
	전남	곡성/ 순창군	순창군 순창, 풍산, 류구면/ 곡성군 옥천면	탄광/광산	순창인덕(仁德)금광	미확인
	전남	곡성/ 순창군	전북 순창군 풍 산, 대강면/전남 곡성군 옥과면	탄광/광산	양전(兩全)광산	미확인
	전남	곡성군	오곡면	탄광/광산	곡성(谷城)광산	미확인
	전남	곡성군	본사동면	탄광/광산	금당(金唐)광산	미확인
	전남	곡성군	옥과면	탄광/광산	대(大)금산	미확인
	전남	곡성군	화면	탄광/광산	작산(鵲山)탄광	미확인
	전남	곡성군	죽곡, 본사동면	탄광/광산	전라소야(小野)금광	미확인
	전남	곡성군	오곡, 고달면	탄광/광산	창곡(昌谷)금광	미확인
	전남	곡성군	고달면	탄광/광산	풍마(豊馬)광산	미확인
	전남	곡성군	고달면	탄광/광산	해석(海石)금광	미확인
	전남	곡성군	고달면	탄광/광산	호곡(虎谷)광산	미확인
	전남	광산/ 나주군	임곡면/나주군 본량면	탄광/광산	용진(聳珍)금광	조선제련㈜

구분	소재지(1945년 8월 기준)			직종/대	유적명칭	기업 (최종)
	도	부/군	면 이하			
생산 관계	전남	광산/ 장성군	비아,하남면/ 장성군 남면	탄광/광산	비아(飛鴉)금광	미확인
	전남	광산/ 장성군	임곡면/장성군 남, 황룡면	탄광/광산	임곡(林谷)광산	미확인
	전남	광산/ 장성군	비야,지산/ 장성군 남면	탄광/광산	장광(長光)금광	미확인
	전남	광산군	송정읍 송정리 711	기타(노무)	전남식산㈜	전남식산㈜
	전남	광산군	비아,하남면	탄광/광산	광일(光一)금광	미확인
	전남	광산군	임곡,하남면	탄광/광산	도장(道長)금광	미확인
	전남	광산군	대촌,서창면	탄광/광산	봉황(鳳凰)광산	미확인
	전남	광산군	대촌,서창면	탄광/광산	송학산(松鶴山)금광	미확인
	전남	광산군	임곡,하남,송정면	탄광/광산	어등(魚登)금광	미확인
	전남	광산군	비아,하남면	탄광/광산	운남(雲南)금광	미확인
	전남	광산군	불상	토건	하천공사	미확인
	전남	광산군	불상	하역수송	송정출장소/조선운송㈜	조선운송㈜
	전남	광양/ 순천군	봉강면/순천군 서면	탄광/광산	흥대(興坮)광산	미확인
	전남	광양/ 순천군	봉강면/순천군 서면	탄광/광산	흥영(興永)광산	미확인
	전남	광양군	진상면	철도/도로	철도공사장(경전선)	조선총독부 철도국
	전남	광양군	광양면사곡리산 19	탄광/광산	계림(鷄林)광업㈜	계림(鷄林) 광업㈜
	전남	광양군	광양,골약면	탄광/광산	억만리(億萬里)금산	계림(鷄林) 광업㈜
	전남	광양군	광양면	탄광/광산	익신(益申)광산	대륙(大陸) 산금(합자)
	전남	광양군	봉강면	탄광/광산	개룡(開龍)금광	미확인
	전남	광양군	옥룡,봉강면	탄광/광산	광양중흥(光陽重興)광산	미확인
	전남	광양군	옥곡,골약면	탄광/광산	광화(光華)광산	미확인
	전남	광양군	봉강면	탄광/광산	구서(具書)광산	미확인
	전남	광양군	옥룡면	탄광/광산	삼산(三山)광산	미확인
	전남	광양군	골약면	탄광/광산	성황(城隍)광산	미확인
	전남	광양군	옥룡면	탄광/광산	옥동(玉洞)금은동광산	미확인
	전남	광양군	광양,봉강면	탄광/광산	우산(牛山)광산	미확인
	전남	광양군	광양,해룡면	탄광/광산	일주(日洲)광산	미확인
	전남	광양군	봉강면	탄광/광산	봉강(鳳岡)광산	후지쿠라(藤 倉)광업㈜
	전남	광양군	광양면 초남리/ 골약면 황금리	탄광/광산	광양(光陽)광산	닛치쓰(日窒) 광업개발㈜
	전남	광주부	대정정4	공장	광주제빙㈜	광주제빙㈜
	전남	광주부	본정4정목28	공장	광주주조㈜	광주주조 (鑄造)㈜
	전남	광주부	천정60	공장	전남도시제사(全南道是製絲)㈜	전남도시제 사(全南道 是製絲)㈜
	전남	광주부	금정12	공장	흥아무도구㈜	흥아무도구 ㈜

구분	소재지(1945년 8월 기준)			직종/대	유적명칭	기업 (최종)
	도	부/군	면 이하			
생산 관계	전남	광주부	임정	공장	쇼산昭産양잠소/가네가후치(鐘淵)공업(주)	가네가후치 (鐘淵)공업(주)
	전남	광주부	임정	공장	전남공장/가네가후치(鐘淵)공업(주)	가네가후치 (鐘淵)공업(주)
	전남	광주부	북성정24-1	기타(노무)	광주농공(주)	광주농공(주)
	전남	광주부	불상	기타(노무)	근로보국대/광주신사(神社)확장공사작업장	미확인
	전남	광주부	명치정5-176	기타(노무)	玉泉(합자)	옥천(玉泉) (합자)
	전남	광주부	호남정66	기타(노무)	학파鶴坡농장(합명)	학파(鶴坡) 농장(합명)
	전남	광주부	금정28	탄광/광산	남광광업(주)	남광광업(주)
	전남	광주부	명치정5정목	탄광/광산	남선광업(合資)	남선광업 (합자)
	전남	광주부	북정2정목	탄광/광산	남선광업(주)	남선광업(주)
	전남	광주부	불상	하역수송	조선운송(주)	조선운송(주)
	전남	구례군	간문면	탄광/광산	백운산(白雲山)광산	미확인
	전남	구례군	산동, 광의면	탄광/광산	창내(倉內)금광	미확인
	전남	구례군	산동, 광의면	탄광/광산	천곡(泉谷)광산	미확인
	전남	구례군	간문, 구례, 토지, 마산면	탄광/광산	신흥구례사금광	조선제련(주)
	전남	구례군	용방면 신도리	토건	저수지(도암)	미확인
	전남	나주/ 영암군	반남면/영암군 금정, 신북면	탄광/광산	채기석(蔡基錫)광산	미확인
	전남	나주/ 함평군	공산, 다시면/ 함평군 학교면	탄광/광산	흥업(興業)광산	미확인
	전남	나주/ 화순군	남평면/화순군 도령면	탄광/광산	화순(和順)금산	미확인
	전남	나주군	불상	공장	통조림공장	미확인
	전남	나주군	본량면 양산리	공장	방직공장	미확인
	전남	나주군	불상	철도/도로	철도공사장(경전선)	조선총독부 철도국
	전남	나주군	공산, 왕곡,다시면	탄광/광산	좌창(左倉)광산	남광광업(주)
	전남	나주군	노안면	탄광/광산	나주광산	니혼(日本) 사금광업(주)
	전남	나주군	나주읍/노안,문 평면	탄광/광산	경현(景賢)광산	미확인
	전남	나주군	세지면	탄광/광산	구령봉(九靈峰)금광	미확인
	전남	나주군	문평, 나산면	탄광/광산	나산(羅山)금광	미확인
	전남	나주군	공산, 왕곡,반남면	탄광/광산	나선(羅善)광산	미확인
	전남	나주군	공산, 왕곡면	탄광/광산	나왕(羅旺)광산	미확인
	전남	나주군	다도면	탄광/광산	남평(南平)금광	미확인
	전남	나주군	다도면	탄광/광산	다도(茶道)광산	미확인
	전남	나주군	다시면	탄광/광산	다시(多侍)금광	미확인
	전남	나주군	본량면	탄광/광산	대봉(大鳳)광산	미확인
	전남	나주군	동강면	탄광/광산	동강(洞江)광산	미확인
	전남	나주군	동강, 공산면	탄광/광산	마봉(馬峰)광산	미확인
	전남	나주군	문평면	탄광/광산	문옥(文玉)사금광	미확인
	전남	나주군	반남면	탄광/광산	반남(潘南)금광	미확인
	전남	나주군	본량면	탄광/광산	본량(本良)광산	미확인

구분	소재지(1945년 8월 기준)			직종/대	유적명칭	기업 (최종)
	도	부/군	면 이하			
	전남	나주군	봉황면	탄광/광산	봉곡(鳳谷)광산	미확인
	전남	나주군	봉황면	탄광/광산	봉룡(鳳龍)광산	미확인
	전남	나주군	삼도면	탄광/광산	삼도(三道)금산	미확인
	전남	나주군	다시면	탄광/광산	서남(瑞南)광산	미확인
	전남	나주군	공산, 반남면	탄광/광산	성주(城珠)금광	미확인
	전남	나주군	왕곡, 반남면	탄광/광산	세봉(世鳳)광산	미확인
	전남	나주군	나주읍/영산포읍	탄광/광산	시학(侍鶴)광산	미확인
	전남	나주군	문평면	탄광/광산	옥당(玉堂)금광	미확인
	전남	나주군	봉황면	탄광/광산	일동덕봉(日東德鳳)광산	미확인
	전남	나주군	공산면	탄광/광산	전남남역금광	미확인
	전남	나주군	문평, 다시면	탄광/광산	중원(中原)광산	미확인
	전남	나주군	공산, 다시면/ 함평군 학교면	탄광/광산	함라(咸羅)광산	미확인
	전남	나주군	봉황면	탄광/광산	황룡(黃龍)금은광산	미확인
	전남	나주군	공산면	탄광/광산	덕음(德蔭)광산	니혼(日本) 광업(주)
	전남	나주군	불상	토건	저수지	미확인
	전남	나주군	평동면	토건	저수지(평동)	미확인
	전남	담양/ 순창군	담양↔순창간	철도/도로	철도공사장	미확인
	전남	담양/ 순창군	월산면/순창군 복흥면	탄광/광산	금방(金榜)광산	미확인
	전남	담양/ 순창군	금성면/순창군 금과면	탄광/광산	금과면(金果面)광산	하라(原)상 사(주)
	전남	담양/ 화순군	남면/화순군 이서면	탄광/광산	만월(滿月)광산	미확인
	전남	담양/ 화순군	남면/화순군 북면	탄광/광산	학정(鶴頂)광산	미확인
	전남	담양군	용면 용연리	기타(노무)	벌목작업장	미확인
	전남	담양군	금성, 용면	탄광/광산	금성산(金城山)광산	미확인
	전남	담양군	남면	탄광/광산	무등(無等)금산	미확인
	전남	담양군	수북, 대전면	탄광/광산	삼인산(三人山)금광	미확인
	전남	담양군	월산면	탄광/광산	시리산(是利山)금광	미확인
	전남	담양군	금성, 무원면	탄광/광산	오계(五桂)금산	미확인
	전남	담양군	대덕, 창평면	탄광/광산	황동(黃銅)광산	미확인
	전남	담양군	금성면	탄광/광산	회룡(回龍)광산	미확인
생산 관계	전남	목포부	앵정15	공장	가와이(河合)조선소(합명)	가와이(河合) 조선소(합명)
	전남	목포부	용당리1005-2	공장	목포성냥(주)	목포성냥 (燐寸)(주)
	전남	목포부	축정3정목4	공장	목포제비(주)	목포製肥(주)
	전남	목포부	불상	공장	목포조선철공(주)	목포조선철 공(주)
	전남	목포부	용당리986	공장	목포직물(주)	목포직물(주)
	전남	목포부	불상	공장	일화(日華)제유	일화(日華) 제유
	전남	목포부	금정2정목7-3	공장	전남면화(주)	전남면화(주)
	전남	목포부	온금동122	공장	조선내화공업(주)	조선내화공 업(주)
	전남	목포부	수정1정목5	공장	조선면화(주)	조선면화(주)

구분	소재지(1945년 8월 기준)			직종/대	유적명칭	기업 (최종)
	도	부/군	면 이하			
생산 관계	전남	목포부	상반정1정목6	공장	조선한천해조㈜	조선한천해조㈜
	전남	목포부	빈정3-4	공장	목포관리소/조선흥업㈜	조선흥업㈜
	전남	목포부	대성동7	공장	후타미(二見)상회㈜	후타미(二見)상회㈜
	전남	목포부	대성동18	기타(노무)	국무(國武)농장(합명)	국무(國武)농장(합명)
	전남	목포부	무안통5-16	기타(노무)	남선임업㈜	남선임업㈜
	전남	목포부	해안통1정목10	기타(노무)	목포식산㈜	목포식산㈜
	전남	목포부	대정정20	기타(노무)	조선농림(합자)	조선농림(합자)
	전남	목포부	해안통1정목10	기타(노무)	후쿠다(福田)농사㈜	후쿠다(福田)농사㈜
	전남	목포부	불상	탄광/광산	광업소/조선이연광업㈜	조선이연(理研)광업㈜
	전남	목포부	무안통5-16	탄광/광산	호남제탄㈜	호남제탄㈜
	전남	목포부	불상	하역수송	군수물자수송	미확인
	전남	목포부	불상	하역수송	목포지점/조선운송㈜	조선운송㈜
	전남	무안군	불상	탄광/광산	규사채취장(硅砂採取場)	동해(東海)공업㈜
	전남	무안군	압해면	탄광/광산	구만(久萬)광산	미확인
	전남	무안군	해제면	탄광/광산	금아(金阿)광산	미확인
	전남	무안군	해제면	탄광/광산	니성(尼城)광산	미확인
	전남	무안군	해제면	탄광/광산	대해제(大海際)광산	미확인
	전남	무안군	몽탄면	탄광/광산	두대(斗大)광산	미확인
	전남	무안군	해제면	탄광/광산	만량(萬兩)금광	미확인
	전남	무안군	압해면	탄광/광산	무안(務安)광산	미확인
	전남	무안군	압해면	탄광/광산	복광(福光)광산	미확인
	전남	무안군	해제면	탄광/광산	봉태(烽台)광산	미확인
	전남	무안군	안좌면 한운리	탄광/광산	상사치도(上沙稚島)광산	미확인
	전남	무안군	몽탄, 청계면	탄광/광산	식진(殖賑)광산	미확인
	전남	무안군	자은면	탄광/광산	자은도(慈恩島)광산	미확인
	전남	무안군	해제면	탄광/광산	해성(海城)금광	미확인
	전남	무안군	해제면	탄광/광산	해제(海祭)광산	미확인
	전남	무안군	압해면	탄광/광산	압해(押海)광산	조선이연(理研)광업㈜
	전남	보성/순천군	전교읍/순천군 별량면	탄광/광산	매산(梅山)광산	미확인
	전남	보성/순천군	문덕면/순천군 송광면	탄광/광산	승평(昇平)금산	미확인
	전남	보성/화순군	동복면	탄광/광산	동신(同新)금산	미확인
	전남	보성군	득양면 예당리 458	공장	보성흥업㈜	보성흥업㈜
	전남	보성군	문덕, 율어면	탄광/광산	가고(嘉高)광산	미확인
	전남	보성군	문덕면 구산리	탄광/광산	구산(龜山)금광	미확인
	전남	보성군	문덕면	탄광/광산	도장(都藏)광산	미확인
	전남	보성군	노동면 명봉리/미력 면 미력리	탄광/광산	명봉(鳴鳳)광산	미확인
	전남	보성군	율어, 문덕면	탄광/광산	보문(寶文)금산	미확인

구분	소재지(1945년 8월 기준)			직종/대	유적명칭	기업 (최종)
	도	부/군	면 이하			
	전남	보성군	겸백면	탄광/광산	보월(寶月)금광	미확인
	전남	보성군	복내,문덕면	탄광/광산	보천(寶川)금광	미확인
	전남	보성군	남,문덕면	탄광/광산	보화(寶和)광산	미확인
	전남	보성군	율어,문덕면	탄광/광산	복력(福力)금광	미확인
	전남	보성군	복내,겸백면	탄광/광산	사평(沙坪)광산	미확인
	전남	보성군	복내면	탄광/광산	산양(山陽)광산	미확인
	전남	보성군	율어면	탄광/광산	율어(栗於)광산	미확인
	전남	보성군	율어면	탄광/광산	장사동(將師洞)광산	미확인
	전남	보성군	겸백면	탄광/광산	천엽(千葉)광산	미확인
	전남	보성군	겸백면	탄광/광산	천엽보성(千葉寶城)사금광	미확인
	전남	보성군	도령,남평면	탄광/광산	화순(和順)금산	미확인
	전남	보성군	문덕면	탄광/광산	보성(寶城)금산	조선광업㈜
	전남	보성군	문덕리 봉정리	탄광/광산	전보(全寶)금산	조선광업㈜
	전남	보성군	불상	토건	토건공사	미확인
	전남	순천부	순천읍 대수정86	공장	일선(日鮮)산업㈜	일선(日鮮)산업㈜
	전남	순천부	황전면	공장	순천공장/미쓰비시(三菱)화성(化成)공업㈜	미쓰비시(三菱)화성(化成)㈜
	전남	순천부	순천읍 생목리	기타(노무)	대원(大垣)농장㈜	대원(大垣)농장㈜
	전남	순천부	서면 학구리	기타(노무)	벌목작업장	미확인
	전남	순천부	순천읍 조곡리 232	기타(노무)	조선토지㈜	조선토지㈜
	전남	순천부	순천읍 풍덕리 1232-13	기타(노무)	흥아목림㈜	흥아목림㈜
생산 관계	전남	순천부	불상	철도/도로	철도공사장(경전선)	조선총독부 철도국
	전남	순천부	불상	철도/도로	철도공사장(전라선)	미확인
	전남	순천부	순천읍 매곡리 121-16	탄광/광산	광양(光陽)광산(합자)	광양(光陽)광산(합자)
	전남	순천부	월등,쌍암면	탄광/광산	계월(桂月)광산	미확인
	전남	순천부	서,쌍암면	탄광/광산	대구리(大久利)광산	미확인
	전남	순천부	송광,외서면	탄광/광산	덕인(德仁)금산	미확인
	전남	순천부	쌍암면	탄광/광산	두월(斗月)금은광산	미확인
	전남	순천부	낙안면	탄광/광산	성공(聖公)광산	미확인
	전남	순천부	서,황전면	탄광/광산	성창(晟昌)금산	미확인
	전남	순천부	서,월등,쌍암면	탄광/광산	송치(松峙)광산	미확인
	전남	순천부	서면	탄광/광산	순천구학(九鶴)금광	미확인
	전남	순천부	서면/순천읍	탄광/광산	아독(兒犢)금산	미확인
	전남	순천부	순천읍	탄광/광산	억만동(億萬洞)광산	미확인
	전남	순천부	낙안면	탄광/광산	옥산(玉山)광산	미확인
	전남	순천부	주암면	탄광/광산	유흥(裕興)광산	미확인
	전남	순천부	별량면	탄광/광산	육갑(六甲)광산	미확인
	전남	순천부	주암면 어왕리/백호리	탄광/광산	은점(銀店)광산	미확인
	전남	순천부	서면/순천읍	탄광/광산	일동(日東)광산	미확인
	전남	순천부	서면	탄광/광산	진언구룡(珍彦九龍)광산	미확인
	전남	순천부	서면	탄광/광산	천우흥룡(天祐興龍)광산	미확인

구분	소재지(1945년 8월 기준)			직종/대	유적명칭	기업 (최종)
	도	부/군	면 이하			
생산 관계	전남	순천부	쌍암, 주암면	탄광/광산	호학(鶴)광산	미확인
	전남	순천부	서면	탄광/광산	화전(花田)서면금산	미확인
	전남	순천부	순천읍 덕안리 269	탄광/광산	순천産業㈜	순천산업㈜
	전남	순천부	쌍암면 두월리	탄광/광산	오성광업(合資)	오성(五聖) 광업(합자)
	전남	순천부	쌍암, 주암면	탄광/광산	오성(五聖)금산	오성(五聖) 광업㈜
	전남	순천부	쌍암면	탄광/광산	광구/朝鮮광산㈜	조선광산㈜
	전남	순천부	송광면	탄광/광산	광구/조선덕산(德山)광업㈜	조선덕산(德山)광업㈜
	전남	순천부	서, 황전면	탄광/광산	순서(順西)광산	닛치쓰(日窒) 광업개발㈜
	전남	순천부	서면 운평리/ 판교리/청수리	탄광/광산	순천(順天)광산	닛치쓰(日窒) 광업개발㈜
	전남	순천부	서, 쌍암면/ 순천읍	탄광/광산	순서(順西)광산	조선제련㈜
	전남	여수군	여수읍 서정578	공장	아사히(朝日)직물공업사(합명)	아사히(朝日)직물공업사(합명)
	전남	여수군	여수항	공장	여수조선공업㈜	여수조선공업㈜
	전남	여수군	여수항	공장	전남조선공업㈜	전남조선공업㈜
	전남	여수군	여수읍 동정 777-3	공장	혼다(本田)조면공장㈜	혼다(本田)조면공장㈜
	전남	여수군	중앙동, 종화 동 간척지(공 장)/여수읍 동정 1520(사무실)	공장	전남제빙㈜	전남제빙㈜
	전남	여수군	돌산면	기타(노무)	채석작업장	미확인
	전남	여수군	만흥동	철도/도로	도로공사장	미확인
	전남	여수군	돌산면 평사리↔ 임포(향일암)	철도/도로	도로공사장	미확인
	전남	여수군	여수읍 덕충리	철도/도로	철도공사장(전라선, 마래)	조선운송㈜ [발주]
	전남	여수군	여수읍 미평리, 신월리	철도/도로	군수물자수송철도공사장(미평↔신월리)/ 다다구미(多田組)/야마모토구미(山本組)	다다구미 (多田組), 야마모토구 미(山本組)
	전남	여수군	돌산면	탄광/광산	대금정(大金項)광산	미확인
	전남	여수군	돌산면	탄광/광산	대돌산(大突山)광산	미확인
	전남	여수군	돌산면	탄광/광산	돌산(突山)광산	미확인
	전남	여수군	여수읍	탄광/광산	백당(白堂)금산	미확인
	전남	여수군	쌍봉면	탄광/광산	봉화(鳳禾)금산	미확인
	전남	여수군	소라, 쌍봉, 삼일면	탄광/광산	삼택(三澤)금광	미확인
	전남	여수군	소라면	탄광/광산	상금(上金)금산	미확인
	전남	여수군	돌산면	탄광/광산	성기(成起)광산	미확인
	전남	여수군	금산면상호리	탄광/광산	여수(麗水)금산광업소	미확인
	전남	여수군	소라면	탄광/광산	여수군 금성(金星)광산	미확인

구분	소재지(1945년 8월 기준)			직종/대	유적명칭	기업 (최종)
	도	부/군	면 이하			
생산 관계	전남	여수군	돌산면	탄광/광산	여수군 대복(大福)광산	미확인
	전남	여수군	삼일면	탄광/광산	여수화치(麗水峙)금광	미확인
	전남	여수군	쌍봉, 삼일면	탄광/광산	여천(麗川)금광	미확인
	전남	여수군	화정면	탄광/광산	적금리(積金里)광산	미확인
	전남	여수군	불상	탄광/광산	사쿠라구미(櫻組)광산㈜	사쿠라구미 (櫻組)광산㈜
	전남	여수군	돌산면	탄광/광산	우화(又華)전남여수광산	사쿠라구미 (櫻組)광산㈜
	전남	여수군	여수항	토건	항만공사장(여수신항)	미확인
	전남	여수군	여수항	토건	항만공사장(오동도방파제)	미확인
	전남	여수군	여수읍 봉산리	토건	토목공사장/도다구미(戸田組)	도다구미 (戸田組)
	전남	여수군	삼산면	하역수송	하역수송(거문도)	미확인
	전남	여수군	돌산면	하역수송	하역수송(돌산면)	미확인
	전남	여수군	여수항, 여수역	하역수송	조선운송㈜	조선운송㈜
	전남	영광군	서면 록초리550	기타(노무)	月隱농산(합자)	월은(月隱) 농산(합자)
	전남	영광군	백*면	탄광/광산	고령(古靈)금광	미확인
	전남	영광군	법성면	탄광/광산	금정산(金井山)금광	미확인
	전남	영광군	군서면	탄광/광산	영광(靈光)광산	미확인
	전남	영광군	염산면	탄광/광산	우천(佑天)금광	미확인
	전남	영광군	영광면	탄광/광산	일출(日出)금광산	미확인
	전남	영암군	영암면 망호리21	기타(노무)	조선田川농사㈜	조선다가와 (田川)농사㈜
	전남	영암군	영암면 동무리 133	기타(노무)	후지나카(藤中)농장(합명)	후지나카(藤 中)농장(합 명)
	전남	영암군	서호, 학산면	탄광/광산	官報(冠寶)광산	미확인
	전남	영암군	금정면	탄광/광산	금정(金正)광산	미확인
	전남	영암군	신북, 왕곡면	탄광/광산	남창(南彰)광산	미확인
	전남	영암군	금정, 신북면	탄광/광산	삼명(三名)금광	미확인
	전남	영암군	도포, 신북면	탄광/광산	성덕(聖德)금광	미확인
	전남	영암군	서호면	탄광/광산	영암(靈巖)금산	미확인
	전남	영암군	금정면	탄광/광산	용흥(龍鴻)광산	미확인
	전남	영암군	금정면	탄광/광산	전남금정(金井)광산	미확인
	전남	영암군	신북, 세지면	탄광/광산	토룡(土龍)금산	미확인
	전남	영암군	군서면	탄광/광산	해창(海倉)금광	미확인
	전남	영암군	금정, 신정, 세지면	탄광/광산	화진(和鎭)금광	미확인
	전남	영암군	서호, 학산, 미암면	탄광/광산	독천(犢川)광산	오지(王子) 제지㈜
	전남	영암군	금정면	토건	저수지(월동)	미확인
	전남	완도군	완도읍 죽청리, 금일, 신지면	기타(노무)	벌목작업장	미확인
	전남	완도군	군외면	탄광/광산	백일도(白日島)광산	미확인
	전남	완도군	노화동	탄광/광산	완도(莞島)광산	미확인
	전남	장성군	장성읍 영천리 1033	공장	환육(丸六)상점㈜	환육상점㈜
	전남	장성군	장성면 냉천리 956	기타(노무)	鮮一척산㈜	선일(鮮一) 척산㈜

구분	소재지(1945년 8월 기준)			직종/대	유적명칭	기업 (최종)
	도	부/군	면 이하			
생산 관계	전남	장성군	불상	철도/도로	철도공사장	미확인
	전남	장성군	삼서, 삼계면	탄광/광산	대청(大淸)금산	미확인
	전남	장성군	장성면	탄광/광산	성산(聖山)금광	미확인
	전남	장성군	북상면	탄광/광산	신남창(新南昌)광산	미확인
	전남	장성군	동화, 삼계면	탄광/광산	신웅(新雄)금산	미확인
	전남	장성군	북일, 북상면	탄광/광산	신흥리(新興里)금광	미확인
	전남	장성군	장성면	탄광/광산	황금성(黃金城)광산	미확인
	전남	장성군	장성면	탄광/광산	황산(黃山)광산	미확인
	전남	장성군	삼계면	토건	저수지(함동)	미확인
	전남	장흥/ 화순군	장평면/화순군 청풍면	탄광/광산	이양(梨陽)무연탄광	오히라(大平)광업㈜
	전남	장흥군	강진읍/성전, 작천, 군동면	탄광/광산	강진(康津)보은광산	대륙(大陸)산금(합자)
	전남	장흥군	관산면	탄광/광산	관산(冠山)금산	미확인
	전남	장흥군	군동, 강진면	탄광/광산	금보(金寶)금산	미확인
	전남	장흥군	부산면	탄광/광산	남흥(南興)광산	미확인
	전남	장흥군	칠량면	탄광/광산	운암(雲岩)광산	미확인
	전남	장흥군	안량면	탄광/광산	전남학송(鶴松)광산	미확인
	전남	장흥군	장흥, 부산면	탄광/광산	제운(帝雲)광산	미확인
	전남	장흥군	칠량면	탄광/광산	칠량(七良)광산	미확인
	전남	장흥군	부산, 유치면	탄광/광산	흥억(興億)광산	미확인
	전남	장흥군	불상	토건	매립공사장	미확인
	전남	제주도	대정면 하모리 772	공장	다이세(大靜)흥업㈜	다이세(大靜)흥업㈜
	전남	제주도	불상	공장	병기창	미확인
	전남	제주도	불상	공장	부타일공장	동척(東拓)㈜
	전남	제주도	서귀면 서귀리 674	공장	제주도패구㈜	제주도패구㈜
	전남	제주도	서귀면 서귀리 746	공장	제1전분㈜	제1전분㈜
	전남	제주도	한림면	공장	군수품제조공장	미확인
	전남	제주도	애월읍 신엄리	기타(노무)	근로보국대/감퇴채취작업장	미확인
	전남	제주도	불상	토건	항만공사장	미확인
	전남	제주도	제주항	하역수송	하역수송(항만)	미확인
	전남	제주도	제주항↔한라산/ 삼양동↔한라산/ 화순항↔모슬포↔ 한림면	하역수송	군수물자수송	미확인
	전남	진도군	조도면 가사리	탄광/광산	가사도(加沙島)광산	나고야제도 소(名古屋製陶所)㈜
	전남	진도군	의신면	탄광/광산	금갑(金甲)광산	미확인
	전남	진도군	조도면	탄광/광산	산정(山井)광산	미확인
	전남	함평군	엄다면 학야리12	기타(노무)	고력(高力)농장㈜	고력(高力)농장㈜
	전남	함평군	학교면 월산리 754	기타(노무)	月山농장㈜	월산(月山)농장㈜
	전남	함평군	신광, 손불면	탄광/광산	금하(金河)광산	미확인
	전남	함평군	함평면	탄광/광산	기수(箕水)광산	미확인

구분	소재지(1945년 8월 기준)			직종/대	유적명칭	기업 (최종)
	도	부/군	면 이하			
	전남	함평군	대동면	탄광/광산	남양사(南陽社) 함평광산	미확인
	전남	함평군	신광,대동면	탄광/광산	대흥동(大興洞)광산	미확인
	전남	함평군	대동면	탄광/광산	우덕(優德)금광	미확인
	전남	함평군	학교면	탄광/광산	원대(元大)금광	미확인
	전남	함평군	대월,함평면	탄광/광산	인평(麟坪)금광	미확인
	전남	함평군	학교면	탄광/광산	천용(天勇)금산	미확인
	전남	함평군	대월동	탄광/광산	함대(咸大)광산	미확인
	전남	함평군	손불면	탄광/광산	함평손불(孫佛)광산	미확인
	전남	해남군	남창	기타(노무)	벌목작업장	미확인
	전남	해남군	황산면 옥동리22	기타(노무)	화원(花源)식산㈜	화원(花源)식산㈜
	전남	해남군	삼산,해남면	탄광/광산	상가(上駕)광산	남광업㈜
	전남	해남군	옥천면	탄광/광산	귀암(鬼岩)광산	미확인
	전남	해남군	황산면	탄광/광산	백암(白岩)광산	미확인
	전남	해남군	산이면	탄광/광산	산이(山二)광산	미확인
	전남	해남군	송지면	탄광/광산	삼마(三馬)광산	미확인
	전남	해남군	마산,황산면	탄광/광산	상등(上燈)광산	미확인
	전남	해남군	화원면	탄광/광산	육덕(六德)광산	미확인
	전남	해남군	삼산면	탄광/광산	전남대흥광산	미확인
	전남	해남군	화산면	탄광/광산	전풍산(全豊山)금광	미확인
	전남	해남군	산이면	탄광/광산	진산(珍山)광산	미확인
	전남	해남군	삼산면 구림리	탄광/광산	평야(平野)흑연광산	미확인
	전남	해남군	화산면	탄광/광산	화산(花山)규사광산	미확인
생산 관계	전남	해남군	황산면 외립리, 부곡리	탄광/광산	성산(聲山)광산	쇼와(昭和)전공(電工)㈜
	전남	해남군	문내면 용암리, 황산면 옥동리	탄광/광산	옥매산(玉埋山)[明石]광산	아사다(淺田)화학공업㈜
	전남	해남군	화원면 매월리	탄광/광산	해남광산	쇼와(昭和)광업㈜
	전남	해남군	황산면 부곡리	탄광/광산	황산면광산	오지(王子)제지㈜
	전남	화순군	불상	공장	화순공장/조선연탄㈜	조선연탄㈜
	전남	화순군	이양면 대덕리	철도/도로	도로공사장	미확인
	전남	화순군	동면	철도/도로	철도공사장(복암선)	미확인
	전남	화순군	동면	탄광/광산	남선(南鮮)탄광	남선탄광㈜
	전남	화순군	동복면	탄광/광산	복지(福池)무연탄광	반도(半島)산업㈜
	전남	화순군	동복면	탄광/광산	동복(同福)무연탄광	미확인
	전남	화순군	동,한천면	탄광/광산	성광(成光)탄광	미확인
	전남	화순군	이양면	탄광/광산	송석(松石)탄광	미확인
	전남	화순군	남,한천면	탄광/광산	운남(雲南)무연탄광	미확인
	전남	화순군	동,남면	탄광/광산	천운(天雲)탄갱	미확인
	전남	화순군	동면 복암리	탄광/광산	전남(全南)광업㈜	전남광업㈜
	전남	화순군	동면 천덕리/남면	탄광/광산	동암(東巖)무연탄광	가네가후치(鐘淵)공업㈜
	전남	화순군	동면	탄광/광산	복암(福岩)무연탄광	가네가후치(鐘淵)공업㈜
	전남	화순군	한천,춘양, 이양면	탄광/광산	이양(梨陽)무연탄광	가네가후치(鐘淵)공업㈜

구분	소재지(1945년 8월 기준)			직종/대	유적명칭	기업 (최종)
	도	부/군	면 이하			
생산 관계	전남	화순군	동면	탄광/광산	화순(和順)무연탄광	가네가후치 (鐘淵)공업㈜
	전남	화순군	한천면	토건	저수지(한천면)	미확인
	전북	고창군	고창면 읍내리 188-1	공장	고창요업㈜	고창요업㈜
	전북	고창군	해리면	탄광/광산	광승(光升)광산	미확인
	전북	고창군	성송, 대산면	탄광/광산	삼태(三台)광산	미확인
	전북	고창군	아산면	탄광/광산	운아(雲雅)광산	미확인
	전북	고창군	아산면	탄광/광산	전중동운(田中東雲)광산	미확인
	전북	고창군	대산면	탄광/광산	해용(海湧)광산	미확인
	전북	고창군	무장, 공음, 해리, 고창면	토건	터널공사장	미확인
	전북	고창군	심원면	하역수송	군수물자수송	미확인
	전북	군산부	강호정18	공장	호남상공㈜	호남상공㈜
	전북	군산부	대화정9-1	공장	대륙문화공업㈜	대륙문화공업㈜
	전북	군산부	동빈정2정목 274-6	공장	군산조선철공㈜	군산조선철공㈜
	전북	군산부	동영정138-1	공장	군산농기공업㈜	군산농기공업㈜
	전북	군산부	명치정2정목3	공장	전북물산㈜	전북물산㈜
	전북	군산부	본정1정목24	공장	군산공작㈜	군산공작㈜
	전북	군산부	불상	공장	군산제지공업㈜	군산제지공업㈜
	전북	군산부	불상	공장	군산피복(합자)	군산피복 (합자)
	전북	군산부	불상	공장	다이와(大和)성냥공장	다이와(大和)성냥공장
	전북	군산부	불상	공장	가네가후치조선조선(鐘淵朝鮮造船)㈜	가네가후치 (鐘淵)공업㈜
	전북	군산부	불상	공장	장항정련소/조선제철㈜	조선제철㈜
	전북	군산부	횡전정20	공장	군산주조㈜	군산주조㈜
	전북	군산부	신흥동146	기타(노무)	선남권업㈜	선남권업㈜
	전북	군산부	군산항	하역수송	조선운송㈜	조선운송㈜
	전북	군산부	불상	하역수송	군산지점/조선운송㈜	조선운송㈜
	전북	금산/ 논산/ 완주군	진산면/충남 논산 군 벌곡면/전북완 주군 운주면	탄광/광산	운선(雲仙)광산	미확인
	전북	금산/ 대덕군	추부면/대덕군 산내면	탄광/광산	태덕(泰德)금산	미확인
	전북	금산/ 무주/ 진안군	남일면/진안군 용담군/무주군 부귀면	탄광/광산	구봉(鉤峰)광산	미확인
	전북	금산/ 무주군	부리면/무주군 무주면	탄광/광산	금무(錦茂)광산	미확인
	전북	금산/ 무주군	군북면/무주군 무주면	탄광/광산	금회리(金회里)사금광	미확인
	전북	금산/ 무주군	부리면/무주군 부남면	탄광/광산	중부(重富)광산	미확인

구분	소재지(1945년 8월 기준)			직종/대	유적명칭	기업 (최종)
	도	부/군	면 이하			
생산 관계	전북	금산/ 완주군	진산면/완주군 운주면	탄광/광산	스미토모(住友) 진산(珍山)금산	스미토모(住 友)본사㈜
	전북	금산군	제원면	탄광/광산	제원면(濟原面)사금	동아산업개 발㈜
	전북	금산군	남일, 부리면	탄광/광산	동화(東華)광산	동아산업㈜
	전북	금산군	복수면	탄광/광산	가왕(加旺)광산	미확인
	전북	금산군	진산, 복수면	탄광/광산	교촌(校村)금광	미확인
	전북	금산군	금산, 진산면	탄광/광산	금계(金溪)광산	미확인
	전북	금산군	금산, 진산면	탄광/광산	금봉(錦峰)광산	미확인
	전북	금산군	추부면	탄광/광산	금부(錦富)광산	미확인
	전북	금산군	남이면/금산읍	탄광/광산	금산(錦山)금광	미확인
	전북	금산군	남이면	탄광/광산	금치(金峙)광산	미확인
	전북	금산군	부리면	탄광/광산	금행(錦幸)광산	미확인
	전북	금산군	금성, 진산면	탄광/광산	금화(錦和)광산	미확인
	전북	금산군	남이면	탄광/광산	내동(內洞)광산	미확인
	전북	금산군	진산, 복수면	탄광/광산	다진(多珍)금산	미확인
	전북	금산군	남이면	탄광/광산	목촌진락(木村進樂)광산	미확인
	전북	금산군	진산면	탄광/광산	미석국보(尾石國寶)광산	미확인
	전북	금산군	복수면	탄광/광산	반전복수(飯田福壽)광산	미확인
	전북	금산군	남이면	탄광/광산	보천(寶泉)금광	미확인
	전북	금산군	남이면	탄광/광산	성복산(成福山)금광	미확인
	전북	금산군	제원, 군북면	탄광/광산	웅신(雄信)광산	미확인
	전북	금산군	진산면	탄광/광산	일양(日陽)광산	미확인
	전북	금산군	추부면	탄광/광산	자신(自新)금광	미확인
	전북	금산군	부리면	탄광/광산	전중(田中)광업 금부(錦富)광산	미확인
	전북	금산군	진산면	탄광/광산	제2국보(國寶)광산	미확인
	전북	금산군	제원, 군북면	탄광/광산	제원(濟原)광산	미확인
	전북	금산군	금산, 남이면	탄광/광산	진락(進樂)광산	미확인
	전북	금산군	진산, 군북, 추부면	탄광/광산	천성(天省)금산	미확인
	전북	금산군	진산면	탄광/광산	청정(靑井)광산	미확인
	전북	금산군	추부, 복수면	탄광/광산	추부(秋富)광산	미확인
	전북	금산군	진산면	탄광/광산	행정(杏亭)금광	미확인
	전북	금산군	군북면	탄광/광산	화전금산(和田錦山)광산	미확인
	전북	금산군	부리면	탄광/광산	환정(丸政)광산	미확인
	전북	금산군	진산, 복수면	탄광/광산	일만(日滿)광산	일만(日滿) 광산상회㈜
	전북	금산군	금성, 진산면	탄광/광산	진양(珍良)금산	일생(日生) 광업㈜
	전북	금산군	금성, 진산면	탄광/광산	금산(錦山)형석광산	조선형석㈜
	전북	금산군	진산, 복이면	탄광/광산	오항(烏項)광산	쇼와(昭和) 광업㈜
	전북	금산군	진산면	탄광/광산	형양(螢陽)광산	조선광업진 흥㈜
	전북	금산군	진산면	탄광/광산	옥계(玉溪)금광	니혼(日本) 광업㈜
	전북	금산군	불상	하역수송	금산영업소/조선운송㈜	조선운송㈜
	전북	김제/ 완주군	금구면/완주군 이서면	탄광/광산	금성(錦城)금광	미확인

구분	소재지(1945년 8월 기준)			직종/대	유적명칭	기업(최종)
	도	부/군	면 이하			
생산관계	전북	김제/완주군	금구면/완주군 이서면	탄광/광산	금천(金川)광산	미확인
	전북	김제/완주군	용지면/완주군 이서면	탄광/광산	금평(金坪)금광	미확인
	전북	김제/완주군	금산면/완주군 우전	탄광/광산	도산(山)광산	미확인
	전북	김제/완주군	금산면/완주군 구이면	탄광/광산	용복(龍福)광산	미확인
	전북	김제/완주군	금구면/완주군 이서면	탄광/광산	은교(銀橋)광산	미확인
	전북	김제/완주군	하리면 외 5개 지역/완주군 우전, 구이면	탄광/광산	김제(金堤)사금광	미쓰비시(三菱)광업㈜
	전북	김제/완주군	금구, 금산면/완주군 우전면	탄광/광산	금구(金溝)금산	니혼(日本)광업㈜
	전북	김제/전주군	금구, 금산면/전주군 우림면	탄광/광산	영천리(永川里)광산	미확인
	전북	김제/전주군	수류면/전주부 우전, 우림면	탄광/광산	무악(母岳)금산	조선제련㈜
	전북	김제/정읍군	봉남면/정읍군 감곡면	탄광/광산	김제(金堤)채금광산	미쓰비시(三菱)광업㈜
	전북	김제군	죽산면죽산리 570	기타(노무)	다카하시(橋本)농장㈜	다카하시(橋本)농장㈜
	전북	김제군	청하면동지산리 793	기타(노무)	중시(中柴)산업㈜	중시(中柴)산업㈜
	전북	김제군	김제읍신풍리 209	기타(노무)	이시카와현(石川縣)농업㈜	이시카와현(石川縣)농업㈜
	전북	김제군	김제, 금구, 봉산면	탄광/광산	동화(東和)김제광산	국근(菊根)광산㈜
	전북	김제군	용지면	탄광/광산	용지(龍池)광산	다이니혼(大日本)웅변회강담사(講談社)㈜
	전북	김제군	금구, 금산, 봉남면	탄광/광산	광남(光南)금광	미확인
	전북	김제군	백산, 용지, 김제면	탄광/광산	구보(久保)금광	미확인
	전북	김제군	금산면	탄광/광산	구성(九成)광산	미확인
	전북	김제군	금산면	탄광/광산	기룡(起龍)광산	미확인
	전북	김제군	금산면	탄광/광산	김제(金堤)광산	미확인
	전북	김제군	금산, 금구면	탄광/광산	남청도(南淸道)광산	미확인
	전북	김제군	금구, 봉산, 봉남면	탄광/광산	대복(大福)사금광	미확인
	전북	김제군	금구, 봉산면	탄광/광산	대신(大新)금광	미확인
	전북	김제군	금산면	탄광/광산	도성(道成)광산	미확인
	전북	김제군	봉산, 봉남면	탄광/광산	도장(都莊)광산	미확인
	전북	김제군	금구면	탄광/광산	동북(東北)광산	미확인
	전북	김제군	금구, 금산면	탄광/광산	동아신광(東亞新光)광산	미확인

| 구분 | 소재지(1945년 8월 기준) | | 직종/대 | 유적명칭 | 기업 |
	도	부/군	면 이하			(최종)
생산 관계	전북	김제군	금산면	탄광/광산	미룡(美龍)광산	미확인
	전북	김제군	금산,금구면	탄광/광산	복성(福成)금광	미확인
	전북	김제군	진봉면	탄광/광산	심포(深浦)광산	미확인
	전북	김제군	금구면	탄광/광산	어봉산(御鳳山)금산	미확인
	전북	김제군	금산면	탄광/광산	옥성(玉成)광산	미확인
	전북	김제군	용지면	탄광/광산	용암(龍岩)금광	미확인
	전북	김제군	금산면	탄광/광산	운화(運華)광산	미확인
	전북	김제군	금산면	탄광/광산	원명(元明)광산	미확인
	전북	김제군	금산면	탄광/광산	원평(院坪)금산	미확인
	전북	김제군	금산면	탄광/광산	일야(一也)금광	미확인
	전북	김제군	금구면	탄광/광산	토성(土城)광산	미확인
	전북	남원/순창군	대강면/순창군 유등면	탄광/광산	대강(帶江)금산	미확인
	전북	남원/순창군	대강면/순창군 유등면	탄광/광산	섬진(蟾津)광산	미확인
	전북	남원/순창군	대강면/순창군 유등,풍산면	탄광/광산	풍산(豊山)광산	미확인
	전북	남원/장수군	보절면/장수군 산서면	탄광/광산	장보(長寶)광산	미확인
	전북	남원군	남원,대산, 왕치면	탄광/광산	교룡(蛟龍)광산	미확인
	전북	남원군	대산면/남원읍	탄광/광산	남원금성(金城)금산	미확인
	전북	남원군	대산,왕치면	탄광/광산	남원대운(大運)광산	미확인
	전북	남원군	산내면	탄광/광산	덕달(德達)금광	미확인
	전북	남원군	이백,운봉면	탄광/광산	무웅(武雄)광산	미확인
	전북	남원군	산내,동면	탄광/광산	백장(百丈)광산	미확인
	전북	남원군	산내면	탄광/광산	산내(山內)니켈광산	미확인
	전북	남원군	왕치면/남원읍	탄광/광산	영춘(榮春)광산	미확인
	전북	남원군	이백면	탄광/광산	전중대백(田中大白)광산	미확인
	전북	남원군	대강,동계면	탄광/광산	차계(差溪)광산	미확인
	전북	남원군	남원읍	탄광/광산	화신(花新)금광	미확인
	전북	남원군	왕치면/남원읍	탄광/광산	남원(南原)광산	조선제련㈜
	전북	남원군	불상	하역수송	남원영업소/조선운송㈜	조선운송㈜
	전북	무주/영동군	설천면/충북 영 동군 양강면 산모 리/용화면 조동리	탄광/광산	영동(永同)금산	다이니혼(大日本)雄辯會 講談社㈜
	전북	무주/영동군	운천면/충북 영동군 상촌면	탄광/광산	삼소(三沼)금산	미확인
	전북	무주/영동군	무주면/충북 영동군 학산면	탄광/광산	왕정(旺亭)광산	미확인
	전북	무주/영동군	설천면/충북 영동군 용화면	탄광/광산	월성(月星)광산	미확인
	전북	무주/영동군	설천면/충북 영동 군 용화면 월전리	탄광/광산	월전리(月田里)금광	미쓰비시(三菱)광업㈜
	전북	무주/장수군	안성면/장수군 계북면	탄광/광산	운천(雲泉)광산	미확인
	전북	무주/진안군	동향면/진안군 안천면	탄광/광산	광보(廣普)금광	미확인
	전북	무주/진안군	안성면/진안군 동 향면	탄광/광산	구봉(九鳳)광산	미확인

구분	소재지(1945년 8월 기준)		직종/대	유적명칭	기업 (최종)
	도	부/군	면 이하			
생산 관계	전북	무주/ 진안군	부귀면/진안군 안천면	탄광/광산	대득(大得)광산	미확인
	전북	무주/ 진안군	부귀면/진안군 안천면	탄광/광산	부남(富南)광산	미확인
	전북	무주군	무주군	탄광/광산	가옥(街玉)금산	미확인
	전북	무주군	적상면	탄광/광산	강창(康倉)금산	미확인
	전북	무주군	설천면	탄광/광산	고길(高吉)금산	미확인
	전북	무주군	안성면	탄광/광산	광덕(廣德)금광	미확인
	전북	무주군	설처, 적상면	탄광/광산	금령(金嶺)광산	미확인
	전북	무주군	설천면	탄광/광산	길산(吉山)광산	미확인
	전북	무주군	적상면	탄광/광산	덕암(德岩)광산	미확인
	전북	무주군	부남, 적성면	탄광/광산	동왕(東王)금광	미확인
	전북	무주군	적상면	탄광/광산	류삼(柳森)광산	미확인
	전북	무주군	설천면	탄광/광산	무주(茂朱)금산	미확인
	전북	무주군	부남면	탄광/광산	삼봉(三鳳)금광	미확인
	전북	무주군	무풍면	탄광/광산	삼봉산(三峰山)금광	미확인
	전북	무주군	적상면	탄광/광산	세창(世昌)금광	미확인
	전북	무주군	무주, 설천, 적상면	탄광/광산	승릉(勝隆)광산	미확인
	전북	무주군	설천면	탄광/광산	영성(永星)금산	미확인
	전북	무주군	안성, 적상, 부남면	탄광/광산	오동(梧桐)금산	미확인
	전북	무주군	무주면	탄광/광산	오산(吾山)금광	미확인
	전북	무주군	적상면	탄광/광산	옥소(玉沼)광산	미확인
	전북	무주군	무주면	탄광/광산	우계(牛溪)금광	미확인
	전북	무주군	적상면	탄광/광산	적취(赤就)광산	미확인
	전북	무주군	적상면	탄광/광산	전일(全一)금광	미확인
	전북	무주군	적상면	탄광/광산	창덕(昌德)금광	미확인
	전북	무주군	무주, 적상면	탄광/광산	태산(泰山)광산	미확인
	전북	무주군	무풍면	탄광/광산	무풍(茂豊)광산	쇼와(昭和) 금광㈜
	전북	무주군	적상면	탄광/광산	태성(泰盛)금산	조선광업㈜
	전북	무주군	적상면	탄광/광산	삼가리(三加里)금산	조선제련㈜
	전북	무주군	적상면	탄광/광산	적상(赤裳)광산	조선제련㈜
	전북	부안군	하서면	탄광/광산	금전치(金田峙)금산	미확인
	전북	부안군	산내면	탄광/광산	두금산(斗金山)금광	미확인
	전북	부안군	상서, 보안면	탄광/광산	만적(萬積)금산	미확인
	전북	부안군	상서.보안면	탄광/광산	왕간(王干)광산	미확인
	전북	부안군	산내면	탄광/광산	해월(海月)광산	미확인
	전북	부안군	부령면 선은리 293	탄광/광산	을림(乙林)광업㈜	을림(乙林) 광업㈜
	전북	부안군	산내면	탄광/광산	청운(清雲)광산	조선금산개 발㈜
	전북	부안군	불상	토건	농수로공사장	미확인
	전북	순창/ 임실군	동계면/임실군 덕치면	탄광/광산	덕치(德峙)광산	미확인
	전북	순창/ 정읍군	쌍치면/정읍군 산내면	탄광/광산	전북(全北)광산	미확인
	전북	순창군	불상	기타(노무)	송탄유(松炭油)생산작업장	미확인
	전북	순창군	팔덕, 금과면	탄광/광산	덕원(德原)금산	미확인
	전북	순창군	금과면	탄광/광산	동전(銅田)금광	미확인

구분	소재지(1945년 8월 기준)			직종/대	유적명칭	기업 (최종)
	도	부/군	면 이하			
생산 관계	전북	순창군	풍산면	탄광/광산	순창금곡(金谷)광산	미확인
	전북	순창군	금과, 팔덕, 풍상면	탄광/광산	아산(峨山)금광	미확인
	전북	순창군	류등, 인계면	탄광/광산	오산(梧山)금산	미확인
	전북	순창군	금과면	탄광/광산	옥천(玉川)금광	미확인
	전북	순창군	류등면	탄광/광산	정(正)금산	미확인
	전북	순창군	풍산, 순창, 류등면	탄광/광산	태양어(泰羊語)금광	미확인
	전북	순창군	순창, 팔덕면	탄광/광산	행본(幸本)광산	미확인
	전북	순창군	동계면	탄광/광산	황하(黃河)금산	미확인
	전북	순창군	풍산면	탄광/광산	두성(斗星)광산	순창드렛치 (淳昌ドレツ チ)광업㈜
	전북	순창군	팔덕, 순창면	탄광/광산	순창(淳昌)사금광	순창드렛치 (淳昌ドレツ チ)광업㈜
	전북	옥구군	개정면 구암리 579-3	공장	일선(日鮮)성냥㈜	일선(日鮮)성 냥(燐寸)㈜
	전북	옥구군	개정면 개정리 413	기타(노무)	구마모토(熊本)농장㈜	구마모토(熊 本)농장㈜
	전북	옥구군	옥산면 당북리 874	기타(노무)	모리키쿠(森菊)농장㈜	모리키쿠(森 菊)농장㈜
	전북	옥구군	미면	철도/도로	도로공사장	미확인
	전북	옥구군	미면	탄광/광산	개야도(開也島)광산	미확인
	전북	옥구군	미면	탄광/광산	군산(群山)광산	미확인
	전북	옥구군	성산면	탄광/광산	부림(富林)광산	미확인
	전북	옥구군	성산, 나포면	탄광/광산	서호(西湖)금산	미확인
	전북	옥구군	미면	탄광/광산	어청도(於靑島)광산	미확인
	전북	옥구군	성산면	탄광/광산	오성산(五聖山)금광	미확인
	전북	옥구군	성산면	탄광/광산	옥구(沃溝)광산	미확인
	전북	옥구군	미면	탄광/광산	직도(稷島)광산	미확인
	전북	옥구군	임피, 서수면	탄광/광산	호남광산	미확인
	전북	완주/ 익산군	화산, 황화면/ 익산군 여산면	탄광/광산	백승(白秉)광산	미확인
	전북	완주/ 임실군	구이면/임실군 신덕면	탄광/광산	덕온(德蘊)광산	미확인
	전북	완주/ 임실군	상관면/임실군 관촌면	탄광/광산	명(明)광산	미확인
	전북	완주/ 임실군	상관면/임실군 관촌면	탄광/광산	상관(上關)금산	미확인
	전북	완주/ 진안군	동상, 소양면/ 진안군 부귀면	탄광/광산	대보원(大寶元)광산	미확인
	전북	완주/ 진안군	소양면/진안군 부귀면	탄광/광산	부양(富陽)광산	미확인
	전북	완주/ 진안군	부귀면/진안군 동상면	탄광/광산	안부금전(安富金田)광산	미확인
	전북	완주군	상관면 대성리 895	기타(노무)	전북잠사(합자)	전북잠사 (합자)
	전북	완주군	상관면	탄광/광산	완주(完州)광산	경성화학공 업㈜
	전북	완주군	구이면	탄광/광산	김해(金海)광산	김해광산 (합자)

구분	소재지(1945년 8월 기준)			직종/대	유적명칭	기업 (최종)
	도	부/군	면 이하			
생산관계	전북	완주군	이서면	탄광/광산	용지(龍池)금광	다이니혼(大日本)웅변회강담사(講談社)㈜
	전북	완주군	이동면 일암리 1310	탄광/광산	대성(大成)산업㈜	대성(大成)산업㈜
	전북	완주군	삼례면 삼례리 300-11	탄광/광산	동우흥업(東宇興業)㈜	동우흥업(東宇興業)㈜
	전북	완주군	운주, 화산면	탄광/광산	견금(琴)광산	미확인
	전북	완주군	상관, 구이면	탄광/광산	고덕(高德)광산	미확인
	전북	완주군	화산면	탄광/광산	국화(國華)광산	미확인
	전북	완주군	운주면	탄광/광산	대둔(大屯)금광	미확인
	전북	완주군	우전면	탄광/광산	봉산(鳳山)광산	미확인
	전북	완주군	소양면	탄광/광산	삼무(三務)광산	미확인
	전북	완주군	이서면	탄광/광산	상개(上開)금광	미확인
	전북	완주군	운주면	탄광/광산	순옥(順玉)금광	미확인
	전북	완주군	구이면	탄광/광산	신원(新元)광산	미확인
	전북	완주군	운주, 화산, 고산면	탄광/광산	옥봉(玉峰)금광	미확인
	전북	완주군	이서면	탄광/광산	옥창(玉昌)금광	미확인
	전북	완주군	화산면	탄광/광산	옥화(玉華)금산	미확인
	전북	완주군	소양, 용진면	탄광/광산	완금장(完金藏)광산	미확인
	전북	완주군	구이면	탄광/광산	완주(完州)금대(金大)광산	미확인
	전북	완주군	우전면	탄광/광산	우전(雨田)광산	미확인
	전북	완주군	운주면	탄광/광산	운동(雲東)광산	미확인
	전북	완주군	운주면	탄광/광산	운주(雲洲)광산	미확인
	전북	완주군	운주면	탄광/광산	전주(全州)광산	미확인
	전북	완주군	소양, 용진면	탄광/광산	종남(終男)광산	미확인
	전북	완주군	우전면	탄광/광산	중인(中仁)금산	미확인
	전북	완주군	운주면	탄광/광산	천등(天燈)광산	미확인
	전북	완주군	운주면	탄광/광산	회굉사(恢宏社)운선(雲仙)광산	미확인
	전북	완주군	운주면	탄광/광산	희신(禧信)광산	미확인
	전북	완주군	비봉, 봉동면	탄광/광산	비봉(飛鳳)무연탄광	미확인
	전북	완주군	초포면	토건	매립공사장(초포면)	미확인
	전북	완주군	화산면	토건	저수지(경천)	미확인
	전북	완주군	상관면신리	토건	저수지(상관)	미확인
	전북	익산군	불상	하역수송	이리출장소/조선운송㈜	조선운송㈜
	전북	익산군	이리읍 일출정37	공장	택전제사장(합자)	택전제사장(합자)
	전북	익산군	이리읍 서정105	기타(노무)	대교농장㈜	대교농장㈜
	전북	익산군	황등면 황등리	기타(노무)	농민도장	미확인
	전북	익산군	오산면 송학리 447	기타(노무)	진전(眞田)농사(합명)	진전(眞田)농사(합명)
	전북	익산군	황등면 황등리	기타(노무)	황등산업㈜	황등산업㈜
	전북	익산군	망성면	탄광/광산	강경(江景)형석광산	미확인
	전북	익산군	성라, 웅포면	탄광/광산	성열(成悅)금산	미확인
	전북	익산군	웅포면	탄광/광산	학암(鶴岩)금광	미확인
	전북	익산군	성당, 성라, 웅포면	탄광/광산	화산(華山)금광	미확인
	전북	임실/장수군	지사면/장수군 산서면	탄광/광산	산서(山西)금광	미확인

구분	소재지(1945년 8월 기준)			직종/대	유적명칭	기업 (최종)
	도	부/군	면 이하			
생산 관계	전북	임실/ 정읍군	강진면 옥정리(좌안)/정읍군 산내면 종성리(우안), 칠보면 시산리(수로)	토건	수력발전소(섬진강댐)	남선수력전기㈜, 조선전업㈜[발주]
	전북	임실/ 진안군	관촌면/진안군 성수면	탄광/광산	진흥(鎭興)광산	미확인
	전북	임실/ 진안군	관촌면/진안군 성수면	탄광/광산	회봉(回鳳)광산	미확인
	전북	임실군	임실, 관촌, 성수면	탄광/광산	광원(光園)금광	미확인
	전북	임실군	임실면	탄광/광산	극낙(極樂)광산	미확인
	전북	임실군	운암면	탄광/광산	금정도장(金井都藏)광산	미확인
	전북	임실군	둔남, 성수면	탄광/광산	남대명(南大明)광산	미확인
	전북	임실군	관촌면	탄광/광산	덕수(德岫)금광	미확인
	전북	임실군	성수, 관천면	탄광/광산	도인(道引)금광	미확인
	전북	임실군	임실, 청웅면	탄광/광산	두만(斗滿)광산	미확인
	전북	임실군	덕치, 청웅, 강진면	탄광/광산	목(睦)금산	미확인
	전북	임실군	신덕면	탄광/광산	문흥(文興)금광	미확인
	전북	임실군	청웅, 임실, 운암면	탄광/광산	백이산(伯夷山)금광	미확인
	전북	임실군	강화, 청웅면	탄광/광산	부흥(富興)금광	미확인
	전북	임실군	삼계면	탄광/광산	삼계(三溪)금광	미확인
	전북	임실군	신덕, 운암면	탄광/광산	삼길(三吉)금광	미확인
	전북	임실군	청웅면	탄광/광산	석두(石頭)금광	미확인
	전북	임실군	성수면	탄광/광산	석현(石峴)금광	미확인
	전북	임실군	임실, 신평면	탄광/광산	소명(昭明)광산	미확인
	전북	임실군	임실면	탄광/광산	신안(新安)광산	미확인
	전북	임실군	임실, 성수면	탄광/광산	오류(五柳)광산	미확인
	전북	임실군	성수, 임실면	탄광/광산	운성(雲聖)금광	미확인
	전북	임실군	덕치면	탄광/광산	일중(日中)광산	미확인
	전북	임실군	임실면	탄광/광산	임실덕송(任實德松)금산	미확인
	전북	임실군	운암, 청웅면	탄광/광산	임실용흥(龍興)광산	미확인
	전북	임실군	청웅면	탄광/광산	임실인대(仁大)금산	미확인
	전북	임실군	성수, 지사면	탄광/광산	조현(朝峴)광산	미확인
	전북	임실군	강진, 청용, 덕기면	탄광/광산	중촌(中村)금산	미확인
	전북	임실군	운암, 임실면	탄광/광산	현곡리(玄谷里)광산	미확인
	전북	임실군	신덕면	탄광/광산	화전(花田)금산	미확인
	전북	임실군	청웅면	탄광/광산	남산(南山)금광	미확인
	전북	장수/ 진안군	계북면/진안군 동향면	탄광/광산	대유(大有)광산	관원(管原)전기㈜
	전북	장수/ 진안군	산서면/진안군 백운, 성수면	탄광/광산	갈미봉(葛美峰)광산	미확인
	전북	장수/ 진안군	산서, 장서면/진안군 백운면	탄광/광산	백운(白雲)수연광산	미확인
	전북	장수/ 진안군	장수면/진안군 백운면	탄광/광산	삼안(三安)광산	미확인
	전북	장수/ 진안군	장수면/진안군 백운면	탄광/광산	팔성(八聖)금광	미확인
	전북	장수군	계내면장계리 351-6	기타(노무)	남선산업㈜	남선산업㈜
	전북	장수군	불상	철도/도로	철도공사장	조선총독부 철도국

구분	소재지(1945년 8월 기준)			직종/대	유적명칭	기업 (최종)
	도	부/군	면 이하			
생산관계	전북	장수군	불상	철도/도로	철도공사장(대삼선)	조선총독부 철도국
	전북	장수군	반암,산동면	탄광/광산	고남(高南)금산	미확인
	전북	장수군	반암면	탄광/광산	국풍(國豊)금광	미확인
	전북	장수군	반암면	탄광/광산	남양사(南陽社) 대성(大聖)광산	미확인
	전북	장수군	반암면	탄광/광산	노단(魯壇)금광	미확인
	전북	장수군	계내면	탄광/광산	덕유(德裕)광산	미확인
	전북	장수군	천천면	탄광/광산	동진(同進)광산	미확인
	전북	장수군	반암면	탄광/광산	두동(斗洞)금광	미확인
	전북	장수군	반암면	탄광/광산	반암(蟠岩)금광	미확인
	전북	장수군	반암면	탄광/광산	반양(蟠陽)광산	미확인
	전북	장수군	산서면	탄광/광산	백산(白山)금광	미확인
	전북	장수군	계남,계내면	탄광/광산	백화산(白華山)수연광산	미확인
	전북	장수군	반암면	탄광/광산	복성(福星)금광	미확인
	전북	장수군	반암면	탄광/광산	부흥(富興)금광	미확인
	전북	장수군	계남면	탄광/광산	영출(永出)사금광	미확인
	전북	장수군	반암면	탄광/광산	옥보(玉寶)석면광산	미확인
	전북	장수군	계남,반암면	탄광/광산	장수개금(長水開金)광산	미확인
	전북	장수군	장수면	탄광/광산	장수팔공(長水八公)광산	미확인
	전북	장수군	장수,계남면	탄광/광산	장안산(長安山)광산	미확인
	전북	장수군	계남면	탄광/광산	장일(長一)광산	미확인
	전북	장수군	반암면	탄광/광산	제1광산	미확인
	전북	장수군	천천면	탄광/광산	천천(天川)광산	미확인
	전북	장수군	장수,산서면	탄광/광산	태덕(太德)광산	미확인
	전북	장수군	산서면	탄광/광산	회룡(廻龍)광산	미확인
	전북	장수군	계남,천천면	탄광/광산	아옥(兒玉)광산	쇼와(昭和)전공(電工)㈜
	전북	장수군	산서면	탄광/광산	영대산(靈臺山)금광	후지쿠라(藤倉)광업㈜
	전북	장수군	계내면	탄광/광산	장수(長水)광산	쇼와(昭和)전공(電工)㈜
	전북	장수군	계내면	탄광/광산	소덕(昭德)수연광산	니혼(日本)고주파중공업㈜
	전북	장수군	계남,계내,천천면	탄광/광산	장계(長溪)광산	니혼(日本)고주파중공업㈜
	전북	전주부	불상	공장	전주제철공장/가네가후치(鐘淵)공업㈜	가네가후치(鐘淵)공업㈜
	전북	전주부	불상	공장	지점/남선합동전기㈜	남선합동전기㈜
	전북	전주부	전주읍 고사정2-3	공장	남조선수력전기㈜	남조선수력전기㈜
	전북	전주부	노송정648-2	공장	부국공업(합자)	부국공업(합자)
	전북	전주부	대화정190	공장	천초(天草)제약㈜	천초제약㈜
	전북	전주부	소화정417-2	공장	호남잠종㈜	호남잠종㈜
	전북	전주부	불상	공장	전주제사소/가타쿠라(片倉)공업㈜	가타쿠라(片倉)공업㈜
	전북	전주부	본정2-52	기타(노무)	남선임업㈜	남선임업㈜

구분	소재지(1945년 8월 기준)			직종/대	유적명칭	기업(최종)
	도	부/군	면 이하			
생산관계	전북	전주부	본정4정목	기타(노무)	조선제연㈜	조선제연(製莚)㈜
	전북	전주부	청수정(淸水町)84-1	탄광/광산	부흥(富興)금광	미확인
	전북	전주부	불상	하역수송	전주지점/조선운송㈜	조선운송㈜
	전북	정읍군	불상	기타(노무)	송탄유(松炭油)생산작업장	미확인
	전북	정읍군	불상	기타(노무)	채석작업장	미확인
	전북	정읍군	북면 마정리	토건	농수로공사장	미확인
	전북	정읍군	신태인읍	토건	수리조합경지작업장	미확인
	전북	정읍군	불상	토건	터널공사장	미확인
	전북	정읍군	산외,옹동면	탄광/광산	가산(家山)금광	미확인
	전북	정읍군	고부,영원면	탄광/광산	고부(古阜)광산	미확인
	전북	정읍군	내장면	탄광/광산	금장(金藏)금광	미확인
	전북	정읍군	산외면	탄광/광산	독금(獨金)광산	미확인
	전북	정읍군	소성,고부,덕천,영원면	탄광/광산	만수(萬壽)금산	미확인
	전북	정읍군	태인,정우면/신태인읍	탄광/광산	砂金(砂金)광산	미확인
	전북	정읍군	고부,덕천면	탄광/광산	삼대(三大)광산	미확인
	전북	정읍군	북면	탄광/광산	신성(新聲)광산	미확인
	전북	정읍군	고부면	탄광/광산	입석(立石)광산	미확인
	전북	정읍군	고부,영원,이평면	탄광/광산	장영(長榮)광산	미확인
	전북	정읍군	산외면	탄광/광산	전북중앙광산	미확인
	전북	정읍군	덕천,소성면	탄광/광산	정읍(井邑)금산	미확인
	전북	정읍군	내장,칠보면	탄광/광산	죽포(竹圃)광산	미확인
	전북	정읍군	소성,정주면	탄광/광산	초성(楚城)광산	미확인
	전북	정읍군	덕천,소성면	탄광/광산	두승(斗升)금광	동척(東拓)광업㈜
	전북	정읍군	불상	토건	터널공사장(노령)	미확인
	전북	진안군	진안읍	기타(노무)	송탄유(松炭油)생산작업장	미확인
	전북	진안군	부귀,진안,마령면	탄광/광산	부귀(富貴)광산	니혼(日本)산금진흥(産金振興)㈜
	전북	진안군	마령면	탄광/광산	강정(江亭)금광	미확인
	전북	진안군	동도,안천면	탄광/광산	금향(金鄕)광산	미확인
	전북	진안군	동향면	탄광/광산	능길(能吉)광산	미확인
	전북	진안군	안천,동향면	탄광/광산	대백(大白)금광	미확인
	전북	진안군	안천면	탄광/광산	대일(大日)금광	미확인
	전북	진안군	백운,진안면	탄광/광산	덕수(德壽)광산	미확인
	전북	진안군	성수면 도통리,성봉면	탄광/광산	동진(東鎭)금광	미확인
	전북	진안군	동향면	탄광/광산	동향(銅鄕)동산	미확인
	전북	진안군	용담,진산,남일면	탄광/광산	만년(萬年)금광	미확인
	전북	진안군	성수면	탄광/광산	반룡(盤龍)금광	미확인
	전북	진안군	주천면	탄광/광산	봉소(鳳巢)금광	미확인
	전북	진안군	부귀면	탄광/광산	부영(富永)광산	미확인
	전북	진안군	정천면	탄광/광산	성두(聖頭)광산	미확인
	전북	진안군	마령면	탄광/광산	속금산(束金山)금광	미확인
	전북	진안군	상전,진안면	탄광/광산	신건(新建)광산	미확인

구분	소재지(1945년 8월 기준)		직종/대	유적명칭	기업 (최종)
	도	부/군	면 이하		
생산 관계	전북	진안군	진안, 마령면	탄광/광산	연창(延彰)금광	미확인
	전북	진안군	성수, 마령면	탄광/광산	영광(永光)광산	미확인
	전북	진안군	부귀,주천,정천면	탄광/광산	운장(雲長)광산	미확인
	전북	진안군	마령면	탄광/광산	월운(月雲)금광	미확인
	전북	진안군	정천,안천,상전면	탄광/광산	월포(月浦)광산	미확인
	전북	진안군	성수, 마령면	탄광/광산	인대(仁大)금광	미확인
	전북	진안군	용담, 정천면	탄광/광산	진안(鎭安)금산	미확인
	전북	진안군	마령, 백운면	탄광/광산	진안백마(鎭安白馬)광산	미확인
	전북	진안군	마령면	탄광/광산	진안신덕(鎭安新德)광산	미확인
	전북	진안군	성수면	탄광/광산	태양(台陽)금광	미확인
	전북	진안군	부귀, 정천면	탄광/광산	황금리(黃金里)광산	미확인
	충남	공주/ 부여군	탄천면/부여군 부여면	탄광/광산	가척(加尺)금광	미확인
	충남	공주/ 부여군	탄천면/부여군 초촌면	탄광/광산	신탑(新塔)금산	미확인
	충남	공주/ 부여군	탄천면/부여군 초촌면	탄광/광산	왕천(王泉)금산	미확인
	충남	공주/ 부여군	탄천면/부여군 초촌면	탄광/광산	남산(南山)금산	후지다구미 (藤田組)㈜
	충남	공주/ 연기군	장기면/연기군 남면	탄광/광산	제1국사(國師)광산	고력(高力) 농장㈜
	충남	공주/ 연기군	의당면/연기군 전동면	탄광/광산	금공(錦公)광산	미확인
	충남	공주/ 연기군	의당면/연기군 서면	탄광/광산	기룡암(起龍岩)금광	미확인
	충남	공주/ 예산군	신상면/예산군 신양면	탄광/광산	대곡(大谷)금산	미확인
	충남	공주/ 예산군	신상면/예산군 대술면	탄광/광산	대산(大産)금산	미확인
	충남	공주/ 예산군	신상/예산군신 양면	탄광/광산	명곡(鳴谷)금광	미확인
	충남	공주/ 예산군	신상면/예산군 신양면	탄광/광산	산보(産報)금산	미확인
	충남	공주/ 예산군	신상면/예산군 대술, 신양면	탄광/광산	풍산(豊産)금광	풍산(豊産) 금산㈜
	충남	공주/ 청양군	우성면/청양군 목면	탄광/광산	보영(寶永)광산	미확인
	충남	공주/ 청양군	신하면/청양군 대치면	탄광/광산	상갑(上甲)금은광	미확인
	충남	공주/ 청양군	신하, 탄천면/ 청양군 운곡면	탄광/광산	미쓰비시(三菱) 삼광(三光)금산	미쓰비시(三菱)광업㈜
	충남	공주군	공주읍 산성정 140-1	공장	남선제사㈜	남선제사㈜
	충남	공주군	공주읍 본정142	기타(노무)	남선흥업㈜	남선흥업㈜
	충남	공주군	불상	기타(노무)	면화보국단/면화생산장	미확인
	충남	공주군	목동, 탄천면	탄광/광산	삼리(三利)금산	고력(高力) 농장㈜
	충남	공주군	탄천, 목동면	탄광/광산	제2승(勝)금광	고력(高力) 농장㈜

구분	소재지(1945년 8월 기준)			직종/대	유적명칭	기업(최종)
	도	부/군	면 이하			
	충남	공주군	탄천, 목동면	탄광/광산	용성(龍城)광산	니혼(日本)동연(銅鉛)광업㈜
	충남	공주군	계룡, 목동면	탄광/광산	박춘금(朴春琴) 금성(錦城)광산	니혼(日本)산금진흥(産金振興)㈜
	충남	공주군	계룡, 반포면	탄광/광산	박춘금(朴春琴) 명덕(明德)광산	니혼(日本)산금진흥(産金振興)㈜
	충남	공주군	우성면	탄광/광산	장통(長涌)금산	동아공업㈜
	충남	공주군	탄천면	탄광/광산	가대(加代)광산	미확인
	충남	공주군	계룡면	탄광/광산	계명(鷄鳴)금광	미확인
	충남	공주군	우성면	탄광/광산	공주(公州)광산	미확인
	충남	공주군	우성, 사곡면	탄광/광산	공흥(公興)광산	미확인
	충남	공주군	우성면	탄광/광산	공흥(公興)금산	미확인
	충남	공주군	신상, 신하면	탄광/광산	국산(國産)금산	미확인
	충남	공주군	사곡, 신상면	탄광/광산	금계산(金鷄山)금광	미확인
	충남	공주군	우성면	탄광/광산	금당곡(金塘谷)광산	미확인
	충남	공주군	장기면	탄광/광산	금암(金巖)광산	미확인
	충남	공주군	우성면	탄광/광산	단지(丹芝)금광	미확인
	충남	공주군	사곡, 우성면	탄광/광산	대중(大中)광산	미확인
	충남	공주군	주외,반포,장기면	탄광/광산	도덕(道德)금산	미확인
	충남	공주군	우성면	탄광/광산	도천(道川)금광	미확인
생산관계	충남	공주군	공주읍, 우성면	탄광/광산	동대(銅大)사금광	미확인
	충남	공주군	신하면	탄광/광산	동룡(銅龍)광산	미확인
	충남	공주군	의당, 정안면	탄광/광산	두만(斗萬)금광	미확인
	충남	공주군	주외면	탄광/광산	등택(藤澤)광산	미확인
	충남	공주군	목동, 탄천면	탄광/광산	목동(木洞)금산	미확인
	충남	공주군	우성,정안,사곡면	탄광/광산	무성(武盛)금산	미확인
	충남	공주군	목동, 계룡, 탄천면	탄광/광산	발향(發香)금광	미확인
	충남	공주군	신하면	탄광/광산	방흥(邦興)광산	미확인
	충남	공주군	우성면	탄광/광산	방흥(方興)사금광	미확인
	충남	공주군	탄천면	탄광/광산	보국(報國)사금제1광산	미확인
	충남	공주군	우성면	탄광/광산	보적(寶積)금광	미확인
	충남	공주군	우성면	탄광/광산	보흥(寶興)금산	미확인
	충남	공주군	목동, 계룡면	탄광/광산	복귀(福貴)금산	미확인
	충남	공주군	목동, 계룡면	탄광/광산	봉성(鳳聲)금산	미확인
	충남	공주군	사곡면	탄광/광산	봉수(鳳水)금광	미확인
	충남	공주군	공주읍, 계룡면	탄광/광산	삼공(三公)광산	미확인
	충남	공주군	정안면	탄광/광산	석송(石松)광산	미확인
	충남	공주군	의당면	탄광/광산	송학(松鶴)금광	미확인
	충남	공주군	탄천면	탄광/광산	승금(勝金)광산	미확인
	충남	공주군	목동, 탄천면	탄광/광산	신기(新起)금산	미확인
	충남	공주군	신상면	탄광/광산	신상(新上)석면광산	미확인
	충남	공주군	탄천면	탄광/광산	안영(安永)금광	미확인
	충남	공주군	탄천면	탄광/광산	영보(永保)금광	미확인
	충남	공주군	목동면	탄광/광산	오곡(梧谷)광산	미확인
	충남	공주군	공주읍/우성면	탄광/광산	용방(龍方)금광	미확인
	충남	공주군	우성, 사곡면	탄광/광산	인의(仁義)광산	미확인

구분	소재지(1945년 8월 기준)			직종/대	유적명칭	기업 (최종)
	도	부/군	면 이하			
	충남	공주군	정안면	탄광/광산	장재(藏財)광산	미확인
	충남	공주군	목동면	탄광/광산	전정용성(前井龍城)사금광	미확인
	충남	공주군	우성면	탄광/광산	좌백충남(佐伯忠南)광산	미확인
	충남	공주군	목동면	탄광/광산	주방(舟芳)광산	미확인
	충남	공주군	목동면	탄광/광산	주봉(朱峰)광산	미확인
	충남	공주군	신하면	탄광/광산	천봉(千峰)금광	미확인
	충남	공주군	목동/계룡면	탄광/광산	향지(香芝)금광	미확인
	충남	공주군	계룡면	탄광/광산	화은리(花隱里)금광	미확인
	충남	공주군	우성동	탄광/광산	황원(黃源)금광	미확인
	충남	공주군	정안면	탄광/광산	흥아산금(興亞産金)광산	미확인
	충남	공주군	탄천, 목동면	탄광/광산	대성금광	조선금산 개발㈜
	충남	공주군	탄천, 목동면	탄광/광산	이인(利仁)금산	조선금산 개발㈜
	충남	공주군	우성면	탄광/광산	우성(牛城)광산	조선산금 개발㈜
	충남	공주군	탄천면	탄광/광산	신정(新正)광산	미쓰비시(三菱)광업㈜
	충남	논산/ 대덕군	대곡면/대덕군 기성면	탄광/광산	두계(豆溪)금광	미확인
	충남	논산/ 부여군	성동면/부여군 석성면	탄광/광산	논산(論山)광산	성환(成歡) 광업㈜
	충남	논산군	논산읍 영정109	공장	조선주조㈜	조선주조 (酒造)㈜
생산 관계	충남	논산군	강경읍 금정431	공장	황권(荒卷)장유양조소(합자)	황권장유양 조소(합자)
	충남	논산군	노성면 읍내리42	기타(노무)	충남잠업㈜	충남잠업㈜
	충남	논산군	노성면	탄광/광산	노성(魯城)광산	미확인
	충남	논산군	노성면	탄광/광산	덕원(德園)광산	미확인
	충남	논산군	벌곡면	탄광/광산	덕풍(德豊)광산	미확인
	충남	논산군	두마면	탄광/광산	두계(豆溪)형석광산	미확인
	충남	논산군	가야곡면	탄광/광산	삼정(三精)금광	미확인
	충남	논산군	구자곡면	탄광/광산	석(石)금광	미확인
	충남	논산군	은진면	탄광/광산	세론(世論)광산	미확인
	충남	논산군	벌곡면	탄광/광산	양산(陽山)광산	미확인
	충남	논산군	성동면	탄광/광산	월명(月明)금광	미확인
	충남	논산군	양촌면	탄광/광산	제2광산	미확인
	충남	논산군	노성면	탄광/광산	호장(虎壯)금광	미확인
	충남	논산군	부적면 탑정리	토건	저수지(부적면)	미확인
	충남	당진/ 서산군	오천,순성,당진 면/서산군 운산면	탄광/광산	아미산(峨嵋山)광산	미확인
	충남	당진군	고도면 삼인리 181	기타(노무)	영춘(永春)농장(합명)	영춘(永春) 농장(합명)
	충남	당진군	송산면	탄광/광산	동아(東亞)석면광산	동아공업㈜
	충남	당진군	당진, 순성면	탄광/광산	강일(康一)금광	미확인
	충남	당진군	합덕면	탄광/광산	광령(光靈)광산	미확인
	충남	당진군	순성면	탄광/광산	광성(光成)금광	미확인
	충남	당진군	순성,합덕,범천면	탄광/광산	광성(光成)금은광산	미확인
	충남	당진군	석문면	탄광/광산	당진탄광	미확인
	충남	당진군	순성면	탄광/광산	금본(金本)금산	미확인

구분	소재지(1945년 8월 기준)			직종/대	유적명칭	기업 (최종)
	도	부/군	면 이하			
생산 관계	충남	당진군	순성, 송악면	탄광/광산	금조(金潮)광산	미확인
	충남	당진군	순성, 신평, 송악면	탄광/광산	당성(唐城)금광	미확인
	충남	당진군	당진, 순성, 송악면	탄광/광산	당진(唐津)금산	미확인
	충남	당진군	합덕, 면천, 순성면	탄광/광산	삼흥(三興)금은광산	미확인
	충남	당진군	범천, 순성면	탄광/광산	송산(松山)금광	미확인
	충남	당진군	면천면	탄광/광산	아부(阿部)광산	미확인
	충남	당진군	고대면	탄광/광산	옥현(玉峴)금산	미확인
	충남	당진군	당진면	탄광/광산	용연(龍淵)금광	미확인
	충남	당진군	면천면	탄광/광산	용출(湧出)금산	미확인
	충남	당진군	당진, 송산면	탄광/광산	원당(元堂)금광	미확인
	충남	당진군	송악, 신평면	탄광/광산	철마산(鐵馬山)광산	미확인
	충남	당진군	송산면	탄광/광산	오마(五馬)광산	조선금산 개발(주)
	충남	대덕/ 연기군	구즉, 탄동면/ 연기군 금남면	탄광/광산	덕진(德津)광산	미확인
	충남	대덕/ 청주군	구즉면/청주군 부용면	탄광/광산	금호(錦湖)광산	미확인
	충남	대덕군	산내면	철도/도로	도로공사장	미확인
	충남	대덕군	회덕면	철도/도로	도로공사장	미확인
	충남	대덕군	동면 세천리/산내 면 삼정리/회덕면	철도/도로	철도공사장(경부선)/하자마구미(間組)	하자마구미 (間組)
	충남	대덕군	구즉면	탄광/광산	관서(關西)광산	미확인
	충남	대덕군	구즉, 탄동면	탄광/광산	금병산(錦屏山)금산	미확인
	충남	대덕군	기성면	탄광/광산	기성(杞城)광산	미확인
	충남	대덕군	구즉, 탄동면	탄광/광산	대육(大六)광산	미확인
	충남	대덕군	산내면	탄광/광산	대전삼보(大田三寶)광산	미확인
	충남	대덕군	진잠면	탄광/광산	덕서(德西)광산	미확인
	충남	대덕군	산내면	탄광/광산	덕신(德新)광산	미확인
	충남	대덕군	동면	탄광/광산	동면(東面)광산	미확인
	충남	대덕군	북면	탄광/광산	삼정(三政)광산	미확인
	충남	대덕군	유성, 탄동면	탄광/광산	오성(五星)광산	미확인
	충남	대덕군	탄동면	탄광/광산	외삼(外三)광산	미확인
	충남	대덕군	진잠면	탄광/광산	용생(龍生)광산	미확인
	충남	대덕군	구즉, 탄동면	탄광/광산	회덕(懷德)광산	미확인
	충남	대덕군	산내면	탄광/광산	대전(大田)탄광	조선산업(주)
	충남	대덕군	유천, 기성면	탄광/광산	유성(儒城)금산	조선제련(주)
	충남	대덕군/ 대전부	회덕, 북면, 동면/ 대전부 가양정	탄광/광산	기부대덕(磯部大德)금광	미확인
	충남	대전부	불상	공장	남선기공(주)	남선기공(주)
	충남	대전부	본정2정목223	공장	대전재생면사(주)	대전재생면 사(주)
	충남	대전부	류정29	공장	대전직물(주)	대전직물(주)
	충남	대전부	불상	공장	대전철공조합공장	대전철공 조합공장
	충남	대전부	영정2정목 381	공장	대전피혁(주)	대전피혁(주)
	충남	대전부	불상	공장	팔곡(八谷)철공소	미확인
	충남	대전부	불상	공장	대전공장/조선연탄(주)	조선연탄(주)
	충남	대전부	영정	공장	조선이연항공기재	조선이연航 空機材

구분	소재지(1945년 8월 기준)			직종/대	유적명칭	기업 (최종)
	도	부/군	면 이하			
	충남	대전부	본정2정목14	공장	후지쮸(富士忠)장유	후지쮸(富士忠)장유
	충남	대선부	본성3-270	공장	대전공장/군제(郡是)신업(주)	군제(郡是)산업(주)
	충남	대전부	본정1정목295-2	공장	대전물산(주)	대전물산(주)
	충남	대전부	영정1-31	기타(노무)	대전관리소/조선흥업(주)	조선흥업(주)
	충남	대전부	유성읍	철도/도로	철도공사장(호남선)	미확인
	충남	대전부	불상	탄광/광산	광구/조선산업(주)	조선산업(주)
	충남	대전부	서대전역부근	토건	공장건설공사장(방직공장)	미확인
	충남	대전부	춘일정	토건	토목공사장(춘일정)	미확인
	충남	대전부	불상	하역수송	수송(대전보급대)	미확인
	충남	대전부	불상	하역수송	대전지점/조선운송(주)	조선운송(주)
	충남	보령/서천군	주산면/서천군 비인면	탄광/광산	충신(忠新)광산	미확인
	충남	보령/청양군	청라면/청양군 화성면	탄광/광산	금척(金尺)광산	미확인
	충남	보령/청양군	청라면/청양군 화성면	탄광/광산	양천(陽川)금광	미확인
	충남	보령/홍성군	천북면/홍성군 결성, 은하면	탄광/광산	금곡(琴谷)광산	미확인
	충남	보령/홍성군	청소, 면/홍성군 장곡, 광천면	탄광/광산	대연(大延)금산	미확인
생산 관계	충남	보령/홍성군	천북면/홍성군 결성, 은하면	탄광/광산	만동(萬東)광산	미확인
	충남	보령/홍성군	청소면/홍성군 광천면	탄광/광산	안전(岸田)광산	미확인
	충남	보령/홍성군	천북면/홍성군 은하면	탄광/광산	홍덕(洪德)광산	미확인
	충남	보령/홍성군	천북, 주포, 오천, 청라면/홍성군 광천, 장곡면	탄광/광산	황보(黃寶)광산	미확인
	충남	보령/홍성군	청소면/홍성군 홍북면	탄광/광산	양지리(陽地里)광산	미확인
	충남	보령군	청라면	기타(노무)	송탄유(松炭油)생산작업장	미확인
	충남	보령군	천북면	탄광/광산	학성(鶴城)금광	가쿠조(鶴城)광업(주)
	충남	보령군	천북면	탄광/광산	신덕리(新德里)금산	니혼(日本)산금진흥(産金振興)(주)
	충남	보령군	대천면	탄광/광산	서대(西大)광산	동우흥업(東宇興業)(주)
	충남	보령군	천북면	탄광/광산	오만(五萬)금산	명수(明穗)광업(주)
	충남	보령군	주포, 오천면	탄광/광산	고남(古南)광산	미확인
	충남	보령군	주포면	탄광/광산	국수(國秀)광산	미확인
	충남	보령군	천북면	탄광/광산	궁포(弓浦)금산	미확인
	충남	보령군	오천면	탄광/광산	금신(金神)광산	미확인
	충남	보령군	대천, 청라면	탄광/광산	대천(大川)사금광	미확인
	충남	보령군	미산면	탄광/광산	도흥(都興)금산	미확인

구분	소재지(1945년 8월 기준)			직종/대	유적명칭	기업 (최종)
	도	부/군	면 이하			
	충남	보령군	청라면	탄광/광산	류곡(柳谷)광산	미확인
	충남	보령군	주포,청라면	탄광/광산	보고(寶庫)금산	미확인
	충남	보령군	대천면	탄광/광산	보광(保光)광산	미확인
	충남	보령군	천북면	탄광/광산	보긍(保亘)광산	미확인
	충남	보령군	오천면	탄광/광산	보령(保寧)석면광산	미확인
	충남	보령군	천북면	탄광/광산	보령(保寧)금산	미확인
	충남	보령군	미산면	탄광/광산	보일(保一)금광	미확인
	충남	보령군	미산면	탄광/광산	보창(保昌)금광	미확인
	충남	보령군	오천면	탄광/광산	봉화(烽火)광산	미확인
	충남	보령군	청천,청라,주포면	탄광/광산	부화(富貨)금산	미확인
	충남	보령군	대천,주포,청소면	탄광/광산	삼산(森山)금광	미확인
	충남	보령군	청라,미산면	탄광/광산	성주(聖住)금광	미확인
	충남	보령군	주포면	탄광/광산	송포(松浦)금광	미확인
	충남	보령군	청소면	탄광/광산	신송(新松)금광	미확인
	충남	보령군	오천면	탄광/광산	안창(安昌)광산	미확인
	충남	보령군	청라면	탄광/광산	엄현(奄峴)금광	미확인
	충남	보령군	오천면	탄광/광산	오천(鼇川)금광	미확인
	충남	보령군	청라면	탄광/광산	용보(龍寶)금광	미확인
	충남	보령군	미산면	탄광/광산	용수(龍水)광산	미확인
	충남	보령군	미산면	탄광/광산	웅천(熊川)광산	미확인
	충남	보령군	오천면	탄광/광산	웅천(熊川)규사광산	미확인
	충남	보령군	청소면	탄광/광산	원시(遠矢)광산	미확인
	충남	보령군	청소면	탄광/광산	제2태(泰)금산	미확인
생산 관계	충남	보령군	불상	탄광/광산	조선석면광산	미확인
	충남	보령군	청라면	탄광/광산	좌동(佐洞)금광	미확인
	충남	보령군	주산면	탄광/광산	주산(珠山)광산	미확인
	충남	보령군	주포,청소면	탄광/광산	주포(周浦)금산	미확인
	충남	보령군	청소면	탄광/광산	진죽(眞竹)금산	미확인
	충남	보령군	청소면	탄광/광산	진죽(眞竹)사금광산	미확인
	충남	보령군	천북면	탄광/광산	천북(川北)제1광산	미확인
	충남	보령군	오천면	탄광/광산	천시(天市)광산	미확인
	충남	보령군	청라면	탄광/광산	청라(靑蘿)금광	미확인
	충남	보령군	청소면	탄광/광산	청보(靑保)금광	미확인
	충남	보령군	오천면	탄광/광산	청수(淸水)석면광산	미확인
	충남	보령군	청소면	탄광/광산	태영(泰榮)금산	미확인
	충남	보령군	청소면	탄광/광산	평촌(坪村)광산	미확인
	충남	보령군	청소면	탄광/광산	홍혜(鴻惠)금광	미확인
	충남	보령군	웅천,주산,미산면	탄광/광산	화산(花山)금광	미확인
	충남	보령군	천북면	탄광/광산	회양(和陽)광산	미확인
	충남	보령군	주포,오천면	탄광/광산	황포(黃浦)금광	미확인
	충남	보령군	청소면	탄광/광산	회광사(恢宏社) 보령(保寧)사금광	미확인
	충남	보령군	오천면	탄광/광산	후생(厚生)석면광산	미확인
	충남	보령군	웅천면 대천리 181-3	탄광/광산	충남(忠南)석재㈜	충남석재㈜
	충남	보령군	천북면	탄광/광산	장은리(長隱里)금산	풍성(豊城) (합명)
	충남	보령군	천북면	탄광/광산	만리(滿里)광산	조선제련㈜
	충남	보령군	불상	토건	수력발전소	미확인

구분	소재지(1945년 8월 기준)			직종/대	유적명칭	기업 (최종)
	도	부/군	면 이하			
생산 관계	충남	부여/ 청양군	은산면/청양군 적곡면	탄광/광산	나카가와(中川) 청양광산	나카가와 (中川)광업 ㈜
	충남	부여/ 청양군	은사면/청양군 대치면	탄광/광산	개곡(開谷)금산	미확인
	충남	부여/ 청양군	외산면/청양군 사양면	탄광/광산	대봉(大峰)금산	미확인
	충남	부여/ 청양군	외산면/청양군 사양면	탄광/광산	백금(白琴)금산	미확인
	충남	부여/ 청양군	은산면/청양군 적곡면	탄광/광산	부양(扶陽)광산	미확인
	충남	부여/ 청양군	외사면/청양군 사양, 화성, 청양면	탄광/광산	구봉(九峰)금산	주가이(中外)광업㈜
	충남	부여/ 홍성군	홍산면/홍성군 홍동, 광천, 장곡면	탄광/광산	보창(寶昌)금광	스즈키(鈴木) 석탄상점㈜
	충남	부여군	불상	기타(노무)	근로보국대/부여신궁(扶餘神宮)조영공사 작업장	미확인
	충남	부여군	홍산면 북촌리 171	기타(노무)	유항사(有恒社)㈜	유항사(有 恒社)㈜
	충남	부여군	외산면	탄광/광산	충영(忠永)금산	금마(金馬) 광업㈜
	충남	부여군	외산면	탄광/광산	근암(槿岩)광산	미확인
	충남	부여군	충화, 장암면	탄광/광산	금박(金博)광산	미확인
	충남	부여군	규암면	탄광/광산	나복(羅福)금광	미확인
	충남	부여군	규암면	탄광/광산	대금정(大金井)광산	미확인
	충남	부여군	은산면	탄광/광산	대륭(大融)광산	미확인
	충남	부여군	남면, 충화면	탄광/광산	대보(大寶)금광	미확인
	충남	부여군	남면, 충화, 장암면	탄광/광산	덕림(德林)금광	미확인
	충남	부여군	구룡면	탄광/광산	동방(東芳)금광	미확인
	충남	부여군	외산면	탄광/광산	만수산(萬壽山)금광	미확인
	충남	부여군	외산면	탄광/광산	무량(無量)광산	미확인
	충남	부여군	장암면	탄광/광산	반중(班中)광산	미확인
	충남	부여군	규암면	탄광/광산	백여(白餘)금산	미확인
	충남	부여군	석성, 초촌면	탄광/광산	백제금광	미확인
	충남	부여군	내산, 홍산면	탄광/광산	보홍(寶鴻)금광	미확인
	충남	부여군	부여면	탄광/광산	부상(扶相)광산	미확인
	충남	부여군	석성면	탄광/광산	부여(扶餘)금산	미확인
	충남	부여군	충화, 장암면	탄광/광산	부여삼흥(扶餘三興)광산	미확인
	충남	부여군	외산, 내산면	탄광/광산	삼합(三合)광산	미확인
	충남	부여군	석성면	탄광/광산	석성(石城)금산	미확인
	충남	부여군	석성면	탄광/광산	석창(石昌)금광	미확인
	충남	부여군	세도면	탄광/광산	세도(世道)금산	미확인
	충남	부여군	부여면	탄광/광산	송곡리(松谷里)금광	미확인
	충남	부여군	남면, 장암면	탄광/광산	순용(順龍)광산	미확인
	충남	부여군	부여, 석성, 초촌면	탄광/광산	신일(新日)광산	미확인
	충남	부여군	임천, 장암면	탄광/광산	안치(鞍峙)광산	미확인
	충남	부여군	세도, 장암면	탄광/광산	영광(靈光)금산	미확인
	충남	부여군	장암면	탄광/광산	영덕(永德)광산	미확인
	충남	부여군	임천면	탄광/광산	영소(榮昭)광산	미확인
	충남	부여군	장암면	탄광/광산	원문(元門)금광	미확인

구분	소재지(1945년 8월 기준)			직종/대	유적명칭	기업(최종)
	도	부/군	면 이하			
	충남	부여군	임천면	탄광/광산	임천덕영(林川德永)광산	미확인
	충남	부여군	충화, 양화, 임천면	탄광/광산	입포(笠浦)광산	미확인
	충남	부여군	장암면	탄광/광산	장암(長岩)광산	미확인
	충남	부여군	장암면	탄광/광산	정암(亭岩)광산	미확인
	충남	부여군	은사면	탄광/광산	조일(朝日)금산	미확인
	충남	부여군	부여면	탄광/광산	청마(靑馬)광산	미확인
	충남	부여군	초촌면	탄광/광산	충남(忠南)日本금산	미확인
	충남	부여군	홍산면	탄광/광산	풍성(豊星)금산	미확인
	충남	부여군	부여, 석성면	탄광/광산	현북(縣北)광산	미확인
	충남	부여군	옥산, 홍산면	탄광/광산	홍양(鴻良)금산	미확인
	충남	부여군	홍산, 옥산면	탄광/광산	홍업(鴻業)금광	미확인
	충남	부여군	장암, 임천, 충화면	탄광/광산	금지(金池)광산	불이흥업㈜
	충남	부여군	규암면	탄광/광산	반산(盤山)광산	조선금산개발㈜
	충남	부여군	충화, 양화, 임천면	탄광/광산	고바야시(小林)보광금광	고바야시(小林)광업㈜
	충남	부여군	초촌면	탄광/광산	논산(論山)사금광	성환(成歡)광업㈜
	충남	부여군	임천, 제암, 장암, 충화면	탄광/광산	임천(林川)광산	조선제련㈜
	충남	부여군	구룡면	토건	제방공사장	미확인
	충남	서산군	안면도	기타(노무)	아소(麻生)임업소	미확인
	충남	서산군	정미면	탄광/광산	강도(江渡)광산	미확인
생산관계	충남	서산군	인지, 부석면	탄광/광산	계정(溪井)금산	미확인
	충남	서산군	태안, 이원, 원북면	탄광/광산	금골산(金骨山)광산	미확인
	충남	서산군	소원, 원북면	탄광/광산	금배(金培)광산	미확인
	충남	서산군	대산, 지곡면	탄광/광산	금택영환(金澤英煥)광산	미확인
	충남	서산군	원북면	탄광/광산	기촌(箕村)광산	미확인
	충남	서산군	해미면	탄광/광산	백팔보(百八寶)금산	미확인
	충남	서산군	지곡면	탄광/광산	부성(富城)금산	미확인
	충남	서산군	안면면	탄광/광산	삼석(三石)금광	미확인
	충남	서산군	성연, 음암면	탄광/광산	서명(瑞鳴)광산	미확인
	충남	서산군	부석, 인지, 팔봉면	탄광/광산	서영(瑞寧)광산	미확인
	충남	서산군	해미면	탄광/광산	성수(聖受)금산	미확인
	충남	서산군	소원면	탄광/광산	소원(所遠)금광	미확인
	충남	서산군	지곡, 대산면	탄광/광산	영탑(令塔)광산	미확인
	충남	서산군	지곡면	탄광/광산	왕산(旺山)금광	미확인
	충남	서산군	고북, 해미면	탄광/광산	용암(龍岩)금광	미확인
	충남	서산군	대산면	탄광/광산	응도(鷹島)광산	미확인
	충남	서산군	팔봉, 인지면	탄광/광산	장군봉(將軍峰)광산	미확인
	충남	서산군	소원, 원북면	탄광/광산	조정(朝井)광산	미확인
	충남	서산군	고북면	탄광/광산	천장(天藏)광산	미확인
	충남	서산군	태안면	탄광/광산	태흥(泰興)광산	미확인
	충남	서산군	해미, 고북면	탄광/광산	해미(海美)금산	미확인
	충남	서산군	음암면	탄광/광산	음암(音岩)광산	서산(瑞山)광업㈜
	충남	서산군	안면면	탄광/광산	서안(瑞安)금광	아소(麻生)광업㈜

구분	소재지(1945년 8월 기준)			직종/대	유적명칭	기업 (최종)
	도	부/군	면 이하			
생산 관계	충남	서산군	지곡면	탄광/광산	서성(瑞星)광산	스미토모(住友)본사㈜
	충남	서산군	부석면	토건	매립공사장(부석면)	미확인
	충남	서산군	서산읍 양대리	토건	염전공사	미확인
	충남	서산군	인지면	토건	저수지(인지면)	미확인
	충남	서천군	장항읍 본정1정 목120	공장	기계제작㈜	기계제작㈜
	충남	서천군	장항읍 장항리2	공장	조선강(糠)공업㈜	조선강(糠)공업㈜
	충남	서천군	장항읍 본정1정 목120	공장	충남기계제작㈜	충남기계제작㈜
	충남	서천군	서천면 삼산리 403	기타(노무)	충남흥업㈜	충남흥업㈜
	충남	서천군	문산면	탄광/광산	금복(金福)광산	미확인
	충남	서천군	기산면	탄광/광산	기산(麒山)금광	미확인
	충남	서천군	마서면	탄광/광산	김포(金浦)광산	미확인
	충남	서천군	마서면	탄광/광산	마동(馬東)광산	미확인
	충남	서천군	마서면	탄광/광산	명십공(明十功)금산	미확인
	충남	서천군	종천면	탄광/광산	상당(常富)금산	미확인
	충남	서천군	종천, 비인면	탄광/광산	오산(五山)금광	미확인
	충남	서천군	화양면	탄광/광산	옥포(玉浦)광산	미확인
	충남	서천군	동면, 종천, 비인면	탄광/광산	종천(鍾川)광산	미확인
	충남	서천군	화양면	탄광/광산	화양면(華陽面)광산	미확인
	충남	서천군	장항읍	탄광/광산	장항(長項)금산	조선제련㈜
	충남	서천군	불상	토건	항만공사장(서천항)	미확인
	충남	서천군	장항읍	하역수송	군수물자수송	미확인
	충남	아산/ 예산군	도고면/예산군 예산면	탄광/광산	신례원(新禮院)광산	미확인
	충남	아산/ 예산군	송악, 도고면/ 예산군 대술면	탄광/광산	예온(禮溫)금산	미확인
	충남	아산/ 천안/ 평택군	둔포면/평택군 서면/천안군 성환면	탄광/광산	성환(成歡)사금광	미확인
	충남	아산/ 천안군	음봉면/천안군 천안읍, 환성면	탄광/광산	노태산(魯泰山)금광	미확인
	충남	아산/ 천안군	배방면/천안군 풍세면	탄광/광산	송성(松城)금산	미확인
	충남	아산/ 천안군	둔포면/천안군 성환면	탄광/광산	율금(栗金)광산	미확인
	충남	아산/ 천안군	음봉면/천안군 환성면	탄광/광산	합잠(盍簪)광산	미확인
	충남	아산/ 천안군	음봉면/천안군 환성면	탄광/광산	환성(歡城)광산	미확인
	충남	아산/ 천안군	배방면/천안군 환성면	탄광/광산	신흥(新興)드레치(ドレッチ)사금광	조선제련㈜
	충남	아산/ 천안군	배방면/천안군 환성면	탄광/광산	신흥(新興)産金 천안(天安)사금광	조선제련㈜
	충남	아산군	신창면	탄광/광산	남성(南城)광산	동우흥업(東宇興業)㈜

구분	소재지(1945년 8월 기준)			직종/대	유적명칭	기업 (최종)
	도	부/군	면 이하			
생산관계	충남	아산군	온양면	탄광/광산	대화(大貨)광산	미확인
	충남	아산군	선장,도고면	탄광/광산	도선(道仙)금광	미확인
	충남	아산군	둔포,음봉면	탄광/광산	둔포(屯浦)금산	미확인
	충남	아산군	온양면	탄광/광산	법곡(法谷)금광	미확인
	충남	아산군	배방면	탄광/광산	산방(山芳)금산	미확인
	충남	아산군	도고면	탄광/광산	생기(生其)금광산	미확인
	충남	아산군	둔포,음봉면	탄광/광산	석복(石犾)금산	미확인
	충남	아산군	선장면	탄광/광산	선장(仙掌)광산	미확인
	충남	아산군	온정,온양,배방면	탄광/광산	설화(雪華)광산	미확인
	충남	아산군	음봉면	탄광/광산	아산(牙山)금광	미확인
	충남	아산군	둔포면	탄광/광산	염작(念作)금광	미확인
	충남	아산군	온양면	탄광/광산	온양(溫陽)금산	미확인
	충남	아산군	송악면	탄광/광산	충일(忠一)광산	미확인
	충남	아산군	둔포면	탄광/광산	학룡(鶴龍)광산	미확인
	충남	아산군	둔포면	탄광/광산	금룡(金龍)금산	조선광발(鑛發)㈜
	충남	아산군	온양,송악,배방면	탄광/광산	온양(溫陽)광산	후지다구미(藤田組)㈜
	충남	아산군	온양,배방면	탄광/광산	전중(田中)금광	후지다구미(藤田組)㈜
	충남	아산군	염치면	토건	저수지(염치)	미확인
	충남	연기/천안군	전동면/천안군 광덕면	탄광/광산	영당(靈堂)금은광산	미확인
	충남	연기/천안군	전동면/천안군 성남면	탄광/광산	운주(雲住)광산	미확인
	충남	연기/천안군	전의면/천안군 성남면	탄광/광산	장촌(張村)광산	미확인
	충남	연기/천안군	전의면/천안군 풍세,목천면	탄광/광산	풍미(豊美)금광	미확인
	충남	연기/청주군	전동면/청주군 강외면	탄광/광산	전동(全東)금광	미확인
	충남	연기군	조치원읍 정동	공장	철공조합	미확인
	충남	연기군	조치원읍 조치원리171-3	기타(노무)	조영토지㈜	조영(朝永)토지㈜
	충남	연기군	조치원읍 조치원리 300-5	탄광/광산	본점/금강드레치(ドレツヂ)광업㈜	금강(錦江)드레치(ドレツヂ)광업㈜
	충남	연기군	전동면	탄광/광산	전의(全義)광산	도호(東邦)광업㈜
	충남	연기군	전의면	탄광/광산	고등(高登)광산	미확인
	충남	연기군	금남면	탄광/광산	국태(國泰)광산	미확인
	충남	연기군	금남면	탄광/광산	금남(錦南)금광	미확인
	충남	연기군	금남면	탄광/광산	대성(大成)텅스텐광산	미확인
	충남	연기군	금남면	탄광/광산	덕용(德蓉)광산	미확인
	충남	연기군	전동면	탄광/광산	동곡(銅谷)광산	미확인
	충남	연기군	전동면	탄광/광산	미곡(美谷)금광	미확인
	충남	연기군	전의,전동면	탄광/광산	부전(富田)금광	미확인
	충남	연기군	전동,전의면	탄광/광산	생송(生松)광산	미확인
	충남	연기군	금남면	탄광/광산	석삼(石三)금광	미확인
	충남	연기군	전의,전동면	탄광/광산	신왕(新旺)광산	미확인

| 구분 | 소재지(1945년 8월 기준) | | 직종/대 | 유적명칭 | 기업 |
	도	부/군	면 이하			(최종)
생산 관계	충남	연기군	전의면	탄광/광산	연기(燕岐)금광	미확인
	충남	연기군	금남면	탄광/광산	이화(二和)금광	미확인
	충남	연기군	동면	탄광/광산	합강(合江)금광	미확인
	충남	연기군	전동면	탄광/광산	청람(靑藍)금광	조선광업㈜
	충남	예산/청양군	신양면/청양군 운곡면	탄광/광산	수령(水靈)금광	미확인
	충남	예산/청양군	신양면/청양군 운곡면	탄광/광산	제1운흥(雲興)금광	미확인
	충남	예산/청양군	광시면/청양군 운곡면	탄광/광산	창보(昌寶)광산	미확인
	충남	예산/홍성군	광시면/홍성군 장곡면	탄광/광산	송하(松下)무연탄광	미확인
	충남	예산/홍성군	광시, 대흥면/홍성군 금마면	탄광/광산	금대(金大)광산	미확인
	충남	예산/홍성군	응봉면/홍성군 홍북면	탄광/광산	대도(大道)광산	미확인
	충남	예산/홍성군	삽교, 덕산면/홍성군 홍북면	탄광/광산	신보(新寶)광산	미확인
	충남	예산/홍성군	응봉면/홍성군 홍북면	탄광/광산	은산(恩山)금광	미확인
	충남	예산/홍성군	광시면/홍성군 장곡면	탄광/광산	천우(天佑)금산	미확인
	충남	예산/홍성군	응봉면/홍성군 홍북면	탄광/광산	화양(華陽)광산	미확인
	충남	예산/홍성군	덕산면/홍성군 홍북면	탄광/광산	신흥홍성(新興洪城)사금광	조선제련㈜
	충남	예산군	예산면 주교리 179	공장	충남제사㈜	충남제사㈜
	충남	예산군	아오면 내량리 170-2	기타(노무)	해외척식㈜	해외척식㈜
	충남	예산군	광시면	탄광/광산	대영(大榮)광산	다이오(鯛生)산업㈜
	충남	예산군	광시면	탄광/광산	광보(光寶)금광	미확인
	충남	예산군	신양면	탄광/광산	국사(國師)광산	미확인
	충남	예산군	대흥면	탄광/광산	금산(金産)금광	미확인
	충남	예산군	삽교, 덕산면	탄광/광산	금청(金靑)금광	미확인
	충남	예산군	대흥면	탄광/광산	기흥(基興)광산	미확인
	충남	예산군	광시면	탄광/광산	대마(大馬)광산	미확인
	충남	예산군	대흥면	탄광/광산	대봉(大鳳)광산	미확인
	충남	예산군	광시면	탄광/광산	대왕(大王)금산	미확인
	충남	예산군	신양면	탄광/광산	박보(朴寶)광산	미확인
	충남	예산군	광시, 대흥면	탄광/광산	봉수(鳳首)금산	미확인
	충남	예산군	덕산면	탄광/광산	사동(社洞)금산	미확인
	충남	예산군	예산읍	탄광/광산	송강보고(松岡寶庫)광산	미확인
	충남	예산군	대술면	탄광/광산	송석(松石)금광	미확인
	충남	예산군	예산읍	탄광/광산	수동(壽洞)광산	미확인
	충남	예산군	광시면	탄광/광산	신대(神代)금산	미확인
	충남	예산군	신양면	탄광/광산	여래미(如來味)금광산	미확인
	충남	예산군	고덕면	탄광/광산	예덕(禮德)금산	미확인
	충남	예산군	고덕면	탄광/광산	예산(禮山)석면광산	미확인

구분	소재지(1945년 8월 기준)			직종/대	유적명칭	기업(최종)
	도	부/군	면 이하			
	충남	예산군	대술면	탄광/광산	오산(烏山)금광	미확인
	충남	예산군	덕산면	탄광/광산	오중(五中)광산	미확인
	충남	예산군	신양면	탄광/광산	제2산보(産報)금산	미확인
	충남	예산군	광시면	탄광/광산	태래흥(泰來興)광산	미확인
	충남	예산군	삽교면	탄광/광산	목리(沐里)금산	제국석유광업㈜
	충남	예산군	대술, 신양면	탄광/광산	검봉(劍峰)광산	풍산(豊産)금산㈜
	충남	예산군	오가면	토건	배수로공사장	미확인
	충남	예산군	광시면	토건	저수지(예당)	미확인
	충남	장항군	불상	공장	장항제련소/조선제련㈜	조선제련㈜
	충남	장항군	불상	공장	조선제탄㈜제련소	조선제탄㈜
	충남	조치원	불상	하역수송	조치원출장소/조선운송㈜	조선운송㈜
	충남	천안/청주군	수신, 동면/충북 청주군 오창면	탄광/광산	팔목(八木)동연철산	미확인
	충남	천안/평택군	성환면/경기 평택군 팽성면, 평택읍	탄광/광산	대선성환(大鮮成歡)사금광	대선사금(大鮮砂金)㈜
	충남	천안군	성환면 어용리9	기타(노무)	성환농장(합자)	성환농장(합자)
생산관계	충남	천안군	성환↔서정리간	철도/도로	철도공사장(경부선)/나카무라구미(中村組)	나카무라구미(中村組)(합자)
	충남	천안군	풍세, 광덕면	탄광/광산	풍화(豊華)금산	국화(菊花)광산㈜
	충남	천안군	입장면	탄광/광산	천안제1사금광	니혼(日本)산금흥업(産金興業)㈜
	충남	천안군	직산, 성거면	탄광/광산	경장(慶長)금산	대남(大南)광업㈜
	충남	천안군	성환, 직산면	탄광/광산	성관(成觀)광산	대남(大南)광업㈜
	충남	천안군	직산, 성환면 성환리449-44	탄광/광산	성환(成歡)광산	대남(大南)광업㈜
	충남	천안군	천안읍, 환성면	탄광/광산	용곡(龍谷)금광	대남(大南)광업㈜
	충남	천안군	성환, 직산면	탄광/광산	천산(天山)금광	대남(大南)광업㈜
	충남	천안군	직산면 추헐리9	탄광/광산	대성(大成)광업사(합자)	대성(大成)광업사(합자)
	충남	천안군	입장면	탄광/광산	서교(西橋)광산	도호(東邦)광업㈜
	충남	천안군	북면	탄광/광산	곡간(曲干)광산	동우흥업(東宇興業)㈜
	충남	천안군	목천, 북면	탄광/광산	석천(石川)광산	동우흥업(東宇興業)㈜
	충남	천안군	목천, 성남면	탄광/광산	수정(水亭)광산	동우흥업(東宇興業)㈜
	충남	천안군	환성면/천안읍	탄광/광산	청당(淸堂)광산	동우흥업(東宇興業)㈜
	충남	천안군	풍세면	탄광/광산	풍세(豊歳)광산	동우흥업(東宇興業)㈜

구분	소재지(1945년 8월 기준)			직종/대	유적명칭	기업 (최종)
	도	부/군	면 이하			
생산 관계	충남	천안군	환성, 목천면	탄광/광산	수창(壽昌)금산	만선(滿鮮) 광업㈜
	충남	천안군	천안읍, 환성면	탄광/광산	충남(忠南)금광	만선(滿鮮) 광업㈜
	충남	천안군	성남면	탄광/광산	구남(球南)광산	미확인
	충남	천안군	성거면	탄광/광산	남천(南天)광산	미확인
	충남	천안군	입장, 북면	탄광/광산	납안(納安)광산	미확인
	충남	천안군	성환, 직산, 성거면	탄광/광산	대성(大成)금광	미확인
	충남	천안군	성환면	탄광/광산	대장(大藏)금산	미확인
	충남	천안군	성환면	탄광/광산	대홍(大弘)광산	미확인
	충남	천안군	성환, 입장면	탄광/광산	도하리(都下里)금광	미확인
	충남	천안군	천안읍	탄광/광산	동방(東邦)금산	미확인
	충남	천안군	성환, 직산국	탄광/광산	매곡(梅谷)광산	미확인
	충남	천안군	직산, 성환면	탄광/광산	명화(明和)광산	미확인
	충남	천안군	광덕면	탄광/광산	무악(舞鶴)安質母尼금광	미확인
	충남	천안군	천안읍, 환성면	탄광/광산	백석(白石)광산	미확인
	충남	천안군	수신면	탄광/광산	백성(百成)금산	미확인
	충남	천안군	갈전, 북면	탄광/광산	봉항(鳳項)금산	미확인
	충남	천안군	수신면	탄광/광산	부숭(富崇)광산	미확인
	충남	천안군	천안읍, 환성면	탄광/광산	삼룡(三龍)광산	미확인
	충남	천안군	직산, 성거면	탄광/광산	삼은(三隱)금산	미확인
	충남	천안군	천안읍	탄광/광산	상산(常山)사금광	미확인
	충남	천안군	성환면	탄광/광산	성광(成光)광산	미확인
	충남	천안군	천안읍, 환성면	탄광/광산	성남(星南)광산	미확인
	충남	천안군	성환, 직산면	탄광/광산	성안(盛安)광산	미확인
	충남	천안군	성환면	탄광/광산	성일(成一)금광	미확인
	충남	천안군	성환면	탄광/광산	성환(成歡)농장금광	미확인
	충남	천안군	성환면	탄광/광산	성환월봉(成歡月峰)금산	미확인
	충남	천안군	성거, 입장면	탄광/광산	성흥(聖興)금산	미확인
	충남	천안군	입장면	탄광/광산	시장(侍壯)광산	미확인
	충남	천안군	천안읍, 환성, 성거면	탄광/광산	신당(新堂)광산	미확인
	충남	천안군	천안읍	탄광/광산	신부(新富)금광	미확인
	충남	천안군	환성면	탄광/광산	안전(安田)금산	미확인
	충남	천안군	환성, 직산면	탄광/광산	업성(業成)금산	미확인
	충남	천안군	환성면	탄광/광산	업성(業成)사금광	미확인
	충남	천안군	천안읍, 환성면	탄광/광산	영창(永昌)광산	미확인
	충남	천안군	입장면	탄광/광산	영훈(暎勳)금광	미확인
	충남	천안군	입장면	탄광/광산	예성(禮城)제1광산	미확인
	충남	천안군	입장, 북면	탄광/광산	예성(禮城)제1금산	미확인
	충남	천안군	입장, 성거면	탄광/광산	예성(禮城)제2금산	미확인
	충남	천안군	입장면	탄광/광산	예성(禮城)제3금산	미확인
	충남	천안군	천안읍, 환성면	탄광/광산	오락(五樂)금산	미확인
	충남	천안군	북면	탄광/광산	오륜(五輪)광산	미확인
	충남	천안군	성거, 입장면	탄광/광산	오목(五木)광산	미확인
	충남	천안군	입장면	탄광/광산	익창(益昌)금광	미확인
	충남	천안군	입장면	탄광/광산	입성(笠聖)금광	미확인
	충남	천안군	성거, 입장면	탄광/광산	입장(笠場)금광	미확인
	충남	천안군	수신면	탄광/광산	장산(長山)광산	미확인

구분	소재지(1945년 8월 기준)			직종/대	유적명칭	기업(최종)
	도	부/군	면 이하			
	충남	천안군	환성, 성거면	탄광/광산	장성(長星)금산	미확인
	충남	천안군	성거, 입장면(신두리)	탄광/광산	직산금광[宋昌漢사금광]	미확인
	충남	천안군	직산면	탄광/광산	직산신흥금광	미확인
	충남	천안군	성거면	탄광/광산	진활미(進活美)광산	미확인
	충남	천안군	직산,성거면	탄광/광산	진활미(進活美)금광	미확인
	충남	천안군	목천,성거, 북면	탄광/광산	진흥(晋興)금산	미확인
	충남	천안군	입장면	탄광/광산	창신(昌信)금광	미확인
	충남	천안군	천안읍	탄광/광산	천부(天富)금산	미확인
	충남	천안군	북면	탄광/광산	천성(天盛)금광	미확인
	충남	천안군	직산,성거면	탄광/광산	천안삼흥(三興)금광	미확인
	충남	천안군	목천면	탄광/광산	천응(天鷹)금광	미확인
	충남	천안군	직산면	탄광/광산	천존(天尊)광산	미확인
	충남	천안군	천안읍	탄광/광산	천휘(天輝)금광	미확인
	충남	천안군	성남면	탄광/광산	천흥(天興)광산	미확인
	충남	천안군	성남면	탄광/광산	추덕(秋德)광산	미확인
	충남	천안군	성환면	탄광/광산	판본성일(坂本盛一)전정(前井)광산	미확인
	충남	천안군	환성,성거면	탄광/광산	팔목(八木)광산	미확인
	충남	천안군	북면	탄광/광산	팔목채동(八木蔡洞)광산	미확인
	충남	천안군	풍세, 광덕면	탄광/광산	풍광(豊廣)광산	미확인
	충남	천안군	입장면	탄광/광산	흥복(興福)광산	미확인
생산관계	충남	천안군	성환,직산면	탄광/광산	입보(立寶)광산	삼보(三寶)광업㈜
	충남	천안군	직산,성거면	탄광/광산	삼거(三巨)금광	제국석유광업㈜
	충남	천안군	갈전,북면	탄광/광산	상반(常盤)금광	조선금산개발㈜
	충남	천안군	환성,직산,성거면	탄광/광산	신월(新月)금광	조선금산개발㈜
	충남	천안군	천안읍 본정33	탄광/광산	본정/조선덕산광업㈜	조선덕산(德山)광업㈜
	충남	천안군	불상	탄광/광산	대창광구/천안(天安)산금흥업㈜	천안(天安)산금흥업㈜
	충남	천안군	불상	탄광/광산	성환광구/천안(天安)산금흥업㈜	천안(天安)산금흥업㈜
	충남	천안군	불상	탄광/광산	천산광구/천안(天安)산금흥업㈜	천안(天安)산금흥업㈜
	충남	천안군	불상	탄광/광산	천성광구/천안산금흥업㈜	천안(天安)산금흥업㈜
	충남	천안군	직산면	탄광/광산	천안(天安)산금흥업㈜	천안(天安)산금흥업㈜
	충남	천안군	입장면 흑암리243	탄광/광산	합정(合井)금산㈜	합정(合井)금산㈜
	충남	천안군	성거, 입장면	탄광/광산	성거(聖居)광산	성거(聖居)금산㈜
	충남	천안군	성환, 입장면	탄광/광산	직산(稷山)사금광	성환(成歡)광업㈜
	충남	천안군	성거, 북, 입장면	탄광/광산	대흥(大興)광산	조선제련㈜
	충남	천안군	갈전, 수신, 북, 성남면	탄광/광산	승천천(升天川)사금광	조선제련㈜
	충남	천안군	성남면	탄광/광산	천안(天安)사금광	조선제련㈜

구분	소재지(1945년 8월 기준)			직종/대	유적명칭	기업 (최종)
	도	부/군	면 이하			
생산 관계	충남	천안군	천안역	하역수송	천안출장소/조선운송㈜	조선운송㈜
	충남	청양/ 홍성군	화성면/홍성군 장곡면	탄광/광산	기포(箕浦)광산	미확인
	충남	청양/ 홍성군	화성면/홍성군 장곡면	탄광/광산	세일(世一)광산	미확인
	충남	청양/ 홍성군	비봉면/홍성군 장곡면	탄광/광산	천태(天台)금광	미확인
	충남	청양군	청장면	탄광/광산	금승(錦勝)광산	고력(高力) 농장㈜
	충남	청양군	정산, 목면	탄광/광산	가야미(佳也美)광산	미확인
	충남	청양군	청양면	탄광/광산	고군(古軍)광산	미확인
	충남	청양군	청양, 적곡면	탄광/광산	구암(九巖)금광	미확인
	충남	청양군	사양면	탄광/광산	근등(近藤)금산	미확인
	충남	청양군	정산, 목면	탄광/광산	금두리(金頭里)광산	미확인
	충남	청양군	사양면	탄광/광산	금봉(金鳳)금광	미확인
	충남	청양군	청양, 비봉면	탄광/광산	금봉(金峰)금산	미확인
	충남	청양군	청양, 적곡면	탄광/광산	금양(金陽)금산	미확인
	충남	청양군	청양, 사양면	탄광/광산	금정(金井)사금광	미확인
	충남	청양군	사양, 대치, 청양면	탄광/광산	금정리(金井里)광산	미확인
	충남	청양군	대치, 정산면	탄광/광산	대덕봉(大德峰)금산	미확인
	충남	청양군	청양, 화성면	탄광/광산	대봉(大峰)금산	미확인
	충남	청양군	대치면	탄광/광산	대치(大峙)광산	미확인
	충남	청양군	청양면	탄광/광산	동아장승(東亞長承)금광	미확인
	충남	청양군	적곡면	탄광/광산	동화산(東花山)광산	미확인
	충남	청양군	적곡면	탄광/광산	락지(樂只)광산	미확인
	충남	청양군	운곡면	탄광/광산	미량(美良)사금광	미확인
	충남	청양군	정산, 적곡면	탄광/광산	미봉(美峰)금산	미확인
	충남	청양군	운곡, 대치면	탄광/광산	보청(寶淸)광산	미확인
	충남	청양군	화성면	탄광/광산	봉산(峰山)금광	미확인
	충남	청양군	화성면	탄광/광산	봉성(峰城)금산	미확인
	충남	청양군	화성, 청양면	탄광/광산	봉암(峰岩)금광	미확인
	충남	청양군	비봉면	탄광/광산	부산(富産)금산	미확인
	충남	청양군	정산, 목면	탄광/광산	부원(富源)금산	미확인
	충남	청양군	운곡면	탄광/광산	북화(北火)금산	미확인
	충남	청양군	비봉면	탄광/광산	비봉산(飛鳳山)금광	미확인
	충남	청양군	적곡면	탄광/광산	사천(泗川)광산	미확인
	충남	청양군	청양면	탄광/광산	삼량(三良)광산	미확인
	충남	청양군	청양면	탄광/광산	삼부이(三富而)금산	미확인
	충남	청양군	청양, 적곡면	탄광/광산	삼육(三六)금광	미확인
	충남	청양군	적곡면	탄광/광산	삼창(三昌)금광	미확인
	충남	청양군	비봉면	탄광/광산	서양(西陽)광산	미확인
	충남	청양군	적곡면	탄광/광산	소화(昭和)금산	미확인
	충남	청양군	화성면	탄광/광산	수하(水河)금산	미확인
	충남	청양군	운곡면	탄광/광산	신대(新垈)금산	미확인
	충남	청양군	목면	탄광/광산	양암(陽岩)금산	미확인
	충남	청양군	정산면	탄광/광산	영보(永寶)광산	미확인
	충남	청양군	사양면	탄광/광산	온암(溫岩)광산	미확인
	충남	청양군	비봉, 화성면	탄광/광산	용당(龍堂)금광	미확인
	충남	청양군	대치면	탄광/광산	원보(元寶)금광	미확인

구분	소재지(1945년 8월 기준)			직종/대	유적명칭	기업 (최종)
	도	부/군	면 이하			
	충남	청양군	청장,정산,적곡면	탄광/광산	융창(隆昌)광산	미확인
	충남	청양군	비봉면	탄광/광산	이동(梨東)금광	미확인
	충남	청양군	대치면	탄광/광산	이화(梨花)금산	미확인
	충남	청양군	청양,화성,비봉면	탄광/광산	일산(日産)금산	미확인
	충남	청양군	대치,적곡면	탄광/광산	작천(鵲川)광산	미확인
	충남	청양군	대치,사양면	탄광/광산	중앙(重陽)금산	미확인
	충남	청양군	사양면	탄광/광산	증봉(甑峰)금산	미확인
	충남	청양군	적곡면	탄광/광산	지곡(芝谷)광산	미확인
	충남	청양군	대치면	탄광/광산	천종(川鍾)광산	미확인
	충남	청양군	적곡면	탄광/광산	청림(靑林)광산	미확인
	충남	청양군	비봉면	탄광/광산	청무(靑武)금광산	미확인
	충남	청양군	적곡면	탄광/광산	청양(靑陽)광산	미확인
	충남	청양군	청양면	탄광/광산	청양천안(靑陽天安)광산	미확인
	충남	청양군	청양,비봉면	탄광/광산	충청(忠靑)금광	미확인
	충남	청양군	대치면	탄광/광산	칠갑(七甲)금광	미확인
	충남	청양군	청장면	탄광/광산	태평(泰平)광산	미확인
	충남	청양군	대치면	탄광/광산	폐전(口田)금광	미확인
	충남	청양군	화성면	탄광/광산	합천(合川)금광	미확인
	충남	청양군	정산,적곡면	탄광/광산	도림(道林)금광	하스이(蓮井) 광업(합자)
	충남	청양군	운곡면	탄광/광산	고바야시(小林)영양(永陽)광산	고바야시(小 林)광업㈜
	충남	청양군	사양면	탄광/광산	금마리(金馬里)금광	주가이(中 外)광업㈜
생산 관계	충남	홍성군	광천,홍동면	탄광/광산	광천산금(廣川産金)광산	개인-모리 히데지(森 英示)
	충남	홍성군	은하,광천면	탄광/광산	광천(廣川)석면광산/극동석면광업㈜	극동(極東) 석면광업㈜
	충남	홍성군	홍북,금마면	탄광/광산	금마천(金馬川)사금광	금마(金馬) 광업㈜
	충남	홍성군	광천면	탄광/광산	구만리(九萬里)금산	남조선광업 ㈜
	충남	홍성군	홍주면	탄광/광산	홍성(洪城)제2광산	니혼(日本)산 금흥업(産金 興業)㈜
	충남	홍성군	홍동면	탄광/광산	홍성(洪城)제3광산	니혼(日本)산 금흥업(産金 興業)㈜
	충남	홍성군	홍주면	탄광/광산	강도(江渡)광산	미확인
	충남	홍성군	결성면	탄광/광산	개삼(開三)금산	미확인
	충남	홍성군	서부,결성면	탄광/광산	결성(結城)금산	미확인
	충남	홍성군	은하,광천면	탄광/광산	경남(京南)석면광산	미확인
	충남	홍성군	광천면	탄광/광산	광천(廣川)사금광	미확인
	충남	홍성군	홍동면	탄광/광산	금기(金基)광산	미확인
	충남	홍성군	금마,홍동면	탄광/광산	금당리(金堂里)광산	미확인
	충남	홍성군	금마면	탄광/광산	금마(金馬)광산	미확인
	충남	홍성군	금마,홍북면/ 예산군 응봉면	탄광/광산	금성(金星)광산	미확인
	충남	홍성군	금마,홍동면	탄광/광산	금택(金澤)광산	미확인

구분	소재지(1945년 8월 기준)			직종/대	유적명칭	기업 (최종)
	도	부/군	면 이하			
	충남	홍성군	홍주면	탄광/광산	금필(金弼)광산	미확인
	충남	홍성군	홍천,구항면	탄광/광산	남장리(南長里)광산	미확인
	충남	홍성군	은하,결성면	탄광/광산	능운(凌雲)광산	미확인
	충남	홍성군	홍동면	탄광/광산	대강(大剛)광산	미확인
	충남	홍성군	홍동면	탄광/광산	대영(大英)광산	미확인
	충남	홍성군	장곡면	탄광/광산	대현(大峴)광산	미확인
	충남	홍성군	장곡면	탄광/광산	도산(道山)금광	미확인
	충남	홍성군	홍동,구항면	탄광/광산	보만(寶滿)금광	미확인
	충남	홍성군	홍북면	탄광/광산	산보(産寶)광산	미확인
	충남	홍성군	금마면	탄광/광산	산본금마(山本金馬)금산	미확인
	충남	홍성군	홍동면	탄광/광산	삼성(三省)광산	미확인
	충남	홍성군	광천,은하면	탄광/광산	삼중(三中)금광	미확인
	충남	홍성군	장곡면	탄광/광산	홍성(洪城)무연탄광산	미확인
	충남	홍성군	홍북면	탄광/광산	상보(上寶)광산	미확인
	충남	홍성군	홍동,장곡면	탄광/광산	신동(新東)광산	미확인
	충남	홍성군	은하면	탄광/광산	아등중(阿藤中)광산	미확인
	충남	홍성군	서부면	탄광/광산	양곡(暘谷)금광	미확인
	충남	홍성군	홍동,장곡면	탄광/광산	오봉(五峰)광산	미확인
	충남	홍성군	고도,구항면	탄광/광산	오봉(五鳳)금산	미확인
	충남	홍성군	장곡면	탄광/광산	옥전(鈺田)금광	미확인
	충남	홍성군	장곡면	탄광/광산	용현(湧顯)광산	미확인
	충남	홍성군	장곡면	탄광/광산	월계(月溪)금광	미확인
생산 관계	충남	홍성군	구항,홍동면	탄광/광산	월림(月林)석면광산	미확인
	충남	홍성군	홍동면	탄광/광산	월현(月懸)석면광산	미확인
	충남	홍성군	은하면	탄광/광산	은하(銀河)광산	미확인
	충남	홍성군	은하,결성,구항면	탄광/광산	응봉(鷹峰)금산	미확인
	충남	홍성군	광천,구항면	탄광/광산	일립(日立)광산	미확인
	충남	홍성군	홍동면	탄광/광산	일봉(日鳳)석면광산	미확인
	충남	홍성군	홍주,홍북,고도, 구항면	탄광/광산	일월산(日月山)금광	미확인
	충남	홍성군	홍천면	탄광/광산	정성(靖城)광산	미확인
	충남	홍성군	장곡면	탄광/광산	제2홍봉(洪峰)광산	미확인
	충남	홍성군	홍주,홍북면	탄광/광산	조선광산	미확인
	충남	홍성군	불상	탄광/광산	조선삼남(三南)광산	미확인
	충남	홍성군	장곡면	탄광/광산	하산대부동(夏山大釜洞)광산	미확인
	충남	홍성군	홍동면	탄광/광산	홍동(洪東)석면광산	미확인
	충남	홍성군	장곡면	탄광/광산	홍봉(洪峰)광산	미확인
	충남	홍성군	홍북면	탄광/광산	홍북(洪北)금광	미확인
	충남	홍성군	장곡면	탄광/광산	홍상(洪上)금산	미확인
	충남	홍성군	홍동면	탄광/광산	홍수(洪秀)광산	미확인
	충남	홍성군	결성면	탄광/광산	화성(華城)금광	미확인
	충남	홍성군	광천,장곡면	탄광/광산	황곡(黃谷)금산	미확인
	충남	홍성군	장곡면	탄광/광산	황도(黃道)광산	미확인
	충남	홍성군	홍동면	탄광/광산	황룡(黃龍)광산	미확인
	충남	홍성군	홍북,홍주면	탄광/광산	금답(金畓)광산	순안(順安)사 금(砂金)㈜
	충남	홍성군	홍북면	탄광/광산	용황(龍黃)금산	순안(順安)사 금(砂金)㈜

구분	소재지(1945년 8월 기준)			직종/대	유적명칭	기업 (최종)
	도	부/군	면 이하			
생산 관계	충남	홍성군	장곡면	탄광/광산	보산(寶山)금광	홍성(洪城) 금산㈜
	충남	홍성군	장곡,홍동면	탄광/광산	홍성(洪城)광산	홍성(洪城) 금산㈜
	충북	괴산/ 문경군	연풍면/문경군 문경면	탄광/광산	광풍(光豊)광산	미확인
	충북	괴산/ 문경군	청천면/경북 문경군 농암면	탄광/광산	보국(寶國)광산	미확인
	충북	괴산/ 문경군	충북 괴산군 청천면/경북상주 군화북,농암면	탄광/광산	천대(千代)광산	미확인
	충북	괴산/ 문경군	청천면/경북 문경 군 농암,가은면	탄광/광산	청천송면(靑川松面)중석광산	미확인
	충북	괴산/ 문경군	상모,연풍면/경 북 문경군 문경면	탄광/광산	문경철산개발광산	동척(東拓) ㈜
	충북	괴산/ 음성/ 충주군	불정면/음성군 소 이면/충주군 이 류,연풍,주덕면	탄광/광산	충주(忠州)철산	메이지(明 治)광업㈜
	충북	괴산/ 음성군	소수면/음성군 원남면	탄광/광산	선성(銑成)금광	대흥(大興) 광업㈜
	충북	괴산/ 음성군	도안면/음성군 원남면	탄광/광산	문암(文岩)금광	미확인
	충북	괴산/ 음성군	도안면/음성군 원남면	탄광/광산	입장(立長)금광	미확인
	충북	괴산/ 음성군	사리면/음성군 원남면	탄광/광산	태화(泰和)금광	미확인
	충북	괴산/ 제천군/ 충주군	상모면/제천군 한수면/충주군 동량면	탄광/광산	수종(水鍾)광산	미확인
	충북	괴산/ 청주군	증평,청안면/ 청주군 미원면	탄광/광산	금화(錦和)광산	미확인
	충북	괴산/ 청주군	증평면/청주군 북이면	탄광/광산	부악(富岳)광산	미확인
	충북	괴산/ 청주군	증평,청안면/ 청주군 미원면	탄광/광산	오정(五井)광산	미확인
	충북	괴산/ 청주군	증평,청안면/청 주군 미원,벽성면	탄광/광산	정복(正福)금산	미확인
	충북	괴산/ 청주군	증평면/청주군 북 일,북이면	탄광/광산	제2용문(龍門)금광	미확인
	충북	괴산/ 청주군	증평면/청주군 미원면	탄광/광산	화원(花源)광산	미확인
	충북	괴산/ 청주군	증평,청안면/ 청주군 북이면	탄광/광산	금성(金星)금광	제일산금㈜
	충북	괴산/ 충주군	불정면/충주군 이류면	탄광/광산	대보(大保)광산	미확인
	충북	괴산/ 충주군	불정면/충주군 이류면	탄광/광산	충부(忠扶)금산	미확인
	충북	괴산군	괴산면	기타(노무)	근로봉사단/사방공사작업장	미확인
	충북	괴산군	청천면	기타(노무)	송탄유(松炭油)생산작업장	미확인
	충북	괴산군	청천면	탄광/광산	채운(彩雲)광산	금성(錦城) 광업㈜

구분	소재지(1945년 8월 기준)			직종/대	유적명칭	기업 (최종)
	도	부/군	면 이하			
	충북	괴산군	사리면	탄광/광산	창금(昌金)광산	다이니혼(大日本)웅변회 강담사(講談社)㈜
	충북	괴산군	소수면	탄광/광산	가정(佳鼎)금광	미확인
	충북	괴산군	청안면	탄광/광산	고촌(高村)금광	미확인
	충북	괴산군	사리, 소수면	탄광/광산	광마(光馬)광산	미확인
	충북	괴산군	불정면	탄광/광산	광술(廣戌)광산	미확인
	충북	괴산군	칠성면	탄광/광산	군대(君大)광산	미확인
	충북	괴산군	감물, 장연면	탄광/광산	금계(金鷄)광산	미확인
	충북	괴산군	소수, 불정면	탄광/광산	금관산(金冠山)금광	미확인
	충북	괴산군	증평, 청안면	탄광/광산	금신(錦新)광산	미확인
	충북	괴산군	청안, 사리면	탄광/광산	금편(金片)광산	미확인
	충북	괴산군	도안, 증평면	탄광/광산	노암(老岩)금광	미확인
	충북	괴산군	증평, 도안면	탄광/광산	동정(東井)금산	미확인
	충북	괴산군	연풍, 장연면	탄광/광산	만장(萬丈)동산	미확인
	충북	괴산군	사리, 소수면	탄광/광산	명덕(明德)광산	미확인
	충북	괴산군	증평면	탄광/광산	만화(萬和)광산	미확인
	충북	괴산군	청안면	탄광/광산	문당(文塘)금광	미확인
	충북	괴산군	청안면	탄광/광산	문방(文芳)광산	미확인
	충북	괴산군	사리면	탄광/광산	동방금광	미확인
	충북	괴산군	청천면	탄광/광산	보풍(寶豊)광산	미확인
	충북	괴산군	사리면	탄광/광산	부광(富光)금산	미확인
	충북	괴산군	청안, 청천, 문광면	탄광/광산	부성(釜城)광산	미확인
생산 관계	충북	괴산군	증평, 도안면	탄광/광산	불야(不夜)광산	미확인
	충북	괴산군	불정, 청안, 증평, 청천면	탄광/광산	석정(石井)광산	미확인
	충북	괴산군	칠성면	탄광/광산	성덕(星德)광산	미확인
	충북	괴산군	소수면	탄광/광산	소수(沼壽)광산	미확인
	충북	괴산군	소수면	탄광/광산	소암(沼岩)금산	미확인
	충북	괴산군	청천면	탄광/광산	송정(松亭)광산	미확인
	충북	괴산군	청안, 사리면	탄광/광산	수암(水岩)금산	미확인
	충북	괴산군	연풍면	탄광/광산	암풍(巖豊)광산	미확인
	충북	괴산군	연풍면	탄광/광산	연방(延方)광산	미확인
	충북	괴산군	상등면	탄광/광산	영신(永信)중석광산	미확인
	충북	괴산군	상모면	탄광/광산	영양(迎陽)광산	미확인
	충북	괴산군	청안, 사리면	탄광/광산	우성(佑成)금광	미확인
	충북	괴산군	청안, 사리면	탄광/광산	이암(二岩)금광	미확인
	충북	괴산군	사리, 도안, 청안면	탄광/광산	입양(立揚)금산	미확인
	충북	괴산군	연풍면	탄광/광산	장암(丈岩)광산	미확인
	충북	괴산군	청안면	탄광/광산	장암(長岩)금광	미확인
	충북	괴산군	사리면	탄광/광산	전촌(田村)광산	미확인
	충북	괴산군	청천면	탄광/광산	조봉(鳥峰)광산	미확인
	충북	괴산군	청안면	탄광/광산	조천(釣川)광산	미확인
	충북	괴산군	사리, 소수면	탄광/광산	철수(鐵守)금산	미확인
	충북	괴산군	청안면	탄광/광산	청안금광	미확인
	충북	괴산군	청천면	탄광/광산	청흥(靑興)광산	미확인
	충북	괴산군	사리면	탄광/광산	충북중흥(忠北中興)광산	미확인
	충북	괴산군	청안면	탄광/광산	칠보(七寶)금산	미확인

구분	소재지(1945년 8월 기준)			직종/대	유적명칭	기업(최종)
	도	부/군	면 이하			
생산관계	충북	괴산군	증평, 청안면	탄광/광산	태백(太白)광산	미확인
	충북	괴산군	청천, 칠성면	탄광/광산	태응(太鷹)광산	미확인
	충북	괴산군	청천면	탄광/광산	화동(華洞)광산	미확인
	충북	괴산군	청안면	탄광/광산	화전청안(和田淸安)금산	미확인
	충북	괴산군	상모, 연풍면	탄광/광산	화천(花泉)광산	미확인
	충북	괴산군	청산면	탄광/광산	후영(厚永)광산	미확인
	충북	괴산군	상모면	탄광/광산	삼덕공업 삼덕광산	삼덕공업㈜
	충북	괴산군	상모,장연,연풍면	탄광/광산	수안보제1광산	삼덕공업㈜
	충북	괴산군	청산면	탄광/광산	상신(上新)광산	조선광업㈜
	충북	괴산군	연풍면	탄광/광산	풍령(豊嶺)광산	미확인
	충북	괴산군	청안면	탄광/광산	고바야시(小林)청안금산	고바야시(小林)광업㈜
	충북	괴산군	청천면	탄광/광산	고바야시(小林)화양금산	고바야시(小林)광업㈜
	충북	괴산군	청천면	탄광/광산	화양동광산	고바야시(小林)광업㈜
	충북	괴산군	연풍, 장연면	탄광/광산	연풍(延豊)광산	조선제련㈜
	충북	괴산군	증평면	탄광/광산	영창(永昌)광산	조선제련㈜
	충북	논산군	연무	탄광/광산	광구/조선광산㈜	조선광산㈜
	충북	단양/문경/제천군	제천군 덕산면/단양군 단양면/문경군 동노면	탄광/광산	금중(金重)광산	미확인
	충북	단양/문경군	대강면/문경군 동노면	탄광/광산	금희(金熙)광산	미확인
	충북	단양/영천군	영천↔단양군	철도/도로	철도공사장(중앙선)	조선총독부 철도국
	충북	단양/제천군	단양면/제천군 수산면	탄광/광산	계곡(鷄谷)광산	미확인
	충북	단양/제천군	단양면/제천군 수산, 덕산면	탄광/광산	보창(普昌)광산	미확인
	충북	단양/제천군	적성면/제천군 금성면	탄광/광산	작성(鵲城)금산	미확인
	충북	단양/제천군	단양면/제천군 수산면	탄광/광산	단제(丹堤)광산	조선광업진흥㈜
	충북	단양군	대강면	기타(노무)	근로보국대/철도공사	미확인
	충북	단양군	매포면	철도/도로	철도공사장	미확인
	충북	단양군	단양면 북하리/매포면 고수리	철도/도로	철도공사장(중앙선)	조선총독부 철도국
	충북	단양군	단양, 적성면	탄광/광산	단양광산	니혼(日本)희유금속㈜
	충북	단양군	단양면	탄광/광산	단양흑연광산	다이니혼(大日本)세루로이드㈜
	충북	단양군	영춘, 가곡, 단양, 대강면 용부원리/고수리	탄광/광산	단양석탄광산	단양석탄공업㈜
	충북	단양군	가곡, 매포면	탄광/광산	가곡(佳谷)금광	미확인
	충북	단양군	단양면	탄광/광산	금전성(金田成)광산	미확인
	충북	단양군	단양면	탄광/광산	금정(金庭)광산	미확인
	충북	단양군	단양면	탄광/광산	남흥(南興)광산	미확인

구분	소재지(1945년 8월 기준)			직종/대	유적명칭	기업 (최종)
	도	부/군	면 이하			
생산 관계	충북	단양군	대강면	탄광/광산	단양송원(松原)광산	미확인
	충북	단양군	가곡면	탄광/광산	대대(大大)금은광산	미확인
	충북	단양군	대강면	탄광/광산	대원수중(大元水重)광산	미확인
	충북	단양군	대강면	탄광/광산	두음아연(斗音亞鉛)광산	미확인
	충북	단양군	대강면	탄광/광산	말노(末老)광산	미확인
	충북	단양군	불상	탄광/광산	백화광산	미확인
	충북	단양군	가곡면	탄광/광산	보발(寶發)광산	미확인
	충북	단양군	대강면	탄광/광산	삼백(三百)광산	미확인
	충북	단양군	매포면	탄광/광산	영천리(令泉里)광산	미확인
	충북	단양군	가곡면	탄광/광산	용승(龍昇)광산	미확인
	충북	단양군	불상	탄광/광산	주석산공장	미확인
	충북	단양군	대강면	탄광/광산	대문(大門)광산	삼덕공업㈜
	충북	단양군	단양면	탄광/광산	합동탄광	조선합동탄광㈜/단양석탄공업㈜
	충북	보은/옥천군	마노면/옥천군 청산면	탄광/광산	대성(大城)광산	미확인
	충북	보은/옥천군	마노면/옥천군 청산면	탄광/광산	마노(馬老)광산	미확인
	충북	보은/옥천군	마노면/옥천군 청산면	탄광/광산	봉송(鳳松)금광	미확인
	충북	보은/옥천군	마노면/옥천군 청산면	탄광/광산	월남(月南)광산	미확인
	충북	보은군	수한면	기타(노무)	근로봉사단/사방공사작업장	미확인
	충북	보은군	마노, 탄부면	탄광/광산	보은(報恩)광산	미확인
	충북	보은군	산외면	탄광/광산	봉계(鳳谿)광산	미확인
	충북	보은군	산외면	탄광/광산	삼오(三午)광산	미확인
	충북	보은군	속리면	탄광/광산	속리(俗離)광산	미확인
	충북	보은군	회남면	탄광/광산	송원(松原)광산	미확인
	충북	영동/옥천군	심천면/옥천군 이원면	탄광/광산	기야심천(磯野深川)광산	미확인
	충북	영동/옥천군	심천면/충북청 성,이원면	탄광/광산	묘금(猫金)광산	미확인
	충북	영동/옥천군	용산면/옥천군 청산면	탄광/광산	좌등(佐藤)광산	미확인
	충북	영동/홍천군	용산면/홍천군 청성면	탄광/광산	청룡묘(靑龍猫)금광	미확인
	충북	영동군	황간면	기타(노무)	근로봉사단/사방공사작업장	미확인
	충북	영동군	심천면	철도/도로	도로공사장	미확인
	충북	영동군	영동읍 오탄리, 황간면 노근리	철도/도로	철도공사장(경부선)/하자마구미(間組)	하자마구미(間組)
	충북	영동군	용산, 심천면	탄광/광산	명향심천(名鄕深川)광산	나고(名鄕)광업㈜
	충북	영동군	용화면	탄광/광산	삼창(三倉)금산	남왕(南王)광업㈜
	충북	영동군	상촌,용화면	탄광/광산	대원(大源)금산	다이니혼(大日本)雄辯會講談社㈜
	충북	영동군	상촌면	탄광/광산	임산(林山)금산	동아광산개발㈜

구분	소재지(1945년 8월 기준)			직종/대	유적명칭	기업 (최종)
	도	부/군	면 이하			
생산 관계	충북	영동군	황간면	탄광/광산	영황(永黃)금산	만수금광㈜
	충북	영동군	황간면	탄광/광산	창도(昌道)금산	만수금광㈜
	충북	영동군	영동읍	탄광/광산	가리(加利)금산	미확인
	충북	영동군	매곡면	탄광/광산	가성(可成)광산	미확인
	충북	영동군	상촌면/영동읍	탄광/광산	고자리(高子里)금산	미확인
	충북	영동군	황금면	탄광/광산	금소(金沼)광산	미확인
	충북	영동군	심천면	탄광/광산	금술(金戌)광산	미확인
	충북	영동군	양강면	탄광/광산	금정(金汀)광산	미확인
	충북	영동군	상촌, 매곡면	탄광/광산	금진(金鎭)금광	미확인
	충북	영동군	용화면	탄광/광산	길방(吉芳)금산	미확인
	충북	영동군	영동읍	탄광/광산	김포(金抱)금산	미확인
	충북	영동군	매곡, 황금면	탄광/광산	내보(內寶)금산	미확인
	충북	영동군	매곡면	탄광/광산	노천리(老川里)광산	미확인
	충북	영동군	용화, 양산, 계산면	탄광/광산	대왕(大旺)광산	미확인
	충북	영동군	상촌면	탄광/광산	대일(大一)금광	미확인
	충북	영동군	상촌면	탄광/광산	대해(大海)[里]금산	미확인
	충북	영동군	매곡면	탄광/광산	덕천(德川)금산	미확인
	충북	영동군	심천, 양산면	탄광/광산	동아부국(東亞富國)광산	미확인
	충북	영동군	양강, 용화면	탄광/광산	만보(萬保)금산	미확인
	충북	영동군	영동읍	탄광/광산	명소(明昭)금광	미확인
	충북	영동군	양강, 용화면	탄광/광산	범화리(範華里)금산	미확인
	충북	영동군	황금면	탄광/광산	보국(報國)광산	미확인
	충북	영동군	용산면	탄광/광산	봉달(烽達)광산	미확인
	충북	영동군	양강, 용화면	탄광/광산	봉림(鳳林)금산	미확인
	충북	영동군	영동읍	탄광/광산	산봉(山峰)금산	미확인
	충북	영동군	상촌, 매곡면	탄광/광산	삼광수(三光秀)금산	미확인
	충북	영동군	양강면	탄광/광산	삼성(三聲)금은형석광산	미확인
	충북	영동군	상촌면	탄광/광산	삼영(三永)금산	미확인
	충북	영동군	상촌면	탄광/광산	삼호기원(三好企原)금산	미확인
	충북	영동군	상촌면	탄광/광산	삼황학(三黃鶴)금산	미확인
	충북	영동군	황금면	탄광/광산	서곡풍령(西谷豊嶺)광산	미확인
	충북	영동군	용화, 학산면	탄광/광산	시항(矢項)금광	미확인
	충북	영동군	황간면	탄광/광산	신의(新儀)금산	미확인
	충북	영동군	학산면	탄광/광산	신학(神鶴)광산	미확인
	충북	영동군	섭천면/영동읍	탄광/광산	심천(深川)형석광산	미확인
	충북	영동군	양강면	탄광/광산	영동(永同)제1금산	미확인
	충북	영동군	상촌면	탄광/광산	영동황적(永同黃積)금산	미확인
	충북	영동군	영동읍	탄광/광산	영림(永林)금산	미확인
	충북	영동군	매곡면	탄광/광산	영일(永一)금산	미확인
	충북	영동군	용화, 학산면	탄광/광산	영학(永鶴)광산	미확인
	충북	영동군	학산면	탄광/광산	용소(龍沼)광산	미확인
	충북	영동군	심천, 양강면	탄광/광산	용암(龍岩)금산	미확인
	충북	영동군	매곡면	탄광/광산	용유(龍有)금산	미확인
	충북	영동군	용화면	탄광/광산	용화(龍化)금산	미확인
	충북	영동군	매곡, 황간면	탄광/광산	욱옥천(旭玉川)금산	미확인
	충북	영동군	용산면	탄광/광산	유촌(有村)광산	미확인
	충북	영동군	양강, 용화면	탄광/광산	이내양강(伊奈楊江)광산	미확인
	충북	영동군	양강면/영동읍	탄광/광산	일대(一大)금산	미확인
	충북	영동군	상촌면	탄광/광산	일생(日生)금산	미확인

구분	소재지(1945년 8월 기준)			직종/대	유적명칭	기업 (최종)
	도	부/군	면 이하			
생산관계	충북	영동군	황간, 상촌, 매곡면/영동읍	탄광/광산	제2금진(金鎭)금광	미확인
	충북	영동군	상촌면	탄광/광산	제2황학(黃鶴)금산	미확인
	충북	영동군	학산, 용화면	탄광/광산	조산(山)금광	미확인
	충북	영동군	상촌면	탄광/광산	죽전(竹田)광산	미확인
	충북	영동군	양강면	탄광/광산	지촌(芝村)금산	미확인
	충북	영동군	용화면	탄광/광산	창곡(倉谷)금산	미확인
	충북	영동군	용산면	탄광/광산	천관(天冠)금산	미확인
	충북	영동군	매곡, 황간면	탄광/광산	천번(千番)금광	미확인
	충북	영동군	학산면	탄광/광산	충북(忠北)광산	미확인
	충북	영동군	상촌면	탄광/광산	충북금정(忠北金井)금산	미확인
	충북	영동군	양강면	탄광/광산	태운(泰運)광산	미확인
	충북	영동군	양강, 용화면/영동읍	탄광/광산	풍창(豊昌)금산	미확인
	충북	영동군	양산면	탄광/광산	호탄(虎灘)금산	미확인
	충북	영동군	황금면	탄광/광산	황계(黃溪)금산	미확인
	충북	영동군	매곡, 상촌면	탄광/광산	황악(黃岳)금산	미확인
	충북	영동군	매곡, 황간면	탄광/광산	황윤(黃潤)금산	미확인
	충북	영동군	상촌면	탄광/광산	흥덕(興德)광산	미확인
	충북	영동군	양강면/영동읍	탄광/광산	흥아일참봉(興亞日參峰)광산	미확인
	충북	영동군	영동읍	탄광/광산	삼강(三岡)광산	삼강(三岡) 광업(주)
	충북	영동군	영동, 양강면/영동읍	탄광/광산	삼동(三同)광산	삼동(三同) 광업(주)
	충북	영동군	매곡, 황간면	탄광/광산	북룡(北龍)금산	아소(麻生) 광업(주)
	충북	영동군	상촌면/영동읍	탄광/광산	영창(永彰)광산	임산(林山) 광업(주)
	충북	영동군	황금면	탄광/광산	보현(寶賢)금산	제국산업(주)
	충북	영동군	양강면	탄광/광산	쌍암(雙岩)형석광산	조선형석(주)
	충북	영동군	황금, 매곡면	탄광/광산	추령(秋嶺)광산	추령광업(주)
	충북	영동군	용화, 학산, 영동면	탄광/광산	학산(鶴山)광산	가쿠잔(鶴山) 광업(주)/東拓
	충북	영동군	영동읍/황간, 매곡면	탄광/광산	월유(月留)광산	미쓰비시 (三菱)광업(주)
	충북	영동군	상촌면물한리	탄광/광산	청화(淸和)금산	조선제련(주)
	충북	영동군	영동~황간 지역	하역수송	군수물자수송	미확인
	충북	옥천군	옥천면	기타(노무)	근로봉사단/사방공사작업장	미확인
	충북	옥천군	불상	철도/도로	철도공사장(경부선)/하자마구미(間組)	하자마구미 (間組)
	충북	옥천군	불상	철도/도로	철도터널	미확인
	충북	옥천군	군북면	탄광/광산	군북조일(郡北朝日)광산	미확인
	충북	옥천군	군서면	탄광/광산	군서(郡西)광산	미확인
	충북	옥천군	동이, 청송, 이원면	탄광/광산	금강(錦江)시금광	미확인
	충북	옥천군	청성면	탄광/광산	금저(金貯)금광	미확인
	충북	옥천군	안남, 청성면	탄광/광산	금적산(金積山)광산	미확인
	충북	옥천군	청성면	탄광/광산	남성(南星)금광	미확인
	충북	옥천군	안남, 군북면	탄광/광산	동광(東光)금광	미확인
	충북	옥천군	동이면	탄광/광산	삼금창(三金倉)금광	미확인
	충북	옥천군	청성면	탄광/광산	삼석(三石)반도흑연광산	미확인

| 구분 | 소재지(1945년 8월 기준) | | 직종/대 | 유적명칭 | 기업 |
	도	부/군	면 이하			(최종)
생산 관계	충북	옥천군	안남면	탄광/광산	안덕(安德)광산	미확인
	충북	옥천군	청송면거포리	탄광/광산	옥천(沃川)광산	미확인
	충북	옥천군	동이,안남,청산면	탄광/광산	욱(旭)광산	미확인
	충북	옥천군	동이,이원면	탄광/광산	이원(伊院)광산	미확인
	충북	옥천군	청산면	탄광/광산	정덕(晶德)광산	미확인
	충북	옥천군	청성,청산면	탄광/광산	청일(淸一)광산	미확인
	충북	옥천군	청성면	탄광/광산	충원(忠元)금광	미확인
	충북	옥천군	청산면	탄광/광산	태양광산	미확인
	충북	옥천군	청성면	탄광/광산	팔일(八日)광산	미확인
	충북	옥천군	동이,청송면	탄광/광산	합금사금광	미확인
	충북	음성/ 진천군	대소면/진천군만 근,이월면	탄광/광산	만승(萬升)금광	미확인
	충북	음성/ 충주군	감곡면/충주군 앙성면	탄광/광산	소금(昭金)광산	미확인
	충북	음성/ 충주군	감곡면/충주군 앙성면	탄광/광산	앙덕(仰德)광산	미확인
	충북	음성/ 충주군	소이면/충주군 주덕,신니면	탄광/광산	유영(俞永)광산	미확인
	충북	음성군	소이면	기타(노무)	근로봉사단/사방공사작업장	미확인
	충북	음성군	소이면	탄광/광산	금국(金國)광산	미확인
	충북	음성군	금왕,대소,맹동면	탄광/광산	금왕(金旺)광산	미확인
	충북	음성군	원남,음성면	탄광/광산	능곡(陵谷)금산	미확인
	충북	음성군	음성면	탄광/광산	대동창(大同昌)금광	미확인
	충북	음성군	생극면	탄광/광산	동원(銅垣)광산	미확인
	충북	음성군	음성,금왕면	탄광/광산	백양(栢陽)광산	미확인
	충북	음성군	원남면	탄광/광산	보양(甫陽)광산	미확인
	충북	음성군	맹동,금왕면	탄광/광산	봉일(逢一)광산	미확인
	충북	음성군	원남면	탄광/광산	삼영(三英)금산	미확인
	충북	음성군	소이면	탄광/광산	소이(蘇伊)광산	미확인
	충북	음성군	금왕,무극면	탄광/광산	우등(禹登)금광	미확인
	충북	음성군	음성면	탄광/광산	음성금산	미확인
	충북	음성군	음성,원남면	탄광/광산	음성내덕금광	미확인
	충북	음성군	음성,맹동,금왕면	탄광/광산	인곡(仁谷)광산	미확인
	충북	음성군	금왕면	탄광/광산	장현(長峴)금광	미확인
	충북	음성군	원남면	탄광/광산	제1수덕금광	미확인
	충북	음성군	소이,원남면	탄광/광산	조성(鳥城)금광	미확인
	충북	음성군	소이,음성면	탄광/광산	지대비(地大碑)금산	미확인
	충북	음성군	소이,음성면	탄광/광산	충도(忠道)광산	미확인
	충북	음성군	소이,신니면	탄광/광산	화수(花水)광산	미확인
	충북	음성군	원남면	탄광/광산	황하(黃賀)금산	미확인
	충북	음성군	맹동면	탄광/광산	맹동(孟洞)광산	조선광업㈜
	충북	음성군	금왕,생극,효동면	탄광/광산	무극(無極)광산	조선제련㈜
	충북	음성군	음성면	토건	저수지(용산)	미확인
	충북	제천/ 충주군	한수면/충주군 사미면	탄광/광산	남영(南榮)광산	미확인
	충북	제천/ 충주군	백운면/충주군 엄정면	탄광/광산	풍려(豊麗)광산	미확인
	충북	제천/ 충주군	백운면/충주군 엄정면	탄광/광산	화당(花塘)광산	미확인

구분	소재지(1945년 8월 기준)			직종/대	유적명칭	기업 (최종)
	도	부/군	면 이하			
생산 관계	충북	제천군	제천면	기타(노무)	근로보국대/철도공사	미확인
	충북	제천군	송학면	기타(노무)	송탄유(松炭油)생산작업장	미확인
	충북	제천군	덕산면	탄광/광산	용하(用夏)금중광산	금중(金重)광업㈜
	충북	제천군	덕산면	탄광/광산	광천(廣川)광산	미확인
	충북	제천군	백운면	탄광/광산	구덕(九德)금산	미확인
	충북	제천군	수산면	탄광/광산	금릉(錦陵)광산	미확인
	충북	제천군	수산면	탄광/광산	금중(錦重)광산	미확인
	충북	제천군	금성면	탄광/광산	금학(錦鶴)광산	미확인
	충북	제천군	덕산면	탄광/광산	다랑산(多郞山)중석광산	미확인
	충북	제천군	적성면	탄광/광산	당두(當頭)광산	미확인
	충북	제천군	덕산면	탄광/광산	대기수중(大基水重)광산	미확인
	충북	제천군	수산, 덕산면	탄광/광산	대양(大洋)광산	미확인
	충북	제천군	덕산면	탄광/광산	덕산(德山)형석광산	미확인
	충북	제천군	덕산, 한수면	탄광/광산	덕수(德壽)중석광산	미확인
	충북	제천군	백운면	탄광/광산	덕왕(德旺)광산	미확인
	충북	제천군	한수면	탄광/광산	덕주(德周)광산	미확인
	충북	제천군	덕산면	탄광/광산	도전(道田)광산	미확인
	충북	제천군	백운면	탄광/광산	동림(東林)광산	미확인
	충북	제천군	수산, 청풍면	탄광/광산	동아(東亞)광산	미확인
	충북	제천군	한수면	탄광/광산	동창(東倉)광산	미확인
	충북	제천군	덕산면	탄광/광산	사동(寺洞)광산	미확인
	충북	제천군	덕산면	탄광/광산	삼악(三岳)광산	미확인
	충북	제천군	백운, 수산면	탄광/광산	삼중(三重)광산	미확인
	충북	제천군	청풍면	탄광/광산	삼창화곡(三昌華谷)광산	미확인
	충북	제천군	금성면	탄광/광산	삼화성(三火星)금산	미확인
	충북	제천군	금성면	탄광/광산	삼화성(三火星)수연광	미확인
	충북	제천군	백운면	탄광/광산	송곡(松谷)금산	미확인
	충북	제천군	덕산, 수산면	탄광/광산	수리(水里)광산	미확인
	충북	제천군	덕산면	탄광/광산	신용하(新用夏)광산	미확인
	충북	제천군	수산면	탄광/광산	안신석(安信石)광산	미확인
	충북	제천군	덕산면	탄광/광산	어래(御來)광산	미확인
	충북	제천군	덕산면	탄광/광산	억수(億水)광산	미확인
	충북	제천군	한수면	탄광/광산	영국(榮國)제천광산	미확인
	충북	제천군	덕산, 한수면	탄광/광산	응천(應天)광산	미확인
	충북	제천군	덕산면	탄광/광산	제천선덕(仙德)광산	미확인
	충북	제천군	덕산면	탄광/광산	제천수곡(水谷)광산	미확인
	충북	제천군	한수면	탄광/광산	주보산(珠寶山)광산	미확인
	충북	제천군	수산, 덕산면	탄광/광산	중보(重寶)광산	미확인
	충북	제천군	덕산, 한수면	탄광/광산	중수(重水)광산	미확인
	충북	제천군	백운면	탄광/광산	진흥(秦興)광산	미확인
	충북	제천군	백운면	탄광/광산	천봉(天峰)광산	미확인
	충북	제천군	청풍면	탄광/광산	평동(坪洞)광산	미확인
	충북	제천군	백운면	탄광/광산	풍려(豊麗)금산	미확인
	충북	제천군	덕산면	탄광/광산	광구/소성(昭成)광업㈜	소성(昭成)광업㈜
	충북	제천군	덕산, 한수면	탄광/광산	월악(月岳)광산	흥아(興亞)광업㈜

구분	소재지(1945년 8월 기준)			직종/대	유적명칭	기업(최종)
	도	부/군	면 이하			
생산관계	충북	제천군	수산면	탄광/광산	수중(水重)광산	동척(東拓)/니혼(日本)텅스텐광업㈜
	충북	제천군	청풍면	탄광/광산	제3욱(旭)광산	동척(東拓)㈜
	충북	제천군	수산면	탄광/광산	제천(堤川)광산	미쓰비시(三菱)광업㈜
	충북	제천군	제천읍두학리	토건	저수지(장치미)	미확인
	충북	진천/천안군	진천읍/충남 천안군 입장(양대리), 성거, 북, 갈전면/아산군 음봉면/백전면	탄광/광산	중앙(中央)광산	조선중앙광업㈜
	충북	진천/천안군	진천면/충남 천안군 동면	탄광/광산	덕성(德星)광산	주가이(中外)광업㈜
	충북	진천군	이원면	기타(노무)	근로봉사단/사방공사작업장	미확인
	충북	진천군	소도면	기타(노무)	소도면보급소	미확인
	충북	진천군	초평면	철도/도로	도로공사장/니시마쓰구미(西松組)	니시마쓰구미(西松組)
	충북	진천군	진천, 문백면	탄광/광산	성암(聖岩)금광	명양(明陽)광업㈜
	충북	진천군	진천면	탄광/광산	금암(錦岩)금산	미확인
	충북	진천군	백곡, 이월면	탄광/광산	무제산(武帝山)금광	미확인
	충북	진천군	백곡면	탄광/광산	성대리(城大里)광산	미확인
	충북	진천군	이월면	탄광/광산	진천(鎭川)광산	미확인
	충북	진천군	백곡면 성대리	토건	저수지(성대)	미확인
	충북	진천군	초평면 화산리	토건	저수지(초평)	미확인
	충북	진천군	불상	토건	제방공사장	미확인
	충북	청양군	사양면	탄광/광산	구봉(九峰)석면광산	주가이(中外)광업㈜
	충북	청양군	청산면 백곡리	토건	저수지(백실)	미확인
	충북	청원군	미원면	기타(노무)	松炭油生産作業場	미확인
	충북	청주군	사직동(현)	공장	통조림공장	미확인
	충북	청주군	불상	공장	청주공장/군제(郡是)산업㈜	군제(郡是)산업㈜
	충북	청주군	불상	공장	청주공장/데이코쿠(帝國)섬유㈜	데이코쿠(帝國)섬유㈜
	충북	청주군	청주읍 서정98	기타(노무)	만주식산㈜	만주식산㈜
	충북	청주군	오창면	기타(노무)	근로봉사단/사방공사작업장	미확인
	충북	청주군	미원면	기타(노무)	송탄유생산작업장	미확인
	충북	청주군	청주읍 본정 6정목328	기타(노무)	충청농원㈜	미확인
	충북	청주군	사주면/청주읍	탄광/광산	금문(金文)광산	공화광업㈜
	충북	청주군	남일, 강외면	탄광/광산	조치원사금광/금강드레치(ドレツヂ)광업㈜	금강(錦江)드레치(ドレツヂ)광업㈜
	충북	청주군	가덕, 남일면	탄광/광산	남택(藍澤)광산	남택광업㈜
	충북	청주군	부용면	탄광/광산	내선부용(內鮮芙蓉)광산	내선광업㈜
	충북	청주군	북일, 북이면	탄광/광산	삼우(三祐)금산	니혼(日本)산보(産寶)금산㈜

구분	소재지(1945년 8월 기준)			직종/대	유적명칭	기업 (최종)
	도	부/군	면 이하			
생산 관계	충북	청주군	부용, 남이면	탄광/광산	천년(千年)광산	동양산금㈜
	충북	청주군	강외면	탄광/광산	상봉(上鳳)광산	동우흥업 (東宇興業)㈜
	충북	청주군	부용, 남이면 (척산리)	탄광/광산	외천(外川)금[鑛]산	동조선(東朝鮮)광업㈜
	충북	청주군	남이면	탄광/광산	팔봉(八峰)금산	동조선(東朝鮮)광업㈜
	충북	청주군	벽성면	탄광/광산	안곤(安昆)광산	반도흥업㈜
	충북	청주군	남일, 남이면	탄광/광산	가산(佳山)금광	미확인
	충북	청주군	사주, 남일면	탄광/광산	관풍(冠豊)금광	미확인
	충북	청주군	북이면	탄광/광산	광암(光岩)금산	미확인
	충북	청주군	옥산, 강외면	탄광/광산	금탁(金鐸)광산	미확인
	충북	청주군	미원면	탄광/광산	금해(金蟹)광산	미확인
	충북	청주군	문의, 부용면	탄광/광산	남두(南斗)금광	미확인
	충북	청주군	북이면	탄광/광산	대길(大吉)광산	미확인
	충북	청주군	남이면	탄광/광산	대련(大連)금광	미확인
	충북	청주군	부용, 현도면	탄광/광산	대창(大昌)금광	미확인
	충북	청주군	남이면	탄광/광산	마기남택(馬崎男澤)금산	미확인
	충북	청주군	사주, 북일면	탄광/광산	명성(明城)금광	미확인
	충북	청주군	사주면/청주읍	탄광/광산	명암(明岩)금광	미확인
	충북	청주군	오창면	탄광/광산	모정(慕亭)광산	미확인
	충북	청주군	사주면/청주읍	탄광/광산	목엄(牧嚴)금산	미확인
	충북	청주군	도현, 문의면	탄광/광산	문도(文都)광산	미확인
	충북	청주군	사주, 강서, 남이면	탄광/광산	반송(盤松)금광	미확인
	충북	청주군	북일, 사주면	탄광/광산	백화(白花)금광	미확인
	충북	청주군	강외면	탄광/광산	병마(兵馬)금광	미확인
	충북	청주군	남이면	탄광/광산	보산(寶山)금산	미확인
	충북	청주군	사주, 남이, 강서면	탄광/광산	복대(福臺)금광	미확인
	충북	청주군	남이면	탄광/광산	복두(福頭)금산	미확인
	충북	청주군	북이면	탄광/광산	부연(釜淵)광산	미확인
	충북	청주군	부용, 문의, 현도면	탄광/광산	부용(芙蓉)금광	미확인
	충북	청주군	부용면	탄광/광산	부창(芙昌)광산	미확인
	충북	청주군	북일, 미원면	탄광/광산	북미(北米)광산	미확인
	충북	청주군	사주, 북일면/청주읍	탄광/광산	북사(北四)광산	미확인
	충북	청주군	북일면	탄광/광산	북일(北一)광산	미확인
	충북	청주군	북일, 벽성면	탄광/광산	산성(山城)금광	미확인
	충북	청주군	남일면	탄광/광산	삼부(三富)금광	미확인
	충북	청주군	남이면	탄광/광산	삼황(三凰)금광	미확인
	충북	청주군	북일, 벽성면	탄광/광산	상당(上黨)금산	미확인
	충북	청주군	북이면	탄광/광산	선흥(鮮興)금광	미확인
	충북	청주군	북일면	탄광/광산	성암(城岩)금광	미확인
	충북	청주군	북이면	탄광/광산	소룡(巢龍)광산	미확인
	충북	청주군	남일면	탄광/광산	소화금계(昭和金鷄)광산	미확인
	충북	청주군	강서, 강내면	탄광/광산	신목(新木)광산	미확인
	충북	청주군	남이면	탄광/광산	안심광산	미확인
	충북	청주군	강외면	탄광/광산	연제(蓮堤)금산	미확인
	충북	청주군	벽성, 미원면	탄광/광산	영왕(永旺)금산	미확인
	충북	청주군	북이면	탄광/광산	용문(龍門)금광	미확인

구분	소재지(1945년 8월 기준)			직종/대	유적명칭	기업 (최종)
	도	부/군	면 이하			
	충북	청주군	사주, 벽성면	탄광/광산	용정(龍亭)금광	미확인
	충북	청주군	미원면	탄광/광산	인경(仁景)광산	미확인
	충북	청주군	문의면	탄광/광산	일등(一藤)광산	미확인
	충북	청주군	사주, 남이면	탄광/광산	조원(造元)금산	미확인
	충북	청주군	문의, 현도면	탄광/광산	죽암(竹岩)금광	미확인
	충북	청주군	사주, 벽성면	탄광/광산	천야(淺野)광산	미확인
	충북	청주군	남이면	탄광/광산	청남(淸南)금광	미확인
	충북	청주군	남일면	탄광/광산	청남부곡(淸南富谷)광산	미확인
	충북	청주군	남이면	탄광/광산	청영(淸榮)금산	미확인
	충북	청주군	사주면/청주읍	탄광/광산	청주용정(龍亭)금광	미확인
	충북	청주군	남일, 남이면	탄광/광산	청주제1사금광	미확인
	충북	청주군	청주읍/사주면	탄광/광산	청주제2사금광	미확인
	충북	청주군	사주, 남일, 강외면	탄광/광산	청주제3사금광	미확인
	충북	청주군	사주면	탄광/광산	충북송정(松亭)광산	미확인
	충북	청주군	문의, 현도면	탄광/광산	품곡(品谷)광산	미확인
	충북	청주군	북일면	탄광/광산	풍암(楓岩)금광	미확인
	충북	청주군	북일, 북이면	탄광/광산	호명(虎鳴)광산	미확인
	충북	청주군	미원, 벽성, 북일면	탄광/광산	화문(華門)광산	미확인
	충북	청주군	사주, 남이면	탄광/광산	환본(丸本)금광	미확인
	충북	청주군	남일, 벽성면	탄광/광산	황청(黃靑)광산	미확인
	충북	청주군	부용면	탄광/광산	삼덕금강(三德錦江)광산	삼덕공업㈜
	충북	청주군	옥산, 강외면	탄광/광산	상정리(桑亭里)광산	수마(須磨)광업㈜
생산 관계	충북	청주군	강서, 강내, 옥산면	탄광/광산	청주평리(坪里)사금광	제국석유광업㈜
	충북	청주군	강외면 연제리2	탄광/광산	광구/조선광산㈜	조선광산㈜
	충북	청주군	사주, 남일면	탄광/광산	제1청성(淸城)광산	청성(淸城)광업㈜
	충북	청주군	사주, 남일면	탄광/광산	제2청성(淸城)광산	청성(淸城)광업㈜
	충북	청주군	부용, 문의, 남이면	탄광/광산	충청(忠淸)광산	충청(忠淸)제련㈜
	충북	청주군	부용면	탄광/광산	일소(日掃)광산	고바야시(小林)광업㈜
	충북	청주군	북일, 북이, 사주, 남일, 남이면	탄광/광산	청주(淸州)광산	니혼(日本)광업㈜
	충북	충주군	주덕면	기타(노무)	근로봉사단/사방공사작업장	미확인
	충북	충주군	주덕, 노은, 가금면	탄광/광산	황금(黃金)금산	내선자동차운수㈜
	충북	충주군	앙성, 노은면	탄광/광산	태창(泰昌)광산	다이니혼(大日本)웅변회강담사(講談社)㈜
	충북	충주군	앙성면	탄광/광산	망월(望月)광산	대기(大紀)광업㈜
	충북	충주군	앙성면	탄광/광산	충애(忠愛)광산	대기(大紀)광업㈜
	충북	충주군	앙성면	탄광/광산	충정(忠靖)광산	대기(大紀)광업㈜

구분	소재지(1945년 8월 기준)			직종/대	유적명칭	기업 (최종)
	도	부/군	면 이하			
생산 관계	충북	충주군	앙성면 능암리 능동	탄광/광산	대화(大華)광산	대화(大華) 광산광업㈜
	충북	충주군	노은면	탄광/광산	가신(佳新)광산	미확인
	충북	충주군	엄정면	탄광/광산	가춘(佳春)광산	미확인
	충북	충주군	앙성, 노은면	탄광/광산	국망(國望)광산	미확인
	충북	충주군	앙성, 노은면	탄광/광산	국산(國山)광산	미확인
	충북	충주군	노은면	탄광/광산	노은(老隱)금광	미확인
	충북	충주군	노은면	탄광/광산	대번(大繁)광산	미확인
	충북	충주군	주덕면	탄광/광산	대소(大김)광산	미확인
	충북	충주군	노은면	탄광/광산	대형(大衡)광산	미확인
	충북	충주군	노은, 주덕면	탄광/광산	덕연(德蓮)광산	미확인
	충북	충주군	앙성면 능암리	탄광/광산	돈산(敦山)중석광산	미확인
	충북	충주군	엄정면	탄광/광산	만세(萬歲)광산	미확인
	충북	충주군	산척, 엄정면	탄광/광산	명정(明正)금광	미확인
	충북	충주군	소태면	탄광/광산	미수(米壽)광산	미확인
	충북	충주군	노은면	탄광/광산	병억일신(炳億日新)광산	미확인
	충북	충주군	소태면	탄광/광산	삼진(三珍)광산	미확인
	충북	충주군	산척, 엄정면	탄광/광산	송강(松江)금산	미확인
	충북	충주군	노은, 가금면	탄광/광산	수룡(水龍)금광	미확인
	충북	충주군	노은면	탄광/광산	안락(安樂)금산	미확인
	충북	충주군	앙성, 가금, 노은면	탄광/광산	앙성(仰城)금광	미확인
	충북	충주군	동량, 산척면	탄광/광산	양명(良明)광산	미확인
	충북	충주군	엄정면	탄광/광산	엄정(嚴政)광산	미확인
	충북	충주군	앙성면	탄광/광산	영죽(永竹)금산	미확인
	충북	충주군	소태면	탄광/광산	오량(五良)금광	미확인
	충북	충주군	충주읍	탄광/광산	용봉(龍鳳)금광	미확인
	충북	충주군	엄정면	탄광/광산	원곡(院谷)금산	미확인
	충북	충주군	앙성면	탄광/광산	일성(日成)금광	미확인
	충북	충주군	주덕, 신니면	탄광/광산	제2황금금산	미확인
	충북	충주군	주덕면	탄광/광산	주덕(周德)광산	미확인
	충북	충주군	가금, 노은면	탄광/광산	중명(重明)광산	미확인
	충북	충주군	앙성면	탄광/광산	지당(智堂)광산	미확인
	충북	충주군	산척, 엄정면	탄광/광산	진창(進昌)광산	미확인
	충북	충주군	앙성면	탄광/광산	창래(昌來)광산	미확인
	충북	충주군	노은, 가금면	탄광/광산	천룡(天龍)광산	미확인
	충북	충주군	사미면/충주읍	탄광/광산	청수(淸水)충주광산	미확인
	충북	충주군	산척면	탄광/광산	충월(忠月)광산	미확인
	충북	충주군	노은면	탄광/광산	충임(忠臨)사금광	미확인
	충북	충주군	사미면	탄광/광산	충주(忠州)선만 활석(滑石)광산	미확인
	충북	충주군	사미면	탄광/광산	충주(忠州) 활석(滑石)광산	미확인
	충북	충주군	앙성면	탄광/광산	충주용포(忠州龍浦)광산	미확인
	충북	충주군	이류, 주덕면	탄광/광산	흥생(興生)광산	정고사(正 高社)(합자)
	충북	충주군	산척, 엄정면	탄광/광산	삼보(三補)금광	천은(天銀)광 업사(합자)
	충북	충주군	앙성면 용대리/마 유리	탄광/광산	대릉(大菱)광산	대기(大紀) 광업㈜
	충북	충주군	소태면	탄광/광산	오복(五福)금광	동척(東拓) 광업㈜

구분	소재지(1945년 8월 기준)			직종/대	유적명칭	기업 (최종)
	도	부/군	면 이하			
생산 관계	충북	충주군	산척면	탄광/광산	천등(天登)금광	성환(成歡) 광업㈜
	충북	충주군	이류,주덕면/ 충주읍	탄광/광산	충주(忠州)사금광	성환(成歡) 광업㈜
	충북	충주군	신니면 송암리	토건	저수지(신덕)	미확인
	평남	강동/ 대동/ 평양부	만달,원탄면/대동군 율리면/대동강·추 을미면 사동리,임원 면/평양부 율리,불 당,장진,동 대원리	철도/도로	탄광철도공사장[평양(平壤)탄광/해군성해 군연료창평양광업부/제5연료창]	해군성/ 조선진해 경비부
	평남	강동/ 대동/ 평양부	평양부 율리,불당, 장진,동대원리/대동 군 율리면/대동강· 추을미면 사동리,임 원면/강동군 만달, 원탄면	탄광/광산	평양(平壤)탄광/해군성 해군연료창 평양광 업부/제5연료창	해군성/ 조선진해 경비부
	평남	강동/ 대동군	강동군 원탄면 남경리/대동군 시족면	탄광/광산	원탄(元灘)탄광	조선무연탄 ㈜
	평남	강동/ 성천군	강동군↔성천군	철도/도로	철도공사장(서선선)/니시모토구미(西本組)	니시모토구 미(西本組)
	평남	강동/ 성천군	서봉진면/성천군 통선면	탄광/광산	취봉(鷲峯)광산	미확인
	평남	강동군	만달면 승호리	공장	승호리크린카공장/압록강수력발전㈜	조선압록강 수력발전㈜
	평남	강동군	만달면 승호리	공장	평양공장/오노다(小野田)시멘트제조㈜	오노다(小 野田)시멘 트제조㈜
	평남	강동군	봉진면	탄광/광산	봉진(鳳津)광산	미확인
	평남	강동군	삼등면	탄광/광산	산야(山野)광산	미확인
	평남	강동군	고읍,정호,강동, 원탄면	탄광/광산	강동(江東)탄광	조선무연탄 ㈜
	평남	강동군	삼등면	탄광/광산	덕산(德山)탄광	조선무연탄 ㈜
	평남	강동군	삼등면	탄광/광산	삼등(三登)탄광	조선무연탄 ㈜
	평남	강동군	삼등면상동리	탄광/광산	흑령(黑嶺)탄광	조선무연탄 ㈜
	평남	강동군	불상	탄광/광산	광무소/조선무연탄㈜	조선무연탄 ㈜
	평남	강동군	만달면대성리	탄광/광산	대성(大成)탄광	조선무연탄 ㈜
	평남	강서/ 대동군	강서,동진면 용정리943/내차, 반석면/대동군 대보면	탄광/광산	강서(江西)탄광	조선무연탄 ㈜
	평남	강서/ 대동군	대동군 대보,남형 제산,금제,재경 리면/강서군 반석,동진면	탄광/광산	대보(大寶)[面]탄광	조선무연탄 ㈜

구분	소재지(1945년 8월 기준)			직종/대	유적명칭	기업 (최종)
	도	부/군	면 이하			
생산 관계	평남	강서/ 대동군	대동군 시족, 임원, 서천면/ 강동군 원탄면	탄광/광산	삼신(三神)탄광	조선무연탄 ㈜
	평남	강서군	불상	공장	발전소	미확인
	평남	강서군	동진면 기양리	공장	공작공장/기양공장/아사히(朝日)경금속	아사히(朝日)경금속
	평남	강서군	동진면 기양리	공장	기양공장/아사히(朝日)경금속	아사히(朝日)경금속
	평남	강서군	용강	공장	용강공장/가네가후치(鐘淵)해수이용공업	가네가후치(鐘淵)해수 이용공업
	평남	강서군	불상	공장	미쓰비시(三菱)마그네슘공업	미쓰비시(三菱)마그 네슘공업㈜
	평남	강서군	초리면	공장	평양제강소/미쓰비시(三菱)제강	미쓰비시(三菱)제강 ㈜
	평남	강서군	성암면 대안리	공장	평양제철소/조선제철㈜	조선제철㈜
	평남	강서군	보림면 황남리/성 암면 대안리, 금산 리/학산면	철도/도로	철도공사장(평남선)철도공사장/미야케구 미(三宅組)㈜	미야케구미 (三宅組)㈜
	평남	강서군	쌍룡면	탄광/광산	수(壽)광산	고도부키 (壽)중공업 ㈜
	평남	강서군	증산면	탄광/광산	국수(國壽)광산	미확인
	평남	강서군	기양면 신기리	탄광/광산	대림조합(大林組合)광산	미확인
	평남	강서군	불상	탄광/광산	조선부영(富榮)철산	미확인
	평남	강서군	동진면	탄광/광산	청산리(靑山里)광산/조선타일㈜	조선타일㈜
	평남	강서군	보림면	탄광/광산	보림(普林)면 철산	미쓰비시 (三菱)광업 ㈜
	평남	강서군	쌍룡면	탄광/광산	명기(明基)광산	스미토모 (住友)본사 ㈜
	평남	강서군	성암면 대안리	토건	토목공사장[조선제철㈜]/시미즈구미(淸水 組)	시미즈구미 (淸水組)
	평남	강서군	동진면 기양리	토건	공장건설공사장[아사히(朝日)경금속 기양 공장 증설]/오바야시구미(大林組)	오바야시구 미(大林組)
	평남	강서군	초리면, 동진면	토건	공장건설공사장[미쓰비시(三菱)제강]	오바야시구 미(大林組)
	평남	강서군	성암면 대안리	토건	제방공사장/시미즈구미(淸水組)	시미즈구미 (淸水組)
	평남	개천/ 안주/ 영변군	개천면/안주군 동 면/영변군 오리면	탄광/광산	청천강(淸川江)사금광	조선이연 (理研)광업 ㈜
	평남	개천/ 안주군	중서면/안주군 운곡면	탄광/광산	옥산(鈺山)금광	미확인
	평남	개천/ 안주군	중서, 북, 개천, 중남면/안주군 운곡, 운용면	탄광/광산	개천(价川)철산	닛테쓰(日 鐵)광업㈜

구분	소재지(1945년 8월 기준)			직종/대	유적명칭	기업 (최종)
	도	부/군	면 이하			
생산 관계	평남	개천/ 영변군	조양,개천,북면 봉천리/영변군 용산면	탄광/광산	봉천(鳳泉)탄광	봉천(鳳泉) 무연탄광㈜
	평남	개천/ 영변군	북면/영변군 오리면	탄광/광산	평일(平一)사금광	미확인
	평남	개천/ 영변군	개천,북면/평북 영변군 오리면	탄광/광산	개천(价川)사금광	삼보(三寶) 광업㈜
	평남	개천/ 영변군	북면/영변군 용산면	탄광/광산	소민(蘇民)광산	미쓰나리 (三成)광업㈜
	평남	개천군	조양면	탄광/광산	봉원(鳳原)탄광	봉천(鳳泉) 무연탄광㈜
	평남	개천군	개천면	탄광/광산	건룡(見龍)광산	미확인
	평남	개천군	조양,중서,중남면	탄광/광산	대개(大价)유화광산	미확인
	평남	개천군	개천면	탄광/광산	대고(大高)금산	미확인
	평남	개천군	북면	탄광/광산	방장(防長)광산	미확인
	평남	개천군	북면	탄광/광산	복정(福井)개천흑연광	미확인
	평남	개천군	중서면	탄광/광산	서성(西成)금광	미확인
	평남	개천군	중서면	탄광/광산	용흥리(龍興里)광산	미확인
	평남	개천군	중남면	탄광/광산	응봉(鷹峰)광산	미확인
	평남	개천군	조양면	탄광/광산	조양(朝陽)흑연광산	미확인
	평남	개천군	중서,개천면	탄광/광산	천왕(天王)금산	미확인
	평남	개천군	북면	탄광/광산	개천(价川)제1광산	시바타(柴 田)광업㈜
	평남	개천군	북면	탄광/광산	개천(价川)제2광산	시바타(柴 田)광업㈜
	평남	개천군	북면	탄광/광산	인흥리(仁興里)광산	야마시타 (山下)흑연 공업㈜
	평남	개천군	조양면	탄광/광산	개천(价川)탄광	조선무연탄 ㈜
	평남	개천군	북면	탄광/광산	용담(龍潭)탄광	조선무연탄 ㈜
	평남	개천군	조양면신립리	탄광/광산	광구/조양(朝陽)광업㈜	조양(朝陽) 광업㈜
	평남	고원/ 양덕군	산곡면/양덕군 온천면	탄광/광산	산곡(山谷)광산	다이오(鯛 生)산업㈜
	평남	고원/ 양덕군	산곡면/양덕군 동양,대륜면	탄광/광산	수만포(水滿浦)광산	미확인
	평남	고원/ 양덕군	운곡면/양덕군 덕면	탄광/광산	양덕(陽德)광산	미확인
	평남	대동/ 순천/ 평원군	용악면/순천군 사인,자산,동송, 공덕면/평원군 동암면	탄광/광산	자성(慈城)광산	닛치쓰(日 窒)광업개 발㈜
	평남	대동/ 순천군	용악면/순천군 사인면	탄광/광산	대명(大明)광산	미확인
	평남	대동/ 순천군	용악면/순천군 사인면	탄광/광산	평남금택(金澤)광산	미확인
	평남	대동/ 평양부	용상면/평양부 당상리	탄광/광산	형석광산	조선경금속 ㈜

구분	소재지(1945년 8월 기준)			직종/대	유적명칭	기업 (최종)
	도	부/군	면 이하			
생산 관계	평남	대동/ 평양부	용연면/평양부 선교, 장진, 정백리	탄광/광산	정백(貞栢)탄광	조선전기 흥업㈜
	평남	대동/ 평양부	임원면/평양부 미산, 용흥리	탄광/광산	감북(坎北)탄광	조선무연탄 ㈜
	평남	대동/ 평원군	용악면/평원군 순안면	탄광/광산	용악(龍岳)광산	미확인
	평남	대동/ 평원군	용악면/평원군 동 암, 순안면	탄광/광산	평원(平元)광산	미확인
	평남	대동/ 평원군	부산, 재경리면/ 평원군 동암면	탄광/광산	순안(順安)사금광	순안(順安) 사금(砂金)㈜
	평남	대동군	불상	공장	평양공장/데이코쿠(帝國)압축가스㈜	데이코쿠 (帝國)압축 가스㈜
	평남	대동군	불상	공장	평양공장/도요(東洋)제사㈜	도요(東洋) 제사㈜
	평남	대동군	대동강면 정백리 64	공장	서선(西鮮)인견직물㈜	서선(西鮮) 인견직물㈜
	평남	대동군	고시면 서성리35	공장	아사히요업소(朝日窯業所)(합자)	아사히요업 소(朝日窯 業所)(합자)
	평남	대동군	불상	공장	평양조면공장/조선방직㈜	조선방직㈜
	평남	대동군	불상	공장	평양공장/조선특수화학㈜	조선특수화 학㈜
	평남	대동군	불상	공장	평양공장/조선제철㈜	조선제철㈜
	평남	대동군	불상	철도/도로	탄광수송철도공사장[제5연료창]	미확인
	평남	대동군	재경리면, 임원 면, 부산면	철도/도로	철도공사장(평원선)	조선총독부 철도국
	평남	대동군	용악, 동암면	탄광/광산	청룡(靑龍)금광	대룡광업㈜
	평남	대동군	재경리, 부산면	탄광/광산	간리(間里)광산	미확인
	평남	대동군	남부, 고평면	탄광/광산	대동강(大同江)사금광	미확인
	평남	대동군	재경리면	탄광/광산	대희(大熙)금광	미확인
	평남	대동군	고평, 용산면	탄광/광산	삼맹(三盟)광산	미확인
	평남	대동군	용악면	탄광/광산	삼봉(三峰)광산	미확인
	평남	대동군	고평, 용산면	탄광/광산	용고(龍古)광산	미확인
	평남	대동군	재경리, 남형제 산, 부산면	탄광/광산	원삼(元三)금광	미확인
	평남	대동군	금제면	탄광/광산	재안(載安)금광	미확인
	평남	대동군	금제, 남형제산면	탄광/광산	제남(祭南)금광	미확인
	평남	대동군	용악면	탄광/광산	천리(天利)광산	미확인
	평남	대동군	남부면 남정리	탄광/광산	대문산(大文山)탄광	조선무연탄 ㈜
	평남	대동군	부산, 재경리면	탄광/광산	순안(順安)사금광	조선砂金광 업㈜
	평남	대동군	임원면	탄광/광산	평안서포(西浦)철산	평안광업㈜
	평남	대동군	남형제산, 용산면	탄광/광산	용평(龍平)광산	가네가후치 (鐘淵)공업㈜
	평남	대동군	금제면상지리	탄광/광산	장산(長山)탄광	미쓰비시 (三菱)광업㈜
	평남	덕천/ 영변군	일하면/영변군 용 산면	탄광/광산	조질용문(朝窒龍門)광산/일본질소비료㈜	니혼(日本) 질소비료㈜

구분	소재지(1945년 8월 기준)			직종/대	유적명칭	기업 (최종)
	도	부/군	면 이하			
생산 관계	평남	덕천군	덕천면	철도/도로	철도공사장(평남북부선)	미확인
	평남	맹산/ 양덕군	원남면/양덕군 화촌면	탄광/광산	덕산(德山)금광	미확인
	평남	맹산/ 영흥군	갈전면/함남 영흥군 횡천면	탄광/광산	영풍(盈豊)금광	미확인
	평남	맹산군	옥천,봉인면 덕상,북창리	탄광/광산	덕상리(德上里)광산	가쿠잔(鶴 山)광업㈜
	평남	맹산군	지덕면	탄광/광산	송흥리(松興里)광산	미확인
	평남	맹산군	맹산면	탄광/광산	은흥(殷興)광산	미확인
	평남	맹산군	원남면	탄광/광산	남흥리(南興里)광산	가쿠잔(鶴 山)광업㈜
	평남	불상	불상	공장	조선비행기공업㈜	조선비행기 공업㈜
	평남	불상	광량만	기타(노무)	염전(광량만)	미확인
	평남	불상	덕동	기타(노무)	염전(덕동)	미확인
	평남	성천/ 순천군	영천면/순천군 신창면	탄광/광산	순성(順成)금산	미확인
	평남	성천/ 순천군	영천면/순천군 은산면	탄광/광산	일이삼(一二三)금광	미확인
	평남	성천/ 양덕군	성천면/양덕군 양덕면	탄광/광산	동의(東義)광산	미확인
	평남	성천/ 양덕군	대구면/양덕군 양덕면	탄광/광산	성원인평(成元仁平)광산	미확인
	평남	성천/ 양덕군	대구면/양덕군 쌍룡면	탄광/광산	태력(泰力)광산	미확인
	평남	성천/ 양덕군	사가면/양덕군 쌍룡면	탄광/광산	회룡(檜龍)광산	미확인
	평남	성천/ 양덕군	대구면/양덕군 양덕면	탄광/광산	표자(杓子)광산	고바야시(小 林)광업㈜
	평남	성천/ 양덕군	사가,대구,구룡, 성천면/양덕군 양덕면	탄광/광산	성천(成川)광산	미쓰나리(三 成)광업㈜
	평남	성천군	불상	공장	성천공장/데이코쿠(帝國)섬유㈜	데이코쿠(帝 國)섬유㈜
	평남	성천군	삼덕면,사가면, 대구면	철도/도로	철도공사장(평원선)	조선총독부 철도국
	평남	성천군	영천면	탄광/광산	갱성(更成)광산	미확인
	평남	성천군	사가면	탄광/광산	거흥(巨興)광산	미확인
	평남	성천군	구룡,사가면	탄광/광산	고척(高尺)광산	미확인
	평남	성천군	대구면	탄광/광산	광륙(光陸)금광	미확인
	평남	성천군	통선면	탄광/광산	금적(金積)광산	미확인
	평남	성천군	쌍룡면	탄광/광산	기룡(起龍)금광	미확인
	평남	성천군	대구면	탄광/광산	대구(大邱)광산	미확인
	평남	성천군	대곡면	탄광/광산	대인(大仁)광산	미확인
	평남	성천군	삼덕면	탄광/광산	동월(東月)광산	미확인
	평남	성천군	구룡면	탄광/광산	산동(山東)광산	미확인
	평남	성천군	삼덕면	탄광/광산	삼덕대성(三德大盛)광산	미확인
	평남	성천군	삼흥동	탄광/광산	삼미(三美)금광	미확인
	평남	성천군	대곡면	탄광/광산	삼우(三牛)광산	미확인

구분	소재지(1945년 8월 기준)			직종/대	유적명칭	기업 (최종)
	도	부/군	면 이하			
생산 관계	평남	성천군	성천면	탄광/광산	삼천(三川)광산	미확인
	평남	성천군	삼흥면	탄광/광산	삼흥(三興)광산	미확인
	평남	성천군	서흥	탄광/광산	서흥(西興)광산	미확인
	평남	성천군	삼덕면	탄광/광산	성덕(成德)금광	미확인
	평남	성천군	능중면	탄광/광산	성릉(成陵)광산	미확인
	평남	성천군	숭인면	탄광/광산	성양(成陽)광산	미확인
	평남	성천군	대구면	탄광/광산	성원(成元)광산	미확인
	평남	성천군	대구면	탄광/광산	성원화창(成元化倉)광산	미확인
	평남	성천군	대곡면	탄광/광산	소산(蘇山)금광	미확인
	평남	성천군	영천면	탄광/광산	영성(永成)금광	미확인
	평남	성천군	대구면	탄광/광산	와동(瓦洞)광산	미확인
	평남	성천군	통선면	탄광/광산	용금(湧金)광산	미확인
	평남	성천군	사가면	탄광/광산	은수리(銀水里)금산	미확인
	평남	성천군	영천면	탄광/광산	일성(一盛)금광	미확인
	평남	성천군	영천면	탄광/광산	자성(自成)금광	미확인
	평남	성천군	대구면	탄광/광산	정흥(正興)광산	미확인
	평남	성천군	성천면	탄광/광산	정흥(鋌興)광산	미확인
	평남	성천군	대구면	탄광/광산	천동(泉洞)금광	미확인
	평남	성천군	구룡,통산면	탄광/광산	천옥(千玉)광산	미확인
	평남	성천군	대구면	탄광/광산	태양(泰陽)광산	미확인
	평남	성천군	대구면	탄광/광산	평남(平南)광산	미확인
	평남	성천군	영천면	탄광/광산	해일(海日)사광	미확인
	평남	성천군	대구면	탄광/광산	대성(大成)광산	합성(合成)광업㈜
	평남	성천군	대구면	탄광/광산	동덕(同德)광산	합성(合成)광업㈜
	평남	성천군	대구면	탄광/광산	고바야시(小林) 성천(成川)광산	고바야시(小林)광업㈜
	평남	성천군	대구면	탄광/광산	권일(權一)광산	고바야시(小林)광업㈜
	평남	성천군	대구면	탄광/광산	홍암(紅岩)광산	고바야시(小林)광업㈜
	평남	성천군	대구면	탄광/광산	화인(化仁)광산	고바야시(小林)광업㈜
	평남	성천군	삼덕, 쌍룡, 사가면	탄광/광산	삼덕(三德)광산	니혼(日本)광업㈜
	평남	성천군	성천면	토건	토목공사장	미확인
	평남	순천/ 안주/ 평원군	자산면/평원군 동송면/안주군 운곡면	탄광/광산	평남순평(順平)광산	미확인
	평남	순천/ 안주/ 평원군	자산, 내남면/ 평원군 율송면/ 안주군 운곡면	탄광/광산	평남황룡(黃龍)금광	미확인
	평남	순천/ 안주군	내남면/안주군 운곡면	탄광/광산	금평(金坪)금산	금평(金坪)금산㈜
	평남	순천/ 안주군	내남면/안주군 운곡면	탄광/광산	각암(閣岩)광산	미확인
	평남	순천/ 안주군	내남면/안주군 운곡면	탄광/광산	서순(西順)금광	미확인
	평남	순천/ 안주군	내남면/안주군 운곡면	탄광/광산	순흥(順興)금광	미확인

구분	소재지(1945년 8월 기준)			직종/대	유적명칭	기업 (최종)
	도	부/군	면 이하			
생산 관계	평남	순천/ 안주군	내남면/안주군 운곡면	탄광/광산	창성(昌成)금광	미확인
	평남	순천/ 평원군	자산면/평원군 공덕면	탄광/광산	갑옥(甲玉)금산	동조선(東朝鮮)광업 ㈜
	평남	순천/ 평원군	풍산, 사인면/ 평원군 동암면	탄광/광산	안국(安國)금광	미확인
	평남	순천/ 평원군	자산면/평원군 동송면	탄광/광산	용문(龍文)광산	미확인
	평남	순천/ 평원군	자산면/평원군 공덕, 동암면	탄광/광산	자노(慈老)광산	미확인
	평남	순천/ 평원군	자산면/평원군 동암면	탄광/광산	자모(慈母)금광	미확인
	평남	순천/ 평원군	자산면/평원군 동암면	탄광/광산	자혜(慈惠)금광	미확인
	평남	순천/ 평원군	자산면/평원군 동송면	탄광/광산	청산령(靑山嶺)광산	미확인
	평남	순천/ 평원군	자산면/평원군 동암면	탄광/광산	자무성(慈母城)광산	니혼(日本)광업㈜
	평남	순천군	불상	공장	순천공장/데이코쿠(帝國)압축가스㈜	데이코쿠(帝國)압축가스㈜
	평남	순천군	북창면	공장	북창공장/데이코쿠(帝國)섬유㈜	데이코쿠(帝國)섬유㈜
	평남	순천군	불상	기타(노무)	흥아제재㈜	흥아(興亞)제재㈜
	평남	순천군	불상	기타(노무)	순천제재공장/스미토모(住友)합자	스미토모(住友)합자
	평남	순천군	신창면 재동리	철도/도로	석탄수송철도공사장[조선무연탄㈜ 신창(新倉)탄갱]	미확인
	평남	순천군	사인면, 자산면, 순천읍, 선소면, 은산면, 신창면	철도/도로	철도공사장(평원선)	조선총독부 철도국
	평남	순천군	후탄면	탄광/광산	부금(富金)광산	부금광업 (합자)
	평남	순천군	내남면	탄광/광산	국사봉(國師峯)금산	미확인
	평남	순천군	불상	탄광/광산	덕천탄광	미확인
	평남	순천군	자산면	탄광/광산	동성(東星)광산	미확인
	평남	순천군	사인면	탄광/광산	보덕(保德)광산	미확인
	평남	순천군	내남면	탄광/광산	석천(石泉)금산	미확인
	평남	순천군	신창면	탄광/광산	숭연(崇延)금산	미확인
	평남	순천군	신창면	탄광/광산	숭흥(崇興)금산	미확인
	평남	순천군	신창, 은산면	탄광/광산	신은(新殷)광산	미확인
	평남	순천군	신창면	탄광/광산	신창(新倉)광산	미확인
	평남	순천군	자산면	탄광/광산	암산(岩山)금광	미확인
	평남	순천군	은산면	탄광/광산	여흥(麗興)광산	미확인
	평남	순천군	사인면	탄광/광산	옥전(玉田)광산	미확인
	평남	순천군	신창면	탄광/광산	용화방(龍化坊)광산	미확인
	평남	순천군	내남면	탄광/광산	원보(源寶)금산	미확인

구분	소재지(1945년 8월 기준)			직종/대	유적명칭	기업 (최종)
	도	부/군	면 이하			
생산관계	평남	순천군	자산면	탄광/광산	융덕(隆德)광산	미확인
	평남	순천군	은산면	탄광/광산	은산숭화(殷山崇化)광산	미확인
	평남	순천군	은산면	탄광/광산	은성(殷成)광산	미확인
	평남	순천군	북창면	탄광/광산	인산리(仁山里)탄광	미확인
	평남	순천군	내남,자산면	탄광/광산	자풍(慈豊)금산	미확인
	평남	순천군	신창면	탄광/광산	팔번(八幡)금광	미확인
	평남	순천군	은산면	탄광/광산	하기은산(河崎殷山)광산	미확인
	평남	순천군	불상	탄광/광산	홍능탄광	미확인
	평남	순천군	내남면	탄광/광산	홍보(洪寶)금광	미확인
	평남	순천군	북창면	탄광/광산	생은(生銀)광산	조선광업㈜
	평남	순천군	신창면	탄광/광산	은산(殷山)금산	조선광업진흥㈜
	평남	순천군	신창면 재동리	탄광/광산	신창(新倉)탄갱/조선무연탄㈜	조선무연탄㈜
	평남	순천군	풍산,자산면	탄광/광산	봉린(鳳麟)광산	닛치쓰(日窒)광업개발㈜
	평남	안주/순천군	운곡면/순천군 내남면	탄광/광산	운룡(雲龍)광산	미확인
	평남	안주/평원군	운곡,대니면/평원군 동송면	탄광/광산	궁본(宮本)광산	미확인
	평남	안주/평원군	운곡면/평원군 동송면	탄광/광산	대원동상(大原東祥)금산	미확인
	평남	안주/평원군	운곡면/평원군 동송면	탄광/광산	섭무(蝶舞)광산	미확인
	평남	안주/평원군	운곡면/평원군 동송면	탄광/광산	월봉(月峯)광산	미확인
	평남	안주군	안주읍	탄광/광산	고금성(古金城)광산	미확인
	평남	안주군	운곡면	탄광/광산	광룡(廣龍)광산	미확인
	평남	안주군	운곡면	탄광/광산	금치(金治)광산	미확인
	평남	안주군	동면	탄광/광산	동봉(東鳳)금광	미확인
	평남	안주군	동,운곡면	탄광/광산	동운(東雲)광산	미확인
	평남	안주군	운곡면	탄광/광산	등룡(登龍)금광	미확인
	평남	안주군	동면	탄광/광산	봉명(鳳鳴)금산	미확인
	평남	안주군	동면	탄광/광산	봉수(鳳秀)금광	미확인
	평남	안주군	운곡면	탄광/광산	삼화(三和)금광	미확인
	평남	안주군	동면	탄광/광산	서룡(瑞龍)금산	미확인
	평남	안주군	동면	탄광/광산	서봉(西鳳)광산	미확인
	평남	안주군	운곡면	탄광/광산	순남(順南)흑연광산	미확인
	평남	안주군	운곡면	탄광/광산	용림(龍林)광산	미확인
	평남	안주군	운곡면	탄광/광산	용복(龍伏)금광	미확인
	평남	안주군	운곡면	탄광/광산	운곡(雲谷)금산	미확인
	평남	안주군	운곡/대니면	탄광/광산	운창(運昌)광산	미확인
	평남	안주군	운곡면	탄광/광산	전산(錢山)금광	미확인
	평남	안주군	운곡면	탄광/광산	제2운룡(雲龍)금산	미확인
	평남	안주군	동면	탄광/광산	토운(吐雲)광산	미확인
	평남	안주군	입석면 신리	탄광/광산	안주(安州)탄광	메이지(明治)광업㈜
	평남	안주군	청천강변	토건	平南水利제3공구공사/하자마구미(間組), 나카무라구미(中村組)	하자마구미(間組),中村組

구분	소재지(1945년 8월 기준)			직종/대	유적명칭	기업 (최종)
	도	부/군	면 이하			
생산 관계	평남	안주군	불상	하역수송	신안주출장소/조선운송㈜	조선운송㈜
	평남	양덕군	양덕읍 용계리, 온천면	철도/도로	철도공사장(평원선)	조선총독부 철도국
	평남	양덕군	양덕면	탄광/광산	세동(細洞)광산	동양광산화 학㈜
	평남	양덕군	온천면	탄광/광산	거차(巨次)광산	미확인
	평남	양덕군	화촌면	탄광/광산	고성(姑城)광산	미확인
	평남	양덕군	쌍룡면	탄광/광산	권일용산(權一龍山)광산	미확인
	평남	양덕군	대륜면	탄광/광산	대륜(大崙)광산	미확인
	평남	양덕군	화촌면	탄광/광산	덕성(德城)광산	미확인
	평남	양덕군	온천면	탄광/광산	삼성(三成)온천광산	미확인
	평남	양덕군	양덕면	탄광/광산	송이(松苡)광산	미확인
	평남	양덕군	쌍룡면	탄광/광산	수태(秀泰)광산	미확인
	평남	양덕군	양덕면	탄광/광산	양덕(陽德)화천(貨泉)광산	미확인
	평남	양덕군	쌍룡면	탄광/광산	양덕농림(陽德農林)광산	미확인
	평남	양덕군	화촌면	탄광/광산	와룡(臥龍)금은광산	미확인
	평남	양덕군	쌍룡면	탄광/광산	용일(龍一)광산	미확인
	평남	양덕군	쌍룡면	탄광/광산	은룡(銀龍)광산	미확인
	평남	양덕군	온천, 동양면	탄광/광산	음덕(隱德)광산	미확인
	평남	양덕군	양덕, 쌍룡면	탄광/광산	총덕(總德)금광	미확인
	평남	양덕군	화촌면	탄광/광산	평곡(平谷)광산	미확인
	평남	양덕군	양덕면	탄광/광산	평남(平南)광산	미확인
	평남	양덕군	온천면	탄광/광산	평원(平元)국일(國一)광산	미확인
	평남	양덕군	온천면	탄광/광산	하청(下淸)금광	미확인
	평남	양덕군	양덕면	탄광/광산	혜덕(惠德)금산	미확인
	평남	양덕군	불상	탄광/광산	광구/합동(合同)산업㈜	합동(合同) 산업㈜
	평남	양덕군	양덕, 쌍룡면	탄광/광산	고바야시(小林)양덕(陽德)광산	고바야시(小 林)광업㈜
	평남	양덕군	양덕면	탄광/광산	청송(淸松)광산	니혼(日本) 고주파 중공업㈜
	평남	양덕군	양덕면	탄광/광산	양덕풍전(陽德豊田)광산/조선특종광업㈜	조선특종 광업㈜
	평남	양덕군	양덕, 쌍룡면	탄광/광산	조선특종광산	조선특종 광업㈜
	평남	영원/ 영흥군	덕화, 신성면/함 남 영흥군휘덕면	탄광/광산	남백산(南白山)광산	미확인
	평남	영원/ 영흥군	덕화면/함남 영흥 군 휘덕면	탄광/광산	횡천(橫川)광산	동척(東拓) 광업㈜
	평남	영원/ 장진군	소백면/장진군 신 남면	탄광/광산	경수(鯨水)제2광산	경수(鯨水) 광산㈜
	평남	영원군	영원면 수녕리 223	기타(노무)	대동흥업㈜	대동흥업㈜
	평남	영원군	소백면	탄광/광산	경수(鯨水)제1광산	경수(鯨水) 광산㈜
	평남	영원군	소백면	탄광/광산	경수(鯨水)제3광산	경수(鯨水) 광산㈜
	평남	영원군	소백면	탄광/광산	경수(鯨水)제4광산	경수(鯨水) 광산㈜

구분	소재지(1945년 8월 기준)			직종/대	유적명칭	기업 (최종)
	도	부/군	면 이하			
생산 관계	평남	영원군	온화면	탄광/광산	금정용덕(金井龍德)광산	금정(金井) 광산㈜
	평남	영원군	영원면	탄광/광산	나카가와(中川) 영원(寧遠)금산	나카가와 (中川)광업 ㈜
	평남	영원군	영원면	탄광/광산	평녕(平寧)광산	대흥(大興) 광업㈜
	평남	영원군	신성면	탄광/광산	강녕(康寧)광산	미확인
	평남	영원군	태극면	탄광/광산	계송동(桂松洞)금은광산	미확인
	평남	영원군	영락면	탄광/광산	고창(古倉)광산	미확인
	평남	영원군	온화면	탄광/광산	금수(金秀)광산	미확인
	평남	영원군	영락, 온화면	탄광/광산	금흥(金鴻)광산	미확인
	평남	영원군	태극면	탄광/광산	길전(吉田)금은광산	미확인
	평남	영원군	대흥면	탄광/광산	낭림(狼林)광산	미확인
	평남	영원군	신성면	탄광/광산	대화(大化)광산	미확인
	평남	영원군	태극면	탄광/광산	대화(大和)광산	미확인
	평남	영원군	덕화면	탄광/광산	덕화(德化)금산	미확인
	평남	영원군	소백면	탄광/광산	동백(東白)광산	미확인
	평남	영원군	태극면	탄광/광산	동양삼성(三成)광산	미확인
	평남	영원군	소백면	탄광/광산	동양제1광산	미확인
	평남	영원군	소백면	탄광/광산	동향(東香)광산	미확인
	평남	영원군	영원면	탄광/광산	삼국(三國)광산	미확인
	평남	영원군	영락면	탄광/광산	석영(錫榮)금광	미확인
	평남	영원군	소백면	탄광/광산	소백(小白)광산	미확인
	평남	영원군	신성면	탄광/광산	신천(新泉)금산	미확인
	평남	영원군	대흥면	탄광/광산	신현(新峴)금산	미확인
	평남	영원군	영락면	탄광/광산	양성(陽盛)금광	미확인
	평남	영원군	덕화면	탄광/광산	영길(永吉)광산	미확인
	평남	영원군	소백면	탄광/광산	영덕(寧德)금광	미확인
	평남	영원군	영락, 온화면	탄광/광산	영락(永樂)금광	미확인
	평남	영원군	신성면	탄광/광산	영성(永盛)광산	미확인
	평남	영원군	태극면	탄광/광산	영성(榮星)금광	미확인
	평남	영원군	대흥면	탄광/광산	영원대흥(寧遠大興)광산	미확인
	평남	영원군	태극면	탄광/광산	영원용흥(寧遠龍興)광산	미확인
	평남	영원군	온화면	탄광/광산	영원일신(寧遠日新)광산	미확인
	평남	영원군	성룡면	탄광/광산	영원조산(寧遠造山)광산	미확인
	평남	영원군	태극면	탄광/광산	영일(寧一)광산	미확인
	평남	영원군	온화면	탄광/광산	온덕(溫德)금산	미확인
	평남	영원군	영락, 온화면	탄광/광산	온창(溫倉)금광	미확인
	평남	영원군	영원면	탄광/광산	요원(遼遠)광산	미확인
	평남	영원군	소백면	탄광/광산	원봉(元峯)금산	미확인
	평남	영원군	신성면	탄광/광산	유개동(榆蓋洞)광산	미확인
	평남	영원군	덕화면	탄광/광산	제1덕화(德化)광산	미확인
	평남	영원군	태극면	탄광/광산	주덕(主德)금광	미확인
	평남	영원군	태극면	탄광/광산	태극(太極)금산	미확인
	평남	영원군	태극면	탄광/광산	태극영창(太極永昌)금광	미확인
	평남	영원군	대흥면	탄광/광산	협성(協盛)광산	미확인
	평남	영원군	덕화면	탄광/광산	화흥(化興)광산	미확인
	평남	영원군	소백면	탄광/광산	황백(黃伯)광산	미확인

구분	소재지(1945년 8월 기준)			직종/대	유적명칭	기업 (최종)
	도	부/군	면 이하			
생산 관계	평남	영원군	태극면	탄광/광산	회동(檜洞)광산	미확인
	평남	영원군	영락,온화면	탄광/광산	회양(回陽)광산	미확인
	평남	영원군	영락면	탄광/광산	효성(曉星)금은광산	미확인
	평남	영원군	태극,원동면	탄광/광산	원극(遠極)광산	조선광업㈜
	평남	영원군	태극면	탄광/광산	태풍(太豊)금광	조선광업㈜
	평남	영원군	영락,온화,성룡면	탄광/광산	영원(寧遠)금산	평안산금㈜
	평남	영원군	소백면	탄광/광산	고바야시(小林) 낭림(狼林)광산	고바야시 (小林)광업㈜
	평남	영원군	온화면	탄광/광산	온화(溫和)금산	닛치쓰(日窒) 광업개발㈜
	평남	영원군	소백면	탄광/광산	감덕(甘德)광산	미쓰비시 (三菱)광업㈜
	평남	용강군	대대면 마사리 82-2	공장	신광직물㈜	신광직물㈜
	평남	용강군	대동강변	공장	진남포제련소/일본광업㈜	니혼(日本) 광업㈜
	평남	용강군	귀성면 노하리	기타(노무)	염전(귀성)	미확인
	평남	용강군	금곡면	탄광/광산	광양(廣梁)광산	미확인
	평남	용강군	다미,오신면	탄광/광산	교본(橋本)광산	미확인
	평남	용강군	다미면	탄광/광산	동현(銅峴)광산	미확인
	평남	용강군	신녕면	탄광/광산	북도(北島)광산	미확인
	평남	용강군	신녕면	탄광/광산	신녕(新寧)광산	미확인
	평남	용강군	오신면	탄광/광산	영강(龍岡)광산	미확인
	평남	용강군	오신면	탄광/광산	겸이포(兼二浦)광산	미쓰비시 (三菱)광업㈜
	평남	용강군	오신면도학리	토건	공장건설공사장[昭和전공㈜알루미늄공장 증축공사]/시미즈구미(淸水組)	시미즈구미 (淸水組)
	평남	용강군	불상	하역수송	군수물자수송	미확인
	평남	중화/ 황주군	신흥,해압면/황 해 황주군 청수면	탄광/광산	해압(海鴨)광산	미확인
	평남	중화/ 황주군	중화,신흥면/황 해 해주군 청수, 흑교면	탄광/광산	흑교(黑橋)철산	미확인
	평남	중화군	불상	기타(노무)	중흥조림㈜	중흥조림㈜
	평남	중화군	풍동면	탄광/광산	상원(祥原)형석광산	고성(古城) (합명)
	평남	중화군	상원,풍동면	탄광/광산	평화(平和)형석광산	고성(古城) (합명)
	평남	중화군	풍동면	탄광/광산	고령(高嶺)광산	미확인
	평남	중화군	간동면	탄광/광산	일조(一兆)수은광산	미확인
	평남	중화군	간동면	탄광/광산	중화(中和)水銀鐵	미확인
	평남	중화군	풍동,동두면	탄광/광산	춘(椿)광산	미확인
	평남	중화군	상원,동두, 풍동면	탄광/광산	벽하(碧霞)광산	삼연(三延) 광업소(합자)
	평남	중화군	상원면	탄광/광산	장화(長和)광산	삼연(三延)광 업소(합자)
	평남	중화군	동두면	탄광/광산	서가리(書加里)광산	조선경금속㈜
	평남	중화군	동두면	탄광/광산	평남(平南)형석광산	조선경금속㈜
	평남	중화군	수산,상원면	탄광/광산	중화(中和)철산	메이지(明 治)광업㈜

구분	소재지(1945년 8월 기준)			직종/대	유적명칭	기업(최종)
	도	부/군	면 이하			
생산관계	평남	중화군	중화, 신흥면	탄광/광산	겸이포(兼二浦)철산	미쓰비시(三菱)광업㈜
	평남	진남포부	불상	공장	진남포공장/일본무연탄제철㈜	니혼(日本)무연탄제철㈜
	평남	진남포부	불상	공장	진남포공장/일본제분	니혼(日本)제분
	평남	진남포부	불상	공장	진남포공장/사이토(齋藤)정미	사이토(齋藤)정미
	평남	진남포부	비석리218	공장	서선(西鮮)조면㈜	서선(西鮮)조면㈜
	평남	진남포부	불상	공장	진남포공장/서선(西鮮)합동전기㈜	서선(西鮮)합동전기㈜
	평남	진남포부	삼화정106	공장	야나기하라(柳原)양조소(합자)	야나기하라(柳原)양조소(합자)
	평남	진남포부	한두리62	공장	이와무라(岩村)정염소㈜	이와무라(岩村)정염소㈜
	평남	진남포부	삼화정37	공장	진남포공장/조선경금속㈜	조선경금속㈜
	평남	진남포부	불상	공장	진남포공장/조선닛산(日産)화학㈜	조선닛산(日産)화학㈜
	평남	진남포부	불상	공장	진남포공장/조선동해전극(朝鮮東海電極)㈜	조선동해전극(朝鮮東海電極)㈜
	평남	진남포부	불상	공장	진남포조면공장/조선방직㈜	조선방직㈜
	평남	진남포부	불상	공장	진남포공장 조선(造船)부/조선상공㈜	조선상공(商工)㈜
	평남	진남포부	불상	공장	진남포철공소/조선상공㈜	조선상공(商工)㈜
	평남	진남포부	불상	공장	진남포공장/조선연마재료㈜	조선연마재료㈜
	평남	진남포부	불상	공장	진남포공장/조선염화공업㈜	조선염화(鹽化)공업㈜
	평남	진남포부	소화정	공장	진남포공장/조선전공㈜	조선전공㈜
	평남	진남포부	불상	공장	진남포공장/조선정미㈜	조선정미㈜
	평남	진남포부	불상	공장	진남포공장/조선제분㈜	조선제분㈜
	평남	진남포부	대두리803	공장	진남포연와㈜	진남포연와㈜
	평남	진남포부	억량기리89	공장	평안공작소㈜	평안공작소㈜
	평남	진남포부	불상	공장	진남포공장/도멘(東棉)섬유공업	도멘(東棉)섬유공업㈜
	평남	진남포부	불상	공장	진남포공장/미쓰비시(三菱)마그네슘공업	미쓰비시(三菱)마그네슘공업㈜

구분	소재지(1945년 8월 기준)			직종/대	유적명칭	기업 (최종)
	도	부/군	면 이하			
생산 관계	평남	진남포 부	불상	공장	진남포정련소/일본광업㈜	니혼(日本) 광업㈜
	평남	진남포 부	비석리77	기타(노무)	삼성농장(합명)	삼성농장 (합명)
	평남	진남포 부	불상	기타(노무)	염전	미확인
	평남	진남포 부	불상	철도/도로	도로공사장	미확인
	평남	진남포 부	진남포↔용강온 천	철도/도로	조선평안철도회사선공사	미확인
	평남	진남포 부	불상	철도/도로	철도공사장	미확인
	평남	진남포 부	불상	철도/도로	철도공사장/제철소진입철로	미확인
	평남	진남포 부	불상	토건	매립공사장	미확인
	평남	진남포 부	불상	토건	발전소	미확인
	평남	진남포 부	불상	토건	수도관매설공사장	미확인
	평남	진남포 부	불상	토건	제철소공장건설	미확인
	평남	진남포 부	소화정	토건	토목공사장(조선전공)/다이도구미(大同組)	다이도구미 (大同組)
	평남	진남포 부	불상	토건	항만공사장/도비시마구미(飛島組)㈜	도비시마구 미(飛島組) ㈜
	평남	진남포 부	불상	하역수송	진남포지점/조선운송㈜	조선운송㈜
	평남	평양부	서성리81	공장	고목요업㈜	고목요업㈜
	평남	평양부	교구정94	공장	구니요시(國良)장유㈜	구니요시 (國良)장유 ㈜
	평남	평양부	서성리34	공장	대동고무(護謨)㈜	대동고무㈜
	평남	평양부	불상	공장	대동전기제철소	대동전기 제철소
	평남	평양부	선교리42	공장	대평철공㈜	대평철공㈜
	평남	평양부	류정(柳町)78	공장	동우고무(護謨)㈜	동우고무 (護謨)㈜
	평남	평양부	불상	공장	동우물산사	동우물산사
	평남	평양부	치령리211	공장	반도재생섬유㈜	반도재생 섬유㈜
	평남	평양부	선교리	공장	방직공장	미확인
	평남	평양부	불상	공장	불상	미확인
	평남	평양부	불상	공장	평양병기보급창	미확인
	평남	평양부	불상	공장	평양공장/사이토(齋藤)주조	사이토 (齋藤)주조
	평남	평양부	상흥리24-1	공장	서선(西鮮)주철㈜	서선(西鮮) 주철㈜
	평남	평양부	류정(柳町)1	공장	서선(西鮮)철공소(합자)	서선(西鮮)철 공소(합자)

구분	소재지(1945년 8월 기준)			직종/대	유적명칭	기업(최종)
	도	부/군	면 이하			
생산관계	평남	평양부	인흥리529-1	공장	야마마루(山丸)제사소㈜	야마마루(山丸)제사소㈜
	평남	평양부	불상	공장	오사카(大阪)정강제지	오사카(大阪)정강제지
	평남	평양부	불상	공장	평양병기제조소	육군병기행정본부
	평남	평양부	불상	공장	정창고무(護謨)공업사	정창고무(護謨)공업사
	평남	평양부	기림리189-2-3	공장	평양공장/조선메리야스공업㈜	조선메리야스공업㈜
	평남	평양부	불상	공장	평양공장/조선상공㈜	조선상공(商工)㈜
	평남	평양부	불상	공장	평양공장/조선연탄㈜	조선연탄㈜
	평남	평양부	하수구리296	공장	조선염직(합명)	조선염직(합명)
	평남	평양부	신리115	공장	조선유리(硝子)제조㈜	조선유리(硝子)제조㈜
	평남	평양부	순영리52	공장	조선제모㈜	조선제모㈜
	평남	평양부	인흥리515-133	공장	조선제정공업㈜	조선製釘공업㈜
	평남	평양부	불상	공장	평양공장/전매국 연초공장	조선총독부 전매국
	평남	평양부	불상	공장	공작공장	조선총독부 철도국
	평남	평양부	불상	공장	평양공장/철도국공장	조선총독부 철도국
	평남	평양부	장진리356	공장	조선타일㈜	조선타일㈜
	평남	평양부	기림리189-2-3	공장	평양공장/조선편직㈜	조선편직㈜
	평남	평양부	순영리103-6	공장	평안상공㈜	평안상공㈜
	평남	평양부	신리188	공장	평안야스리제작소(합자)	평안야스리제작소(합자)
	평남	평양부	남정38	공장	평안자동차상회(합자)	평안자동차상회(합자)
	평남	평양부	기림리11	공장	평안자동차㈜	평안자동차㈜
	평남	평양부	신리90	공장	평양세염(洗染)㈜	평양세염㈜
	평남	평양부	신양리82-4	공장	평양자동차공업㈜	평양자동차공업㈜
	평남	평양부	외신리74-1	공장	평양제함㈜	평양제함㈜
	평남	평양부	불상	공장	평양주물㈜	평양주물㈜
	평남	평양부	기림리189-4	공장	협동제면(합명)	협동제면(합명)
	평남	평양부	불상	공장	내화벽돌공장/가네가후치(鐘淵)공업 평양제철소	가네가후치(鐘淵)공업㈜
	평남	평양부	불상	공장	평양인견공장/가네가후치(鐘淵)공업㈜	가네가후치(鐘淵)공업㈜
	평남	평양부	불상	공장	평양제철소/가네가후치(鐘淵)공업㈜	가네가후치(鐘淵)공업㈜
	평남	평양부	선교리146	공장	일본곡산(日本穀産)공업㈜	니혼(日本)穀産공업㈜

구분	소재지(1945년 8월 기준)			직종/대	유적명칭	기업 (최종)
	도	부/군	면 이하			
생산 관계	평남	평양부	미림(평양근교)	공장	조선비행기제작소/미쓰이(三井)광산	미쓰이(三井)광산㈜
	평남	평양부	불상	공장	평양공장/쇼와(昭和)비행기	쇼와(昭和)비행기
	평남	평양부	불상	기타(노무)	사동출장소/조선군관구경리부	미확인
	평남	평양부	팔천대정10	기타(노무)	서선(西鮮)조림(합자)	서선(西鮮)조림(합자)
	평남	평양부	벽암리112	기타(노무)	평안농사㈜	평안농사㈜
	평남	평양부	불상	철도/도로	도로공사장	미확인
	평남	평양부	개성↔여현간	철도/도로	철도공사장(경의선)	미확인
	평남	평양부	불상	철도/도로	철도공사장(평원선)	조선총독부 철도국
	평남	평양부	염점리51	탄광/광산	광구/조선광업㈜	조선광업㈜
	평남	평양부	남정37	탄광/광산	지점/조선이연광업㈜	조선이연 (理硏)광업 ㈜
	평남	평양부	빈정6-2	탄광/광산	평양탄가(炭加)제조㈜	평양탄가제 조㈜
	평남	평양부	약송정1	탄광/광산	메이지(明治)광업㈜	메이지(明 治)광업㈜
	평남	평양부	불상	토건	항만공사장(대동강)	미확인
	평남	평양부	불상	토건	항만공사장(평양)	미확인
	평남	평양부	불상	토건	공장건설공사장[昭和전공㈜평양공장]	쇼와(昭和) 전공(電工) ㈜[발주]
	평남	평양부	불상	토건	공장건설공사장(인천육군조병창 평양병기 제조소 이전공사)	육군병기행 정본부 [발주]
	평남	평양부	평양	토건	공장건설공사장(철도국 평양공장)	조선총독부 철도국
	평남	평양부	평양역	토건	철도공사장(평양역)	조선총독부 철도국
	평남	평양부	불상	토건	공장건설공사장[三菱제강평양원료공장(제 강소)]오바야시구미(大林組)	오바야시구 미(大林組)
	평남	평양부	미림(평양근교)	토건	공장[조선비행기제작소]	미쓰이(三 井)광산㈜
	평남	평양부	불상	토건	다다구미(多田組)㈜	다다구미 (多田組)㈜
	평남	평양부	불상	하역수송	평양지점/조선운송㈜	조선운송㈜
	평남	평원군	순안	공장	구리모토(栗本)철공소	구리모토 (栗本)철공소
	평남	평원군	불상	기타(노무)	염전공사	미확인
	평남	평원군	동암면 암적리	철도/도로	철도공사장(경의선)/스즈키구미(鈴木組)	스즈키구 미(鈴木組) (합자)
	평남	평원군	덕산,청산면	탄광/광산	천보(天寶)백토(白土)광산	니혼(日本) 도기㈜
	평남	평원군	동암면	탄광/광산	대룡(大龍)금산	니혼(日本) 산보(産寶) 금산㈜
	평남	평원군	검산면	탄광/광산	검산(檢山)광산	미확인

구분	소재지(1945년 8월 기준)			직종/대	유적명칭	기업 (최종)
	도	부/군	면 이하			
생산 관계	평남	평원군	공덕,동암면	탄광/광산	공덕(公德)광산	미확인
	평남	평원군	동송,공덕면	탄광/광산	구창(鳩昌)광산	미확인
	평남	평원군	양화,노지면	탄광/광산	금강(金剛)운모광산	미확인
	평남	평원군	순안,동암면	탄광/광산	남양사(南陽社) 석암(石岩)광산	미확인
	평남	평원군	순안,동암면	탄광/광산	대이(大二)광산	미확인
	평남	평원군	동암,영류면	탄광/광산	덕동(德東)사금광	미확인
	평남	평원군	영유면	탄광/광산	덕수(德水)금광	미확인
	평남	평원군	공덕,동암,영유면	탄광/광산	도전(都田)금광	미확인
	평남	평원군	공덕,순천면	탄광/광산	동성(東成)금광	미확인
	평남	평원군	영유면	탄광/광산	만선(滿鮮)광물광산	미확인
	평남	평원군	영유면	탄광/광산	미덕(米德)광산	미확인
	평남	평원군	순안면	탄광/광산	성이(星二)광산	미확인
	평남	평원군	공덕면	탄광/광산	순안동일(順安東一)광산	미확인
	평남	평원군	순안면	탄광/광산	순안적금(順安積金)광산	미확인
	평남	평원군	양화면	탄광/광산	순옥(順玉)금광	미확인
	평남	평원군	공덕,동암면	탄광/광산	안정(安鼎)금광	미확인
	평남	평원군	양화면	탄광/광산	용화(龍花)금광	미확인
	평남	평원군	청산면	탄광/광산	일본운모광산	미확인
	평남	평원군	공덕면	탄광/광산	자덕(自德)금광	미확인
	평남	평원군	영유면	탄광/광산	태조(泰祖)광산	미확인
	평남	평원군	순안,동암면	탄광/광산	평남대곡(大谷)광산	미확인
	평남	평원군	동송면	탄광/광산	평원(平原)금광	미확인
	평남	평원군	동송면	탄광/광산	평원금악(平原金岳)광산	미확인
	평남	평원군	순안,양화면	탄광/광산	호덕(互德)사금광산	미확인
	평남	평원군	동송면	탄광/광산	호운(浩雲)광산	미확인
	평남	평원군	동암,양화,순안면	탄광/광산	순안(順安)사금광	순안(順安) 사금(砂金)㈜
	평남	평원군	해소면	탄광/광산	일선(日鮮)광산	일선(日鮮) 마이카(합자)
	평남	평원군	동송면	탄광/광산	영천(永泉)금광	조선금산 개발㈜
	평남	평원군	불상	탄광/광산	조선사금숙천(肅川)광산	조선砂金 광업㈜
	평남	평원군	동암면	탄광/광산	석암(石岩)광산	조선이연 (理研)광업㈜
	평남	평원군	동암면	탄광/광산	용암(龍巖)사금광	조선이연 (理研)광업㈜
	평남	평원군	영유면	탄광/광산	영유인산(永柔燐山)	조선인광 (燐鑛)㈜
	평북	강계/ 순천군	순천↔중평↔용원↔개천↔구장↔북신현↔구현↔고인↔운동↔전천↔별하↔강계↔안찬↔건하↔만포	철도/도로	철도공사장(만포선)	조선총독부 철도국
	평북	강계/ 영원/ 희천군	용림면/영원군 소백면/희천군 신풍면	탄광/광산	대두(大頭)광산	미확인

구분	소재지(1945년 8월 기준)			직종/대	유적명칭	기업 (최종)
	도	부/군	면 이하			
생산 관계	평북	강계/ 위원군	화경면/위원군 숭정면	탄광/광산	숭정(崇正)광산	미확인
	평북	강계/ 장진군	용림면/장진군 상경면	탄광/광산	덕유대(德惟垈)광산	미확인
	평북	강계/ 장진군	용림면/장진군 서한면	탄광/광산	용진(龍津)광산	미확인
	평북	강계/ 후창군	종남면/후창군 칠평면	탄광/광산	직령(直嶺)광산	미확인
	평북	강계/ 희천군	화경면/희천군 북면	탄광/광산	무삼(武三)광산	미확인
	평북	강계/ 희천군	화경면/희천군 북면	탄광/광산	응동(鷹洞)광산	조선砂金 광업㈜
	평북	강계군	강계읍 서부동 251-2	공장	강계양조㈜	강계양조㈜
	평북	강계군	만포읍	공장	연탄공장/닛치쓰(日窒)광업개발㈜	닛치쓰 (日窒)광업 개발㈜
	평북	강계군	불상	공장	전천공장/조선성냥㈜	조선성냥 (燐寸)㈜
	평북	강계군	강계읍 동부동 847	공장	본점/강계수력전기㈜	강계수력 전기㈜
	평북	강계군	만포읍	기타(노무)	채석작업장	미확인
	평북	강계군	불상	기타(노무)	만포제재소/압록강임산㈜	압록강임산 ㈜
	평북	강계군	고인(강계영림서)	기타(노무)	고인(古仁)공장/조선총독부 강계영림서	조선총독부 영림서
	평북	강계군	전천면 중안	기타(노무)	중안제재소/조선총독부영림서	조선총독부 영림서
	평북	강계군	창평(강계영림서)	기타(노무)	창평(蒼坪)공장/조선총독부 강계영림서	조선총독부 영림서
	평북	강계군	강계읍 동부동 923	기타(노무)	평북목재공업(합자)	평북목재공 업(합자)
	평북	강계군	만포읍	기타(노무)	만포합판공장/가네가후치(鐘淵)공업	가네가후치 (鐘淵)공업㈜
	평북	강계군	강계역↔낭림	철도/도로	철도공사장(강계선)	미확인
	평북	강계군	공북면	탄광/광산	공북(公北)광산	도호(東邦) 광업㈜
	평북	강계군	공북면	탄광/광산	승영(勝榮)광업소	도호(東邦) 광업㈜
	평북	강계군	시중면	탄광/광산	시중(時中)광업소	도호(東邦) 광업㈜
	평북	강계군	공북, 곡하면	탄광/광산	의진(義眞)광산	도호(東邦) 광업㈜
	평북	강계군	강계읍/곡하면	탄광/광산	호암(虎岩)광산	도호(東邦) 광업㈜
	평북	강계군	성간면	탄광/광산	간성(干城)광산	미확인
	평북	강계군	간북면	탄광/광산	강계(江界)중석광산	미확인
	평북	강계군	용림면	탄광/광산	강계금룡(江界金龍)광산	미확인
	평북	강계군	외귀면	탄광/광산	건상동(乾上洞)광산	미확인
	평북	강계군	시중, 외귀면	탄광/광산	계(桂)금광	미확인
	평북	강계군	용림면	탄광/광산	계연후생(桂研厚生)광산	미확인

구분	소재지(1945년 8월 기준)			직종/대	유적명칭	기업 (최종)
	도	부/군	면 이하			
생산 관계	평북	강계군	화경면	탄광/광산	고석환(高錫桓)흑연광산	미확인
	평북	강계군	화경면	탄광/광산	고인(古仁)광산	미확인
	평북	강계군	성간면	탄광/광신	고진강계(古津江界)광산	미확인
	평북	강계군	용림면	탄광/광산	광영(廣榮)광산	미확인
	평북	강계군	용림면	탄광/광산	굉(轟)광산	미확인
	평북	강계군	입관면	탄광/광산	국경(國景)광산	미확인
	평북	강계군	종남면	탄광/광산	군막(軍幕)흑연광산	미확인
	평북	강계군	입관면	탄광/광산	금억(金億)광산	미확인
	평북	강계군	공북면	탄광/광산	금전(金田)광산	미확인
	평북	강계군	간북면	탄광/광산	금태(金泰)광산	미확인
	평북	강계군	종남면	탄광/광산	남평(南坪)광산	미확인
	평북	강계군	간북면	탄광/광산	남홍(南鴻)광산	미확인
	평북	강계군	성간, 입관면	탄광/광산	내풍(内豊)금산	미확인
	평북	강계군	용림면	탄광/광산	다복(多福)광산	미확인
	평북	강계군	시중, 곡하면	탄광/광산	대덕(大德)흑연광산	미확인
	평북	강계군	공북면	탄광/광산	대성(大盛)흑연광산	미확인
	평북	강계군	공북면	탄광/광산	대승(大勝)흑연광산	미확인
	평북	강계군	고산면	탄광/광산	대영(大永)광산	미확인
	평북	강계군	용림면	탄광/광산	대용림(大龍林)광산	미확인
	평북	강계군	시중면	탄광/광산	대장(大將)광산	미확인
	평북	강계군	어뢰면	탄광/광산	덕성(德成)흑연광산	미확인
	평북	강계군	종남면	탄광/광산	도남(都南)광산	미확인
	평북	강계군	종남면	탄광/광산	도흥(都興)흑연광산	미확인
	평북	강계군	화경면	탄광/광산	동아흑연광산	미확인
	평북	강계군	공북면	탄광/광산	두흥(斗興)광산	미확인
	평북	강계군	공북면	탄광/광산	득성(得成)흑연광산	미확인
	평북	강계군	공북면	탄광/광산	래견전(来見田)광산	미확인
	평북	강계군	성간면	탄광/광산	만성(萬成)광산	미확인
	평북	강계군	만포읍/외귀면	탄광/광산	만포(滿浦)금산	미확인
	평북	강계군	간북면	탄광/광산	맹부(猛扶)광산	미확인
	평북	강계군	문옥면	탄광/광산	모전만포(牟田滿浦)광산	미확인
	평북	강계군	성간면	탄광/광산	문산오모노(文山梧毛老)광산	미확인
	평북	강계군	종남면	탄광/광산	미광(未廣)광산	미확인
	평북	강계군	강계읍	탄광/광산	백영(百榮)광산	미확인
	평북	강계군	종남면	탄광/광산	보국(報國)흑연광산	미확인
	평북	강계군	화경면	탄광/광산	보룡(寶龍)흑연광산	미확인
	평북	강계군	화경면	탄광/광산	본창(本倉)광산	미확인
	평북	강계군	공북면	탄광/광산	부산(富山)금광	미확인
	평북	강계군	어뢰면	탄광/광산	부성(富成)흑연광산	미확인
	평북	강계군	공북면	탄광/광산	부원(富原)광산	미확인
	평북	강계군	종남면	탄광/광산	부원(富元)흑연광산	미확인
	평북	강계군	공북면	탄광/광산	부척(富尺)광산	미확인
	평북	강계군	공북면	탄광/광산	불이(不二)흑연광산	미확인
	평북	강계군	화경면	탄광/광산	산덕(山德)광산	미확인
	평북	강계군	공북면	탄광/광산	삼립(三立)광산	미확인
	평북	강계군	성간면	탄광/광산	서하(西河)흑연광산	미확인
	평북	강계군	화경면	탄광/광산	송강(松岡)광업 진평(津坪)광산	미확인
	평북	강계군	공북면	탄광/광산	송도(松島)광산	미확인
	평북	강계군	화경면	탄광/광산	시동내동(市東内洞)광산	미확인

구분	소재지(1945년 8월 기준)			직종/대	유적명칭	기업 (최종)
	도	부/군	면 이하			
	평북	강계군	화경면	탄광/광산	신적(新積)금산	미확인
	평북	강계군	곡하면	탄광/광산	쌍부(雙富)흑연광산	미확인
	평북	강계군	화경면	탄광/광산	양구(兩口)광산	미확인
	평북	강계군	공북면	탄광/광산	연작(鉛作)흑연광산	미확인
	평북	강계군	용림,간북면	탄광/광산	영국(榮國)광산	미확인
	평북	강계군	종남면	탄광/광산	원평(院坪)흑연광산	미확인
	평북	강계군	어뢰면	탄광/광산	유전(有田)흑연광산	미확인
	평북	강계군	용림면	탄광/광산	은령(銀嶺)광산	미확인
	평북	강계군	용림면	탄광/광산	의용(義勇)광산	미확인
	평북	강계군	외귀면	탄광/광산	이남동(吏南洞)광산	미확인
	평북	강계군	종서면	탄광/광산	이량(二亮)중석광산	미확인
	평북	강계군	화경면	탄광/광산	이만(梨滿)광산	미확인
	평북	강계군	화경면	탄광/광산	이파(梨坡)광산	미확인
	평북	강계군	화경면	탄광/광산	이파(梨坡)흑연광산	미확인
	평북	강계군	입관면	탄광/광산	일선(日鮮)니켈광산	미확인
	평북	강계군	화경면	탄광/광산	일흥(日興)광산	미확인
	평북	강계군	입관면	탄광/광산	입관(立館)금산	미확인
	평북	강계군	고산면	탄광/광산	장연(長延)광산	미확인
	평북	강계군	입관면	탄광/광산	정상(井上)금광	미확인
	평북	강계군	만포읍/외귀면	탄광/광산	정상(井上)철광	미확인
	평북	강계군	시중,곡하면	탄광/광산	제1시중(時中)광산	미확인
	평북	강계군	용림면	탄광/광산	제2광영(廣榮)광산	미확인
	평북	강계군	종서,종남면	탄광/광산	종포동(從浦洞)중석광산	미확인
생산 관계	평북	강계군	전천면	탄광/광산	창덕(倉德)흑연광산	미확인
	평북	강계군	종남면	탄광/광산	천성(天星)광산	미확인
	평북	강계군	종남면	탄광/광산	천일(天日)광산	미확인
	평북	강계군	화경면	탄광/광산	탄전(炭田)광산	미확인
	평북	강계군	용림,입관면	탄광/광산	평남진(平南鎭)광산	미확인
	평북	강계군	간북면	탄광/광산	평북(平北)광산	미확인
	평북	강계군	용림면	탄광/광산	평북금룡(平北金龍)광산	미확인
	평북	강계군	어뢰면	탄광/광산	평상(平上)광산	미확인
	평북	강계군	시중,어뢰면	탄광/광산	평안(平安)흑연광산	미확인
	평북	강계군	간북면	탄광/광산	항성(恒成)광산	미확인
	평북	강계군	화경면	탄광/광산	화경(化京)광산	미확인
	평북	강계군	성간,입관면	탄광/광산	희성(禧成)금광	미확인
	평북	강계군	성간면	탄광/광산	강계(江界)제5광산	시바타(柴田)광업㈜
	평북	강계군	성간면	탄광/광산	고개동(古介洞)광산	시바타(柴田)광업㈜
	평북	강계군	종남면	탄광/광산	도흥동(都興洞)광산	시바타(柴田)광업㈜
	평북	강계군	성간면	탄광/광산	무채첨(茂茱站)광산	시바타(柴田)광업㈜
	평북	강계군	성간면	탄광/광산	성간직동(城干直洞)광산	시바타(柴田)광업㈜
	평북	강계군	종남면	탄광/광산	성장(成章)광산	시바타(柴田)광업㈜
	평북	강계군	간북,성간면	탄광/광산	대덕산(大德山)금광	아사히(旭)산금광업㈜

| 구분 | 소재지(1945년 8월 기준) | | 직종/대 | 유적명칭 | 기업 (최종) |
	도	부/군	면 이하			
생산 관계	평북	강계군	불상	탄광/광산	광구/야스다(安田)광업소	야스다(安田)광업소
	평북	강계군	만포읍	탄광/광산	강계(江界)광업소	이와무라(岩村)광업㈜
	평북	강계군	강계읍/입관,전천,종남,종서면	탄광/광산	강계(江界)무연탄광	이와무라(岩村)광업㈜
	평북	강계군	용림면	탄광/광산	강계(江界)수연광산	조선산금흥업㈜
	평북	강계군	용림면	탄광/광산	용운(龍雲)광산	조선흑연광업㈜
	평북	강계군	공북면	탄광/광산	승방(勝芳)흑연광산	가타쿠라(片倉)식산㈜
	평북	강계군	용림면	탄광/광산	남흥동(南興洞)금산	닛치쓰(日窒)광업개발㈜
	평북	강계군	용림면	탄광/광산	은동(銀銅)광산	닛치쓰(日窒)광업개발㈜
	평북	강계군	공북면	탄광/광산	제1승방(勝芳)광산	소양(昭陽)광업㈜
	평북	강계군	강계읍/공북면	토건	수력발전소(강계)/하자마구미(間組), 시미즈구미(淸水組), 도비시마구미(飛島組), 마쓰모토구미(松本組)	하자마구미(間組), 飛島組, 松本組, 淸水組
	평북	강계군	만포읍/고산면/압록강수계	토건	수력발전소(독로강)/가지마구미(鹿島組), 야마모토구미(山本組), 니시마쓰구미(西松組)	가지마구미(鹿島組)/山本組/西松組
	평북	강계군	만포읍	토건	건설공사장(경화유제조공장)/ 야마모토구미(山本組)	야마모토구미(山本組)
	평북	강계군	만포읍/압록강수계/만주쪽	토건	수력발전소(운봉)/미야케구미(三宅組), 니시마쓰구미(西松組)	미야케구미(三宅組), 니시마쓰구미(西松組)
	평북	강계군	불상	하역수송	강계영업소/조선운송㈜	조선운송㈜
	평북	구성/삭주/의주군	의주군 남서, 고령삭면/삭주군 외남면 청계동/구성군 천마면	탄광/광산	교동(橋洞)광산	주가이(中外)광업㈜
	평북	구성/삭주군	구성면/삭주군 외남,수풍면	탄광/광산	대평(大平)광산	미확인
	평북	구성/삭주군	동산면/삭주군 수풍면	탄광/광산	성금(星金)광산	미확인
	평북	구성/삭주군	구성면/삭주군 외남면	탄광/광산	은곡(銀谷)금산	미확인
	평북	구성/삭주군	천마면/삭주군 외남면	탄광/광산	은창(銀倉)광산	미확인
	평북	구성/삭주군	구성면/삭주군 외남면	탄광/광산	의합(義合)광산	미확인
	평북	구성/삭주군	천마면/삭주군 외남면	탄광/광산	천은(天銀)광산	미확인
	평북	구성/선천군	이현면/선천군 동면	탄광/광산	구선(龜宣)금은광산	미확인
	평북	구성/의주군	천마면/의주군 고령삭면	탄광/광산	보정(寶鼎)금산	미확인

구분	소재지(1945년 8월 기준)			직종/대	유적명칭	기업 (최종)
	도	부/군	면 이하			
생산관계	평북	구성/의주군	관서면/의주군 고령삭면	탄광/광산	어궁(御宮)광산	니혼(日本)광업㈜
	평북	구성/정주군	방현면/정주군 고안면	탄광/광산	구포(龜浦)광산	미확인
	평북	구성/정주군	방현면/정주군 고안면	탄광/광산	발산(鉢山)광산	미확인
	평북	구성/정주군	방현면/정주군 고안, 옥천면	탄광/광산	봉명동(鳳鳴洞)금산	미확인
	평북	구성/정주군	방현면/정주군 고안면	탄광/광산	용포(龍浦)금광	미확인
	평북	구성/정주군	오봉면/정주군 고안면	탄광/광산	전봉(全峰)광산	미확인
	평북	구성/정주군	방현면/정주군 고안면	탄광/광산	청송(靑松)광산	미확인
	평북	구성/정주군	이현면/정주군 옥천면	탄광/광산	학무(鶴舞)금산	미확인
	평북	구성/태천군	동산면/태천군 강서면	탄광/광산	오덕(五德)광산	미확인
	평북	구성군	수풍댐하류, 압록강 좌측연안	공장	청수(靑水)공장/닛치쓰(日窒)연료공업㈜	닛치쓰(日窒)연료공업㈜
	평북	구성군	불상	공장	구성공장/데이코쿠(帝國)섬유㈜	데이코쿠(帝國)섬유㈜
	평북	구성군	불상	철도/도로	철도공사장(평북선)	미확인
	평북	구성군	오봉면	탄광/광산	구봉(龜峰)금광	니혼(日本)소다쓰(曹達)㈜
	평북	구성군	노동, 사기면	탄광/광산	삼원(三元)금광(광업소)	도호(東邦)광업㈜
	평북	구성군	노동면	탄광/광산	고성(古城)광산	미확인
	평북	구성군	관서면	탄광/광산	관서(館西)흑연광산	미확인
	평북	구성군	노동면	탄광/광산	구갑(龜甲)광산	미확인
	평북	구성군	구성면	탄광/광산	구령(龜靈)금산	미확인
	평북	구성군	구성면	탄광/광산	구룡(龜龍)광산	미확인
	평북	구성군	관서면	탄광/광산	구원(龜元)광산	미확인
	평북	구성군	구성면	탄광/광산	구주(龜州)광산	미확인
	평북	구성군	노동면	탄광/광산	국부(國富)제1광산	미확인
	평북	구성군	사기면	탄광/광산	금성(金星)광산	미확인
	평북	구성군	구성면	탄광/광산	금악(金岳)광산	미확인
	평북	구성군	관서면	탄광/광산	금일(金一)광산	미확인
	평북	구성군	이현면	탄광/광산	길성(吉星)금산	미확인
	평북	구성군	천마면	탄광/광산	노곡(蘆谷)광산	미확인
	평북	구성군	노동면	탄광/광산	노동(蘆洞)광산	미확인
	평북	구성군	이현면	탄광/광산	대안(大安)광산	미확인
	평북	구성군	관서면	탄광/광산	대우동(大牛洞)광산	미확인
	평북	구성군	구성, 동산면	탄광/광산	덕현(德峴)광산	미확인
	평북	구성군	이현면	탄광/광산	도리매(桃李梅)광산	미확인
	평북	구성군	이현면	탄광/광산	도원(桃園)금은광산	미확인
	평북	구성군	이현면	탄광/광산	마성(磨星)광산	미확인
	평북	구성군	이현면	탄광/광산	목촌(木村)흑연광산	미확인
	평북	구성군	사기면	탄광/광산	박춘금(朴春琴) 금촌(金村)광산	미확인

구분	소재지(1945년 8월 기준)			직종/대	유적명칭	기업(최종)
	도	부/군	면 이하			
생산관계	평북	구성군	이현면	탄광/광산	삼흡(三洽)광산	미확인
	평북	구성군	이현면	탄광/광산	상현(祥峴)광산	미확인
	평북	구성군	천마면	탄광/광산	서선(西鮮)광산	미확인
	평북	구성군	사기면	탄광/광산	석현(石峴)흑연광산	미확인
	평북	구성군	천마면	탄광/광산	성륭(成隆)광산	미확인
	평북	구성군	사기면	탄광/광산	송암(松岩)금산	미확인
	평북	구성군	관서면	탄광/광산	수왕(壽旺)광산	미확인
	평북	구성군	이현,사기면	탄광/광산	수현(修峴)흑연광산	미확인
	평북	구성군	이현면	탄광/광산	시전(市全)광산	미확인
	평북	구성군	천마면안창동	탄광/광산	안창리(安倉里)광산	미확인
	평북	구성군	천마면	탄광/광산	연창(延昌)광산	미확인
	평북	구성군	사기면	탄광/광산	왕당(旺堂)흑연광산	미확인
	평북	구성군	이현,사기면	탄광/광산	용경(龍耕)광산	미확인
	평북	구성군	이현면	탄광/광산	용산(龍山)금광	미확인
	평북	구성군	노동,사기면	탄광/광산	운흥(雲興)광산	미확인
	평북	구성군	이현면	탄광/광산	원창(院倉)광산	미확인
	평북	구성군	구성면	탄광/광산	원흥(院興)광산	미확인
	평북	구성군	오봉면	탄광/광산	응덕(應德)금광	미확인
	평북	구성군	이현면	탄광/광산	이현(梨峴)광산	미확인
	평북	구성군	이현면/정주군 옥천면	탄광/광산	이화(梨華)광산	미확인
	평북	구성군	서산면	탄광/광산	익성(益成)광산	미확인
	평북	구성군	이현면	탄광/광산	일룡(一龍)광산	미확인
	평북	구성군	방현면	탄광/광산	장군(將軍)광산	미확인
	평북	구성군	천마면	탄광/광산	정산(貞産)금광	미확인
	평북	구성군	구성,동산면	탄광/광산	정화(正和)광산	미확인
	평북	구성군	구성,동산면	탄광/광산	정흥(井興)광산	미확인
	평북	구성군	이현면	탄광/광산	제3이현광산	미확인
	평북	구성군	이현면	탄광/광산	제4이현광산	미확인
	평북	구성군	노동면	탄광/광산	조불이(朝不二)광산	미확인
	평북	구성군	관서면	탄광/광산	조악(造岳)광산	미확인
	평북	구성군	이현,사기면	탄광/광산	진조(眞鳥)금산	미확인
	평북	구성군	이현면	탄광/광산	진흥(震興)광산	미확인
	평북	구성군	구성면	탄광/광산	차유(車踰)광산	미확인
	평북	구성군	구성면	탄광/광산	천기(天基)광산	미확인
	평북	구성군	노동,천마면	탄광/광산	천마(天摩)광산	미확인
	평북	구성군	이현면	탄광/광산	천창(天倉)금광	미확인
	평북	구성군	이현면	탄광/광산	택인(擇仁)광산	미확인
	평북	구성군	노동면	탄광/광산	평안풍덕(豊德)광산	미확인
	평북	구성군	천마면 안창동	탄광/광산	구성(龜城)광업소	여주(驪州)광업㈜
	평북	구성군	구성,서산면	탄광/광산	신평(新坪)금광	조선광업경영㈜
	평북	구성군	천마면	탄광/광산	구성(龜城)금산	후루카와(古河)석탄광업㈜
	평북	구성군	천마면	탄광/광산	보창(寶倉)금은광산	후루카와(古河)석탄광업㈜

구분	소재지(1945년 8월 기준)			직종/대	유적명칭	기업(최종)
	도	부/군	면 이하			
생산관계	평북	구성군	천마면	탄광/광산	탑동(塔洞)금산	후루카와(古河)석탄광업㈜
	평북	구성군	천마면	탄광/광산	화엄(華巖)금산	후루카와(古河)석탄광업㈜
	평북	구성군	관서면	탄광/광산	만산(滿山)금광	니혼(日本)광업㈜
	평북	구성군	이현면	탄광/광산	길상(吉祥)광산	닛치쓰(日窒)광업개발㈜
	평북	구성군	방현면	탄광/광산	방현대창(方峴大昌)광산	니혼(日本)광업㈜
	평북	구성군	구성면	탄광/광산	상단대창(上端大昌)광산	니혼(日本)광업㈜
	평북	구성군	서산면	탄광/광산	서산대창(西山大昌)광산	니혼(日本)광업㈜
	평북	구성군	관서면	탄광/광산	송림(松林)광산	니혼(日本)광업㈜
	평북	구성군	구성면	탄광/광산	원흥대창(院興大昌)광산	니혼(日本)광업㈜
	평북	구성군	이현면	탄광/광산	이현대창(梨峴大昌)광산	니혼(日本)광업㈜
	평북	구성군	관서면 조약동/천마면	탄광/광산	삼성(三成)광산	미쓰나리(三成)광업㈜
	평북	구장군	불상	하역수송	구장출장소/조선운송㈜	조선운송㈜
	평북	단천군	불상	기타(노무)	채석작업장	미확인
	평북	박천/정주군	용계면/정주군고안면	탄광/광산	고안(高安)금광	미확인
	평북	박천/정주군	용계면/정주군고안면	탄광/광산	부민(富民)광산	미확인
	평북	박천/정주군	용계면/정주군고안면	탄광/광산	연봉(延鳳)광산	닛치쓰(日窒)광업개발㈜
	평북	박천/태천군	용계면/태천군원면	탄광/광산	운정(雲井)제5광산	동아운모㈜
	평북	박천/태천군	청룡면/태천군장림면	탄광/광산	장룡(長龍)운모광산	동양(東洋)운모공업㈜
	평북	박천/태천군	용계, 청룡면/태천군원면	탄광/광산	박천(博川)제1광산	시바타(柴田)광업㈜
	평북	박천/태천군	용계면/태천군원면	탄광/광산	진창(進昌)제1광산	시바타(柴田)광업㈜
	평북	박천/태천군	청룡면/태천군장림면	탄광/광산	화협(和協)광산	조선광업진흥㈜
	평북	박천/태천군	청룡면/태천군장림면	탄광/광산	태박(泰博)금광	조선운모개발판매㈜
	평북	박천군	동남면 맹중동	철도/도로	철도공사장/제니타카구미(錢高組)	제니타카구미(錢高組)
	평북	박천군	청룡, 용계면	탄광/광산	동아운모광산	동아운모㈜
	평북	박천군	용계면	탄광/광산	금일(金鎰)광산	미확인
	평북	박천군	동남면	탄광/광산	맹중리(孟中里)금산	미확인

구분	소재지(1945년 8월 기준)			직종/대	유적명칭	기업(최종)
	도	부/군	면 이하			
생산관계	평북	박천군	박천, 동남면	탄광/광산	박천(博川)금광	미확인
	평북	박천군	덕안면	탄광/광산	상생(相生)맹중리광산	미확인
	평북	박천군	청룡면	탄광/광산	조선이화(理化)광산	미확인
	평북	박천군	청룡, 용계면	탄광/광산	조일(朝日)운모광산	미확인
	평북	박천군	용계면	탄광/광산	오룡동시전(五龍洞柴田)광산	시바타(柴田)광업㈜
	평북	박천군	청룡면	탄광/광산	운흥동(雲興洞)광산	조선운모개발판매㈜
	평북	박천군	청룡, 용계면	탄광/광산	제1영미(嶺美)광산	조선운모개발판매㈜
	평북	박천군	가산, 용계면	탄광/광산	진창(進昌)제2광산	조선운모개발판매㈜
	평북	박천군	가산면	탄광/광산	영미(嶺美)광산	니혼(日本)광업㈜
	평북	벽동/창성군	송서면/창성군 창주면	탄광/광산	공창(共昌)광산	미확인
	평북	벽동/창성군	송서면/창성군 창성면	탄광/광산	평안대흥산(大興山)광산	미확인
	평북	벽동/창성군	송서면/창성군 창주, 창성면	탄광/광산	서성(西城)금산	조선광업㈜
	평북	벽동/초산군	가별면/초산군 판면	탄광/광산	길봉(吉峯)광산	미확인
	평북	벽동/초산군	오북면/초산군 성서면	탄광/광산	벽초(碧楚)금산	메이지(明治)광업㈜
	평북	벽동/초산군	우시면/초산군 남, 강면	탄광/광산	발은(發銀)광산	니혼(日本)광업㈜
	평북	벽동군	관회면	탄광/광산	고계동(高季洞)광산	미확인
	평북	벽동군	오북면	탄광/광산	금립(金立)광산	미확인
	평북	벽동군	송서면	탄광/광산	대생(大生)광산	미확인
	평북	벽동군	태창면	탄광/광산	대창(大倉)광산	미확인
	평북	벽동군	벽동면	탄광/광산	동상(東上)광산	미확인
	평북	벽동군	가별면	탄광/광산	백세(百世)광산	미확인
	평북	벽동군	송서면	탄광/광산	벽단(碧團)광산	미확인
	평북	벽동군	벽동면	탄광/광산	벽동금창(碧潼金昌)광산	미확인
	평북	벽동군	송서면	탄광/광산	벽동백년(碧潼百年)광산	미확인
	평북	벽동군	송서면	탄광/광산	벽원(碧元)광산	미확인
	평북	벽동군	오북면	탄광/광산	북상(北上)금산	미확인
	평북	벽동군	오북면	탄광/광산	삼박(三箔)금광	미확인
	평북	벽동군	벽동, 성남면	탄광/광산	성남(城南)광산	미확인
	평북	벽동군	벽동, 성남면	탄광/광산	성동(城東)광산	미확인
	평북	벽동군	벽동면	탄광/광산	세일금풍(世一金豊)광산	미확인
	평북	벽동군	우시면	탄광/광산	시상(時上)광산	미확인
	평북	벽동군	우시, 가별면	탄광/광산	시창(時昌)광산	미확인
	평북	벽동군	벽동면	탄광/광산	신길(新吉)광산	미확인
	평북	벽동군	성남면	탄광/광산	신조(神助)광산	미확인
	평북	벽동군	우시면	탄광/광산	양귀(陽貴)금산	미확인
	평북	벽동군	우시면	탄광/광산	여의(如意)광산	미확인
	평북	벽동군	오북면	탄광/광산	오덕(吾德)광산	미확인
	평북	벽동군	송서면	탄광/광산	이산(二山)금광	미확인
	평북	벽동군	우시, 가별면	탄광/광산	정전(田)광산	미확인

구분	소재지(1945년 8월 기준)			직종/대	유적명칭	기업 (최종)
	도	부/군	면 이하			
생산 관계	평북	벽동군	송서면	탄광/광산	창벽(昌碧)금산	미확인
	평북	벽동군	오북,우시면	탄광/광산	초봉(初逢)광산	미확인
	평북	벽동군	벽동면	탄광/광산	태창(太昌)광산	미확인
	평북	벽동군	태평면	탄광/광산	평장(平場)금산	미확인
	평북	벽동군	송서면	탄광/광산	화흥(和興)광산	미확인
	평북	벽동군	관회면	탄광/광산	회창(會倉)광산	미확인
	평북	벽동군	불상	탄광/광산	광구/야스다(安田)광업소	야스다(安田)광업소
	평북	벽동군	오북면	탄광/광산	오북(吾北)광산	전라광업㈜
	평북	벽동군	태평,우시면	탄광/광산	우장(雩場)금산	니혼(日本)광업㈜
	평북	불상	구장	공장	구장공장/데이코쿠(帝國)섬유㈜	데이코쿠(帝國)섬유㈜
	평남북	불상	청천강하구(평남 북경계)	기타(노무)	염전(청천)/대일본염업	다이니혼(大日本)염업
	평북	불상	불상	탄광/광산	삼진탄광	미확인
	평북	삭주/ 창성군	수풍면/창성군 청 산면	탄광/광산	문창(文昌)금광	미확인
	평북	삭주/ 창성군	수풍면/창성군 청 산면	탄광/광산	부귀(富貴)금산	미확인
	평북	삭주/ 창성군	삭주면/창성군 창 성면	탄광/광산	참여(參與)금산	미확인
	평북	삭주/ 태천군	수풍면/태천군 강 서면	탄광/광산	대덕(大德)광산	대동산금㈜
	평북	삭주/ 태천군	수풍면/태천군 강 서면	탄광/광산	중산(中山)광산	대동산금㈜
	평북	삭주/ 태천군	수풍면/태천군 강 서면	탄광/광산	대성덕풍(大成德豊)금광	미확인
	평북	삭주/ 태천군	수풍면/태천군 강 서면	탄광/광산	수양(首陽)금산	미확인
	평북	삭주/ 태천군	수풍면/태천군 강 서면	탄광/광산	한일(韓一)금광	미확인
	평북	삭주/ 태천군	수풍면/태천군 강 서면	탄광/광산	고학(高鶴)광산	평안광업㈜
	평북	삭주군	청수읍	공장	카바이트공장/조선압록강수력발전㈜	조선압록강수력발전㈜
	평북	삭주군	청수읍	공장	고무공장	미확인
	평북	삭주군	수풍동	공장	수풍동시멘트공장/압록강수력발전㈜	조선압록강수력발전㈜
	평북	삭주군	청수읍	기타(노무)	청수제재소/압록강임산㈜	압록강임산㈜
	평북	삭주군	불상	철도/도로	철도공사장(평북선)	미확인
	평북	삭주군	삭주면	탄광/광산	금창(金倉)광산	금창(金倉)광업㈜
	평북	삭주군	남서,양산면	탄광/광산	신온(新溫)금산	다니구치(谷口)광업소(합자)
	평북	삭주군	수풍,양산면	탄광/광산	금수(金水)광산	미확인
	평북	삭주군	남서면	탄광/광산	금취(金鷲)광산	미확인
	평북	삭주군	삭주면	탄광/광산	남온(南溫)광산	미확인
	평북	삭주군	외남면	탄광/광산	남장(南長)금산	미확인

구분	소재지(1945년 8월 기준)			직종/대	유적명칭	기업 (최종)
	도	부/군	면 이하			
	평북	삭주군	수풍면	탄광/광산	대동(大同)금산	미확인
	평북	삭주군	양산면	탄광/광산	대성사(大省社) 서흥동(書興洞)광산	미확인
	평북	삭주군	수풍, 양산면	탄광/광산	대전(大全)광산	미확인
	평북	삭주군	수풍면	탄광/광산	덕부(德富)사금광	미확인
	평북	삭주군	수풍면	탄광/광산	덕유(德榆)광산	미확인
	평북	삭주군	구곡면	탄광/광산	동복(同福)광산	미확인
	평북	삭주군	양산면	탄광/광산	동창(東彰)금산	미확인
	평북	삭주군	남서면	탄광/광산	동천(東泉)금광	미확인
	평북	삭주군	남서, 외남면	탄광/광산	마남(摩南)금산	미확인
	평북	삭주군	외남면	탄광/광산	만석동(萬石洞)광산	미확인
	평북	삭주군	수풍면	탄광/광산	만장(萬庄)광산	미확인
	평북	삭주군	남서면	탄광/광산	명황(明晃)금산	미확인
	평북	삭주군	수풍면	탄광/광산	복목(伏木)광산	미확인
	평북	삭주군	양산면	탄광/광산	불이(不二)금광	미확인
	평북	삭주군	외남면	탄광/광산	삭주대동(朔州大同)광산	미확인
	평북	삭주군	수풍면	탄광/광산	삭풍(朔豊)광산	미확인
	평북	삭주군	수풍면	탄광/광산	산금(産金)보국광산	미확인
	평북	삭주군	양산면	탄광/광산	삼성(三聲)금산	미확인
	평북	삭주군	외남면	탄광/광산	삼익(三益)탄광	미확인
	평북	삭주군	구곡, 삭주면	탄광/광산	서흥(西興)광산	미확인
	평북	삭주군	수풍면	탄광/광산	송본(松本)사금광	미확인
	평북	삭주군	남서면	탄광/광산	송평(松坪)광산	미확인
	평북	삭주군	수풍면	탄광/광산	신득(新得)광산	미확인
	평북	삭주군	외남면	탄광/광산	신야(神野)금산	미확인
생산 관계	평북	삭주군	남서, 양산면	탄광/광산	양산(兩山)광산	미확인
	평북	삭주군	삭주면	탄광/광산	어궁(御宮)광산	미확인
	평북	삭주군	양산면	탄광/광산	역창(驛倉)광산	미확인
	평북	삭주군	남서면	탄광/광산	영생(永生)광산	미확인
	평북	삭주군	남서면	탄광/광산	영창(永昌)금광	미확인
	평북	삭주군	양산, 외남면	탄광/광산	영창(英彰)금광	미확인
	평북	삭주군	수풍면	탄광/광산	용성(龍成)광산	미확인
	평북	삭주군	남서면	탄광/광산	운림(雲林)금산	미확인
	평북	삭주군	구곡면	탄광/광산	웅창(雄昌)금산	미확인
	평북	삭주군	남서면	탄광/광산	원창(元昌)금산	미확인
	평북	삭주군	양산면	탄광/광산	원풍(元豊)광산	미확인
	평북	삭주군	남서면	탄광/광산	의산(義山)광산	미확인
	평북	삭주군	외남면	탄광/광산	일성(一成)금광	미확인
	평북	삭주군	외남면	탄광/광산	자력(自力)광산	미확인
	평북	삭주군	외남면	탄광/광산	전중(田中)삭주광산	미확인
	평북	삭주군	수풍면	탄광/광산	제2복목(伏木)광산	미확인
	평북	삭주군	외남면	탄광/광산	중흥(重興)광산	미확인
	평북	삭주군	남서, 외남면	탄광/광산	창석(倉石)광산	미확인
	평북	삭주군	남서면	탄광/광산	창신동(昌新洞)광산	미확인
	평북	삭주군	수풍, 양산면	탄광/광산	창창(昌昌)금산	미확인
	평북	삭주군	남서면	탄광/광산	창평(昌坪)금산	미확인
	평북	삭주군	남서면	탄광/광산	창흥(昌興)광산	미확인
	평북	삭주군	외남면	탄광/광산	천일(天一)광산	미확인
	평북	삭주군	수풍면	탄광/광산	토동(土洞)광산	미확인

구분	소재지(1945년 8월 기준)			직종/대	유적명칭	기업 (최종)
	도	부/군	면 이하			
생산 관계	평북	삭주군	외남면	탄광/광산	팔영(八營)금광	미확인
	평북	삭주군	수풍면	탄광/광산	풍영(豊榮)사금광	미확인
	평북	삭주군	수풍면	탄광/광산	흥성(興成)광산	미확인
	평북	삭주군	남서면	탄광/광산	운창(雲昌)금광	운창(雲昌) 광업㈜
	평북	삭주군	구곡,삭주면	탄광/광산	신연(新延)광산	미쓰나리 (三成)광업㈜
	평북	삭주군	수풍면	탄광/광산	금풍(金豊)광산	주가이(中外)광업㈜
	평북	삭주군	수풍면	탄광/광산	덕안(德安)광산	주가이(中外)광업㈜
	평북	삭주군	구곡면	탄광/광산	신성(新成)금산	주가이(中外)광업㈜
	평북	삭주군	구곡,삭주면	탄광/광산	삭주(朔州)광산	니혼(日本) 광업㈜
	평북	삭주군	구곡면 수풍동/중국 안동성 관전현	토건	수력발전소(수풍)/하자마구미(間組)/松本組/西松組	하자마구미 (間組),西松組,松本組
	평북	삭주군	불상	하역수송	하역수송	미확인
	평북	선천/의주군	산면/의주군 월화면	탄광/광산	동방(東邦)흑연광산	미확인
	평북	선천/정주군	동,군산,신부면 안상동/정주군 옥천면	탄광/광산	스미토모(住友) 선천(宣川)광산	스미토모 (住友)본사 ㈜
	평북	선천군	불상	공장	대동양말공장	대동양말 공장
	평북	선천군	불상	공장	동흥양말공장	동흥양말 공장
	평북	선천군	불상	철도/도로	철도공사장	미확인
	평북	선천군	동면,선천읍.신부면	철도/도로	철도공사장(경의선)	미확인
	평북	선천군	선천읍 천암동98	탄광/광산	다니구치(谷口)광업소(합자)	다니구치 (谷口)광업 소(합자)
	평북	선천군	신부면 청강동 501	탄광/광산	동일(東日)광업(합자)	동일(東日) 광업(합자)
	평북	선천군	수청,태산면	탄광/광산	고읍(古邑)광산	미확인
	평북	선천군	신부,선천,군산면	탄광/광산	대안(大安)安質母尼광산	미확인
	평북	선천군	동면송현리	탄광/광산	도산(桃山)금산	미확인
	평북	선천군	동,신부,산면	탄광/광산	동신(東新)금광	미확인
	평북	선천군	선천읍	탄광/광산	류계(柳桂)광산	미확인
	평북	선천군	산면	탄광/광산	보암(寶岩)광산	미확인
	평북	선천군	동면	탄광/광산	부인(富仁)광산	미확인
	평북	선천군	심천면	탄광/광산	서일(西壹)흑연광산	미확인
	평북	선천군	신부,수청,태산면	탄광/광산	선만(鮮滿)광산	미확인
	평북	선천군	신부면	탄광/광산	신안(新安)광산	미확인
	평북	선천군	신부면	탄광/광산	신흥(新興)사금광산	미확인
	평북	선천군	군산,동면	탄광/광산	연봉(延峰)광산	미확인
	평북	선천군	동,신부면	탄광/광산	운영(雲英)금산	미확인

구분	소재지(1945년 8월 기준)			직종/대	유적명칭	기업 (최종)
	도	부/군	면 이하			
생산 관계	평북	선천군	산면	탄광/광산	선천(宣川)흑연광산	연수(連壽) 광업㈜
	평북	선천군	동면	탄광/광산	금덕방로하(金德方路下)광산	조선흑연개 발㈜
	평북	선천군	군산면	탄광/광산	사교(沙橋)광산	조선흑연개 발㈜
	평북	선천군	신부, 동면 도화동, 선천읍	탄광/광산	도화(桃花)광산	미쓰나리 (三成)광업㈜
	평북	선천군	선천읍	탄광/광산	동천(東川)금산	미쓰나리 (三成)광업㈜
	평북	신의주 부	약죽정23	공장	고료(高菱)기계공업㈜	고료(高菱) 기계공업㈜
	평북	신의주 부	불상	공장	신의주제사공장/군제(君是)산업㈜	군제(郡是) 산업㈜
	평북	신의주 부	진사정1정목1	공장	신연(新延)철공소㈜	신연(新延) 철공소㈜
	평북	신의주 부	의주	공장	신의주공장/일본농산화공	니혼(日本) 농산화공
	평북	신의주 부	불상	공장	신의주공장/동양상공	동양상공
	평북	신의주 부	불상	공장	북선(北鮮)제지	북선(北鮮) 제지
	평북	신의주 부	불상	공장	동양금속마그네슘	미확인
	평북	신의주 부	불상	공장	신의주철공조합	미확인
	평북	신의주 부	불상	공장	신의주공장/서선(西鮮)합동전기㈜	서선(西鮮) 합동전기㈜
	평북	신의주 부	빈정1	공장	신의주목리공장(합자)	신의주목리 공장(합자)
	평북	신의주 부	본정3	공장	신의주요업㈜	안동요업 회사[신의 주요업㈜]
	평북	신의주 부	빈정1정목	공장	야스다(安田)흑연제련소	야스다(安 田)광업소
	평북	신의주 부	불상	공장	신의주공장/일승(日陞)공사	일승(日陞) 공사(公司)
	평북	신의주 부	낙원	공장	신의주마그네슘/조선가미오카(神鋼)금속	조선가미오 카(神鋼) 금속㈜
	평북	신의주 부	불상	공장	평북조선㈜	평북조선㈜
	평북	신의주 부	불상	공장	평북중공업㈜	평북중공업 ㈜
	평북	신의주 부	불상	공장	평안(平安)성냥	평안성냥 (燐寸)㈜
	평북	신의주 부	빈정	공장	신의주공장/평양성냥㈜	평양성냥 (燐寸)㈜
	평북	신의주 부	불상	공장	신의주펄프공장/鐘淵공업㈜	가네가후치 (鐘淵)공업㈜

구분	소재지(1945년 8월 기준)			직종/대	유적명칭	기업 (최종)
	도	부/군	면 이하			
생산 관계	평북	신의주부	불상	공장	신의주공장/도멘(東棉)섬유공업	도멘(東棉) 섬유공업㈜
	평북	신의주부	불상	공장	신의주공장/오지(王子)제지㈜	오지(王子) 제지㈜
	평북	신의주부	민포동595-1	공장	신의주공장/조선무수주정㈜	조선무수 주정㈜
	평북	신의주부	초음정14-1	기타(노무)	금종(金宗)상회(합자)	금종(金宗) 상회(합자)
	평북	신의주부	불상	기타(노무)	채석작업장	미확인
	평북	신의주부	본정1	기타(노무)	선만제함목재㈜	선만(鮮滿) 제함목재㈜
	평북	신의주부	상반정8정목5	기타(노무)	신압강(新鴨江)목재㈜	신압강목재 ㈜
	평북	신의주부	압천정1	기타(노무)	신의주제재소/압록강임산㈜	압록강임산 ㈜
	평북	신의주부	영정1-2	기타(노무)	이시가키(石垣)임업(합자)	이시가키 (石垣)임업 (합자)
	평북	신의주부	불상	기타(노무)	신의주제재소/조선총독부영림서	조선총독부 영림서
	평북	신의주부	불상	기타(노무)	신의주공장/쿰힌㈜	쿰힌㈜
	평북	신의주부	불상	기타(노무)	신의주형무소	나카무라구 미(中村組) (합자)
	평북	신의주부	불상	철도/도로	철도공사장(경의선)	조선총독부 철도국
	평북	신의주부	불상	토건	공장건설공사장(조선무수주정신의주공장)/오바야시구미(大林組)	오바야시구 미(大林組)
	평북	신의주부	낙원	토건	공장건설공사장(조선신강금속신의주공장)/오바야시구미(大林組)	오바야시구 미(大林組)
	평북	신의주부	불상	토건	공업용수도공사/오바야시구미(大林組)	오바야시구 미(大林組)
	평북	신의주부	불상	하역수송	신의주지점/조선운송㈜	조선운송㈜
	평북	영변/ 태천군	팔원면/태천군 강동면	탄광/광산	태령(泰寧)금광	미확인
	평북	영변/ 태천군	팔원면/태천군 강동면	탄광/광산	태일(泰一)금광	미확인
	평북	영변/ 희천군	태평면/희천군 서면	탄광/광산	금려(金麗)광산	미확인
	평북	영변/ 희천군	태평면/희천군 서면	탄광/광산	길령(吉嶺)광산	미확인
	평북	영변/ 희천군	태평면/희천군 서면	탄광/광산	뉴전(杻田)금광	미확인
	평북	영변/ 희천군	태평면/희천군 서면	탄광/광산	약수(藥水)광산	미확인
	평북	영변/ 희천군	북신현면/희천군 남면	탄광/광산	영국(榮國)광산	미확인

구분	소재지(1945년 8월 기준)			직종/대	유적명칭	기업 (최종)
	도	부/군	면 이하			
	평북	영변/ 희천군	태평면/희천군 서면	탄광/광산	영진(寧珍)금광	미확인
	평북	영변/ 희천군	태평면/희천군 서면	탄광/광산	조산(造山)광산	미확인
	평북	영변/ 희천군	태평면/희천군 서면	탄광/광산	태희(泰熙)금광	미확인
	평북	영변/ 희천군	태평면/희천군 서면	탄광/광산	합성(合星)금광	미확인
	평북	영변군	불상	공장	잠종제조소/가타쿠라(片倉)공업㈜	가타쿠라 (片倉)공업 ㈜
	평북	영변군	용산면	탄광/광산	금우(金友)양행 신흥(新興)광산	금우(金友) 양행
	평북	영변군	용산면	탄광/광산	용등(龍登)탄광	대동(大東) 광업㈜
	평북	영변군	대평면	탄광/광산	광구/반도(半島)産金㈜	반도(半島) 산금㈜
	평북	영변군	태평, 북신현면	탄광/광산	용응(龍應)금산	반도(半島) 산금㈜
생산 관계	평북	영변군	용산면	탄광/광산	가락(加樂)금산	미확인
	평북	영변군	용산면	탄광/광산	가맥(嘉麥)금광	미확인
	평북	영변군	남송, 남신현면	탄광/광산	광구(光龜)금광	미확인
	평북	영변군	남송면	탄광/광산	구두(龜頭)광산	미확인
	평북	영변군	남신현면	탄광/광산	귀상(貴祥)광산	미확인
	평북	영변군	용산, 백령면	탄광/광산	금율(金栗)광산	미확인
	평북	영변군	남송면	탄광/광산	남송(南松)광산	미확인
	평북	영변군	태평, 북신현면	탄광/광산	단봉(檀峰)금산	미확인
	평북	영변군	태평면	탄광/광산	동인(東仁)2광산	미확인
	평북	영변군	태평면	탄광/광산	동인(東仁)광산	미확인
	평북	영변군	오리면	탄광/광산	목호(木戸)금광	미확인
	평북	영변군	북신현면	탄광/광산	묘향삼포(妙香三浦)광산	미확인
	평북	영변군	남송면	탄광/광산	무전(武田)사금광	미확인
	평북	영변군	백령면	탄광/광산	백령(百嶺)금광	미확인
	평북	영변군	남송, 태평면	탄광/광산	복덕(福德)광산	미확인
	평북	영변군	남송면	탄광/광산	봉지동(鳳至洞)광산	미확인
	평북	영변군	고성, 팔원면	탄광/광산	부은(富殷)광산	미확인
	평북	영변군	북신현면	탄광/광산	사향산(砂香山)광산	미확인
	평북	영변군	남송면	탄광/광산	삼공(三共)광산	미확인
	평북	영변군	북신현면	탄광/광산	삼녕(三寧)광산	미확인
	평북	영변군	남신현면	탄광/광산	삼룡왕(森龍王)광산	미확인
	평북	영변군	봉산, 팔원면	탄광/광산	서선무진(西鮮無津)광산	미확인
	평북	영변군	용산면	탄광/광산	소민동(蘇民洞)아연광산	미확인
	평북	영변군	남신현면	탄광/광산	신성(新城)금광	미확인
	평북	영변군	팔원, 영변, 고성면	탄광/광산	신영(新榮)사금광	미확인
	평북	영변군	북신현면	탄광/광산	신흥(信興)금산	미확인
	평북	영변군	남신현면	탄광/광산	어룡(魚龍)금광	미확인
	평북	영변군	태평, 북신현면	탄광/광산	영변금창(寧邊金昌)광산	미확인
	평북	영변군	팔원면	탄광/광산	영성(寧城)금산	미확인
	평북	영변군	용산, 북신현면	탄광/광산	요덕(要德)광산	미확인
	평북	영변군	용산면	탄광/광산	요성(耀城)금광	미확인

구분	소재지(1945년 8월 기준)			직종/대	유적명칭	기업 (최종)
	도	부/군	면 이하			
	평북	영변군	용산면	탄광/광산	용암동(龍岩洞)광산	미확인
	평북	영변군	남송면	탄광/광산	운대(雲臺)금광	미확인
	평북	영변군	오리면	탄광/광산	운빈(運濱)광산	미확인
	평북	영변군	태평면	탄광/광산	원녕(元寧)광산	미확인
	평북	영변군	용산면	탄광/광산	원룡(元龍)광산	미확인
	평북	영변군	용산, 남신현면	탄광/광산	유명(有明)광산	미확인
	평북	영변군	태평면	탄광/광산	육보(六寶)광산	미확인
	평북	영변군	용산, 남신현면	탄광/광산	은부(銀富)금산	미확인
	평북	영변군	남신현면	탄광/광산	이만(利滿)광산	미확인
	평북	영변군	남신현, 고성면	탄광/광산	재등(齋藤)제2광산	미확인
	평북	영변군	북신현면	탄광/광산	전중(田中)영변광산	미확인
	평북	영변군	북신현면	탄광/광산	전평(全平)광산	미확인
	평북	영변군	오리면	탄광/광산	제1교동(橋洞)광산	미확인
	평북	영변군	태평면	탄광/광산	조산(造山)광산	미확인
	평북	영변군	남송, 태평, 북신 현면	탄광/광산	좌등(佐藤)금산	미확인
	평북	영변군	태평면	탄광/광산	중창(重昌)금광	미확인
	평북	영변군	백령면	탄광/광산	채다량(採多量)금산	미확인
	평북	영변군	태평, 북신현면	탄광/광산	태복(泰福)광산	미확인
	평북	영변군	태평면	탄광/광산	태안(泰安)금은광산	미확인
	평북	영변군	태평면	탄광/광산	태풍(泰豊)금광	미확인
	평북	영변군	오리면	탄광/광산	한남(韓南)광산	미확인
	평북	영변군	용산, 남신현면	탄광/광산	황금재(黃金載)광산	미확인
생산 관계	평북	영변군	남신현면	탄광/광산	흑룡(黑龍)광산	미확인
	평북	영변군	태평면	탄광/광산	영변(寧邊)광산	영변광산㈜
	평북	영변군	오리면	탄광/광산	청강(淸江)광산	청덕(昌德) 광업㈜
	평북	영변군	태평면 조산동 566	탄광/광산	태평(泰平)광산(합자)	태평(泰平) 광산(합자)
	평북	영변군	태평, 북신현면	탄광/광산	북평(北平)금광	팔주(八洲) 광업㈜
	평북	영변군	남송, 남신현면	탄광/광산	남송(南松)사금광	니혼(日本) 광업㈜
	평북	영변군	고성면	탄광/광산	대력(大力)광산	니혼(日本) 광업㈜
	평북	영변군	남송면	탄광/광산	하다대(下多大)광산	니혼(日本) 광업㈜
	평북	용천군	부라면 원성동	공장	서선(西鮮)화학㈜	서선(西鮮) 화학㈜
	평북	용천군	용암포읍	공장	용암포정련소/미쓰나리(三成)광업	미쓰나리 三成)광업㈜
	평북	용천군	북중면	공장	미쓰이(三井)경금속㈜	미쓰이(三井) 경금속㈜
	평북	용천군	북중면양시	공장	양시공장/미쓰이(三井)경금속㈜	미쓰이(三井) 경금속㈜
	평북	용천군	불상	기타(노무)	염전	미확인
	평북	용천군	양사↔다사도항	철도/도로	철도공사장(다사도철도회사선)	미확인
	평북	용천군	북중면 원봉동	토건	공장건설(북중면)	미확인
	평북	용천군	불상	토건	수력발전소	미확인
	평북	용천군	외상면 봉황리	토건	염전조성공사장	미확인

| 구분 | 소재지(1945년 8월 기준) | | 직종/대 | 유적명칭 | 기업 |
	도	부/군	면 이하			(최종)
생산 관계	평북	용천군	부나면 다사도	토건	항만공사장(다사도)	미확인
	평북	운산군	북진면 대암동 128	탄광/광산	북진(北鎭)금광(합자)	북진(北鎭) 금광(합자)
	평북	운산군	북진면 대암동	탄광/광산	운산(雲山)광산	조선광업 진흥㈜
	평북	위원군	부흥동(위원영림서)	기타(노무)	부흥공장/조선총독부 위원영림서	조선총독부 영림서
	평북	위원군	화창면	탄광/광산	화창(和昌)광산	도호(東邦) 광업㈜
	평북	위원군	숭정면	탄광/광산	신명(新明)광산	보인(輔仁) 광업㈜
	평북	위원군	화창면	탄광/광산	굴(堀)흑연광산	미확인
	평북	위원군	화창,대덕면	탄광/광산	기덕(基德)흑연광산	미확인
	평북	위원군	대덕면	탄광/광산	대덕(大德)광산	미확인
	평북	위원군	숭정면	탄광/광산	백림(柏林)흑연광산	미확인
	평북	위원군	화창,위원면	탄광/광산	소화대야(昭和大野)광산	미확인
	평북	위원군	화창,위송면	탄광/광산	양강(兩江)광산	미확인
	평북	위원군	화창면	탄광/광산	제1화창(和昌)광산	미확인
	평북	위원군	화창면	탄광/광산	제2화창(和昌)광산	미확인
	평북	위원군	대덕면	탄광/광산	풍상(豊上)광산	미확인
	평북	위원군	대덕면	탄광/광산	뉴포동(杻浦洞)광산	시바타(柴田)광업㈜
	평북	위원군	숭정면	탄광/광산	위원(渭原)광산	시바타(柴田)광업㈜
	평북	위원군	대덕면	탄광/광산	위원대덕(渭原大德)광산	시바타(柴田)광업㈜
	평북	위원군	숭정면	탄광/광산	한양(漢揚)광산	니혼(日本) 광업㈜
	평북	의주군	고진면 류동222	공장	상공철공소㈜	상공철공소㈜
	평북	의주군	광성면 와이동 100-1	공장	신의주섬유공업㈜	신의주섬유 공업㈜
	평북	의주군	광성면	공장	신의주작잠㈜	신의주작잠㈜
	평북	의주군	마전동	공장	지점/신의주요업㈜	안동요업회 사[신의주 요업㈜]
	평북	의주군	광성면	공장	신의주공장/조선후지(富士)가스방적	조선후지(富士)가스 방적㈜
	평북	의주군	고령삭면	탄광/광산	원봉(圓峰)광산	다이쇼(大正) 수리조합
	평북	의주군	수진면	탄광/광산	평북백룡(白龍)광산	대동산업㈜
	평북	의주군	가산면 방산동 472	탄광/광산	대원(大元)광산(合資)	대원(大元) 광산(합자)
	평북	의주군	수진,가산면	탄광/광산	가산(加山)광산	미확인
	평북	의주군	가산면	탄광/광산	강남(江南)광산	미확인
	평북	의주군	광성면	탄광/광산	강부(江副)광산	미확인
	평북	의주군	옥상면	탄광/광산	대곡천마(大谷天摩)광산	미확인
	평북	의주군	가산면	탄광/광산	동륭(東隆)광산	미확인

구분	소재지(1945년 8월 기준)			직종/대	유적명칭	기업(최종)
	도	부/군	면 이하			
생산관계	평북	의주군	월화면	탄광/광산	마룡(麻龍)흑연광산	미확인
	평북	의주군	가산면	탄광/광산	방산(方山)광산	미확인
	평북	의주군	월화면	탄광/광산	소야(小野)平北형석광산	미확인
	평북	의주군	수진면	탄광/광산	수진(水鎭)금광	미확인
	평북	의주군	수진, 가산면	탄광/광산	신의주(新義州)광산	미확인
	평북	의주군	가산면	탄광/광산	압강(鴨江)금산	미확인
	평북	의주군	옥상면	탄광/광산	연막(鉛幕)광산	미확인
	평북	의주군	옥상, 고령삭면	탄광/광산	영화(永和)금산	미확인
	평북	의주군	가산면	탄광/광산	옥계(玉江)금산	미확인
	평북	의주군	옥상면	탄광/광산	옥룡(玉龍)광산	미확인
	평북	의주군	가산면	탄광/광산	용만(龍灣)광산	미확인
	평북	의주군	월화면	탄광/광산	월화(月華)광산	미확인
	평북	의주군	고령삭면	탄광/광산	의일(義一)광산	미확인
	평북	의주군	고령삭면	탄광/광산	의주천마(義州天摩)광산	미확인
	평북	의주군	옥상면	탄광/광산	의주태백(義州太白)광산	미확인
	평북	의주군	고령삭면	탄광/광산	일녕(一寧)광산	미확인
	평북	의주군	비현, 월화, 고관면	탄광/광산	장문(長武)광산	미확인
	평북	의주군	수진면	탄광/광산	재명(再明)금산	미확인
	평북	의주군	옥상면	탄광/광산	정운(正運)광산	미확인
	평북	의주군	옥상면	탄광/광산	제2청북(淸北)금산	미확인
	평북	의주군	수진면	탄광/광산	지신(地神)광산	미확인
	평북	의주군	고관면	탄광/광산	창보(昌寶)광산	미확인
	평북	의주군	수진, 송장면	탄광/광산	창보(昌寶)제3광산	미확인
	평북	의주군	고관면	탄광/광산	창영동(昌榮洞)광산	미확인
	평북	의주군	고령삭면	탄광/광산	청북(淸北)금산	미확인
	평북	의주군	고관면	탄광/광산	춘곡(春谷)흑연광산	미확인
	평북	의주군	고관면	탄광/광산	평림(平林)광산	미확인
	평북	의주군	월화면	탄광/광산	평북소야(小野)흑연광산	미확인
	평북	의주군	수진면	탄광/광산	평북제2백룡(白龍)광산	미확인
	평북	의주군	가산면	탄광/광산	풍영(豊永)금광	미확인
	평북	의주군	수진, 고관면	탄광/광산	홀리(里)광산	미확인
	평북	의주군	광평면	탄광/광산	화평(和坪)광산	미확인
	평북	의주군	월화면	탄광/광산	화합하동(化合下洞)광산	미확인
	평북	의주군	고관면	탄광/광산	삼연(三延)광산	삼연(三延)광업소(합자)
	평북	의주군	월화, 고관면	탄광/광산	의주(義州)제1광산	시바타(柴田)광업㈜
	평북	의주군	광평면	탄광/광산	청성(淸城)광산	일남(日南)광업㈜
	평북	의주군	옥상면	탄광/광산	옥상(玉尙)광산	일본금속화학㈜
	평북	의주군	수진면	탄광/광산	석계(石溪)광산	조선광업㈜
	평북	의주군	고관동	탄광/광산	고관(古館)광산	합성(合成)광업㈜
	평북	의주군	가산면	탄광/광산	추산(楸山)광산	니혼(日本)광업㈜
	평북	의주군	광평면 청성동	탄광/광산	광구/의주(義州)광산㈜	의주(義州)광산㈜

구분	소재지(1945년 8월 기준)			직종/대	유적명칭	기업 (최종)
	도	부/군	면 이하			
생산 관계	평북	의주군	고령삭면	탄광/광산	서고동(西古洞)광산	의주(義州) 광산㈜
	평북	의주군	옥상면 하경동, 광평면	탄광/광산	중대리(中臺里)광산	의주(義州) 광산㈜
	평북	의주군	주내면	탄광/광산	천산(淺山)석면광산	조선압록강 수력발전㈜
	평북	의주군	옥상, 고령삭면 천마동	탄광/광산	의주(義州)광산 제광업소	의주(義州) 광산㈜
	평북	의주군	압록강수계	토건	수력발전소(의주. 압록강개발제2기공사)/ 하자마구미(間組)	하자마구미 (間組)
	평북	의주군	불상	토건	공장부지조성공사장/니시마쓰구미(西松組)	니시마쓰구 미(西松組)
	평북	자성군	이평면	탄광/광산	고흥(高興)광산	미확인
	평북	자성군	자성면	탄광/광산	상익(相益)금광	미확인
	평북	자성군	삼풍면	탄광/광산	일선(日宣)금광	미확인
	평북	자성군	자성면	탄광/광산	자성(慈城)광산	미확인
	평북	자성군	삼풍면	탄광/광산	죽암(竹巖)광산	미확인
	평북	자성군	자성, 자하면	탄광/광산	평안자성광산	미확인
	평북	자성군	삼풍면	탄광/광산	황국(皇國)광산	미확인
	평북	자성군	자성, 이평면	탄광/광산	흥륭(興隆)광산	미확인
	평북	자성군	불상	탄광/광산	광구/닛치쓰(日窒)광업개발㈜	닛치쓰 (日窒)광업 개발㈜
	평북	자성군	삼풍면 운봉동/압록강수계/만주쪽	토건	수력발전소(운봉)/니시마쓰구미(西松組)	니시마쓰구 미(西松組)
	평북	정주군	불상	공장	정주조면공장/조선방직㈜	조선방직㈜
	평북	정주군	정주읍 성외동 659	공장	평북철공㈜	평북철공㈜
	평북	정주군	불상	철도/도로	철도공사장(경의선)	미확인
	평북	정주군	정주←→압록강중심	철도/도로	철도공사장[평북철도회사선]	미확인
	평북	정주군	고덕면	탄광/광산	운전(雲田)광산	다이니혼 (大日本)세 멘트㈜
	평북	정주군	옥천면	탄광/광산	개원(開源)금광	미확인
	평북	정주군	고안면	탄광/광산	고현(高峴)금광	미확인
	평북	정주군	고안면	탄광/광산	달성(達城)광산	미확인
	평북	정주군	고안면	탄광/광산	독장(獨將)금광	미확인
	평북	정주군	고안면	탄광/광산	문곡대성(文谷大成)금광	미확인
	평북	정주군	고안면	탄광/광산	부민정주(富民定州)광산	미확인
	평북	정주군	옥천면	탄광/광산	순량(順良)광산	미확인
	평북	정주군	고안면	탄광/광산	심원(深源)흑연광산	미확인
	평북	정주군	옥천면	탄광/광산	옥천(玉泉)광산	미확인
	평북	정주군	옥천면	탄광/광산	월옥(月玉)금광	미확인
	평북	정주군	옥천면	탄광/광산	인동(仁洞)금광	미확인
	평북	정주군	남서, 임포면	탄광/광산	임포(臨浦)흑연광산	미확인
	평북	정주군	옥천면	탄광/광산	지령(地靈)금산	미확인
	평북	정주군	고안, 옥천면	탄광/광산	진하(鎭河)광산	미확인
	평북	정주군	마산면	탄광/광산	태굉(泰宏)광산	미확인
	평북	정주군	고안면	탄광/광산	합우(合友)광산	미확인

구분	소재지(1945년 8월 기준)			직종/대	유적명칭	기업 (최종)
	도	부/군	면 이하			
생산 관계	평북	정주군	옥천면	탄광/광산	개원(開元)금광	합성(合成)광업㈜
	평북	정주군	옥천면	탄광/광산	군산(君山)광산	합성(合成)광업㈜
	평북	정주군	고안면	탄광/광산	고상(高祥)광산	닛치쓰(日窒)광업개발㈜
	평북	정주군	옥천면	탄광/광산	곽산(郭山)금산	닛치쓰(日窒)광업개발㈜
	평북	정주군	고안, 옥천면	탄광/광산	문례(文禮)금산	주가이(中外)광업㈜
	평북	창성군	우면옥계동	탄광/광산	갑암(甲岩)금광㈜	갑암(甲岩)금광㈜
	평북	창성군	전창면	탄광/광산	전창(田倉)광산	금성(錦城)광업㈜
	평북	창성군	청산면	탄광/광산	양율(陽栗)금산	동양산금㈜
	평북	창성군	청산면	탄광/광산	평북청산(青山)광산	동양산금㈜
	평북	창성군	우, 전창, 남창, 창성, 동창, 대창, 청산면	탄광/광산	창성(昌城)광산	동창광산㈜
	평북	창성군	신창면신안동	탄광/광산	신안동(新安洞)금광	보인(輔仁)광업㈜
	평북	창성군	신창면	탄광/광산	갑전(甲田)광산	미확인
	평북	창성군	청산, 대창면	탄광/광산	건우사(建宇社) 금성(金城)광산	미확인
	평북	창성군	청산면	탄광/광산	경래(慶來)광산	미확인
	평북	창성군	청산, 대창면	탄광/광산	경룡(京龍)광산	미확인
	평북	창성군	동창, 신창면	탄광/광산	고수(高秀)광산	미확인
	평북	창성군	청산면	탄광/광산	고창(高倉)광산	미확인
	평북	창성군	창성면	탄광/광산	고천(古川)광산	미확인
	평북	창성군	창성면	탄광/광산	금야(金野)광산	미확인
	평북	창성군	창성면	탄광/광산	급천(及川)광산	미확인
	평북	창성군	신창면	탄광/광산	기산(岐山)광산	미확인
	평북	창성군	창성면	탄광/광산	낙성동(洛城洞)광산	미확인
	평북	창성군	신창면	탄광/광산	내산(內山)금광	미확인
	평북	창성군	동창면	탄광/광산	다대(多大)금광	미확인
	평북	창성군	청산면	탄광/광산	당아(峨)광산	미확인
	평북	창성군	신창, 대창면	탄광/광산	대창연(大昌鉛)광산	미확인
	평북	창성군	동창, 대창면	탄광/광산	동대(東大)금광	미확인
	평북	창성군	청산면	탄광/광산	만화(滿貨)금광	미확인
	평북	창성군	창성면	탄광/광산	반촌(飯村)광산	미확인
	평북	창성군	신창면	탄광/광산	부원(富元)광산	미확인
	평북	창성군	창성면	탄광/광산	북창(北昌)금광	미확인
	평북	창성군	전창면	탄광/광산	산구(山口)광산	미확인
	평북	창성군	신창면	탄광/광산	산풍(山豊)광산	미확인
	평북	창성군	대창면	탄광/광산	삼각곡(三角谷)금산	미확인
	평북	창성군	창성면	탄광/광산	삼고(三古)금광	미확인
	평북	창성군	청산면	탄광/광산	상수양(上水陽)광산	미확인
	평북	창성군	신창면	탄광/광산	송완(松完)금산	미확인
	평북	창성군	창성면	탄광/광산	승운(承雲)광산	미확인

구분	소재지(1945년 8월 기준)			직종/대	유적명칭	기업(최종)
	도	부/군	면 이하			
생산 관계	평북	창성군	청산면	탄광/광산	신계리(新溪里)광산	미확인
	평북	창성군	동창면	탄광/광산	신복(新馥)금광	미확인
	평북	창성군	청산면	탄광/광산	양덕(陽德)사금광	미확인
	평북	창성군	청산면	탄광/광산	양덕(陽德)흑연광산	미확인
	평북	창성군	신창면	탄광/광산	영풍(永豊)광산	미확인
	평북	창성군	동창, 대창면	탄광/광산	오영(吳營)광산	미확인
	평북	창성군	청산면	탄광/광산	왕자(旺子)금산	미확인
	평북	창성군	우면	탄광/광산	우면(祐面)광산	미확인
	평북	창성군	창성면	탄광/광산	우봉(祐峰)금광	미확인
	평북	창성군	창성면	탄광/광산	우신(祐新)광산	미확인
	평북	창성군	창성면	탄광/광산	일창(日昌)금산	미확인
	평북	창성군	신창, 대창면	탄광/광산	입암(立岩)광산	미확인
	평북	창성군	창성면	탄광/광산	장곡(長谷)광산	미확인
	평북	창성군	신창면	탄광/광산	장도(章臺)금산	미확인
	평북	창성군	창성면	탄광/광산	장천(長泉)금광	미확인
	평북	창성군	동창면	탄광/광산	중화(重華)광산	미확인
	평북	창성군	청산면	탄광/광산	지경(地境)광산	미확인
	평북	창성군	창성면	탄광/광산	지전창성(池田昌城)광산	미확인
	평북	창성군	대창면	탄광/광산	창서동(倉西洞)광산	미확인
	평북	창성군	청산면	탄광/광산	창성(昌成)금광	미확인
	평북	창성군	동창면	탄광/광산	창성동창(昌城東倉)금광	미확인
	평북	창성군	청산, 대창면	탄광/광산	창영(昌榮)금산	미확인
	평북	창성군	청산면	탄광/광산	창창(昌倉)금산	미확인
	평북	창성군	신창면	탄광/광산	창풍(倉豊)광산	미확인
	평북	창성군	창성면	탄광/광산	천운(天運)광산	미확인
	평북	창성군	청산면	탄광/광산	청금(靑金)광산	미확인
	평북	창성군	청산면	탄광/광산	청산금홍(靑山金洪)광산	미확인
	평북	창성군	신창면	탄광/광산	청파(靑坡)광산	미확인
	평북	창성군	대창면	탄광/광산	취봉(翠峰)금은광산	미확인
	평북	창성군	창성면	탄광/광산	평북안창(安昌)광산	미확인
	평북	창성군	신창, 대창면	탄광/광산	풍완(豊完)금광	미확인
	평북	창성군	신창면	탄광/광산	풍익(豊盆)광산	미확인
	평북	창성군	청산면	탄광/광산	한창(韓彰)광산	미확인
	평북	창성군	청산면	탄광/광산	해창(海昌)광산	미확인
	평북	창성군	청산면	탄광/광산	흥산(興産)금광	미확인
	평북	창성군	전창면	탄광/광산	평안(平安)광산	쇼와(昭和)전공(電工)㈜
	평북	창성군	창주면	탄광/광산	연수(連壽)광산	연수(連壽)광업㈜
	평북	창성군	대창면	탄광/광산	하창(下倉)금광	조선금산개발㈜
	평북	창성군	창성면	탄광/광산	달산(達山)금광	니혼(日本)광업㈜
	평북	창성군	동창면	탄광/광산	신동창(新東倉)사금광	니혼(日本)광업㈜
	평북	창성군	대창면	탄광/광산	유산덕(留山德)광산	니혼(日本)광업㈜
	평북	창성군	창성면	탄광/광산	창우(昌祐)광산	니혼(日本)광업㈜

구분	소재지(1945년 8월 기준)			직종/대	유적명칭	기업 (최종)
	도	부/군	면 이하			
생산 관계	평북	창성군	대창면	탄광/광산	창흥(倉興)금광	니혼(日本) 광업㈜
	평북	창성군	동창면	탄광/광산	충원(忠圓)광산	니혼(日本) 광업㈜
	평북	창성군	창성면	탄광/광산	문엄(門巖)금산	닛치쓰 (日窒)광업 개발㈜
	평북	창성군	신창면	탄광/광산	창성(昌城)금산	메이지(明 治)광업㈜
	평북	창성군	창성면	탄광/광산	천우(天祐)광산	미쓰비시(三菱)광업㈜
	평북	창성군	청산면	탄광/광산	대유동(大楡洞)광산	조선광업 진흥㈜
	평북	창성군	창성면	탄광/광산	남창(南倉)금광	주가이(中 外)광업㈜
	평북	창성군	신창면	탄광/광산	완풍(完豊)광산	주가이(中 外)광업㈜
	평북	창성군	동창면	탄광/광산	두룡(頭龍)광산	니혼(日本) 광업㈜
	평북	철산군	여한면 서봉동1	기타(노무)	鄭門농사㈜	정문(鄭門) 농사㈜
	평북	철산군	결서면	탄광/광산	구진(久進)광산	미확인
	평북	철산군	결서면	탄광/광산	금재령(金在嶺)광산	미확인
	평북	철산군	동하면	탄광/광산	뢰호용천(瀨戸龍川)광산	미확인
	평북	철산군	서림면	탄광/광산	서삼(西森)광산	미확인
	평북	철산군	결서면	탄광/광산	서원(西元)금광	미확인
	평북	철산군	서림, 참면	탄광/광산	성림(城林)흑연광산	미확인
	평북	철산군	북중면	탄광/광산	소화용주(昭和龍洲)광산	미확인
	평북	철산군	동하면	탄광/광산	쌍학(雙鶴)광산	미확인
	평북	철산군	백양면	탄광/광산	용국(龍國)광산	미확인
	평북	철산군	결서면	탄광/광산	원도(元島)금광	미확인
	평북	철산군	동하, 북중면	탄광/광산	원서동(元西洞)광산	미확인
	평북	철산군	서림면	탄광/광산	원옥(元玉)광산	미확인
	평북	철산군	결서, 여한면	탄광/광산	저옥(猪獄)금산	미확인
	평북	철산군	결서면	탄광/광산	해금(海金)광산	미확인
	평북	철산군	결서면	탄광/광산	황해(黃海)금광	미확인
	평북	철산군	부라면	탄광/광산	가차도(加次島)운모광산	조선인광 (燐鑛)㈜
	평북	철산군	결서면	탄광/광산	결서(扶西)금산	닛치쓰(日窒) 광업개발㈜
	평북	철산군	백양면	탄광/광산	해룡(海龍)광산	미쓰나리 (三成)광업㈜
	평북	초산/ 희천군	도원면/희천군 북면	탄광/광산	각대봉(角臺峯)광산	미확인
	평북	초산군	도원, 송면	탄광/광산	괴봉(塊峰)광산	미확인
	평북	초산군	고면	탄광/광산	교동(橋洞)흑연삼양(三陽)광산	미확인
	평북	초산군	남면	탄광/광산	구평(龜坪)금산	미확인
	평북	초산군	판면	탄광/광산	금가곡(金加谷)흑연광산	미확인
	평북	초산군	송면	탄광/광산	금대(金岱)광산	미확인
	평북	초산군	남면	탄광/광산	금만(金滿)광산	미확인

구분	소재지(1945년 8월 기준)			직종/대	유적명칭	기업 (최종)
	도	부/군	면 이하			
생산 관계	평북	초산군	판면	탄광/광산	길부(吉富)광산	미확인
	평북	초산군	남, 강면	탄광/광산	대흥(大興)금광	미확인
	평북	초산군	도원, 송면	탄광/광산	도원(桃源)흑연광산	미확인
	평북	초산군	강면	탄광/광산	동룡(東龍)광산	미확인
	평북	초산군	송면	탄광/광산	동양흑연광산	미확인
	평북	초산군	강면	탄광/광산	득일(得一)금광	미확인
	평북	초산군	판면	탄광/광산	등도(藤島)흑연광산	미확인
	평북	초산군	강면	탄광/광산	산막(山幕)광산	미확인
	평북	초산군	판면	탄광/광산	삼하(三下)광산	미확인
	평북	초산군	도원, 송면	탄광/광산	상전(上田)광산	미확인
	평북	초산군	송면	탄광/광산	송은(松銀)광산	미확인
	평북	초산군	송면	탄광/광산	송흥(松興)광산	미확인
	평북	초산군	초산면	탄광/광산	수점(水岾)광산	미확인
	평북	초산군	판면	탄광/광산	시동(市東)흑연광산	미확인
	평북	초산군	판면	탄광/광산	신덕(神德)광산	미확인
	평북	초산군	도원면	탄광/광산	양휘(陽輝)광산	미확인
	평북	초산군	판면	탄광/광산	언도(彦島)흑연광산	미확인
	평북	초산군	송면	탄광/광산	용연동(龍淵洞)금산	미확인
	평북	초산군	강면	탄광/광산	원흥(元興)광산	미확인
	평북	초산군	판면	탄광/광산	월은(月銀)광산	미확인
	평북	초산군	송면	탄광/광산	장수(長壽)광산	미확인
	평북	초산군	남면충하리	탄광/광산	장연(長淵)금광	미확인
	평북	초산군	판면	탄광/광산	제1금파(金坡)광산	미확인
	평북	초산군	판면	탄광/광산	제2금파(金坡)광산	미확인
	평북	초산군	송면	탄광/광산	차령(車嶺)흑연광산	미확인
	평북	초산군	동면	탄광/광산	초산(楚山)광산	미확인
	평북	초산군	송, 판면	탄광/광산	초산(楚山)흑연광산	미확인
	평북	초산군	동면	탄광/광산	초산대촌(楚山大村)광산	미확인
	평북	초산군	서성, 초산면	탄광/광산	초산무학(楚山舞鶴)광산	미확인
	평북	초산군	초산면	탄광/광산	초산발흥(楚山發興)광산	미확인
	평북	초산군	송면	탄광/광산	초산백년(楚山百年)광산	미확인
	평북	초산군	송, 판면	탄광/광산	초산삼흥(楚山三興)광산	미확인
	평북	초산군	판면	탄광/광산	초천(楚泉)광산	미확인
	평북	초산군	송, 판면	탄광/광산	추곡(楸谷)광산	미확인
	평북	초산군	판면	탄광/광산	판창(板倉)광산	미확인
	평북	초산군	도원면	탄광/광산	풍덕(豊德)흑연광산	미확인
	평북	초산군	남면	탄광/광산	행평(杏坪)금광	미확인
	평북	초산군	송면	탄광/광산	화풍(和豊)금산	미확인
	평북	초산군	도원, 송면	탄광/광산	회목(檜木)광산	미확인
	평북	초산군	도원면	탄광/광산	희안(喜安)광산	미확인
	평북	초산군	도원면	탄광/광산	희안(熙安)광산	미확인
	평북	초산군	도원면	탄광/광산	도원(桃源)금광	니혼(日本) 광업㈜
	평북	초산군	송면	탄광/광산	송면(松面)금광	니혼(日本) 광업㈜
	평북	초산군	송면	탄광/광산	차령(車嶺)금산	니혼(日本) 광업㈜
	평북	초산군	판면	탄광/광산	Y好광산	니혼(日本) 광업㈜

구분	소재지(1945년 8월 기준)			직종/대	유적명칭	기업 (최종)
	도	부/군	면 이하			
생산 관계	평북	태천/ 창성군	강동,강서면/ 창성군 청산면	탄광/광산	용전(龍田)사금광	미확인
	평북	태천/ 창성군	강동면/창성군 청산면	탄광/광산	학봉(鶴峰)광산	미확인
	평북	태천군	장림,남면	탄광/광산	가덕(加德)금광	미확인
	평북	태천군	강동면	탄광/광산	경복(景福)광산	미확인
	평북	태천군	원면	탄광/광산	광산(光山)금광	미확인
	평북	태천군	강서면	탄광/광산	금영(金榮)광산	미확인
	평북	태천군	장림면	탄광/광산	대령(大寧)금광	미확인
	평북	태천군	강동면	탄광/광산	덕룡(德龍)금광	미확인
	평북	태천군	강동면	탄광/광산	덕산명균(德山明均)광산	미확인
	평북	태천군	강서면	탄광/광산	덕평(德坪)금광	미확인
	평북	태천군	태천,강서,동, 강동면	탄광/광산	동성(東城)사금광	미확인
	평북	태천군	강서면	탄광/광산	박릉(博陵)광산	미확인
	평북	태천군	강동면	탄광/광산	복영(福永)광산	미확인
	평북	태천군	동면	탄광/광산	상풍(上豊)금산	미확인
	평북	태천군	강동,강서면	탄광/광산	송본봉성(松本鳳城)사금광	미확인
	평북	태천군	강동,동면	탄광/광산	송현(松峴)광산	미확인
	평북	태천군	강서면	탄광/광산	신덕(新德)광산	미확인
	평북	태천군	강동면	탄광/광산	신봉(新峰)금산	미확인
	평북	태천군	강동면	탄광/광산	일복(一福)금산	미확인
	평북	태천군	강동면	탄광/광산	일심(一深)금광	미확인
	평북	태천군	강서면	탄광/광산	정안(鄭安)금산	미확인
	평북	태천군	강동면	탄광/광산	천계(天溪)금광	미확인
	평북	태천군	강동면	탄광/광산	천태(天泰)금광	미확인
	평북	태천군	동면	탄광/광산	태동(泰東)광산	미확인
	평북	태천군	태천,강서면	탄광/광산	태륭(泰隆)광산	미확인
	평북	태천군	장림면	탄광/광산	태림(泰林)광산	미확인
	평북	태천군	강동,강서면	탄광/광산	태미(泰美)금광	미확인
	평북	태천군	강동면	탄광/광산	태봉(泰鳳)광산	미확인
	평북	태천군	태천,강서,동, 강동면	탄광/광산	태서(泰西)광산	미확인
	평북	태천군	강동면	탄광/광산	태성(泰成)금광	미확인
	평북	태천군	강서면	탄광/광산	태성(泰成)흑연광산	미확인
	평북	태천군	원,남면	탄광/광산	태안(泰安)광산	미확인
	평북	태천군	장림면	탄광/광산	태원(泰元)광산	미확인
	평북	태천군	강동면	탄광/광산	태천(泰川)금산	미확인
	평북	태천군	강동면	탄광/광산	풍성(豊盛)금산	미확인
	평북	태천군	강동면	탄광/광산	향적(香積)금광	미확인
	평북	태천군	강서면	탄광/광산	홍촌(洪村)광산	미확인
	평북	태천군	원면	탄광/광산	화강(華岡)금산	미확인
	평북	태천군	강동면	탄광/광산	훈명(勳名)금산	미확인
	평북	태천군	태천,강서, 서성면	탄광/광산	흥룡(興龍)금은광	미확인
	평북	후창군	가산동 (후창영림서)	기타(노무)	가산동공장/조선총독부 후창영림서	조선총독부 영림서
	평북	후창군	칠평면 (후창영림서)	기타(노무)	칠평면공장/조선총독부 후창영림서	조선총독부 영림서

| 구분 | 소재지(1945년 8월 기준) | | | 직종/대 | 유적명칭 | 기업 |
	도	부/군	면 이하			(최종)
생산 관계	평북	후창군	칠평면	탄광/광산	장진(長津)광산	대동(大同) 광업㈜
	평북	후창군	남신면	탄광/광산	신창(新昌)흑연광산	도호(東邦) 광업㈜
	평북	후창군	칠평,남신면	탄광/광산	거어박(擧於泊)금광	미확인
	평북	후창군	동흥면	탄광/광산	대라신(大羅信)금광	미확인
	평북	후창군	동흥면	탄광/광산	대후주(大厚州)광산	미확인
	평북	후창군	동흥면	탄광/광산	상덕(上德)광산	미확인
	평북	후창군	칠평면	탄광/광산	중흥(中興)광산	미확인
	평북	후창군	동흥면	탄광/광산	창남(昌南)광산	미확인
	평북	후창군	동신면	탄광/광산	후생(厚生)광산	미확인
	평북	후창군	남신면부흥동	탄광/광산	후창(厚昌)광산	후창(厚昌) 광업㈜
	평북	희천군	남면	탄광/광산	국화(菊花)광산	국화(菊花) 광산㈜
	평북	희천군	희천면	탄광/광산	칠성봉(七星峰)금산	동조선(東朝 鮮)광업㈜
	평북	희천군	동면	탄광/광산	보인(輔仁)희천금산	보인(輔仁) 광업㈜
	평북	희천군	북면	탄광/광산	개고(价古)광산	미확인
	평북	희천군	남면	탄광/광산	고숙(高叔)금광	미확인
	평북	희천군	진면	탄광/광산	광제(廣濟)금광	미확인
	평북	희천군	동면	탄광/광산	국본(國本)광산	미확인
	평북	희천군	동창면	탄광/광산	금단(金丹)금광	미확인
	평북	희천군	희천,남면	탄광/광산	금선(金仙)금광	미확인
	평북	희천군	남면	탄광/광산	금성(金城)금광	미확인
	평북	희천군	신풍면	탄광/광산	금용(金勇)광산	미확인
	평북	희천군	남면	탄광/광산	금장(金藏)광산	미확인
	평북	희천군	신풍면	탄광/광산	대산동(大山洞) 대성(大成)광산	미확인
	평북	희천군	동창면	탄광/광산	대성(大成)금광	미확인
	평북	희천군	신풍면	탄광/광산	대호(大虎)광산	미확인
	평북	희천군	신풍면	탄광/광산	대호동(大虎洞)금광	미확인
	평북	희천군	북면	탄광/광산	도룡(渡龍)광산	미확인
	평북	희천군	희천,동면	탄광/광산	동동(東洞)광산	미확인
	평북	희천군	장동면	탄광/광산	동백(東栢)금광	미확인
	평북	희천군	동,진면	탄광/광산	동진(東眞)금광	미확인
	평북	희천군	장동면	탄광/광산	등룡(登龍)광산	미확인
	평북	희천군	남면	탄광/광산	만활(萬活)광산	미확인
	평북	희천군	신풍면	탄광/광산	명달(明達)광산	미확인
	평북	희천군	서면/영변군 태평면	탄광/광산	모봉(帽峰)광산	미확인
	평북	희천군	신풍면	탄광/광산	법중(法中)광산	미확인
	평북	희천군	희천면	탄광/광산	보래(寶來)광산	미확인
	평북	희천군	서면	탄광/광산	봉화(鳳和)금광	미확인
	평북	희천군	진면	탄광/광산	부강(富强)광산	미확인
	평북	희천군	남면	탄광/광산	부광(富廣)금광	미확인
	평북	희천군	남면	탄광/광산	부성(富成)금산	미확인
	평북	희천군	진면	탄광/광산	부전영(富田榮)금산	미확인
	평북	희천군	북면	탄광/광산	북면명대(北面明垈)금광	미확인
	평북	희천군	장동면	탄광/광산	삼성(三成)금광	미확인

구분	소재지(1945년 8월 기준)			직종/대	유적명칭	기업 (최종)
	도	부/군	면 이하			
생산 관계	평북	희천군	동면	탄광/광산	삼신(三信)광산	미확인
	평북	희천군	서면	탄광/광산	삼영(三榮)광산	미확인
	평북	희천군	신풍면	탄광/광산	삼호(三虎)광산	미확인
	평북	희천군	북면	탄광/광산	세화(世和)광산	미확인
	평북	희천군	남면	탄광/광산	소요(所要)광산	미확인
	평북	희천군	남면	탄광/광산	소화(昭和)금은광산	미확인
	평북	희천군	서면	탄광/광산	송촌(松村)금산	미확인
	평북	희천군	신풍면	탄광/광산	신풍통신(新豊通信)광산	미확인
	평북	희천군	동, 진면	탄광/광산	신현(新顯)금광	미확인
	평북	희천군	동창면	탄광/광산	아롱(我弄)광산	미확인
	평북	희천군	북면	탄광/광산	약화첨(藥化站)광산	미확인
	평북	희천군	동면	탄광/광산	억만(億萬)금광	미확인
	평북	희천군	남면	탄광/광산	영덕(迎德)금광	미확인
	평북	희천군	희천면	탄광/광산	영일(榮一)광산	미확인
	평북	희천군	장동면	탄광/광산	용평동(龍坪洞)광산	미확인
	평북	희천군	서면	탄광/광산	유일(惟一)광산	미확인
	평북	희천군	신풍면	탄광/광산	응봉(鷹峰)광산	미확인
	평북	희천군	희천면	탄광/광산	응암(鷹岩)금광	미확인
	평북	희천군	장동면	탄광/광산	이동장생(伊東長生)광산	미확인
	평북	희천군	희천면	탄광/광산	일천(一天)광산	미확인
	평북	희천군	장동면	탄광/광산	장동(長洞)금광	미확인
	평북	희천군	서면	탄광/광산	장족(長足)금광	미확인
	평북	희천군	장동면	탄광/광산	장흥(長興)광산	미확인
	평북	희천군	신풍면	탄광/광산	재양(載陽)광산	미확인
	평북	희천군	신풍면	탄광/광산	제2대호(大虎)광산	미확인
	평북	희천군	서면	탄광/광산	좌등서면(佐藤西面)금산	미확인
	평북	희천군	희천면	탄광/광산	좌등희천(佐藤熙川)금산	미확인
	평북	희천군	불상	탄광/광산	진덕(眞德)광산	미확인
	평북	희천군	진면	탄광/광산	진면(眞面)제1금광	미확인
	평북	희천군	진면	탄광/광산	진보(眞寶)광산	미확인
	평북	희천군	남면	탄광/광산	천영(天永)금광	미확인
	평북	희천군	동창, 동, 북면	탄광/광산	초상(草上)광산	미확인
	평북	희천군	신풍면	탄광/광산	평북통인(通仁)중석광산	미확인
	평북	희천군	진면	탄광/광산	평진(平鎭)광산	미확인
	평북	희천군	신풍면	탄광/광산	풍양(豊陽)광산	미확인
	평북	희천군	신풍면	탄광/광산	화왕(禾旺)금광	미확인
	평북	희천군	남면	탄광/광산	화윤(華潤)광산	미확인
	평북	희천군	신풍면	탄광/광산	화풍(化豊)금산	미확인
	평북	희천군	남면	탄광/광산	황경(黃境)금산	미확인
	평북	희천군	서면	탄광/광산	후등(後藤)광산	미확인
	평북	희천군	신풍면/강계군 용림면	탄광/광산	흥룡(興龍)제2광산	미확인
	평북	희천군	신풍면	탄광/광산	흥아(興亞)광산	미확인
	평북	희천군	북면	탄광/광산	희북(熙北)금산	미확인
	평북	희천군	장동면	탄광/광산	희생(熙生)광산	미확인
	평북	희천군	서면	탄광/광산	희성(熙城)광산	미확인
	평북	희천군	남면	탄광/광산	희요(熙要)광산	미확인
	평북	희천군	북면	탄광/광산	희천(熙川)흑연광산	미확인
	평북	희천군	서면	탄광/광산	희천금당(熙川金塘)금산	미확인

구분	소재지(1945년 8월 기준)			직종/대	유적명칭	기업 (최종)
	도	부/군	면 이하			
생산 관계	평북	희천군	신풍, 동창면	탄광/광산	희천금풍(熙川)(金豊)광	미확인
	평북	희천군	북면	탄광/광산	삼대(三垈)금산	아소(麻生) 광업㈜
	평북	희천군	서면	탄광/광산	영변(寧邊)광산	영변광산㈜
	평북	희천군	남면	탄광/광산	백운(白雲)광산	조선광업 진흥㈜
	평북	희천군	남면	탄광/광산	안돌(安突)광산	조선광업 진흥㈜
	평북	희천군	장동면	탄광/광산	관동(館洞)광산/희풍광업㈜	희풍(熙豊) 광업㈜
	평북	희천군	신풍면	탄광/광산	희풍(熙豊)광산/희풍광업㈜	희풍(熙豊) 광업㈜
	평북	희천군	서면	탄광/광산	극성(克城)광산	조선제련㈜
	평남북	불상	청천강하구(평남 북경계)	기타(노무)	염전(청천)/대일본염업	다이니혼 (大日本)염업
	함남	갑산군	불상	공장	갑산공장/데이코쿠(帝國)섬유㈜	데이코쿠 (帝國)섬유㈜
	함남	갑산군	혜산읍 혜산리 444	기타(노무)	혜산진임업	혜산진임업 ㈜
	함남	갑산군	운흥면	탄광/광산	보안(甫安)마그네사이트광	니혼(日本) 특수요업㈜
	함남	갑산군	운흥면	탄광/광산	갑성(甲成)금광	미확인
	함남	갑산군	산남면	탄광/광산	갑양(甲陽)광산	미확인
	함남	갑산군	산남면	탄광/광산	고도(高島)광산	미확인
	함남	갑산군	운흥면	탄광/광산	녹봉(鹿峰)금산	미확인
	함남	갑산군	동인, 회린면	탄광/광산	동인(銅仁)광산	미확인
	함남	갑산군	운흥면	탄광/광산	보안(甫安)광산	미확인
	함남	갑산군	보천면	탄광/광산	보흥(普興)광산	미확인
	함남	갑산군	갑산면	탄광/광산	불노(不老)광산	미확인
	함남	갑산군	운흥면	탄광/광산	생장(生長)광산	미확인
	함남	갑산군	운흥면	탄광/광산	세계(世界)금광	미확인
	함남	갑산군	운흥면	탄광/광산	심포(深浦)유화철광산	미확인
	함남	갑산군	운흥면 하산양천 리	탄광/광산	운흥(雲興)사금광	미확인
	함남	갑산군	운흥면	탄광/광산	철곡(鐵谷)광산	미확인
	함남	갑산군	운흥면	탄광/광산	청정(淸正)광산	청정(淸正) 금산㈜
	함남	갑산군	운흥면	탄광/광산	천부(天賦)광산	하시(橋) 본점㈜
	함남	갑산군	운흥면	탄광/광산	협화(協和)금광	하시(橋) 본점㈜
	함남	갑산군	불상	탄광/광산	광구/합동(合同)산업㈜	합동(合同) 산업㈜
	함남	갑산군	운흥면 하산양천 리	탄광/광산	왕덕(王德)광산	혜산(惠山) 광업㈜
	함남	갑산군	진동면	탄광/광산	갑산(甲山)광산	니혼(日本) 광업㈜
	함남	갑산군	운흥면	탄광/광산	일건(日建)광산	닛치쓰(日窒) 광업개발㈜
	함남	고원/ 문천군	상산면/문천군 도 초면 물방덕리	탄광/광산	문천(文川)탄광	조선무연탄 ㈜

구분	소재지(1945년 8월 기준)			직종/대	유적명칭	기업(최종)
	도	부/군	면 이하			
생산관계	함남	고원/영흥군	수동면/영흥군 횡천면	탄광/광산	금성증근(金城曾根)광산	미확인
	함남	고원/영흥군	군내면/영흥군 영흥면	탄광/광산	영흥국태(永興國泰)광산	미확인
	함남	고원/영흥군	군내면/영흥군 영흥면	탄광/광산	천흥(泉興)광산	미확인
	함남	고원/영흥군	수동면/영흥군 횡천면	탄광/광산	고주(高州)금산	스미토모(住友)본사㈜
	함남	고원/원산부	고원↔원산간	철도/도로	도로공사장	미확인
	함남	고원군	산곡면 원거리	철도/도로	석탄수송철도/대동광업㈜고원탄광	대동광업㈜[발주]
	함남	고원군	불상	철도/도로	석탄수송철도/장도탄광	미확인
	함남	고원군	불상	철도/도로	철도공사장	조선총독부 철도국
	함남	고원군	운곡면,수동면,상산면,고원읍	철도/도로	철도공사장(평원선)	조선총독부 철도국
	함남	고원군	수동면	탄광/광산	팔흥(八興)광산	다이니혼(大日本)웅변회(雄辯會)강담사(講談社)㈜
	함남	고원군	산곡,운곡,수동면 성내리	탄광/광산	고원(高原)탄광	대동(大東)광업㈜
	함남	고원군	군내,수동면	탄광/광산	고수(高水)광산	미확인
	함남	고원군	산곡면	탄광/광산	관북(關北)광산	미확인
	함남	고원군	수동,상산면	탄광/광산	대원(大原)광산	미확인
	함남	고원군	수동면	탄광/광산	미둔(彌屯)광산	미확인
	함남	고원군	운곡면	탄광/광산	박운흥(朴雲興)광산	미확인
	함남	고원군	곡산면	탄광/광산	연두봉(蓮頭峰)광산	미확인
	함남	고원군	상산면	탄광/광산	영진(永晋)광산	미확인
	함남	고원군	수동,산곡면	탄광/광산	운림(雲林)광산	미확인
	함남	고원군	운곡면	탄광/광산	운천(雲天)금산	미확인
	함남	고원군	산곡면성남리	탄광/광산	장도탄광	미확인
	함남	고원군	수동면	탄광/광산	천금(泉金)광산	미확인
	함남	고원군	운곡면	탄광/광산	천을(天乙)광산	미확인
	함남	고원군	산곡면	탄광/광산	화남(華南)금산	미확인
	함남	고원군	산곡면	탄광/광산	남고(南高)금광	스미토모(住友)본사㈜
	함남	고원군	곡산면	탄광/광산	영고(永高)광산	스미토모(住友)본사㈜
	함남	고원군	수동,산곡면	탄광/광산	인정(仁情)광산	스미토모(住友)본사㈜
	함남	고원군	수동면	탄광/광산	장량(莊量)금산	스미토모(住友)본사㈜
	함남	고원군	수동면	탄광/광산	포촌(浦村)금광	스미토모(住友)본사㈜
	함남	고원군	수동,산곡면	탄광/광산	스미토모(住友) 고원(高原)광산	스미토모(住友)본사㈜
	함남	고원군	수동,산곡면	탄광/광산	스미토모(住友) 고원(高原)금산	스미토모(住友)본사㈜

구분	소재지(1945년 8월 기준)			직종/대	유적명칭	기업 (최종)
	도	부/군	면 이하			
생산 관계	함남	단천/ 북청군	수하면/북청군 성대면	탄광/광산	수성(水星)광산	미확인
	함남	단천/ 성진부	이중,노천면/함 북 성진부 학남면	탄광/광산	금학(金鶴)금은광산	미확인
	함남	단천/ 성진부	북두일면/함북 성진부 학남면	탄광/광산	북선(北鮮)흑연광산	미확인
	함남	단천/ 성진부	북두일면/함북 성진부 학남면	탄광/광산	와룡(臥龍)흑연광산	동척(東拓) 광업㈜
	함남	단천/ 풍산군	북두일면/풍산군 천남면	탄광/광산	남대동(南大同)광산	미확인
	함남	단천/ 풍산군	수하면/풍산군 천남면	탄광/광산	황철동(黃鐵洞)광산	미확인
	함남	단천군	송평리	공장	제철소	미확인
	함남	단천군	불상	공장	단천공장/조선시나가와하쿠렌가(品川白煙瓦)	조선시나가와하쿠렌가(品川白煙瓦)㈜
	함남	단천군	불상	공장	단천공장/데이코쿠(帝國)섬유㈜	데이코쿠(帝國)섬유㈜
	함남	단천군	단천읍 상서리2	기타(노무)	북림(北林)목재㈜	북림(北林)목재㈜
	함남	단천군	불상	기타(노무)	벌목작업장	미확인
	함남	단천군	단천↔홍군	철도/도로	단풍철도회사선공사	미확인
	함남	단천군	단천읍	철도/도로	도로공사장(단천읍)	미확인
	함남	단천군	복귀면 대노동리	철도/도로	도로공사장(복귀면)	미확인
	함남	단천군	북두일면	철도/도로	석탄수송철도[검덕(檢德)광산]	미확인
	함남	단천군	단천읍,복귀면, 이중면	철도/도로	철도공사장(함경선)	미확인
	함남	단천군	광천면 운천리,남 두일면 운송리	철도/도로	조선마그네사이트개발회사선공사	조선마그네사이트개발㈜[발주]
	함남	단천군	광천면	철도/도로	철도공사장(함경선)/니시마쓰구미(西松組)	니시마쓰구미(西松組)
	함남	단천군	여해진↔용양	철도/도로	조선마그네사이트개발여해진(汝海津)용양 간제2공구노선공사/오바야시구미(大林組)	오바야시구미(大林組)
	함남	단천군	불상	철도/도로	철도공사장(함경선)/니시모토구미(西本組)	니시모토구미(西本組)
	함남	단천군	북두일면	탄광/광산	단성(端城)운모광산	동양(東洋) 운모광업㈜
	함남	단천군	북두일면	탄광/광산	오삼포(五三浦)운모광산	동양(東洋) 운모광업㈜
	함남	단천군	북두일면	탄광/광산	단천(端川)마그네사이트광산/동양광산화학㈜	동양광산화학㈜
	함남	단천군	이중면	탄광/광산	가응(加應)광산	미확인
	함남	단천군	수하면	탄광/광산	고치동(故致洞)광산	미확인
	함남	단천군	이중,광천면	탄광/광산	광석(廣石)금산	미확인
	함남	단천군	광천면	탄광/광산	광천(廣泉)금산	미확인
	함남	단천군	남두일면	탄광/광산	굴대덕(堀大德)금산	미확인
	함남	단천군	남두일면	탄광/광산	굴상아동(堀尙雅洞)흑연광산	미확인
	함남	단천군	광천,남두일면	탄광/광산	남두일(南斗日)광산	미확인

구분	소재지(1945년 8월 기준)			직종/대	유적명칭	기업 (최종)
	도	부/군	면 이하			
	함남	단천군	남두일면	탄광/광산	노은(老銀)광산	미확인
	함남	단천군	수하면	탄광/광산	농막(農幕)광산	미확인
	함남	단천군	광천, 남두일면	탄광/광산	능수(菱守)흑연광산	미확인
	함남	단천군	북두일면	탄광/광산	대덕(大德)금광	미확인
	함남	단천군	북두일면	탄광/광산	대덕신(大德新)광산	미확인
	함남	단천군	북두일면	탄광/광산	대웅(大雄)광산	미확인
	함남	단천군	남두일면	탄광/광산	동방용연(東邦龍淵)광산	미확인
	함남	단천군	남두일면	탄광/광산	두일(斗日)광산	미확인
	함남	단천군	북두일면	탄광/광산	만보(滿寶)금산	미확인
	함남	단천군	수하면 만덕리	탄광/광산	부덕(釜德)철산	미확인
	함남	단천군	북두일면	탄광/광산	신복(新福)광산	미확인
	함남	단천군	북두일면	탄광/광산	어화동(魚化洞)사금광	미확인
	함남	단천군	광천면	탄광/광산	영평(永坪)금산	미확인
	함남	단천군	광천, 학성면	탄광/광산	용소(龍沼)금은광산	미확인
	함남	단천군	수하면	탄광/광산	용원(龍源)광산	미확인
	함남	단천군	북두일면	탄광/광산	용천(龍川)사금광	미확인
	함남	단천군	수하, 하다면	탄광/광산	운승(雲承)광산	미확인
	함남	단천군	수하면	탄광/광산	응덕(鷹德)광산	미확인
	함남	단천군	하다면	탄광/광산	이정득(李正得)광산	미확인
	함남	단천군	수하면	탄광/광산	인풍(仁豊)광산	미확인
	함남	단천군	남두일면	탄광/광산	장곡(獐谷)광산	미확인
	함남	단천군	광천면	탄광/광산	장방(長防)금은광산	미확인
	함남	단천군	수하면	탄광/광산	직동(直洞)금산	미확인
생산 관계	함남	단천군	수하면	탄광/광산	창성(倉盛)광산	미확인
	함남	단천군	수하면	탄광/광산	풍삼(豊三)금산	미확인
	함남	단천군	수하면	탄광/광산	한수(漢水)금산	미확인
	함남	단천군	남두일면	탄광/광산	함박(咸朴)철산	미확인
	함남	단천군	수하면	탄광/광산	응덕(鷹德)硫化鐵광산	우베(宇部)흥 산(興産)㈜
	함남	단천군	남두일면	탄광/광산	신풍(新豊)[리]인산(燐山)	조선인광 (燐鑛)㈜
	함남	단천군	남두일면	탄광/광산	신흥(新興)흑연광산	조선인상 (燐狀)흑연㈜
	함남	단천군	북두일면	탄광/광산	녹내봉(鹿乃峰)금산	후지정광 (富士精鑛)㈜
	함남	단천군	북두일면	탄광/광산	두류(頭流)금산	후지정광 (富士精鑛)㈜
	함남	단천군	북두일면	탄광/광산	검덕(檢德)광산	니혼(日本) 광업㈜
	함남	단천군	북두일면	탄광/광산	오족리(足里)광산	니혼(日本) 광업㈜
	함남	단천군	하다면	탄광/광산	복주(福州)광산/日窒광업개발㈜	닛치쓰(日窒) 광업개발㈜
	함남	단천군	수하면	탄광/광산	부동(釜洞)광산	닛치쓰(日窒) 광업개발㈜
	함남	단천군	수하면	탄광/광산	여화(麗華)광산	닛치쓰(日窒) 광업개발㈜
	함남	단천군	수하면	탄광/광산	은흥리(殷興里)광산	닛치쓰(日窒) 광업개발㈜

구분	소재지(1945년 8월 기준)			직종/대	유적명칭	기업(최종)
	도	부/군	면 이하			
생산 관계	함남	단천군	북두일면	탄광/광산	대동(大同)광산	미쓰비시(三菱)광업㈜
	함남	단천군	수하면	탄광/광산	미쓰비시(三菱) 단천광산	미쓰비시(三菱)광업㈜
	함남	단천군	수하면	탄광/광산	스미토모(住友) 단천(端川)광산	스미토모(住友)본사㈜
	함남	단천군	북두일, 남두일면	탄광/광산	운송(雲松)니켈광산	운송(雲松)광업㈜
	함남	단천군	북두일면	탄광/광산	북두(北斗)광산	조선마그네사이트개발㈜
	함남	단천군	북두일면	탄광/광산	용양(龍陽)광산	조선마그네사이트개발㈜
	함남	단천군	불상	토건	건설공사장(경화유제조공장)	미확인
	함남	단천군	단천읍 용암리	토건	공장건설공사장(용암리)	미확인
	함남	단천군	불상	토건	토건/하자마구미(間組)사택	미확인
	함남	단천군	불상	토건	항만공사장(단천항)	미확인
	함남	단천군	단천군 오몽리	토건	매립공사장/하자마구미(間組)	하자마구미(間組)
	함남	단천군	송평리	토건	제철소/하자마구미(間組)	하자마구미(間組)
	함남	단천군	압록강수계	토건	수력발전소(허천강수로공사)/하자마구미(間組)/松本組/西松組	하자마구미(間組), 西松組, 松本組
	함남	덕원/안변군	현면/안변군 배화면	탄광/광산	대발(大發)금산	미확인
	함남	덕원/안변군	풍상, 적전면/안변군 서곡면	탄광/광산	보곡(寶谷)광산	미확인
	함남	덕원/안변군	적전면/안변군 서곡면	탄광/광산	수보(受寶)금산	미확인
	함남	덕원/이천군	풍하면/강원 이천군 방장면	탄광/광산	동흥삼덕(東興三德)광산	미확인
	함남	덕원/이천군	풍하면/이천군 방장면	탄광/광산	청계(淸溪)광산	고바야시(小林)광업㈜
	함남	덕원군	현면연 두도리 81-2	공장	조선관힐(朝鮮罐詰)㈜	조선관힐(朝鮮罐詰)㈜
	함남	덕원군	풍하면	탄광/광산	닛소(日曹)백년(百年)광산	니혼(日本)광산(鑛産)㈜
	함남	덕원군	풍하면	탄광/광산	금구(金龜)광산	미확인
	함남	덕원군	현면	탄광/광산	반도(半島)금산	미확인
	함남	덕원군	풍하면	탄광/광산	백룡(白龍)광산	미확인
	함남	덕원군	풍하면	탄광/광산	식산(殖産)광산	미확인
	함남	덕원군	풍하면	탄광/광산	연풍(延豊)광산	미확인
	함남	덕원군	풍하면	탄광/광산	육덕(陸德)광산	미확인
	함남	덕원군	풍하면	탄광/광산	장복(長福)광산	미확인
	함남	덕원군	풍하면	탄광/광산	중보덕원(重寶德源)광산	미확인
	함남	덕원군	풍하면	탄광/광산	풍력(豊力)광산	미확인
	함남	덕원군	풍하면	탄광/광산	풍안(豊安)광산	미확인
	함남	덕원군	풍상면	탄광/광산	덕원(德原)광산	주가이(中外)광업㈜

구분	소재지(1945년 8월 기준)			직종/대	유적명칭	기업 (최종)
	도	부/군	면 이하			
생산 관계	함남	문천/ 원산부	불상	철도/도로	석탄수송철도	미확인
	함남	문천/ 원산부	문천↔원산북항	철도/도로	원산북항회사선공사	미확인
	함남	문천군	도초면 천내리 42(천내읍 천내리)	공장	문천공장/북선(北鮮)제강소㈜	북선(北鮮) 제강소㈜
	함남	문천군	천내리	공장	천내(리)공장/조선오노다(小野田)시멘트제조㈜	조선오노다 (小野田)시 멘트제조㈜
	함남	문천군	군내면 옥평리	기타(노무)	문천잠종(합명)	문천잠종 (합명)
	함남	문천군	덕원면,북성면, 문천면,천내읍	철도/도로	철도공사장(함경선)	미확인
	함남	문천군	운림면	탄광/광산	대운림(大雲林)탄광	대운림(大 雲林)탄광 ㈜
	함남	문천군	도초면	탄광/광산	능전(陵前)금광	미확인
	함남	문천군	명구면	탄광/광산	명구(明龜)금광	미확인
	함남	문천군	운림면	탄광/광산	송전(松田)광산	미확인
	함남	문천군	운림, 문천면	탄광/광산	수명(秀明)광산	미확인
	함남	문천군	운림, 문천면	탄광/광산	수방(秀芳)광산	미확인
	함남	문천군	문천면	탄광/광산	영상리(嶺上里)광산	미확인
	함남	문천군	운림면	탄광/광산	응령(鷹嶺)광산	미확인
	함남	문천군	운림면	탄광/광산	가은(佳銀)광산/흥아산금㈜	흥아산금㈜
	함남	문천군	운림, 문천면	탄광/광산	금덕리(金德里)광산/흥아산금㈜	흥아산금㈜
	함남	문천군	북성면황석리	토건	토목공사장/미야케구미(三宅組)	미야케구미 (三宅組)㈜
	함남	문천군	신안면	토건	항만공사장/미야케구미(三宅組)㈜	미야케구미 (三宅組)㈜
	함남	북청/ 이원군	거산면/이원군 남면,척호읍 창흥리	탄광/광산	동광(東鑛)이원활석광산	동척(東拓) 광업㈜
	함남	북청/ 이원군	거산면/이원군 남면	탄광/광산	이원(利原)철산	이원(利原) 철산㈜
	함남	북청/ 풍산군	상사서면/풍산군 안수면	탄광/광산	강흥(姜興)광산	미확인
	함남	북청/ 풍산군	상사서면/풍산군 안수면	탄광/광산	선광(鮮光)광산	미확인
	함남	북청군	북청읍 서리179	공장	북선(北鮮)성냥제축(製軸)(합명)	북선(北鮮) 성냥제축 (製軸)(합 명)
	함남	북청군	북청읍 서리179	공장	북선(北鮮)성냥㈜	북선(北鮮) 성냥㈜
	함남	북청군	신포면 연호리 507	공장	삼야(森野)철공소㈜	삼야철공소 ㈜
	함남	북청군	신포읍 신포리 560	공장	신포조선철공소㈜	신포조선철 공소㈜
	함남	북청군	불상	공장	북청공장/데이코쿠(帝國)섬유㈜	데이코쿠 (帝國)섬유 ㈜

구분	소재지(1945년 8월 기준)			직종/대	유적명칭	기업 (최종)
	도	부/군	면 이하			
생산관계	함남	북청군	불상	공장	나흥공장/이연특수제철	이연(理研)특수제철
	함남	북청군	불상	철도/도로	도로공사장	미확인
	함남	북청군	이곡면 양촌리/신북청면/덕성면 죽현리	철도/도로	철도공사장(북청선)	조선총독부 철도국
	함남	북청군	속후, 후창면	탄광/광산	북청(北靑)운모광산	동양(東洋)운모광업㈜
	함남	북청군	니곡면	탄광/광산	금농(金農)광산	미확인
	함남	북청군	니곡면	탄광/광산	만리(萬里)흑연광산	미확인
	함남	북청군	덕성면	탄광/광산	북성(北成)금산	미확인
	함남	북청군	성대, 니곡면	탄광/광산	북청(北靑)금광	미확인
	함남	북청군	니곡면	탄광/광산	북청(北靑)철산	미확인
	함남	북청군	니곡면	탄광/광산	삼상(三上)형석광산	미확인
	함남	북청군	덕성면	탄광/광산	성덕(誠德)광산	미확인
	함남	북청군	니곡면	탄광/광산	세일삼성(世一三星)광산	미확인
	함남	북청군	북청, 신북청면	탄광/광산	안곡(安谷)광산	미확인
	함남	북청군	니곡면	탄광/광산	원형(元亨)광산	미확인
	함남	북청군	상사서면	탄광/광산	전촌(田村)광산	미확인
	함남	북청군	니곡면	탄광/광산	중산(中山)금광	미확인
	함남	북청군	양화면	탄광/광산	양화(陽化)광산	하라(原)상사㈜
	함남	북청군	니곡면	탄광/광산	청니(靑泥)광산	닛치쓰(日窒)광업개발㈜
	함남	북청군	불상	토건	수력발전소	미확인
	함남	삼수군	삼남면 중평상리 37	공장	삼수양조㈜	삼수양조㈜
	함남	삼수군	불상	공장	삼수공장/데이코쿠(帝國)섬유㈜	데이코쿠(帝國)섬유㈜
	함남	삼수군	삼서면	탄광/광산	대구(大邱)광산	동조선(東朝鮮)광업㈜
	함남	삼수군	삼서면	탄광/광산	구지(龜地)광산	미확인
	함남	삼수군	별동면	탄광/광산	대혜(大惠)광산	미확인
	함남	삼수군	삼서면	탄광/광산	삼랑(三郞)광산	미확인
	함남	삼수군	자서면	탄광/광산	삼수(三水)광산	미확인
	함남	삼수군	호인면	탄광/광산	승성(承成)금광	미확인
	함남	삼수군	신파면	탄광/광산	옥치(玉置)광산	미확인
	함남	삼수군	삼수면	탄광/광산	자성(紫星)광산	미확인
	함남	삼수군	호인면	탄광/광산	호인(好仁)광산	미확인
	함남	삼수군	관흥면 상은상리	토건	수력발전소	미확인
	함남	신흥/장진군	영고면/장진군 중남면	탄광/광산	동창(同昌)광산	미확인
	함남	신흥/풍산군	상원천, 하원천면/풍산군 안수면	탄광/광산	명당(明堂)금광	미확인
	함남	신흥/풍산군	동상면/풍산군 안수면	탄광/광산	부흥동(富興洞)광산	삼화(三和)광산㈜
	함남	신흥/홍원군	하원천면/홍원군 보현면	탄광/광산	덕일(德一)금광	미확인
	함남	신흥군	동고천면 흥경리	기타(노무)	신흥사(합자)	신흥사(합자)

구분	소재지(1945년 8월 기준)			직종/대	유적명칭	기업 (최종)
	도	부/군	면 이하			
생산 관계	함남	신흥군	불상	탄광/광산	광구/東洋무연탄광업(주)	동양무연탄 광업(주)
	함남	신흥군	서고천면	탄광/광산	금신(金新)광산	미확인
	함남	신흥군	영고면	탄광/광산	기흥(麒興)광산	미확인
	함남	신흥군	동상면	탄광/광산	달아치(達阿峙)금광	미확인
	함남	신흥군	하원천면	탄광/광산	대거동(大擧洞)광산	미확인
	함남	신흥군	하원천면	탄광/광산	대동(大銅)광산	미확인
	함남	신흥군	동상면	탄광/광산	대한대(大漢垈)사금광	미확인
	함남	신흥군	원평면	탄광/광산	도(都)광산	미확인
	함남	신흥군	동상면	탄광/광산	도안(道安)금광	미확인
	함남	신흥군	동상면	탄광/광산	동명(東明)광산	미확인
	함남	신흥군	동상면	탄광/광산	동상흥(東上興)광산	미확인
	함남	신흥군	동상면	탄광/광산	동한(東漢)사금광	미확인
	함남	신흥군	동상면	탄광/광산	두흥(頭興)금광	미확인
	함남	신흥군	하원천면 흥경리	탄광/광산	부성(富盛)금산	미확인
	함남	신흥군	하원천면	탄광/광산	부성(富盛)제2금산	미확인
	함남	신흥군	하원천면	탄광/광산	부성(富盛)제3금산	미확인
	함남	신흥군	동상면	탄광/광산	부전(赴戰)광산	미확인
	함남	신흥군	동상면	탄광/광산	북진(北津)광산	미확인
	함남	신흥군	동상면	탄광/광산	삼포(三浦)광산	미확인
	함남	신흥군	동하면	탄광/광산	소한대리(小漢垈里)사금광	미확인
	함남	신흥군	동상면	탄광/광산	수복(守福)광산	미확인
	함남	신흥군	동상면	탄광/광산	수복(守福)광산	미확인
	함남	신흥군	상원천면	탄광/광산	신흥(新興)중석광산	미확인
	함남	신흥군	상원천, 하원천면	탄광/광산	안립(安立)광산	미확인
	함남	신흥군	영고면	탄광/광산	영고(永高)흑연광산	미확인
	함남	신흥군	동상면	탄광/광산	옥산(玉山)사금광	미확인
	함남	신흥군	동상면	탄광/광산	원길(元吉)광산	미확인
	함남	신흥군	동상면	탄광/광산	유린(有麟)광산	미확인
	함남	신흥군	영고면	탄광/광산	일우(一遇)광산	미확인
	함남	신흥군	동상면	탄광/광산	자양(紫陽)광산	미확인
	함남	신흥군	동상면	탄광/광산	자운(紫雲)광산	미확인
	함남	신흥군	하원천면	탄광/광산	학풍(學豊)금산	미확인
	함남	신흥군	동상면	탄광/광산	한대(漢垈)사금광	미확인
	함남	신흥군	동상면	탄광/광산	해동(海東)광산	미확인
	함남	신흥군	하원천면	탄광/광산	화의(火蟻)광산	미확인
	함남	신흥군	하원천면	탄광/광산	흥명(興明)광산	미확인
	함남	신흥군	상원천면	탄광/광산	흥봉(興鳳)금광	미확인
	함남	신흥군	가평면 장풍리	탄광/광산	함남(咸南)탄광	조선유연탄 (주)
	함남	신흥군	영고면	탄광/광산	신흥(新興)형석광산	조선형석(주)
	함남	신흥군	상원천, 하원천면	탄광/광산	정종(正宗)광산	하시(橋) 본점(주)
	함남	신흥군	불상	탄광/광산	광구/합동(合同)산업(주)	합동(合同) 산업(주)
	함남	신흥군	상원천, 하원천면	탄광/광산	신흥(新興)금성(金成)광산	고바야시 (小林)광업(주)
	함남	신흥군	하원천면흥경리	탄광/광산	명태동(明太洞)금산	닛치쓰(日窒) 광업개발(주)

구분	소재지(1945년 8월 기준)			직종/대	유적명칭	기업(최종)
	도	부/군	면 이하			
생산관계	함남	신흥군	원평면	탄광/광산	신흥(新興)광산	닛치쓰(日窒)광업개발㈜
	함남	신흥군	원평변	탄광/광산	신흥(新興)금산	닛치쓰(日窒)광업개발㈜
	함남	신흥군	압록강수계	토건	수력발전소(부전강)	미확인
	함남	신흥군	영고면 송하리/압록강수계	토건	수력발전소(부전강제2댐 위장작업장)	미확인
	함남	안변/이천군	서곡면/강원 이천군 웅탄면	탄광/광산	학익(鶴翼)금산[금산]	동아광산개발㈜
	함남	안변/이천군	위익면/강원 이천군 웅탄면	탄광/광산	저생(猪生)금산	미확인
	함남	안변/통천/회양군	신모면/강원 회양군 상북면/통천군 학일면	탄광/광산	황룡(黃龍)광산	니혼(日本)광업㈜
	함남	안변/통천군	학성면/강원 통천군 학일면	탄광/광산	마전(麻田)광산	미확인
	함남	안변/통천군	신모면/강원 통천군 학일면	탄광/광산	삼광(三光)광산	미확인
	함남	안변/통천군	안도면/강원 통천군 흡곡면	탄광/광산	삼선(三扇)금산	미확인
	함남	안변/통천군	안도면/강원 통천군 흡곡면	탄광/광산	청수(淸水)광산	미확인
	함남	안변/통천군	안도면/강원 통천군 흡곡면	탄광/광산	황흥(黃興)금산	미확인
	함남	안변/통천군	안도면/강원 통천군 흡곡면	탄광/광산	원산(元山)금광	후지다구미(藤田組)㈜
	함남	안변/통천군	안도, 안변면/강원 통천군 변곡면	탄광/광산	학성금곡(鶴城金谷)광산	메이지(明治)광업㈜
	함남	안변/평강군	위익면/강원 평강군 고삽면	탄광/광산	대목(大木)광산	미확인
	함남	안변/회양군	신모면/강원 회양군 상북면	탄광/광산	보통(寶通)금산	미확인
	함남	안변/회양군	위익면/강원 회양군 하북면	탄광/광산	봉학(鳳鶴)금산	미확인
	함남	안변/회양군	위익면/강원 회양군 난곡, 하북면	탄광/광산	삼방(三防)금산	미확인
	함남	안변/회양군	신모면/강원 회양군 상북면	탄광/광산	상북(上北)금산	미확인
	함남	안변/회양군	신모면/강원 회양군 상북면	탄광/광산	석수동(石水洞)광산	미확인
	함남	안변/회양군	신모면/강원 회양군 상북면	탄광/광산	제2보통(寶通)금산	미확인
	함남	안변/회양군	신모면/강원 회양군 상북면	탄광/광산	학상(鶴上)광산	니혼(日本)광업㈜
	함남	안변군	안변면	탄광/광산	다산(多山)광산	미확인
	함남	안변군	위익면	탄광/광산	대대(大垈)금광	미확인
	함남	안변군	위익면 죽근리	탄광/광산	대령(大嶺)광산	미확인
	함남	안변군	서곡, 문산면	탄광/광산	대사봉(大寺峰)광산	미확인
	함남	안변군	위익면	탄광/광산	대산(大山)금은광산	미확인
	함남	안변군	위익면	탄광/광산	덕성(德成)광산	미확인
	함남	안변군	위익면	탄광/광산	동화(東和)금산	미확인

구분	소재지(1945년 8월 기준)			직종/대	유적명칭	기업 (최종)
	도	부/군	면 이하			
생산 관계	함남	안변군	신모면	탄광/광산	만봉(滿峰)광산	미확인
	함남	안변군	안도면 상마리	탄광/광산	만희(萬喜)광산	미확인
	함남	안변군	문산, 위익면	탄광/광산	문익(文益)광산	미확인
	함남	안변군	신모면	탄광/광산	문화(文化)광산	미확인
	함남	안변군	서곡면	탄광/광산	박달(朴達)광산	미확인
	함남	안변군	위익면	탄광/광산	방화(芳花)광산	미확인
	함남	안변군	서곡면	탄광/광산	백암(白岩)금산	미확인
	함남	안변군	문산면	탄광/광산	산수(産鉎)금산	미확인
	함남	안변군	위익면	탄광/광산	산양(山陽)광산	미확인
	함남	안변군	위익면	탄광/광산	삼륭(三隆)금광	미확인
	함남	안변군	문산면	탄광/광산	삼산안변(杉山安邊)금광	미확인
	함남	안변군	신모면	탄광/광산	상위(上圍)금산	미확인
	함남	안변군	문산면	탄광/광산	상탑(上塔)금광	미확인
	함남	안변군	서곡면	탄광/광산	서곡(瑞谷)광산	미확인
	함남	안변군	서곡면	탄광/광산	서곡(瑞谷)제1금산	미확인
	함남	안변군	서곡면	탄광/광산	서보(瑞寶)금산	미확인
	함남	안변군	서곡면	탄광/광산	서성(瑞城)금산	미확인
	함남	안변군	서곡면	탄광/광산	서옥(瑞玉)금산	미확인
	함남	안변군	서곡면	탄광/광산	서홍(瑞鴻)금산	미확인
	함남	안변군	안변, 안도면	탄광/광산	석교(石橋)금산	미확인
	함남	안변군	서곡, 문산면	탄광/광산	설봉(雪峰)금산	미확인
	함남	안변군	배화, 서곡면	탄광/광산	수봉(秀峰)광산	미확인
	함남	안변군	신모면	탄광/광산	신곤(新坤)금산	미확인
	함남	안변군	위익면	탄광/광산	신룡(新龍)사금광	미확인
	함남	안변군	안도면	탄광/광산	안도금풍(安道金豊)광산	미확인
	함남	안변군	서곡면	탄광/광산	안학(安鶴)광산	미확인
	함남	안변군	안변, 안도면	탄광/광산	영목(鈴木)광산	미확인
	함남	안변군	안도면	탄광/광산	오계(梧溪)금광	미확인
	함남	안변군	안변면	탄광/광산	옥정(玉井)광산	미확인
	함남	안변군	안도, 안변면	탄광/광산	용호(龍虎)금광	미확인
	함남	안변군	문산, 위익면	탄광/광산	종덕(種德)금광	미확인
	함남	안변군	위익면	탄광/광산	좌척(佐拓)광산	미확인
	함남	안변군	위익면	탄광/광산	죽촌(竹村)금광	미확인
	함남	안변군	안도면	탄광/광산	천마(天馬)금산	미확인
	함남	안변군	서곡, 문산면	탄광/광산	탑성(塔城)금광	미확인
	함남	안변군	문산면	탄광/광산	풍항(豊項)광산	미확인
	함남	안변군	안도, 안변면	탄광/광산	학명(鶴鳴)금산	미확인
	함남	안변군	위익면	탄광/광산	학소(鶴巢)금산	미확인
	함남	안변군	신모리 하령리	탄광/광산	황정(黃井)금산	미확인
	함남	안변군	배화, 서곡면	탄광/광산	흥안(興安)광산	미확인
	함남	안변군	서곡면	탄광/광산	서암(瑞岩)금산	서안(瑞安) 광업㈜
	함남	안변군	서곡면	탄광/광산	보성(寶成)금산	아소(麻生) 광업㈜
	함남	안변군	안도면	탄광/광산	세풍(世豊)광산	조선광발 (鑛發)㈜
	함남	안변군	신모면	탄광/광산	율리(栗里)금산	조선광업㈜
	함남	안변군	안도면	탄광/광산	안변(安邊)금산	조선광업 진흥㈜

구분	소재지(1945년 8월 기준)			직종/대	유적명칭	기업 (최종)
	도	부/군	면 이하			
생산 관계	함남	안변군	문산면	탄광/광산	상사리(上寺里)광산	태평(太平) 광업㈜
	함남	안변군	배화, 문산면	탄광/광산	고바야시(小林)망해(望海)광산	고바야시 (小林)광업㈜
	함남	안변군	서곡면	탄광/광산	서학(瑞鶴)광산	니혼(日本) 광업㈜
	함남	안변군	신모면	탄광/광산	황룡(黃龍)광산	니혼(日本) 광업㈜
	함남	영흥/ 정평군	덕흥면/정평군 문산면	탄광/광산	덕화리(德化里)광산	니혼(日本) 광산(鑛産)㈜
	함남	영흥/ 정평군	덕흥면/정평군 문산면	탄광/광산	함남영평(咸南永平)금광	동조선(東朝 鮮)광업㈜
	함남	영흥/ 정평군	의흥면/정평군 장원면	탄광/광산	고양(高陽)광산	미확인
	함남	영흥/ 정평군	덕흥, 장흥면/ 정평군 장원면	탄광/광산	금파원(金波院)광산	미확인
	함남	영흥/ 정평군	덕흥, 장흥면/ 평군 장원면	탄광/광산	대륙공사(大陸公司) 금파(金坡)광산	미확인
	함남	영흥/ 정평군	장흥면/정평군 장원면	탄광/광산	만풍(萬豊)금산	미확인
	함남	영흥/ 정평군	덕흥면/정평군 문산면	탄광/광산	문봉(文峰)탄광	미확인
	함남	영흥/ 정평군	고녕면/정평군 귀림면	탄광/광산	영정(永定)금산	미확인
	함남	영흥/ 정평군	덕흥, 안흥면/ 정평군 문산면	탄광/광산	흥화(興化)금광	미확인
	함남	영흥/ 정평군	덕흥면/정평군 문산면	탄광/광산	안불(安佛)금산	가다구미 (賀田組) (합자)
	함남	영흥/ 정평군	덕흥면/정평군 문산면	탄광/광산	왕성(旺城)광산	닛치쓰(日窒) 광업개발
	함남	영흥/ 정평군	덕흥면/정평군 장원면	탄광/광산	영흥(永興)금산	동척(東拓) 광업㈜
	함남	영흥군	불상	공장	잠종제조소/가타쿠라(片倉)공업㈜	가타쿠라 (片倉)공업㈜
	함남	영흥군	진평, 인흥면	탄광/광산	보막(寶幕)광산	반도식산 (半島殖産)㈜
	함남	영흥군	고녕면	탄광/광산	광천(光泉)광산	미확인
	함남	영흥군	선흥면	탄광/광산	구룡덕(九龍德)광산	미확인
	함남	영흥군	횡천면	탄광/광산	구원(具源)광산	미확인
	함남	영흥군	인흥면	탄광/광산	나카가와(中川)왕상(旺上)금산	미확인
	함남	영흥군	진형, 인흥면	탄광/광산	남석혈(南石穴)금산	미확인
	함남	영흥군	선흥면	탄광/광산	대자(大慈)동산	미확인
	함남	영흥군	선흥, 요덕면	탄광/광산	만세(萬世)광산	미확인
	함남	영흥군	진평면	탄광/광산	명장(明場)광산	미확인
	함남	영흥군	선흥, 요덕면	탄광/광산	무극영흥(無極永興)광산	미확인
	함남	영흥군	요덕면	탄광/광산	보령(寶嶺)금산	미확인
	함남	영흥군	진흥, 인흥면	탄광/광산	보수(寶水)광산	미확인
	함남	영흥군	인흥면	탄광/광산	복견(伏見)광산	미확인
	함남	영흥군	요덕면	탄광/광산	북선(北鮮)금광	미확인
	함남	영흥군	장흥면	탄광/광산	북조선흑연광산	미확인

구분	소재지(1945년 8월 기준)			직종/대	유적명칭	기업 (최종)
	도	부/군	면 이하			
생산 관계	함남	영흥군	횡천, 선흥면	탄광/광산	산계(山界)광산	미확인
	함남	영흥군	영흥면	탄광/광산	삼흥(三興)광산	미확인
	함남	영흥군	고녕면	탄광/광산	상영(相榮)광산	미확인
	함남	영흥군	선흥, 장흥면	탄광/광산	선인(宣仁)광산	미확인
	함남	영흥군	선흥면	탄광/광산	선흥(宣興)광산	미확인
	함남	영흥군	선흥면	탄광/광산	섬암(蟾岩)금산	미확인
	함남	영흥군	선흥면	탄광/광산	성흥(盛興)금광	미확인
	함남	영흥군	덕흥면	탄광/광산	소덕(昭德)금산	미확인
	함남	영흥군	덕흥면	탄광/광산	수원(水原)광산	미확인
	함남	영흥군	요덕면	탄광/광산	억조(億兆)광산	미확인
	함남	영흥군	진평면	탄광/광산	영진(永鎭)광산	미확인
	함남	영흥군	장흥면	탄광/광산	영흥(永興)흑연 조기(篠崎)광산	미확인
	함남	영흥군	덕흥면	탄광/광산	영흥영목(永興鈴木)광산	미확인
	함남	영흥군	고녕, 인흥면	탄광/광산	영희(永熙)광산	미확인
	함남	영흥군	인흥면	탄광/광산	왕장(旺場)광산	미확인
	함남	영흥군	요덕면	탄광/광산	요덕(耀德)금광	미확인
	함남	영흥군	장흥면	탄광/광산	용강(龍江)금산	미확인
	함남	영흥군	선흥면	탄광/광산	용신(龍神)금산	미확인
	함남	영흥군	선흥면	탄광/광산	용연(龍淵)광산	미확인
	함남	영흥군	인흥면	탄광/광산	용왕(龍旺)금광	미확인
	함남	영흥군	선흥면	탄광/광산	용원(龍元)금산	미확인
	함남	영흥군	고녕면	탄광/광산	장백(長白)제1광산	미확인
	함남	영흥군	횡천면	탄광/광산	장번(長繁)광산	미확인
	함남	영흥군	요덕면	탄광/광산	주창(住倉)금광	미확인
	함남	영흥군	진평면	탄광/광산	진평(鎭坪)금산	미확인
	함남	영흥군	인흥면	탄광/광산	처흥(處興)광산	미확인
	함남	영흥군	횡천면	탄광/광산	철흥(鐵興)광산	미확인
	함남	영흥군	진평면	탄광/광산	청곡(淸谷)광산	미확인
	함남	영흥군	선흥면	탄광/광산	청룡(淸龍)광산	미확인
	함남	영흥군	선흥, 영흥면	탄광/광산	태흥동(泰興洞)광산	미확인
	함남	영흥군	선흥면	탄광/광산	평해(平海)광산	미확인
	함남	영흥군	요덕면	탄광/광산	풍광(豊廣)금산	미확인
	함남	영흥군	요덕, 횡천면	탄광/광산	풍본(豊本)금광	미확인
	함남	영흥군	고녕면	탄광/광산	피금(被金)광산	미확인
	함남	영흥군	덕흥면	탄광/광산	한봉(鬪峰)광산	미확인
	함남	영흥군	횡천면	탄광/광산	함창(咸昌)광산	미확인
	함남	영흥군	인흥면	탄광/광산	향봉(香峰)금산	미확인
	함남	영흥군	고녕, 호도면	탄광/광산	호도(虎島)금산	미확인
	함남	영흥군	진평면	탄광/광산	한흥(翰興)광산	수마(須麻) 광업㈜
	함남	영흥군	장흥면	탄광/광산	영흥(永興)흑연광산	야마시타 (山下)흑연 공업㈜
	함남	영흥군	덕흥, 장흥면	탄광/광산	흑석령(黑石嶺)광산	야마시타 (山下)흑연 공업㈜
	함남	영흥군	장흥면	탄광/광산	탕천(湯淺)광산	유아사(湯 淺)무역㈜
	함남	영흥군	진평, 인흥면	탄광/광산	범포(范浦)광산	조선광업㈜

구분	소재지(1945년 8월 기준)			직종/대	유적명칭	기업 (최종)
	도	부/군	면 이하			
생산 관계	함남	영흥군	고녕면	탄광/광산	모노리(慕老里)광산	조선광업 진흥㈜
	함남	영흥군	고녕면	탄광/광산	백안(白安)광산	조선광업 진흥㈜
	함남	영흥군	고녕, 인흥면	탄광/광산	삼봉(三峰)광산	조선광업 진흥㈜
	함남	영흥군	고녕, 호도면	탄광/광산	수동리(輸洞里)광산	조선광업 진흥㈜
	함남	영흥군	진평면	탄광/광산	진흥(鎮興)탄광	조선유연탄 ㈜
	함남	영흥군	장흥면, 장여면 인하리	탄광/광산	장흥(長興)광산	하라(原) 상사㈜
	함남	영흥군	인흥면	탄광/광산	금장(金藏)광산	니혼(日本) 광업㈜
	함남	영흥군	횡천면	탄광/광산	고바야시(小林)영흥(永興)광산	고바야시(小林)광업㈜
	함남	영흥군	요덕면	탄광/광산	관동(寬洞)광산	닛치쓰(日窒) 광업개발
	함남	영흥군	인흥면	탄광/광산	금성(金聖)광산	스미토모 (住友)본사㈜
	함남	영흥군	횡천면	탄광/광산	부억(富億)광산	스미토모 (住友)본사㈜
	함남	영흥군	인흥면	탄광/광산	산우(山又)금광	스미토모 (住友)본사㈜
	함남	영흥군	인흥면	탄광/광산	인흥(仁興)금산	스미토모 (住友)본사㈜
	함남	영흥군	횡천면	탄광/광산	화동(化洞)광산	스미토모 (住友)본사㈜
	함남	원산부	명치정6-21	공장	시마자키(島崎)장유(합자)	시마자키 (島崎)장유 (합자)
	함남	원산부	해안통6정목35	공장	원산간유㈜	원산간유㈜
	함남	원산부	중리2동3	공장	원산승(元山繩)공장(합자)	원산승(元山繩)공장 (합자)
	함남	원산부	천정4정목7	공장	원산주조㈜	원산주조㈜
	함남	원산부	불상	공장	원산조선소/조선조선공업(造船工業)㈜	조선조선 (造船)공업㈜
	함남	원산부	불상	공장	원산공장/㈜조선조선(造船)철공소	조선조선(造船)철공소
	함남	원산부	불상	공장	원산공장/조선총독부교통국	조선총독부 교통국
	함남	원산부	불상	공장	공작공장	조선총독부 철도국
	함남	원산부	원산	공장	원산공장/철도국공장	조선총독부 철도국
	함남	원산부	본정5정목334	공장	함남공업㈜	함남공업㈜
	함남	원산부	문평	공장	원산제련소/스미토모(住友) 광업조선업소	스미토모 (住友)광업㈜
	함남	원산부	불상	공장	원산제철소/일본강관	니혼(日本) 강관㈜
	함남	원산부	불상	공장	원산공장/조선석유㈜	조선석유㈜

구분	소재지(1945년 8월 기준)			직종/대	유적명칭	기업 (최종)
	도	부/군	면 이하			
생산 관계	함남	원산부	불상	공장	조선스미토모(住友)경금속	조선스미토모(住友)경금속
	함남	원산부	불상	기타(노무)	채석작업장	미확인
	함남	원산부	남촌동10	기타(노무)	원산임업사(합명)	원산임업사(합명)
	함남	원산부	불상	철도/도로	철도공사장(경원선)	조선총독부 철도국
	함남	원산부	불상	철도/도로	철도공사장(함경선)	조선총독부 철도국
	함남	원산부	불상	철도/도로	석탄수송철도/원산북항㈜	조선무연탄 ㈜
	함남	원산부	불상	토건	공장/스미토모(住友)공장	미확인
	함남	원산부	불상	토건	군수공장건설공사장	미확인
	함남	원산부	불상	토건	제방공사장	미확인
	함남	원산부	불상	토건	항만공사장(원산항)	미확인
	함남	원산부	불상	토건	공장건설공사장 (조선활성백토공업원산공장)	조선활성백 토공업[발주]
	함남	원산부	불상	하역수송	하역수송(군부대)	미확인
	함남	원산부	원산항	하역수송	원산지점/조선운송㈜	조선운송㈜
	함남	이원군	불상	공장	나흥리연(羅興理研)특수제철	미확인
	함남	이원군	차호읍 창흥리	공장	차호제철소/이원(利原)철산	이원(利原) 철산㈜
	함남	이원군	나흥리, 남송면 원평리	철도/도로	철도공사장(함북선)	조선총독부 철도국
	함남	이원군	남면	탄광/광산	이원(利原) 활석(滑石)광산	미확인
	함남	이원군	남면증산리	탄광/광산	증산리(曾山里)철산	미확인
	함남	이원군	남면	탄광/광산	척호(척湖)활석광산	아사노(淺 野)기업㈜
	함남	장진/ 함주군	신남면/함주군 하기천면[황초령]	철도/도로	철도공사장(장진선)	조선총독부 철도국
	함남	장진/ 함주군	신남면/함주군 하기천면 동흥리	탄광/광산	고바야시(小林)흥진(興津)광산	고바야시(小 林)광업㈜
	함남	장진군	신남면 고토리 102	기타(노무)	장진강목재(합자)	장진강목재 (합자)
	함남	장진군	불상	기타(노무)	장진강제재소/함흥합동목재	함흥합동목 재
	함남	장진군	장진면	탄광/광산	문악(文岳)광산	니혼(日本) 산보(産寶) 금산㈜
	함남	장진군	장진면	탄광/광산	장진(長津)광산	대동(大同) 광업㈜
	함남	장진군	북면	탄광/광산	갈점(葛店)광산	미확인
	함남	장진군	신남면	탄광/광산	관중(貫中)금광	미확인
	함남	장진군	북면	탄광/광산	금교동(金橋洞)광산	미확인
	함남	장진군	장진, 상남면	탄광/광산	금본영자(金本英資)광산	미확인
	함남	장진군	신남면	탄광/광산	금성(金盛)금광	미확인
	함남	장진군	신남면	탄광/광산	남수(南水)금산	미확인
	함남	장진군	신남면	탄광/광산	대남(大南)금광	미확인
	함남	장진군	신남면	탄광/광산	대덕(大德)금광	미확인

구분	소재지(1945년 8월 기준)			직종/대	유적명칭	기업 (최종)
	도	부/군	면 이하			
생산 관계	함남	장진군	신남면	탄광/광산	대림(大林)금광	미확인
	함남	장진군	서한면	탄광/광산	대암(大岩)광산	미확인
	함남	장진군	신남면	탄광/광산	대직(大直)광산	미확인
	함남	장진군	신남면	탄광/광산	대흥(大興)금광	미확인
	함남	장진군	상남면	탄광/광산	덕보(德寶)금광	미확인
	함남	장진군	북면	탄광/광산	미산(米山)금산	미확인
	함남	장진군	서한면	탄광/광산	백림(白林)광산	미확인
	함남	장진군	동하면	탄광/광산	병교(秉敎)광산	미확인
	함남	장진군	중남,신남면	탄광/광산	복천(福泉)금산	미확인
	함남	장진군	북면	탄광/광산	봉전(蓬田)금광	미확인
	함남	장진군	북면	탄광/광산	봉천(奉天)금산	미확인
	함남	장진군	동하면	탄광/광산	부전강 초전(初田)사금광	미확인
	함남	장진군	북면	탄광/광산	북중(北中)금광	미확인
	함남	장진군	북면	탄광/광산	산양(山羊)광산	미확인
	함남	장진군	서한면	탄광/광산	삼길덕(三吉德)광산	미확인
	함남	장진군	북면	탄광/광산	삼우(三宇)광산	미확인
	함남	장진군	장진면	탄광/광산	삼포소동(三浦小洞)사금광	미확인
	함남	장진군	신남면	탄광/광산	상갈(上喝)광산	미확인
	함남	장진군	신남면	탄광/광산	서광(西光)광산	미확인
	함남	장진군	서한면	탄광/광산	서덕(西德)광산	미확인
	함남	장진군	신남면	탄광/광산	서치(西峙)금광	미확인
	함남	장진군	상남면	탄광/광산	서평(西坪)광산	미확인
	함남	장진군	장진면	탄광/광산	설관(雪館)광산	미확인
	함남	장진군	서한면	탄광/광산	송낙(松樂)광산	미확인
	함남	장진군	신남면	탄광/광산	신구억(新九億)광산	미확인
	함남	장진군	신남면	탄광/광산	신대덕(新大德)금광	미확인
	함남	장진군	상남면	탄광/광산	신만억(新萬億)광산	미확인
	함남	장진군	북면	탄광/광산	신산(新山)금광	미확인
	함남	장진군	상남면	탄광/광산	연덕(蓮德)광산	미확인
	함남	장진군	신남면	탄광/광산	연동(淵洞)광산	미확인
	함남	장진군	신남면	탄광/광산	연수(淵水)광산	미확인
	함남	장진군	북면	탄광/광산	연화리(蓮花里)금광	미확인
	함남	장진군	중남면	탄광/광산	영국(榮國)광산	미확인
	함남	장진군	신남면	탄광/광산	운담(雲潭)금광	미확인
	함남	장진군	상남면	탄광/광산	운수리(雲水里)광산	미확인
	함남	장진군	북면	탄광/광산	인산(仁山)광산	미확인
	함남	장진군	상남면	탄광/광산	장강(長江)금광	미확인
	함남	장진군	상남면	탄광/광산	장덕(長德)광산	미확인
	함남	장진군	신남,중남면	탄광/광산	장생(長生)금광	미확인
	함남	장진군	북면	탄광/광산	장운(張運)광산	미확인
	함남	장진군	장진면	탄광/광산	장원(長元)광산	미확인
	함남	장진군	서한면	탄광/광산	장원(長源)광산	미확인
	함남	장진군	장진면	탄광/광산	장진(長津)광산	미확인
	함남	장진군	신남면	탄광/광산	장진만풍(長津萬豊)광산	미확인
	함남	장진군	신남면	탄광/광산	장진신흥(長津新興)광산	미확인
	함남	장진군	북면	탄광/광산	장흥(長興)광산	미확인
	함남	장진군	신남면	탄광/광산	재원(在院)금산	미확인
	함남	장진군	북면	탄광/광산	전부(田部)광산	미확인
	함남	장진군	신남면	탄광/광산	제2신남(新南)광산	미확인

구분	소재지(1945년 8월 기준)			직종/대	유적명칭	기업 (최종)
	도	부/군	면 이하			
생산 관계	함남	장진군	신남면	탄광/광산	제2신대흥(新大興)광산	미확인
	함남	장진군	신남면	탄광/광산	제2영창(永昌)광산	미확인
	함남	장진군	북면	탄광/광산	중강(中江)사금광	미확인
	함남	장진군	북면	탄광/광산	중원(中元)금광	미확인
	함남	장진군	신남면	탄광/광산	중흥리(中興里)광산	미확인
	함남	장진군	신남면	탄광/광산	진풍(津豊)금광	미확인
	함남	장진군	중남면	탄광/광산	천만(天滿)광산	미확인
	함남	장진군	서한면	탄광/광산	천억(千億)광산	미확인
	함남	장진군	신남면	탄광/광산	하갈(下碣)금광	미확인
	함남	장진군	신남면	탄광/광산	흥남(興南)광산	미확인
	함남	장진군	북면	탄광/광산	흥창(興昌)금산	미확인
	함남	장진군	신남면	탄광/광산	일진(日進)광산	신광(新光) 광산㈜
	함남	장진군	신남,중남면	탄광/광산	고려(高麗)광산	조선금산 개발㈜
	함남	장진군	중남면	탄광/광산	복동(福洞)금광	조선금산 개발㈜
	함남	장진군	신남면	탄광/광산	덕동(德洞)광산	니혼(日本) 광업㈜
	함남	장진군	신남면	탄광/광산	고바야시(小林)낭림(狼林)광산	고바야시 (小林)광업㈜
	함남	장진군	동하면	탄광/광산	자진(紫眞)광산	닛치쓰(日窒) 광업개발㈜
	함남	장진군	중남,신남면	탄광/광산	개마(蓋馬)광산	미쓰비시 (三菱)광업㈜
	함남	장진군	상남면 연회리/동 문,북면	토건	수력발전소(장진강제2댐)	하자마구 미(間組), 鹿島組,飛 島組,松本 組,西松組
	함남	장진군	불상	토건	매립공사장	미확인
	함남	장진군	동문면 오만리	토건	수력발전소(강계.수로공사장)	강계수력 전기㈜
	함남	장진군	불상	하역수송	하역수송	미확인
	함남	정평군	신포읍 신포리7	기타(노무)	관원(萱原)(합자)	가야하라 (萱原)(합자)
	함남	정평군	문산면	탄광/광산	닛소(日曹)영덕(永德)광산	니혼(日本) 광산(鑛産)㈜
	함남	정평군	문천면	탄광/광산	조광(朝光)금산	니혼(日本) 광산(鑛産)㈜
	함남	정평군	주이면	탄광/광산	영성(嶺城)흑연광산	북선(北鮮) 산업㈜
	함남	정평군	고산면	탄광/광산	거정(巨正)금산	미확인
	함남	정평군	장원면	탄광/광산	계발(啓發)광산	미확인
	함남	정평군	장원면	탄광/광산	고려(高麗)금산	미확인
	함남	정평군	장원,장흥면	탄광/광산	관평(館坪)금산	미확인
	함남	정평군	문산면	탄광/광산	광성(光成)금광	미확인
	함남	정평군	광덕,장원면	탄광/광산	광전(廣田)광산	미확인
	함남	정평군	선덕면	탄광/광산	광포(廣浦)광산	미확인
	함남	정평군	귀림면	탄광/광산	귀림(歸林)광산	미확인
	함남	정평군	장원면	탄광/광산	금계(金溪)광산	미확인

| 구분 | 소재지(1945년 8월 기준) | | | 직종/대 | 유적명칭 | 기업 |
	도	부/군	면 이하			(최종)
	함남	정평군	장원면	탄광/광산	금파(金波)광산	미확인
	함남	정평군	문산면	탄광/광산	남양(南陽)광산	미확인
	함남	정평군	정평면	탄광/광산	덕풍(德豊)광산	미확인
	함남	정평군	고산면	탄광/광산	동선(東鮮)광산	미확인
	함남	정평군	문산,장원면	탄광/광산	문장(文長)광산	미확인
	함남	정평군	장원면	탄광/광산	발흥(發興)광산	미확인
	함남	정평군	주이면	탄광/광산	보성(輔成)금광	미확인
	함남	정평군	신상,광덕면	탄광/광산	부평(富坪)금산	미확인
	함남	정평군	장원면	탄광/광산	사수(泗洙)금산	미확인
	함남	정평군	정평면	탄광/광산	사원(元元)광산	미확인
	함남	정평군	귀림면	탄광/광산	송문(松門)광산	미확인
	함남	정평군	신상,광덕면	탄광/광산	신생(新生)금산	미확인
	함남	정평군	문산면	탄광/광산	신풍(新豊)광산	미확인
	함남	정평군	문산,장원면	탄광/광산	신흥동(新興洞)금광	미확인
	함남	정평군	광덕,고산면	탄광/광산	어대(御帶)금산	미확인
	함남	정평군	고산면	탄광/광산	영평(永平)광산	미확인
	함남	정평군	정평면	탄광/광산	옥치(玉置)금산	미확인
	함남	정평군	주이면	탄광/광산	용성(龍城)광산	미확인
	함남	정평군	광덕면	탄광/광산	원상(元上)금산	미확인
	함남	정평군	고산면	탄광/광산	을희(乙姬)광산	미확인
	함남	정평군	고산면	탄광/광산	이일천(李一天)광산	미확인
	함남	정평군	장원면	탄광/광산	장원(長原)금산	미확인
	함남	정평군	장원면	탄광/광산	장자(長者)금산	미확인
생산	함남	정평군	고산면	탄광/광산	장전고창(長田高倉)광산	미확인
관계	함남	정평군	고산면	탄광/광산	정덕(定德)광산	미확인
	함남	정평군	장원면	탄광/광산	정평(定平)[고려]광산	미확인
	함남	정평군	정평면	탄광/광산	정평(定平)흑연광산	미확인
	함남	정평군	고산면	탄광/광산	정평금진(定平金津)광산	미확인
	함남	정평군	문산면	탄광/광산	정풍(定豊)금광	미확인
	함남	정평군	광덕면	탄광/광산	제2고려(高麗)금산	미확인
	함남	정평군	광덕면	탄광/광산	중앙(中陽)금산	미확인
	함남	정평군	장원면	탄광/광산	중평(仲坪)금산	미확인
	함남	정평군	정평면	탄광/광산	창창동(蒼蒼洞)광산	미확인
	함남	정평군	주이면	탄광/광산	천덕(泉德)광산	미확인
	함남	정평군	장원면	탄광/광산	풍국(豊國)금산	미확인
	함남	정평군	고산면	탄광/광산	풍성(豊城)광산	미확인
	함남	정평군	고산면	탄광/광산	풍옥(豊鈺)광산	미확인
	함남	정평군	신상면	탄광/광산	한동(洞)금산	미확인
	함남	정평군	정평면	탄광/광산	함덕(咸德)광산	미확인
	함남	정평군	고산면	탄광/광산	함평(咸平)금광	미확인
	함남	정평군	광덕,장원면	탄광/광산	호암(虎岩)금산	미확인
	함남	정평군	정평면	탄광/광산	흑석령(黑石嶺)광산	미확인
	함남	정평군	고산면	탄광/광산	흥천(興川)광산	미확인
	함남	정평군	고산면	탄광/광산	흥천(興泉)금광	미확인
	함남	정평군	고산면	탄광/광산	백토(白土)금광	삼화(三和)광산㈜
	함남	정평군	정평면	탄광/광산	광흥(光興)광산	신광(新光)광산㈜

구분	소재지(1945년 8월 기준)			직종/대	유적명칭	기업 (최종)
	도	부/군	면 이하			
생산 관계	함남	정평군	장원면	탄광/광산	정평(定平)광산	조선광업 진흥(주)
	함남	정평군	정평면	탄광/광산	장성(長城)광산	닛치쓰(日窒) 광업개발(주)
	함남	정평군	고산면	탄광/광산	보생(寶生)광산	미쓰비시 (三菱)광업(주)
	함남	정평군	고산면	탄광/광산	정보보성(定寶寶成)광산	미쓰비시 (三菱)광업(주)
	함남	풍산군	웅이면 연두평리	공장	탕길(湯吉)공장	미확인
	함남	풍산군	풍산면	공장	풍산공장/데이코쿠(帝國)섬유(주)	데이코쿠 (帝國)섬유(주)
	함남	풍산군	불상	철도/도로	철도공사장(함경선)	조선총독부 철도국
	함남	풍산군	천남면	탄광/광산	풍남(豊南)광산	다이오(鯛 生)산업(주)
	함남	풍산군	천남면	탄광/광산	풍안(豊安)채광	대흥(大興) 광업(주)
	함남	풍산군	웅이면	탄광/광산	가장(佳長)광산	미확인
	함남	풍산군	천남면	탄광/광산	금성(金聲)광산	미확인
	함남	풍산군	천남면	탄광/광산	단풍(端豊)광산	미확인
	함남	풍산군	천남면	탄광/광산	덕남(德南)광산	미확인
	함남	풍산군	천남면	탄광/광산	박춘금동점광(朴春琴銅店鑛)	미확인
	함남	풍산군	천남면	탄광/광산	복도(福島)광산	미확인
	함남	풍산군	천남면	탄광/광산	삼풍(三豊)금광	미확인
	함남	풍산군	천남면	탄광/광산	연암(鉛岩)광산	미확인
	함남	풍산군	천남면	탄광/광산	옥연(玉蓮)금산	미확인
	함남	풍산군	안산면	탄광/광산	완성(完成)금광	미확인
	함남	풍산군	천남면	탄광/광산	용왕(龍王)금산	미확인
	함남	풍산군	천남면	탄광/광산	조병갑(趙炳甲)광산	미확인
	함남	풍산군	천남면	탄광/광산	천길(天吉)광산	미확인
	함남	풍산군	천남면	탄광/광산	천남(天南)광산	미확인
	함남	풍산군	천남면	탄광/광산	통리(通里)금산	미확인
	함남	풍산군	안산면	탄광/광산	풍심(豊深)금광	미확인
	함남	풍산군	천남면	탄광/광산	홍군(洪君)광산	미확인
	함남	풍산군	천남면	탄광/광산	풍산부흥동(豊山富興洞)금광	삼화(三和) 광업(주)
	함남	풍산군	천남면	탄광/광산	풍산(豊山)금광	풍산(豊山) 금광(주)
	함남	풍산군	천남, 수하, 능이 면/압록강수계	토건	수력발전소(허천강제언공사)	하자마구미 (間組), 松 本組, 西松 組, 阿川組
	함남	함주군	퇴조면 송대리 322	공장	퇴조(退潮)간유(주)	퇴조간유(주)
	함남	함주군	동천면	탄광/광산	함주(咸州)광산	고아(古我) (합명)
	함남	함주군	상조양, 하조양면	탄광/광산	강보(康寶)광산	미확인
	함남	함주군	동천면	탄광/광산	공영산형(共榮産螢)광산	미확인
	함남	함주군	상기천면	탄광/광산	금주(金珠)광산	미확인
	함남	함주군	동천, 덕산면	탄광/광산	병봉(幷峰)광산	미확인
	함남	함주군	하기천면	탄광/광산	북소(北昭)광산	미확인

구분	소재지(1945년 8월 기준)			직종/대	유적명칭	기업(최종)
	도	부/군	면 이하			
생산관계	함남	함주군	하기천면	탄광/광산	삼진(三眞)광산	미확인
	함남	함주군	퇴조면	탄광/광산	용인(龍鱗)금산	미확인
	함남	함주군	하조양면	탄광/광산	조양(朝陽)고령토광산	미확인
	함남	함주군	하기천면	탄광/광산	중평(中坪)광산	미확인
	함남	함주군	서호면	탄광/광산	서호(西湖)광산	닛치쓰(日窒)광업개발㈜
	함남	함주군	동천면	탄광/광산	신흥(新興)광산	닛치쓰(日窒)광업개발㈜
	함남	함주군	하기천면 진흥리/압록강수계	토건	수력발전소(장진강제1댐)	하자마구미(間組),松本組,西松組
	함남	함주군	덕산면 동양리/압록강수계	토건	수력발전소(장진강제2댐위장작업장)	하자마구미(間組),松本組,西松組
	함남	함주군	상기천면/압록강수계	토건	수력발전소(장진강제4)/하자마구미(間組)/松本組/西松組	하자마구미(間組),松本組,西松組
	함남	함흥부	불상	공장	와타나베(渡邊)철공소	와타나베(渡邊)철공소
	함남	함흥부	불상	공장	흥남공장/일본마그네슘금속㈜	니혼(日本)마그네사이트화학공업㈜
	함남	함흥부	유락정87	공장	북선견직(합자)	북선견직(합자)
	함남	함흥부	불상	공장	태양레이온	미확인
	함남	함흥부	성천정1정목72	공장	선만(鮮滿)청량음료(합자)	선만(鮮滿)청량음료(합자)
	함남	함흥부	만세정51	공장	조선공업㈜	조선공업㈜
	함남	함흥부	대화정2정목2	공장	조선요업(합자)	조선요업(합자)
	함남	함흥부	불상	공장	함흥공장/조선총독부전매국연초공장	조선총독부전매국
	함남	함흥부	본정3정목120	공장	함흥장유㈜	함흥장유㈜
	함남	함흥부	불상	공장	함흥공장/가타쿠라(片倉)공업㈜	가타쿠라(片倉)공업㈜
	함남	함흥부	지락정90	공장	북선(北鮮)합동전기㈜	북선(北鮮)합동전기㈜
	함남	함흥부	대화정3정목46	기타(노무)	대성사(합자)	대성사(합자)
	함남	함흥부	불상	기타(노무)	채석작업장	미확인
	함남	함흥부	불상	기타(노무)	함흥형무소	미확인
	함남	함흥부	산수정1-177	기타(노무)	삼척(三拓)임업㈜	삼척(三拓)임업㈜
	함남	함흥부	춘일정1-164	기타(노무)	선만흥업㈜	선만(鮮滿)흥업㈜
	함남	함흥부	불상	기타(노무)	함흥제재소/함흥합동목재	함흥합동목재
	함남	함흥부	일출정97	기타(노무)	흥아토지개량㈜	흥아토지개량㈜
	함남	함흥부	불상	기타(노무)	함흥제재공장/스미토모(住友)합자	스미토모(住友)합자

구분	소재지(1945년 8월 기준)			직종/대	유적명칭	기업 (최종)
	도	부/군	면 이하			
생산 관계	함남	함흥부	불상	철도/도로	철도공사장(함경선)	조선총독부 철도국
	함남	함흥부	대화정2정목	탄광/광산	금광산탄광㈜	금광산탄광 ㈜
	함남	함흥부	불상	탄광/광산	방심(方心)탄광	미확인
	함남	함흥부	풍양리93	탄광/광산	풍산금광㈜	풍산(豊山) 금광㈜
	함남	함흥부	불상	탄광/광산	관덕광산	조선유연탄 ㈜
	함남	함흥부	불상	탄광/광산	대풍산금산	조선유연탄 ㈜
	함남	함흥부	불상	탄광/광산	보창광산	조선유연탄 ㈜
	함남	함흥부	불상	하역수송	함흥지점/조선운송㈜	조선운송㈜
	함남	혜산군	불상	공장	혜산공장/데이코쿠(帝國)섬유㈜	데이코쿠 (帝國)섬유㈜
	함남	혜산군	보천면 화전리	철도/도로	백두산산림선공사장	조선총독부 철도국
	함남	혜산군	길주↔혜산진	철도/도로	철도공사장(혜산선)	조선총독부 철도국
	함남	혜산군	청성진(압록강변)	철도/도로	청성(淸城)대교가설공사장/나카무라구미(中村組)	나카무라구미(中村組) (합자)
	함남	혜산군	불상	하역수송	하역수송	미확인
	함남	홍원군	보청면 상신흥리 32-2	공장	조선화학유비(油肥)공업소(합자)	조선화학유비공업소 (합자)
	함남	홍원군	용원면	기타(노무)	채석작업장	미확인
	함남	홍원군	신창읍	기타(노무)	벌목작업장/중앙목재㈜	중앙목재㈜
	함남	홍원군	삼호면	철도/도로	철도공사장(함경선)	조선총독부 철도국
	함남	홍원군	운학,홍원,보청면	탄광/광산	아일(亞一)광산	동극(東極) 광업㈜
	함남	홍원군	보현,운학면	탄광/광산	남풍리(南豊里)광산	미확인
	함남	홍원군	보현면	탄광/광산	노전(蘆田)광산	미확인
	함남	홍원군	보현면	탄광/광산	보현(寶賢)수연광산	미확인
	함남	홍원군	보현,운학면	탄광/광산	삼호(三湖)광산	미확인
	함남	홍원군	보현면	탄광/광산	석정(石亭)광산	미확인
	함남	홍원군	보현면	탄광/광산	영기봉(靈氣峰)광산	미확인
	함남	홍원군	운학면	탄광/광산	영흥(迎興)광산	미확인
	함남	홍원군	홍원,경운면	탄광/광산	왕기동(王起洞)광산	미확인
	함남	홍원군	용포면	탄광/광산	용송(龍松)광산	미확인
	함남	홍원군	보현,운학면	탄광/광산	용풍(龍豊)광산	미확인
	함남	홍원군	보현면	탄광/광산	용흥(龍興)금산	미확인
	함남	홍원군	운학면	탄광/광산	장풍(長豊)금산	미확인
	함남	홍원군	운학면	탄광/광산	전진(前進)광산	미확인
	함남	홍원군	운학면	탄광/광산	풍계(豊溪)광산	미확인
	함남	홍원군	운학면	탄광/광산	풍일(豊壹)광산	미확인
	함남	홍원군	운학면	탄광/광산	학천삼봉(鶴泉三峰)광산	미확인
	함남	홍원군	운학면	탄광/광산	해운(海雲)광산	미확인

구분	소재지(1945년 8월 기준)			직종/대	유적명칭	기업 (최종)
	도	부/군	면 이하			
	함남	홍원군	홍원면 학동리3	탄광/광산	하동(河洞)금산	선만(鮮滿) 광업개발㈜
	함남	홍원군	용포면	탄광/광산	옥암산(玉巖山)광산	조선형석㈜
	함남	흥남부	흥남읍	공장	흥남공작공장/일본질소비료㈜	니혼(日本) 질소비료㈜
	함남	흥남부	흥남읍	공장	흥남카본공장/일본질소비료㈜	니혼(日本) 질소비료㈜
	함남	흥남부	흥남읍	공장	흥남제련소/닛테쓰(日鐵)광업개발㈜	닛테쓰(日鐵) 광업개발㈜
	함남	흥남부	불상	공장	동양성냥	동양성냥 (東洋燐寸)㈜
	함남	흥남부	흥남읍 작도리 53-4	공장	서호조선철공소㈜	서호조선철 공소㈜
	함남	흥남부	흥남읍	공장	조선석탄공업㈜	조선인조석 유㈜
	함남	흥남부	흥남읍	공장	흥남금속	흥남금속
	함남	흥남부	흥남읍 구룡리 249	공장	흥남음료㈜	흥남음료㈜
	함남	흥남부	흥남읍 궁서리(흥남공장에서 4km 거리)	공장	본궁(本宮)공장/일본질소비료㈜	니혼(日本) 질소비료㈜
	함남	흥남부	흥남읍 구룡리	공장	구룡리제련소/일본질소비료㈜	니혼(日本) 질소비료㈜
생산 관계	함남	흥남부	흥남읍	공장	본궁(本宮)작업장/일본내화재료	니혼(日本) 내화재료 (耐火材料)
	함남	흥남부	흥남읍 유정리	공장	일본마그네슘금속㈜	니혼(日本)마 그네사이트 화학공업㈜
	함남	흥남부	흥남읍	공장	흥남알루미늄공장/일본질소비료㈜	니혼(日本) 질소비료㈜
	함남	흥남부	불상	공장	흥남유지(油脂)공장/일본질소비료㈜	니혼(日本) 질소비료㈜
	함남	흥남부	흥남읍 신기리	공장	흥남비료공장/일본질소비료㈜	니혼(日本) 질소비료㈜
	함남	흥남부	흥남읍	공장	닛치쓰(日窒)고무공업	닛치쓰(日窒) 고무공업
	함남	흥남부	불상	공장	흥남제련소/닛치쓰(日窒)광업개발㈜	닛치쓰(日窒) 광업개발㈜
	함남	흥남부	흥남읍(흥남공장에서4km거리)	공장	본궁(本宮)공장/닛치쓰(日窒)시오노기(鹽野義)제약㈜	닛치쓰(日窒) 시오노기(鹽野義)제약㈜
	함남	흥남부	흥남읍	공장	용흥(龍興)공장/닛치쓰(日窒)연료공업㈜	닛치쓰(日窒) 연료공업㈜
	함남	흥남부	흥남읍	공장	흥남알루미나공장(조선알루미)/일본질소비료㈜	조선알루미
	함남	흥남부	흥남읍 운성리 300	공장	조선질소화약㈜	조선질소화 약㈜
	함남	흥남부	복흥리139	기타(노무)	함흥형무소제3보국대	미확인
	함남	흥남부	불상	기타(노무)	함흥형무소흥남제4보국대	미확인

구분	소재지(1945년 8월 기준)			직종/대	유적명칭	기업 (최종)
	도	부/군	면 이하			
생산 관계	함남	흥남부	불상	기타(노무)	본궁(本宮)제재소/함흥합동목재	함흥합동 목재
	함남	흥남부	흥남읍	철도/도로	철도공사장/미야케구미(三宅組)	미야케구미 (三宅組)㈜
	함남	흥남부	흥남읍/운남면	탄광/광산	응봉(鷹峰)금광	미확인
	함남	흥남부	흥남읍 운서정	토건	마쓰모토구미(松本組)	마쓰모토구 미(松本組)
	함남	흥남부	흥남읍 용흥리	토건	공장건설공사장(용흥공장/일본질소비료)	미확인
	함남	흥남부	흥남읍	토건	노무자숙소(본궁공장/일본질소비료)	미확인
	함남	흥남부	흥남읍	하역수송	하역수송(항만)	미확인
	함남/강원	안변/ 양양군	안변↔양양	철도/도로	철도공사장(동해북부선)	조선총독부 철도국
	함북	경성/ 청진부	경성면/청진부 생 구,미길,복뢰정	탄광/광산	나남(羅南)탄광㈜	나남(羅南) 탄광㈜
	함북	경성/ 청진부	경성면/청진부 미 길정	탄광/광산	나남세전(羅南細田)사금광	미확인
	함북	경성군	주을면	공장	주을(朱乙)도기공장/동아요업㈜	동아요업㈜
	함북	경성군	불상	공장	주을공장/가네가후치(鐘淵)공업㈜	가네가후치 (鐘淵)공업㈜
	함북	경성군	회향동	기타(노무)	벌목작업장/우메바야시(梅林)토목㈜	우메바야시 (梅林)토목㈜
	함북	경성군	주을면 회문동	기타(노무)	우메바야시(梅林)토목㈜	우메바야시 (梅林)토목㈜
	함북	경성군	용성면 수북동67	탄광/광산	북선(北鮮)유탄(硫炭)㈜	북선(北鮮) 유탄㈜
	함북	경성군	주남면	탄광/광산	경성(鏡城)탄광	미확인
	함북	경성군	주남면	탄광/광산	병마곡(兵馬谷)금광	미확인
	함북	경성군	주을온면	탄광/광산	북선(北鮮)탄광	미확인
	함북	경성군	주남면	탄광/광산	선경대(仙鏡臺)광산	미확인
	함북	경성군	경성면	탄광/광산	아양(阿陽)광산	미확인
	함북	경성군	어랑면	탄광/광산	요산(要山)광산	미확인
	함북	경성군	용성면	탄광/광산	용강(龍康)광산	미확인
	함북	경성군	주을온면	탄광/광산	주을야전(朱乙野田)탄광	미확인
	함북	경성군	어랑,동면	탄광/광산	함북강릉(咸北江陵)금광	미확인
	함북	경성군	경성,오촌,주을 온면	탄광/광산	생기령(生氣嶺)탄광	생기령(生 氣嶺)광업 ㈜
	함북	경성군	주을온면	탄광/광산	용현(龍峴)탄광	일선(日鮮) 광업㈜
	함북	경성군	주을온면 온천동 134	탄광/광산	일선(日鮮)광업㈜	일선(日鮮) 광업㈜
	함북	경성군	경성,주을온면	탄광/광산	주을(朱乙)사철광산	조선사철광 업㈜
	함북	경성군	주남면삼향동	탄광/광산	회문(會文)탄광	회문(會文) 탄광㈜
	함북	경성군	주을온면	탄광/광산	주을(朱乙)탄광	니혼(日本) 질소비료㈜
	함북	경성군	경성면/두만강 수계	토건	수력발전소(서두수.두만강)/ 하자마구미(間組)	하자마구미 (間組)

구분	소재지(1945년 8월 기준)			직종/대	유적명칭	기업 (최종)
	도	부/군	면 이하			
생산 관계	함북	경원/ 경흥군	유덕면/경흥군 상하, 아오지읍	탄광/광산	아오지(阿吾地)탄광/조선인조석유㈜	조선인조석 유㈜
	함북	경원/ 온성군	경원면/온성군 훈 융면	탄광/광산	훈융(訓戎)탄광	조선무연탄 ㈜
	함북	경원군	경원면 하면동	철도/도로	도로공사장	미확인
	함북	경원군	불상	철도/도로	철도공사장(경원선)	미확인
	함북	경원군	동원면	철도/도로	철도공사장(고건원선)	미확인
	함북	경원군	용덕면 용북동	철도/도로	철도공사장(용덕면)	미확인
	함북	경원군	불상	철도/도로	철도공사장(함북선)	미확인
	함북	경원군	풍해면	탄광/광산	풍흥(富興)금산	부흥(富興) 광업㈜
	함북	경원군	경흥면	탄광/광산	경원(敬元)광산	미확인
	함북	경원군	경원, 안농면	탄광/광산	경원(慶源)탄광	미확인
	함북	경원군	동원, 안농면	탄광/광산	금월(金月)광산	미확인
	함북	경원군	동원면	탄광/광산	금월동(金月洞)사금광	미확인
	함북	경원군	풍해면	탄광/광산	나진(羅津)금산	미확인
	함북	경원군	아산면	탄광/광산	대산(大山)광산	미확인
	함북	경원군	용덕면	탄광/광산	미재양(美載陽)금광	미확인
	함북	경원군	동원면	탄광/광산	삼원(三原)금광	미확인
	함북	경원군	풍해면	탄광/광산	신동(新洞)금산	미확인
	함북	경원군	아산면	탄광/광산	아산(阿山)금광	미확인
	함북	경원군	용덕면 용북동	탄광/광산	용서동(龍西洞)금광	미확인
	함북	경원군	유덕면	탄광/광산	유덕(有德)금광	미확인
	함북	경원군	동원면	탄광/광산	유수(流水)광산	미확인
	함북	경원군	동원면	탄광/광산	유수(流水)광산	미확인
	함북	경원군	풍해면	탄광/광산	일류동(日柳洞)금광	미확인
	함북	경원군	풍해면	탄광/광산	풍해(豊海)광산	미확인
	함북	경원군	풍해면	탄광/광산	풍해(豊海)수연광산	미확인
	함북	경원군	경원면 하면동	탄광/광산	하면탄광	미확인
	함북	경원군	용덕면	탄광/광산	대수목미(大藪木尾)탄광	조선유연탄 ㈜
	함북	경원군	용덕면	탄광/광산	덕창(德昌)탄광	조선유연탄 ㈜
	함북	경원군	용덕면	탄광/광산	용덕(龍德)탄광	조선유연탄 ㈜
	함북	경원군	동원, 안농, 용덕면	탄광/광산	고건원(古乾原)탄광	조선유연탄 ㈜
	함북	경원군	안농면 승량동	탄광/광산	승량(承良)탄광	조선인조석 유㈜
	함북	경원군	불상	토건	토건공사장/아카가와구미(阿川組)	아카가와구 미(阿川組)
	함북	경원군	유덕면	하역수송	군수물자수송	미확인
	함북	경흥/ 부령군	풍해면/부령군 관해면	탄광/광산	부흥(富興)금산	부흥(富興) 광업개발㈜
	함북	경흥/ 부령군	풍해면/부령군 관해면	탄광/광산	사덕(寺德)광산	미확인
	함북	경흥/ 부령군	풍해면/부령군 관해면	탄광/광산	천은(天恩)광산	미확인

구분	소재지(1945년 8월 기준)			직종/대	유적명칭	기업 (최종)
	도	부/군	면 이하			
생산 관계	함북	경흥/ 부령군	풍해면/부령군 관 해면	탄광/광산	석포(石浦)광산	닛치쓰(日窒) 광업개발㈜
	함북	경흥/ 부령군	풍해면/부령군 관 해면	탄광/광산	수동(水洞)금광	닛치쓰(日窒) 광업개발㈜
	함북	경흥군	웅기항	공장	웅기조선철공㈜	웅기조선 철공㈜
	함북	경흥군	웅기읍 웅기동 206	공장	일만(日滿)흥업㈜	일만(日滿) 흥업㈜
	함북	경흥군	아오지읍	공장	우메하라(梅原)철공소	우메하라 (梅原)철공소
	함북	경흥군	아오지읍 용연동	공장	아오지공장/조선인조석유㈜	조선인조 석유㈜
	함북	경흥군	웅기읍	공장	조질(朝窒)수산공업㈜	조질(朝窒) 수산공업㈜
	함북	경흥군	웅기읍 웅기동 279	기타(노무)	近江토지㈜	근강(近江) 토지㈜
	함북	경흥군	웅기읍 웅기동 286	기타(노무)	북선(北鮮)토지㈜	북선(北鮮) 토지㈜
	함북	경흥군	불상	기타(노무)	제재소	미확인
	함북	경흥군	웅기읍 수동 72-2	기타(노무)	웅기제재소㈜	웅기제재소 ㈜
	함북	경흥군	웅기읍	철도/도로	도로공사장(웅기읍)/하자마구미間組	미확인
	함북	경흥군	아오지읍 오봉동	철도/도로	석탄수송철도/조선인조석유	미확인
	함북	경흥군	풍해면 신동/웅기 읍 웅상동	철도/도로	철도공사장(함북선)/아카와구미(阿川組)	아카와구 미(阿川組)
	함북	경흥군	아오지읍	철도/도로	도로공사장(아오지읍)	하자마구미 (間組)
	함북	경흥군	웅기읍 웅기동 279-2	탄광/광산	녹지봉(鹿之峰)광산㈜	녹지봉(鹿之 峰)광산㈜
	함북	경흥군	경흥면	탄광/광산	청학(靑鶴)탄광	미확인
	함북	경흥군	불상	탄광/광산	함인탄광	쇼와(昭和) 광산㈜
	함북	경흥군	불상	토건	수력발전소	미확인
	함북	경흥군	아오지읍 회암동	토건	토목공사장	미확인
	함북	경흥군	웅기읍	토건	항만공사장(웅기항)	미확인
	함북	경흥군	회암역	토건	철도역공사장(회암역)/가지마구미(鹿島組)	가지마구미 (鹿島組)
	함북	경흥군	아오지읍 회암동	토건	배수로공사장/니시마쓰구미(西松組)	니시마쓰구 미(西松組)
	함북	경흥군	아오지읍	토건	공장건설공사장/하자마구미(間組)	하자마구미 (間組)
	함북	경흥군	아오지읍 회암동	토건	공장건설공사장[조선인조석유회사]니시마 쓰구미(西松組)	니시마쓰구 미(西松組)
	함북	경흥군	아오지읍 농경동	토건	공장보수공사장/나카무라구미(中村組)	나카무라구 미(中村組) (합자)
	함북	경흥군	불상	하역수송	조선운송㈜	조선운송㈜
	함북	길주	길주↔혜산진	철도/도로	철도공사장(혜산선)	조선총독부 철도국

구분	소재지(1945년 8월 기준)			직종/대	유적명칭	기업 (최종)
	도	부/군	면 이하			
생산 관계	함북	길주/ 단천/ 학성군	장백면/단천군 북두일면/학성군 학서면	탄광/광산	포수(砲手)광산	동양(東洋) 운모광업(주)
	함북	길주/ 명천군	덕산면 노동역/길 주읍 금송리/명천 군 아간면고참동/ 상우남면 내포동	철도/도로	철도공사장(함경선)	조선총독부 철도국
	함북	길주/ 명천군	길주읍/명천군 아간면	탄광/광산	전촌(全村)광산	미확인
	함북	길주/ 성진부	덕산면/성진부 학동면	탄광/광산	성진(城津)운모광산	미확인
	함북	길주/ 성진부	덕산면/성진부 학서면	탄광/광산	송본(松本)흑연광산	미확인
	함북	길주/ 성진부	덕산면/성진부 학서면	탄광/광산	원평(院坪)탄광	미확인
	함북	길주군	길성면 길남동 312-10	공장	북선잠사(北鮮蠶絲)(합자)	북선잠사 (北鮮蠶絲) (합자)
	함북	길주군	길주읍 영기동 435	공장	길주공장/북선(北鮮)제지화학공업(주)	북선(北鮮) 제지화학공 업(주)
	함북	길주군	길주읍	공장	길주공장/오지(王子)제지	오지(王子) 제지(주)
	함북	길주군	양사면	탄광/광산	재덕(載德)광산	공영식산 (共榮殖産) (주)
	함북	길주군	장백면	탄광/광산	임동(林洞)광산	관원(菅原) 전기(주)
	함북	길주군	양사면	탄광/광산	일본특수요업(日本特殊窯業)광산	니혼(日本) 특수요업(주)
	함북	길주군	양사면	탄광/광산	성덕(城德)운모광산	동양(東洋) 운모광업(주)
	함북	길주군	덕산면	탄광/광산	길주(吉州)탄광	미확인
	함북	길주군	길주읍,웅평면	탄광/광산	길주고성(吉州古城)탄광	미확인
	함북	길주군	장백면	탄광/광산	남석(南夕)흑연광산	미확인
	함북	길주군	양사면	탄광/광산	산월(山月)흑연광산	미확인
	함북	길주군	장백면	탄광/광산	장문내(長門內)광산	미확인
	함북	길주군	덕산면	탄광/광산	함경(咸鏡)광산	미확인
	함북	길주군	덕산,장백면	탄광/광산	환정(丸井)광산	미확인
	함북	길주군	장백면	탄광/광산	길주(吉州)흑연광산	삼화(三和) 흑연광업(주)
	함북	길주군	덕산면	탄광/광산	양동(良洞)흑연광산	성진(城津) 흑연광업(주)
	함북	길주군	길주읍 영기동 435	탄광/광산	사무소/영식(英殖)광업(주)	영식(英植) 광업(주)
	함북	길주군	불상	탄광/광산	광구/합동(合同)산업(주)	합동(合同) 산업(주)
	함북	길주군	양사면	탄광/광산	남계(南溪)광산	니혼(日本)마 그네사이트 화학공업(주)

구분	소재지(1945년 8월 기준)			직종/대	유적명칭	기업 (최종)
	도	부/군	면 이하			
생산 관계	함북	길주군	양사면	탄광/광산	백암(白岩)마그네(マグネ)광산	니혼(日本)마 그네사이트 화학공업㈜
	함북	길주군	양사면	탄광/광산	합수(合水)광산	니혼(日本)마 그네사이트 화학공업㈜
	함북	길주군	덕산면	탄광/광산	길주(吉州)탄광	니혼(日本) 질소비료㈜
	함북	길주군	장백면	탄광/광산	대암(大巖)운모광산	조선운모 개발판매㈜
	함북	길주군	양사면	탄광/광산	성덕(城德)광산	조선운모 개발판매㈜
	함북	길주군	장백면	탄광/광산	장문내외(長門內外)광산	조선운모 개발판매㈜
	함북	길주군	장백면	탄광/광산	장백(長白)제1광산	조선운모 개발판매㈜
	함북	길주군	장백면	탄광/광산	장백(長白)제2광산	조선운모 개발판매㈜
	함북	길주군	불상	토건	농지개량작업장	미확인
	함북	나진/ 단천군	단천↔나진	철도/도로	철도공사장(함경선)	조선총독부 철도국
	함북	나진/ 청진부	불상	공장	청진공장/미쓰비시(三菱)화성	미쓰비시 (三菱)화성 (化成)㈜
	함북	나진/ 청진부	청진부↔나진부	철도/도로	철도공사장(청라선)/우메바야시구미 (梅林組)	우메바야시 구미(梅林組)
	함북	나진부	불상	공장	조선소	미확인
	함북	나진부	소화통1정목 3544-2	공장	신와(親和)건재㈜	신와(親和) 건재㈜
	함북	나진부	상삼봉↔나진	철도/도로	철도공사장(북선선)	남만주철도 회사[발주]
	함북	나진부	불상	철도/도로	광산수송철도공사장	조선총독부 철도국
	함북	나진부	불상	철도/도로	철도공사장(함북선)/아카가와구미(阿川組)	아카가와구 미(阿川組)
	함북	나진부	불상	철도/도로	철도공사장(청라선)/하자마구미(間組)	하자마구미 (間組)
	함북	나진부	불상	탄광/광산	호룡탄광	미확인
	함북	나진부	불상	토건	수력발전소	미확인
	함북	나진부	불상	토건	항만공사장(나진)	미확인
	함북	나진부	불상	토건	만철나진(滿鐵羅津)사택공사/오바야시구 미(大林組)	오바야시구 미(大林組)
	함북	나진부	신안동	하역수송	국제운윤㈜	국제운윤 (運輪)㈜
	함북	명천군	영안	공장	영안공장/조선인조석유㈜	조선인조 석유㈜
	함북	명천군	길주↔명천간, 명천읍, 아간면 고참동	철도/도로	철도공사장(함경선)/니시마쓰구미(西松組)	니시마쓰구 미(西松組)
	함북	명천군	하우면 용전동	탄광/광산	용전(龍田)탄광	닛산(日産) 화학공업㈜

구분	소재지(1945년 8월 기준)			직종/대	유적명칭	기업 (최종)
	도	부/군	면 이하			
생산 관계	함북	명천군	상운북면	탄광/광산	궐포(蕨浦)광산	미확인
	함북	명천군	상가,하길면	탄광/광산	명천(明川)운모광산	미확인
	함북	명천군	싱우남면	탄광/광산	명풍(明豊)탄광	미확인
	함북	명천군	서면	탄광/광산	백록(白鹿)탄광	미확인
	함북	명천군	상고면	탄광/광산	사원(四元)흑연광산	미확인
	함북	명천군	서면	탄광/광산	재등명천(齋藤明川)탄광	미확인
	함북	명천군	상가면	탄광/광산	상가(上加)탄갱	미확인
	함북	명천군	하우면	탄광/광산	생금곡(生金谷)광산	미확인
	함북	명천군	하우,상우,북, 북각면	탄광/광산	소화(昭和)탄광	미확인
	함북	명천군	상우남면	탄광/광산	쌍엽(双葉)탄광	미확인
	함북	명천군	상고면	탄광/광산	칠보(七寶)고령토광산	미확인
	함북	명천군	상고면	탄광/광산	칠보(七寶)흑연광산	미확인
	함북	명천군	하고,하가면	탄광/광산	황암(黃岩)광산	미확인
	함북	명천군	아간면 고참동	탄광/광산	고참(古站)탄광	영식(英植) 광업㈜
	함북	명천군	서면 삼향리	탄광/광산	극동(極洞)탄광	니혼(日本) 질소비료㈜
	함북	명천군	서면	탄광/광산	영안(永安)탄광	조선인조 석유㈜
	함북	명천군	불상	하역수송	하역수송	미확인
	함북	무산군	읍면 성천동10	공장	기노시타(木下)상회(합명)	기노시타 (木下)상회 (합명)
	함북	무산군	삼사면 유평동,연 사면 광양동,동면 차유동	기타(노무)	벌목작업장	미확인
	함북	무산군	불상	기타(노무)	채석작업장	미확인
	함북	무산군	백암↔무산간	철도/도로	철도공사장(백무선)/마에다구미(前田組)	마에다구 미(前田組) (합자)
	함북	무산군	백암↔무산간	철도/도로	철도공사장(백무선)/모리모토구미(森本組) ㈜	모리모토구 미(森本組)㈜
	함북	무산군	불상	철도/도로	석탄수송철도/북선(北鮮)拓殖철도㈜	북선(北鮮) 척식철도㈜
	함북	무산군	연사면	탄광/광산	서안동광산	미확인
	함북	무산군	연상,서하면	탄광/광산	연상(延上)금광	미확인
	함북	무산군	어하면 온천동	탄광/광산	이치노미야구미(一宮組)광산	이치노미야 구미(一宮組)
	함북	무산군	무산읍/영북, 동면	탄광/광산	무산(茂山)철산	무산(茂山) 철광개발㈜
	함북	무산군	무산읍	토건	건축공사장	미확인
	함북	무산군	해룡면 신미정골/ 삼사면 유평동/압 록강수계/만주쪽	토건	수력발전소(서두수西頭水)	미확인
	함북	무산군	불상	토건	니시마쓰구미(西松組)	니시마쓰구 미(西松組)
	함북	무산군	연사면	토건	수력발전소(원봉)/니시마쓰구미(西松組)/ 마쓰모토구미(松本組)	니시마쓰구 미(西松組), 마쓰모토구 미(松本組)

구분	소재지(1945년 8월 기준)			직종/대	유적명칭	기업(최종)
	도	부/군	면 이하			
생산 관계	함북	백암군	불상	토건	수력발전소	미확인
	함북	부령/청진부	청암면/청진부포항동	탄광/광산	서수라(西水羅)금산	후지쿠라(藤倉)공업㈜
	함북	부령/회령군	청진↔나진간/서상면 창평동, 무릉동, 고무산동/관해, 청암, 부령, 부거, 석막면/창평면/연천면/회령군 창두면	철도/도로	철도공사장(함북선)/아카가와구미(阿川組)	아카가와구미(阿川組)
	함북	부령/회령군	청진↔나진간/서상면 창평동, 무릉동, 고무산동/관해, 청암, 부령, 부거, 석막면/창평면/연천면/회령군 창두면	철도/도로	철도공사장(함북선)/가지마구미(鹿島組)	가지마구미(鹿島組)
	함북	부령/회령군	청진↔나진간/서상면 창평동, 무릉동, 고무산동/관해, 청암, 부령, 부거, 석막면/창평면/연천면/회령군 창두면	철도/도로	철도공사장(함북선)/니시마쓰구미(西松組)	니시마쓰구미(西松組)
	함북	부령/회령군	청진↔나진간/서상면 창평동, 무릉동, 고무산동/관해, 청암, 부령, 부거, 석막면/창평면/연천면/회령군 창두면	철도/도로	철도공사장(함북선)/니시모토구미(西本組)	니시모토구미(西本組)[시공]/철도국[발주]
	함북	부령/회령군	청진↔나진간/서상면 창평동, 무릉동, 고무산동/관해, 청암, 부령, 부거, 석막면/창평면/연천면/회령군 창두면	철도/도로	철도공사장(함북선)/마쓰모토구미(松本組)	마쓰모토구미(松本組)
	함북	부령/회령군	청진↔나진간/서상면 창평동, 무릉동, 고무산동/관해, 청암, 부령, 부거, 석막면/창평면/연천면/회령군 창두면	철도/도로	철도공사장(함북선)/미키구미(三木組)	미키구미(三木組)
	함북	부령/회령군	서상면/회령군 창두면	탄광/광산	무릉(武陵)광산	미확인
	함북	부령/회령군	서상면/회령군 보을면	탄광/광산	부령(富寧)광산	미확인
	함북	부령/회령군	서상면/회령군 창두면, 봉의, 보을면	탄광/광산	창평(蒼坪)광산	미확인
	함북	부령군	서상면 부령동	공장	삼포공장	미확인

구분	소재지(1945년 8월 기준)			직종/대	유적명칭	기업 (최종)
	도	부/군	면 이하			
생산 관계	함북	부령군	불상	공장	부령제철공장/가네가후치(鐘淵)공업㈜	가네가후치 (鐘淵)공업㈜
	함북	부령군	부령면 부령동산 379-1	공장	부령(富寧)수력전기㈜	부령수력 전기㈜
	함북	부령군	서상면 무릉동(고 무산)	공장	고무산공장/조선오노다(小野田)시멘트제 조㈜	조선오노다 (小野田)시 멘트제조㈜
	함북	부령군	부령면 부령동 327	공장	부령공장/조선전기야금㈜	조선전기야 금㈜
	함북	부령군	신첨	기타(노무)	공장/북선(北鮮)목재㈜	북선(北鮮) 목재㈜
	함북	부령군	관해, 풍해면	탄광/광산	광장(廣長)금광	광장(廣長) 금산㈜
	함북	부령군	삼해, 관해면	탄광/광산	도편삼해(嶋片三海)금산	도편(嶋片) 흥업㈜
	함북	부령군	관해면	탄광/광산	부흥(富興)광산	부흥(富興) 광업㈜
	함북	부령군	청암면	탄광/광산	청진철산	북선(北鮮) 광업㈜
	함북	부령군	관해면	탄광/광산	관해(觀海)금산	미확인
	함북	부령군	연천면	탄광/광산	기승(碁勝)광산	미확인
	함북	부령군	관해면	탄광/광산	나석(羅石)금산	미확인
	함북	부령군	관해면	탄광/광산	대호(大湖)금광	미확인
	함북	부령군	삼해, 관해면	탄광/광산	부해(富海)광산	미확인
	함북	부령군	관해면	탄광/광산	수동(水洞)광산	미확인
	함북	부령군	연천면	탄광/광산	신흥(神興)철산	미확인
	함북	부령군	연천면	탄광/광산	여운동(如雲洞)금산	미확인
	함북	부령군	연천면	탄광/광산	연천(連川)광산	미확인
	함북	부령군	서상면	탄광/광산	창평(蒼坪)금산	미확인
	함북	부령군	청암면	탄광/광산	철단(鐵端)금산	미확인
	함북	부령군	서상면	탄광/광산	총력(總力)금산/차령(車嶺)광산	미확인
	함북	부령군	청암면	탄광/광산	토막동(土幕洞)금광	미확인
	함북	부령군	관해면	탄광/광산	호미동(湖美洞)광산	미확인
	함북	부령군	부령면	탄광/광산	광구/咸北興業㈜	함북흥업㈜
	함북	부령군	관해면	탄광/광산	부용(富龍)금산	함북흥업㈜
	함북	부령군	관해면	탄광/광산	소호미(小湖美)금산	가다구미 (賀田組) (합자)
	함북	부령군	청암, 석막면	탄광/광산	청암(靑岩)광산	미쓰비시 (三菱)광업 ㈜
	함북	부령군	불상	토건	하천정비	미확인
	함북	부령군	연천면/두만강 수계	토건	수력발전소(부령천)/부령수력전기㈜발주/ 니시하라구미(西原組)	부령수력 전기㈜
	함북	부령군	불상	하역수송	하역수송	미확인
	함북	성진부	성진읍 본정36	공장	북선(北鮮)음료(합자)	북선(北鮮) 음료(합자)
	함북	성진부	성진항	공장	성진조선철공소	성진조선철 공소
	함북	성진부	성진읍 본정8	공장	성진공장/조선인상흑연㈜	조선인상 (燐狀)흑연㈜

구분	소재지(1945년 8월 기준)			직종/대	유적명칭	기업 (최종)
	도	부/군	면 이하			
생산 관계	함북	성진부	쌍포정	공장	성진공장/일본고주파중공업	니혼(日本) 고주파중공업㈜
	함북	성진부	불상	공장	성진공장/일본마그네사이트화학공업㈜	니혼(日本)마그네사이트 화학공업㈜
	함북	성진부	성진읍	공장	성진공장/일본탄소공업㈜	니혼(日本) 탄소공업㈜
	함북	성진부	성진읍 욱정43	기타(노무)	성진제재㈜	성진제재㈜
	함북	성진부	불상	철도/도로	철도공사장(함경선)	조선총독부 철도국
	함북	성진부	성진읍	탄광/광산	성진(城津)금광	미확인
	함북	성진부	불상	토건	항만공사장(성진항)	미확인
	함북	성진부	불상	하역수송	성진지점/조선운송㈜	조선운송㈜
	함북	연천군	연천면	철도/도로	철도공사장(경원선)	미확인
	함북	온성군	훈융↔두만강 중심	철도/도로	철도공사장(동만주철도회사선)	미확인
	함북	온성군	온성, 영와면	탄광/광산	남산(南山)탄광	미확인
	함북	온성군	영충, 영와면	탄광/광산	영달(永達)탄광	미확인
	함북	온성군	온성, 영와면	탄광/광산	광구/유선(遊仙)광업㈜	유선(遊仙) 광업㈜
	함북	온성군	온성, 미포면	탄광/광산	미풍(美豊)탄광	이와무라 (岩村)광업㈜
	함북	온성군	온성, 영와면	탄광/광산	훈융(訓戎)탄광	이와무라 (岩村)광업㈜
	함북	온성군	영충면	탄광/광산	영중(永中)탄광	조선유연탄 ㈜
	함북	온성군	온성, 미포면	탄광/광산	풍교(豊橋)탄광	풍인(豊仁) 채탄㈜
	함북	온성군	온성, 미포면	탄광/광산	신와(親和)광산	신와(親和) 광업㈜
	함북	온성군	온성면	탄광/광산	온성(穩城)탄광	신와(親和) 광업㈜
	함북	온성군	미포면 풍인동	탄광/광산	풍인(豊仁)탄광	신와(親和) 광업㈜
	함북	은성군	불상	기타(노무)	채석작업장	미확인
	함북	종성/ 회령군	남산, 행영면/회 령군 화풍면	탄광/광산	학포(鶴浦)탄광	미확인
	함북	종성군	불상	철도/도로	철도공사장(함북선)	조선총독부 철도국
	함북	종성군	용계면	탄광/광산	서원동(書院洞)수연광산	미확인
	함북	종성군	남산면	탄광/광산	신전(新田)금광	미확인
	함북	종성군	용계면	탄광/광산	종산(鍾山)금광	미확인
	함북	종성군	종성, 풍곡면	탄광/광산	종성(鐘城)탄광	미확인
	함북	종성군	풍곡면	탄광/광산	풍곡(豊谷)광산	미확인
	함북	종성군	불상	탄광/광산	해태탄광	미확인
	함북	종성군	화방면	탄광/광산	화방(華方)광산	미확인
	함북	청진/ 회령군	반죽정/청진부↔ 회령군	철도/도로	철도공사장(함북선)/하자마구미(間組), 우메바야시구미(梅林組), 마쓰모토구미 (松本組)	하자마구미 (間組),梅林 組,松本組

구분	소재지(1945년 8월 기준)			직종/대	유적명칭	기업 (최종)
	도	부/군	면 이하			
생산 관계	함북	청진부	불상	공장	가네가후치(鐘淵)조선수산㈜	가네가후치(鐘淵)조선수산㈜
	함북	청진부	수남정200	공장	마루미철공소(합자)	마루미철공소(합자)
	함북	청진부	수남정491-2	공장	북선(北鮮)산소공업㈜	북선(北鮮)산소공업㈜
	함북	청진부	포항정16-5	공장	청진공장/북선(北鮮)산업㈜	북선(北鮮)산업㈜
	함북	청진부	수남정210	공장	북선(北鮮)상공㈜	북선(北鮮)상공㈜
	함북	청진부	포항정323-1	공장	북선(北鮮)성냥(합자)	북선(北鮮)성냥(합자)
	함북	청진부	나남읍 초뢰정71	공장	북선(北鮮)장유㈜	북선(北鮮)장유㈜
	함북	청진부	포항정	공장	북양(北洋)수산가공㈜	북양수산가공㈜
	함북	청진부	수남정277-1	공장	소화기계제작소㈜	쇼와(昭和)기계제작소㈜
	함북	청진부	포항정235-8	공장	유창상회(합명)	유창상회(합명)
	함북	청진부	불상	공장	조선유지㈜	조선유지㈜
	함북	청진부	빈정6	공장	조선전기제작소㈜	조선전기제작소㈜
	함북	청진부	불상	공장	청진공장/조선제강㈜	조선제강㈜
	함북	청진부	빈정6	공장	청진공장/㈜조선조선(造船)철공소	조선조선(造船)철공소㈜
	함북	청진부	불상	공장	공작공장	조선총독부 철도국
	함북	청진부	불상	공장	청진공장/철도국공장	조선총독부 철도국
	함북	청진부	불상	공장	청진조선철공소	청진조선 철공소
	함북	청진부	송향동 어항리매립외	공장	함북조선철공㈜	함북조선 철공㈜
	함북	청진부	불상	공장	청진공장/일본원철㈜	니혼(日本)원철㈜
	함북	청진부	서송향정	공장	청진제철소/일본제철㈜	니혼(日本)제철㈜
	함북	청진부	서송향정	공장	화학공장/청진제철소/일본제철㈜	니혼(日本)제철㈜
	함북	청진부	동수남정1000	공장	청진화학공장/다이니혼(大日本)방적㈜	다이니혼(大日本)방적㈜
	함북	청진부	불상	공장	청진제련소/미쓰비시(三菱)광업㈜	미쓰비시(三菱)광업㈜
	함북	청진부	불상	공장	청진공장/미쓰이(三井)유지(화학)㈜	미쓰이(三井)유지(화학)㈜
	함북	청진부	불상	공장	청진슬레이트공장/아사노(淺野)시멘트㈜	아사노(淺野)시멘트㈜

구분	소재지(1945년 8월 기준)			직종/대	유적명칭	기업 (최종)
	도	부/군	면 이하			
생산 관계	함북	청진부	대화정29-2	공장	청진냉동㈜	청진냉동㈜
	함북	청진부	명치정32	공장	청진어량(魚糧)공업㈜	청진어량 (魚糧)공업㈜
	함북	청진부	행정5	기타(노무)	대륙흥업㈜	대륙흥업㈜
	함북	청진부	복천정16	기타(노무)	부령(富寧)임업㈜	부령(富寧) 임업㈜
	함북	청진부	복천정16	기타(노무)	북선(北鮮)목재㈜	북선(北鮮) 목재㈜
	함북	청진부	나남읍 생구정 3-1	기타(노무)	북선(北鮮)식산㈜	북선(北鮮) 식산㈜
	함북	청진부	불상	기타(노무)	벌목작업장	미확인
	함북	청진부	천마정11-96	기타(노무)	스와(취訪)전기공업㈜	스와(취訪) 전기공업㈜
	함북	청진부	포항정80-8	기타(노무)	청진제재㈜	청진제재㈜
	함북	청진부	나남읍 생구정26	기타(노무)	함경식림㈜	함경식림㈜
	함북	청진부	불상	기타(노무)	니시마쓰구미(西松組) 사무실	니시마쓰구 미(西松組)
	함북	청진부	불상	기타(노무)	북선(北鮮)합동목재㈜	북선(北鮮) 합동목재㈜
	함북	청진부	나남읍 생구정33	탄광/광산	나남(羅南)탄광㈜	나남(羅南) 탄광㈜
	함북	청진부	불상	탄광/광산	나북(羅北)탄광	미확인
	함북	청진부	반죽정	탄광/광산	반죽(班竹)금산	미확인
	함북	청진부	반죽정	탄광/광산	부죽(富竹)금산	미확인
	함북	청진부	송정,용향,강덕 정	탄광/광산	용강(龍康)금산	미확인
	함북	청진부	농포,강덕정	탄광/광산	용성(龍城)탄광	미확인
	함북	청진부	반죽정	탄광/광산	청진(淸津)금산	미확인
	함북	청진부	생구,복뢰정	탄광/광산	팔번산(八幡山)탄광	미확인
	함북	청진부	반죽정	탄광/광산	평(平)금산	미확인
	함북	청진부	나남읍 초뢰정 114	탄광/광산	야마모토(山本)광업㈜	야마모토 (山本)광업㈜
	함북	청진부	창평,반죽정	탄광/광산	부창(富倉)광산	일만(日滿) 광업㈜
	함북	청진부	반죽,창평정	탄광/광산	창평동(倉坪洞)광산	일만(日滿) 광업㈜
	함북	청진부	불상	탄광/광산	朝鮮사광광업㈜	조선사광 광업㈜
	함북	청진부	창평정	탄광/광산	청암(靑岩)광산	미쓰비시 (三菱)광업㈜
	함북	청진부	불상	토건	항만공사장(청진)	미확인
	함북	청진부	청진	토건	공장건설공사장(철도국 청진공장)	조선총독부 철도국
	함북	청진부	불상	토건	항만공사장(청진서항)	조선총독부 토목국[발주]
	함북	청진부	불상	토건	공장건설공사장(조선바륨공업㈜청진공장)	조선바륨공 업㈜[발주]
	함북	청진부	불상	토건	수로공사장/경성토목합자회사	경성토목 (합자)
	함북	청진부	수남정	토건	배수로공사장/우메바야시구미(梅林組)	우메바야시 구미(梅林組)

구분	소재지(1945년 8월 기준)			직종/대	유적명칭	기업(최종)
	도	부/군	면 이하			
생산관계	함북	청진부	불상	토건	공장건설공사장(대일본방적청진공장)/오바야시구미(大林組)	오바야시구미(大林組)
	함북	청진부	불상	토건	공장건설공사장(三菱광업 청진제련소)/오바야시구미(大林組)	오바야시구미(大林組)
	함북	청진부	불상	토건	공장건설공사장(일본제철청진공장)/오바야시구미(大林組),다나카구미(田中組)	오바야시구미(大林組), 다나카구미(田中組)
	함북	청진부	근동정	토건	매립공사장/니시마쓰구미(西松組)	니시마쓰구미(西松組)
	함북	청진부	강덕정	토건	직두천(直頭川)공사장/일본포도(鋪道)㈜	니혼(日本)포도(鋪道)㈜
	함북	청진부	불상	하역수송	조선해륙운수㈜	미확인
	함북	청진부	불상	하역수송	조선운송㈜	조선운송㈜
	함북	청진부	불상	하역수송	조선운송㈜	조선운송㈜
	함북	통천군	통천면 서리16	기타(노무)	북만(北滿)척식(합명)	북만(北滿)척식(합명)
	함북	학성군	학중면 농성동, 학서면 원평리	철도/도로	철도공사장(함경선)	조선총독부 철도국
	함북	학성군	학서면	탄광/광산	업억(業億)광산	공영식산(共榮殖産)㈜
	함북	학성군	학성, 학남, 성진읍	탄광/광산	성장(城將)광산	북선(北鮮)광업㈜
	함북	학성군	성진읍	탄광/광산	공동(共同)흑연광산	미확인
	함북	학성군	학상, 학남면	탄광/광산	금흥(金興)흑연광산	미확인
	함북	학성군	학남면	탄광/광산	달리동(達利洞)흑연광산	미확인
	함북	학성군	학서면	탄광/광산	덕인동(德仁洞)광산	미확인
	함북	학성군	학서면	탄광/광산	봉덕(峰德)광산	미확인
	함북	학성군	학서면	탄광/광산	사사키(佐々木)흑연광산	미확인
	함북	학성군	학서면	탄광/광산	삼열(三悅)광산	미확인
	함북	학성군	학서면	탄광/광산	선왕성진(鮮王城津)광산	미확인
	함북	학성군	학상면	탄광/광산	찬산(贊山)흑연광산	미확인
	함북	학성군	학서면	탄광/광산	천덕(泉德)흑연광산	미확인
	함북	학성군	학서면	탄광/광산	학서(鶴西)광산	미확인
	함북	학성군	학서면	탄광/광산	학소(鶴巢)흑연광산	미확인
	함북	학성군	학남면	탄광/광산	달리(達利)흑연광산	오사카(大阪)坩堝㈜
	함북	학성군	학동, 학중, 학성, 성진, 학서면	탄광/광산	성진(城津)흑연광산	조선인상(燐狀)흑연㈜
	함북	학성군	학서면	탄광/광산	니시무라구미(西村組)광산	니시무라구미(西村組)
	함북	학성군	학남면	탄광/광산	학남(鶴南)광산	니혼(日本)마그네사이트화학공업㈜
	함북	학성군	학성면	탄광/광산	학성(鶴城)흑연광산	동척(東拓)광업㈜
	함북	학성군	학서면	탄광/광산	합탄(合炭)흑연광산	동척(東拓)광업㈜
	함북	회령군	불상	기타(노무)	회령지점/우메바야시(梅林)토목㈜	우메바야시(梅林)토목㈜

구분	소재지(1945년 8월 기준)			직종/대	유적명칭	기업 (최종)
	도	부/군	면 이하			
생산 관계	함북	회령군	불상	기타(노무)	벌목작업장	북선(北鮮) 합동목재㈜
	함북	회령군	회령읍 오산동 165	기타(노무)	회령공장/북선(北鮮)합동목재㈜	북선(北鮮) 합동목재㈜
	함북	회령군	회령읍 오산동 165	기타(노무)	회령제재소/북선(北鮮)합동목재㈜	북선(北鮮) 합동목재㈜
	함북	회령군	보을면 금생동	철도/도로	석탄수송철도[봉성탄갱]	미확인
	함북	회령군	불상	철도/도로	철도공사장(함경선)	조선총독부 철도국
	함북	회령군	화풍면	철도/도로	석탄수송철도[궁심(弓心)탄광]/우메바야시 구미(梅林組)	우메바야시 구미(梅林組)
	함북	회령군	창두면, 창평면	철도/도로	철도공사장(함북선)/마쓰모토구미(松本組),아카와구미((阿川組)	마쓰모토구 미(松本組), 아카와구미 (阿川組)
	함북	회령군	화풍면	탄광/광산	궁심(弓心)탄광	다이니혼 (大日本)방 적)㈜
	함북	회령군	용흥면	탄광/광산	개척(開拓)광산	미확인
	함북	회령군	보을면 금생동	탄광/광산	구자탄광	미확인
	함북	회령군	벽성면	탄광/광산	금동(金洞)광산	미확인
	함북	회령군	팔을면	탄광/광산	서의봉(西儀峯)탄광	미확인
	함북	회령군	팔을면	탄광/광산	송본팔을(松本八乙)탄광	미확인
	함북	회령군	벽성면	탄광/광산	수복(壽福)금산	미확인
	함북	회령군	보을면	탄광/광산	양포(梁浦)금산	미확인
	함북	회령군	화풍면	탄광/광산	죽포(竹浦)탄광	미확인
	함북	회령군	벽성면	탄광/광산	중도(中島)광산	미확인
	함북	회령군	팔을면	탄광/광산	팔을(八乙)탄광	미확인
	함북	회령군	봉의면	탄광/광산	홍산(弘山)금광	미확인
	함북	회령군	화풍면	탄광/광산	화풍(花豊)탄광	미확인
	함북	회령군	팔을면	탄광/광산	회령(會寧)코발트광산	미확인
	함북	회령군	봉의면	탄광/광산	회령부금(會寧富金)광산	미확인
	함북	회령군	운두면	탄광/광산	회성(會城)탄광	미확인
	함북	회령군	운두, 봉의, 벽성면	탄광/광산	유선(遊仙)탄광	이와무라 (岩村)광업 ㈜
	함북	회령군	보을면 금생동	탄광/광산	봉성(鳳城)탄갱	조선유연탄 ㈜
	함북	회령군	벽성면	탄광/광산	영수(永綏)탄광	조선유연탄 ㈜
	함북	회령군	팔을면	탄광/광산	회령(會寧)탄광	조선유연탄 ㈜
	함북	회령군	보을, 봉의, 운두면	탄광/광산	계림(鷄林)탄광	조선유연탄 ㈜
	함북	회령군	회령역	토건	철도역공사장(회령역)	조선총독부 철도국
	함북	회령군	불상	하역수송	군수물자수송	미확인
	황해	곡산/ 덕원군	동촌, 이령, 멱미 면/함남 덕원군 풍하면	탄광/광산	백년(百年)광산	고바야시(小 林)광업㈜

구분	소재지(1945년 8월 기준)			직종/대	유적명칭	기업(최종)
	도	부/군	면 이하			
생산관계	황해	곡산/선천군	봉명면/평남 선천군 숭인면	탄광/광산	함흥(咸興)광산	니혼(日本)광업㈜
	황해	곡산/성천/양덕군	봉명면/성천군 숭인면 창인리/양덕군 양덕면	탄광/광산	성흥(成興)광산	니혼(日本)광업㈜
	황해	곡산/성천군	봉명면/평남 성천군 숭인면	탄광/광산	덕숭(德崇)금광	미확인
	황해	곡산/성천군	봉명면/평남 성천군 숭인면	탄광/광산	덕영(德榮)광산	미확인
	황해	곡산/수안군	서촌면/수안군 천곡면	탄광/광산	삼경(三慶)광산	미확인
	황해	곡산/수안군	서촌, 화촌면.수안군 수구면	탄광/광산	수구(水口)사광	미확인
	황해	곡산/수안군	화촌면/수안군 수구면	탄광/광산	화평(花坪)사광	미확인
	황해	곡산군	이령, 동촌면	탄광/광산	닛소(日曹)백년(百年)광산	니혼(日本)광산(鑛産)㈜
	황해	곡산군	화촌, 멱미면	탄광/광산	곡산(谷山)금광	미확인
	황해	곡산군	동촌면	탄광/광산	귀중(貴重)광산	미확인
	황해	곡산군	화촌, 청계면	탄광/광산	대각(大角)광산	미확인
	황해	곡산군	동촌면	탄광/광산	덕곡(德谷)광산	미확인
	황해	곡산군	화촌면	탄광/광산	덕인(德仁)석면광산	미확인
	황해	곡산군	상도면	탄광/광산	로상(路上)광산	미확인
	황해	곡산군	이령면	탄광/광산	문전(門前)광산	미확인
	황해	곡산군	하도면	탄광/광산	상성(上成)광산	미확인
	황해	곡산군	동촌, 멱미면	탄광/광산	서상(瑞祥)광산	미확인
	황해	곡산군	상도, 하도면	탄광/광산	선봉(仙峰)금산	미확인
	황해	곡산군	상도, 하도면	탄광/광산	선암(仙巖)금광	미확인
	황해	곡산군	동촌, 이녕면	탄광/광산	수내(水內)광산	미확인
	황해	곡산군	동촌, 방장면	탄광/광산	연수(連守)광산	미확인
	황해	곡산군	운중면	탄광/광산	영년(永年)광산	미확인
	황해	곡산군	동촌면	탄광/광산	영보(鈴寶)광산	미확인
	황해	곡산군	멱미면	탄광/광산	장호(長湖)광산	미확인
	황해	곡산군	서촌면	탄광/광산	적동(笛洞)금산	미확인
	황해	곡산군	동촌면	탄광/광산	적중(積重)광산	미확인
	황해	곡산군	이령면	탄광/광산	진곡(震谷)광산	미확인
	황해	곡산군	이령면	탄광/광산	천대전(千代田)광산	미확인
	황해	곡산군	청계, 멱미면	탄광/광산	청계동광산	미확인
	황해	곡산군	봉명면	탄광/광산	택인(擇仁)硫化광산	미확인
	황해	곡산군	동촌면	탄광/광산	표산(瓢山)만년광산	미확인
	황해	곡산군	하도면	탄광/광산	하남(河南)광산	미확인
	황해	곡산군	하도면	탄광/광산	하풍(霞嵐)광산	미확인
	황해	곡산군	이령면	탄광/광산	화전(和田)백년광산	미확인
	황해	곡산군	서촌면	탄광/광산	화천(貨泉)금광	미확인
	황해	곡산군	화촌면	탄광/광산	화촌(花村)광산	미확인
	황해	곡산군	동촌면	탄광/광산	황곡(黃谷)광산	미확인
	황해	곡산군	상도, 하도면	탄광/광산	흘령(屹靈)금광	미확인
	황해	곡산군	멱미면	탄광/광산	곡산장양(谷山長陽)광산	고바야시(小林)광업㈜

구분	소재지(1945년 8월 기준)			직종/대	유적명칭	기업 (최종)
	도	부/군	면 이하			
생산 관계	황해	곡산군	이령/신평면	탄광/광산	기주(箕洲)광산	니혼(日本) 광업㈜
	황해	곽산군	불상	철도/도로	철도공사장	미확인
	황해	금천/ 연백군	서북, 산외면/ 연백군 운산면	탄광/광산	백천(白川)광산	미확인
	황해	금천군	서북면	탄광/광산	천혜(天惠)광산	니혼(日本) 특수강(합자)
	황해	금천군	고동면	탄광/광산	구성(鷗城)광산	미확인
	황해	금천군	웅덕면	탄광/광산	덕전(德田)광산	미확인
	황해	금천군	서북면	탄광/광산	동진(東津)금광	미확인
	황해	금천군	우봉, 구이면	탄광/광산	삼장(三藏)광산	미확인
	황해	금천군	산외면	탄광/광산	이목(梨木)광산	미확인
	황해	금천군	고동면	탄광/광산	제1금동(金東)광산	미확인
	황해	금천군	불상	하역수송	금천출장소/조선운송㈜	조선운송㈜
	황해	벽성/ 옹진군	가좌, 해남면/ 옹진군 부민면	탄광/광산	가좌(茄佐)광산	동방흥업㈜
	황해	벽성/ 옹진군	송림면/옹진군 북면	탄광/광산	금병(金餠)광산	미확인
	황해	벽성/ 옹진군	대차면/옹진군 가천면	탄광/광산	천장(天長)광산	미쓰비시 (三菱)광업 ㈜
	황해	벽성/ 옹진군	월록, 대차, 벽성 면/옹진군 마산 면, 옹진읍	탄광/광산	해주(海州)광산	미쓰비시 (三菱)광업 ㈜
	황해	벽성/ 옹진군	대차면/옹진군 가천, 북, 서, 용천 면/옹진읍	탄광/광산	옹진(甕津)광산	니혼(日本) 광업㈜
	황해	벽성/ 재령/ 평산군	동운면/평산군 인산면/재령군 상성면	탄광/광산	병암(屛岩)금산	미확인
	황해	벽성군	고산면	기타(노무)	송탄유(松炭油)생산작업장	미확인
	황해	벽성군	대차, 월록면	탄광/광산	금영(金暎)광산	미확인
	황해	벽성군	대차면	탄광/광산	대차(代車)광산	미확인
	황해	벽성군	동운면	탄광/광산	덕달(德達)금광	미확인
	황해	벽성군	장곡면	탄광/광산	복주(福柱)광산	미확인
	황해	벽성군	가좌면	탄광/광산	일동(日東)사금광	미확인
	황해	벽성군	월록, 장곡면	탄광/광산	장곡(壯谷)광산	미확인
	황해	벽성군	가좌면	탄광/광산	제1보성(寶城)광산	미확인
	황해	벽성군	검단, 미율면	탄광/광산	지남(指南)광산	미확인
	황해	벽성군	월록면	탄광/광산	천동(川洞)광산	미확인
	황해	벽성군	고산, 가좌면	탄광/광산	취야(翠野)금광	미확인
	황해	벽성군	미율면	탄광/광산	홍해(洪海)광산	미확인
	황해	벽성군	운산면	탄광/광산	금창(金倉)철산	쓰루미(鶴見) 제철조선㈜
	황해	벽성군	송림면	탄광/광산	연평도(延坪島)철산	니혼(日本) 광업㈜
	황해	벽성군	송림면	하역수송	군수물자수송	미확인
	황해	봉산/ 서흥/ 재령/ 평산군	쌍산, 기천, 초와면/ 재령군 상성, 은룡 면/평산군 인산면/ 서흥군 서흥, 동부면	탄광/광산	은적(銀積)광산	미쓰나리 (三成)광업 ㈜

구분	소재지(1945년 8월 기준)			직종/대	유적명칭	기업 (최종)
	도	부/군	면 이하			
생산 관계	황해	봉산/ 서흥군	산수면/서흥군 목감면	탄광/광산	서봉(瑞鳳)광산	미확인
	황해	봉산/ 재령군	쌍산면/재령군 상성면	탄광/광산	상성(上聖)형석광산	미확인
	황해	봉산/ 재령군	초와면/재령군 은룡면	탄광/광산	천통(泉通)광산	미확인
	황해	봉산군	사리원읍	공장	사리원공장/일본제분	니혼(日本) 제분
	황해	봉산군	사리원읍	공장	사리원공장/도요(東洋)제사㈜	도요(東洋) 제사㈜
	황해	봉산군	사리원읍 구천리 124	공장	만선차량농구㈜	만선(滿鮮) 차량농구㈜
	황해	봉산군	사리원읍	공장	사리원합동정미소	사리원합동 정미소
	황해	봉산군	사리원읍	공장	사리원조면공장/조선방직㈜	조선방직㈜
	황해	봉산군	사리원읍 동리 148	공장	황해공업㈜	황해공업㈜
	황해	봉산군	문정면 용담리45	공장	봉산공장/조선아사노(淺野)시멘트㈜	조선아사노 (淺野)시멘 트㈜
	황해	봉산군	불상	공장	봉산공장/조선아사노(淺野)칼릿㈜	조선아사노 (淺野)칼릿 ㈜
	황해	봉산군	사리원↔하성	철도/도로	철도공사장(황해선)	조선총독부 철도국
	황해	봉산군	덕재, 구연면	탄광/광산	신촌(新村)광산	니혼(日本) 경금속㈜
	황해	봉산군	구연, 덕재,토성 면	탄광/광산	광서(光西)광산	미확인
	황해	봉산군	기천, 초와면	탄광/광산	노적(露積)광산	미확인
	황해	봉산군	불상	탄광/광산	마동탄광	미확인
	황해	봉산군	산수면	탄광/광산	청송(靑松)고령토광산	미확인
	황해	봉산군	사리원읍	탄광/광산	한(漢)철산금광	미확인
	황해	봉산군	사인면	탄광/광산	계동(桂東)광산	쇼와(昭和)전 공(電工)㈜
	황해	봉산군	덕재면	탄광/광산	봉양(鳳陽)광산	조선형석㈜
	황해	봉산군	구연면	탄광/광산	청계형석광산	동척(東拓) 광업㈜
	황해	봉산군	동선,문정, 토성면	탄광/광산	사리원(沙里院)탄광/明治광업㈜	메이지(明 治)광업㈜
	황해	봉산군	사리원읍	하역수송	군수물자수송	미확인
	황해	봉산군	사리원읍	하역수송	사리원출장소/조선운송㈜	조선운송㈜
	황해	불상	능리	탄광/광산	광구/합동(合同)산업㈜	합동(合同) 산업㈜
	황해	서흥/ 재령/ 평산군	매양면/재령군 상성 면/평산군 안성면	탄광/광산	스미토모(住友) 물개(物開)[형석]광산	스미토모(住 友)본사㈜
	황해	서흥/ 재령군	매양면/재령군 하성 면 대청리/상성면	탄광/광산	미쓰비시(三菱) 하성(下聖)철산	닛테쓰(日 鐵)광업㈜
	황해	서흥/ 평산군	매양면/평산군 안 성면	탄광/광산	평양(平陽)광산	닛치쓰(日窒) 광업개발㈜

구분	소재지(1945년 8월 기준)			직종/대	유적명칭	기업 (최종)
	도	부/군	면 이하			
생산 관계	황해	서흥군	용평면 문무리	철도/도로	철도공사장	미확인
	황해	서흥군	서흥, 목감면	탄광/광산	서흥(瑞興)광산	미확인
	황해	서흥군	매양면	탄광/광산	월농(月農)광산	미확인
	황해	서흥군	불상	탄광/광산	하세가와(長谷川)석회	하세가와 (長谷川)석 회(합자)
	황해	서흥군	용평,내덕,목감 면	탄광/광산	용평(龍坪)광산	미쓰비시 (三菱)광업 (주)
	황해	송안군	수일면 실광리	탄광/광산	홀동(笏洞)금광조합	미확인
	황해	송안군	대천리 적정리	탄광/광산	적정(亭)금광	한성(漢城) 광업(주)
	황해	송화/ 신천군	연방면/신천군 궁 흥면	탄광/광산	수아촌(壽野村)광산	고도부키 (壽)중공업 (주)
	황해	송화/ 은율군	옥천,상리면/은 율군 남부면	탄광/광산	구옥(求玉)금광	미확인
	황해	송화/ 은율군	송화면/은율군 남 부면	탄광/광산	용정(龍井)광산	미확인
	황해	송화/ 장연군	도원면/장연군 낙 도면	탄광/광산	진흥낙산(振興樂山)금산	니혼(日本) 산금진흥 (産金振興) (주)
	황해	송화/ 장연군	도원면/장연군 기 장면	탄광/광산	보원(寶元)금광	미확인
	황해	송화/ 장연군	연정면/장연군 연 택면	탄광/광산	일화(日和)금광	미확인
	황해	송화/ 장연군	연정면/장연군 낙 도면	탄광/광산	창영(倉榮)금산	미확인
	황해	송화/ 장연군	봉래,연정,도원 면/장연군 낙도 면,장연읍	탄광/광산	낙산(樂山)광산	니혼(日本) 광업(주)
	황해	송화/ 장연군	도원,연정면/장 연군 낙도면	탄광/광산	낙산(樂山)광산	니혼(日本) 광업(주)
	황해	송화/ 장연군	봉래,연정,도원 면/장연군 낙도 면/장연읍	탄광/광산	낙산(樂山)사금광산	니혼(日本) 광업(주)
	황해	송화/ 장연군	도원면/장연군 낙 도면	탄광/광산	월창(月彰)광산	미쓰나리 (三成)광업(주)
	황해	송화군	봉래,장양면	탄광/광산	산천(山泉)광산	고도부키(壽) 중공업(주)
	황해	송화군	연정면	탄광/광산	고양(高陽)광산	나카가와 (中川)광업(주)
	황해	송화군	봉래,장양면	탄광/광산	개월(皆月)금광	남선흥업(주)
	황해	송화군	봉래,연정면	탄광/광산	봉래(蓬萊)금광	남선흥업(주)
	황해	송화군	진풍면	탄광/광산	대선진풍(大鮮眞風)사금광	대선사금 (大鮮砂金)(주)
	황해	송화군	봉래,장양면	탄광/광산	앵당(鶯堂)광산	동양광산 화학(주)
	황해	송화군	장양면	탄광/광산	영당(鶯堂)광산	동양탄업(주)
	황해	송화군	봉래,도원면	탄광/광산	덕산(德山)광산	미확인

구분	소재지(1945년 8월 기준)			직종/대	유적명칭	기업 (최종)
	도	부/군	면 이하			
생산 관계	황해	송화군	송화면	탄광/광산	부왕(富旺)광산	미확인
	황해	송화군	송화,연정면	탄광/광산	사직(社稷)금광	미확인
	황해	송화군	송화,연정면	탄광/광산	삼성삼흥(三成三興)금신	미확인
	황해	송화군	송화,율리,하서면	탄광/광산	생왕(生旺)금산	미확인
	황해	송화군	도원면	탄광/광산	송원(松源)광산	미확인
	황해	송화군	장양,도원면	탄광/광산	송일(松一)광산	미확인
	황해	송화군	송화,율리면	탄광/광산	송화(松禾)금광	미확인
	황해	송화군	연정,연방면	탄광/광산	송화해룡광산	미확인
	황해	송화군	연방면	탄광/광산	연방(蓮芳)금광	미확인
	황해	송화군	연정면	탄광/광산	영화(暎華)송화광산	미확인
	황해	송화군	봉래,연정면	탄광/광산	오성(五成)광산	미확인
	황해	송화군	연방면	탄광/광산	온천(溫泉)금광	미확인
	황해	송화군	송화면	탄광/광산	용수(龍壽)광산	미확인
	황해	송화군	연정,율리면	탄광/광산	응현(鷹峴)금광	미확인
	황해	송화군	장양,우문면	탄광/광산	장양(長陽)광산	미확인
	황해	송화군	진풍면	탄광/광산	진해(眞海)광산	미확인
	황해	송화군	진풍면	탄광/광산	진흥(眞興)금광	미확인
	황해	송화군	천동,진풍면	탄광/광산	천진(天眞)사금광	미확인
	황해	송화군	장양,도원면	탄광/광산	화계(花溪)금광	미확인
	황해	송화군	송화,연정면	탄광/광산	화석(花石)금산	미확인
	황해	송화군	진풍면	탄광/광산	동생(東生)금산	홍양(鴻陽) 산업(주)
	황해	수안/ 신계군	천곡면/신계군 사 지면	탄광/광산	총령(嶺)광산	미확인
	황해	수안/ 중화군	공포,연암면/평 남 중화군 수산면	탄광/광산	공포(公浦)광산	미확인
	황해	수안/ 중화군	공포면/평남 중화 군 수산면	탄광/광산	형제산(兄弟山)광산	미확인
	황해	수안군	서평리	철도/도로	도로공사장	미확인
	황해	수안군	천곡면	탄광/광산	작수(作水)금광	니혼(日本) 채광(주)
	황해	수안군	천곡,오동면	탄광/광산	곡본(谷本)제1광산	미확인
	황해	수안군	천곡,수안면	탄광/광산	금원(金元)광산	미확인
	황해	수안군	수구,도소면	탄광/광산	금화(金花)금광산	미확인
	황해	수안군	천곡면	탄광/광산	길천(吉泉)광산	미확인
	황해	수안군	대오면	탄광/광산	남창(南倉)금광	미확인
	황해	수안군	천곡,대오면	탄광/광산	내평(內平)금광	미확인
	황해	수안군	천곡,대오면	탄광/광산	단암(丹岩)광산	미확인
	황해	수안군	천곡면	탄광/광산	달곡(達谷)금광	미확인
	황해	수안군	도소면	탄광/광산	대두(大斗)광산	미확인
	황해	수안군	천곡면	탄광/광산	덕상(德祥)금광	미확인
	황해	수안군	도소면	탄광/광산	덕신(德信)광산	미확인
	황해	수안군	천곡면	탄광/광산	도풍(稻豊)금산	미확인
	황해	수안군	오동면	탄광/광산	동성(銅成)금광	미확인
	황해	수안군	오동면	탄광/광산	등조(藤組)수안광산	미확인
	황해	수안군	수구면	탄광/광산	문암(門岩)금광	미확인
	황해	수안군	대오,천곡,수구, 도소면	탄광/광산	부영(富榮)광산	미확인
	황해	수안군	천곡면	탄광/광산	삼장(三將)광산	미확인

구분	소재지(1945년 8월 기준)			직종/대	유적명칭	기업 (최종)
	도	부/군	면 이하			
생산 관계	황해	수안군	대오면	탄광/광산	소금곡(巢金谷)광산	미확인
	황해	수안군	수구면	탄광/광산	송원(松原)제2광산	미확인
	황해	수안군	천곡면	탄광/광산	수성(遂成)금광	미확인
	황해	수안군	연암면	탄광/광산	수안(遂安)흑연광산	미확인
	황해	수안군	대오면	탄광/광산	수창(遂昌)금광	미확인
	황해	수안군	수구면	탄광/광산	언진(彦眞)금광	미확인
	황해	수안군	천곡면	탄광/광산	언진산(彦眞山)금광	미확인
	황해	수안군	천곡면	탄광/광산	영흥(永興)광산	미확인
	황해	수안군	천곡면	탄광/광산	오천(梧泉)금광	미확인
	황해	수안군	도소면	탄광/광산	오흥(五興)금광	미확인
	황해	수안군	대오, 수안면	탄광/광산	옥암(玉岩)광산	미확인
	황해	수안군	대평면	탄광/광산	조암산(鳥岩山)광산	미확인
	황해	수안군	천곡면	탄광/광산	천록(千祿)금광	미확인
	황해	수안군	천곡면	탄광/광산	회통(會通)사금광	미확인
	황해	수안군	공포면	탄광/광산	수안(遂安)탄광	조선산업㈜
	황해	수안군	공포면	탄광/광산	기내(岐內)광산	조선아스베스트㈜
	황해	수안군	연암면	탄광/광산	삼조(三照)광산	팔주(八洲)광업㈜
	황해	수안군	공포면	탄광/광산	동마(東馬)광산	가네가후치(鐘淵)공업㈜
	황해	수안군	대오, 수안면	탄광/광산	오양(梧陽)광산	동척(東拓)광업㈜
	황해	수안군	수구, 도소면	탄광/광산	홀동(笏洞)광산	보광(寶光)광업㈜
	황해	수안군	수구면	탄광/광산	홀동(笏洞)금광	보광(寶光)광업㈜
	황해	수안군	수구, 천곡, 도소, 오동, 대천, 대오, 연암면	탄광/광산	수안(遂安)광산[금광]	니혼(日本)광업㈜
	황해	신계군	적여면	탄광/광산	갱생(更生)금광	미확인
	황해	신계군	고면	탄광/광산	고면(古面)광산	미확인
	황해	신계군	미수면	탄광/광산	다미(多美)광산	미확인
	황해	신계군	다미면	탄광/광산	미수(美水)광산	미확인
	황해	신계군	미수, 율면	탄광/광산	미율(美栗)광산	미확인
	황해	신계군	다미면	탄광/광산	신계(新溪)광산	미확인
	황해	신계군	적여면	탄광/광산	신계(新溪)만년광산	미확인
	황해	신계군	고면	탄광/광산	신계금촌(新溪金村)광산	미확인
	황해	신계군	고, 다미면	탄광/광산	신은(新恩)광산	미확인
	황해	신계군	마전면	탄광/광산	은전(銀田)광산	미확인
	황해	신천/ 은율군	초리면/은율군 남부면	탄광/광산	석정(石晶)광산	미확인
	황해	신천/ 은율군	초리면/은율군 남부면	탄광/광산	황신(黃信)광산	조선제련㈜
	황해	신천/ 재령군	호월면/재령군 서호면	탄광/광산	신환포(新換浦)철산	미확인
	황해	신천군	불상	공장	신천조면공장/조선방직㈜	조선방직㈜
	황해	신천군	불상	철도/도로	철도공사장	미확인
	황해	신천군	문화면	탄광/광산	문화(文化)운모광산	미확인
	황해	신천군	용문면	탄광/광산	양웅(養雄)광산	미확인

구분	소재지(1945년 8월 기준)			직종/대	유적명칭	기업 (최종)
	도	부/군	면 이하			
생산 관계	황해	신천군	궁흥면	탄광/광산	풍금(豊金)광산	미확인
	황해	신천군	용문, 문화면	탄광/광산	신천(信川)광산	삼공사㈜
	황해	신천군	궁흥면	탄광/광산	궁흥(弓興)광산	동척(東拓)㈜
	황해	안악/ 은율군	은흥, 대행면/ 은율군 장연	탄광/광산	금라(金羅)광산	미확인
	황해	안악군	문산, 용문, 안곡, 대달면	탄광/광산	안악(安岳)철산	도쿄(東京)제철㈜
	황해	안악군	안곡면	탄광/광산	당석(堂石)광산	미확인
	황해	안악군	대원면	탄광/광산	대원(大遠)철산	미확인
	황해	안악군	안악면	탄광/광산	상반(常磐)바라이트광산	미확인
	황해	안악군	문산면	탄광/광산	원풍(元豊)안악광산	미확인
	황해	안악군	서하면	탄광/광산	제1운모광산	미확인
	황해	안악군	안악읍	탄광/광산	제2운모광산	미확인
	황해	안악군	용문, 안곡면	탄광/광산	천화산(天火山)광산	미확인
	황해	안악군	대행, 은흥면	탄광/광산	안악광산	조선운모개 발판매㈜
	황해	안악군	안곡면	탄광/광산	연연(年年)광산	조선화공㈜
	황해	연백군	해성면 해남리	기타(노무)	염전(연백)	미확인
	황해	연백군	류곡, 매월면	탄광/광산	광구/국근(菊根)광산㈜	국근(菊根)광산㈜
	황해	연백군	류곡면	탄광/광산	금곡(金谷)금광	금태(金泰)광업㈜
	황해	연백군	은천, 운산면	탄광/광산	은봉(銀峰)금산	반도(半島)산금㈜
	황해	연백군	운산면	탄광/광산	강서(江西)금산	미확인
	황해	연백군	은천면	탄광/광산	금도(金度)광산	미확인
	황해	연백군	금산면	탄광/광산	금산(금산)광산	미확인
	황해	연백군	류곡면	탄광/광산	금수(金首)광산	미확인
	황해	연백군	해월면	탄광/광산	금시(金匙)광산	미확인
	황해	연백군	류곡면	탄광/광산	금환(金煥)광산	미확인
	황해	연백군	류곡, 해월면	탄광/광산	등흥(蘿興)금광	미확인
	황해	연백군	운산면	탄광/광산	매성(梅城)광산	미확인
	황해	연백군	류곡, 해월면	탄광/광산	명산(明山)금광	미확인
	황해	연백군	봉서면	탄광/광산	명천(鳴川)금광	미확인
	황해	연백군	운산면	탄광/광산	미산(薇山)금광	미확인
	황해	연백군	류곡면	탄광/광산	병산(柄山)금광	미확인
	황해	연백군	해월면	탄광/광산	보왕(寶旺)금산	미확인
	황해	연백군	은천면	탄광/광산	복흥(福興)광산	미확인
	황해	연백군	해월면	탄광/광산	봉태(鳳台)광산	미확인
	황해	연백군	은천, 운산면	탄광/광산	삼방(三方)금산	미확인
	황해	연백군	은천, 운산면	탄광/광산	성호(星湖)광산	미확인
	황해	연백군	류곡면	탄광/광산	암영용봉(岩永龍鳳)광산	미확인
	황해	연백군	류곡면	탄광/광산	연백(延白)광산	미확인
	황해	연백군	금산, 봉북면	탄광/광산	연안금봉(延安金鳳)금산	미확인
	황해	연백군	운산면	탄광/광산	우포(牛浦)금광	미확인
	황해	연백군	은천, 운산면	탄광/광산	은천(銀川)광산	미확인
	황해	연백군	은천, 운산면	탄광/광산	일이(一二)금광	미확인
	황해	연백군	류곡, 해월면	탄광/광산	황백(黃白)광산	미확인

구분	소재지(1945년 8월 기준)			직종/대	유적명칭	기업(최종)
	도	부/군	면 이하			
생산관계	황해	연백군	류곡,도촌면	탄광/광산	황해삼화(三和)금광	미확인
	황해	연백군	류곡,해월면	탄광/광산	문산(文山)광산	삼동(三東)광업㈜
	황해	연백군	봉서,해룡면	탄광/광산	봉서(鳳西)흑연광산	야마시타(山下)상회(합명)
	황해	연백군	해월,유곡,운산,은천면	탄광/광산	율포(栗浦)금산	동척(東拓)㈜
	황해	연백군	용도면	토건	저수지(구암)	미확인
	황해	옹진군	불상	기타(노무)	옹진제재소	미확인
	황해	옹진군	봉구,용연면	탄광/광산	광구/김화성(金火星)광산	미확인
	황해	옹진군	북,가천면	탄광/광산	구곡(九谷)금철산	미확인
	황해	옹진군	북면	탄광/광산	금곡(金谷)광산	미확인
	황해	옹진군	동남면	탄광/광산	동남(東南)광산	미확인
	황해	옹진군	흥미면	탄광/광산	등산(登山)규사광산	미확인
	황해	옹진군	옹진읍/북면	탄광/광산	마산(馬山)광산	미확인
	황해	옹진군	봉구면	탄광/광산	백전(百田)사금광	미확인
	황해	옹진군	북면	탄광/광산	본영(本營)광산	미확인
	황해	옹진군	봉구면	탄광/광산	삼천(三泉)광산	미확인
	황해	옹진군	흥미면	탄광/광산	순위도(巡威島)규사광	미확인
	황해	옹진군	용천면	탄광/광산	용천(龍泉)금광	미확인
	황해	옹진군	동남면	탄광/광산	전당(錢塘)철산	전당(錢塘)광업㈜
	황해	옹진군	흥미면	탄광/광산	봉강리(鳳崗里)규사광산	조선총독부
	황해	옹진군	북면	탄광/광산	말노(末永)광산	니혼(日本)광업㈜
	황해	옹진군	동남면	탄광/광산	금송(金松)광산	니혼(日本)고주파중공업㈜
	황해	옹진군	불상	토건	수력발전소	미확인
	황해	은율군	남부면	탄광/광산	계림(桂林)광산	미확인
	황해	은율군	이도면	탄광/광산	고정산(高井山)광산	미확인
	황해	은율군	일도,장도면	탄광/광산	구중(九重)광산	미확인
	황해	은율군	남부면	탄광/광산	만복(萬福)금광	미확인
	황해	은율군	북부면	탄광/광산	부전광산	미확인
	황해	은율군	이도면	탄광/광산	오리포(梧里浦)광산	미확인
	황해	은율군	남부면	탄광/광산	은남(殷南)광산	미확인
	황해	은율군	일도면	탄광/광산	은창(殷昌)광산	미확인
	황해	은율군	북부면	탄광/광산	중철(重鐵)광산	미확인
	황해	은율군	남부면	탄광/광산	개천(開泉)광산	평안광업㈜
	황해	은율군	북부면 금산리/이도면	탄광/광산	은율(殷栗)철산[광산]	닛테쓰(日鐵)광업㈜
	황해	장연군	불상	공장	장연조면공장/조선방직㈜	조선방직㈜
	황해	장연군	낙도면	탄광/광산	장연(長淵)광산	계림(鷄林)광업㈜
	황해	장연군	해안면	탄광/광산	독수진(獨首陣)광산	동아산업㈜
	황해	장연군	대구면	탄광/광산	구미포(九味浦)採取場	동해(東海)공업㈜
	황해	장연군	백령면	탄광/광산	백령금광	미확인
	황해	장연군	백령면	탄광/광산	백령도(白翎島)광산	미확인

구분	소재지(1945년 8월 기준)			직종/대	유적명칭	기업 (최종)
	도	부/군	면 이하			
생산 관계	황해	장연군	백령면	탄광/광산	백령도대성금광	미확인
	황해	장연군	목감면	탄광/광산	복본(福本)광산	미확인
	황해	장연군	낙도면	탄광/광산	송죽(松竹)금광	미확인
	황해	장연군	백령면	탄광/광산	용기(龍機)광산	미확인
	황해	장연군	불상	토건	터널공사장	미확인
	황해	재령군	재령읍 국화리 180	공장	이선(利善)공장(합명)	이선(利善) 공장(합명)
	황해	재령군	삼강, 은룡면	탄광/광산	서창(西倉)광산	니혼(日本) 경금속㈜
	황해	재령군	은룡면	탄광/광산	구연(龜蓮)광산	미확인
	황해	재령군	남율, 재령면	탄광/광산	남양(南陽)철산	미확인
	황해	재령군	상성, 하성면	탄광/광산	상성(上聖)광산	미확인
	황해	재령군	하성면	탄광/광산	신원(新院)광산	미확인
	황해	재령군	남율면	탄광/광산	옥동(玉洞)광산	미확인
	황해	재령군	은룡면	탄광/광산	원환은룡(猿丸銀龍)광산	미확인
	황해	재령군	은산, 화산면	탄광/광산	은산면(銀山面)철산	미확인
	황해	재령군	장수, 청천, 은룡면	탄광/광산	장은(長銀)광산	미확인
	황해	재령군	상성, 하성면	탄광/광산	진언상성(珍彦上聖)광산	미확인
	황해	재령군	상성면	탄광/광산	해성(海成)광산	미확인
	황해	재령군	은룡면	탄광/광산	화산(花山)형석광산	제국산업㈜
	황해	재령군	불상	탄광/광산	하세가와(長谷川)석회	하세가와 (長谷川) 석회(합자)
	황해	재령군	삼강면 금산리/하 성면/재령읍	탄광/광산	재령(載寧)철산	닛테쓰(日 鐵)광업㈜
	황해	재령군	남율, 재령면	탄광/광산	미쓰비시(三菱) 남양(南陽)철산	미쓰비시 (三菱)광업㈜
	황해	재령군	재령군 은산, 화 산, 은용면신유 리/장수면	탄광/광산	미쓰비시(三菱) 은룡(銀龍)철산	미쓰비시 (三菱)광업㈜
	황해	재령군	신원면	탄광/광산	서선(西鮮)흑연광산	보광(寶光) 광업㈜
	황해	평산군	배천(白川)	공장	배천공장/우에무라(植村)제약㈜	우에무라 (植村)제약㈜
	황해	평산군	고지면	탄광/광산	강구(江口)금산	미확인
	황해	평산군	고지면	탄광/광산	광명(光明)광산	미확인
	황해	평산군	서봉, 보산면	탄광/광산	남천(南川)철산	미확인
	황해	평산군	적암면	탄광/광산	다지홀(多知忽)광산	미확인
	황해	평산군	마산면	탄광/광산	대궐봉(大蹶峰)금광	미확인
	황해	평산군	고지면	탄광/광산	만금(滿金)광산	미확인
	황해	평산군	인산, 용산면	탄광/광산	만부(萬富)광산	미확인
	황해	평산군	인산, 상성면	탄광/광산	만풍(滿豊)광산	미확인
	황해	평산군	문무면	탄광/광산	멸악산(滅岳山)금광	미확인
	황해	평산군	서봉면	탄광/광산	무진(無盡)금광	미확인
	황해	평산군	문무면	탄광/광산	문구(文區)광산	미확인
	황해	평산군	문무면	탄광/광산	문무(文武)광산	미확인
	황해	평산군	인산, 상성면	탄광/광산	백순(百順)광산	미확인
	황해	평산군	보산면	탄광/광산	보산(寶産)광산	미확인
	황해	평산군	적암, 고지, 세곡면	탄광/광산	삼화(三和)중석광산	미확인

구분	소재지(1945년 8월 기준)			직종/대	유적명칭	기업 (최종)
	도	부/군	면 이하			
생산 관계	황해	평산군	신암, 문무면	탄광/광산	성북산(城北山)금산	미확인
	황해	평산군	마산, 신암면	탄광/광산	신마(新馬)광산	미확인
	황해	평산군	신암, 문무면	탄광/광산	신선(新善)금산	미확인
	황해	평산군	세곡면	탄광/광산	영명(榮明)광산	미확인
	황해	평산군	인산면	탄광/광산	예동(禮洞)광산	미확인
	황해	평산군	적암, 세곡면	탄광/광산	오보(五寶)광산	미확인
	황해	평산군	적암, 세곡면	탄광/광산	온정(溫井)형석광산	미확인
	황해	평산군	마산, 용산면	탄광/광산	용마(龍馬)광산	미확인
	황해	평산군	용산면	탄광/광산	용화(龍華)광산	미확인
	황해	평산군	인산면	탄광/광산	원대(圓大)금산	미확인
	황해	평산군	안성, 서봉, 보산면	탄광/광산	원적(元積)광산	미확인
	황해	평산군	문무면	탄광/광산	인산(麟山)금광	미확인
	황해	평산군	마산면	탄광/광산	제1풍수(豊壽)광산	미확인
	황해	평산군	인산, 용산면	탄광/광산	주련(住輦)광산	미확인
	황해	평산군	신암, 문무, 서봉면	탄광/광산	중성(重成)광산	미확인
	황해	평산군	안성면	탄광/광산	천정(淺井)광산	미확인
	황해	평산군	서봉, 고지면	탄광/광산	철봉(鐵峰)금광	미확인
	황해	평산군	금암, 서봉면	탄광/광산	철상(鐵商)금산	미확인
	황해	평산군	마산, 신암, 서봉면	탄광/광산	평산(平山)금광	미확인
	황해	평산군	마산, 용산면	탄광/광산	평중(平重)광산	미확인
	황해	평산군	고지면	탄광/광산	평화(平和)광산	미확인
	황해	평산군	신암, 문무면	탄광/광산	황평(黃平)광산	미확인
	황해	평산군	문무, 상월, 내덕면	탄광/광산	황해문구(文區)사금광산	미확인
	황해	평산군	인산면	탄광/광산	불수(佛首)광산	제국화공업 (주)
	황해	평산군	불상	탄광/광산	광구/합동(合同)산업(주)	합동(合同) 산업(주)
	황해	해주부	불상	공장	해주슬레이트공장/극동(極東)석면광업(주)	극동(極東) 석면광업(주)
	황해	해주부	불상	공장	해주공장/일본무연탄제철(주)	니혼(日本)무 연탄제철(주)
	황해	해주부	불상	공장	황해도농기구생산통제조합	미확인
	황해	해주부	불상	공장	해주공장/조선스미토모(住友)제강(주)	조선스미토 모(住友)제 강(주)
	황해	해주부	동예리산2	공장	해주공장/조선시멘트(주)	조선시멘트 (주)
	황해	해주부	불상	공장	해주공장/조선정미(주)	조선정미(주)
	황해	해주부	불상	공장	해주공장/조선제분(주)	조선제분(주)
	황해	해주부	불상	공장	공작공장	조선총독부 철도국
	황해	해주부	해주읍 용당리 176	공장	해주공장/철도국공장	조선총독부 철도국
	황해	해주부	서석면	공장	해주공장/조선화약제조(주)	조선화약제 조(주)
	황해	해주부	불상	공장	해주정련소/주가이(中外)광업(주)	주가이(中 外)광업(주)
	황해	해주부	동예리산2	공장	쥬가이(中外)제작소	주가이(中 外)제작소

구분	소재지(1945년 8월 기준)			직종/대	유적명칭	기업 (최종)
	도	부/군	면 이하			
생산 관계	황해	해주부	불상	공장	해주공장/서선(西鮮)합동전기㈜	서선(西鮮) 합동전기㈜
	황해	해주부	동예리	공장	해주조선소/서선(西鮮)중공업㈜	서선(西鮮) 중공업㈜
	황해	해주부	해주읍 용당리 176	기타(노무)	해주농장관리소/조선흥업㈜	조선흥업㈜
	황해	해주부	불상	철도/도로	철도공사장/해주철도회사	해주철도회사
	황해	해주부	불상	토건	항만공사장(해주)	미확인
	황해	해주부	서석면	토건	공장건설공사장(조선화약제조해주공장제2,3기공사)/오바야시구미(大林組)	오바야시구미(大林組)
	황해	황주군	겸이포읍	공장	겸이포(兼二浦)제철소/일본제철㈜	니혼(日本)제철㈜
	황해	황주군	겸이포읍	공장	공작공장/겸이포(兼二浦)제철소/일본제철㈜	니혼(日本)제철㈜
	황해	황주군	겸이포읍	공장	화학공장/겸이포(兼二浦)제철소/일본제철㈜	니혼(日本)제철㈜
	황해	황주군	흑교면 흑교리 426	기타(노무)	森농장(합자)	모리(森)농장(합자)
	황해	황주군	황주면 에동리 388	기타(노무)	황주농장관리소/조선흥업㈜	조선흥업㈜
	황해	황주군	송림면	탄광/광산	겸이포(兼二浦)탄광	미확인
	황해	황주군	황주면 육계리	탄광/광산	아소음파갈철광(麻生音波褐鐵鑛)	미확인
	황해	황주군	주남,청룡,영풍면	탄광/광산	인덕(仁德)광산	미확인
	황해	황주군	천주면	탄광/광산	황주철산	아소미츠루(麻生滿津子)/아소(麻生)광업운수(합자)
	황해	황주군	겸이포읍/구성면 죽대리/송림, 청수, 영풍면	탄광/광산	겸이포(兼二浦)철산	미쓰비시(三菱)광업㈜
	황해	황주군	겸이포읍	토건	매립공사장(겸이포읍)/미야케구미(三宅組)	미야케구미(三宅組)㈜
	황해	황주군	겸이포	하역수송	하역수송	미확인
	전국	불상	불상	공장	조선수산개발㈜	조선총독부
	불상不詳	불상	불상	공장	닛테츠(日鐵)광업㈜	닛테쓰(日鐵)광업㈜
	불상不詳	불상	불상	공장	쇼와(昭和)전공㈜	쇼와(昭和)전공(電工)㈜
	불상不詳	불상	불상	공장	본사/조선경금속	조선경금속㈜
	불상不詳	불상	불상	공장	조선구레하(吳羽)방적회사	조선구레하(吳羽)방적
	불상不詳	불상	불상	공장	조선전공	조선전공㈜
	불상不詳	불상	불상	공장	조선기계제작㈜	조선기계제작㈜
	불상不詳	불상	불상	공장	조선스미토모(住友)제강	조선스미토모(住友)제강㈜
	불상不詳	불상	불상	공장	조선화공창	조선화공창

구분	소재지(1945년 8월 기준)			직종/대	유적명칭	기업 (최종)
	도	부/군	면 이하			
생산 관계	불상不詳	불상	불상	공장	중앙전기㈜	중앙전기㈜
	불상不詳	불상	불상	탄광/광산	취곡(鷲谷)광산	니혼(日本) 고주파 중공업㈜
	불상不詳	불상	불상	탄광/광산	아사히(旭)광업소	조선유연탄 ㈜
	불상不詳	불상	불상	토건	일만토건㈜	일만(日滿) 토건㈜
	불상不詳	불상	불상	하역수송	가쓰로구미(勝呂組)㈜	가쓰로구미 (勝呂組)㈜

범례 : 일본기업을 확인한 경우는 일본어 발음대로 표기/ 기업(최종) : [발주]는 공사 발주처

◆ 아시아태평양전쟁유적 관련 작성 참고문헌

저자	제목	발행처	발행연도
	구제국육군편제편람 제1권[일문]		
	구제국육군편제편람 제2권[일문]		
	육군부대최종위치http://homepage1.nifty.com/kitabatake/rikukaigun11.html[일문]		
	조선인 소속 일본 군 부대 총람[일문]		
	朝鮮出身者調査表(軍人の部)1952年1月25日調[일문]		
	광주드림		해당연도
	국가총동원기밀보호에 관한 건	제국의회설명자료(1941)	1940
	함남명감(원산)27		
일본 후생성	해군군속자명부[일문]		
이성백 외	서울인문학 - 도시를 읽는 12가지 시선	창작과비평	2016
間組	間組백년사[일문]	間組	1989
강변구	그 섬이 들려준 평화이야기	서해문집	2017
강순원	오름과 일제 군사유적		2008
강순원	일본군 군사유적의 실태	일제하 제주도 주둔 일본군 군사유적지 현장조사보고서1	2008
강이수	1930년대 면방대기업 여성노동자의 상태에 관한 연구	박사논문(이대)	1991
경기도사편찬위	경기도사7		2006
경성일보	해당기사[일문]	매일신보	해당연도
경성지방법원검사정	사상에 관한 정보[일문]	경성지방법원	1941.1.13
공군제8546부대	이런디 알암수과-제주도 전사적지 탐방기	공군 제8546부대	1996
廣瀬貞三	식민지기 조선에서 '관알선'과 토건노동자-'도외알선'을 중심으로[일문]	朝鮮學報115	1995
광무국	휘보-광업권이전[일문]	조선총독부관보	해당일자
광양시	광양시지	광양시	2005
국가보훈처	서울독립운동사적지	국가보훈처	2008
군산시	근대문화의 도시 군산	군산시	2007
기무라미쓰히코 등	전쟁이 만든 나라, 북한의 군사공업화	미지북스	2009
김경남	1920.30년대 면방 대기업의 발전과 노동조건의 변화	부산사학25·26	1994
김양섭	해방전후기 인천 성냥제조업의 변화	인천학연구	2015
김양섭	박상규 1922년 6월 30일생	눈빛	2005

김웅기	일본질소에 의한 압록강 본류 전원개발과 조선총독부, 만주국간의 공조	동북아역사재단	2009
김은정	일제의 조선무연탄주식회사 설립과 조선 석탄자원 통제	한국민족운동사연구58	2009
김인호	일제말 조선에서의 군수회사법 실시에 관한 연구	한국근현대사연구9	1998
김인호	태평양전쟁기 조선공업연구	신서원	1998
大林組	大林組백년사[일문]	大林組	1993
대일본방적(주)	대일본방적주식회사50년기요[일문]	대일본방적(주)	1941
대장성관리국	일본인의 해외활동에 관한 역사적 조사(조선편)9책[일문]	대장성관리국	1947
동아경제시보사	조선은행회사조합요록[일문]	동아경제시보사	1941
동아경제시보사	조선은행회사조합요록[일문]	동아경제시보사	1942
동아일보	해당기사[국한문]	동아일보	해당연도
동양경제신보사	대륙동양경제[일문]	동아경제신보사	1945.5.1
매일신보	해당기사[국한문]	매일신보	해당연도
문화재청	태평양전쟁유적(부산,경남,전남지역)일제조사 연구용역	문화재청	2013
문화재청	등록문화재 목록(22건)	문화재청	2017
박현수 엮음	짠물, 단물	소화	2005
배석만	일제시기 조선기계제작소의 설립과 경영	인천학연구	2009
배석만	한국 조선산업사 - 일제시기편	선인출판사	2014
배석만	태평양전쟁기 계획조선과 식민지 조선공업	국사관논총	2005
배성준	일제말기 통제경제법과 기업통제	한국문화27	2001
부평문화원	토굴에서 부평을 찾다	부평문화원	2016
부평역사박물관	사택마을 부평삼릉	부평문화원	2016
서문석	일제하 대규모 면방직공장의 고급기술자연구	경제사학18-1	2003
서울시사편찬위	서울사람이 겪은 해방과 전쟁	서울시사	2011
小野田시멘트제조(주)	왕복문서철 등[일문]	小野田시멘트제조(주)	1942-1944
손정목	조선총독부 청사 및 경성부 청사 건립에 대한 연구	향토서울48	1989
松尾茂	내가 조선반도에서 한 일[일문]	草思社	2002
新京일일신문	해당기사[일문]	신경일일신문	해당일자
안자코유카	조선총독부의 '총동원체제'(1937~1945) 형성 정책	고려대 박사논문	2006
안재구	할배, 왜놈소는 조선소랑 우는 것도 다른강?	돌베개	1997
오미희	자본주의생산체제의 변화와 공간의 편성	한국근현대사연구53	2010
외무성	만몽각지에서 선인의 농업관계 잡건[일문]	외무성	1933.1.17
위원회	거문도 군사시설 구축을 위한 주민 강제동원에 관한 조사	위원회	2006
위원회	제주도 군사시설 구축을 위한 노무병력동원에 관한 조사	위원회	2007
위원회	일제시기 조선내 군사시설 조사 - 전남 서남해안 일대	위원회	2008
위원회	일하지 않는 자는 황국신민이 아니다-제주도 군사 시설구축에 동원된 민중의 기억	위원회	2008
이완희	한반도는 일제의 군사요새였다	나남	2014
日立제작소	日立제작소사[일문]	日立제작소	1949
일본제철(주)	일본제철주식회사사[일문]	일본제철(주)	1959
전봉관	황금광시대	살림	2005
정명섭 외	일제의 흔적을 걷다	더난출판	2016
정안기	조선방직의 전시경영과 자본축적의 전개	경제사학32	2002
정안기	전시기 조선방직의 대 만주투자와 鮎口방적	역사와경계48	2003
정안기	전시기 조선경제와 종방 콘체른	경제사학35	2003
정안기	식민지 전시기업론 서설 - 종방그룹의 조선 경영을 중심으로	아세아연구48-4	2005
정안기	식민지기 경성방직의 전시경영과 만주투자	경제사학38	2005

정안기	식민지기 조선인 자본의 근대성 연구	지역과역사25	2009
정안기	전시기 종방그룹의 다각화 전력과 평양제철소	경영사학26	2011
정안기	전시기 일본강관㈜의 조선투자와 경영 – 원산제철소 건설과 경영활동을 중심으로	경제사학51	2011
정안기	전시기 조선 철강업의 구조와 이원철산㈜	한일경상논집56	2012
정안기	일제의 군수동원과 조선인 자본가의 전시협력 – 백낙승의 사례를 중심으로	동북아역사논총 46	2014
정안기	식민지 군수동원과 군수회사 체제의 연구	한일경상논집63	2014
정안기	전시기 弘中商工(주)의 성장 전략과 경영역량 – 성장·위기·재건을 중심으로	경제사학53	2012
제주도동굴연구소	제주도에 구축된 일본군진지동굴 구조적 유형과 병력	동굴연구3호	2004
조건	전시 총동원기 조선 주둔 일본군의 조선인 통제와 동원	동국대	2015
조선광업회	광업상황[일문]	조선광업회	1930
조선총독부	소화16년 제79회 제국의회 설명자료–현재시행 중인 중요토목공사의 계획, 진척 상황 일람」[일문]	일제하전시체제기 정책사료총서7권	1941
조선총독부	우리도의 근로봉사운동 [일문]	朝鮮39–282호	1938.11
조선총독부	진두지휘와 지도정신(陳頭指揮と指導精神) [일문]	朝鮮352호	1944.09
조선총독부 광무국	광구일람[일문]	조선총독부	1943
조선총독부 식산국	조선주요광산개황[일문]	조선총독부식산국	1928
조선총독부 식산국 광산과	1933조선광업의 추세[일문]	조선총독부 식산국 광산과	1933
조선총독부 철도국	滿浦線狗峴嶺工事誌[일문]	철도국	1938
鐘淵방적(주)	鐘紡제사 40년사[일문]	鐘淵방적(주)	1965
주철희	일제강점기 여수를 말한다	흐름	2015
최예선·정구원	청춘남녀, 백년전 세상을 탐하다	모요사	2010
평택문화원	근현대 평택을 걷다	평택문화원	
표용수	부산역사의 현장을 찾아서	선인출판사	2010
하지연	涉澤榮一자본의 조선흥업주식회사설립과 경영실태	한국근현대사 연구39	2006
한만송	캠프마켓	봉구네책방	2013
허광무 외	일제강제동원Q&A①	선인출판사	2015
화정4동	화사한마을 화정4동	광주광역시 서구	2013

참고문헌

단행본(일본)

森末義彰 · 寶月圭吾 · 小西四郎, 『生活史』, 山川出版社, 1969
戰爭遺跡保存ネツトワーク 編, 『戰爭遺跡は語る』, かもがわBookLetter, 1999
戰爭遺跡保存ネツトワーク 編, 『日本の戰爭遺跡』, 平凡社, 2004
安島太佳由, 『訪ねて 見よう! 日本の戰爭遺産』, 角川SS, 2009
竹內康人, 『調査 · 朝鮮人强制勞働1 – 炭鑛編』, 社會評論社, 2013

논문(일본)

當眞嗣一, 「戰跡考古學提唱の背景」, 『季刊 考古學』72호, 2000
池田榮史, 「近現代遺跡調査の現狀 – 沖繩」, 『季刊 考古學』72호, 2000
下山 忍, 「近現代遺跡調査の事例 – 戰爭碑の變遷」, 『季刊 考古學』72호, 2000
松原典明, 「近現代遺跡調査の事例 – 近代の銅像」, 『季刊 考古學』72호, 2000
是光吉基, 「近現代遺跡調査の現狀 – 中國」, 『季刊 考古學』72호, 2000
菊池実, 「近代戰爭遺跡調査の視點」, 『季刊 考古學』72호, 2000

단행본(한국)

강동진, 『빨간 벽돌창고와 노란 전차』, 비온후, 2006
한국기록학회, 『기록학용어사전』, 역사비평사, 2008
정혜경, 『일본 '제국'과 조선인 노무자 공출 – 조선인 강제연행 · 강제노동 연구 II』, 선
　　　인출판사, 2011
대일항쟁기 강제동원피해조사 및 국외강제동원희생자 등 지원위원회, 『전라남도 해남
　　　옥매광산 노무자들의 강제동원 및 피해실태기초조사보고서』, 2012
대일항쟁기 강제동원피해조사 및 국외강제동원희생자 등 지원위원회, 『2013년도 학
　　　술연구용역보고서 – 일제강제동원 동원규모 등에 관한 용역』, 2013
박치완 외, 『키워드 100으로 읽는 문화콘텐츠 입문사전』, 꿈꿀 권리, 2013
문화재청, 『태평양전쟁유적(부산, 경남, 전남지역) 일제조사 연구용역』, 2013
정혜경, 『강제동원&평화총서–감感 · 동動 제1권 : 징용 공출 강제연행 강제동원』, 선
　　　인출판사, 2013
한만송, 『캠프 마켓』, 봉구네책방, 2013
이완희, 『한반도는 일제의 군사요새였다』, 나남, 2014
정혜경, 『강제동원&평화총서–감感 · 동動 제4권 : 우리 마을 속의 아시아태평양전쟁
　　　유적 – 광주광역시』, 선인출판사, 2014
광주학생독립운동기념관, 『일제강점기 동굴 추정 시설물 연구조사 결과보고서』, 2015
파레르곤 포럼, 『파빌리온, 도시에 감정을 채우다 : 천막부터 팝업 스토어까지』, 홍시

커뮤니케이션, 2015
허광무 외, 『일제강제동원 Q&A(1)』, 선인출판사, 2015
박홍규 · 조진구 편저, 『한국과 일본, 역사 화해는 가능한가』, 연암서가, 2017
조건 외, 『일제강제동원 Q&A(2)』, 선인출판사, 2017

논문 및 기타(한국)

정혜경 · 김혜숙, 「1910년대 식민지 조선에 구현된 위생정책」, 『일제의 식민지 지배
　　　　정책과 매일신보 – 1910년대』, 두리미디어, 2005
정혜경, 「아태전쟁 상흔을 새기고 반전평화를 이야기하다」, 『주간동아』 904호,
　　　　2013. 9. 9
강동진, 「세계문화유산이 갖추어야 할 진정성과 완전성」('세계문화유산등재후보지들의
　　　　진실에 대한 문제제기', 한일국제세미나자료집, 2013.11.17)
권미현, 「일제말기 강제동원 기록의 수집과 활용을 위한 제언 – 기록화 전략
　　　　(documentation strategy)과 문화콘텐츠 구축 방법론」, 『한일민족문제연
　　　　구』26, 2014년 6월
菊池実, 「일본의 전쟁 유적 보존 운동의 의의와 성과」('광주 중앙공원 내 일제 군사시
　　　　설 역사교육 활용 방안 시민토론회 자료집', 2014.8.26, 광주광역시의회)
정혜경, 「광주지역 아시아태평양전쟁유적의 활용방안 – 뚜껑 없는 박물관을 넘어서」
　　　　('광주 중앙공원 내 일제 군사시설 역사교육 활용 방안' 시민토론회 자료집,
　　　　2014.8.26, 광주광역시의회)
정혜경, 「한반도 소재 아시아태평양전쟁 유적 활용 방안」, 『동북아역사문제』 2015년
　　　　5월호
조　건, 「전시 총동원체제기 조선 주둔 일본군의 조선인 통제와 동원」(동국대학교 사
　　　　학과 대학원 박사학위논문, 2015)
임동욱, 「프랑스 역사콘텐츠 구축 및 활용 사례」('화성지역 독립운동 관련 역사콘텐츠
　　　　개발의 현황과 과제' 심포지엄 발표문, 2015.12.4)
오일환, 「유네스코 세계문화유산과 기록, 기억유산」('일제강제동원의 역사, 세계반전평
　　　　화의 자산 – 세계기억유산 등재 추진 전략' 심포지엄 발표문, 2016. 10. 7)
정혜경, 「기억유산을 넘어 – 한반도 아태유적 활용 방안」('일제강제동원의 역사,
　　　　세계반전평화의 자산 – 세계기억유산 등재 추진 전략' 심포지엄 발표문,
　　　　2016.10.7)
정병호, 「기억과 추모의 공공인류학」, 『한국문화인류학』 50-1, 2017년 3월
정혜경, 「부평의 아시아태평양전쟁 유적」, 『부평역사박물관 개관 10주년 기념 연구조
　　　　사보고서』, 2017년 12월
정혜경, 「국내 소재 아시아태평양전쟁 유적 활용 방안」, 『한일민족문제연구』 33,
　　　　2017년 12월

언론기사(한국)

동아일보 2012년 2월 22일자 「보존 가치 있는 교훈의 장, 치욕의 흔적 굳이 왜…」
세계일보 2015년 5월 20일자 「폐광지역을 공원·박물관·미술관으로」
동아일보 2015년 12월 28일자 「13세도 징용, 만행 일본기업 103개 현존」
서울대학교 대학신문 2016년 4월 3일자「유적에 드리운 비극의 역사를 잊지 않으려면
　　　－ [취재] 한반도 강제동원 유적 보존 실태와 보존 방안」

웹사이트

http://senseki-net.on.coocan.jp/
https://www.youtube.com/watch?v=4HH73B9xgi4
http://www.ohmynews.com/NWS_Web/event/sewol.aspx#A0001991988
http://samsunggreencity.com/47
http://www.tomioka-silk.jp/hp/index.html
http://www.bpcc.or.kr/icarusx/index.php?BOARD=old_8#stMode=LI
　　　ST&stPage=1&stIdx=
http://www.pasthistory.go.kr/

찾아보기